Deutsche Geschichte im Osten Europas

Land der großen Ströme
Von Polen nach Litauen

herausgegeben von Joachim Rogall

Deutsche Geschichte im Osten Europas

HARTMUT BOOCKMANN · OST- UND WESTPREUSSEN

FRIEDRICH PRINZ · BÖHMEN UND MÄHREN

GERT VON PISTOHLKORS · BALTISCHE LÄNDER

NORBERT CONRADS · SCHLESIEN

N. N. · GALIZIEN, BUKOWINA, MOLDAU

GÜNTER SCHÖDL · LAND AN DER DONAU

ARNOLD SUPPAN · ZWISCHEN ADRIA UND KARAWANKEN

JOACHIM ROGALL · LAND DER GROSSEN STRÖME

N. N. · POMMERN

GERD STRICKER · RUSSLAND

SIEDLER VERLAG

Deutsche Geschichte im Osten Europas

BEGRÜNDET VON WERNER CONZE †

HERAUSGEGEBEN VON

HARTMUT BOOCKMANN

NORBERT CONRADS GÜNTER SCHÖDL

GERT VON PISTOHLKORS

FRIEDRICH PRINZ JOACHIM ROGALL

GERD STRICKER ARNOLD SUPPAN

SIEDLER VERLAG

Deutsche Geschichte im Osten Europas

Land der großen Ströme

Von Polen nach Litauen

HERAUSGEGEBEN VON JOACHIM ROGALL

SIEDLER VERLAG

INHALTSVERZEICHNIS

Nachbarn in Europa

JOACHIM ROGALL

Die meisten Deutschen, nach ihren Nachbarn in Europa gefragt, würden Franzosen, Schweizer, Österreicher nennen, auch Holländer, Belgier und die Dänen dazuzählen, aber erst nach längerer Pause, gewissermaßen der Vollständigkeit halber, auch Tschechen und Polen. Mit letzteren verbindet sich dabei wohl für die wenigsten eine konkrete Vorstellung. Diese Nachbarschaft ist noch keineswegs verinnerlicht, allenfalls in den östlichen Teilen der neuen Bundesländer und dort mit eindeutigem Unbehagen. Daß schließlich sogar Litauen bis vor rund fünfzig Jahren zu unseren unmittelbaren staatlichen Nachbarn gehörte, ist Vergangenheit, Teil einer Geschichte, die für viele nur mit Spannungen, Leid und Schuld verbunden ist, an die man auch nicht erinnert werden will. Vergessene Landschaften, vergessene Menschen, vergessene Geschichte, Namen, die keiner mehr nennt. Johannes Bobrowski, der deutsche Dichter, in dessen Werken »Levins Mühle« oder »Litauische Klaviere« diese versunkene Welt wiederaufersteht, begründete seine Themenwahl damit, daß er um die Memel herum aufgewachsen sei, wo Polen, Litauer, Russen und Deutsche miteinander lebten und unter ihnen allen die Judenheit. Für ihn war dies eine lange Geschichte aus Unglück und Schuld, die auf das Konto seines Volkes gehe und die wohl nicht zu tilgen und zu sühnen, aber eine Hoffnung wert sei. Das Buch dieser langen Geschichte enthält aber durchaus nicht nur dunkle Seiten, sondern ebenso die Kehrseiten gutnachbarlicher Beziehungen wie friedlichen kulturellen Austausch, gegenseitige Bereicherung und Befruchtung, schöpferische Konkurrenz, die allemal Anlaß zu Hoffnung geben können. Es ist ein dickes, allerdings nur wenig gelesenes Buch, und bei vollständiger Lektüre bleibt der Gesamteindruck erfreulich, trotz des tragischen Schlußkapitels.

Deutsche, Polen und Litauer können von den Anfängen ihrer jeweiligen Geschichte bis 1945 auf eine mehr als tausendjährige Nachbarschaft zurückblicken, mit allen Höhen und Tiefen, wie sie für menschliche und staatliche Beziehungen charakteristisch sind. Eine Reduzierung der Betrachtung auf die letzten zweihundert oder gar nur die letzten sechzig Jahre würde das Bild dieser Nachbarschaft grob verfälschen. Die deutsch-polnische Grenze war über Jahrhunderte die friedlichste in Europa, wobei sich die Nachbarschaft der Deutschen mit Polen und Litauern aber keineswegs auf das Nebeneinander von Staaten beschränkte. Deutsche lebten seit den Anfängen der polnischen und litauischen Staatlichkeit in diesem Gebiet und waren vor allem in Polen in allen sozialen Gruppen zu finden, stellten in manchen geographischen und gesellschaftlichen Bereichen zumindest zeitweise auch die Mehrheit der Bevölkerung.

Mit dem Zweiten Weltkrieg wurden nicht nur die Völker in der Mitte Europas wie Schachfiguren verschoben, sondern auch die geographischen Vorstellungen. So ist Deutschland, traditionell in der Mitte des Kontinents gelegen und früher zumindest ebenso nach Osten wie nach Westen orientiert, seinem Selbstverständnis nach heute ganz dem Westen zugehörig, während andere mitteleuropäische Nationen wie die Polen oder Litauer vielfach als Osteuropäer betrachtet werden, obgleich sie historisch, geographisch, kulturell und nach ihrem Selbstverständnis ebenfalls nach Westen neigen. An beiden Entwicklungen, der westlichen Prägung Ostmitteleuropas wie am Eisernen Vorhang auf der Landkarte und in den Köpfen, waren die Deutschen wesentlich beteiligt.

Gerade weil die Beziehungen Deutschlands zu seinen östlichen Nachbarn in der Mitte Europas so unterschiedlich waren und von engster Verbindung über alle Zwischenstufen bis zu unversöhnlichem Haß reichten, lassen sie sich nicht in das einfache Schema von gut oder schlecht, Erbfreund- oder Erbfeindschaft pressen.

Wenn die Völker Europas heute mit großen Schwierigkeiten versuchen, den Stand des »finsteren« Mittelalters wieder zu erreichen, als man ohne Paß und Visum von einem Ende des Kontinents zum anderen reisen konnte, tun sie gut daran, sich auch in anderen Bereichen an die Errungenschaften vergangener Jahrhunderte zu erinnern, an die Beispiele des friedlichen Zusammenlebens unterschiedlicher Nationalitäten, Sprachen und Kulturen in einem Raum, an denen gerade Ostmitteleuropa in der Vergangenheit so reich war. Für uns Deutsche ist dies gleichbedeutend mit der Entdeckung einer weithin unbekannten Welt, einer Vergangenheit, die gleichzeitig Teil der eigenen Geschichte wie derjenigen unserer östlichen Nachbarvölker ist. Bereits mit der Geographie dieses Raums haben wir heute Schwierigkeiten. Es ist das Land der großen Ströme Warthe, Weichsel, Bug und Memel oder gar Narew, San und Dnjepr, Namen aus einer Welt, die Bobrowski »sarmatisch« genannt hat. In diesem aus der Kultur der polnischen Adelsrepublik entlehnten Begriff ist für ihn die west-östliche Kultursymbiose jenes Raums umschlossen, die sich ebenso heftig nach der Zugehörigkeit zum Westen Europas sehnt, wie sie von diesem als fremdartig abgelehnt wird. Die großen Ströme gliedern diesen Raum, indem sie ihn von Süd nach Nord durchfließen und ihn mit ihren Nebenflüssen, einem Raster, einem nach Osten hin immer größer werdenden Gitternetz gleich, überziehen. Sie bilden aber keine natürlichen Grenzen dieses nach Osten grenzenlosen Raums, sondern stellen vielmehr Lebensadern dar und Klammern, welche die Landschaften zusammenfassen und verbinden.

Es ist aber auch ein Gebiet, das seit vorgeschichtlicher Zeit bis in unser Jahrhundert hinein immer wieder von großen Völkerströmen durchflossen wurde. Das begann mit den germanischen und slawischen Völkerwanderungen und reichte über die Mongolenstürme und Ostsiedlungsbewegungen des Mittelalters bis zu den Flüchtlingstrecks am Ende des Zweiten Weltkriegs.

Deutsche Geschichte in diesem Teil Europas ist nur zum kleineren Teil die Geschichte deutscher Staaten. Es ist vor allem die Geschichte deutscher Menschen, die seit dem Mittelalter in diese Gebiete kamen, um dort – einzeln oder in kleineren und größeren Siedlungsgruppen – zu leben und zu arbeiten. Die deutschen Siedler wurden von den Einheimischen dabei zunächst kaum als Konkurrenten empfunden, da sie vorwiegend bislang unerschlossene Gebiete besiedelten. Ihre rechtliche Privilegierung hatte aber später bei einem Teil der polnischen und litauischen Nachbarn Neid und Ablehnung zur Folge, einhergehend mit der Befürchtung, die stille und beharrliche Arbeit der verschiedenen deutschen Siedlergruppen könnte Teil eines großen, langfristigen imperialen Plans sein. Dabei erweist sich das seit dem 19. Jahrhundert stark strapazierte Schlagwort vom »Deutschen Drang nach Osten« bei nüchterner Betrachtung als unzutreffend.[1] Die Initiative zur Werbung und Ansiedlung der Deutschen war vom Mittelalter bis in die Neuzeit von den einheimischen Grundherren ausgegangen.

Die Deutschen kamen nach Polen und Litauen aber auch nicht, um ihre östlichen Nachbarn großzügig an den modernen Entwicklungen des Westens teilhaben zu lassen. Vielmehr fanden sie im Osten Lebens- und Entwicklungsbedingungen, die in der alten Heimat nicht oder nicht mehr vorhanden waren. Polen, über Jahrhunderte in Personalunion mit Litauen verbunden, war bis ins 19. Jahrhundert hinein für viele Deutsche ein Land der unbegrenzten Möglichkeiten, darin später nur den Vereinigten Staaten vergleichbar. Vom Mittelalter bis ins vergangene Jahrhundert hinein können wir so das Phänomen der »Westflucht« von Deutschen feststellen, analog zur umgekehrten Entwicklung seit der Mitte des 19. Jahrhunderts, als die industrielle Entwicklung des Westens zu einer bis heute anhaltenden »Ostflucht« aus Ostmitteleuropa führte, die keineswegs nur auf die dort lebenden Deutschen beschränkt war und ist.

Die im Mittelalter nach Polen ausgewanderten Deutschen haben sich dort mit wenigen Ausnahmen freiwillig und friedlich in der Mehrheitsbevölkerung assimiliert. Ein kleiner Teil der mittelalterlichen deutschen Siedler und die Mehrheit der neuzeitlichen deutschen Einwanderer blieben dagegen eine nationale Minderheit. Seit dem 19. Jahrhundert wurde dies wie auch die Assimilation, je nach nationalem Standpunkt, in Polen und Litauen wie in Deutschland günstig oder ungünstig bewertet.[2] Diese gleichermaßen unhistorische wie wissenschaftlich unfruchtbare Interpretation hat lange Zeit den Blick auf die wesentlichen Fragen verstellt. Schon die Vorstellung einer geschlossenen, einheitlichen deutschen Bevölkerungsgruppe in Polen und Litauen ist vollkommen unzutreffend. Tatsächlich waren die Unterschiede zwischen den einzelnen deutschen Siedlern und Siedlergruppen in der Regel größer als die Gemeinsamkeiten. Für den aus Lodz stammenden Ostforscher Oskar Kossmann reduzierten sich die Gemeinsamkeiten bei allen Deutschen dieses Raums auf den Anfang und das Ende der gemeinsamen Geschichte. Am Anfang stand für alle die Auswanderung in den Osten, am Ende Flucht und Vertreibung.

Seit dem Mittelalter waren fast alle deutschen Stämme an der Siedlung in Polen beteiligt, wenn auch die ostdeutschen Neustämme der Schlesier und Pommern überwogen, deren Tochterkolonisation weit über das geschlossene deutsche Siedlungsgebiet hinaus erfolgte. Die deutsche Siedlung in Litauen ging ganz überwiegend vom benachbarten Ostpreußen aus, das zuvor selbst Kolonisationsgebiet gewesen war.

Reichenauer Evangeliar
In dem gegen Ende des 10. Jahrhunderts entstandenen Reichenauer Evangeliar Ottos III. ist Polen unter Boleslaw Chrobry als Sclavinia dargestellt. Durch die Gleichsetzung mit den ebenfalls dem Kaiser huldigenden Symbolfiguren der Gallia, Germania und Roma erfuhr der junge Piastenstaat eine bedeutende Aufwertung.

Auch in der neuzeitlichen deutschen Ostsiedlung finden wir Siedler aus den verschiedensten Gebieten, von den niederdeutschen Mennoniten- über die mittelpolnischen Schwabensiedlungen und die galizischen Pfälzerkolonien bis zu den böhmischen Bauernsiedlungen in den Karpaten. Unterschiedlich wie die Herkunftsgebiete waren auch die Siedlungsgründe, nämlich Bevölkerungsüberschuß und Not in der alten Heimat, Abenteuerlust, Unternehmungsgeist oder verlockende Angebote für Fachkräfte, Flucht vor Krieg und Intoleranz. Zu den Deutschen, die sich im Laufe der Jahrhunderte in Polen und Litauen ansiedelten, gehörten Mönche, Ritter, Kaufleute und Bauern, Bürger und Adlige, Handwerker, Künstler und Soldaten, Unternehmer und Arbeiter. Die unterschiedliche Entwicklung ließ bis zum Ende des Ersten Weltkriegs zwischen den deutschen Siedlungsgebieten in Polen kaum Kontakte entstehen, zumeist gab es noch nicht einmal Kenntnis voneinander, geschweige denn von den Deutschen in Litauen. Erst mit der Minderheitenpolitik des polnischen und litauischen Staates zwischen den beiden Weltkriegen, also aufgrund äußeren Drucks, wuchsen die jeweiligen Minderheitengruppen zu einer Not- und Interessengemeinschaft zusammen.

Zu den bislang nur unzureichend erforschten, gleichwohl in diesem Zusammenhang elementaren Fragen gehört beispielsweise der Stellenwert der sprachlich-ethnischen Besonderheit sowohl für die Deutschen in Polen und Litauen selbst wie für ihre andersnationale Umgebung. Denn unabhängig von der Bewahrung oder Aufgabe der sprachlich-kulturellen Traditionen entwickelten sie offensichtlich rasch ein staatliches Zugehörigkeits- und Loyalitätsbewußtsein, wie es beispielsweise in der Erklärung des aus Bayern stammenden Krakauer Buchdruckers Hieronymus Vietor, er sei »Wohnpole, aber kein Geburtspole«, zum Ausdruck kommt. Von hier bis zur sprachlich-ethnischen Assimilierung war es nur noch ein kleiner Schritt, den zumeist die nächste Generation schon vollzog. Diese lediglich noch deutschstämmigen Personen können in eine deutsche Geschichte im Osten Europas durchaus noch aufgenommen werden, wenn man sich dabei der Unzulässigkeit der Übertragung unserer heutigen nationalen Vorstellungen auf frühere Zeiträume bewußt ist. Bereits ein flüchtiger Blick auf die gesellschaftlichen Verhältnisse in den Städten Polens und Litauens im Mittelalter zeigt, daß die sozialen Unterschiede hier die entscheidende, eine ethnisch-sprachlich begründete »nationale« Solidarität dagegen keine Rolle spielte. Eine vor allem an der kulturellen Isolation und Selbstbehauptung interessierte Betrachtung, die im Blick auf die Deutschen dieses Raums vor allem die spezifisch deutschen Elemente der regionalen Kultur und das Unterschiedliche, ja Trennende zur Kultur der nichtdeutschen Nachbarn untersucht, wird daher der wirklichen Entwicklung nicht gerecht. Tatsächlich haben sich in den deutschen Siedlungsgebieten durch das Zusammenleben mit polnischen, jüdischen, ukrainischen und litauischen Nachbarn kulturelle Traditionen entwickelt, die im besten Sinne mitteleuropäisch genannt werden können.

Andererseits läuft eine rein interethnische Betrachtungsweise ebenfalls Gefahr, nur Teilaspekte zu erfassen. Das Phänomen kultureller Selbstbehauptung ist ja bei einem Teil der nach Polen und Litauen eingewanderten Deutschen nicht zu leugnen oder zu unterschätzen. Es ist aber im Einzelfall zu untersuchen, welche Faktoren, seien sie sozialer, politischer, wirtschaftlicher oder konfessioneller Art, sich hier in welcher Weise ausgewirkt haben.[3]

Eine Darstellung der deutschen Geschichte im Raum von Polen bis Litauen, welche sowohl die staatlichen Beziehungen als auch die Begegnung von Menschen und Kulturen erfaßt, stößt auch sonst noch auf manche Schwierigkeiten, die in eben dieser deutschen Geschichte begründet liegen. So ist der Forschungsstand sowohl zur mittelalterlichen wie zur neuzeitlichen deutschen Siedlung in Polen und Litauen trotz vieler Einzeluntersuchungen noch alles andere als befriedigend. Aber auch bezüglich der letzten zweihundert Jahre, welche wie ein Berg von Schuld den Blick auf die deutsche Gesamtgeschichte dieses Raums versperren, steht es nicht besser. In den jeweils zwei Jahrzehnten vor und nach dem Zweiten Weltkrieg, welcher mit seinen Folgen den dunkelsten Abschnitt der deutsch-polnischen Beziehungen, aber eben nur einen relativ kurzen Teil derselben darstellt, haben sich zwar die polnische wie die deutsche Historiographie intensiv mit den Deutschen in Polen beschäftigt, standen in ihren Arbeiten aber trotz mancher faktographischen Erträge so unter politischen Einflüssen, daß der wissenschaftliche Wert dieser Arbeiten stark gemindert wurde.

Vor 1939 diente die deutsche Bevölkerung in Polen der deutschen Seite zur Begründung von Revisionsforderungen. Ihr Beitrag zur Entwicklung Polens wurde hervorgehoben, wobei sie die Rolle eines unentbehrlichen Kulturträgers erhielt. Hier kam ein kaum oder gar nicht verhülltes deutsches Überlegenheitsgefühl gegenüber den Polen zum Ausdruck, denen man staats- und kulturbildende Fähigkeiten weitgehend absprach. Die Kolonisation des Ostens wurde als »die kolonisatorische Großtat des deutschen Volkes im Mittelalter«[4] dargestellt und als Entwicklungshilfe der Deutschen für ihre vermeintlich auf einer niedrigeren Stufe stehenden östlichen Nachbarn angesehen. In allen günstigen Entwicklungen der polnischen Geschichte und Kultur sah man die deutschen Einflüsse, alles Schlechte führte man auf das slawische Erbe zurück. Von polnischer Seite dagegen wurde aus falsch verstandenem Nationalstolz heraus die deutsche Rolle in der Geschichte des Landes heruntergespielt oder ganz geleugnet und die Minderheit selbst kriminalisiert.

Die Instrumentalisierung der deutschen Minderheit durch die nationalsozialistische Kriegspolitik und das Verhalten eines Teils ihrer Angehörigen während der Besatzungszeit führten nach 1945 auf polnischer Seite zum Kollektivvorwurf der Illoyalität, während die zunächst von Vertretern der betroffenen Minderheit selbst dominierte einschlägige deutsche Historiographie bemüht war, ihre Gruppe als unschuldiges Opfer sowohl des polnischen wie des nationalsozialistischen deutschen Chauvinismus darzustellen. Seit den siebziger Jahren kam es hier auf deutscher Seite zu einem Wandel, indem die Rolle der deutschen Minderheit in den deutsch-polnischen Beziehungen der Zwischenkriegszeit kritisch untersucht wurde. Dies war nicht zuletzt im Zusammenhang mit der Entwicklung des Verhältnisses der Volksrepublik Polen zur Bundesrepublik Deutschland, der sozialliberalen Ostpolitik seit 1970 und der Arbeit der deutsch-polnischen Schulbuchkommission zu sehen. Neben wichtigen Erkenntnisfortschritten, etwa der Aufdeckung der geheimen Finanzierung der deutschen Minderheit durch das

Deutsche Reich,[5] stand aber auch die unkritische Übernahme polnischer Standpunkte, etwa bezüglich des umstrittenen »Bromberger Blutsonntags« vom 3. September 1939, an dem es von polnischer Seite Ausschreitungen gegen Angehörige der deutschen Minderheit gegeben hatte.[6] Ein Grund dafür war, daß sich der Schwerpunkt der wissenschaftlichen Beschäftigung mit den Deutschen in Polen nun eindeutig nach Polen verlagert hatte. Zwar standen die einschlägigen polnischen Archivalien für die Zeit bis 1945 auch deutschen Forschern offen, aber auf deutscher Seite war das Interesse an dieser Thematik nur noch bei Vertretern der Erlebnisgeneration beziehungsweise der betroffenen Minderheit und bei ganz wenigen jüngeren Wissenschaftlern vorhanden. Sicher stellte auch die polnische Sprache ein großes Hindernis dar.

Hier ist in jüngster Zeit ein bemerkenswerter Wandel zu verzeichnen. Zum einen konnten die seit den späten sechziger Jahren zu Lehrstuhlinhabern aufgestiegenen deutschen Wissenschaftler mit einschlägigen Fach- und Sprachkenntnissen mittlerweile eigene »Schulen« mit Nachwuchskräften bilden, in denen die alte deutsche Einstellung *Polonica non leguntur* nicht mehr gilt. Diese neue und unbefangene Wissenschaftlergeneration arbeitet eng mit den entsprechenden polnischen Wissenschaftlern und Forschungszentren zusammen, ohne deren Standpunkte ungeprüft zu übernehmen. Aber auch in Polen hat sich ein Generationswechsel vollzogen und der nach wie vor sehr intensiven Beschäftigung mit den Deutschen in Polen eine andere Richtung gegeben. Die Deutschen im Lande werden nicht mehr als unerwünschte Fremdkörper, sondern als integraler Teil der eigenen Geschichte gesehen, und auch das polnische Verhalten gegenüber dieser Gruppe in der Vergangenheit wird kritisch beleuchtet. Das vor wenigen Jahren neu gegründeten Deutsche Historische Institut in Warschau ist auf dem besten Wege, die notwendige Verbindungs- und Koordinationsfunktion zwischen beiden Ländern zu übernehmen.

Die »deutsche Geschichte in Polen und Litauen« ist nicht nur Teil der deutschen, sondern vor allem auch der polnischen und litauischen Vergangenheit und kann nur im Rahmen derselben behandelt werden. Dies machte eine umfangreichere Darstellung der Geschichte dieses Raums erforderlich, als sie bei vergleichbaren Arbeiten bisher üblich war. Bei aller angestrebten Zuverlässigkeit in den Angaben ist der Band aber nicht für Fachwissenschaftler, sondern für alle an diesem Thema Interessierten gedacht. Er erhebt deshalb auch nicht den Anspruch, alle Aspekte deutscher Geschichte dieses Raums zu behandeln oder eine ausführliche wissenschaftliche Geschichte Polens und Litauens zu ersetzen.

Die Autoren des Bandes waren bei der Abfassung ihrer Beiträge bestrebt, im Geiste von Richard Roepell, dem Verfasser einer der ersten, leider Fragment gebliebenen deutschen Darstellungen der polnischen Geschichte, in ihren Beiträgen die Eigentümlichkeiten der beschriebenen Völker, wie sie in ihrer staatlichen Organisation und deren Entwicklung sowie in allen anderen Lebensbereichen zutage kommen, aus der Geschichte so klar wie möglich hervortreten zu lassen, ohne durch subjektive Zutaten die Objektivität des Ganzen zu beeinträchtigen. Dabei ergaben sich aufgrund der noch größtenteils durch den 1990 verstorbenen Mainzer Osteuropahistoriker Gotthold

Rhode vorgenommenen Auswahl der Autoren durchaus unterschiedliche Akzente und Sichtweisen. Die vom Herausgeber in der Nachfolge Rhodes behandelte Geschichte vom Mittelalter bis zu den Polnischen Teilungen stellt die deutsche Geschichte in direkter Einbindung in die polnisch-litauische Gesamtgeschichte dar. Deutsche waren von Anbeginn in allen Schichten und Bereichen Polens und des über Jahrhunderte mit diesem verbundenen Litauen vertreten. Somit ist selbst die nicht unmittelbar auf sie bezogene Geschichte dieses Staates auch ihre Geschichte und wurde entsprechend ausführlich behandelt. Die Darstellung der Entwicklung von den Polnischen Teilungen bis zum Wiener Kongreß beschränkte Richard Breyer auf den preußischen Bereich, da Galizien ein eigener Band der Reihe gewidmet ist. Bei der Geschichte des preußischen Teilgebiets während des 19. Jahrhunderts hat sich Helmut Neubach in traditioneller Weise vor allem den politischen Entwicklungen gewidmet, während der Posener Historiker Krzysztof Makowski, eigene Forschungsergebnisse verwertend, einen vor allem sozialgeschichtlich orientierten Ansatz präsentiert und Ulrich Haustein die Assimilation der Posener Juden verständlich werden läßt.

Bei der Entwicklung im russischen Teilgebiet Polens zwischen 1815 und 1914 fiel die Darstellung der politischen Entwicklung Czaba János Kenéz zu, während die spezifisch deutschen Entwicklungen, insbesondere auch das Verhältnis Deutsche und Juden in Kongreßpolen, von Richard Breyer bearbeitet wurden, bezüglich des Lodzer Industriegebiets mit Ergänzungen des Herausgebers.

Die Darstellung der deutsch-polnischen Geschichte seit dem Ersten Weltkrieg bis 1945 wurde von Richard Breyer gemeinsam mit dem Herausgeber verfaßt. Ersterer widmete sich dabei besonders den Verhältnissen in Mittelpolen, wobei er eigenes Erleben als Zeitzeuge mit der rückschauenden Erkenntnis und kritischen Sicht des Historikers verband. Die Zeit des Zweiten Weltkriegs mit deutscher Besatzungszeit, deutschen Terrormaßnahmen gegen Polen und Juden und am Ende Flucht und Vertreibung der Deutschen, von Richard Breyer, Wilfried Gerke und dem Herausgeber geschildert, erweist sich in der Gesamtschau als beispielloser und radikaler Bruch mit jeglicher Tradition menschlicher und staatlicher Beziehungen zwischen den Völkern dieses Raums.

Dies zeigt auch die Geschichte der Deutschen in Litauen, welche aufgrund einer Neukonzeption der Reihe nach dem Tod Gotthold Rhodes in diesen Band aufgenommen wurde. Der Beitrag von Harry Stossun zeichnet die Sonderentwicklung dieser kleinen und oft vergessenen Minderheit nach, wobei Gemeinsamkeiten, aber auch die Unterschiede zum Schicksal der Deutschen im benachbarten Polen deutlich werden.

Die Kenntnis der eigenen Geschichte wie der unserer Nachbarn ist Voraussetzung für eine gute Nachbarschaft in einem künftigen vereinten Europa. Wir finden in dieser Geschichte vieles bereits vor, was wir auch in Zukunft gut gebrauchen können. Was bei der Konzeption dieses Werkes vor Jahren bereits im Ansatz möglich war, die gemeinsame Darstellung dieser Geschichte durch Wissenschaftler der beteiligten Völker, ist für die Zukunft der einzig mögliche Weg, die auf allen Seiten verbreiteten Vorurteile und Mythen zu entkräften, getreu dem schon 1840 von Richard Roepell vertretenen Grundsatz: »Die Wissenschaft trennt die Nationen nicht, sie verbindet sie.«[7]

Polen vom Mittelalter bis zu den Polnischen Teilungen

JOACHIM ROGALL

Das piastische Polen

SLAWISCHE LANDNAHME UND DIE ANFÄNGE DES POLNISCHEN FÜRSTENSTAATES

Polen und Deutschland treten als Staaten fast gleichzeitig im 10. Jahrhundert in die Geschichte Europas ein, wobei aber zwischen beiden Staaten ein gewichtiger Unterschied besteht. Das ostfränkische Reich, für das seit der ersten Hälfte des 10. Jahrhunderts die Bezeichnung *regnum Teutonicorum,* Reich der Deutschen, aufzukommen beginnt, entstand auf römisch-karolingischem Fundament und besitzt damit eine über Jahrhunderte historisch gut bekannte Vorgeschichte; für die Frühzeit Polens gibt es dagegen nur wenige schriftliche Zeugnisse. Die Geschichte des polnischen Staates wie auch seiner Bewohner wird erst in der zweiten Hälfte des 10. Jahrhunderts historisch faßbar, und trotz aller archäologischen Funde und linguistischen Erkenntnisse bleibt die Zeit davor weitgehend im ungewissen.[1]

Wenn etwas quellenmäßig nicht belegt ist, bleibt viel Raum für Spekulationen und Theorien. So kamen seit dem 10. Jahrhundert deutsche und polnische Wissenschaftler teilweise zu diametral unterschiedlichen Ansichten über die Vorgeschichte des Raumes zwischen Oder und Weichsel, Ostsee und Karpaten. Mittlerweile hat sich die Diskussion durch die Beschränkung auf den kleinsten gemeinsamen Nenner allerdings weitgehend beruhigt. Unstrittig ist, daß zwischen 1200 und 500 v. Chr. dieses Gebiet zum Bereich der illyrischen »Lausitzer Kultur« gehörte. Der Name geht auf zunächst in der Lausitz entdeckte Gräberfelder mit Brandbestattungsritus zurück. Eine Wehrsiedlung der Lausitzer Zeit wurde in den dreißiger Jahren unseres Jahrhunderts bei dem Ort Biskupin nördlich von Gnesen entdeckt und inzwischen weitgehend rekonstruiert.

Die polnische Geschichtswissenschaft sah die Angehörigen der Lausitzer Kultur lange Zeit im Sinne einer historischen und territorialen Kontinuität als Urslawen und unmittelbare Vorfahren der späteren Polen an. Außerhalb Polens dagegen ging und geht man nach wie vor – unter anderem aufgrund sprachwissenschaftlicher Erkenntnisse – davon aus, daß die Urheimat der Slawen, zu deren westlicher Gruppe die Polen gehören, im Gebiet um Dnjepr und Pripjet, in jedem Falle aber östlich der Weichsel gelegen haben muß. Auch ist man heute von der Vorstellung eines slawischen Urvolks abgekommen. Vielmehr nimmt man an, daß sich »die Slawen« in dem genannten Gebiet in einer ersten Entwicklungsphase als sprachlich-ethnische Gemeinschaft bis etwa um das Jahr 400 n. Chr. auf der Grundlage unterschiedlicher, sich gegenseitig überlagernder kultureller Einflüsse entwickelten. In einer zweiten Phase folgte dann ihre Ausdehnung nach Westen, Norden und Osten bei gleichzeitiger allmählicher sprachlicher Differenzierung. Diese sogenannte slawische Landnahme erstreckte sich über einen Zeitraum von fast vierhundert Jahren und verlief analog zur Völkerwanderung der germanischen Stämme.[2] In dem Gebiet zwischen Weichsel und Oder, Karpaten und Ostsee war die Lausitzer Kultur nach 500 v. Chr. durch Skythen und Kelten, in den spätantiken

Quellen »Veneter« genannt, verdrängt worden. Die Veneter ihrerseits mußten in den ersten Jahrhunderten nach Beginn unserer Zeitrechnung aus Skandinavien einwandernden ostgermanischen Stämmen wie den Sueben, Goten, Gepiden, Vandalen und Burgundern weichen. Die Siedlung der Germanen in diesem von riesigen Wäldern und Sümpfen bedeckten Gebiet war jedoch vermutlich nicht allzu intensiv und dürfte sich auf relativ wenige Siedlungsinseln beschränkt haben. Im Verlauf der Völkerwanderung zogen diese Ostgermanen etwa im vierten nachchristlichen Jahrhundert zum größten Teil nach Süden und Südosten weiter. An ihre Stelle traten von Osten einwandernde Slawen, welche die verbliebenen germanischen Bevölkerungsteile in sich aufnahmen und größere Siedlungsbereiche erschlossen.

Man kann sich heute kaum noch vorstellen, wie erbittert und ernsthaft aufgrund dieser Zu- und Abwanderungsbewegungen von deutschen und polnischen Wissenschaftlern bis in die zweite Hälfte des 20. Jahrhunderts sogenannte historische oder ältere Rechte auf bestimmte Gebiete geltend gemacht wurden. Dabei erklärte man auf deutscher Seite die ostgermanischen Stämme zu Vorfahren der Deutschen, auf polnischer Seite die Lausitzer und Veneter zu Vorfahren der Polen, was historisch gesehen Unsinn ist. Konkrete politische Besitzansprüche, zuletzt beispielsweise die Legitimierung oder Infragestellung des polnischen Staatsgebiets nach 1945, waren der eigentliche Hintergrund. Die historische Forschung wurde dabei von beiden Seiten instrumentalisiert und stellte sich zumindest teilweise auch bereitwillig in den Dienst der so verstandenen »nationalen Interessen«.

Auf der Grundlage von Großfamilien oder Sippen entstanden innerhalb der einzelnen slawischen Stammesorganisationen Dörfer und durch hölzerne Befestigungen gesicherte Burgbezirke, denen adlige Führer mit einer militärischen Gefolgschaft vorstanden. Bis zum Ende des 8. Jahrhunderts hatte sich das slawische Siedlungsgebiet im Nordwesten bis an die untere Elbe und den oberen Main ausgedehnt. Hier grenzte es nun an das infolge der Völkerwanderung entstandene geschlossene germanische Siedlungsgebiet. Nachdem Karl der Große (768–814) um das Jahr 800 mit der Unterwerfung und Christianisierung der Sachsen die germanischen Stämme des europäischen Festlandes im Frankenreich vereinigt hatte, bildete die Ostgrenze des germanischen Siedlungsgebietes gleichzeitig diejenige des Karolingerreiches und des christlichen Abendlandes. Näheres über die slawischen Stämme östlich der Elbe-Saale-Linie erfahren wir daher erstmals im Zusammenhang mit der östlichen Grenzsicherung des Frankenreiches. Diese erfolgte gegenüber den heidnischen Gebieten durch Einrichtung von Grenzmarken, die eine Doppelfunktion als vorgelagerte Schutzzonen der Außengrenzen und als Ausgangsbasen für die weitere Expansion des Reiches besaßen. Karl dem Großen gelang es, im Südosten das weite Teile Osteuropas beherrschende Reitervolk der Awaren, dessen Herrschaftszentrum im Gebiet des späteren Ungarn lag, zu besiegen und sich im Nordosten die Slawenstämme zwischen Elbe und Oder, die sogenannten Elb-Ostsee-Slawen, tributpflichtig zu machen. Eine endgültige Unterwerfung und Christianisierung der letzteren erfolgte aber noch nicht. Dafür mag unter anderem die unsichere Lage der Ausgangsbasis im gerade erst unterworfenen Sachsengebiet verantwortlich gewesen sein. Dennoch muß die kulturelle und politische Ausstrahlung des Frankenreiches sehr stark und insbesondere die Herrscherpersönlichkeit Karls des Großen für die Slawen sehr imponierend gewesen sein, wie die Übernahme des Namens Karl als Bezeichnung für »König« in allen slawischen Sprachen, im Polnischen als *król*, zeigt. Gleichzeitig ist dies ein Hinweis darauf, daß die sprachliche Differenzierung der verschiedenen slawischen Gruppen um diese Zeit noch nicht abgeschlossen gewesen sein kann. Diese wurde erst nach der endgültigen Seßhaftwerdung der slawischen Stämme allmählich vollendet.

Das Frankenreich besaß im Vergleich zu den slawischen Gebieten Ostmitteleuropas einen Entwicklungsvorsprung sowohl in kultureller und wirtschaftlicher als auch in politischer und militärischer Hinsicht. Dieser beruhte auf der Übernahme und Weiterentwicklung des römisch-christlichen Erbes. Selbst innerhalb des Frankenreiches bestand eine erhebliche zivilisatorische Differenz zwischen den Gebieten westlich und östlich des Rheins beziehungsweise des früheren römischen Limes. Der Gegensatz zwischen der römisch-germanisch-christlichen und der slawisch-heidnischen Welt wurde auch sprachlich erlebt. »Slawen« beziehungsweise »Wenden« (= Veneter, deren Namen die Germanen auf die Slawen übertragen hatten) war die fränkisch-deutsche Sammelbezeichnung für die Sprachengemeinschaft jenseits der östlichen Grenze des Karolingerreiches, ungeachtet aller innerslawischen Stammesunterschiede. Sie lebt noch heute im niedersächsischen »Wendland« fort, das wie viele andere geographische Bezeichnungen – Flußnamen wie Regnitz oder Städtenamen wie Lübeck etwa – an die westlichsten Ausläufer der slawischen Landnahme erinnert.

Auch die slawische Bezeichnung für die Deutschen leitete sich von deren Sprache ab, sie wurden als die »Stummen«, des Slawischen nicht Kundigen (im Polnischen *niemcy*), bezeichnet.

Nach Abschluß der slawischen Landnahme wurden im 9. Jahrhundert im Gebiet des späteren Polen die ersten Ansätze zu größeren Herrschaftsbildungen erkennbar, die über die ursprüngliche Burgbezirks- und Stammesorganisation hinausgingen. So erwähnte ein Regensburger Mönch, der »Bairische Geograph«, um die Mitte des 9. Jahrhunderts in einer Aufzählung östlicher Völker unter anderem einen Stamm der »Wislanen« an der oberen Weichsel unter einem mächtigen heidnischen Fürsten. Als dessen Herrschaftszentrum nannte er Krakau am Fernhandelsweg von Kiew nach Prag. Damit ist aber unser Wissen über diesen Staat der Wislanen bereits erschöpft. Über seine weitere Entwicklung ist lediglich bekannt, daß er gegen Ende des 9. Jahrhunderts zunächst unter die Herrschaft des benachbarten Großmährischen Reiches und danach in die Abhängigkeit Böhmens geriet.

Auch die Anfänge eines zweiten Herrschaftszentrums an den Flüssen Netze und Warthe, im Siedlungsgebiet der Polanen, was »Feldbewohner« bedeutet, können anhand von Ausgrabungen und aus späterer Zeit stammenden Sagen nur vage erschlossen werden. Danach vollzog sich in diesem später Großpolen genannten Raum seit dem Ende des 9. Jahrhunderts der Aufstieg der nach einem legendären Stammvater Piast benannten Herrscherdynastie der Piasten mit den ersten Fürsten Siemowit, Leszek und

Siemomysl. Ausgangspunkt war das Stammeszentrum Gnesen. Die Grundlage für die Entwicklung dieses offenbar rasch expandierenden Staatswesens bildeten zum einen die wirtschaftlich einträglichen Fernhandelsbeziehungen Großpolens, vor allem nach Skandinavien, dem Kiewer Reich und Byzanz, die durch eine große Zahl von Schatz- und Münzfunden belegt sind;[3] zum anderen erfolgte die Stärkung der fürstlichen Macht aber auch durch den Bau von Wehrsiedlungen und die Ausbildung einer besonderen Kriegertruppe, womit eine militärische Überlegenheit gegenüber den Nachbarstämmen geschaffen wurde. Dies wiederum ermöglichte die Ausschaltung von Konkurrenten und die gewaltsame Ausdehnung des Herrschaftsbereiches. In der aus späterer Zeit überlieferten Sage vom Untergang einer vorpiastischen Dynastie im östlich von Gnesen gelegenen Raum um Kruschwitz am Goplosee unter König Popiel spiegelt sich diese Entwicklung. Hinweise darauf geben aber auch zahlreiche Burganlagen in Polen aus dem 9. und frühen 10. Jahrhundert.

Die vor allem im 19. Jahrhundert von einigen polnischen und deutschen Forschern vertretene Theorie einer polnischen »Staatsgründung von außen« durch nordgermanische Wikinger, analog zur Warägerherrschaft in Altrußland, hat der kritischen Forschung nicht standgehalten.

DIE ZEIT DER ERSTEN PIASTEN

Um die Mitte des 10. Jahrhunderts ist der frühe polnische Piastenstaat bereits vollständig ausgebildet. Sein erster historisch bezeugter Herrscher ist ein Fürst namens Mieszko, in zeitgenössischen Quellen auch als Miseco oder Misaca bezeichnet. In dem Bericht des jüdischen, aus dem maurischen Spanien stammenden Kaufmanns Ibrahim Ibn Jaqub vom Jahre 963 über die östlichen Nachbarn des ottonischen Reiches wird das Land des Königs Meschequo als das größte und reichste der Slawenländer beschrieben. Weist schon der Beruf des Berichterstatters auf die Fernhandelsbeziehungen des frühen polnischen Staates hin, so bezeugen seine Ausführungen eine hohe staatliche Organisationsform mit entwickeltem Steuersystem und umfangreichem Militärapparat des Herrschers: »Er zieht die Abgaben in gemünztem Geld ein, und dies bildet den Unterhalt seiner Männer. Jeder bekommt jeden Monat eine bestimmte Summe davon. Er hat dreitausend gepanzerte Krieger, deren eine Hundertschaft zehn Hundertschaften bei anderen entspricht.«[4]

In Mieszko I. (963–992) tritt uns aus den Quellen eine Persönlichkeit mit Weitblick und Tatkraft entgegen. Für die Entwicklung des jungen polnischen Staates erwies sich dies als ausgesprochener Glücksfall, denn der polnische Herrschaftsbereich kam infolge seiner Ausweitung im Westen bis an die mittlere Oder in unmittelbare Nachbarschaft zum ostfränkisch-deutschen Reich. Dieses führte die bereits von Karl dem Großen begonnene Politik fort, seine Ostgrenze gegen die slawischen Stämme zwischen Elbe und Oder zu sichern beziehungsweise auf deren Kosten auszudehnen. Im Gegensatz zur karolingischen Zeit, als es primär um die Grenzsicherung ging, war nun die Eroberung und Eingliederung der angrenzenden slawischen Gebiete in den eigenen Herrschaftsbereich, verbunden mit ihrer Christianisierung, das vorrangige Ziel. Diese Entwicklung war auf die Verlagerung des Machtzentrums des Reiches in den Nordosten zurückzuführen, wodurch die sächsischen Ottonen in die unmittelbare Nachbarschaft zu den heidnisch-slawischen Gebieten kamen. Kaiser Otto I. (936–973) setzte an der Ostgrenze mit Gero und Hermann Billung zwei besonders befähigte und energische Markgrafen ein, welche den Widerstand der Elb- und Ostsee-Slawen brechen sollten. Dies gelang zunächst und auf Dauer nur in den sorbischen Gebieten um Meißen und in der Lausitz. Im größeren Teil des Landes zwischen Elbe und Oder hingegen konnte die deutsche Herrschaft im 10. Jahrhundert noch nicht als endgültig gefestigt gelten. Angesichts der erdrückenden Überlegenheit des Reiches war aber bei Fortführung dieser Politik am Erfolg letztlich kein Zweifel möglich.[5]

Mieszko erkannte, daß er bezüglich der Herrschaftsausdehnung über die Elb-Ostsee-Slawen nicht ernsthaft mit dem ottonischen Reich konkurrieren konnte, ja mehr noch, daß seine eigene Herrschaft gefährdet war. Mieszko selbst wurde im Jahre 963, dem ersten historisch verbürgten Datum der polnischen Geschichte, nach militärischen Zusammenstößen im Oder-Warthe-Gebiet mit Vertretern des Reiches durch den Markgrafen Gero in ein nicht gänzlich geklärtes Abhängigkeitsverhältnis gebracht. Er war seither zu Tributzahlungen an den Kaiser für den westlichen Teil seines Staatsgebietes verpflichtet.[6] Mieszkos Konsequenz aus diesen Erfahrungen war die Sicherung seiner Herrschaft durch eine Reihe weitreichender Maßnahmen. Die erste bestand in der Anerkennung des kaiserlichen Universalanspruchs durch Aufnahme besonderer Beziehungen als »Freund« und »Getreuer« zu Kaiser Otto I., der die Erneuerung des Reiches, die *renovatio imperii,* in römisch-karolingischer Tradition betrieb. Zu dieser Tradition gehörte auch die Heidenmission, welche Otto I. in den slawischen Gebieten westlich der Oder schon durch Gründung der Bistümer Brandenburg und Havelberg im Jahre 948 vorangetrieben hatte. Ottos Absicht, in Magdeburg ein Missionserzbistum auch für die Gebiete östlich der Oder zu schaffen, war Mieszko durch seine Verbindung zum Kaiserhof mit Sicherheit bekannt. Damit wäre sein Herrschaftsbereich, der zumindest schon teilweise politisch abhängig war, auch noch unter den Einfluß der Reichskirche geraten, und das hätte vielleicht, wie im benachbarten Böhmen geschehen, die vollständige Eingliederung in das Reich nach sich gezogen. Mieszko verhinderte eine entsprechende Entwicklung, indem er selbst im Jahre 966 die Initiative zur Annahme des Christentums ergriff. Vorausgegangen war die Eheschließung mit Dubrava aus dem böhmischen Herrschergeschlecht der Przemysliden. Die Christianisierung Polens erfolgte deshalb über Böhmen und damit nur mittelbar durch die Reichskirche, denn bis zur Gründung des Bistums Prag und dessen Eingliederung in die Diözese Mainz im Jahre 973 gehörte Böhmen zur Diözese Regensburg. Es gibt Anhaltspunkte dafür, daß die Taufe Mieszkos I. in Regensburg durch den dortigen Bischof Michael erfolgte.

Die Übernahme des Christentums in seiner westlich-römischen Form war entscheidend für die weitere Geschichte des Landes bis heute, denn sie machte Polen einschließlich seiner künftigen östlichen Gebietserwerbungen zu einem festen Bestandteil des

Das von Christian Daniel Rauch im Auftrag des Grafen Edward Raczyński 1837 geschaffene Denkmal der beiden ersten historischen Polenherrscher Mieszko I. und Boleslaw I. befindet sich in der Goldenen Kapelle des Posener Doms. Am Wettbewerb für die Errichtung des Denkmals hatte sich auch Karl Friedrich Schinkel mit einem Entwurf beteiligt. Für das polnische Nationaldenkmal stifteten neben polnischen und deutschen Einwohnern der Provinz der preußische König und der russische Zar bedeutende Summen.

Staat Mieszkos I. um 990

Eroberungen Boleslaw Chrobrys 999–1018

Grenze des Königreichs Polen 1025

Grenze Polens beim Regierungsantritt Kasimiers des Erneuerers um 1040

Grenze Polens unter Boleslaw III. 1138

Erzbistum Gnesen im Jahre 1000

Suffraganbistümer im Jahre 1000

Der frühe Piastenstaat Polen

West- und Mitteleuropa umfassenden lateinisch-christlichen Kulturkreises. Im Gefolge der Christianisierung kamen auch die ersten Deutschen in das Land, denn die Ausbreitung des neuen Glaubens, welche nach dem formalen Akt der Taufe des Fürsten und seiner Gefolgschaft erst begann, bedingte den Aufbau einer Kirchenorganisation, der aus eigenen Kräften nicht zu leisten war. So wurden zahlreiche romanische und deutsche Priester und Mönche ins Land gerufen, welche nicht nur am Hof und in den geistlichen Zentren, sondern im ganzen Herrschaftsgebiet tätig wurden. Dabei ist immer zu berücksichtigen, daß zu dieser Zeit das Gebiet noch sehr dünn besiedelt war und das Leben sich in kleineren oder größeren Siedlungsinseln abspielte.

Der Initiative Mieszkos entsprang die Aufnahme direkter Beziehungen zum Papst, welche im Jahre 968 zur Gründung eines diesem unmittelbar unterstehenden Missionsbistums in Posen mit nur lockerer Bindung zum gleichzeitig eingerichteten Erzbistum Magdeburg führten. Diese organisatorische Eigenständigkeit bedeutete aber nicht den völligen Verzicht auf kirchliche Verbindungen zum Reich und die weitere Heranziehung deutscher Kleriker. Die ersten Bischöfe des Posener Bistums waren Deutsche.

Politisch wie kirchlich hatte sich Mieszko I. bei der mit der Taufe erfolgten Einbeziehung Polens in das christliche Abendland eine weitgehende Selbständigkeit bewahrt, und er hat seine Herrschaft nach innen wie nach außen beträchtlich festigen können. Die eng dem Herrscher verbundene Kirche mit ihrer straffen, hierarchischen Organisation bildete eine starke Klammer, was mit dazu beitrug, die unterschiedlichen Stammesgebiete zu einigen, aus denen sich der frühe Piastenstaat zusammensetzte.[7] Daß dies nicht in Konfrontation, sondern in Kooperation mit dem Reich erfolgte, war im diplomatischen Geschick des Polenherrschers wie in der christlichen Universalpolitik Ottos I. und seiner Nachfolger begründet, aber konkret auch in einer dramatischen Veränderung der Machtverhältnisse im Elbe-Oder-Gebiet.

Das christliche Polen wurde ein wichtiger Bündnispartner des Reiches bei der endgültigen Unterwerfung und Missionierung der Elb-Ostsee-Slawen, die im Jahre 983 in einem großen Aufstand die deutsche politische und kirchliche Herrschaft in diesem Gebiet für mehr als hundert Jahre wieder abgeschüttelt hatten. Diese Schwächung der Ostgrenze des Reiches ermöglichte es Mieszko, seinen Herrschaftsbereich nach Norden und Süden auszudehnen. Im Norden konnte er die heidnischen Pomoranen an der Ostseeküste zwischen Oder und Weichsel unterwerfen, im Süden den böhmischen Herrschern Schlesien und das Land der Wislanen mit Krakau, später Kleinpolen genannt, abnehmen. In der seither zum konstanten Faktor der polnisch-böhmischen Beziehungen gewordenen Rivalität beider westslawischen Staaten konnte sich Mieszko die Unterstützung der Ottonen sichern, zu denen er auf dem Hoftag von Quedlinburg im Jahre 986 in ein Lehnsverhältnis getreten war. Die Ottonen waren an einem Gleichgewicht der Kräfte in diesem Raum interessiert, das durch eine zu starke Stellung Böhmens gestört gewesen wäre.

Als letzten Schritt zur Sicherung seines bedeutend erweiterten Machtbereichs, der sich nun zwischen Oder und Bug, Ostsee und Karpaten erstreckte, übertrug Mieszko I. das Land um das Jahr 990, also zwei Jahre vor seinem Tode im Jahre 992, als Schenkung dem Heiligen Stuhl. Hierdurch wurde der Papst zum *patronus et adiutor*, zum Schutzherrn und Garanten Polens. Später sollte dieses besondere Verhältnis zum Heiligen Stuhl seinen Ausdruck in der von Polen abgeführten Steuer des Peterspfennigs finden. Der Landesname »Polen« taucht allerdings noch nicht auf, es ist vom »Staat des Mieszko« beziehungsweise vom »Staat Gnesen« nach dem Hauptsitz des Herrschers die Rede.[8]

Mieszkos ältester Sohn und Nachfolger Boleslaw I. (992–1025), genannt der Tapfere (polnisch Chrobry), führte die Politik seines Vaters mit großer Energie fort. Auch ergriff er die Initiative zur Heidenbekehrung, obgleich das Christentum in Polen selbst erst eine Sache der Oberschicht war und noch lange nicht das ganze Volk durchdrungen hatte. Neben einem ausgeprägten christlichen Sendungsbewußtsein stand dahinter auch die politische Motivation, den eigenen Herrschaftsbereich zu erweitern. In seinem Auftrag unternahm der aus böhmischem Adel stammende Bischof Adalbert (tschechisch Vojtech, polnisch Wojciech) im Jahre 997 eine Missionsreise in das zwischen Weichsel und Memel gelegene Land der heidnischen Prußen, einem baltischen Volksstamm. Der Bekehrungsversuch scheiterte, und Adalbert fand durch die Hand der Prußen den Tod. Dennoch war die Unternehmung für Boleslaw und Polen von großem Nutzen. Indem er die Gebeine des im christlichen Europa hochangesehenen und alsbald heiliggesprochenen Märtyrers den Prußen abkaufen und in Gnesen beisetzen ließ, gab Boleslaw Polen einen ersten Nationalheiligen und erwarb sich den Ruhm eines *rex christianissimus.*

Im Jahre 1000 pilgerte der jugendliche Kaiser Otto III. (983–1002) nach Gnesen zum Grab seines Freundes Adalbert. In Otto III. begegnet uns der entschiedenste Vertreter der Idee eines christlichen Universalreiches, das nach seinen Vorstellungen unter der Herrschaft des Kaisers die gleichberechtigte »Familie der Könige« der Roma, Gallia, Germania und Sclavinia umfassen sollte. Der Staat Boleslaws, mit der Sclavinia gleichgesetzt, erfährt durch diese Konzeption eine ganz besondere Aufwertung. Dies mag in einer Geistesverwandschaft zwischen Otto III. und Boleslaw I. begründet gewesen sein, deren Vorstellungen vom Imperium Romanum Christianum ganz offensichtlich weitgehend übereinstimmten. Ein geradezu herzliches Verhältnis zwischen beiden Herrschern prägte Ottos Besuch in Gnesen, bei welchem er Boleslaw als »Freund und Bundesgenossen des römischen Volkes« sowie als »Bruder und Mithelfer im Reich« bezeichnete. Die 1113, also rund hundert Jahre später entstandene Chronik eines vermutlich aus Lüttich stammenden Mönches, des sogenannten Gallus Anonymus, berichtet von dem beeindruckenden Prunk, welchen Boleslaw für den kaiserlichen Gast entfaltete.[9] Eine Krönung Boleslaws zum König erfolgte bei dieser Gelegenheit nicht. Ein Geschenk des Kaisers, die Nachbildung der Lanze des heiligen Mauritius mit einem Nagel vom Kreuze Christi, bildete aber später einen Teil der polnischen Krönungsinsignien. Der für Boleslaw wichtigste Erfolg des Gnesener Treffens war zweifellos die mit Genehmigung des Papstes durch Otto vorgenommene Erhebung Gnesens zum Erzbistum, womit die vollständige kirchliche Selbständigkeit Polens erreicht war. Die neue Kirchenprovinz faßte mit den Bistümern Krakau, Kolberg und Breslau als Suffragane die Länder Boleslaws auch kirchlich zu einer Einheit zusammen.

Nach dem frühen Tode Kaiser Ottos III. im Jahre 1002 hielt Boleslaw an dessen Imperiumskonzept und seiner vorgesehenen Aufgabe als östlichem Pfeiler fest. Dies hinderte ihn aber nicht, zur Durchsetzung seiner machtpolitischen Interessen kriegerische Auseinandersetzungen mit dem deutschen Reich König Heinrichs II. zu führen. Für ihn war unter der kaiserlichen Oberherrschaft die Sclavinia/Polonia mit der Germania/Teutonica gleichrangig. Boleslaw strebte danach, im Westen nicht nur die Lausitz und einen Teil der Mark Meißen, sondern auch die Herrschaft über Böhmen zu gewinnen. Seine Weigerung, Heinrich II. für Böhmen den Lehnseid zu leisten, führte in den Jahren 1002 bis 1018 zu drei Kriegen gegen das Reich. Diese wurden früher oft fälschlich als deutsch-polnische Kämpfe gedeutet, obgleich nationale Motive hier keine Rolle spielten. Kaiser Heinrich II. verbündete sich gegen den Polenherrscher zeitweise mit dem heidnischen westslawischen Stamm der Liutizen, was zeigt, daß es noch keine gemeinsame slawische Abwehr gegen einen »deutschen Drang nach Osten« gab. Der polnische Herrscher mit seinem Expansionsdrang erschien den Elb-Ostsee-Slawen nicht weniger bedrohlich als das deutsche Reich. Im übrigen mißfiel das Bündnis des Kaisers mit den heidnischen Slawen gegen den christlichen Polenfürsten den deutschen Zeitgenossen sehr. Unmittelbar nach Beendigung der Kämpfe zwischen dem Reich und Boleslaw erhielt dieser für seinen Feldzug gegen Kiew deutsche Militärhilfe in Gestalt von dreihundert Rittern. Entkräftet werden die Argumente bezüglich eines nationalen Motivs der Auseinandersetzungen nicht zuletzt durch das überaus dichte Beziehungsgeflecht, welches zwischen den politischen Eliten Polens und des Reiches bestand und sich unter anderem in zahlreichen Heiratsverbindungen zeigte.

Dynastische Verbindungen nach Deutschland bestanden bereits seit Mieszko I., der im Jahre 980 in zweiter Ehe Oda, eine Tochter des Markgrafen Dietrich von der Nordmark, zur Frau genommen hatte. Diese gehört damit zu den ersten namentlich bekannten Deutschen in Polen.[10] Mieszkos Sohn und Nachfolger Boleslaw I. hatte in erster Ehe eine Tochter des Markgrafen Rikdag von Meißen und in vierter Ehe die Tochter des Markgrafen Ekkehard von Meißen, Oda, zur Gemahlin. Durch die Vermählung von Boleslaws I. Sohn mit Richeza, der Nichte Kaiser Ottos III. und Tochter des Pfalzgrafen bei Rhein, nahmen die Piasten sogar verwandtschaftliche Beziehungen zum sächsischen Kaiserhaus auf und waren damit in die höchsten Kreise des europäischen Hochadels aufgestiegen.

Nach wechselhaften Kämpfen wurde Boleslaw I. im Frieden von Bautzen 1018 die Herrschaft über die Lausitz und das Milzener Land zugesprochen und sein Vasallenverhältnis beendet. Seine Ambitionen bezüglich Böhmens waren jedoch gescheitert. Ähnlich erging es ihm auch mit seiner Ostpolitik. Der mit deutschen und ungarischen Hilfstruppen geführte Feldzug gegen Kiew im Jahre 1018 brachte zwar den Erwerb der zwischen den Flüssen Wieprz und Bug gelegenen czerwenischen Burgen, aber keinen dauerhaften Einfluß in der Rus oder gar die Herrschaft über das Kiewer Reich.

Kurz vor seinem Tod im Jahre 1025 erreichte Boleslaw I. noch die Krönung als König von Polen, womit seine herausragende Stellung unter den slawischen Herrschern, ganz im Sinne Ottos III., auch die förmliche Bestätigung fand. Trotz seiner unbestreitbaren Erfolge als Feldherr und Politiker bleibt sein Bild in der Geschichte aber zwiespältig, denn mit seinen weitreichenden, fast maßlos erscheinenden Plänen überschätzte er ganz offensichtlich die Kräfte seines jungen Staates erheblich. Keine seiner Eroberungen war von langer Dauer, sie machten aber mit Ausnahme Ungarns alle Nachbarstaaten zu Feinden Polens. Dies sollte sich nach Boleslaws Tod als verhängnisvoll erweisen.

Ein bedeutendes Ergebnis der kriegerischen Machtpolitik Boleslaws war hingegen die Entstehung eines Gemeinschaftsbewußtseins innerhalb der sich entwickelnden Oberschicht der polnischen Kerngebiete als *natio Polonia*.[11] Dieses mittelalterliche Nationsgefühl war im Gegensatz zum heutigen Nationalbewußtsein aber noch nicht in erster Linie ethnisch-sprachlich, sondern vor allem politisch-dynastisch begründet und wurde durch die kirchenorganisatorische Zusammenfassung im Gnesener Erzbistum verstärkt. Träger dieses Nationsbewußtseins waren die politischen Führungsgruppen in Staat und Kirche, also der Fürst und seine Gefolgschaft, der Klerus und die Adelsfamilien, womit auch die zu diesen Gruppen gehörenden eingewanderten Deutschen einbezogen waren.[12]

Politisch und kulturell in regem Austausch mit seinen Nachbarn stehend, nahm der frühe Piastenstaat bereits unter seinen ersten historischen Herrschern einen bedeutenden Platz unter den europäischen Mächten ein. Heiratsverbindungen der Piasten mit Adelsfamilien des Reiches, aber auch mit den böhmischen Przemysliden, den ungarischen Arpaden, den russischen Rjurikiden, den dänischen und schwedischen Herrscherhäusern trugen ebenso dazu bei wie Kontakte zu deutschen, französischen oder italienischen Klöstern und geistlichen Zentren wie Fulda, Dijon oder Rom. Der Piastenhof, unter Mieszko I. vermutlich in Posen, unter Boleslaw zumindest zeitweise auch in Gnesen, stand als kulturelles Zentrum kaum hinter westeuropäischen Fürstenhöfen zurück. Von Boleslaw Chrobry ist bekannt, daß er zumindest des Lateinischen, vermutlich auch des Deutschen mächtig war, und sein Sohn Mieszko II. konnte für damalige Verhältnisse als ausgesprochen gebildet gelten. Er beherrschte Griechisch, Latein und Deutsch, und seine Liebe zu Büchern war berühmt. Die Kinder Mieszkos II. und seiner deutschen Frau Richeza wurden zeitweise an Klosterschulen in Deutschland unterrichtet. Aber auch andere Vertreter der polnischen Oberschicht gingen für längere oder kürzere Zeit nach Deutschland oder in andere westliche Länder und brachten von dort Kenntnisse und Fertigkeiten mit.

Trotz aller genannten Nähe und Ähnlichkeit der politischen und gesellschaftlichen Strukturen bestand zu jener Zeit zwischen Deutschland und Polen wie generell zwischen dem Westen und Osten Europas ein Entwicklungsgefälle. Die daraus resultierenden starken westlichen, sehr häufig deutschen Einflüsse auf die kulturelle Entwicklung Polens, welche mit der Christianisierung eingesetzt hatten und seither nicht mehr abrissen, sind bisweilen auch als »geistige Kolonisation« bezeichnet worden.[13] Dies ist aber mißverständlich. Die östlichen Nachbarn der Deutschen waren keine unzivilisierten Wilden, die nur mit fremder Hilfe eine höhere Stufe der Entwicklung erklimmen konnten. Vielmehr ging die Initiative zur Übernahme westlicher Entwicklungen im Falle Polens vom Lande selbst aus, dessen Oberschicht – selbst schon auf einer höheren Ent-

Die Landschaft im südpolnischen Beskidenvorland ist bis heute gepägt durch die im Zuge der mittelalterlichen Kolonisation zu deutschem Recht entstandenen Waldhufendörfer und deren schmale, in langen Streifen verlaufende Felder.

Die aus der ersten Hälfte des 12. Jahrhunderts stammenden romanischen Bronzetüren des Gnesener Doms gehören zu den bedeutendsten Kunstwerken Polens. Sie wurden vermutlich in Magdeburg gefertigt und zeigen auf achtzehn rechteckigen Reliefbildern die Vita des heiligen Adalbert. So finden sich darauf neben dem Preußenapostel und Märtyrer auch Kaiser Otto III., der Polenherrscher Boleslaw Chrobry sowie die erste Darstellung der heidnischen Prußen, der Ureinwohner Ostpreußens.

wicklungsstufe als die übrige Bevölkerung stehend – in der Herbeirufung fremder Kulturvermittler die beste und schnellste Möglichkeit der Angleichung erkannt hatte.

Das Eigeninteresse des Landes am Aufholen des westlichen Entwicklungsvorsprungs war dabei im Mittelalter nicht weniger groß, als wir es in unseren Tagen erleben können. Es handelte sich auch nicht um ein einmaliges Aufholmanöver, sondern um einen ständig fortschreitenden, bis heute andauernden Prozeß. Italien, Frankreich und das westliche, das »römische« Deutschland bildeten traditionell das europäische Kulturzentrum, dessen schöpferische Kraft aus der Kontinuität des antiken Erbes entsprang. Die Deutschen gehörten also nur in ihrem westlichen Teil diesem Kulturzentrum an, von dem aus sich die Entwicklungsströme stets von neuem wellenförmig zur Peripherie hin ausbreiteten. Auch die Deutschen waren in ihren östlichen Gebieten zunächst die Empfangenden, dann erst die (Weiter-)Gebenden. In Polen hat es lange gedauert, bis man diese historisch-geographischen Gegebenheiten ohne Bitterkeit akzeptierte. Die aus der geographischen Randlage in Mitteleuropa resultierende verspätete Kulturentwicklung wurde dabei aus nationalem Stolz heraus oft fälschlich als kränkend und herabsetzend empfunden. Es kam zu teilweise sehr bemühten Versuchen, die kulturelle Eigenständigkeit nachzuweisen und die Bedeutung auswärtiger, insbesondere deutscher Einflüsse auf die eigene Kulturentwicklung herunterzuspielen. Dazu trug natürlich auch ein verbreitetes Kulturträgerbewußtsein der deutschen Nachbarn bei, gleichgültig, ob provokativ und kränkend geäußert oder nur unterschwellig spürbar. Nicht wenige Deutsche leiteten aus der Gunst ihrer geographischen Lage eine Begründung für nationale Überheblichkeit ab, und bezeichnenderweise pflegten dieselben deutschen Kreise häufig einen Germanenkult und versuchten, die Bedeutung des von ihnen als dekadent angesehenen römischen Erbes in Deutschland zu verleugnen. Tatsächlich waren die Deutschen seit dem Mittelalter gegenüber ihren östlichen Nachbarn »Kulturträger« im besten Sinne, nämlich die natürlichen Vermittler westlicher Entwicklungen in allen Bereichen. In gleicher Weise waren die Polen ihrerseits »Kulturträger« zu ihren östlichen Nachbarn. In beiden Fällen war dies zweifellos ein Verdienst, aber kein Grund für nationale Überheblichkeit.

Die Deutschen waren in Polen auch nicht die einzigen Kulturvermittler, außer ihnen spielten Italiener, Franzosen und Angehörige anderer Nationen seit dem Mittelalter diese Rolle, der Anteil der Deutschen war jedoch aufgrund ihrer direkten Nachbarschaft am größten. So orientierte sich die Verwaltung des Landes deutlich an karolingisch-ottonischen Vorbildern. Wichtigster Berater des Fürsten war der Palatin (*comes palatinus*), der stellvertretende Oberbefehlshaber über das Heer, später polnisch Wojewode genannt. Ferner gab es den Kanzler, den Mundschenk, den Unterkämmerer und andere aus dem Westen bekannte Ämter. Erste Steinbauten entstanden. Es waren dies zum einen Paläste für den Herrscher mit einer Kapelle als Mittelpunkt, wie sie beispielsweise in den Ausgrabungen auf der Lednitzer Insel bei Gnesen gefunden wurden, aber auch große Kirchen wie in Posen und Gnesen. Diese zeigen ebenso wie die romanischen Rotunden in Teschen, Krakau und Plock oder die Basilika in Tum bei Łęczyca deutlich den Einfluß italienischer und deutscher Handwerker.

HEIDNISCHE REAKTION, WIEDERAUFBAU UND KONSOLIDIERUNG

Nach dem machtpolitischen Höhenflug Boleslaws I. kam unter Mieszko II. (1025–1034) durch eine Folge empfindlicher Rückschläge der tiefe Fall. Zunächst noch mit seiner deutschen Frau Richeza zum König gekrönt, verlor Mieszko nach Kämpfen mit Kaiser Konrad II. (1024–1039) nicht nur die Herrschaft über die Lausitz und das Milzener Land, sondern 1033 auch die Königswürde. Nach seinem Tod im Jahre 1034 wurde das Land im Innern durch einen heidnisch motivierten Volksaufstand erschüttert. »Und es brachen große Unruhen in polnischen Landen aus, und die rebellierenden Menschen töteten die Bischöfe und Kapläne und ihre Herren«, berichtete der Chronist.[14]

Die heidnische Reaktion bekämpfte nicht nur die christliche Kirche, sondern auch die sie stützende und von ihr gestützte fürstliche Macht. In Opposition zu dieser Zentralgewalt stand auch ein Teil des Adels. Die Stellung des Fürsten in dieser frühpiastischen Zeit war zunächst fast absolut, der Einfluß des Adels gering. Allerdings ist schon in der frühesten polnischen Chronik von einer Gruppe angesehener Familien die Rede, welche dem Fürsten mit Rat und Tat zur Seite standen.[15] Aus der militärischen Gefolgschaft des Fürsten, die durch Landschenkungen auch Grundherrschaft erwarb, entstand neben diesen alten, grundbesitzenden Adelsfamilien allmählich ein territorialer Kriegeradel, der in den dynastischen Auseinandersetzungen der Piastenfamilie zunehmend einflußreicher wurde. Durch die Übertragung von Aufgaben bei der Landesverwaltung begann dieser niedere Adel wie der alteingesessene Hochadel Regionalinteressen zu vertreten und suchte auf seinem Besitz die Immunität vom fürstlichen Recht zu erreichen.[16]

Die innere Schwäche Polens ausnutzend, besetzten die Dänen Pommern, und Böhmen unternahm einen Kriegszug nach Großpolen, der einerseits als Gefahr von außen zu einer Beruhigung der inneren Verhältnisse, andererseits zur Verschleppung eines Teils der Bewohner Großpolens und der Gebeine des heiligen Adalberts nach Prag führte.

Als Richeza nach dem Tode Mieszkos II. im Jahre 1034 nach Deutschland ins Exil gegangen war, hatte sie ihren Sohn Kasimir dorthin mitgenommen. Nur mit Unterstützung seiner Verwandten, Kaiser Heinrichs III. und Jaroslavs von Kiew, gelang es Kasimir I. (1034/1039–1058), den Staat in seinen Kerngebieten Großpolen, Kleinpolen und Masowien wiederherzustellen, was ihm den Beinamen »der Erneuerer«, aber auch die Abhängigkeit vom Reich und von Kiew einbrachte. Vor allem der deutsche Einfluß am Hofe und in der Umgebung des Fürsten, der seinem Sohn sogar den deutschen Vornamen Hermann gab, nahm stark zu. Der Wiederaufbau der polnischen Kirche erfolgte mit besonderer Unterstützung des Erzbischofs Hermann von Köln, eines Onkels Kasimirs. Der Erzbischof schickte deutsche Priester und Mönche nach Polen, darunter auch Benediktiner aus der rheinischen Abtei Brauweiler bei Köln. Diese traten in die neu entstehenden Benediktinerklöster von Mogilno und Lubin in Großpolen, Tyniec und Sieciechów in Kleinpolen ein, deren Konvente nicht zuletzt deshalb lebhafte Kontakte nach Deutschland unterhielten.

Die um 1086 unter Wladyslaw Hermann errichtete Bruchsteinkirche Sankt Ägidius in Inowłódż (links) ist ein Beispiel für die von rheinischen Vorbildern beeinflußte sakrale Architektur nach dem Sieg des Christentums über die heidnische Reaktion.

In der um 1180 errichteten ehemaligen Klosterkirche der Norbertinerinnen in Strzelno in Kujawien wurden bei Restaurierungsarbeiten nach dem Zweiten Weltkrieg vier romanische Säulen mit reichem Reliefschmuck entdeckt (rechts). Die sechsundreißig menschlichen Figuren auf den mit Arkaden und Pflanzenfries verzierten Säulen stellen unter anderem Personifikationen von Tugenden und Sünden dar. Einige Forscher sehen in den abgebildeten Rittern, Frauen und Heiligen Illustrationen zu Texten der Hildegard von Bingen, ein Zeugnis für die intensiven Kontakte Polens mit dem Rheinland zu jener Zeit.

Das Machtzentrum des Landes verlagerte sich nun nach Krakau, wo auf dem Wawelhügel der Sieg des Christentums über die heidnische Reaktion durch einen imposanten Kirchenbau gefeiert wurde. Die in der zweiten Hälfte des 11. Jahrhunderts erbaute dreischiffige Basilika mit Querschiff und abgetrenntem Chorraum war deutlich von der rheinischen Romanik beeinflußt. Schlesien konnte 1050 gegen eine jährliche Tributzahlung an Böhmen zurückgewonnen werden, Pommern allerdings blieb verloren.

Um das Herrschaftsgebiet auch nach innen zu konsolidieren, verdichtete man das Netz der Burgbezirke, der sogenannten Kastellaneien, in welchen die Kastellane genannten Beamten des Herrschers residierten. Ihnen oblagen im Auftrag des Herrschers die Rechtsprechung, Verwaltung, Steuererhebung und Sicherung ihres Gebietes nach innen und außen. Zu ihrer Versorgung mußte der Landesausbau vorangetrieben werden, da die bisherige wirtschaftliche Grundlage sich als zu klein erwies zur Befriedigung der steigenden Bedürfnisse des fürstlichen Macht- und Verwaltungsapparates. Bei den Kastellaneiburgen und auf den großen Fürstengütern und in den neuerschlossenen Gebieten wurden sogenannte Dienstsiedlungen angelegt, deren Bewohner spezielle Versorgungsaufgaben übernahmen. Die Ansiedler stammten zum Teil aus den Altsiedlungsgebieten, teilweise handelte es sich auch um Kriegsgefangene. In den Ortsnamen finden sich häufig Hinweise auf den Beruf oder die Tätigkeit der Siedler, wie zum Beispiel Oborniki (Tierpfleger), Piekary (Bäcker), Sokolniki (Falkner) oder Winiary (Winzer).

Kasimirs Sohn Boleslaw II. (1058–1079), genannt der Kühne, wollte an die Großmachtpolitik seines Großvaters Chrobry anknüpfen, hatte allerdings keinen dauerhaften Erfolg. Die Schwächung des Kaisertums durch den Investiturstreit unter Heinrich IV. (1056–1106) und Erbstreitigkeiten der Nachbardynastien ausnutzend, versuchte er vergeblich, stärkeren Einfluß auf Böhmen, Ungarn und Kiew zu erlangen. Im Investiturstreit stand er auf seiten des Papstes gegen den Kaiser und konnte sich 1076, ein Jahr vor Heinrichs Gang nach Canossa, in Gnesen zum König krönen lassen. Im Innern spitzten sich die Auseinandersetzungen zwischen dem Fürsten und der immer mächtiger werdenden Adelsopposition, welche angesichts des neuerlichen Erstarkens der Zentralgewalt um ihre Rechte besorgt war, weiter zu. Ihren Höhepunkt stellte die Verurteilung des Krakauer Bischofs Stanislaus im Jahre 1079 dar, welcher des Hochverrats beschuldigt wurde. Boleslaw hatte für den Bischof die grausame Hinrichtung durch Abhacken der Glieder befohlen. Die Dauerkrise führte schließlich zu Boleslaws Sturz und seiner Flucht ins Exil, wo er um 1081 in Ungarn oder Kärnten an unbekanntem Ort starb. Der ermordete Bischof Stanislaus, 1253 heiliggesprochen, wurde zum Nationalheiligen Polens.

In der Folgezeit konnten die führenden Schichten des Landes ihre Stellung auf Kosten des Landesherrn weiter ausbauen. Streitigkeiten innerhalb des Adels prägten die Regierungszeit von Boleslaws schwächlichem Nachfolger Wladyslaw Hermann (1079 bis 1102). Dieser stand durch seine Gemahlin Judith-Maria, der Schwester Kaiser Heinrichs IV., in engster Beziehung zum deutschen Reich, konnte aber politisch kaum Einfluß gewinnen. Die tatsächliche Macht übten die Großadligen unter Führung des Palatins Sieciech aus.

Wladyslaw Hermanns Sohn und Nachfolger Boleslaw III., genannt Schiefmund (1102/1107–1138), in zweiter Ehe mit der Deutschen Salomea von Berg verheiratet, betrieb dagegen sowohl nach innen wie nach außen eine energische und geschickte Politik. Er machte sich nach Ausschaltung seines Bruders Zbigniew im Jahre 1107 zum Alleinherrscher und spielte die rivalisierenden Adelsfraktionen im Lande gegeneinander aus, wobei er sich auf den niederen Adel gegen die Magnaten stützte. Außenpolitisch konnte er sich von der Tributpflicht für Schlesien gegenüber Böhmen befreien und 1121 auch Pommern zurückerobern, für welches er aber Kaiser Heinrich V. (1106 bis 1125) Tribut leisten mußte. Von Heinrichs Nachfolger Lothar III. (1125–1137) erhielt er Pommern dann als Lehen übertragen.

In seiner am Hofe Boleslaws III. in Krakau verfaßten Chronik zeichnet der bereits genannte Gallus Anonymus ein idealistisches Bild des frühen Piastenstaates. In dieser Darstellung lassen die mächtigen Polenherrscher kaiserliche Hilfsforderungen nur für den gemeinsamen Schutz kirchlicher Interessen, aber nicht als Ausdruck einer Lehnsabhängigkeit gelten.[17] Dies entsprach wohl den Vorstellungen des Fürsten und seiner Berater, die damit an die Imperiumskonzeption Boleslaws I. und mittelbar auch Kaiser Ottos III. anknüpften.

VERLUST DER LANDESEINHEIT UND TEILSTAATEN

Die innere Verfassung des Piastenstaates war aber nicht so harmonisch, wie es die Aufzeichnungen des Gallus Anonymus suggerieren. Boleslaw III. war sich dessen auch zweifellos bewußt. Nachfolgekämpfe innerhalb der Piastendynastie hatten dem polnischen Staat der Frühzeit mehrfach ernste Herrschaftskrisen gebracht. Die Auseinandersetzungen mit seinem eigenen Bruder Zbigniew waren für Boleslaw III. ein warnendes Beispiel. Um künftigen Erbstreitigkeiten vorzubeugen, bestimmte er noch kurz vor seinem Tode 1138, das Land entsprechend den alten Stammesgebieten Schlesien, Masowien und Kujawien, Großpolen (ohne Gnesen) und östliches Kleinpolen unter seinen Söhnen aufzuteilen. Gleichzeitig wurde ein Senioratsprinzip eingeführt, nach welchem der älteste Sohn als Großfürst (*maximus dux*) zusätzlich noch das westliche Kleinpolen mit dem Hauptort Krakau, die Gebiete von Sieradz und Łęczyca, die Krönungsstadt Gnesen und die Oberherrschaft über Pommern erhalten sollte. Er hatte auch das Land nach außen zu vertreten und die landesfürstlichen Rechte bezüglich Verwaltung, Gericht, Münze und Heerwesen wahrzunehmen. Die Intention Boleslaws III., durch seine Senioratskonstruktion die Einheit von Dynastie und Reich zu erhalten, schlug jedoch in ihr Gegenteil um, nämlich die Aufteilung des Landes in immer kleinere Teilgebiete unter verschiedenen Piastenlinien auf der Grundlage der altpolnischen Stammesgebiete. Nur das Zugehörigkeitsgefühl zur gemeinsamen Piastendynastie, die kirchliche Organisation des Erzbistums Gnesen und ein wachsendes, die Teilgebiete übergreifendes ständisches Gemeinschaftsgefühl des polnischen Adels bildeten für die kommenden zweihundert Jahre noch eine Klammer um die auseinanderdriftenden polnischen Territorien.

Adel und Geistlichkeit vermochten in der Zeit der Teilstaaten ihren Einfluß auf Kosten der Landesherren auszuweiten. Insbesondere erreichte der landbesitzende Hochadel, die Magnaten, ein Mitspracherecht bei der Steuererhebung, die sich in der Zukunft als ein wichtiger Hebel zur Erlangung weiterer Privilegien erweisen sollte.

Die Domkapitel setzten zu Beginn des 13. Jahrhunderts gegen die fürstlichen Investituransprüche das Wahlrecht für die Bischöfe durch, und es entstand durch Schenkungen ein kirchlicher Grundbesitz mit Immunitätsrechten, wie sie der adlige Grundherr besaß. Allerdings bestand in Polen im Gegensatz zu Deutschland keine lehnsrechtliche Bindung und damit eigene Territorialherrschaft der Bischöfe.

Die Jahrzehnte von 1138 bis 1202 standen im Zeichen der Auseinandersetzungen der Söhne Boleslaws um das Seniorat. Dieses hatte zunächst der älteste Sohn Wladyslaw II. (1138–1146) inne, der versuchte, seine Herrschaft nach außen über verwandtschaftliche Beziehungen zum Kiewer und zum deutschen Reich abzusichern. Durch seine Heirat mit der Babenbergerin Agnes, einer Tochter des Markgrafen Leopold von Österreich und Stiefschwester König Konrads III. (1137–1152), war er sowohl mit den Habsburgern als auch mit den Staufern verwandt. Doch im Jahre 1146 wurde Wladyslaw von den jüngeren Brüdern außer Landes getrieben und mußte Asyl und Unterstützung seines Verwandten Konrads III. in Anspruch nehmen.

In Polen konnte sich derweil Boleslaw IV. (1146–1173) als Senior durchsetzen. Unter Ausnutzung der Bruderkämpfe gelang es dem deutschen Kaisertum erneut, die Anerkennung der Oberhoheit des Reiches über die polnischen Länder zu erreichen. Kaiser Friedrich Barbarossa (1152–1190) zwang Boleslaw IV., der ihm durch Verweigerung der Heeresfolge nach Italien einen Kriegsgrund geliefert hatte, im Jahre 1157 durch einen Feldzug bis vor Posen zur Ablegung eines Lehnseides. Die geforderte Wiedereinsetzung Wladyslaws II. als Senior konnte Boleslaw IV. jedoch bis zu dessen Tod im Jahre 1159 im Exil im thüringischen Altenburg hinauszögern. Erneuter kaiserlicher Druck ermöglichte aber den Söhnen Wladyslaws zunächst 1163 und endgültig 1172 den Antritt der Herrschaft in Schlesien, das gleichzeitig aus der Senioratsordnung ausschied.

Nach dem Tode Boleslaws IV. im Jahre 1173 übernahm zunächst Mieszko III. von Großpolen, genannt der Alte (1173–1177 und 1198–1202), Krakau und das Seniorat. Aber schon im Jahre 1177 gelang es dem jüngsten Sohn Kasimir, genannt der Gerechte (1177–1194), mit Unterstützung von Mieszkos Sohn Odo sowie kleinpolnischer Adliger das Seniorat an sich zu bringen. Im Jahre 1180 erhielt er auf einer Versammlung in Łęczyca von den kleinpolnischen Adligen und sämtlichen polnischen Bischöfen die Zustimmung zur Aufhebung des Senioratsprinzips und zur erblichen Herrschaft seiner Familie über ganz Kleinpolen mit Krakau und das übrige Senioratsgebiet. Dafür verzichtete er gegenüber den Bischöfen auf das fürstliche *ius spolii*, das heißt das Recht auf die Einziehung der Hinterlassenschaft verstorbener Bischöfe.

Die Festlegungen von Łęczyca bezüglich der Aufhebung des Seniorats wurden in der Folge vom Papst wie vom Kaiser anerkannt. Als im Jahre 1202 Mieszko der Alte starb, der sich als letzter Vertreter des Seniorats noch *dux totius Poloniae* genannt hatte, war die Erbherrschaft der drei großen Piastenlinien in Schlesien, Großpolen und Klein-

Nach Polen kommende deutsche Kleriker brachten auch liturgische Handschriften wie Evangeliare und sakrale Geräte deutscher Künstler mit in das Land. Der sogenannte Kelch der Dąbrówka, der sich heute in der Benediktinerabtei Tremessen befindet, wurde aber um 1190 schon in Großpolen angefertigt und bezeugt damit den hohen Stand des polnischen Kunsthandwerks, der während der langen Herrschaft des kunstsinnigen Mieszkos des Alten erreicht wurde. Der Künstler, der sein Handwerk vermutlich im Rheinland oder in Lothringen erlernt hatte, gestaltete zwölf Szenen aus den alttestamentlichen Büchern Samuel und der Könige mit dem Modell einer christlichen Gesellschaft und der Forderung nach Harmonie zwischen weltlicher und geistlicher Macht. Manche Forscher sehen hierin direkte Bezüge zu den politischen Ereignissen zur Zeit der Teilfürstentümer um 1190.

polen-Masowien gesichert. Die weitere Teilung und Aufspaltung dieser Piastenfamilien führte schließlich zu Kleinstaaten und im 13. Jahrhundert zur Beschränkung des Landesnamens Polen auf Großpolen. In dieser Zeit lösten sich die Territorien im Norden allmählich aus dem polnischen Staatsverband. Pommern unterstellte sich im Jahre 1181 dem deutschen Reich, und das zwischen Pommern und der Weichsel gelegene Pommerellen wurde unter einer eigenen Dynastie der Samboriden faktisch unabhängig.

In Großpolen, das seit den Beschlüssen von Łęczyca aus dem Jahre 1180 auch das frühere Senioratsgebiet Gnesen umfaßte, führten die Auseinandersetzungen zwischen dem Sohn und dem Enkel Mieszkos des Alten, Wladyslaw III. (1202–1229) und Wladyslaw Odonicz (1229–1239), zu einer Schwächung der Fürstenherrschaft, welche die Kirche unter dem Gnesener Erzbischof Henryk Kietlicz zur Erweiterung ihrer Selbständigkeit nutzte. Unter den beiden Söhnen Wladyslaw Odonicz' kam es sogar zur Teilung Großpolens, das erst unter Przemysl II. (1279–1296) wiedervereinigt wurde.

Seit der Mitte des 12. Jahrhunderts war Großpolen im Westen ein neuer Nachbar entstanden, die Markgrafschaft Brandenburg unter der Dynastie der Askanier, welche alsbald ihren Herrschaftsbereich über die Oder hinweg gegen Großpolen hin auszuweiten begannen. Die äußere Bedrohung der Teilfürstentümer durch die expandierenden brandenburgischen, böhmischen und ungarischen Nachbarn im Westen und Süden sowie die kriegerischen Überfälle von Prußen, Litauern und Mongolen ließen seit der Mitte des 13. Jahrhunderts den Gedanken der Wiedervereinigung der piastischen Teilgebiete erstarken. Er wurde ferner durch das beim Episkopat, dem niederen Adel und dem entstehenden Bürgertum wachsende Bedürfnis nach einer starken politischen und richterlichen Zentralmacht gefördert. Ausdruck dieser Tendenz war die zunehmende Verbreitung des Kultes um den polnischen Nationalheiligen Stanislaus. In der Legende vom wundersamen Zusammenwachsen seiner bei der Hinrichtung vom Rumpf getrennten Glieder sah man eine Prophezeiung für die künftige Vereinigung der Teilgebiete zu einem Einheitsstaat.

Przemysl II. von Großpolen konnte seine Herrschaft im Jahre 1290 kurzzeitig auf Krakau ausdehnen, nachdem die kleinpolnische Piastenlinie ausgestorben war. Mit der Inbesitznahme dieses alten Senioratssitzes durch den großpolnischen Piasten scheinen bei diesem auch Hoffnungen auf eine Herrschaft über ganz Polen aufgekommen zu sein. Zwar mußte er Krakau schon 1291 zugunsten des Böhmenkönigs Wenzel II. wieder aufgeben, konnte dafür aber aufgrund einer Schenkung aus dem Jahre 1282 nach dem Tode des letzten dortigen Herzogs, Mestwins II., 1294 Pommerellen in Besitz nehmen. Da Mestwin seit 1269 Lehnsträger der brandenburgischen Markgrafen gewesen war und das pommerellische Gebiet um Mewe 1282 an den Deutschen Orden abgetreten hatte, erhoben nun drei Mächte Ansprüche auf seine Nachfolge, womit der Grundstein für weitere Konflikte gelegt war. Zunächst konnte sich Przemysl II. durchsetzen und im Jahre 1295 in Gnesen sich von Erzbischof Jakob Świnka zum König von Polen krönen lassen. Ganz offensichtlich ging nun die Entwicklung in Richtung einer Erneuerung des Einheitsstaates. Przemysl II. war die Erreichung dieses Zieles aber nicht vergönnt. Nur acht Monate nach seiner Krönung wurde er 1296 in Rogasen ermordet. Ob die Markgrafen von Brandenburg hinter dem Anschlag standen, ist nicht erwiesen, aber wahrscheinlich. Auf jeden Fall kam der Tod Przemysls aber auch dem Böhmenkönig Wenzel II. sehr gelegen, der sogleich den Anspruch auf die Gesamtherrschaft über Polen in der Nachfolge der schlesischen Piasten übernahm.

Die schlesischen Piasten waren seit dem Ende des 12. Jahrhunderts, nachdem sie nur mit kaiserlicher Unterstützung ihre Herrschaft überhaupt hatten antreten beziehungsweise behaupten können, zunehmend engere familiäre, politische und kulturelle Bindungen zu ihren deutschen und böhmischen Nachbarn im Westen eingegangen. Dies hinderte sie jedoch nicht daran, aus dynastischen Interessen heraus die Angliederung weiterer polnischer Territorien zu betreiben. Unter Herzog Heinrich I., dem Bärtigen (1201–1238), und seinem Sohn Heinrich II., dem Frommen (1238–1241), schien es kurzzeitig bereits, als gelänge nach der Ausdehnung ihrer Herrschaft auch auf Großpolen, Krakau und das Land Lebus eine Vereinigung der polnischen Länder unter schlesischer Führung. Der frühe Tod Heinrichs des Frommen im Jahre 1241 in der Abwehrschlacht gegen die Mongolen auf der Walstatt bei Liegnitz setzte dieser Entwicklung aber ein Ende. Nicht nur die außerschlesischen Erwerbungen gingen verloren, auch Schlesien selbst teilte sich in zahlreiche Kleinstherrschaften auf, die zunehmend stärker unter böhmischen Einfluß gerieten. Mit Unterstützung durch seinen Onkel, König Przemysl Ottokar II. von Böhmen (1253–1278), und nach dessen Tod im Jahre 1278 durch König Rudolf von Habsburg (1273–1291), versuchte der Breslauer Herzog Heinrich IV. Probus (1270–1290), die schlesischen Herzogtümer wieder zu vereinen. Nach der Übernahme der Herrschaft in Kleinpolen schien sogar die Wiederherstellung des polnischen Königreiches möglich.

Als Heinrich 1290 kinderlos starb, führte König Wenzel II. von Böhmen die Pläne seines Verwandten konsequent weiter und trat sowohl in Schlesien als auch seit 1292 in Kleinpolen mit Krakau das Erbe Heinrichs an. Nachdem er im Jahre 1300 nach der Ermordung Przemysls II. mit Hilfe der dortigen Geistlichkeit auch Großpolen erwerben konnte, ließ er sich in Gnesen zum König von Polen krönen. Als Herrscher über den Großteil der piastischen Gebiete (bis auf Masowien und Niederschlesien) führte er eine straffe Verwaltung ein, die sich in den einzelnen polnischen Ländern auf böhmische beziehungsweise deutsche Starosten stützte. Der Böhmenkönig starb jedoch schon mit 35 Jahren, und ein Jahr später, 1306, wurde sein Sohn Wenzel III. in Olmütz ermordet, bevor er gegen seinen polnischen Rivalen Wladyslaw Ellenlang zu Felde ziehen konnte. Mit dem Tod Wenzels III. endete die Przemyslidendynastie im Mannesstamm und ebenso das böhmische Zwischenspiel in Polen.

Die Initiative zur Herrschaft über ganz Polen ging nun auf Masowien und Kujawien über. Dieses Teilgebiet war seit Anfang des 13. Jahrhunderts häufig das Ziel kriegerischer Überfälle der nördlich und östlich benachbarten heidnischen Völker, der baltischen Prußen, Jatwijagen und Litauer gewesen. Herzog Konrad I. (1194/1202–1247) sah sich deshalb veranlaßt, den Deutschen Orden um Hilfe im Kampf gegen die Prußen in das Weichselland anzurufen, nachdem ein von ihm gegründeter eigener Orden erfolglos geblieben war. Als Gegenleistung und Ausgangsbasis schenkte er dem Deut-

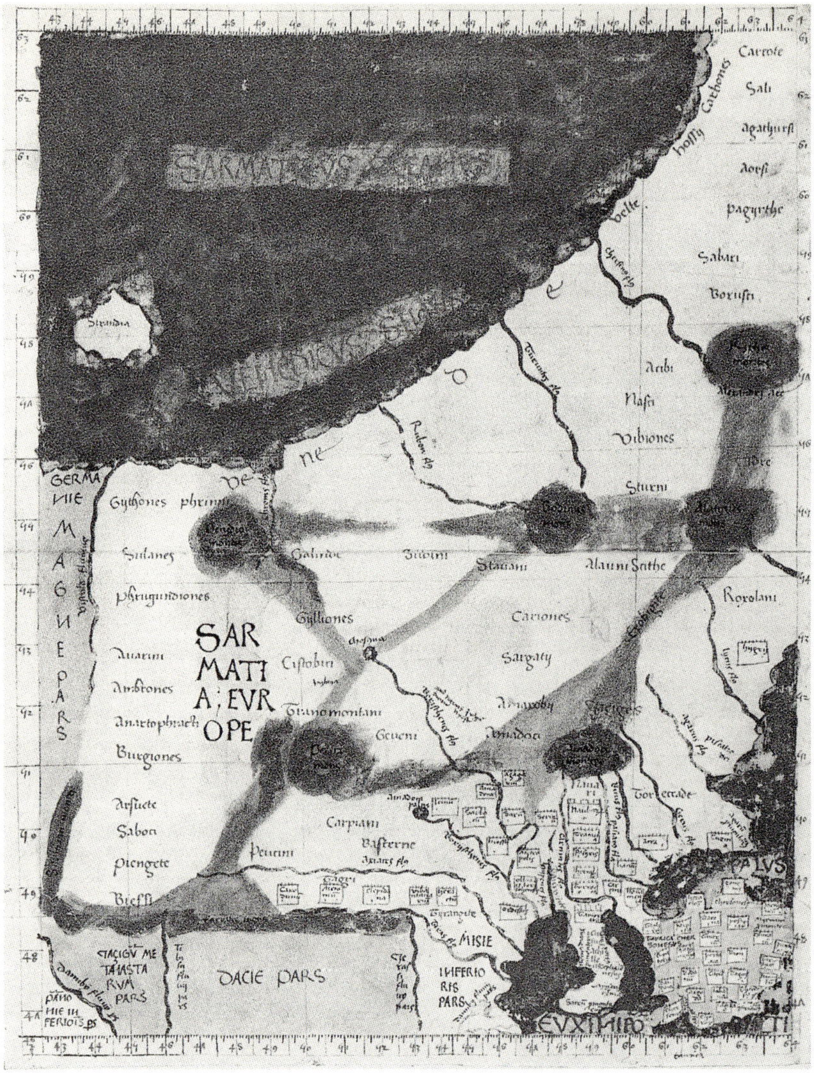

In der zweiten Hälfte des 15. Jahrhunderts wurde in Italien das Werk »Geographia« des Alexandriners Claudius Ptolemaeus (87–150 n. Chr.) in mehreren Auflagen gedruckt. Die beigegebenen Holzschnitte geben den Stand des geographischen Wissens der Antike wieder, für welche Ostmittel- und Osteuropa eine Terra incognita waren. So ist die Weichsel auf der abgebildeten Tafel VIII als gerader Strich dargestellt und das östlich davon liegende »sarmatische Europa« ein ganz überwiegend »weißer Fleck« mit nur wenigen Fluß- und Völkernamen. Die zumindest bezüglich des Küstenverlaufs wesentlich genaueren sogenannten Portolanen, seit dem 13. Jahrhundert von mediterranen Seefahrern und Kaufleuten erstellte Spezialkarten, wurden von den westeuropäischen Geographen bis in das 15. Jahrhundert hinein weitgehend ignoriert. Der Aufbruch der deutschen Siedler des 13. und 14. Jahrhunderts in den Osten war somit eine Reise ins Unbekannte und für die Zurückbleibenden zumeist ein Abschied für immer. Dies kommt in der Sage des Rattenfängers von Hameln zum Ausdruck, der vermutlich einer der mittelalterlichen Lokatoren war und junge Leute für die Ostsiedlung angeworben hatte.

schen Orden das Kulmer Land. Ordenshochmeister Hermann von Salza, ein Freund und Berater des Stauferkaisers Friedrich II. (1202–1250), sicherte sein Unternehmen aber weiter ab. Nachdem kurz zuvor ein Versuch des Ordens gescheitert war, im ungarischen Siebenbürgen eine Landesherrschaft aufzubauen, ließ er sich das Recht der Herrschaft in den zu erobernden Heidengebieten im Jahre 1224 vom Kaiser in der Goldenen Bulle von Rimini bestätigen. Erst danach kamen seit 1230 die ersten Ritter an die Weichsel und nahmen den Kampf gegen die Prußen auf. Im Jahre 1234 erklärte auch der Papst den neuen und künftigen Landbesitz des Ordens im Prußenland zum Eigentum des Heiligen Stuhls.

Die Pläne des Ordens zur Errichtung einer eigenen, von Masowien unabhängigen Territorialherrschaft waren nun von den höchsten Autoritäten der Christenheit abgesichert. Dies hatte natürlich nicht in der Absicht Herzog Konrads von Masowien gelegen, verhindern konnte er es jedoch nicht mehr.

Unter Konrads Söhnen wurde das Herrschaftsgebiet auf einen kujawischen und einen masowischen Familienzweig aufgeteilt, die in der nächsten Generation noch weiter in vier masowische und zwei kujawische Linien zerfielen. Von der kleinen kujawischen Herrschaft Brest aus nahm dann seit 1288 Wladyslaw I. Ellenlang, (polnisch Łokietek, regierte Polen seit 1306, als König 1320 bis 1333) die Wiedererrichtung der staatlichen Einheit Polens in Angriff. Nach mehreren Rückschlägen, die ihn zeitweise sogar ins ungarische Exil genötigt hatten, konnte er im Jahre 1306 mit Hilfe ungarischer Hilfstruppen Krakau gewinnen.

Nachdem der Tod des jungen Böhmenkönigs Wenzel III. die mächtige böhmische Konkurrenz vorübergehend ausgeschaltet hatte, setzte sich Wladyslaw I. nach und nach auch in den meisten übrigen Piastengebieten durch. Nur in Schlesien verstärkten sich unter dem seit 1310 in Prag herrschenden Johann von Luxemburg die Verbindungen nach Böhmen weiter. In Pommerellen hatte Wladyslaw die Unterstützung des Deutschen Ordens gegen die Ansprüche der Markgrafen von Brandenburg gesucht und dem Orden dafür die Erstattung der Kriegskosten zugesagt. Dieser nutzte aber die günstige Gelegenheit, sich im Jahre 1308 selbst in den Besitz der Stadt Danzig und des gesamten Landes zu bringen. Da Wladyslaw I. die vom Orden geforderte Erstattung der Kriegskosten nicht aufbringen konnte, kümmerte sich dieser nicht mehr um die polnischen Ansprüche und kaufte 1309 den Brandenburgern ihre Rechte auf Pommerellen für 10 000 Silbermark ab. Der düpierte Wladyslaw klagte gegen den Orden beim päpstlichen Gericht, das Verfahren zog sich aber bis 1321 hin und brachte trotz eines für Polen günstigen Urteils keinen greifbaren Gewinn, da der Orden sogleich Beschwerde einlegte.

Nachdem Wladyslaw I. im Jahre 1314 seinem Herrschaftsbereich Kujawien, Łęczyca, Sieradz und Kleinpolen auch noch Großpolen angliedern konnte, ließ er sich im Jahre 1320, nun aber nicht mehr in Gnesen, sondern im alten Senioratssitz Krakau, zum König von Polen krönen. Krakau war damit endgültig zur Haupt- und Krönungsstadt des Landes geworden. Es war das große Verdienst Wladyslaws I. Ellenlangs, durch seine unermüdlichen Anstrengungen die Wiederherstellung der Einheit Polens erreicht zu haben. Die Zustimmung des Papstes zur Königskrönung hatte er mit der Zusage erreicht, die Abgabe an den Vatikan, den Peterspfennig, künftig nicht mehr pro Familie, sondern pro Kopf der Bevölkerung zu entrichten.

Der neue polnische Gesamtstaat umfaßte die Gebiete Lebus und Pommern nicht mehr. Schlesien befand sich im endgültigen Übergang an die böhmische Krone, und auch das in mehrere Herrschaften aufgeteilte Masowien blieb zunächst unabhängig. Der Streit mit dem Deutschen Orden um den Besitz Pommerellens war eine der Gründungshypotheken des Königreichs.[18]

Günstig für Polen war, daß zwei große Nachbarn durch Erbstreitigkeiten geschwächt waren, da im Westen im Jahre 1319 in Brandenburg die Dynastie der Askanier erlosch und im Osten 1323 in Halitsch-Vladimir die letzten Romanovici, Neffen Wladyslaws, ohne Nachkommen starben. Rückhalt gegenüber Böhmen, dessen König Johann weiterhin Ansprüche auf die polnische Krone erhob, und dem mit Böhmen verbündeten Deutschen Orden fand der Polenherrscher bei Ungarn, dessen König Robert von Anjou seit 1308 mit Wladyslaws Tochter Elisabeth verheiratet war. Unterstützt wurde er auch von Litauen.

Die Litauer gehören der baltischen Völkerfamilie an. Sie wurden erstmals im Zusammenhang mit der Mission Brunos von Querfurt zu den ebenfalls baltischen Prußen im Jahre 1008 erwähnt. Ihr ältestes Siedlungsgebiet mit dem Zentrum Wilna wurde litauisch »Aukschtaiten« genannt, was Hochland bedeutet. Später besiedelten die Litauer auch das westlich anschließende Schamaiten (Niederland), das nördlich von Memel bis fast an die Ostsee reichte. Ähnlich wie bei den benachbarten Slawen entwickelten sich im litauischen Siedlungsgebiet seit dem 10. Jahrhundert größere Herrschaftsbereiche um Burgsiedlungen unter Kleinfürsten. Um die Mitte des 13. Jahrhunderts hatte Fürst Mindaugas sich die Kleinfürsten des litauischen Hoch- und Niederlands unterworfen und begonnen, seine Herrschaft auch auf die südlich und östlich benachbarten slawischen Gebiete auszudehnen. Zur Absicherung nach Westen gegenüber dem aufstrebenden Deutschordensstaat ließ er sich vermutlich um das Jahr 1253 katholisch taufen, und er überließ dem Deutschen Orden das westliche Schamaiten, welches für diesen als Landverbindung zwischen den preußischen und livländischen Ordensgebieten wichtig war. Seine östlichen Expansionspläne konnte Mindaugas jedoch nicht verwirklichen. Er wurde 1263 auf einem Kriegszug in die Rus bei Brjansk ermordet. Seine Nachfolger in der Oberherrschaft über Litauen fielen wieder vom Christentum ab; das vom Papst nach Mindaugas' Taufe eingerichtete litauische Bistum erlosch.

Um das Jahr 1290 wurde die litauische Expansion durch ein neues Herrschergeschlecht verstärkt wieder aufgenommen. Zwei fürstliche Brüder, Vytenis und Gediminas, rivalisierten zunächst um die Herrschaft, bis sich 1316 Gediminas als alleiniger Fürst durchsetzte. Unter ihm wurde Litauen zur osteuropäischen Großmacht, die sich weite ostslawische Gebiete unterwerfen konnte. In Kiew setzte Gediminas seinen Bruder als Regenten ein. Im Gegensatz zu diesem, der sich nach orthodoxem Ritus taufen ließ und seither den Namen Fjodor trug, entschloß sich Gediminas nicht zur Annahme des Christentums, obgleich auch seine Untertanen zum großen Teil orthodoxe Christen

Landschaft nahe der ostpreußischen Grenze an der Memel, die im Deutschen zwei Namen besitzt, denn in ihrem litauischen Verlauf wird sie Njemen genannt. Das von deutschen Siedlern aus dem benachbarten Ostpreußen, Polen und Litauern bewohnte Gebiet ist Schauplatz von Erzählungen der polnischen Dichterin Elisa Orzeszkowa. Auch nach den NS-Umsiedlungen im Zweiten Weltkrieg leben hier heute wieder Deutsche, die als Kinder aus dem 1945 von der Sowjetunion annektierten Nordteil Ostpreußens geflohen waren. Diese sogenannten Wolfskinder wurden von litauischen Familien aufgenommen und teilweise auch adoptiert. Dies und das schicksalsbedingte Fehlen jeglicher alter Personaldokumente erschwert ihre Bemühungen um Anerkennung als deutsche Staatsangehörige.

waren. Seine Herrschaft sicherte Gediminas durch eine geschickte Heirats- und Bündnispolitik zu allen christlichen Nachbarn ab. So gab er seine Tochter Aldona im Jahre 1325 dem polnischen Thronfolger Kasimir zur Frau. Er bemühte sich zwar auch um gute Beziehungen zum Deutschen Orden, aber es zeichnete sich hier bereits eine polnisch-litauische Interessenkoalition gegen den Deutschen Orden ab, welche nach dem Ende der Piastendynastie zur politischen Union führen sollte.[19]

FRÜHE DEUTSCHE EINWANDERUNG

Der erneuerte Piastenstaat war in ethnischer Hinsicht noch weitgehend homogen. Die vielfältigen Beziehungen Polens zu seinen Nachbarländern hatten zwar zahlreiche Ausländer in das Land geführt, ihr Bevölkerungsanteil war jedoch relativ gering. Die meisten der vom 10. bis zum 12. Jahrhundert einwandernden fremden Adligen, Ritter, Dienstleute, Geistlichen und Kaufleute waren Deutsche. Über ihre Zahl geben die spärlichen Quellen jener Zeit aber keine Auskunft. Unstrittig ist, daß beispielsweise über die zahlreichen Heiratsverbindungen der Piasten nach Deutschland mit den deutschen Fürstentöchtern auch stets weitere Hofbedienstete und Geistliche, Künstler und Handwerker nach Polen kamen. Sie werden aber nur selten einmal genannt, wie der im Dienste Mieszkos des Alten stehende, vermutlich aus dem Rheinland stammende Goldschmied Konrad.[20]

Auch über die vielen deutschen Ritter, welche in polnische Dienste traten, erfährt man nur in Ausnahmefällen Näheres. So wurde von einem deutschen Krieger Boleslaw Chrobrys mit Namen Erich der Stolze ausdrücklich vermerkt, daß er auf polnischer Seite gegen seine früheren Landsleute gekämpft habe. Er dürfte sich wegen seines Herrn aber wohl eher als polnischer Landsmann betrachtet haben.

Ständige Ansiedlungen deutscher Kaufleute in Polen sind seit dem Ende des 11. Jahrhunderts belegt. Sie genossen Sonderrechte, hatten weitgehende Selbstverwaltung und häufig sogar eigene Kirchen, wobei ihre »deutschen« Rechte teilweise auf alle ausländischen Kaufleute ausgedehnt wurden. Für deren Herkunft sind die Bezeichnungen der Quellen oft kein sicherer Hinweis, denn Sammelbezeichnungen wie »Latini« umfaßten alle Romanen, also Italiener und Franzosen wie Reichsromanen gleichermaßen.[21]

Etwas besser sind wir über den deutschen Anteil an der kirchlichen Entwicklung Polens unterrichtet. Die nach der Taufe des Herrschers aufzubauende Kirchenorganisation war auf ausländische Hilfe angewiesen und bot vielen deutschen Klerikern äußerst attraktive Karrieremöglichkeiten. Deutsche finden wir deshalb von Beginn der Christianisierung Polens an in führenden Positionen der kirchlichen Hierarchie. So waren die ersten Bischöfe der Bistümer Posen, Krakau und Kolberg Deutsche, und in den Domkapiteln war der deutsche Anteil beträchtlich. Auf diese Weise kam es zur Bildung ganzer deutscher »Seilschaften«, da die hohen deutschen Kleriker zur Schaffung einer Hausmacht weitere Deutsche aus ihren Herkunftsgebieten in das Land holten.

Deutsche Geistliche wurden von polnischen Fürsten auch mit Missionsaufgaben außerhalb des Landes betraut. Die bekanntesten deutschen Missionare in polnischem Auftrag waren der schon erwähnte Bruno von Querfurt, der von den heidnischen Prußen im Gebiet des späteren Ostpreußen getötet wurde, und Otto von Bamberg, der Pommern christianisierte. Letzterer hatte schon als junger Kaplan in Polen die Kinder adliger Familien unterrichtet.[22]

Die ersten, noch im 11. Jahrhundert in Großpolen entstehenden Klöster der Benediktiner in Mogilno und Lubin sowie der Augustiner in Tremessen wurden nicht von deutschen Mönchen gegründet, unterhielten aber Beziehungen zu deutschen Klöstern. Aus den bayerischen Klöstern Bamberg, Regensburg und Niederaltaich stammte auch zumindest ein Teil des Konvents von Mogilno.[23] Die von Deutschland aus begründeten Zisterzienserklöster hatten dagegen meist rein deutsche Konvente, da sie die Aufnahme von Einheimischen verweigerten. Aber auch in den Klöstern der anderen Orden war der deutsche Anteil bedeutend oder sogar überwiegend. Je tiefer man allerdings in die kirchliche Hierarchie eindringt, desto geringer wird der Anteil deutscher Geistlicher. Dies führte später teilweise zu antideutschen Ressentiments innerhalb der einheimischen Geistlichkeit, deren Aufstieg durch die Fremden behindert oder gar verhindert wurde.

Wenn über die frühen deutschen Einwanderer in Polen gesprochen wird, darf nicht unerwähnt bleiben, daß als Folge der Kämpfe zwischen den Piastenherrschern und ihren deutschen Nachbarn auch deutsche Kriegsgefangene als Unfreie auf fürstlichen, kirchlichen und adligen Ländereien angesiedelt wurden.[24] Von diesem Sonderfall abgesehen, war es die Loyalität zum freiwillig gewählten Herrn, welche die fremden Einwanderer für die polnischen Landesherren besonders wertvoll machte. Da sie ihre Stellung und alles, was sie besaßen, dem Herrscher verdankten, waren sie für diesen zuverlässiger als die einheimischen Adligen, Krieger und Geistlichen, die ihren Einfluß auf Kosten der Herrschermacht auszuweiten trachteten. Es zeigte sich jedoch, daß die Deutschen oft schon in der zweiten Generation zu einem Teil der einheimischen Oberschicht geworden waren, wodurch sich auch ihr Verhältnis zum Herrscher änderte. Als Beispiel können zwei Generationen der Familie Kittlitz dienen. Der aus der Lausitz stammende Ritter Heinrich von Kittlitz, der in Diensten Herzog Mieszkos des Alten stand, verteidigte für diesen 1191 die Burg von Krakau selbst dann noch, als die polnischen Anhänger Mieszkos diesen längst im Stich gelassen hatten. Ein Sohn oder Neffe des Genannten, Henryk Kietlicz der Jüngere, der zum Erzbischof von Gnesen aufgestiegen war, suchte dagegen als solcher erfolgreich den Einfluß des Herrschers auf die Kirche zurückzudrängen.

Die Loyalität der zuwandernden deutschen Geistlichen und Ritter gegenüber dem Landesherrn machte sie verständlicherweise beim einheimischen Adel und der Geistlichkeit unbeliebt. Diese sahen darin nicht zu Unrecht eine Stärkung der fürstlichen Macht und eine Bedrohung ihrer eigenen Ansprüche und Rechte. Die unerwünschte Konkurrenz bei der Besetzung einträglicher Stellungen kam hinzu. Die landesherrliche Privilegierung und Bevorzugung der Einwanderer hatte deshalb seit dem 12. Jahrhundert zunehmend fremdenfeindliche Tendenzen zur Folge, die sich schließlich auch in offener Ablehnung und Haß entluden. Man sollte allerdings vorsichtig sein, dies schon als Beweis für bestehende nationale Gegensätze in unserem modernen Sinne anzusehen. Man kann zwar feststellen, daß die Entwicklung eines frühen polnischen Nationsbewußtseins seit dem 12. Jahrhundert auch durch den Gegensatz zu den eingewanderten Deutschen gefördert wurde; die zeitgenössischen Aussagen sind aber keineswegs eindeutig. So schreibt Bischof Bogufal von Posen um die Mitte des 13. Jahrhunderts in seiner »Großpolnischen Chronik«, daß die in Polen lebenden Deutschen tüchtige und mutige Leute seien und daß kein Volk mit einem anderen so viel Gemeinsames habe wie die Polen mit den Deutschen. Praktisch zur gleichen Zeit, 1257, wurde aber auf einer Synode der polnischen Geistlichkeit in Łęczyca der Beschluß gefaßt, daß an kirchlichen Schulen keine Lehrer mehr angestellt werden durften, wenn sie des Polnischen nicht mächtig waren. Daraus läßt sich schließen, daß zumindest ein Teil der bisherigen deutschen Kleriker in entsprechender Position keine Kenntnisse der Volkssprache besaß. Erhärtet wird diese Annahme durch die Beschlüsse einer weiteren Synode in Łęczyca vom Jahre 1285, auf welcher das Verbot von 1257 nochmals bekräftigt werden mußte, weil dies »zur Erhaltung und Beförderung der polnischen Sprache« erforderlich sei. Die Synode von 1285 bestimmte weiter, daß ausländische, vor allem deutsche Geistliche nur mit ausdrücklicher Genehmigung des zuständigen Bischofs zum Dienst in Polen zugelassen werden durften.

Dies führt zurück zum Ursprung der damaligen Fremdenfeindlichkeit, dem Konkurrenzkampf zwischen einheimischem Adel und Geistlichkeit und den deutschen Einwanderern. Im 13. Jahrhundert schwoll die frühere Einzeleinwanderung zu einer immer stärkeren Siedlungswelle an. Die Fremden nahmen aus Sicht ihrer polnischen Standesgenossen überhand. Aufgrund ihrer großen Zahl fühlten sich diese Deutschen stark und sahen auch keine Veranlassung mehr, die Landessprache zu erlernen. Die zu Anfang praktisch automatisch erfolgende Assimilierung stockte. Das Mittelhochdeutsche war zu jener Zeit auch an polnischen Fürstenhöfen als Sprache der Minnesänger bekannt und beliebt, eine zeitgenössische Modeerscheinung, die der Verbreitung des Französischen im Westen entsprach. Viele polnische Fürsten beherrschten Deutsch mehr oder weniger gut, so Boleslaw der Kahle von Liegnitz, von dem berichtet wird, er habe die deutsche Sprache gern, aber so fehlerhaft gesprochen, daß er bei seinen Zuhörern häufig Heiterkeitsausbrüche hervorrief.[25]

Diese deutschen und deutschbegeisterten Hofkreise mußten der einheimischen Oberschicht, welche durch sie von lukrativen Ämtern und Pfründen verdrängt wurde, durchaus als bedrohlich erscheinen. In den schlesischen Teilfürstentümern wurden die deutschen Einflüsse so dominierend, daß sie schließlich zusammen mit der fortschreitenden deutschen Besiedlung des Landes zum Ausscheiden aus dem polnischen Staats- und Kulturbereich führten. Ansätze zu entsprechenden Entwicklungen gab es auch in anderen polnischen Gebieten wie beispielsweise dem westlichen Großpolen. Die Folge waren teilweise drastische Gegenreaktionen, etwa 1278 in Masowien. Dort hatte Herzog Ziemomysl deutsche Ritter an seinen Hof geholt und ihnen großzügig Privilegien und

Warschau, ursprünglich eine Handelssiedlung, wurde Ende des 13. Jahrhunderts von den masowischen Herzögen zur Stadt erhoben. Im Jahre 1413 verlegten diese auch ihre Residenz von Czersk in das günstiger gelegene Warschau, wo neben der Altstadt eine Neustadt zu Kulmer Recht nach regelmäßigem Kolonisationsschema angelegt wurde. Nach dem Aussterben der masowischen Piastenlinie fiel Warschau 1526 an die polnische Krone. Aufgrund der zentralen Lage der Stadt wurden hier schon 1569 die Reichstage und seit 1573 auch die Königswahlen abgehalten. Ende des 16. Jahrhunderts verlegte König Sigismund III. Wasa die Residenz von Krakau nach Warschau, das seither Polens Hauptstadt ist.

Vom Anfang des 16. Jahrhunderts ist als eines der schönsten und interessantesten Dokumente deutscher Geschichte in Polen der nach dem Krakauer Stadtschreiber Balthasar Behaim benannte Codex erhalten. Er zeigt in Wort und Bild das städtische Alltagsleben seiner Zeit am Beispiel der Krakauer Handwerke und Zünfte. Seit Titel lautet: »Das seint der Stadt Crakow Willkoern und Satczungen dy vor durch dy Herrn Rothmannen vnd die Eldsten gesatczet seint czw halden vnwandelbar mit reiffem Rothe eintrechtiglich beschlossen.«

Ländereien überlassen. Es kam zu einem Aufstand des einheimischen Adels, der den Herzog zwang, den deutschen Rittern Besitz und Privilegien wieder zu entziehen und diese schließlich sogar des Landes zu verweisen.

Zum ersten Mal wurde Ende des 13. Jahrhunderts auch, allerdings noch nicht mit diesem Ausdruck, aus der parallel stattfindenden Ostexpansion deutscher Territorialfürsten und der zunehmenden Siedlung von Deutschen in Polen die Theorie eines »deutschen Drangs nach Osten« konstruiert. Aus dem Jahre 1285 stammt ein Brief des Gnesener Erzbischofs Jakob Świnka (1282–1314) an die päpstliche Kurie, in dem wie in einem Brennglas die antideutschen Ressentiments der polnischen Oberschicht jener Zeit gebündelt sind. Świnka sah in der äußeren Bedrohung Polens durch den Erwerb des Lebuser Landes seitens der Markgrafen von Brandenburg sowie deren Angriffen auf die polnischen Grenzburgen Zantoch, Driesen und Meseritz und der gleichzeitigen deutschen Einwanderung eine Verschwörung mit dem Ziel der Vernichtung Polens. Nachdem er an das durch den Peterspfennig gekennzeichnete besondere Verhältnis Polens zum Heiligen Stuhl erinnert hatte, beklagte er die Weigerung der deutschen Einwanderer, diese Kopfsteuer zu entrichten. Damit werde nicht nur die römische, sondern auch die polnische Kirche stark geschädigt. Als weitere Vorwürfe gegen die Deutschen im Lande führte er an, sie unterdrückten und verachteten das polnische Volk, verwickelten es in Kriege, beraubten es seiner alten Rechte und Gewohnheiten, und vor allem kümmerten sie sich nicht um die kirchlichen Rechte und Strafen. Dabei gehe insbesondere die deutsche Klostergeistlichkeit mit schlechtem Beispiel voran.

Den Hintergrund dieser harten und verdächtig modern-nationalistisch klingenden Anschuldigungen des Erzbischofs bildete ein konkreter Streit zwischen dem Breslauer Piastenherzog Heinrich IV. (1266–1290) und dem dortigen Bischof Thomas II. (1270 bis 1292) um Rechte und Abgaben. In dieser Auseinandersetzung zwischen kirchlicher und weltlicher Macht, zwischen dem unter starkem deutschem kulturellem Einfluß stehenden herzoglichen Hof und dem sich auf den einheimischen polnischen Adel stützenden Bischof, stand ein Teil des Klerus, vor allem die Franziskaner-Minoriten, auf seiten des Herzogs. Ihre Konvente bestanden ausschließlich aus Deutschen und nahmen Polen nicht auf. Im Verlauf der Auseinandersetzung traten acht der zwölf schlesischen Franziskanerkonvente schließlich aus der polnischen Ordensprovinz aus und wechselten zur sächsischen über. Erzbischof Świnka, dem die Breslauer Diözese unterstand, brachte diese Vorkommnisse vor die Synode in Łęczyca und weitete sie in dem Schreiben an die Kurie zu einem Angriff gegen alle Deutschen in Polen aus.

Man sollte allerdings daraus nicht auf einen zu jener Zeit bestehenden allgemeinen deutsch-polnischen Gegensatz schließen, denn solche Äußerungen, die in Vorwürfen gipfelten, die Deutschen wollten das polnische Volk ausrotten, sind lediglich von einigen wenigen Vertretern des polnischen Adels und der Geistlichkeit überliefert, von Gruppen also, bei denen handfeste materielle Interessen hinter diesen national gefärbten Vorwürfen zu vermuten sind. Es ist sicherlich auch kein Zufall, daß sie aus der Zeit der Zersplitterung Polens in Teilstaaten stammen. Ähnlich wie später im 19. Jahrhundert ging es auch im 12. Jahrhundert um die Wiedererlangung einer staatlichen Einheit. In dieser frühen Zeit fand sich die polnische Nation, die allerdings nur die Oberschicht umfaßte, in der sprachlichen Gemeinschaft, die sich gegen die deutschen Einwanderer abgrenzte, daher die genannten Forderungen nach Schutzmaßnahmen zugunsten der polnischen und Abwehrmaßnahmen gegen die deutsche Sprache. Es kam dabei auch häufig vor, daß gerade erst polonisierte deutsche Einwanderer oder deren Nachkommen in den deutschfeindlichen Chor einstimmten. Ein Beispiel sind die beiden deutschstämmigen Angehörigen des Domkapitels von Sandomir, Herbord und Theodoricus, welche zusammen mit polnischen Chorherren des Krakauer Kapitels den dortigen Bischof Johann Muskata anklagten, er plane die Auslöschung des polnischen Volkes.[26]

Bei der Bewertung dieser Vorfälle ist man leicht geneigt, unsere heutigen nationalen Vorstellungen in das Mittelalter zu übertragen. Das ist aber ebenso unsinnig und unfruchtbar, wie es eine Bewertung der damaligen wirtschaftlichen und sozialen Verhältnisse nach unseren heutigen Maßstäben wäre. Die Entwicklung der verschiedenen nationalen Sprachen, Kulturen und Traditionen erfolgte in einem jahrhundertelangen Differenzierungsprozeß, und die Unterschiede im Rahmen desselben Kulturkreises werden immer kleiner, je weiter wir in die Vergangenheit zurückgehen. So waren die Menschen der *res publica christiana* des Mittelalters über alle Staatsgrenzen hinweg durch gemeinsame Kultur, Weltanschauung und die allen Gebildeten gemeinsame lateinische Sprache verbunden. Anfänge eines Nationsbewußtseins, wie es sich im frühen Piastenstaat bereits ausbildete, konnten hier vor allem aus dem Gegensatz der Einzelstaaten zur Idee eines einheitlichen Weltimperiums entstehen. Die Entwicklung eines Nationalbewußtseins wurde vor allem durch die starken Unterschiede zwischen den sozialen Ständen behindert, die eher verbindend auf die gleichen Schichten verschiedener nationaler Gruppen wirkten. Aber auch regionale Interessen innerhalb eines Nationsstaates waren oft stärker als das Gemeinschaftsgefühl.

An die Intensität der modernen Nationalitätengegensätze reichte im Mittelalter nur die Auseinandersetzung mit anderen Kultur- oder Religionskreisen heran, etwa zwischen Christentum und Islam oder Römischer und Byzantinischer Kirche.

KOLONISATION ZU DEUTSCHEM RECHT

Für die Entwicklung Polens stellte das 13. Jahrhundert den nach der Christianisierung folgenreichsten Einschnitt seiner Geschichte dar. In dieser Zeit erfuhr der Angleichungsprozeß Polens an den Westen, der mit der Annahme des Christentums in lateinischer Form im 10. Jahrhundert eingesetzt hatte und seither durch die sich entwickelnden personellen und geistigen Verbindungen in den Westen fortgeführt worden war, eine starke Beschleunigung.

Westeuropa hatte trotz seiner Ausstrahlung in den Osten im 11. und 12. Jahrhundert seinen wirtschaftlich-technischen Vorsprung vor dem Osten in allen Bereichen weiter vergrößert. Im 10. und 11. Jahrhundert bestand ein deutliches West-Ost-Gefälle innerhalb Europas hinsichtlich der Bevölkerungsdichte. Frankreich zählte zu jener Zeit zwischen sechs und neun Millionen Einwohner, Italien fünf bis sieben Millionen, die Pyrenäen-Halbinsel sieben Millionen, die deutschen Gebiete bis zur Elbe 3,5 bis vier Millionen, England 1,2 bis 1,5 Millionen, Ungarn 1,5 Millionen, Polen 1,1 bis 1,25 Millionen, Böhmen 350 000, Dänemark 500 000, Schweden 300 000 und Norwegen 100 000 Einwohner. Dies entsprach einer Bevölkerungsdichte von im Schnitt zwanzig bis 24 Personen je Quadratkilometer in Italien, zehn in Deutschland, sechs in Böhmen, maximal fünf in Polen und Ungarn, und eine bis anderthalb in den russischen und baltischen Gebieten.[27] Die genannten Zahlen sind lediglich Schätzungen. Für Polen gibt es erst in den Kopflisten für die Abgabe des Peterspfennigs aus dem Jahre 1340 eine für diese Zeit zuverlässige und recht genaue Grundlage der Bevölkerungsdichte. Sie zeigt große regionale Unterschiede. Während im damals schon von der Kolonisation voll erfaßten Schlesien bis zu zwanzig Menschen auf den Quadratkilometer entfielen, in der kleinpolnischen Diözese Krakau in einzelnen Kirchspielen sogar bis zu vierzig, wiesen Großpolen und Masowien nur eine Dichte zwischen zwei und vier Menschen je Quadratkilometer auf, auch hier von Westen nach Osten abnehmend.[28]

Das westliche Mitteleuropa, Nordfrankreich und die alten deutschen Siedlungsgebiete verzeichneten im 11. und 12. Jahrhundert ein starkes Bevölkerungswachstum. Um den Nahrungsmittelbedarf der Menschen zu decken, mußte der Getreideanbau vorangetrieben und gesteigert werden. Es kam zu einem umfassenden Strukturwandel der Landwirtschaft. Mit der Ausbildung der Grundherrschaft wurde aus dem früheren germanischen Kriegerbauern der sozial abhängige, aber technisch fortschrittliche Ackerbauspezialist. Der intensive Getreidebau machte den Übergang von der früheren, auf die Viehwirtschaft zugeschnittenen Feld-Gras-Wirtschaft zur Dreifelderwirtschaft erforderlich. In dreijährigem Rhythmus wechselten Winterfrucht, Sommerfrucht und Brache, was eine bessere Ausnutzung des Bodens erlaubte. Technische Verbesserungen der Arbeitsgeräte brachten eine Vervielfachung des Ernteertrags und ermöglichten die systematische Rodung. Es entstanden Dörfer mit einheitlichen Hofgrößen, in denen die Mitglieder der Dorfgemeinde bei etwa gleicher Landfläche gleiche Rechte und Pflichten besaßen. Anfänge einer bäuerlichen Selbstverwaltung mit einem Schulzen an der Spitze bildeten sich aus. Parallel dazu entwickelten sich Städte mit freiem Bürgertum, rechtlich selbständig, mit schützender Stadtmauer, weitgehender Arbeitsteilung zwischen Kaufleuten und zunftmäßig organisierten Handwerkern und Geldwirtschaft.[29] Seit der Mitte des 12. Jahrhunderts wurden diese neuen Entwicklungen über die Elbe nach Osten getragen. Durch die Übernahme der westlichen Vorbilder zur Hebung der Landesentwicklung sollte sich der abendländische Kulturraum bis zum 15. Jahrhundert mehr als verdoppeln. Polen bildete seither mit Ungarn, Böhmen und den baltischen Ländern den östlichen Teil Mitteleuropas, die sich selbst so verstehende »Vormauer« des lateinischen Christentums gegenüber Orthodoxie und später auch Islam.

Die Grundlage hierfür bildete ein Vorgang, welcher als deutsche Ostsiedlung des Mittelalters, aber auch als deutsche Ostbewegung oder ostdeutsche Kolonisation bezeichnet wird. Diese Begriffe können jedoch leicht mißverstanden werden. Es handelte sich nicht um ein lediglich deutsches, sondern um ein gesamteuropäisches Phänomen, und im Falle Polens war der deutsche Anteil auch nicht, wie in manchen anderen Gebieten, dominierend. Es war hier auch keine von deutscher Seite ausgehende oder gelenkte Bewegung oder Siedlungsaktion wie beispielsweise im Gebiet zwischen Elbe und Oder. Die »Kolonisation« des Mittelalters darf auch nicht mit dem modernen Überseekolonialismus gleichgesetzt oder verwechselt werden.

Für den hier behandelten polnischen Bereich erscheint »Kolonisation zu deutschem Recht« als der geeignete Überbegriff zur Erfassung der damit verbundenen vielschichtigen Vorgänge. Dazu gehörte die von einheimischen Landesherren angestoßene und geförderte Einwanderung und Ansiedlung einer großen Zahl ausländischer, vor allem deutscher Bauern, Bürger, Handwerker, Krieger und Adliger und die durch diese erfolgende Vermittlung westlicher Neuerungen im kulturellen, wirtschaftlichen und rechtlichen Bereich. Aber auch die Übernahme, Umsetzung und Weitergabe dieser Neuerungen durch einheimische Kräfte ist Teil der deutschrechtlichen Kolonisation.[30]

Lange Zeit war zwischen der deutschen und der polnischen Forschung der ethnische Aspekt der Kolonisation zu deutschem Recht stark umstritten. In der beiderseitigen Publizistik wurden die bestehenden Differenzen noch verstärkt und teilweise zu Extrempositionen ausgebaut. So vertraten polnische Nationalisten, vor allem in der Zwischenkriegszeit und den ersten Jahrzehnten nach dem Zweiten Weltkrieg, die Ansicht, daß zwischen der Siedlung von Deutschen und der Siedlung nach deutschem Recht in Polen kein Kausalzusammenhang bestehe, beides vielmehr vollständig unabhängig voneinander sei. Im polnischen Bereich habe es zwar deutschrechtliche Siedlung, aber ohne stärkere Beteiligung von Deutschen gegeben. Deutsche Nationalisten dagegen bezweifelten die kulturellen und staatsbildenden Fähigkeiten der Polen und führten alle positiven Entwicklungen auf direkte deutsche Einflüsse zurück. Sowohl die Gleichsetzung von deutscher und deutschrechtlicher Kolonisation wie auch die Leugnung ihres Zusammenhangs sind für den mittelalterlichen Landesausbau Polens jedoch nicht haltbar. Es ist eine rein akademische Diskussion, ob eine Übernahme der westlichen Rechts- und Wirtschaftsformen in Polen auch ohne die Deutschen als Träger allmählich erfolgt wäre, wovon man ausgehen kann. Daß dies aber in so rascher und umfassender Weise erfolgte, lag in ganz bestimmten historischen Umständen begründet, und zwar darin, daß erstens in Polen das Bedürfnis und der Wunsch bestanden, die neuen Rechts- und Wirtschaftsformen aus dem Westen zu übernehmen; zweitens, daß mit dem »deutschen Recht« ein Instrument verfügbar war, das einen solchen Transfer von Neuentwicklungen möglich machte; drittens, daß Träger entsprechender Kenntnisse, wir würden heute Experten sagen, in Gestalt von siedlungswilligen Deutschen zur Verfügung standen; und viertens, daß sich Unternehmer fanden, welche die Siedlung finanzierten und durchführten.[31]

Initiatoren der deutschrechtlichen Kolonisation in Polen waren, wie im übrigen Ostmitteleuropa auch, die einheimischen Grund- und Landesherren. Diese waren daran interessiert, ihre Herrschaft durch Landesausbau nach außen zu sichern und im Innern ihre Einkünfte zu vermehren. Die politische Zersplitterung Polens zur Zeit der

Teilfürstentümer war dabei durch die größere Zahl staatlicher Siedlungsträger der Einwanderung deutscher Siedler förderlich.

Ein wichtiges Motiv der landesherrlichen Bemühungen um die Kolonisation war die Sicherung der Grenzen. Die Mongoleneinfälle in der ersten Hälfte des 13. Jahrhunderts hatten das Bedürfnis nach Siedlern zur Verstärkung des militärischen Schutzes dringend werden lassen. Sie sollten das Truppenaufgebot des Landesherrn und das Rüstungshandwerk verstärken, ihre befestigten Städte sollten als Verteidigungsmittelpunkte dienen und die wichtigen Handelsstraßen sichern.

Eine Bedrohung des territorialen Besitzstandes der polnischen Fürsten stellte auch der von den westlichen Nachbarn schon betriebene Landesausbau dar. Zwischen den Staaten Ostmitteleuropas lagen zu jener Zeit dichte, unbesiedelte Grenzwälder, eine linear abgesteckte Grenze gab es noch nicht. Durch Rodung und Besiedlung dieser Grenzwildnis konnte so das eigene Herrschaftsgebiet auf Kosten der Nachbarn noch beträchtlich erweitert werden. Der drohende Gebietsverlust war nur durch rasche eigene Gegensiedlung zu verhindern. Die schon früh einsetzende deutschrechtliche Kolonisation in Brandenburg, Böhmen und Ungarn wurde so zum Antrieb eigener Kolonisationsanstrengungen in Polen.

Die polnischen Gebiete waren bis ins 13. Jahrhundert zu schwach besiedelt, die einheimische Bevölkerung reichte nicht aus, um den Landesausbau mit eigenen Kräften voranzutreiben. Auch fehlten die Kenntnisse zur Erschließung schlechterer Böden, zur Rodung größerer Wälder, zur Trockenlegung von Sümpfen und zum ökonomischen Abbau von Bodenschätzen.

Es gab bereits vor der deutschrechtlichen Kolonisation Versuche der polnischen Landesherren, durch eine Kolonisation zu polnischem Recht Abhilfe zu schaffen. Mittels der vermutlich vom Westen übernommenen Institution der »freien Gäste« (*liberi hospites*), die sich durch ein gewisses Maß an Freizügigkeit von den schollengebundenen unfreien Bauern unterschieden, sollten die Nachteile des bisherigen Wirtschaftssystems gemildert werden. Ortsnamen und Ortsnamenergänzungen wie *wola* oder *ligota* können als Hinweis auf schon bestehende Sonderrechte und Freiheiten für die »Gäste« dienen, noch bevor ein besonderes Siedlerrecht eingeführt worden war. Diese in Polen nur vereinzelt nachweisbaren »freien Gäste« mußten dabei keineswegs Ausländer sein. Es konnte sich durchaus auch um Polen aus einem anderen Teil des Landes handeln. Nach dem Übergreifen der deutschrechtlichen Kolonisation auf Polen wurde die Bezeichnung »Gäste« dann auf die fremden Einwanderer übertragen. Schon in der ältesten polnischen Gesetzessammlung findet sich der Satz: »Eynen duetschen man, den heysen dy polen gast.«[32]

Eine wirklich umfassende Wirtschaftsreform war im Rahmen des vor der Kolonisation in Polen herrschenden Rechtssystems der *iura ducalia*, des fürstlichen Rechts, nicht möglich. Es beruhte auf einer fast absoluten Machtstellung des Herrschers. Dieser war oberster Kriegsherr, durfte allein steinerne Burgen errichten und besaß eine Fülle von Monopolen. Dazu gehörte das Eigentum an unbesiedeltem Land, an Bodenschätzen und Gewässern, an Schiffahrt, Fischerei und Wassermühlen sowie das Recht auf Zölle,

Münze und Märkte mit Abgaben, auch auf kleinere Handelsstätten wie Schenken, Brot-, Schuh- und Fleischbänke.[33]

Die fürstlichen Beamten am Hof und in den Kastellaneien waren ursprünglich nur beratende und ausführende Organe des Herrschers gewesen. Die Macht und der Besitz des Adels waren noch vergleichsweise gering. Auch in der Kirche machte der Herrscher seinen Einfluß bei der Besetzung kirchlicher Stellen und der Verwaltung des von ihm geschenkten Grundbesitzes geltend. Allerdings ist gerade in der Zeit der Teilfürstentümer im 12. und 13. Jahrhundert festzustellen, daß die landesfürstlichen Beamten, vor allem die Kastellane, ihre Macht auszuweiten trachteten und sich zu selbstherrlichen Vertretern eines landbesitzenden und Territorialinteressen wahrnehmenden Magnatentums wandelten.

Das polnische fürstliche Recht beinhaltete eine Fülle von Verpflichtungen der einheimischen bäuerlichen Bevölkerung, welche die Bedürfnisse des Staates, also des fürstlichen Hofes und der Verwaltung, zu befriedigen hatte. Dabei waren diese Pflichten aber keineswegs rationalisiert und fest geregelt, sondern basierten auf einer großen Zahl von Gelegenheitsabgaben wie Vieh, Getreide, Honig, Felle und Geld. Dazu kamen zahlreiche Pflichten wie Kriegsdienst, einschließlich Bau und Bewachung der fürstlichen Burgen, Gastungspflicht für den das Land bereisenden Fürsten und sein Gefolge, Jagddienste und anderes mehr. Auch die Gerichtsbarkeit lag allein beim Landesherrn. Der polnische Bauer konnte somit von seinem Herrn nach Belieben und praktisch ohne Beschränkung ausgebeutet werden.

Die Bauern wurden durch diese Verpflichtungen nicht nur von der Feldarbeit abgehalten, sondern es wirkte sich auch die stets präsente Gefahr, durch herrschaftliche Willkür um die Erträge der Arbeit gebracht zu werden, lähmend auf die wirtschaftliche Entwicklung aus. Eine Vergrößerung der Produktion oder der landwirtschaftlichen Nutzfläche war nicht attraktiv, eine soziale Mobilität aufgrund der bäuerlichen Unfreiheit nicht vorhanden. Auch als seit dem 12. Jahrhundert zunächst geistliche Grundherren, später auch der Adel, für ihren Besitz die Immunität von diesen Rechten erlangten, wechselte für die Bauern dadurch im Grunde nur die Person oder Institution, der sie abgaben- und dienstpflichtig waren.

Im Besitz dieser umfassenden Rechte konnten die polnischen Herrscher aber für fremde Siedler attraktive Bedingungen schaffen, ohne die eine Zuwanderung nicht erfolgt wäre. Denn der Antrieb der Siedler zur Auswanderung aus ihren alten Heimatgebieten in ein ihnen unbekanntes Land und zum mühevollen Aufbau einer neuen Existenz war die Hoffnung auf eine Verbesserung ihrer sozialen, wirtschaftlichen und rechtlichen Verhältnisse. Die Schwierigkeiten der Existenzgründung in den Neusiedelgebieten waren auch bei rechtlicher Privilegierung und mancherlei Hilfen wie einer Reihe von abgabenfreien Jahren so groß, daß erst die zweite oder dritte Generation wirklich in den Genuß dessen kam, was die Siedlungspioniere geschaffen hatten. Nicht von ungefähr entstand das Sprichwort, nach welchem Auswanderung »dem ersten den Tod, dem zweiten die Not, dem dritten das Brot« bringt. Es waren vermutlich zumeist junge, unternehmungslustige und leistungsfähige Menschen, die sich diesen Unwägbarkeiten und Strapazen unterzogen. Ansonsten wären sicherlich nicht die meisten der Siedlungsaktionen erfolgreich gewesen.[34]

Um die Siedler warben die polnischen Landesherren mit Land, der Befreiung von polnischem Recht und der Gewährung besonderer Siedlerrechte, mit der Einrichtung von bewehrten Städten mit Märkten und Handwerkerzünften und der Verleihung von Schank-, Mühlen-, Jagd- und Fischereirechten an Siedlungsunternehmer beziehungsweise die neuen Stadt- und Dorfgemeinden. Die Fürsten erteilten auch kirchlichen und adligen Grundbesitzern die Immunität oder die Genehmigung, entsprechende Rechte und Freiheiten zu gewähren, die als »deutsches Recht« bezeichnet wurden.

Dieses sogenannte deutsche Recht war keineswegs das Recht, welches in den fränkischen, alemannischen oder sächsischen Heimatgebieten der Kolonisten galt. Es handelte sich vielmehr um ein besonderes Siedlerrecht, wie es sich im Laufe früherer Siedlungsvorgänge seit dem 11. Jahrhundert in Westeuropa, vor allem im Gebiet der Niederlande, in zunächst durchaus unterschiedlichen Formen entwickelt hatte. Als die sich wellenförmig nach Osten ausbreitende deutsche Siedlung das Gebiet zwischen Elbe und Oder erreicht hatte, kam es hier zum Prozeß einer Angleichung der Siedlungsrechte und zu ihrer Ergänzung durch besondere Einrichtungen und Formen, entsprechend den Besonderheiten dieser neuen Siedlungsgebiete. Dies geschah durch Aufnahme von besonderen Privilegien, Einfügung von Schöffensprüchen, Satzungen von Stadträten und nach 1230 durch die Verbindung mit dem im »Sachsenspiegel« des Eike von Repgow niedergeschriebenen Recht der freien Landbewohner Sachsens.[35] Das auf diese Weise entstandene neue Siedlerrecht wurde von hier durch Deutsche über die Oder nach Osten gebracht und dort, wegen seiner anfänglichen Träger und zur Unterscheidung vom einheimischen Recht, als deutsches Recht bezeichnet. Es handelte sich also um eine Fremdbezeichnung. Nach seinen regionalen Besonderheiten wurde dabei zwischen verschiedenen Stadtrechtsfamilien unterschieden, wobei für den polnischen Bereich nach dem jeweiligen Gerichtsvorort oder Oberhof das Magdeburger Recht und die von ihm abgeleiteten Unterformen des Breslauer und Neumarkter Rechts die wichtigsten waren. In Masowien wurde aus dem benachbarten Deutschordensgebiet auch das Kulmer Recht übernommen.

Da die verschiedenen Stadtrechte – insbesondere das Magdeburger Recht und seine schlesischen Tochterformen, das Neumarkter und das Breslauer Recht – sich nicht wesentlich unterschieden, wurde vom Landesherrn die Wahl des Stadtrechts den Betroffenen zum Teil freigestellt. Es kam auch vor, daß derselbe Ort das Stadtrecht ein- oder mehrmals wechselte. Es war gerade einer der Gründe für den Siegeszug des deutschen Rechts im Osten, daß es sich durch große Einheitlichkeit auszeichnete und auch ohne Mitwirkung seiner ursprünglichen Träger die Möglichkeit bot, neue Rechts-, Wirtschafts- und Kulturformen schnell und gleichmäßig zu verbreiten. Dabei war es aber trotz seiner Einheitlichkeit äußerst vielseitig und anpassungsfähig, es stellte gewissermaßen nur einen Rechtsrahmen dar, der den örtlichen Erfordernissen entsprechend ausgefüllt wurde. So konnten gleichermaßen die Bedürfnisse der deutschen städtischen und bäuerlichen Siedler, der polnischen Bauern, der Landesfürsten und der adligen

Urkunde vom 5. Juni 1257, in welcher Herzog Boleslaw der Schamhafte drei schlesischen Vögten die Genehmigung zur Neugründung der Stadt Krakau nach Magdeburger Recht in seiner Breslauer Fassung verlieh

Um den nach dem Mongolensturm erforderlichen Wiederaufbau Krakaus zu ermöglichen, gewährte der Herzog den Bürgern in der Urkunde umfangreiche Privilegien wie Steuerbefreiung auf sechs Jahre, Ausnahme von der fürstlichen Gerichtsbarkeit und umfangreichen Grundbesitz. Die Bestimmung, nach welcher die Vögte keine Untertanen des Herzogs oder der Kirche, aber auch keine freien Polen als Bürger aufnehmen durften, führte dazu, daß das 1320 zur Haupt- und Krönungsstadt Polens gewordene Krakau zunächst eine mehrheitlich deutsche Bevölkerung besaß.

und geistlichen Grundherren befriedigt werden. Dies erklärt den Wunsch und die Bereitschaft zur Übernahme dieses Rechts bei allen Beteiligten.[36]

Die in den Gründungsprivilegien erteilten Rechtsverleihungen waren teilweise lückenhaft und unvollständig, so daß später Ergänzungen und Rückfragen bei den für das jeweilige Stadtrecht zuständigen Oberhöfen, etwa in Magdeburg, erforderlich wurden. Ein weiterer Grund war, daß das Recht den besonderen Verhältnissen in Polen angepaßt werden mußte. Daraus entstand bald das Bedürfnis nach schriftlichen Unterlagen für die Rechtsfindung. So wurden Magdeburger Rechtstexte abgeschrieben und verbreitet, anfänglich zumeist in deutscher Sprache, später auch in Übersetzungen, zunächst ins Lateinische, dann ins Polnische, in Rotreußen auch ins Ruthenische. Magdeburger Rechtstexte, der »Sachsenspiegel«, das Kulmer Recht sowie Kommentare, welche das deutsche Recht den jeweiligen polnischen Gegebenheiten anpaßten oder es entsprechend ergänzten, wurden als Sammlungen veröffentlicht und bei Gericht als Rechtsquellen herangezogen. 1506 erschien Jan Łaskis »Commune incliti Poloniae regni privilegium«, welches die Magdeburger Rechtstexte und den »Sachsenspiegel« enthielt und weite Verbreitung fand. Im 16. Jahrhundert erschienen auch polnische Wörterbücher mit Erklärungen der deutschen und lateinischen Ausdrücke des deutschen Rechts. Vollständige polnische Übersetzungen wurden von 1581 an gedruckt und immer wieder neu aufgelegt, zuletzt noch 1760 in Przemysl.[37]

Auf dem Lande wurde teilweise einheimisches Recht und deutsches Recht nebeneinander angewandt, etwa 1474 in dem kleinpolnischen Ort Lipnica, wo der Schulze nach Magdeburgischem Recht urteilen sollte, falls dies jedoch nicht anwendbar sei, nach polnischem Recht.[38]

Auch im polnischen Bereich waren die Träger des deutschen Rechts zunächst überwiegend deutsche Siedler. Das bis in die erste Hälfte des 14. Jahrhunderts noch zum polnischen Staatsverband gehörende Schlesien ist eines der von der deutschrechtlichen Siedlung am stärksten ethnisch-kulturell gewandelten und geprägten ursprünglich slawischen Länder. In der ersten Phase des Kolonisationsprozesses hatten die polnischen Grundherren nämlich sehr darauf geachtet, die neuen Rechte auf die zuwandernden Fremden zu beschränken und sie ihrer einheimischen Bevölkerung vorzuenthalten. Sie wollten sich so zwar die Vorteile sichern, welche mit der Ansiedlung der Fremden verbunden waren, aber nicht auf die Abgaben und Dienste der einheimischen Bevölkerung verzichten, zu welchen diese nach dem polnischen Recht verpflichtet war.[39] Die deutschen Siedler sollten deshalb möglichst getrennt von der einheimischen Bevölkerung leben, damit sie diese nicht mit den neuen Freiheiten »infizierten«. In Kleinpolen war es zunächst sogar freien Polen verboten, sich in den deutschrechtlichen Städten niederzulassen. In der Krakauer Lokationsurkunde von 1257 erklärt Fürst Boleslaw der Schamhafte ausdrücklich: »... die Vögte haben uns auch versprochen, daß sie keinen Hörigen von uns, der Kirche oder sonst wem, auch keinen freien Polen, der bislang auf dem Lande gewohnt hat, zum Mitbürger machen, damit nicht durch solche Maßnahmen Unsere oder die bischöflichen Landgüter beziehungsweise die der Domherren oder anderer Herren veröden.«[40] Noch mehr als hundert Jahre später bestimmte Kasimir der Große, daß die Bauern bei Opoczno in Kleinpolen beim polnischen Recht bleiben sollten, damit sie für die Bedienung des königlichen Hofes zur Verfügung stünden. Dies war ein Hauptgrund dafür, daß die königlichen Dörfer bei Krakau noch bis zum 15. Jahrhundert nach polnischem Recht lebten.

Tatsächlich ließ sich eine strikte Trennung von einheimischer Bevölkerung und Kolonisten aber in der Praxis nicht durchführen. Gerade im polnischen Bereich gab es neben relativ wenigen rein deutschen Dörfern sehr viele Orte, in denen Deutsche und Polen gemeinsam lebten, im weiteren Verlauf auch zunehmend mehr deutschrechtliche Siedlungen ganz ohne Deutsche. Eine Verdrängung der einheimischen Bevölkerung durch die deutschrechtliche Siedlung fand nicht statt, diese war vielmehr von Anfang an ein Feld polnisch-deutscher Zusammenarbeit.[41]

Die anfängliche Privilegierung der Kolonisten gegenüber den Einheimischen und die Abneigung der Landesherren, die letzteren in den Genuß der großzügigeren Rechte kommen zu lassen, sind im übrigen ein bei sämtlichen vergleichbaren Siedlungsvorgängen jener Jahrhunderte feststellbares Phänomen. In Polen haben daher zunächst fast ausschließlich Deutsche das deutsche Recht verbreitet. Auf Dauer ließ sich die unterschiedliche Behandlung und Rechtsstellung aber nicht aufrechterhalten. Sie zeigte zunehmend auch nachteilige Folgen für den Landesherrn, denn es kam trotz entsprechender Verbote zu einer wachsenden Bauernflucht, welche sich noch verstärkte durch die Bereitschaft der Grundherren, neben ausländischen Kolonisten auch polnische Abwanderer aus anderen Herrschaften bei sich aufzunehmen und anzusiedeln. Um dieser Entwicklung zu begegnen, mußte man auch den Einheimischen schließlich deutsches Recht verleihen, was zunächst in Einzelfällen, aber bald in großem Umfang erfolgte.

Schon seit der zweiten Hälfte des 13. Jahrhunderts verlor deshalb das deutsche Recht im größten Teil der polnischen Gebiete seinen ethnischen Bezug und nahm immer stärker Verfassungscharakter an. In der zeitgenössischen Urkunden- und Quellensprache wird dies in der zunehmenden Ablösung des anfänglichen Begriffs *ius Teutonicorum* durch *ius Teutonicum* oder *ius Teutonicale* deutlich. Ein weiterer Grund für die Verleihung deutschen Rechts an Einheimische war, daß die polnischen Landesherren auch durch günstigste Ansiedlungsbedingungen nicht mehr genügend deutsche Siedler anwerben konnten.

Die altdeutschen Siedlungsgebiete der Alemannen, Franken, Bayern, Sachsen, Thüringer und Friesen verzeichneten zwar auch im 12. und 13. Jahrhundert noch einen starken Bevölkerungsanstieg, dennoch darf man sich die Siedlungsbewegung des Mittelalters keineswegs als Massenabwanderung aus übervölkerten deutschen Gebieten vorstellen. Es war weniger die Überbevölkerung des Westens als vielmehr der Menschenbedarf des Ostens, der die Siedlungsbewegung auslöste. Tatsächlich war die Zahl der Auswanderer in den Osten unmittelbar aus den altdeutschen Siedlungsgebieten relativ gering und beschränkte sich auf die erste Phase der Kolonisation. Man kann für das 12. und das 13. Jahrhundert von jeweils etwa 200 000 deutschen bäuerlichen Siedlern aus diesen Gebieten ausgehen.[42] Das entsprach bei einer deutschen Gesamtbevölkerung von damals rund zehn Millionen Menschen nur zwei Prozent im jährlichen Schnitt.[43]

Die Ostwanderung deutscher Siedler hat deshalb in den zeitgenössischen deutschen Quellen auch kaum Beachtung gefunden. Eine Ausnahme stellt die Sage des Rattenfängers von Hameln dar, in welchem vermutlich ein Lokator zu sehen ist, der siedlungswillige junge Leute in den Osten führte.

Im polnischen Bereich ist eine direkte Zuwanderung aus den deutschen Altsiedlungsgebieten in größerem Umfang nur in Schlesien erfolgt.[44] Im größten Teil der polnischen Gebiete stammten die deutschen Kolonisten des 13. Jahrhunderts schon aus früheren Kolonisationsgebieten wie Brandenburg, Pommern und Schlesien. Die dortigen Siedlergruppen wiesen nämlich eine außerordentlich hohe Bevölkerungszunahme auf und vergrößerten innerhalb eines Jahrhunderts ihre Zahl bis auf das Sechzehnfache. Die mittelalterliche Siedlung wurde also in ihrem weiteren Verlauf überwiegend aus der Eigenvermehrung ihrer Menschen gespeist und erfolgte in einer Kette von Tochtersiedlungen.[45] Das galt im polnischen Bereich auch für die spätere, die deutsche Kolonisation fortführende polnische Binnen- und Ostkolonisation.

Bezüglich der Herkunft der deutschen Siedler sind besonders die süd- und südöstlichen Gebiete Polens recht gut erforscht. Hier kamen die Siedler überwiegend aus Schlesien, zu einem kleineren Teil auch aus den benachbarten böhmisch-mährischen und oberungarischen Gebieten. Der Anteil von Kolonisten aus Thüringen und Hessen war gering. Nur am Nordhang der Karpaten siedelten in größerer Zahl auch Franken.

Die zentralpolnischen Gebiete in Großpolen und Kujawien, die zu Anfang des 13. Jahrhunderts von der Kolonisation erfaßt wurden, waren bereits mehr oder weniger stark von Polen besiedelt. Entsprechend der dortigen Siedlungsdichte war auch die deutsche Zuwanderung unterschiedlich stark. Versuche, die noch unbewohnten Sumpf- und Waldgebiete an der Netze zu erschließen, schlugen zunächst fehl. So hatte die deutsche ländliche Siedlung in den zentralpolnischen Gebieten nur Streusiedlungscharakter, im südwestlichen Großpolen, vor allem im Fraustadter Ländchen, und im kleinpolnischen Karpatenvorland kam es dagegen zu einer stärkeren deutschen bäuerlichen Einwanderung.

Genauere Angaben über die Zahl der nach Polen eingewanderten deutschen Bauern sind nicht möglich. Sie kann jedoch nicht allzu hoch gewesen sein. Die Quellen lassen uns hier im Stich. Ortsnamen, die Personennamen der Schulzen, die Dorfformen oder die Hufenverfassung können allenfalls einen Anhaltspunkt für die Nationalität der Siedler darstellen, keinesfalls jedoch als zuverlässiger Beleg gelten. Sicher ist, daß der deutsche Anteil an der ländlichen Siedlung in Polen von Westen nach Osten stark abnahm. Im litauischen Bereich schließlich fand praktisch überhaupt keine bäuerliche deutsche Siedlung statt, hier beschränkte sich der Zuzug von Deutschen ganz auf die Städte.

DIE STÄDTE

Polnische Forscher haben sich lange um den Nachweis bemüht, daß die Entwicklung des polnischen Städtewesens nicht revolutionär beziehungsweise als Import durch die Kolonisation zu deutschem Recht, sondern evolutionär eigenständig erfolgte. Tatsächlich gab es größere stadtähnliche Siedlungen in Polen bereits vor Beginn der Kolonisationszeit, die als Fernhandelszentren, fürstliche Residenzen und Bischofssitze teilweise erhebliche überregionale Bedeutung hatten. Hier sind neben Gnesen, Posen und Krakau unter anderen auch Leslau, Plock, Breslau oder Danzig zu nennen. Es handelte sich dabei aber noch nicht um Städte im modernen Sinne, sondern um Burgstädte und Marktzentren ohne besondere Rechte. Sie standen unter dem gleichen polnischen fürstlichen Recht wie die Dörfer, und ihre Einwohner hatten dieselben umfassenden Pflichten wie die Dorfbewohner. Der Rechtsstatus der Bevölkerung war nicht vom Wohnort, sondern von der sozialen Herkunft abhängig. Es gab zwar Städte, welche nicht dem Fürsten untertan waren, sogenannte Freimärkte, aber auch hier galt für die Bevölkerung das polnische fürstliche Recht, nur mit dem Unterschied, daß sie ihre Abgaben nicht an den Fürsten, sondern an den Immunitätsinhaber, einen weltlichen oder geistlichen Herrn zu entrichten hatte. Die Märkte fanden nur zu bestimmten Zeiten statt und wurden von fürstlichen Marktrichtern überwacht. Das Handwerk war in Polen in eigenen Dienstsiedlungen, nicht in den Städten selbst konzentriert. Mit dem Entstehen der Städte neuen Typs in Polen gingen die Funktionen der bisherigen Dienstsiedlungen der Handwerker auf diese über.[46]

Es gab durchaus eine Kontinuität in funktionaler Hinsicht zwischen den slawischen Stadt- und Dienstsiedlungen und den deutschrechtlichen Städten der Kolonisationszeit. Beide hatten Schutzfunktion, waren Verwaltungs-, Herrschafts- und Kirchenzentren sowie Märkte für Handwerk und Handel sowohl des Umlands wie der Fernkaufleute. Der Unterschied im institutionell-rechtlichen Bereich war jedoch gewaltig, denn die Lokation, wie die mit der Verleihung des Stadtrechts in seiner im Westen entwickelten Form verbundene deutschrechtliche Gründung genannt wurde, revolutionierte die Städte in organisatorischer, rechtlicher, räumlicher und soziologischer Hinsicht.

Die neuen Städte waren keine bloße Erweiterung der bestehenden Siedlungen, sondern eigenständige Gründungen neben den alten Zentren. Dies fand auch in der geplanten, regelmäßigen und großzügigen Stadtanlage und der von der Burgsiedlung unabhängigen Ummauerung seinen Ausdruck. Bis heute ist in den meisten Gründungsstädten der Kolonisationszeit der schachbrettartige Grundriß mit dem in der Mitte des rechteckigen Marktplatzes (»Ring« genannt, daraus polnisch *rynek*) gelegenen Rathauses deutlich erkennbar. Entscheidender als diese äußeren Kennzeichen war aber der rechtliche Unterschied. Wer Bürger der neuen Gründungsstädte wurde, war persönlich frei (»Stadtluft macht frei«), konnte über sein Eigentum frei verfügen und es vererben, besaß Berufs- und Handelsfreiheit. Die politische Freiheit war freilich nicht unbegrenzt, die Abhängigkeit vom Gründer, also vom Landes- oder Grundherrn, blieb bestehen.

Die nach Kriegszerstörungen 1914 wiederaufgebaute Stadt Kalisch zeigt bis heute die für alle deutschrechtlichen Gründungsstädte Polens typische Anlage. Im Zentrum der Stadt ein rechteckiger Marktplatz mit dem Rathaus in der Mitte und rechtwinklig abgehenden Straßen, die untereinander wiederum durch Querstraßen verbunden waren, so daß ein regelmäßiger schachbrettartiger Grundriß entstand.

Die deutschrechtlichen Städte unterstanden, gleichgültig, ob es sich um eine Neugründung oder die Umsetzung einer älteren Stadt zu deutschem Recht handelte, nicht mehr dem bisherigen, an den Kastellaneibezirk gebundenen Rechtsverband. Ihre Bewohner durften nicht mehr von polnischen Gerichten nach polnischem Recht, sondern nur noch vor eigenen Gerichten nach deutschem Recht angeklagt werden. Die städtische Gerichtsbarkeit lag beim Vogt, dem in der Regel zwölf, in größeren Städten auch achtzehn oder 24 Schöffen zur Seite standen. Das Selbstverwaltungsorgan der Stadt war der von einem Bürgermeister geleitete Rat, dessen Mitglieder ursprünglich von der Bürgerschaft frei gewählt wurden. Recht schnell bildeten sich jedoch »ratsfähige« Geschlechter der reichsten, zumeist im Fernhandel tätigen Bürgerfamilien, des Patriziats heraus, welche allein die Stadtratsstellen untereinander besetzten und sich dadurch von den übrigen Bürgern abhoben.

Die Stadtbewohner waren also, obwohl alle die Stadtfreiheit genossen, durchaus nicht alle gleich. Der Erwerb des Bürgerrechts setzte Vermögen oder Besitz voraus. Die kaufmännische Oberschicht, das Patriziat, war in ihrem Lebensstil am Adel orientiert. Die Handwerker besaßen ebenfalls das Bürgerrecht, mußten sich aber ihren Anteil am Stadtregiment in teilweise langwierigen Auseinandersetzungen mit dem Patriziat erstreiten. So sah sich Kasimir der Große 1368 zum Erlaß einer Verordnung genötigt, wonach in Krakau die Hälfte der Ratsherren aus den Reihen der Kaufleute, die andere Hälfte aus den Reihen der Handwerker zu wählen sei, damit allen Gerechtigkeit zuteil werde. Stadtbewohner ohne Bürgerrecht waren schließlich diejenigen, welche weder Grund- und Hausbesitz noch entsprechendes Geldvermögen besaßen, um ihrer Steuerpflicht nachzukommen, also Dienstboten, Handlanger oder Bettler. Ein solches städtisches Bürgertum als besonderen Mittelstand mit eigenen Rechten und Freiheiten hatte es vor der Kolonisationszeit in Polen nicht gegeben.

Mit der Durchführung der Kolonisation betrauten die Landesherren zumeist einen Siedlungsunternehmer, Lokator genannt. Dieser hatte selbst oder durch Beauftragte die Siedler anzuwerben und herbeizuführen. Dazu war beträchtliches Startkapital notwendig.[47] Dem Lokator wurde das Gründungsprivileg ausgehändigt, dessen Rechte dann aber für die Orte und ihre Bewohner insgesamt galten. Für seinen finanziellen und sonstigen Einsatz bei der deutschrechtlichen Gründung wurde dem Lokator zumeist das erbliche Amt des Vogts übertragen, so daß er in den Genuß der Gerichtsgebühren kam. Weitere Entschädigungen des Lokators bestanden in der Verleihung einträglicher Monopole wie dem Schank- und Braurecht, die ihm zusammen mit umfangreichem Landbesitz eine herausragende Stellung in der Neugründung sicherten. Er war persönlich zur Kriegsfolge verpflichtet, die Bürgerschaft hatte zusätzlich eine bestimmte Anzahl von Soldaten zu stellen. In den reichsten Städten gelang es der Bürgerschaft, das Vogtamt durch Kauf zu erwerben und sich so bezüglich der städtischen Angelegenheiten weitgehende Autonomie zu sichern.

Durch die wachsende Zahl der neuen Städte und deren zunehmendem Bedarf an Nahrungsmitteln steigerte sich die landwirtschaftliche Produktion im Umland. Dies wiederum wurde zur Grundlage des weiteren Wachstums der Städte oder führte zu Neugründungen. Die Städte neuen Typs trugen wesentlich zum Übergang von der Natural- zur Geldwirtschaft bei, was zu einer Steigerung des Handels und damit der fürstlichen Einnahmen führte. Sie bildeten zusammen mit ihrem Umland Intensitätsinseln, von denen aus sich die Verbesserungen in der Landwirtschaft wie auch die neuen zivilisatorisch-technischen Entwicklungen im Land ausbreiteten. So fand der eiserne Pflug in Polen zunächst in der Umgebung der neuen größeren Städte Verbreitung.[48]

Mit der Verleihung des deutschen Rechts war für die Städte das Marktrecht verbunden, das ihnen durch Marktgebühren, Stapelrecht und Straßenzwang Vorteile gegenüber allen übrigen Handel- und Gewerbetreibenden einräumte. In den Städten entwikkelten sich die genossenschaftlichen Organisationsformen der Handwerker, die Zünfte.

Die ersten deutschrechtlichen Städte entstanden an und neben den polnischen Bistumssitzen. Bereits 1231 war östlich des Wartheflusses bei Posen die Stadt Środka nach Neumarkter Recht angelegt worden. 1235 erhielt Gnesen, 1237 Plock und noch vor 1250 Leslau/Włocławek deutsches Stadtrecht. Im Jahre 1253 erfolgte dann die Gründung einer großen Neustadt von Posen auf dem westlichen Wartheufer neben einer deutschen Kaufmannssiedlung, deren Aufbau dem Lokator Thomas von Guben übertragen wurde. 1257 schließlich enstand neben der Hauptstadt Krakau die deutschrechtliche Tochtersiedlung mit Breslauer Stadtrecht, welche den Namen der älteren Burgstadt übernahm. Weitere Städtegründungen folgten in der zweiten Hälfte des 13. Jahrhunderts, so in Kleinpolen Alt- und Neu-Sandez und die Salzbergstädte Bochnia und Wieliczka, in Großpolen Kalisch. Um 1300 hatten die Stadtgründungen die Weichsel auf ganzer Länge erfaßt, noch vor 1334 wurde Warschau gegründet, weiter im Osten war sogar 1317 schon Lublin entstanden. Die folgenden Jahrzehnte brachten im wiedervereinten Polen unter den beiden letzten Piastenherrschern eine weitere Verdichtung und Erweiterung des deutschrechtlichen Städtenetzes.

Nach der Erwerbung Rotreußens wurde auch hier die deutschrechtliche Siedlung fortgeführt. 1356 wurde Lemberg, das schon während der Zugehörigkeit zu Halitsch-Vladimir als deutschrechtliche Stadt gegründet worden war, nochmals deutsches Recht verliehen. In seinem Umland kam es auch zur Ansiedlung deutscher Bauern. 1374 wurde noch weiter östlich Kamieniec in Podolien zu deutschem Recht angelegt.

Das Weichbildsystem, wie es sich vollendet in Schlesien entwickelt hatte, also die bei der deutschrechtlichen Gründung einer Stadt gleich mit vorgesehene und durchgeführte Anlage von Dörfern im Umland, wurde auch in den angrenzenden polnischen Gebieten übernommen. So ist bei der 1253 erfolgten Gründung der Stadt Posen dem Lokator die Anlage von Stadtdörfern zur Aufgabe gemacht worden. Diese hatten die Versorgung der Stadt sicherzustellen, bekamen aber gleichzeitig in dieser einen festen wirtschaftlichen, politischen und rechtlichen Rückhalt. Es kam auch vor, daß Bürger deutschrechtlicher Städte in deren Umland Grundbesitz erwarben und dort auf eigene Veranlassung Dörfer nach deutschem Recht anlegten. Die Siedler wurden in diesen Fällen aber zumeist aus der einheimischen polnischen Bevölkerung herangezogen.[49]

Die ersten Lokatoren und Bürger der im 13. Jahrhundert gegründeten Kolonialstädte waren Deutsche. Beginnend schon in der zweiten Hälfte des 13. Jahrhunderts,

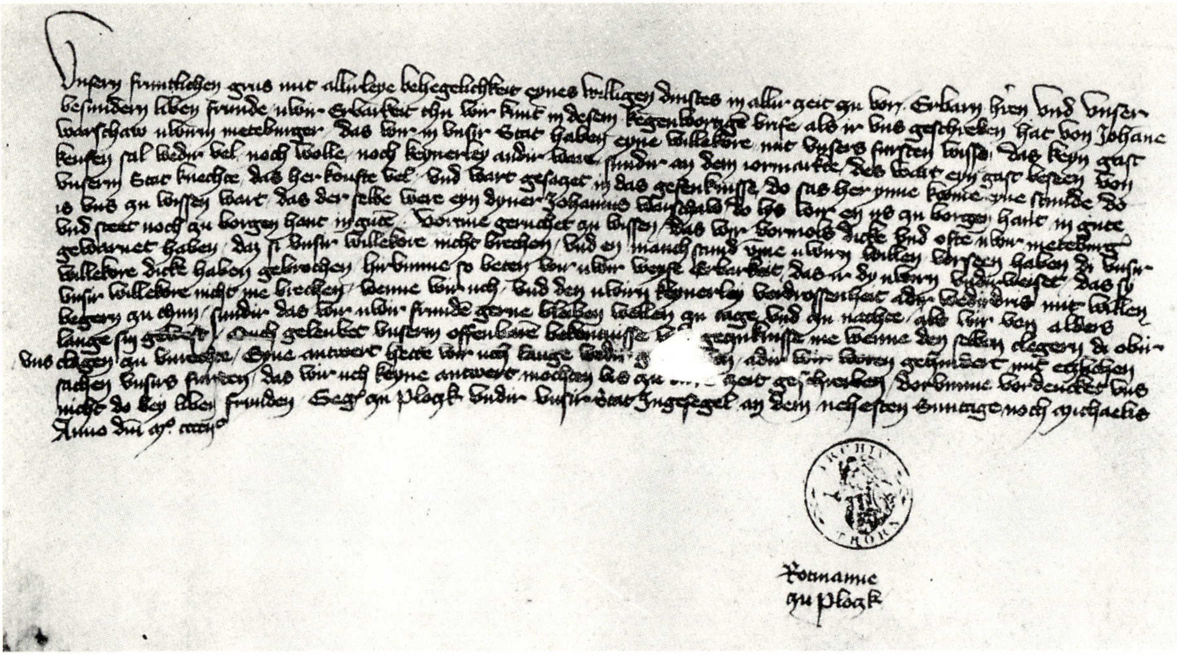

Brief der »Rotmanne czu Plock« an die »erbarn, weyzen und vorsichtigen herren burgermeistern und ratmannen czu Thorun in der Alden Stat unsern sundirlich liben frunden«
Da das Bürgertum vieler polnischer Städte seit der Kolonisationszeit überwiegend deutsch war, erfolgte auch die Korrespondenz zwischen den Stadtregimentern von Städten wie Plock und Thorn in deutscher Sprache. Im vorliegenden Fall ging es um die Freilassung eines Dieners des Thorner Bürgers Johann Warschau, der in Plock verbotenerweise außerhalb des Jahrmarktes Felle gekauft hatte.

vor allem aber im 14. Jahrhundert, nahm der Anteil der Polen an der deutschrechtlichen Siedlung im städtischen Bereich immer mehr zu. Dennoch stellten die Deutschen in den im Zuge der Kolonisationsepoche neu gegründeten größeren Städten in der Regel ein bis zwei Drittel der Bürgerschaft. Während des gesamten Mittelalters blieb diese große Bedeutung des deutschen Elements im städtischen Bürgertum Polens bestehen. Dies galt für großpolnische Städte wie Posen, Gnesen oder Schrimm ebenso wie in Kleinpolen für Krakau, Kazimierz, Wieliczka, Tarnow, Neu-Sandez, Krosno, Sanok, Łańcut, Przemysl oder Lemberg. In Masowien hatten nur Plock und Warschau ein zu Anfang starkes deutsches Bürgertum, in den übrigen größeren Städten wie Radzymin oder Sochaczew gab es dagegen nur wenige Deutsche als Großkaufleute, in den kleineren Städten praktisch keine.

Der deutsch geprägte Charakter vieler polnischer Städte läßt sich an den damaligen Stadtbüchern ablesen. Vom 13. bis zum Anfang des 14. Jahrhunderts waren sie vielfach nur in deutscher Sprache geführt, später zunächst in Latein. In Krakau finden sich aber sogar noch bis zur Wende des 16. Jahrhunderts deutsche Aufzeichnungen und Stadtratsbeschlüsse, Rechtsurkunden, Zunftordnungen und Eidesformeln in deutscher Sprache. Selbst einige königliche Verordnungen wurden den Krakauern in deutscher Sprache übermittelt.

Seit dem 13. Jahrhundert wurde in vielen städtischen Kirchen deutsch gepredigt, so in Krakau, wo an der Marienkirche 1373 ein »Nikolaus praedicator Teutonicorum ecclesie beate Marie Cracoviensis« urkundlich genannt wird. Für die polnische Bevölkerung, die anfänglich auch die Marienkirche benutzte, wurde eigens die Kirche Sankt Barbara gebaut, wie noch ein Dekret König Sigismunds von 1532 zeigt. Dieses besagt, daß in der Marienkirche nach alter Gewohnheit je ein »praedicator und vicepraedicator Alamanicus«, an der Barbarakirche ein »praedicator Polonicus« gewählt wurde.[50]

Am Beispiel der Stadt Krakau können die Herkunftsorte aufgrund der relativ guten Quellenlage besonders gut ermittelt werden. Die Bürger stammten überwiegend aus Schlesien, nur selten werden in den Stadtbüchern des 13. Jahrhunderts auch außerschlesische Herkunftsorte wie Wien, Köln, Straßburg oder Sankt Gallen genannt.[51] Wenn hier von den deutsch geprägten polnischen Städten gesprochen wird, ist zu berücksichtigen, daß zwar das städtische Bürgertum, sowohl im Patriziat wie bei den zunftgebundenen Handwerkern, mehrheitlich aus Deutschen bestand, die unteren städtischen Schichten dagegen, die Dienstboten, die außerhalb der Zünfte stehenden, oft ungelernten Handwerker, aber auch die städtische Geistlichkeit und die nicht selten in den Städten wohnenden Adligen waren dagegen überwiegend Polen. Viele spätere national gefärbte Auseinandersetzungen sind vor diesem Hintergrund auch auf soziale Gegensätze zurückzuführen.

LÄNDLICHE SIEDLUNG

Die deutschrechtliche Kolonisation brachte den Durchbruch großer Verbesserungen in der Landwirtschaft. Die polnischen Bauern betrieben zu jener Zeit noch überwiegend Feld-Gras-Wirtschaft, zum Teil als Zweifelderwirtschaft, womit maximal das Dreifache der Aussaat geerntet werden konnte. Der Übergang zur Dreifelderwirtschaft stand erst am Beginn. Mit der deutschrechtlichen Kolonisation in Polen wurde diese nun in großem Stil eingeführt, verbunden mit der Einteilung des Landes in regelmäßige Hufen. Die Hufe war so bemessen, daß eine Bauernfamilie sie gut bewirtschaften und von ihr leben konnte. In den Mittelgebirgen war es die »fränkische Hufe« mit 104 Metern Breite und 2,33 Kilometern Länge, was einer Fläche von 24 Hektar entspricht. Die in der Ebene verwendete »flämische Hufe« hatte eine Fläche von 16,8 Hektar, bestand aber nicht aus einem zusammenhängenden Stück Land, sondern aus je einem Parzellenstreifen in den einzelnen Gewannen des Dorfes. Die »Verhufung« des Landes wurde in polnischen Quellen jener Zeit auch als »deutscher Brauch«, *mos Teutonicus* bezeichnet.

Die Dreifelderwirtschaft und die Verhufung führten zur Zusammenlegung und Vermessung des Landes. Erst mit dieser Zusammenfassung des bis dahin häufig zerstreuten Ackerlandes wurde eine rationelle Bewirtschaftung durch den ökonomisch sinnvollen Einsatz des Pfluges sowie die Einführung gleichmäßiger, einheitlicher Abgaben ermöglicht. Dies war sowohl für den Bauern von Vorteil, da die von ihm zu erbringenden Leistungen berechenbar wurden, als auch für den Grundherrn, der nun über regelmäßige Einkünfte verfügte. Da die Abgaben an den Grundherrn zunehmend in Form einer Geldrente zu entrichten waren, mußten die Bauern einen Teil der Ernte verkaufen. Auf diese Weise wurde auch das Dorf in das System der Geldwirtschaft einbezogen.

Der eiserne Scharpflug, in Polen anstelle des slawischen Hakens vereinzelt schon vor der Kolonisationszeit anzutreffen, fand nun allgemeine Verbreitung. Während der Haken die Erde nur aufgeritzt hatte und nur bei leichten Böden verwendbar war, erlaubte der Eisenpflug mit Streichblatt und Rädern, mit dem die Scholle gewendet wurde, die Bearbeitung schwerer Böden. Auch Wassermühlen waren zwar in Polen schon vereinzelt bekannt gewesen, ihre stärkere Verbreitung erfolgte aber ebenfalls erst im Zuge der deutschen Einwanderung. Darauf weist unter anderem die Tatsache hin, daß in Großpolen die ersten Müller fast alle Deutsche waren. Seit dem 13. und 14. Jahrhundert verbreiteten sich auch eiserne Sensen, Eggen mit Eisenzacken, Dreschflegel, feste Scheunen und Dünger. Der Ochse als Zugtier wurde durch das Pferd ersetzt, die Zugkraft der Tiere durch das Kummet für Pferde und das Stirnjoch für Ochsen vergrößert. Durch all diese technischen Neuerungen konnte der Ernteertrag auf das Fünffache der Aussaat gesteigert werden. Entsprechend finden sich in den Gründungs- und Verleihungsurkunden zu deutschem Recht häufig Bemerkungen, sie seien *in meliorem, in reformationem* gegeben worden – deutliche Hinweise auf die Vorteile und Verbesserungen, welche damit verbunden waren.[52]

An die Stelle der bisher vorherrschenden slawischen Weiler, die in der Regel aus vier bis acht Höfen bestanden, traten nun einheitliche, größere Dörfer in neuen Formen, je nach vorhandenem Gelände. In den Rodungsgebieten der Mittelgebirge und ihres Vorlandes im Süden und Südosten Polens wurden »Waldhufendörfer« angelegt, deren Häuser mit größerem Abstand voneinander zu beiden Seiten eines Baches oder Weges in der Talmitte standen. Die mit dieser Dorfform verbundenen fränkischen Hufen zogen sich dann hinter jedem Hof über zwei Kilometer weit die Hänge hinauf. Oft wurden in einem Tal mehrere Waldhufendörfer zu einer kilometerlangen Kette zusammengefaßt.

In den im polnischen Tiefland vorherrschenden Straßen- oder Angerdörfern lagen die Häuser dicht nebeneinander an einer Straße oder um einen Innenplatz, den Anger. Die Felder waren zu großen Schlägen, sogenannten Plangewannen, zusammengefaßt, von denen die drei größten den Abteilungen der Dreifelderwirtschaft entsprachen. Die zumeist flämische Hufe des einzelnen Hofs setzte sich aus je einem Parzellenstreifen in jedem Gewann zusammen.

Der Name der Gründungen leitete sich in manchen Fällen vom Namen des Lokators ab. Im polnischen Bereich stammten viele Lokatoren aus dem städtischen Bürgertum früherer Kolonialgebiete, zunächst vor allem aus Schlesien, später auch aus deutschrechtlichen Städten in Polen wie Krakau oder Lublin. Ihnen wurde in den neuen Dörfern das erbliche Schulzenamt übertragen, das mit bedeutenden Rechten und Einnahmen verbunden war. So erhielt der Schulze mehrere Freihufen und in der Regel das Schankrecht, vielfach dazu noch die Schmiede, die Bäckerei und die Schuster- und Schneiderwerkstatt. Die Schulzen übten als Vertreter des Grundherrn die vollziehende Gewalt und die örtliche Gerichtsbarkeit aus. Grundbesitz und die Verpflichtung zur Kriegsfolge gaben ihnen eine adelsähnliche Stellung, und viele dieser bürgerlichen Siedlungsunternehmer stiegen in der Folge tatsächlich in den polnischen Adel auf.

Das Recht der ländlichen Siedler in den Dörfern war Stadtrecht. Ein besonderes Landrecht gab es in Polen im Unterschied zu Deutschland nicht. Die deutschrechtlichen Dörfer besaßen damit Freiheiten, die im deutschen Bereich nur den Städten zukamen. Zu einer Stadt wurden sie dadurch aber nicht, sofern in der Rechtsverleihung nicht ausdrücklich die Erhebung zur Stadt und gleichzeitig Privilegien wie Markt-, Zoll- und Handelsrecht bestätigt wurden. In den Urkunden wurde genau zwischen Dorf (*villa*) und Stadt (*civitas*) unterschieden. Ersteres unterstand einem Schulzen (*scultetus*), seine Bewohner wurden als Bauern (*coloni*) bezeichnet, in der Stadt stand dagegen ein Vogt (*advocatus*) an der Spitze der Bürger (*cives*).[53]

Bei der sogenannten Weichbildanlage, also der gleichzeitigen Gründung einer Stadt und der sie versorgenden Dörfer im Umland, wurde das Stadtrecht auf die zugehörigen Dörfer übertragen. Es wurde aber auch Dörfern, die nicht im Zusammenhang mit der Gründung oder Umsetzung einer Stadt nach deutschem Recht standen, deutsches Stadtrecht verliehen.

Deutsches Landrecht, also den »Sachsenspiegel«, kannte man in Polen zwar, und es wurde auch ergänzend in Städten und Dörfern bei der Rechtsprechung herangezogen, allerdings wurde hier oft nicht genau unterschieden oder unter Landrecht deutsches Stadtrecht für Dörfer verstanden. So wurde dem Dorf Nowawies bei Lobzow 1367 »iure teutonico, dicto vulgariter Lantrecht« verliehen, wobei es sich aber zweifelsfrei um Stadtrecht handelte.[54]

Das neue Recht unterschied sich grundsätzlich vom geltenden polnischen Recht. Es beinhaltete die persönliche Freiheit und Freizügigkeit. Die Bauern hatten eine mehr oder weniger ausgebildete Selbstverwaltung, ein starkes Erbrecht und ein abtretbares Recht auf das bebaute Land und die Gebäude gegen ständigen und genau geregelten Zins, das heißt, sie konnten ihren Hof frei verkaufen, tauschen oder verschenken. Für die Rodung wurden ihnen für eine bestimmte Anzahl von Jahren die Abgaben erlassen. Von den Dienstleistungen und Abgaben der einheimischen Bevölkerung waren sie frei, mit Ausnahme des Kirchenzehnten, der auch von ihnen gezahlt werden mußte. Ihnen stand eine Beteiligung am Gemeindebesitz, der Allmende, entsprechend der Größe ihres Landbesitzes zu. Ferner hatten sie als Bauernschöffen, welche den Schulzen bei der Urteilsfindung berieten, Einfluß auf die Gerichtsbarkeit.

Die freie dörfliche Gemeinde in Polen geht somit auf die Kolonisation zu deutschem Recht zurück. Die Gemeinde war nun ein eigenes Rechtssubjekt, für das der Schulze im Namen ihrer Mitglieder sprach, deren Rechte und Interessen er vertrat. Die mit dem deutschen Recht verbundene Freizügigkeit förderte die soziale Mobilität, welche zusammen mit den neuen landwirtschaftlichen Produktionsformen und -techniken zu immer neuen Siedlungsinitiativen anregte.

Die polnischen Landesherren bedienten sich beim Landesausbau gern der Hilfe von Klöstern. Die neuen Orden der Zisterzienser und Prämonstratenser waren schon im 12. Jahrhundert ins Land gekommen. Ihre Konvente bestanden, entsprechend der Herkunft der Orden, fast durchweg aus Romanen oder Deutschen. In Großpolen hatte Mieszko der Alte rheinische Mönche aus dem zur Diözese Köln gehörenden Kloster Altenberg zur Gründung der ersten Zisterzienserklöster Lekno (1143) und Lond (1155) berufen, in Polen später die »rheinischen Klöster« genannt, da ihr Nachwuchs bis in die Reformationszeit ausschließlich aus dem Kölner Raum stammte. Ebenfalls in Großpolen wurden die Prämonstratenserklöster in Strelno (1193) und in dem bei Kalisch gelegenen Kościelna Wieś (1149) gegründet. Auch geistliche Ritterorden wie die Johanniter und die Templer wurden ins Land gerufen und mit Land ausgestattet. Waren den Orden zunächst vor allem religiöse und kulturelle Aufgaben im Landesinnern zugedacht, so wurden sie im 13. Jahrhundert auch zur Erschließung der unbesiedelten Grenzwälder herangezogen. Diesem Ziel dienten die Zisterziensergründungen im sumpfigen und waldigen Westen, Norden und Süden des Landes wie Priment (1210), Obra (1231), Blesen (1232) und Paradies (1234) in Großpolen, das in Kujawien gelegene Byszewo (1234) und Ludzimierz im kleinpolnischen Tatravorland (1234). Häufig wurden auch bereits bestehenden Klöstern im Landesinnern große Ländereien im Grenzgebiet mit dem ausdrücklichen Auftrag zur Rodung und Besiedlung übertragen, in der Hoffnung, daß die geistlichen Territorien eine Art moralischen Schutzwall gegen die Angriffe äußerer Feinde bilden würden.[55] Herzog Wladyslaw Odonicz von Groß-

Das aus dem Jahre 1517 stammende Siegel der Abtei Lekno zeigt die erste Steinkirche des Klosters. Die Umschrift bezeichnet es als zweite Tochter des Klosters Altenberg bei Köln, ein Irrtum, denn Lekno war die älteste Tochtergründung von Altenberg. Es nahm bis in die Reformationszeit ausschließlich deutsche Bürgersöhne aus Köln als Novizen auf.

polen vergab einen Großteil des Gebiets nördlich der Netze zwischen den Flüssen Drage und Brahe an geistliche Träger zur Grenzsicherung gegen Pommern. So wurden dem Deutschen Orden 1224 etwa 500 Hufen, den schlesischen Klöstern Leubus und Heinrichau 1233 rund 3000 Hufen in der Kastellanei Filehne und 1255 mehr als 2000 Hufen in der Kastellanei Nakel, ferner im Jahre 1233 den Templern weitere 3000 Hufen zugewiesen zwecks Anlage von Dörfern und Städten und deren Besiedlung. Die Erschließung so großer Wald- und Sumpfgebiete erwies sich jedoch zu damaliger Zeit noch als undurchführbar, die genannten Klöster und Ordenskommenden scheiterten an dieser Aufgabe, zumal die Leubuser und Heinrichauer Konvente zu jener Zeit auch in Schlesien zum Landesausbau herangezogen wurden.

In Kleinpolen stand die deutsche Kolonisation des Karpatenvorlandes in direktem Zusammenhang mit der Grenzsicherung gegen den aus der Zips mit Hilfe sächsischer Siedler nach Norden vordringenden ungarischen Landesausbau. Der Breslauer Piastenherzog Heinrich I., seit 1232 auch Herrscher über Kleinpolen, hatte schon in seinen niederschlesischen Gebieten entsprechende Grenzsicherungsmaßnahmen gegenüber Böhmen und der Lausitz durch Gegensiedlung vorgenommen.[56] Er genehmigte 1234/35 dem Krakauer Wojewoden Theodor, in den Wäldern am Dunajec Deutsche nach dem in Schlesien üblichen Recht anzusiedeln, was dieser den Zisterziensern aus Jędrzejów übertrug. Da zu jener Zeit aus Schlesien noch kein ausreichender Bevölkerungsüberschuß nach Osten drängte, wurden Zipser Deutsche angeworben, ein Beispiel dafür, daß Siedlung und Gegensiedlung in Grenzgebieten teilweise auf dieselbe deutsche Bevölkerungsgruppe zurückgriffen.

Der Höhepunkt der deutschrechtlichen bäuerlichen Siedlung in Großpolen und dem westlichen Kujawien fiel auf die Wende vom 13. zum 14. Jahrhundert. Im 14. Jahrhundert setzte auch die Erschließung des kleinpolnischen und rotreußischen Karpatenvorlandes ein, wo aufgrund des Fehlens ausreichender polnischer Siedler noch deutsche Bauern, vor allem aus Schlesien, in größerer Zahl herangezogen wurden. Es war dies der zeitlich gesehen letzte Fall von starker Beteiligung deutscher Kolonisten am Landesausbau eines slawischen Gebiets, die hier zum ausgeprägt westlich-schlesischen Charakter desselben beitrug.[57] Kennzeichnend dafür waren die regelmäßigen Waldhufendörfer mit fränkischen Hufen und das Kolonialschema der Städte mit großem quadratischem, von Laubenhäusern umgebenem Marktplatz, gotischen Backsteinkirchen oder, auf den Dörfern, Holzkirchen, und nicht zuletzt auch die vielfach auf schlesische Vorbilder zurückgehenden Orts- und Städtenamen wie Landskron/Lanckorona, Grünberg/Grybów, Schönberg/Szymbark, Freistadt/Frysztak, Krossen/Krosno, Landshut/Łańcut.[58]

Im östlichen Kujawien und in Masowien wurde auch im 15. Jahrhundert noch deutschrechtliche Kolonisation, allerdings fast ausschließlich mit polnischen Siedlern, betrieben.[59] Zur Erschließung der Grenzwildnisse gegen Preußen und Litauen wurden masowischen Adligen Landgüter von zehn Hufen verliehen, welche mit der Verpflichtung zur Kriegsfolge verbunden waren. Meist wurden diese nicht in bäuerliche Stellen aufgeteilt, sondern blieben in der Hand der Adelsfamilien. Durch fortwährende Realteilung sanken sie allerdings bald auf den Umfang einer Bauernwirtschaft herab. Ihre Besitzer unterschieden sich von der bäuerlichen Nachbarschaft fortan nicht mehr durch Bildung oder Reichtum, sondern nur noch durch Adelsprivilegien und das betonte Standesbewußtsein.

Im Zuge der mittelalterlichen deutschrechtlichen Kolonisation wurde durch umfangreiche Rodungen die landwirtschaflich nutzbare Fläche Polens stark erweitert. Das frühere Nebeneinander von übervölkerten und menschenleeren Flächen gab es nicht mehr. Die Bevölkerungdichte in den polnischen Gebieten betrug Ende des 14. Jahrhunderts zwischen zehn und zwanzig Menschen je Quadratkilometer, entsprach also weitgehend den Verhältnissen im deutschen Bereich. Durch dieses Bevölkerungswachstum waren die Voraussetzungen für die anschließende polnische Ostkolonisation geschaffen worden.[60]

Die neuen Entwicklungen in Landwirtschaft, städtischem Handel und Gewerbe hatten eine deutliche Trennung von Dorf und Stadt hervorgebracht, die aber durch den Handel verbunden blieben. Dieser ging zunehmend über die unmittelbare Versorgung des Umlandes hinaus und führte mit der aufkommenden Geldwirtschaft zur Entwicklung großräumiger, arbeitsgeteilter Wirtschaftskreise. Zu diesen wirtschaftlichen und demographischen Veränderungen kam der für die weitere Entwicklung des Landes nicht weniger wichtige, mit der deutschrechtlichen Kolonisation verbundene zivilisatorisch-rechtliche Umbruch.

Durch die Verbreitung des deutschen Rechts wurde Polen stärker in den abendländischen Kulturkreis einbezogen und innerhalb desselben eine Vereinheitlichung erreicht. Mit der anschließenden polnischen Ostexpansion kam das deutsche Recht dann auch in weißrussische und ukrainische Gebiete, die kirchlich und kulturell nicht dem westlich-römischen Abendland, sondern dem ostslawisch-byzantinischen Kulturkreis angehörten. So entstand ein breiter Streifen des Übergangs zwischen West und Ost, eine kulturelle Mischzone zwischen West- und Osteuropa, deren Grenzen fließend waren.[61]

In der Vergangenheit haben manche polnischen und deutschen Historiker die deutschrechtliche Kolonisation als für Polen insgesamt verhängnisvoll bezeichnet, da sie zumindest teilweise die Germanisierung der einheimischen slawischen Bevölkerung bewirkte, und den damaligen polnischen Landesherren wurde vorgeworfen, sie hätten mit der Herbeirufung deutscher Kolonisten gewissermaßen nationale Interessen verraten. Tatsächlich hat das zu Beginn der Ostkolonisation noch zum polnischen Staatsverband gehörende Schlesien während der Siedlungsvorgänge des Mittelalters sein ethnisches Gesicht vollständig gewandelt. Auch andere ursprünglich slawisch besiedelte Gebiete wurden ein Teil des geschlossenen deutschen Volks-, Sprach- und Kulturraums. Eine solche Wertung aus der Sicht der Nationalismen des 19. und 20. Jahrhunderts ist jedoch völlig unhistorisch und zudem einseitig. Ähnliche Folgen des Landesausbaus zeigten sich später auch zwischen Polen und seinen östlichen Nachbarvölkern. Es sei nur an die fast vollständige Polonisierung des historischen Zentrums von Litauen um die Hauptstadt Wilna erinnert, die heute natürlich nicht in Polen, aber dafür um so mehr in Litauen als negativ angesehen wird.[62]

Nationale Beweggründe in unserem heutigen Sinne gab es im Mittelalter nicht. Hätten die polnischen Fürsten den Landesausbau nicht vorangetrieben, der zunächst – in Schlesien ganz überwiegend – nur mit deutschen Siedlern möglich war, so wären ihre Länder als Folge der damit verbundenen zivilisatorischen Rückständigkeit vermutlich später der Expansion ihrer moderneren westlichen Nachbarn zum Opfer gefallen. Und im weitaus größten Teil der polnischen Gebiete hat die deutsche Ostsiedlung ja nicht zu ethnischen Veränderungen geführt, sondern durch die Polonisierung der deutschen Zuwanderer dem polnischen Volk neue Kräfte zugeführt. Grundsätzlich war den polnischen Landesherren die Nationalität ihrer Siedler gleichgültig. Dies kommt in vielen Lokationsprivilegien deutlich zum Ausdruck, welche die Ansiedlung von »deutschen Bewohnern oder anderen Gästen« (*habitatores Teutonicos sive alios hospites*) freistellen.[63] Daß die fremden Siedler in erster Linie Deutsche waren, lag also keineswegs an einer besonderen Präferenz der polnischen Fürsten, sondern an den geographischen und demographischen Verhältnissen.

Wie das polnische Beispiel zeigt, mußte die Einwanderung von Deutschen ja auch nicht zwangsläufig zu einer Eindeutschung der betreffenden Siedlungsgebiete führen. Gleichermaßen abwegig wäre es, den deutschen Bauern, Bürgern oder Adligen, welche nach Polen zogen, germanisatorische Absichten, einen »deutschen Drang nach Osten« zu unterstellen. Eine Planung von deutscher Seite gab es für die Siedlung hier nicht. Die einzelnen Siedler und Siedlungsgruppen waren völlig heterogen und hatten keinen Kontakt untereinander. Für die Probleme und Auseinandersetzungen, welche als Folge der mit der Ostkolonisation entstandenen Bevölkerungsverhältnisse in der Zeit des modernen Nationalismus aufkamen, können weder die polnischen Initiatoren noch die deutschen Träger des mittelalterlichen Landesausbaus verantwortlich gemacht werden. Diesen ging es damals nur um eine Verbesserung ihrer Stellung und eine Vermehrung ihres Besitzes, also um handfeste, materielle Gründe.

Bis auf wenige Ausnahmen gibt es in den Quellen keine Hinweise auf ein illoyales Verhalten der Siedler gegenüber dem Landesherrn. Die Ausnahmen beziehen sich vor allem auf die Haltung einiger Städte mit überwiegend deutschem Bürgertum, allen voran Krakau und Posen, gegenüber Wladyslaw I. Ellenlang, dem Erneuerer der polnischen staatlichen Einheit. Im Jahre 1311 hatten sich zunächst einige kleinpolnische Städte mit deutschem Bürgertum unter Führung der Stadt Krakau, aber auch ein Teil der örtlichen Geistlichkeit gegen Wladyslaw Ellenlang gestellt und Herzog Boleslaw von Oppeln nach Krakau gerufen. Der Hintergrund war eine deutliche Neigung der genannten kleinpolnischen Kreise nach Böhmen, dessen Herrscher eine ausgesprochen städtefreundliche Politik betrieben.

Wladyslaw Ellenlang konnte den unter Führung des deutschen Krakauer Vogtes Albert stehenden Aufstand 1312 niederschlagen, da die böhmische Unterstützung ausblieb und in den Reihen der Aufständischen Uneinigkeit herrschte. Das darauf folgende Strafgericht, welches Krakau das Recht der Vogtwahl und viele Aufständische das Leben kostete, hatte durchaus deutschfeindliche Züge. So berichtet eine Quelle, daß alle, welche die polnischen Worte »soczewica, koło, miele, młyn« nicht aussprechen

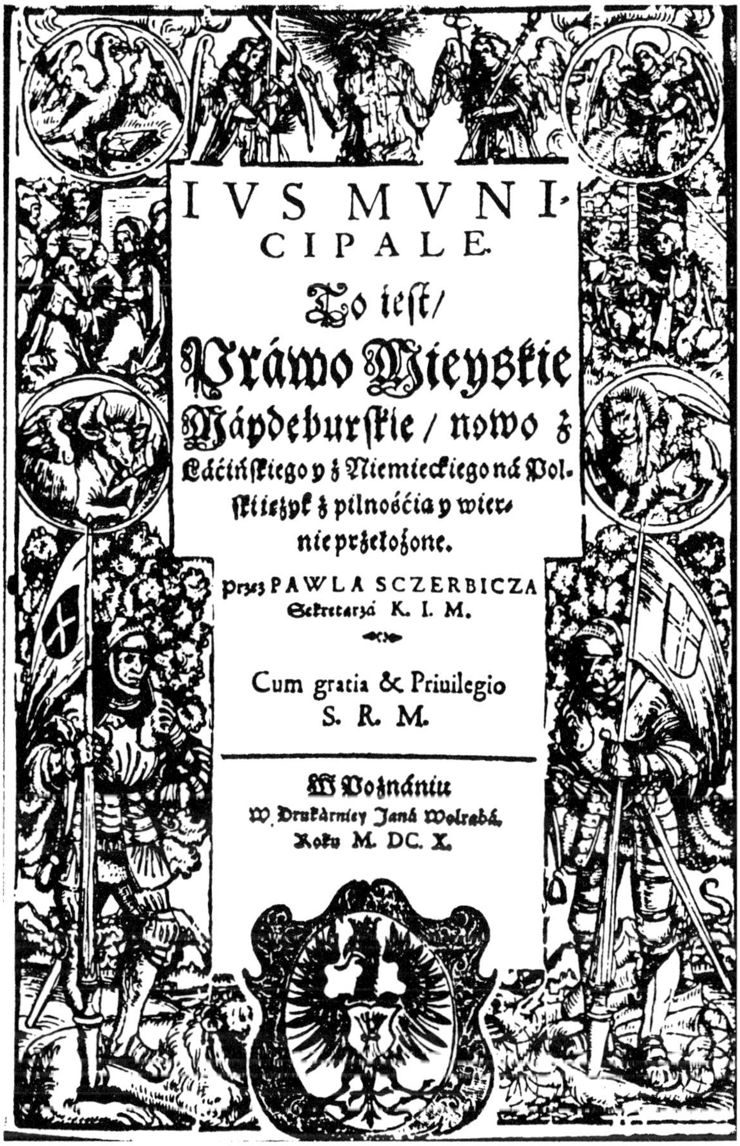

IVS MVNI-
CIPALE.
To iest/
Práwo Mieyskie
Máydeburskie / nowo z
Łáćińskiego y z Niemieckiego ná Pol-
ski ięzyk z pilnośćią y wier-
nie przełożone.
Przez PAWLA SCZERBICZA
Sekretarzá K. I. M.

Cum gratia & Priuilegio
S. R. M.

W Poznániu
W Drukárniey Janá Wolrabá.
Roku M. DC. X.

Titelblatt der Magdeburger Rechtssammlung, die der königliche Sekretär Paweł Szczerbicz aus dem Lateinischen und Deutschen in die polnische Sprache übertragen hatte. Das Werk wurde 1610 in Posen durch den deutschen Buchdrucker Johann Wohlrabe herausgegeben.

konnten, enthauptet wurden. Es handelte sich aber nicht in erster Linie um eine nationale Auseinandersetzung, sondern vielmehr um den Ausdruck von Selbständigkeitsbestrebungen einiger Städte, welche ihre Interessen eher beim Böhmenkönig als bei Wladyslaw Ellenlang gesichert sahen. Dafür spricht auch, daß andere, ebenfalls deutschgeprägte Städte Kleinpolens, wie beispielsweise Neu-Sandez, in der Auseinandersetzung auf der Seite Wladyslaws I. Ellenlangs standen und von diesem dafür mit Privilegien belohnt wurden.

Ähnlich war die Situation in Großpolen, wo das deutsche Bürgertum der größeren Städte, die Klöster und ein Teil des Adels gegen Wladyslaw Ellenlang zu dessen Rivalen Herzog Heinrich III. von Glogau und nach dessen Tod 1309 zu Heinrichs Söhnen hielt. Auch hier mußte Wladyslaw Ellenlang, der die Unterstützung des Bischofs von Posen und einiger Adelsgeschlechter besaß, den Widerstand mit Gewalt brechen, wobei die Stadt Posen, deren deutscher Vogt Primko die Seele des Widerstandes gewesen war, stark zerstört wurde. Die Vergeltungsmaßnahmen Wladyslaws zeigten auch hier durchaus deutschfeindliche Züge, bezogen sich aber ebenfalls weniger auf die Nationalität als auf den ständisch begründeten Widerstand im Lande. Wladyslaw selbst hat im übrigen in der Folgezeit die Ansiedlung von Deutschen weiter betrieben.

Zu bedenken ist ferner, daß diese Vorgänge in die Zeit vor der Wiedervereinigung Polens und der Krönung Wladyslaws I. Ellenlangs fallen. Die Option für Böhmen, das begründete Ansprüche auf die polnische Krone besaß, war noch kein Akt der Illoyalität gegen den rechtmäßigen Landesherrn, sondern stellte eine durchaus legitime Interessenvertretung dar. Sie war auch keineswegs auf die deutschen Bürger der genannten Städte beschränkt, sondern wurde vielmehr gleichermaßen von einem Teil des einheimischen Adels und der Geistlichkeit getragen.

KASIMIR DER GROSSE UND DAS ENDE DER PIASTENDYNASTIE

Nach dem Tod Wladyslaws I. Ellenlangs wurde als letzter Piastenherrscher sein Sohn Kasimir III. (1333–1370) 1333 in Krakau zum polnischen König gekrönt. Er ist der einzige polnische König, dem von der Nachwelt der Ehrenname »der Große« zuerkannt wurde, und tatsächlich war er den anderen großen Herrscherpersönlichkeiten seiner Zeit wie Kaiser Karl IV., den Königen Ludwig dem Großen von Ungarn, Stefan dem Großen von Serbien, Waldemar Atterdag von Dänemark, Eduard III. von England oder Hochmeister Winrich von Kniprode im Deutschordensstaat durchaus ebenbürtig.[64]

Es ist bemerkenswert und durchaus nicht zufällig, daß die Länder all dieser Herrscher an der Peripherie des Abendlandes lagen. Zu jener Zeit war das alte Entwicklungsgefälle vom Zentrum zum Rand Europas durch die Intensivierungsphase des Landesausbaus und das damit verbundene Bevölkerungs- und Wirtschaftswachstum für einige Zeit nicht nur aufgehoben, sondern geradezu umgekehrt worden. So ist beispielsweise die Gründung der Universität Krakau im Jahre 1364 ein deutliches Zeichen dafür, daß der mit dem Landesausbau einhergehende abendländische Angleichungsprozeß, die

»Verwestlichung« Ostmitteleuropas, im 14. Jahrhundert in den polnischen Kerngebieten erfolgreich abgeschlossen worden war. Hinzu kam, daß die Mitte Europas durch den beginnenden Hundertjährigen Krieg zwischen England und Frankreich erschüttert und geschwächt wurde. Dagegen bot sich den genannten »Großen« in ihren an der Peripherie gelegenen Ländern die Möglichkeit der friedlichen Konsolidierung und des Ausbaus ihrer Herrschaft.

Kasimir war ganz in diesem Sinne ein kluger und nüchterner Realpolitiker, der zunächst einmal das gerade erst wiedervereinte Polen im Innern zu festigen bestrebt war. Dazu gehörte die Stärkung der königlichen Macht durch forcierten Landesausbau zu deutschem Recht, der erhebliche Einnahmen brachte und mit dem Bürgertum der Gründungsstädte ein Gegengewicht zum Adel schaffen sollte. Kasimir der Große war einer der bedeutendsten Förderer der deutschrechtlichen Kolonisation in Ostmitteleuropa, womit er sein Land nachhaltig verwandelte. Von ihm wurde gesagt, er habe ein hölzernes Polen übernommen und ein steinernes hinterlassen. Das bezog sich vor allem auf die Städte, deren Mauern nicht nur dem Schutz der eigenen Rechte dienten, sondern eine wichtige Funktion bei der Landesverteidigung besaßen.

Bereits unter Wladyslaw Ellenlang hatte die deutschrechtliche Kolonisation das mittlere Galizien und das Lubliner Land erfaßt. Unter seinem Nachfolger wurde die Grenzsiedlung im Süden gegen Ungarn und im Westen gegen die sich Böhmen anschließenden oberschlesischen Fürsten nicht mehr den Klöstern überlassen, sondern energisch unter landesherrlicher Regie betrieben. Dazu bedurfte es eines ausreichenden königlichen Grundbesitzes, insbesondere an den für die Gründung von Handelsstädten und Verteidigungszentren wichtigen Schlüsselpositionen. Im südlichen Kleinpolen war solcher Königsboden aufgrund früherer großzügiger Schenkungen an Kirche und Adel aber kaum noch vorhanden. So kam es unter Kasimir dem Großen zu zahlreichen Enteignungen von Adligen und Klöstern beziehungsweise zu einem diesen aufgezwungenen Tausch von Ländereien. Nun griff die Kolonisation auf die Gebiete zwischen den Flüssen Dunajec und San über. Auch das Umland der Stadt Łańcut (ursprünglich Landshut) wurde in größerem Ausmaß deutschrechtlich besiedelt. Insgesamt vollzog sich die deutschrechtliche Siedlung in Groß- und Kleinpolen jedoch, etwa im Vergleich zum rund ein Jahrhundert früher kolonisierten benachbarten Schlesien, recht langsam.

Kasimir gelang es durch eine umsichtige Heirats- und Bündnispolitik, mit der er die rivalisierenden Nachbarn des Landes geschickt gegeneinander ausspielte, das gerade erst aus der politischen Bedeutungslosigkeit der Teilungszeit aufgetauchte Königreich Polen innerhalb weniger Jahrzehnte in eine geachtete und bedeutende Großmacht zu verwandeln. Anläßlich der Vermählung seiner Enkelin Elisabeth mit Kaiser Karl IV. im Jahre 1364 konnte er vier Monarchen in Krakau willkommen heißen: außer Karl IV. noch König Ludwig den Großen von Ungarn, König Sigismund von Dänemark und König Peter von Zypern. Beredtes Zeugnis von Selbstbewußtsein und Wohlstand der damaligen deutschen Krakauer Bürgerschaft legte das prunkvolle Bankett ab, welches der Ratsherr Nikolaus Wirsing den Königen ausrichtete. Als »Festmahl bei Wirsing« ging es

Stich von Krakau aus der Schedelschen Weltchronik von 1493
Deutlich ist die Judenstadt Kazimierz von der übrigen Stadt durch Wasser und Mauern getrennt, Ausdruck der jüdischen Selbständigkeit und Abgeschlossenheit, aber auch des städtischen Willens, sich von den Juden abzugrenzen.

in die polnische Geschichte ein; von dem bedeutendsten Historienmaler Polens, Jan Matejko, wurde es im 19. Jahrhundert eindrucksvoll dargestellt.

Die Verwaltung des Landes wurde durch Einsetzung von Starosten anstelle der früheren Kastellane und Generalstarosten für die einzelnen Länder der Krone gestrafft. In der Teilungszeit hatte jedes Teilfürstentum seine eigenen Hofämter wie Wojewoden, Kanzler oder Unterkämmerer besessen, die auch nach der Vereinigung als Landesämter erhalten blieben. Von den jeweiligen Wojewoden wurde die Bezeichnung »Wojewodschaften« für die einzelnen Landesteile abgeleitet, wobei der Umfang dieser Wojewodschaften entsprechend der Größe der früheren Teilstaaten sehr unterschiedlich war. Die hohen Kron- und Landesämter wurden mit Ausnahme weniger, der Geistlichkeit vorbehaltener Positionen wie der des Kanzlers, ausschließlich an Magnaten verliehen. Ungeschriebener Grundsatz war, daß innerhalb der Länder Ämter nur an Einheimische vergeben wurden. Als Kasimir für Großpolen einen kleinpolnischen Generalstarosten einsetzen wollte, kam es zu einem Aufstandsbündnis des großpolnischen Adels, einer sogenannten Konföderation.

Überhaupt führte die Bevorzugung und der große Einfluß am Hofe und in der Landesverwaltung, den die kleinpolnischen Magnaten, die »Cracovitae«, und der dort ansässige adlige Klerus sich aufgrund ihrer Nähe zur königlichen Residenz in Krakau erworben hatten, in den anderen Landesteilen zu Kritik und Widerstand. Im Gegensatz zur früheren Gleichberechtigung aller Piastenfürsten war nun ein Lehnsverhältnis der masowischen Herzöge und eines Teils der Halitsch-Vladimirer Gebiete zur Krone entstanden.

Trotz aller Reform- und Vereinheitlichungsanstrengungen Kasimirs blieben große Unterschiede zwischen den ehemaligen Teilgebieten und insbesondere zum neuerworbenen Rotreußen bestehen. Der König war mit dem Anspruch angetreten, in seinem gesamten Herrschaftsgebiet solle es nur einen Fürsten, ein Recht und eine Münze geben. Der Versuch, mit der Einführung des Krakauer Groschens im Jahre 1338 eine Einheitswährung zu schaffen, scheiterte jedoch. Die finanzielle Notlage des Landes durch die Kämpfe um Rotreußen zwang zur ständigen Verringerung des Silberanteils und damit zum Wertverlust des Groschens, der sich nicht gegen die verbreiteten böhmischen und ungarischen Prägungen durchsetzen konnte.

Kasimir unternahm große Anstrengungen zur Reform der Rechtsprechung. Die Gründung der Universität Krakau war nicht zuletzt dem Bedürfnis nach Heranbildung von Hofjuristen entsprungen. Die Pläne, ein einheitliches Recht für das gesamte Königreich zu schaffen, waren jedoch nicht zu realisieren. Ein wichtiger Schritt auf dem Weg dorthin war aber die Zusammenstellung der bislang nur als Gewohnheitsrecht praktizierten und nicht schriftlich fixierten Gesetze in Klein- und Großpolen. Die kleinpolnische Fassung wurde in dem 1347 erlassenen Statut von Wiślica festgehalten, für Großpolen erfolgte dies in Petrikau. Es war die erste schriftliche Aufzeichnung polnischer Gesetze überhaupt und betraf sowohl das Zivil- und das Strafrecht als auch das Prozeßrecht. Für das Verhältnis des Königs zum Adel war bedeutsam, daß die Annahme der Statuten durch eine Landesversammlung des Adels erfolgte, diesem also eine Mitbestimmung eingeräumt wurde. Ständisches Beharrungsvermögen zeigte sich auch darin, daß Kasimir mit den beiden getrennten und durchaus unterschiedlichen Fassungen die regionalen Besonderheiten anerkennen mußte. So begünstigte die kleinpolnische Variante die Mobilität der Bauern, indem sie diesen als Individuen grundsätzlich die Möglichkeit einräumte, ihren Herrn zu wechseln, während dies in Großpolen mit wenigen Ausnahmen verboten blieb.[65]

Die Stellung der Bauern wurde durch die Statuten Kasimirs insgesamt verbessert, was den Schutz vor Ausbeutung und die Freizügigkeit betraf. Die Erbschulzen erhielten durch ihre Mitwirkung bei der Rechtsprechung, die Verpflichtung zum Kriegsdienst und das höhere Wehrgeld eine adelsähnliche Stellung, was ihren sozialen Aufstieg in die niedere Szlachta begünstigte. Der starke Einfluß des deutschen Rechts kommt deutlich zum Ausdruck. Um den Rechtszug nach Magdeburg zu beenden, ließ Kasimir als oberste Instanz für das deutsche Recht in Krakau 1356 einen Oberhof (*iudicium supremum Teutonicum in Castro Cracoviensi*) einrichten. Obgleich auch in späterer Zeit noch in Einzelfällen in Magdeburg um Rechtsweisung nachgesucht wurde, war der Krakauer Oberhof doch Ausdruck der rechtlichen Souveränität und Einheit des Landes.

Dem Adel wurde in den Statuten Kasimirs sein politisches Führungsmonopol bestätigt. Grundsätzlich galt für die Zugehörigkeit zum Adel das Abstammungsprinzip, womit er sich als Stand nach unten abschloß. Allerdings war der Aufstieg aus dem ländlichen und städtischen Patriziat noch möglich, sofern dieses über erblichen Grundbesitz verfügte und damit zum Kriegsdienst verpflichtet war. Die Verbindung von Landbesitz und Kriegsdienst betraf auch geistliche Besitzer eines Erbgutes.[66]

Die trotz großer Unterschiede hinsichtlich Besitz und Einfluß rechtlich gleichgestellte Adelsgemeinschaft verstand sich insgesamt als Vertreter der Landesinteressen. Das bezog sich sowohl auf die einzelnen Landesteile wie Groß- und Kleinpolen und Masowien, in denen der Adel eine regionalistische Politik betrieb, wie auf den in der Institution der Krone Polens repräsentierten Staat. Der politische Einfluß lag nach der Wiederherstellung des Königreiches zunächst bei der Krone und den adligen Großgrundbesitzern, den sogenannten Magnaten, sowie bei den aus ihren Reihen berufenen hohen Beamten und den Prälaten. Diese dominierten sowohl die regionalen Landesversammlungen des Adels als auch den in unregelmäßiger Folge zusammentretenden gesamtpolnischen Reichstag, den Sejm, während die Masse des niederen und mittleren Adels, die sogenannte Szlachta (vom deutschen »Geschlecht«), politisch noch weitgehend bedeutungslos und von den Magnaten abhängig war.

Außenpolitisch bedeutete die Regierungszeit Kasimirs des Großen eine wichtige Zäsur für die Entwicklung Polens, nämlich Verzicht auf territoriale Ansprüche im Westen zugunsten einer Expansion im Osten, womit der polnische Herrschaftsbereich fast verdreifacht werden konnte.[67] Kasimir erkannte im Vertrag von Trentschin 1335 und in einer feierlichen Verzichtserklärung von 1339 den Status quo in Schlesien an, nämlich den Übergang an die böhmische Krone. Im Gegenzug verzichtete der Böhmenkönig auf seine polnischen Thronansprüche. 1348 wurden die schlesischen Herzogtümer von Karl IV. der böhmischen Krone inkorporiert.[68] Der Gedanke einer Rückgewinnung

Schlesiens wurde jedoch von Kasimir wie von seinen Nachfolgern bei entsprechender Gelegenheit immer wieder verfolgt.

In Masowien gelang es Kasimir Anfang der fünfziger Jahre, zwei der drei dortigen Teilfürsten zur Anerkennung seiner Oberhoheit zu bewegen und das dritte Teilgebiet, Masowien-Plock, nach dem Aussterben des dortigen Fürstenhauses in Besitz zu nehmen.

Dem Deutschen Orden machte Kasimir große Zugeständnisse. Im Vertrag von Kalisch 1343 erhielt er zwar von diesem Kujawien und das Dobriner Land, mußte aber dafür endgültig auf Pommerellen, das Kulmer und das Michelauer Land verzichten. Hinter dieser Nachgiebigkeit Kasimirs stand die Absicht, sich des im Südosten an Kleinpolen angrenzenden Gebiets von Halitsch-Vladimir zu bemächtigen.

Zunächst mußte aber der große Nachbar Litauen geschwächt oder abgelenkt werden. Dessen Herrscher Gediminas besaß durch die im Jahre 1331 geschlossene Ehe seiner Tochter mit Boleslaw Georg von Halitsch-Vladimir ebenfalls Ansprüche auf dieses Gebiet. Unter Gediminas' Söhnen und Nachfolgern Algierdas und Kestutis konnte der litauische Herrschaftsbereich auf fast das gesamte ostslawische Gebiet westlich Moskau ausgedehnt werden. Die bisherigen Oberherren über die alte Rus, die Mongolen der Goldenen Horde, erlitten 1363 gegen die Litauer an den Blauen Wassern in Podolien eine schwere Niederlage.

Nach dem Tod Boleslaw Georgs von Halitsch-Vladimir im Jahre 1340 schien für seinen Schwiegervater Gediminas die Möglichkeit gekommen, auch dieses Gebiet unter litauische Herrschaft zu bringen. Kasimir wußte dies zu verhindern, indem er dem Deutschen Orden, dessen Existenzberechtigung im Heidenkampf bestand, den Krieg gegen das heidnische Litauen ermöglichte. Der Vertrag von Kalisch schuf dafür die Voraussetzung. Der Deutsche Orden hatte nun den Rücken gegen Polen frei und konnte den Litauern im Jahre 1348 in der Schlacht an der Strebe eine schwere Niederlage beibringen.

Die Schwächung und Ablenkung Litauens erlaubte Kasimir die Inbesitznahme Rotreußens, wie das Gebiet von Halitsch-Vladimir in Polen genannt wurde, und zwar zunächst 1349 des südlichen Teils mit Przemysl und Lemberg. Litauen mußte dies 1352 in einem Vertrag anerkennen. Im Jahre 1366 konnte Kasimir der Krone Polens auch den nördlichen Teil in Form der drei Lehnsfürstentümer Cholm, Belz und Vladimir angliedern. Der Neuerwerb war damit allerdings an die Person Kasimirs gebunden und veränderte den ethnisch-konfessionellen Charakter des Königreiches entscheidend. Bis zu diesem Zeitpunkt umfaßte das Königreich Polen im wesentlichen nur die Stammesgebiete der Polanen, Wislanen, Masowier und Kujawier. Diese unterschieden sich zwar in Sprache, Recht und Eigenart teilweise sehr deutlich voneinander und hatten sich auch nach der Einigung eine gewisse Eigenständigkeit bewahrt. Mit Ausnahme der durch die Kolonisation zu deutschem Recht ins Land gekommenen Deutschen und der Juden gab es aber noch keine größeren ethnischen oder konfessionellen Minderheiten. Mit Rotreußen und seiner ostslawischen, nach heutigem Sprachgebrauch ukrainischen und orthodoxen Bevölkerung war Polen nun plötzlich ein übernationales und überkonfessionelles Vielvölkerreich geworden. Zur Erschließung und Besiedlung Rotreußens zog der König auch den polnischen Adel heran und überließ diesem ausgedehnte Ländereien, was den Aufstieg der großen Magnatengeschlechter förderte. Die weitere Entwicklung war geprägt vom Bestreben des gesamten Adels, der Magnaten wie der Szlachta, künftig bei jeder Krise des Landes und damit verbundenen Notlage des Herrschers diesen zur Erweiterung ihres Einflusses zu zwingen. Eine Möglichkeit dazu bot immer die Nachfolgefrage. Da Kasimir der Große ohne männliche Nachkommen blieb, hatte er schon im Jahre 1339 einen Vertrag mit dem Gemahl seiner Schwester Elisabeth, dem Ungarnkönig Robert von Anjou, geschlossen, wonach dessen Nachkommen erbberechtigt sein sollten. Der Einfluß des Adels war damals bereits so groß, daß er sich seine Zustimmung zu dieser Vereinbarung mit der Verleihung von Privilegien abkaufen ließ. Im Privileg von Buda 1355 verzichtete dann der designierte Nachfolger Ludwig von Ungarn (König von Polen 1370 bis 1382) unter anderem auf das Recht, außerordentliche Steuern zu erheben. Da auch Ludwig nur Töchter hatte, zwang ihn die Nachfolgefrage zu weiteren Zugeständnissen, als er nach Kasimirs Tod 1370 die polnische Krone übernahm.[69] Für die Zustimmung des Adels zur weiblichen Thronfolge seines Hauses legte er 1374 im Privileg von Kaschau die Pflugsteuer für adligen Besitz von bisher zwölf auf künftig nur noch zwei Groschen je Hufe und Jahr fest. Weitere Steuererhebungen konnten künftig nur mit Genehmigung des Adels erfolgen, was diesem bedeutende Einflußmöglichkeiten in die Hand gab.

Mit der in Buda und Kaschau erfolgten Privilegierung des gesamten Adels, nicht nur der Magnaten, war ohne Rücksicht auf die bedeutenden Vermögensunterschiede eine rechtliche Gleichstellung erfolgt, welche die Ausbildung der polnischen Adelsnation und der von ihr bestimmten Republik beschleunigte. Die Krone nutzte in der Folge die fehlende rechtliche Differenzierung des Adels aus, indem sie durch Heranziehung der Szlachta zu politischer Mitverantwortung ein Gegengewicht gegen die Magnaten schuf. Dies erwies sich jedoch längerfristig als fatal für die königliche Macht. Zum einen wurden durch die Mitbeteiligung der Szlachta die Kompetenzen des Herrschers weiter eingeschränkt, zum anderen schätzten die Könige die Möglichkeit, beide Adelsgruppen gegeneinander ausspielen zu können, zu optimistisch ein beziehungsweise unterschätzten die Bedeutung der gesamtadligen Interessen.

Nach Ludwigs Tod im Jahre 1382 knüpfte der polnische Adel die Anerkennung einer von den Töchtern Ludwigs als Nachfolgerin an die Bedingung, daß sie in Polen residieren müsse. Darin äußerte sich Unwille darüber, daß unter dem meist in Ungarn weilenden Ludwig Polen praktisch zu einem Nebenland des Doppelreiches geworden und durch den starken ungarischen Einfluß in der Verwaltung Rotreußens dessen Zugehörigkeit zu Polen bedroht war. Anstelle der sogleich nach Ludwigs Tod zur ungarischen Königin gekrönten Maria wurde nach zweijährigen Auseinandersetzungen schließlich 1384 deren jüngere Schwester Hedwig in Krakau polnische Königin, womit die Union Polens und Ungarns beendet war.[70]

Polen beim Tode Kasimirs des Großen 1370

Die polnisch-litauische Union unter den Jagiellonen

Um den ungarischen Einfluß in Rotreußen zu beseitigen, betrieb vor allem der kleinpolnische Adel eine dynastische Verbindung mit Litauen, wo Großfürst Jagailo (polnisch Jagiello) seinerseits Unterstützung gegen den Deutschen Orden und seinen mit diesem verbündeten Vetter Vytautas (polnisch Witold) benötigte. Die Verhandlungen führten 1385 zur Union von Krewno, in welcher die Heirat zwischen Hedwig und Jagiello vereinbart wurde. Dieser verpflichtete sich zuvor, mit Adel und Volk Litauens das Christentum in westlicher Form anzunehmen, sein Land mit allen Lehnsgebieten der Krone Polens anzugliedern und alle Gebiete, welche Polen in der Vergangenheit verloren hatte, wiederzugewinnen.

Mit der 1385 vollzogenen Taufe Jagiellos (1386–1434) und der Eheschließung mit Königin Hedwig in Krakau begann eine neue Epoche in der Geschichte Polens und Osteuropas. Es kam zu einer intensiven Berührung von lateinisch-westeuropäischer und ostslawisch-orthodoxer Kultur. Denn obgleich Polen und Litauen nur in Personalunion verbunden waren und beide Reichsteile zunächst weitgehend unabhängig blieben, wirkte der Einfluß des polnischen Adels weit nach Osteuropa hinein. Der litauische und reußische Adel, die Bojaren, waren am Erwerb der Privilegien des polnischen Adels interessiert, was ihre Polonisierung begünstigte. Polen, das im Zuge der Ostkolonisation die westlichen wirtschaftlichen und kulturellen Entwicklungen übernommen hatte, gab diese nun seinerseits nach Osten weiter. Was im Falle Polens über mehrere Entwicklungsstufen und Jahrhunderte erfolgt war, nämlich Christianisierung und Landesausbau, ging nun in Litauen bereits Hand in Hand. Ein Beispiel ist Wilna, wo 1387 ein Bistum für das katholisch gewordene litauische Kerngebiet eingerichtet und der Stadt gleichzeitig das Magdeburger Recht verliehen wurde.

Das jagiellonische Doppelreich war ein Staat vieler Völker und Konfessionen, denn im Großfürstentum Litauen lebten neben den Litauern, die selbst eine Minderheit der Bevölkerung darstellten, vor allem Weißrussen, Großrussen und Ukrainer, in jener Zeit Reußen genannt. Diese Bezeichnung geht auf den altrussischen Rjurikidenstaat von Kiew, die Rus, zurück. Nach ihr wurden zunächst alle Angehörigen ostslawischer Stämme als Russen oder Reußen bezeichnet. Zur besseren Unterscheidung zwischen den unter Moskauer, litauischer und polnischer Herrschaft stehenden Ostslawen hat sich die Bezeichnung Russen oder Großrussen für die Bevölkerung des Moskauer Reichs eingebürgert, während die im Großfürstentum Litauen lebenden Ostslawen Ruthenen, diejenigen im Gebiet der Krone Polens Reußen genannt wurden.

Außer Polen, Litauern, Weißrussen, Großrussen, Ukrainern und Deutschen umfaßte der Jagiellonenstaat ferner Juden, Armenier, Walachen, Ungarn, Tschechen, Slowaken, Zigeuner und Tataren. Die Juden waren freilich weniger als nationale denn als religiöse Minderheit anzusehen und gehörten ganz überwiegend zur Stadtbevölkerung. Die erste Einwanderung jüdischer Händler nach Polen reicht in die Zeit der Teilfürstentümer zurück. In den großen Handelsstädten sind sie zumeist schon kurz nach der

Stadtgründung zu deutschem Recht feststellbar, so in Kalisch 1281, in Krakau 1304, in Sandomir 1367 und in Lemberg 1376. Sie erhielten zahlreiche Sonderrechte, darunter das Recht auf Handels- und Glaubensfreiheit, da sich die Fürsten wirtschaftlichen und finanziellen Nutzen aus ihrer Tätigkeit versprachen.[71] Das erste entsprechende Privileg für Juden erließ 1264 Fürst Boleslaw der Fromme von Kalisch. Im Jahre 1334 wurde es von Kasimir dem Großen auf ganz Polen ausgeweitet. Dieses Judenprivileg Kasimirs, das 1367 auch auf Rotreußen und 1389 auf Litauen ausgedehnt wurde, gestand ihnen unter anderem den für Christen verboteten Geldverleih auf Zinsen (»Wucher«) zu. Es galt für die Gesamtheit der Juden, die unter den besonderen Schutz des Landesherrn gestellt wurden, wofür sie ihm wiederum eine Kopfsteuer entrichten mußten. Sie hatten in ihren Gemeinden, den »Kahalen«, weitgehende Selbstverwaltung. Die Judengerichtsbarkeit lag beim Wojewoden oder bei speziellen Judenrichtern.

Judenvertreibungen aus Westeuropa und besonders aus Deutschland führten seit dem Ende des 14. Jahrhunderts bis ins 16. Jahrhundert hinein zu einem starken Zustrom überwiegend deutschsprachiger Juden, was die Durchsetzung des Jiddischen als der jüdischen Verkehrssprache in Polen zur Folge hatte. Die Zahl der Juden betrug im Jahre 1578 mindestens 75 000 in Polen und 25 000 in Litauen. Ähnlich wie die Deutschen lebten sie über das gesamte Land verstreut. Der Tendenz der Juden zur Absonderung von ihrer Umwelt, mit der sie fast ausschließlich geschäftlich verkehrten, entsprach die verbreitete Ablehnung durch die christliche Bevölkerung. So lebten die Juden in den Städten meist in geschlossenen Stadtteilen oder gar außerhalb der Stadtmauern.

Die Verbindung der polnischen und der litauischen Reichshälfte miteinander war nach dem Abschluß der Union 1389 zunächst ausgesprochen locker. Dies lag vor allem an der eigenständigen und eigenwilligen Politik von Jagiellos Vetter Witold (1392 bis 1430), der sich mit seinem Anspruch auf persönliche Herrschaft in Litauen 1392 durchsetzen konnte.[72] Nominell im Auftrag Jagiellos, der seit seiner Taufe den Namen Wladyslaw trug und als polnischer König Wladyslaw II. Jagiello hieß, praktisch aber unabhängig von diesem, versuchte Witold das von ihm straff und zentralistisch regierte Litauen zur beherrschenden Großmacht in Osteuropa zu machen. Dazu mußte er die Goldene Horde, welche nominell immer noch die Oberherrschaft über die Rus besaß, endgültig besiegen. An seinem vom Papst als Kreuzzug unterstützten Krieg des Jahres 1399 gegen die Mongolen oder Tataren, wie die Angehörigen der Goldenen Horde damals genannt wurden, nahmen auch Hilfstruppen aus Polen und des Deutschen Ordens teil. Witolds schwere Niederlage an der Worskla 1399 gegen die Tataren machte seine vermutlich auf Trennung von Polen zielenden Pläne jedoch zunichte. Obgleich sein Herrschafts- und Einflußbereich immer noch fast bis vor die Tore Moskaus und ans Schwarze Meer reichte, war er nun zu einer Verständigung mit Polen bereit. Die Union von Wilna und Radom bestätigte seine unabhängige Stellung in Litauen, in welchem er als Großfürst die alleinige Gewalt innehaben sollte, während Witold sich seinerseits zur Treue gegenüber der Krone Polens verpflichtete. Die Sonderstellung Litauens als eigenes Großfürstentum sollte allerdings mit Witolds Tod beendet sein.[73]

Betende Juden an der Weichsel bei Warschau, Gemälde von Aleksander Gierymski, 1880
Polen galt in der Zeit der Adelsrepublik als »des Bauern Hölle, des Bürgers Fegefeuer, des Adligen Himmel und der Juden Paradies«. Tatsächlich war die Lage der polnischen Juden trotz mancher wirtschaftlicher Freiheiten aber keineswegs beneidenswert. In Krisenzeiten regelmäßig zu großen Sonderabgaben herangezogen, wurden sie auf dem Lande vom Adel abhängig und als dessen Günstlinge bei der Bevölkerung verhaßt. Ein großer Teil der jüdischen Landbevölkerung lebte in äußerst ärmlichen Verhälnissen. In den Städten, in denen die Juden in enge Ghettos verbannt waren, dominierten sie zwar manche Bereiche des Handels, zogen sich aber auch dadurch die Feindschaft von Adel und Bürgertum zu und mußten stets gewärtig sein, ihrer bescheidenen Rechte beraubt zu werden.

Durch die Union Polens und Litauens war auch eine Machtprobe mit dem Deutschen Orden auf Dauer unvermeidlich geworden, da letzterer im Heidenkampf gegen die Litauer seine Aufgabe sah. Der Orden hatte deshalb die Christianisierung der Litauer als lediglich formell und oberflächlich bezeichnet und ihr die Anerkennung verweigert.[74] Witolds Beteiligung an einem Aufstand gegen die Ordensherrschaft in Schamaiten lieferte schließlich den Anlaß zum Entscheidungskampf. Als Wladyslaw Jagiello eine vom Orden verlangte Neutralitätserklärung verweigerte, erklärte Hochmeister Ulrich von Jungingen Polen den Krieg. Am 15. Juli 1410 kam es im Süden des preußischen Ordensgebiets bei Tannenberg zur entscheidenden Schlacht, in welcher der Orden vernichtend geschlagen wurde. Der Hochmeister und ein Großteil der beteiligten Ritter fielen.[75] Dennoch erreichte der Orden, der unter Komtur Heinrich von Plauen der auf Tannenberg folgenden Belagerung der Marienburg standgehalten hatte, 1411 in Thorn einen glimpflichen Frieden. Er hatte zwar ein hohes Lösegeld für die gefangenen Ordensritter zu zahlen, mußte aber bis auf Schamaiten keine Gebiete abtreten.

Der Orden erholte sich von dieser Niederlage, die den Nimbus seiner militärischen Unbesiegbarkeit zerstörte, jedoch nicht mehr. Da er zur Zahlung des Lösegelds und der Kriegsfolgekosten die Steuern drastisch erhöhen mußte, bildete sich innerhalb des Ordensstaates eine zunehmend stärker werdende ständische Opposition. Drei weitere Kriege mit Polen endeten 1435 mit dem Frieden von Brest in Kujawien, welcher den Orden als ernsthafte Bedrohung für Polen ausschaltete. Er durfte sich künftig weder in die litauischen Nachfolgefragen einmischen noch den Kaiser bei Verhandlungen als Vermittler anrufen und mußte hinnehmen, daß seine Landstände als Garanten des Friedens eingesetzt wurden. Die daraus resultierenden Verbindungen der preußischen Stände nach Polen und deren Wunsch nach Erlangung der dortigen Privilegien sollten schließlich seinen endgültigen Machtverfall einleiten.

Auf einer Adelsversammlung, der »Tagfahrt zu Horodlo« im Jahre 1413, hatten Jagiello und Witold dem litauischen Adel das Recht zu gemeinsamen Beratungen mit den polnischen Standesgenossen, das Recht der freien Verfügung über Dienstgüter sowie der Wahl eines neuen Großfürsten nach Witolds Tod zugestanden. Letzteres bedeutete eine Verlängerung der Selbständigkeit Litauens und brachte damit keine Festigung der Union. Die genannten Privilegien galten jedoch nur für den römisch-katholischen litauischen Adel, von dem in Horodlo 47 Familien von polnischen Adelsgeschlechtern in ihre Wappenverbände aufgenommen und damit rechtlich gleichgestellt worden waren. Die orthodoxen ruthenischen Adligen des Großfürstentums blieben davon ausgenommen. Das führte zu einer Aufspaltung des Adels im Großherzogtum. Während die Bestimmungen von Horodlo die Polonisierung des katholischen Adelsteils einleiteten, führten sie bei den diskriminierten orthodoxen Bojaren zur Orientierung auf Moskau, denn auch der Nachfolger des 1430 verstorbenen Witold als litauischer Großfürst, Sigismund Kejstutowicz, der 1432 die vollständige Gleichstellung der orthodoxen Bojaren mit dem polnischen und litauischen katholischen Adel versprochen hatte, behielt 1434 den Zugang zu den höchsten Staatsämtern den Katholiken vor.

Im benachbarten Böhmen bot der Ausbruch der hussitischen Revolution gegen den deutschen König Sigismund, der 1419 die böhmische Krone geerbt hatte, den Jagiellonen die Aussicht auf eine weitere Union. Die Jagiello von den Hussiten angetragene Wenzelskrone mußte dieser auf Druck seines ketzerfeindlichen Episkopats zwar ablehnen, aber dafür nahm sie sein Vetter Witold 1421 an und ließ sich seit 1422 durch einen Neffen Jagiellos, Sigismund Korybutowicz, in Prag vertreten. Der immer stärker werdende Einfluß der polnischen Adligen und des streng antihussitischen Episkopats unter Erzbischof Trąba und dem königlichen Sekretär Zbigniew Oleśnicki, der 1423 Bischof von Krakau geworden war, zeigte sich aber 1423 in der Rückberufung Korybutowicz' durch Jagiello, in dessen Bündnis mit König Sigismund und dem scharf antihussitischen königlichen Edikt von Wieluń aus dem Jahre 1424.

Einen entscheidenden Schritt zur Entwicklung der polnischen Adelsrepublik brachte erneut die Nachfolgefrage in Polen. Da Wladyslaw Jagiello erst in vierter Ehe zwei Söhne, Wladyslaw und Kasimir, geboren worden waren, deren Mutter keine piastischen Vorfahren besaß, machte der polnische Adel unter Führung von Zbigniew Oleśnicki die Zustimmung zu ihrer Nachfolge von Bedingungen abhängig. Um den Fortbestand seiner Dynastie zu sichern, mußte Jagiello diese Forderungen schließlich 1430 im Privileg von Jedlno anerkennen. Adel und Geistlichkeit verpflichteten sich dabei nur, einen der beiden Söhne als Nachfolger anzuerkennen, womit ihr Wahlrecht endgültig festgeschrieben war. Der König aber mußte die Kaschauer Privilegien bestätigen und ausweiten und sich verpflichten, bischöfliche Ämter nur an Adlige zu vergeben. Besonders wichtig war die Bestimmung, nach welcher künftig kein Adliger mehr gefangengenommen werden durfte, wenn er nicht richterlich verurteilt oder auf frischer Tat ertappt worden war. Auch königliche Güterkonfiskation bei Adligen wurde ausgeschlossen. Damit hatte die Krone ihre Abhängigkeit von der adligen Führungsschicht der Magnaten besiegelt.

Dies zeigte sich deutlich, als Wladyslaw II. Jagiello 1434 starb und ein Regentschaftsrat unter Oleśnicki die Vormundschaft für den erst zehnjährigen Nachfolger Wladyslaw III. (1434–1444) übernahm. Allerdings machten sich innerhalb des Adels nun starke Gegensätze bemerkbar. Vor allem der großpolnische Adel opponierte massiv gegen den Einfluß des kleinpolnischen Adels und der hohen Geistlichkeit unter Führung von Oleśnicki und forderte, wenn auch vergeblich, eine prohussitische Politik und ein Eingreifen in die innerböhmischen Auseinandersetzungen nach dem Tode Kaiser Sigismunds 1437. Oleśnicki dagegen versuchte, nachdem Sigismunds Nachfolger in Ungarn und Böhmen, Albrecht von Habsburg, 1439 verstorben war, eine Union Polens mit Ungarn zu verwirklichen. Tatsächlich konnte sich Wladyslaw III. mit Unterstützung eines Teils des dortigen Adels im Juli 1440 in Ungarn krönen lassen, allerdings nur mit einer Ersatzkrone, da sein Konkurrent, Albrechts nachgeborener Sohn Ladislaus Posthumus, im Februar mit der echten Stefanskrone gekrönt worden war und diese nicht herausgab.

Nach zweijährigem Kampf der beiden Parteien kam es schließlich wegen der Bedrohung des Landes durch die Türken auf päpstliche Vermittlung hin zu einem Ausgleich, nach welchem Wladyslaw bis zum fünfzehnten Lebensjahr des Posthumus regieren

In der Heilig-Kreuz-Kapelle der Krakauer Kathedrale auf dem Wawel befindet sich das Grabmal für König Kasimir Jagiellończyk. Das Bildnis auf der Grabplatte aus geflecktem rotem Marmor schuf Veit Stoß um 1492, wobei ihm der Passauer Bildhauer Jörg Huber half.

sollte. Daraufhin nahm Wladyslaw den Kampf gegen die Türken auf, die er in dem berühmt gewordenen »Langen Feldzug« von 1443/44 mehrmals besiegen konnte. Der Versuch, sie noch im selben Jahr endgültig aus Europa zu verdrängen, endete jedoch mit der katastrophalen Niederlage des ungarisch-polnischen Heeres bei Varna am 10. November 1444, wo Wladyslaw den Tod fand.[76] Dies war auch das Ende der polnisch-ungarischen Union. Der vierjährige Aufenthalt Wladyslaws III. in Ungarn hatte aber auch zum Bruch der polnisch-litauischen Union geführt. Nach der Ermordung Sigismund Kejstutowicz' 1440 hätte Litauen gemäß einer Abmachung von 1432 eigentlich seinen Sonderstatus verlieren sollen. Wladyslaws jüngerer Bruder Kasimir hatte sich jedoch von den litauischen Großen zum Großfürsten ausrufen lassen und betrieb seither eine eigenständige Politik. Als ihm nach Wladyslaws Tod bei Varna der polnische Adel die Krone Polens und damit die Erneuerung der Union anbot, bestand Kasimir auf der weiteren Selbständigkeit Litauens. So wurde 1446 erneut eine reine Personalunion geschlossen.

Mit Kasimirs Krönung 1447 stieg das erneuerte Doppelreich zur beherrschenden Großmacht im Osten auf. Der bisher dominierende Einfluß der kleinpolnischen Magnaten ging zugunsten einer Stärkung des Gesamtadels zurück. Der König konnte die wichtigsten Ämter mit Vertrauensleuten besetzen und auch auf die Besetzung der Bischofsämter entscheidenden Einfluß nehmen, obgleich dies eigentlich Sache der Domkapitel war. Im Privileg von Wilna wurde der litauische Adel hinsichtlich Freizügigkeit und Abgabenfreiheit dem polnischen weitgehend gleichgestellt, und es wurde ihm zugesichert, daß auch in Litauen Ämter nur an Einheimische vergeben werden sollten.

Wie groß die Attraktivität der polnischen Adelsprivilegien geworden war, zeigte sich in für Polen bedeutsamen außenpolitischen Konsequenzen, nämlich in der weiteren Entwicklung seines Verhältnisses zum Deutschordensstaat. Dort hatten sich die preußischen Stände 1440 in einem »Bund vor Gewalt« gegen ihren Landesherrn zusammengeschlossen. Nachdem Papst und Kaiser, die zur Vermittlung aufgerufen worden waren, ihnen kein Widerstandsrecht gegen den Orden zugestanden hatten, kam es 1454 zur offenen Empörung. Die preußischen Stände sagten sich vom Orden los und unterstellten sich dem polnischen König. Dieser erklärte daraufhin das gesamte Ordensgebiet zu einem Teil Polens und verlieh den preußischen Adligen die gleichen Rechte, wie sie ihre polnischen Standesgenossen besaßen. Den preußischen Städten unter Führung von Danzig, Thorn und Elbing wurden ihre bisherigen Privilegien bestätigt. Den daraufhin ausbrechenden Krieg mit dem Orden nutzte die Szlachta, um den König zu weiteren Zugeständnissen zu zwingen. Dieser mußte sich im Statut von Nessau 1454 dazu verpflichten, künftig die Gesetzgebung und das Kriegsaufgebot von der Zustimmung der Regionallandtage abhängig zu machen. An diesen Landtagen, den *Sejmiki*, konnte jeder einzelne Adlige des betreffenden Landes teilnehmen. Sie standen so für Föderalismus und Adelsdemokratie, für die Gleichberechtigung aller Adligen und gegen die Vorherrschaft der großen Magnaten.

Der Dreizehnjährige Krieg Polens und der preußischen Stände gegen den Deutschen Orden endete 1466 mit dem zweiten Frieden von Thorn. Im Gegensatz zum ersten Thorner Frieden von 1411 mußte der Orden nun bedeutende Gebietsverluste hinnehmen. Pommerellen, das Kulmer und Michelauer Land, das Ermland, Elbing und der frühere Hochmeistersitz Marienburg wurden als »Preußen königlichen Anteils« mit der Krone Polens verbunden, behielten aber eine rechtliche Sonderstellung. Ferner mußte der Hochmeister des Ordens, der nun in Königsberg residierte, dem polnischen König einen persönlichen Treueid schwören und sich zur Kriegsfolge verpflichten. Ein förmliches Lehnsverhältnis bedeutete dies jedoch noch nicht. Der Streit um den Treueid, den die folgenden Hochmeister möglichst zu vermeiden suchten, bildete fortan eine Belastung des beiderseitigen Verhältnisses. Die Bestimmung, wonach der Orden künftig bis zur Hälfte seiner Mitglieder auch Polen aufnehmen sollte, wurde weder vom Orden noch von Polen weiter beachtet. Allerdings war der Ordensstaat nach dem zweiten Thorner Frieden als Machtfaktor endgültig ausgeschaltet.[77]

Einen wichtigen Gebietserwerb Polens stellten die drei ostoberschlesischen Fürstentümer Auschwitz, Siwierz und Zator dar. Nachdem 1462 der Böhmenkönig Georg von Podiebrad (1458–1471) der Abtretung zugestimmt hatte, verlief die polnisch-schlesische Grenze bis 1945 erheblich weiter westlich der Hauptstadt Krakau als vorher.

DIE JAGIELLONENDYNASTIE AUF DER HÖHE IHRER MACHT

In Böhmen und Ungarn suchte Kasimir, der im Jahre 1454 Elisabeth von Habsburg, die Enkelin Kaiser Sigismunds, geheiratet hatte, Erbansprüche für die gemeinsamen Söhne durchzusetzen. Nach dem Tode Georgs von Podiebrad wurde sein erst einjähriger Sohn Wladyslaw 1471 zum böhmischen König gekrönt, und 1491 konnte dieser auch die Nachfolge von König Matthias Corvinus (1458–1490) in Ungarn antreten. Damit waren nun vier Kronen, die polnische, böhmische, ungarische und litauische, in jagiellonischem Besitz.[78] Allerdings kam es durch die bestehenden Gegensätze zwischen den Brüdern nicht zu einer Vereinigung der polnisch-litauischen und der böhmisch-ungarischen Herrschaften. Die ungewöhnliche Machtkonzentration innerhalb einer Familie war auch nicht von langer Dauer. Harte und teilweise bewaffnete Auseinandersetzungen um die Herrschaft mit seinem Bruder Johann Albrecht bewogen Wladyslaw II. von Böhmen und Ungarn dazu, 1491 im Frieden von Preßburg den Habsburgern für den Fall des Aussterbens seiner Linie die Nachfolge in Böhmen und Ungarn zu übertragen.

Als folgenreich erwies sich die abwartende Haltung Kasimirs gegenüber den Expansionsbestrebungen des Moskauer Großfürstentums. Unter Iwan III. (1462–1505) begann dieses mit seiner Politik der »Sammlung der russischen Länder«, welcher in wenigen Jahrzehnten die zwischen Litauen und Moskau liegenden und teilweise zur litauischen Einflußsphäre gehörenden Fürstentümer und Stadtstaaten zum Opfer fielen, da Litauen ihnen keine Unterstützung gewährte.[79]

Im Jahre 1492 starb Kasimir IV. Sein Nachfolger als König von Polen wurde der ältere Sohn Johann Albrecht (1492–1501), als Großfürst von Litauen der jüngere Sohn Alexander (König von Polen 1501 bis 1506). Wie schon unter Kasimir stand Litauen in

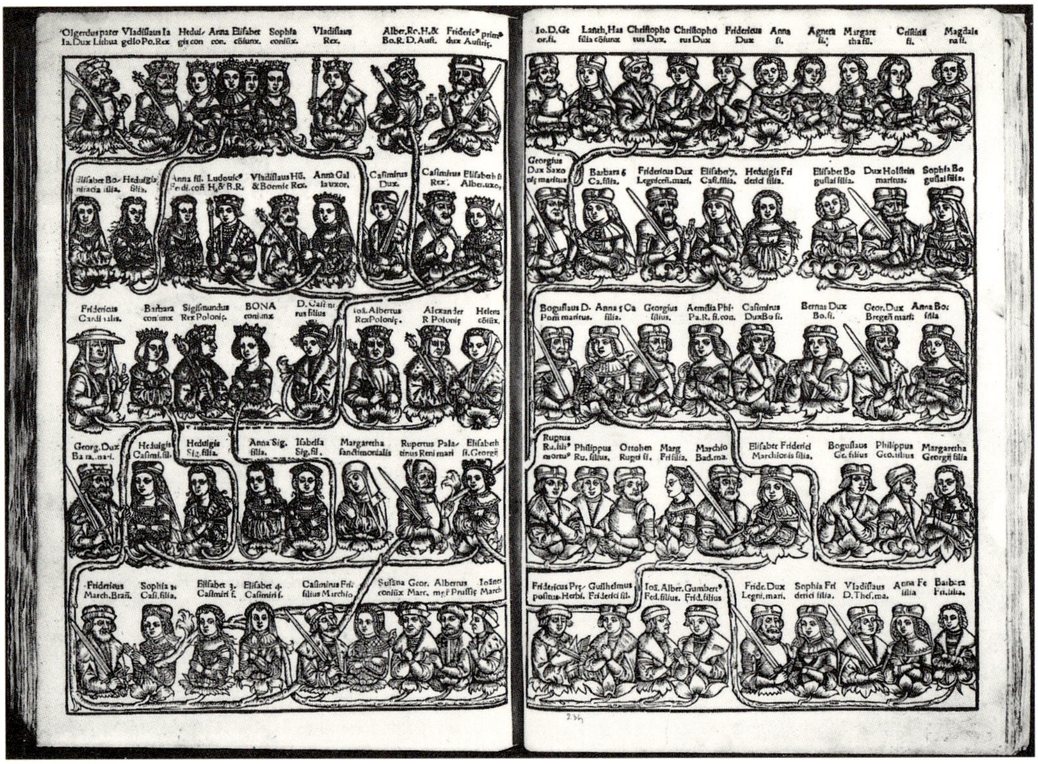

Der Holzschnitt mit dem Stammbaum der Jagiellonendynastie entstammt dem 1521 erschienenen Werk »De Sigismundi regis temporibus« von Jost Ludwig Dietz (Decius). Er zeigt unter anderem auch die vielfachen Heiratsverbindungen von polnischen und deutschen Fürstenhäusern.

seiner Auseinandersetzung mit Moskau, die seit dem ersten Krieg von 1486 bis 1494 zu einem litauischen Abwehrkampf geworden war, allein ohne polnische Unterstützung. Trotz Alexanders Anerkennung aller Moskauer Eroberungen und seiner 1495 geschlossenen Ehe mit Iwans III. Tochter Helene kam es 1500 bis 1503 zum zweiten Litauisch-Russischen Krieg, in dessen Folge Litauen den größten Teil seiner Gebiete östlich von Smolensk und Kiew verlor.

Im Südosten dagegen, wo Polen Angriffen von Tataren und Osmanen ausgesetzt war, verlief die Abwehr erfolgreicher. Zwar mußte nach einem mißglückten Feldzug 1497 die Oberherrschaft über die Moldau aufgegeben werden, aber ein 1503 geschlossener polnisch-türkischer Waffenstillstand leitete eine längere Friedensperiode ein.

Das polnische Reich war in 24 Landtagsbezirke aufgeteilt. Die Landtage, die *Sejmiki*, waren Standesversammlungen des Adels. Auf ihnen konnte jeder Adlige erscheinen, wodurch eine Mehrheit des weltlichen Adels gegenüber dem geistlichen Adel gewährleistet war, denn der Klerus war nicht als Stand vertreten, sondern nur, soweit er von Adel war. Bürgertum und »Plebejer« waren vom politischen Leben ausgeschlossen. Die Sejmiki wählten Vertreter in zwei Generallandtage (*Sejmiki generalne*), einen für Großpolen und Kujawien und einen für Kleinpolen. Unter Johann Albrecht wurden beide Generallandtage dann 1493 erstmals zu einem Reichstag (*Sejm*) zusammengefaßt, der in Petrikau, an der Grenze zwischen Groß- und Kleinpolen, tagte. Außer den Mitgliedern der Generallandtage, den sogenannten Landboten, wovon es zwei je Landschaft beziehungsweise Wojewodschaft gab, umfaßte er auch den königlichen Rat, den Senat. So hatte sich aus der früheren Adelsversammlung im Reichstag, welche von Magnaten und Hochklerus dominiert worden war, nun ein Repräsentationsorgan des Adels mit zwei gleichberechtigten Kammern, der Landbotenstube und dem Senat, entwickelt. Von den Städten war nur Krakau auf dem Reichstag vertreten. Die Städte des Königlichen Preußen nahmen aufgrund ihrer Sonderstellung lediglich an den Wahlreichstagen teil.

Der Adel baute seine Vorrechte auf Kosten der Städte und Bauern zielstrebig weiter aus. Auf dem Reichstag von 1496 wurde er von Zöllen und Marktgeldern befreit, die nun ausschließlich auf den Bürgern lasteten. Diesen wurde außerdem der Grunderwerb und Besitz nach dem Landrecht untersagt. Da die Könige schließlich gezwungen waren, zur Finanzierung ihrer Kriegskosten immer mehr königliche Städte an adlige Geldgeber zu verpfänden, wurde das Bürgertum kontinuierlich zugunsten des Adels benachteiligt.[80] Aber auch die Freizügigkeit der Bauern wurde dadurch eingeschränkt, daß nur ein Bauer je Dorf innerhalb eines Jahres dieses verlassen durfte. Die Beschränkung der Bischofswürde auf Adlige wurde erweitert durch die Bestimmung, daß auch die wichtigsten Domkapitel, Gnesen, Posen, Leslau, Plock und Krakau, nur von Adligen besetzt werden durften.

Endgültig wurde der Adelsparlamentarismus 1505 auf dem Reichstag zu Radom gefestigt, auf welchem der König in der berühmten »Nihil-novi-Konstitution« versprechen mußte, künftig keine neuen Gesetze ohne gemeinsame Zustimmung von Senat und Landbotenkammer mehr zu erlassen. Da die Bestimmung dessen, was »neu« war, ebenfalls beim Reichstag lag, verblieb dem König praktisch nur die vollziehende Gewalt, der

Oberbefehl über das Heer und die Verfügung über die Hof- und Landesämter, die aber zumeist bereits fest an bestimmte Magnatenfamilien oder Personenkreise gebunden waren. Die Gesetzgebungskompetenz ging nun endgültig an den Reichstag und hier insbesondere an das »Unterhaus«, die Landbotenstube, über. Das Königreich Polen war zur Adelsrepublik geworden.[81]

DIE POLONISIERUNG DER DEUTSCHEN EINWANDERUNG DES MITTELALTERS

Mit dem allmählichen Nachlassen des Zuzugs von Deutschen ging eine fortschreitende Assimilierung der deutschen Kolonisten an die polnische Bevölkerungsmehrheit einher. Ausgenommen davon waren verständlicherweise die größeren deutschen Siedlungsgebiete im westlichen Groß- und Kleinpolen, die an deutsche Gebiete angrenzten. Am schnellsten polonisierten sich einzelne, isolierte deutsche Dörfer im Landesinnern, die meist schon nach einer oder zwei Generationen in der polnischen Mehrheitsbevölkerung aufgegangen waren. In den Städten, wo die deutsche Zuwanderung am längsten anhielt, kam es dagegen erst seit Mitte des 15. Jahrhunderts zu stärkeren Polonisierungsprozessen.

Der Anteil der Deutschen an den Neubürgern in Krakau war im 14. Jahrhundert noch sehr hoch. Von den insgesamt 1097 Personen, die zwischen 1392 und 1400 in die Krakauer Bürgerliste aufgenommen wurden, waren 833 Deutsche, was einer jährlichen Zuwanderung von etwa hundert Deutschen entsprach. Von 1400 bis 1429 betrug ihr Anteil noch 63 Prozent, nahm aber in der Folge rasch ab. Von 1500 bis 1506 waren es nur noch 24 Prozent.[82] In Lemberg, einer Vielvölkerstadt mit Polen, Ukrainern, Armeniern und anderen Nationalitäten, stellten die Deutschen im 15. Jahrhundert noch 54 Prozent der Bewohner. Auch hier war jedoch ein beständiger Rückgang bei den Neubürgern zu verzeichnen. In den Jahren 1405 bis 1426 waren noch 82 Prozent der Neubürger Deutsche, 1461 bis 1480 noch 48 Prozent, 1481 bis 1500 lediglich 36 Prozent und 1501 bis 1514 schließlich nur noch 29 Prozent.[83]

Die polnische Bevölkerung erwarb vor allem im 15. Jahrhundert in größerer Zahl das städtische Bürgerrecht, als die Einwanderung von Deutschen praktisch zum Erliegen gekommen war. Im Zusammenwirken mit der allmählichen Polonisierung der deutschen Bürger begannen sich damit die Mehrheitsverhältnisse zu ändern. König Sigismund I. legte 1521 auf eine Beschwerde der Krakauer Bürgerschaft hin unter anderem fest, daß bei der Schöffenwahl Deutsche und Polen gleichberechtigt sein sollten. Die Polonisierung der Deutschen zeigte sich deutlich in ihren Namen. Sehr schnell wurden Taufnamen in polnischer Form angenommen, etwa Jan für Johann oder Paweł für Paul. Beliebt war auch Stanislaus, nach dem polnischen Nationalheiligen, zunächst allerdings oft noch in der deutschen Form Stenzel. Viele Bürgerfamilien namen polnische Beinamen an, die später ganz an die Stelle des früheren Namens traten. Die Krakauer Familie Lang nannte sich nach ihrem Gut Niegoszowice später Niegoszowski, die Weinberger Zatorski, ein Zweig der adligen Herburts benannte sich nach seinem Gut

Das älteste Krakauer Universitätsgebäude, des Collegium Maius, war ursprünglich ein Bürgerhaus, das König Wladyslaw Jagiello im Jahre 1400 erworben und der Universität übereignet hatte. Der Innenhof mit Arkadengängen und Sterngewölben stammt vom Ende des 15. Jahrhunderts

Odnów Odnowski. Vielfach erhielt auch der deutsche Name eine polnische Endung, so wurde aus Ber (= Bär) Berowicz, aus Fogelweider Fogelwederowicz, aus Seifried Zaifretowicz und aus Hanel Hanlewski.

Entscheidend für die Schnelligkeit der Assimilierungsprozesse war dabei die Nationalität des ländlichen Umlandes. War die Landbevölkerung, wie im westlichen Groß- und Kleinpolen, überwiegend deutsch, hielt sich das Deutschtum auch in den Städten länger. Schon seit dem 14. Jahrhundert ging jedoch ein Teil der deutschen Patriziergeschlechter in den polnischen Adel ein, was durchweg gleichbedeutend mit der Polonisierung war. Deutscher und bürgerlicher Herkunft waren beispielsweise die polnischen Adelsgeschlechter der Morsztyn (aus Morrenstein), Firley (Fürleiher) und Wielopolski (Lang-Bochner).

Die »guten Partien«, die man mit Töchtern aus reichem Bürgerhause machte, waren zu Zeiten wirtschaftlicher Prosperität beim polnischen Adel ausgesprochen begehrt. Es gab daher auch den umgekehrten Fall, daß polnische Adlige in den finanziell attraktiven Kaufmannsstand eintraten oder in Patrizierfamilien einheirateten und städtische Ämter bekleideten. Eine »Germanisierung« war damit aber nicht verbunden.

Die vorhandenen Quellen zeigen, daß in den polnischen Städten des Mittelalters die Sprache oder ethnische Herkunft in der Regel keinen trennenden Charakter besaß. Viel wichtiger waren Stand und Besitz. Innerhalb der gleichen gesellschaftlichen Gruppen waren Heiraten zwischen Deutschen und Polen an der Tagesordnung, wobei bereits die Namen der Kinder belegen, daß diese Mischehen fast durchweg zu einer Polonisierung des deutschen Teils führten.[84]

In die ursprünglich ganz deutschen Zünfte wurden bereits seit dem 14. Jahrhundert auch Polen aufgenommen, was später teilweise Streitigkeiten zwischen deutschen und polnischen Mitgliedern zur Folge hatte. In Krakau mußte der Stadtrat im Jahre 1501 den Hutmachern sogar befehlen, je eine Herberge für die deutschen und die polnischen Gesellen zu errichten, da es in der gemeinsamen Unterkunft ständig zu Konflikten kam.[85] In der Auseinandersetzung mit dem Patriziat um die Beteiligung an der Stadtverwaltung waren beide nationalen Lager aber solidarisch. So erklärten im Jahre 1511 in Neu-Sandez deutsche und polnische Handwerker unter Eid, daß zwischen allen Zünften und der Bürgerschaft eine schriftliche Vereinbarung bestand, sich bei Verlust der Habe und des Handwerks gemeinsam gegen die Ratsherren zu erheben.

Da die Mehrheit der Stadtbewohner dem Handwerkerstand angehörte, ist an den Zünften die Zunahme des polnischen Bevölkerungselements besonders gut abzulesen. Die Zünfte hatten in Krakau bis 1532 alle Verhandlungen in deutscher oder deutscher und polnischer Sprache geführt. Mit der Begründung, daß zwar alle Deutschen Polnisch könnten, aber viele Polen nicht Deutsch, wurde nun das Polnische in den meisten Zünften als alleinige Verhandlungssprache eingeführt. Falls jemand aber ein so »reiner Deutscher« sei, daß er das Polnische nicht könne, so dürfe er weiterhin deutsch sprechen, und dies werde durch einen anderen übersetzt.[86]

In den Krakauer Schöffengerichten wurde erst im Jahre 1600 das Deutsche endgültig durch das Polnische ersetzt. Die Begründung lautete: »Der Gebrauch, das Stadtgericht in deutscher Sprache abzuhalten, ist von alters eingeführt worden, weil damals der größte Teil der Bürger aus Deutschen bestand. Jetzt aber ist die Zahl der polnischen Bürger viel größer und alle bedienen sich der polnischen, nicht der deutschen Sprache. Wenn die Gerichte in deutscher Sprache abgehalten werden, verstehen dies wenige. Da nun die Kommissionsgerichte der sechs Städte und das Obergericht sich der polnischen Sprache bedienen, haben fortan auch die Schöffen des Krakauer Stadtgerichtes keine andere als die polnische Sprache zu gebrauchen, damit sie jeder verstehen könne.«[87]

Der Wandel in der Bevölkerungsstruktur zeigte sich auch im kirchlichen Bereich. In Krakau wurde 1537 durch königliches Dekret in der Marienkirche der polnische Gottesdienst eingeführt. Die deutschsprachige Gemeinde mußte in die kleinere Barbarakirche ausweichen, die zuvor der polnischsprachigen Bevölkerung gedient hatte. Auch in den Ämtern wurde allmählich das Deutsche zunächst durch das Lateinische und schließlich durch das Polnische ersetzt. Die Schöffenbücher zeigen diesen Wechsel sehr anschaulich, wobei hier vor allem in den östlichen Gebieten neben der deutschen Sprache von Anfang an auch für die des Deutschen nicht kundige Bevölkerung das Lateinische als Rechtssprache auftrat. In den ruthenischen Gebieten, in denen es zwar deutschrechtliche Siedlung, aber kaum Siedlungen von Deutschen gab, ist deshalb das Deutsche nur zu Beginn die Urkunden-, nicht aber die Aktensprache gewesen. Diese war lateinisch, später ruthenisch oder polnisch.

Im östlichen Kleinpolen, wo die deutschen Kleinstädte in bis dahin kaum besiedelten Gebieten angelegt worden waren und ein deutsches bäuerliches Umland besaßen, setzte die Polonisierung allerdings erst im 16. Jahrhundert verstärkt ein.

Bleibende Erinnerung an die deutsche Einwanderung des Mittelalters sind die zahlreichen Lehnworte in der polnischen Sprache. Von hundert Wörtern der polnischen Umgangssprache waren sechzehn deutschen Ursprungs. Sie weisen zugleich darauf hin, in welchen Bereichen die deutschen Einwanderer dominierten oder die Entwicklung vorantrieben. Dies war zum einen das städtische Leben und das deutsche Recht, wie es sich in den Ausdrücken *ratusz* (Rathaus), *burmistrz* (Bürgermeister), *radca* (Ratsherr), *wójt* (Vogt), *rynek* (Ring, das heißt Marktplatz), *browar* (Brauerei) oder *bruk* (Straßenpflaster) findet. Auch die Berufsbezeichnungen vieler polnischer Handwerker gehen auf deutsche Ursprünge zurück, etwa *ślusarz* (Schlosser), *murarz* (Maurer), *kuśnierz* (Kürschner), *snycerz* (Schnitzer). Im Bereich des Handels weisen unter anderem *jarmark* (Jahrmarkt, schon in einer Urkunde Wladyslaws II. erwähnt: »forum generale liberum seu annuale iormarg wlgariter dictum«[88]), *handlarz* (Händler), *waga* (Waage), *funt* (Pfund), *sztuka* (Warenstück), *resztka* (Warenrest) auf die Verbindungen hin. Nicht zuletzt im Bereich des Bergbaus und des Hüttenwesens hat sich der deutsche Einfluß in einer Vielzahl von Bezeichnungen erhalten, so in *sztygar* (Steiger), *szmelcer* (Schmelzer) oder *szychta* (Schicht).

DEUTSCHE »AUSLESEEINWANDERUNG« SEIT DEM 15. JAHRHUNDERT

In die Zeit der fortschreitenden Polonisierung der ersten deutschen Einwanderung fällt eine erneute, weniger zahlenmäßig als qualitativ bedeutsame Zuwanderung von Deutschen nach Polen, welche aufgrund dieses besonderen Charakters als »Ausleseeinwanderung« bezeichnet wurde und in unmittelbarem Zusammenhang mit der Entwicklung des Frühkapitalismus in Polen stand. Der früher das wirtschaftliche Rückgrat des Landes bildende Transithandel hatte in Polen an Bedeutung verloren, dafür hatte sich das Land zu einem wichtigen Rohstofflieferanten für Westeuropa entwickelt, wohin es unter anderem Getreide, Vieh, Holz, Häute, Pelze, Honig, Blei, Salz und Wolle vor allem über die Weichsel und die Ostsee exportierte. Dieser Exporthandel wurde zur Grundlage für den Reichtum Danzigs, das eine Monopolstellung im polnischen Außenhandel einnahm.

In erster Linie waren es deutsche Unternehmer, Kaufleute und Techniker, aber auch Handwerksmeister und Künstler, welche die sich im Jagiellonenreich bietenden Gewinn- und Aufstiegsmöglichkeiten zu nutzen wußten. Erneut wurde ein westeuropäischer Entwicklungsvorsprung im wirtschaftlich-technischen Bereich in den Osten getragen. Im Bergbau- und Hüttenwesen, in der Eisenindustrie, der Geschützfabrikation, dem Buchdruck und der Papierherstellung waren entscheidende Fortschritte gemacht worden. Ihre Verbreitung erfolgte durch die Anwerbung oder Zuwanderung von Experten, die sehr gesucht waren. Der Einsatz der neuen Techniken erforderte ein hohes Investitionskapital, welches das einfache einheimische Handwerk zumeist nicht aufbringen konnte. Die bedeutenden Gewinnmöglichkeiten bildeten aber für finanzkräftige Unternehmer einen großen Investitionsanreiz. Polen war in dieser Hinsicht sehr attraktiv, da den ausländischen Fachleuten Sonderrechte gewährt wurden. Durch Verleihung »königlichen Servitoriats« wurden auf diese Weise nicht nur Unternehmer, sondern auch Künstler, Architekten, Ärzte und Vertreter anderer freier Berufe der städtischen Rechtsprechung entzogen und direkt der königlichen Gerichtsbarkeit unterstellt. Die fremden Kaufleute wurden durch »eiserne Geleit- und Schutzbriefe« von Zöllen befreit und brauchten Stapelrechte nicht zu beachten, Techniker und Unternehmer erhielten großzügige Monopolrechte eingeräumt, wie sie die Konkurrenzsituation West- und Mitteleuropas längst nicht mehr zuließ.

Über diese Ostwanderung von Technik und Kapital aus dem deutschen Bereich nach Polen gibt es aufgrund der überschaubaren Zahl der Träger und deren zumeist bedeutende Karrieren reiches Quellenmaterial.[89] Ihre Ausgangspunkte waren vor allem die süd- und südwestdeutschen Gebiete Schwaben, Elsaß und die Eidgenossenschaft mit den Städten Augsburg, Ulm, Sankt Gallen, Weißenburg im Elsaß und Landau in der Pfalz, aber auch Franken mit Nürnberg. In größerem Umfang setzte die Wanderung um die Mitte des 15. Jahrhunderts ein.

Am Beispiel Nürnbergs lassen sich sehr gut die engen kulturellen, wirtschaftlichen und personellen Beziehungen zwischen Polen und Süddeutschland im Mittelalter aufzeigen. Besondere Anziehungskraft übte die polnische Hauptstadt Krakau aus, das bedeutendste kulturelle Zentrum des Landes und mit rund 20 000 Einwohnern im Jahre 1500 die größte Stadt. Aber auch in Posen, Lemberg, Warschau oder Lublin findet sich in der zweiten Hälfte des 15. Jahrhunderts eine größere Zahl Nürnberger Kaufleute, welche sich zumeist auf Dauer in diesen Städten niederließen.

Die ersten Buchdrucker Polens kamen aus oder über Nürnberg nach Krakau. Nicht einmal dreißig Jahre nach Gutenbergs Erfindung druckte der aus Bayern eingewanderte Caspar Straube in Krakau einen »Almanach« für das Jahr 1474, das erste in Polen gedruckte Buch überhaupt. Daß Straube über dem Buchdruck die gesellschaftlichen Kontakte zur einheimischen Bevölkerung nicht vernachlässigte, zeigt zwei Jahre später die Verurteilung des »Caspar de Bavaria impressor librorum nunc Cracoviae morans« zur Zahlung von Alimenten an eine gewisse Martha durch das Krakauer Gericht.

Im Jahre 1491 nahm Johann Haller, der aus Rothenburg ob der Tauber stammte und ursprünglich Weinhändler gewesen war, in Krakau seine Tätigkeit als Buchhändler und Verleger auf. Er erwirkte 1494 vom Gnesener Erzbischof und dem Krakauer Bischof das Monopol auf Druck und Herausgabe des Krakauer Meßbuches, wonach es der Geistlichkeit bei Androhung von Kirchenstrafen verboten wurde, ihre Meßbücher bei anderen zu kaufen. 1505 erhielt er von König Sigismund, der ihn von allen Steuern befreite, ein weiteres Privileg, nach welchem in ganz Polen die Einfuhr aller Bücher untersagt wurde, die auch von ihm gedruckt werden konnten oder gedruckt wurden. In der Folge machte sich Haller durch die Herstellung und Herausgabe zahlreicher Handbücher, theologischer, wissenschaftlicher und humanistischer Werke so um das polnische Buchwesen verdient, daß er für die polnischen Drucker als Patron die gleiche Bedeutung erlangte wie in Deutschland Johannes Gutenberg.

Buchdruckerei, Buchhandel und die Papiererzeugung waren in Polen bis weit ins 16. Jahrhundert hinein eine deutsche Domäne. Bedeutende Vertreter dieser Kunst waren in Krakau neben Haller auch Kaspar Hochfelder und Florian Ungler, der sich rühmen konnte, seit 1513 »als erster vor anderen die Arbeit unternommen zu haben, polnische Bücher mit nicht dagewesenen Buchstaben zu drucken, wonach andere sich ein Beispiel genommen haben«. Zu diesen gehörte Hieronymus Vietor (Büttner) aus dem niederschlesischen Liebenthal, der lateinische, deutsche, ungarische und polnische Werke druckte, und vor allem der bedeutendste Verleger und Buchhändler Polens im 16. Jahrhundert, Markus Scharffenberg, auch er aus Liebenthal bei Hirschberg stammend. Scharffenberg, der 1561 die erste katholische Bibelübersetzung herausgab, erwarb außerdem Papiermühlen und betrieb eine eigene Buchbinderei. Sein Sohn wurde 1570 königlicher Hofdrucker und besaß ein Monopol auf den Druck der Statuten des Königreiches. Er unterhielt eine mobile Druckerei, welche den König überallhin begleitete und beispielsweise während der Feldzüge gegen Moskau antirussische Flugblätter und Broschüren anfertigte.

In der Krakauer Malerei war der Nürnberger Einfluß sehr stark. Albrecht Dürer weilte kurze Zeit in Krakau, seine Brüder Andreas und Hans verbrachten sogar mehrere Jahre dort. Letzterer hatte in Krakau ein Haus erworben, wurde Königlicher Hofmaler und war an der Ausmalung des Königsschlosses und dem Entwurf der Sigismundkapelle

Chorraum der Krakauer Marienkirche mit dem von Veit Stoß zwischen 1477 und 1489 geschaffenen Flügelaltar
Das aus Lindenholz geschnitze Kunstwerk mißt elf mal dreizehn Meter und ist der größte gotische Altar Europas. Er zeigt Szenen aus dem Leben Christi und Marias. Als Vorlage für die mit äußerster Sorgfalt und Genauigkeit wiedergegebene Kleidung der Figuren diente dem Künstler zweifellos das damals noch überwiegend deutsche Bürgertum Krakaus, dessen Mäzenatentum die Entstehung dieses Meisterwerks erst ermöglicht hatte.

Der Marienaltar ist auch von der polnischen Post durch eine Serie von Sondermarken gewürdigt worden. An der Nationalität des Künstlers schieden sich früher die (nationalen) Geister, da viele Polen »Wit Stwosz« als ihren Landsmann betrachteten. Tatsächlich wurde dieser nach der Rückkehr von seinem langjährigen Krakauer Aufenthalt in seiner Heimatstadt Nürnberg »der Pole« genannt. Eine nationale Vereinnahmung geht aber an den Verhältnissen jener Zeit vorbei. Charakteristisch für das Selbstverständnis vieler deutscher Einwanderer in Polen zu jener Zeit dürfte die Aussage des Krakauer Druckers Hieronymus Vietor (latinisiert aus Büttner) sein, der sich als »Wohnpole, nicht Geburtspole« bezeichnete.

im Dom auf dem Wawel beteiligt. Drei Krakauer Altäre wurden 1511 bis 1516 von dem Dürerschüler Hans von Kulmbach geschaffen. Der Nürnberger Maler Sebald Singer erwarb 1496 das Krakauer Bürgerrecht, ebenso der bekannteste Krakauer Künstler jener Zeit, Veit Stoß. Der Schöpfer des berühmten Flügelaltars in der Marienkirche lebte 32 Jahre, von 1464 bis 1496, in Krakau und besaß dort ebenfalls ein eigenes Haus. Nach seiner Rückkehr nach Nürnberg wurde er deshalb dort nur »der Pole« genannt. Sein Sohn, dem er den polnischen Namen Stanislaus oder Stenzel gegeben hatte, ging von 1505 bis 1527 nach Krakau zurück und erschien dort mehrmals als Zunftmeister »Stenczel Stoß Snyczer« in den Zunftbüchern.

Weitere bedeutende, aus Nürnberg stammende Krakauer Künstler waren die Bronzegießer Hans Behaim und Peter Vischer, deren Werke den Einzug der Renaissance in Krakau markieren. Ein Schüler Vischers, Pankratz Labenwolff, fertigte nach Vermittlung des Krakauer Bürgers Joachim Fraischlich eine Bronzestatue des »edelln und wolgepornen Herrn Starosten Odnoffsky inn der Reußischen Lemburg«, die noch heute in der Lemberger Kathedrale zu sehen ist.

An der Krakauer Universität sind unter den Studenten in den Jahren 1489, 1490, 1494, 1496 bis 1499 und 1506 zahlreiche Nürnberger Söhne zu finden, 1484 auch ein zum Bakkalaureus promovierter Johann de Norimberga.[90]

Die großen süddeutschen Handelshäuser errichteten in den wichtigsten polnischen Städten Niederlassungen, aus welchen sich mit der Zeit selbständige Unternehmen entwickelten. 1515 kam über Nürnberg Georg Fugger nach Warschau, wo er in kurzer Zeit zum reichsten Kaufmann der Stadt aufstieg. Er wurde der Stammvater der Warschauer Linie der »Fukier«, an die heute noch das Weinlokal »Fukiernia« am Alten Markt Warschaus erinnert.

Eine vergleichbare Rolle wie die Fugger in Deutschland als königliche Finanziers spielte in Polen die mit der Augsburger Handelsdynastie in guter Geschäftsverbindung stehende Familie Boner. Schon ihre Einwanderung nach Krakau ist charakteristisch für die regen süddeutsch-polnischen Verbindungen jener Zeit und dafür, wie eine Auswandererfamilie weitere nachzog. Seit 1450 wanderten aus dem elsässischen Weißenburg eine Reihe vermögender Bürger, darunter die Familien Betman und Schilling, nach Krakau aus. Diese waren mit den im südpfälzischen Landau ansässigen Boner verwandt. Nachdem ein Seyfried Betman sich 1464 in Krakau etabliert hatte, Ratsherr, technischer Leiter der Salzbergwerke von Wieliczka und Pfandherr der Bergwerke von Olkusz geworden war, veranlaßte er seinen mittlerweile in Breslau als Kaufmann vermögend gewordenen Landauer Verwandten Johann Boner und dessen Brüder Jakob, Friedrich und Andreas 1483 zur Übersiedlung nach Krakau und zur gemeinsamen Gründung einer Handelsgesellschaft. Durch die Heirat mit einer Angehörigen der Krakauer Patrizierfamilie Morsztyn stieg Johann Boner rasch in die ersten Kreise der Bürgerschaft auf, hatte von 1498 an einen Sitz im Rat und wurde Mitglied der städtischen Schatzkommission. Seine einträgliche Tätigkeit im Ost-West-Handel ermöglichte ihm bald die Gewährung größerer Anleihen an den König und einige Magnaten. Da er seine Kredite durch Landüberschreibungen absichern ließ, gelangte Boner zu bedeutendem Grund-

Der polnische Historienmaler Jan Matejko hat in seinen Werken auch viele Aspekte deutscher Geschichte in Polen eindrucksvoll festgehalten. Das 1874 geschaffene Gemälde von der Präsentation der 1520 gegossenen größten Glocke Polens, der Sigismund-Glocke, durch den aus Nürnberg stammenden Krakauer Glockengießer Hans Behaim hängt heute im Warschauer Nationalmuseum.

Die Grabplatte des Krakauer Patriziers Severin Boner in der Johanneskapelle der Krakauer Marienkirche, die den Kaufmann und Finanzier der Krone Polens als Burggrafen in Harnisch und mit wappengeschmückter Lanze darstellt, ist eines der wenigen erhaltenen Bildnisse deutscher Einwanderer jener Zeit. Sie wurde vermutlich 1531 bis 1538 in der Werkstatt Hans Vischers angefertigt.

besitz, der schließlich mehrere Dutzend Dörfer und Güter umfaßte. Dazu gehörten auch Stadt und Burg Ogrodzieniec, letztere heute als Ruine ein bekanntes Touristenziel. Durch Kauf erwarb er ferner zahlreiche Immobilien in Krakau, Lemberg, Posen und Lublin, aber auch außerhalb des Landes, so in Breslau oder Nürnberg. Zum reichsten Bankier nicht nur der Stadt, sondern des Landes aufgestiegen, finanzierte er schließlich nicht nur die Krakauer Hofhaltung, sondern auch die Kriegszüge dreier polnischer Könige und war schließlich faktischer Verwalter der gesamten königlichen Finanzen. Seinen dadurch bedeutenden politischen Einfluß drücken die zahlreichen Titel und Ehrenämter wie Burggraf von Krakau, Verwalter der Bergwerke von Olkusz und Trzebnica, Starost von Ojców und Rabsztyn, Verwalter der Grenzfestung Kamieniec in Podolien nur unzureichend aus.

Nach dem Tod Johann Boners im Jahre 1523 wurde das Bonersche Wirtschafts- und Finanzimperium von seinem Neffen Severin übernommen, der es durch die Erbschaft seines ebenfalls hochbegüterten Schwiegervaters Betman weiter vergrößerte. Da er die Kriege finanzierte, ernannte ihn der König 1532 zum Kastellan von Zarnowiec, 1535 zum Kastellan von Biecz und 1547 zum Kastellan von Sandez. Durch seine zweite Ehe mit der Magnatentochter Jadwiga Kościelecka stieg Severin Boner endgültig in den polnischen Hochadel auf. Sein Sohn Hans wurde in der Reformationszeit zum Führer der kleinpolnischen Calvinisten.

Die Boner hielten, wie viele andere Auswandererfamilien jener Zeit, noch jahrelang Verbindungen zur alten Heimat aufrecht. Wie aus einem Dankschreiben des Bürgermeisters und Rates von Landau aus dem Jahre 1514 hervorgeht, hatte Johann Boner durch seinen Bruder Anton dort einen »Weg vnd Platz nit alleyn zu Nutz vnserer gemeynen Burgerschaft vnd aller andern Furleute, sondern auch vnser Statt zu eyner loblichen Zierung mit Steynen besetzen lassen«. Und einer der fünf aus Weißenburg nach Polen ausgewanderten Schilling-Brüder, Jost Schilling, stiftete 1507 für die Sankt-Johannes-Kirche seiner Heimatstadt einen dem polnischen Heiligen Stanislaus gewidmeten Altar.[91]

Der Aufstieg des Hauses Boner ist ein besonders anschauliches Beispiel dafür, wie deutsche Einwanderer mit Kapital, unternehmerischem Geschick und königlichen Privilegien rasch führende Stellungen im polnischen Wirtschaftsleben einnehmen konnten. Der wirtschaftliche Erfolg zog den sozialen Aufstieg nach sich. Die Einheirat in alteingesessene Familien ermöglichte die Übernahme kommunaler Verantwortung als Stadträte und Bürgermeister. In Krakau waren beispielsweise die Rats- und Schöffenstellen im Besitz weniger großer, miteinander verwandter Familien. Der Erwerb von Landbesitz und staatlichen Ämtern ermöglichte den Aufstieg in den Adel, dem sich die großen Bürgergeschlechter durchaus ebenbürtig fühlten. Dieses Selbstbewußtsein kommt in dem für das mittelalterliche Krakau geprägten stolzen Wort »civis cracoviensis nobili par« zum Ausdruck, das so auch für die meisten anderen großen polnischen Städte zutraf. Die Nobilitierung konnte auch durch entsprechende Heiratsverbindungen oder mittels Adoption durch polnische Adelsfamilien erreicht werden. Diese starke wirtschaftliche, politische und familiäre Verbindung mit dem polnischen Adel und dem schon mehr oder weniger stark polonisierten altansässigen Bürgertum bewirkte, daß die neuen deutschen Einzeleinwanderer des späten 15. und 16. Jahrhunderts sich in der Regel noch rascher polonisierten als das hochmittelalterliche Stadtbürgertum.

DAS »GOLDENE ZEITALTER« POLENS UNTER DEN LETZTEN JAGIELLONEN

Der 1506 die Nachfolge seines verstorbenen Bruders Alexander in Litauen wie in Polen antretende Sigismund I., genannt der Alte (1506–1548), mußte sich bereits unmittelbar nach seiner Wahl zunächst im Osten gegen Moskauer Angriffe, seit 1508 auch gegen tatarische Überfälle zur Wehr setzen. Damit verknüpften sich alsbald im Westen Auseinandersetzungen mit den beiden letzten Deutschordenshochmeistern Friedrich von Sachsen (1498–1510) und Albrecht von Brandenburg-Ansbach (1511–1525). Diese verweigerten unter Berufung auf ihre Stellung als Reichsfürsten dem polnischen König den seit 1466 verlangten Treueid. Sie wurden darin von Kaiser Maximilian I. (1493 bis 1519) unterstützt, der als Habsburger mit den Jagiellonen um Böhmen und Ungarn rivalisierte. Ein 1507 geschlossener Erbvertrag, welcher eine Doppelhochzeit der Kinder Wladyslaws II. mit den Enkeln Maximilians und damit die habsburgische Nachfolge in beiden Ländern vorsah, wurde durch die 1512 geschlossene Ehe Sigismunds I. mit Barbara Zapolya gefährdet, deren Bruder Johann als Wojewode von Siebenbürgen den ungarischen Thron anstrebte. Kaiser Maximilian bereitete deshalb 1514 ein Bündnis mit Moskau und dem Deutschen Orden gegen Polen vor, aber ein polnisch-litauischer Sieg über die Moskauer Truppen bei Orša bewog ihn schließlich zu Verhandlungen mit den Jagiellonen. Das Ergebnis war ein jagiellonisch-habsburgischer Ausgleich auf dem Kongreß zu Wien im Jahre 1515, in welchem Sigismund I. auf seine Ansprüche bezüglich Böhmens und Ungarns, Maximilian auf die Unterstützung Moskaus und des Deutschen Ordens verzichtete.

Unerwartet rasch hatte diese Übereinkunft weitreichende Folgen. Schon elf Jahre später fand Wladyslaws II. Sohn und Nachfolger Ludwig in der Schlacht bei Mohács 1526 gegen die Türken den Tod, wodurch die Stefans- und die Wenzelskrone an das Haus Habsburg fielen. Die Jagiellonenherrschaft war damit wieder auf ihre polnisch-litauischen Stammlande beschränkt.

Noch unmittelbarer waren jedoch die Auswirkungen für Polen in seiner Auseinandersetzung mit dem Deutschen Orden. Hochmeister Albrecht von Brandenburg konnte sich ohne die kaiserliche Unterstützung mit seinem in Preußen keine fünfzig Ritter mehr zählenden Orden nicht gegen Polen behaupten, das unnachgiebig auf dem Treueid bestand. Bei seinen vergeblichen Versuchen, im Reich Unterstützung zu erhalten, hatte Albrecht auch Kontakte zu Martin Luther aufgenommen, der ihm zur Säkularisierung des Ordens riet.[92] Im Jahre 1525 endete mit der Umwandlung in ein weltliches Herzogtum die Geschichte des Deutschen Ordens in Preußen, der allerdings im Reich wie in Livland weiterhin bestand. Der frühere Hochmeister Albrecht leistete als preußischer Herzog in Krakau dem polnischen König den Huldigungseid und erhielt, zusam-

Ein Erzeugnis der deutschen Handwerker im polnischen Waffenhandwerk ist diese filigrane Rüstung aus dem Jahre 1580, die laut Inschrift auf einem Medaillon der Rückseite »gemacht« wurde »in der weit berühmten Stadt Bosen in Gros-Bohlen«.

men mit seinen vier Brüdern, von diesem das Herzogtum als Lehen der polnischen Krone.[93] Dieser bedeutende Erfolg Sigismunds I. wurde aus der nationalistischen Sicht des 19. und 20. Jahrhunderts im allgemeinen polnischen Geschichtsverständnis als Sieg Polens über Deutschland interpretiert. Für die meisten Zeitgenossen war es dagegen in erster Linie das Ergebnis eines Konflikts ständischer und dynastischer Interessen. Der Krieg Polens gegen den Deutschordensstaat wurde im übrigen durch das deutsche Handels- und Bankhaus von Johann Boner in Krakau finanziert. Die nationalistische Interpretation wird auch dadurch relativiert, daß sich bei der Huldigung 1525 Onkel und Neffe gegenüberstanden (Albrechts Mutter Sophie war eine Schwester des Polenkönigs), die, was unter Verwandten ja nicht immer selbstverständlich ist, auch persönlich gute Beziehungen unterhielten.

Zumindest in Teilen der polnischen Szlachta scheinen aber die polnischen Auseinandersetzungen mit dem Deutschen Orden deutschfeindliche Gefühle hervorgerufen beziehungsweise verstärkt zu haben. Schon 1477 hatte Johann Ostrorog dem Reichstag in Petrikau sein »Monumentum pro Reipublicae ordinatione« vorgelegt, in welchem sich der Autor gegen alle deutschen Einflüsse und Erscheinungen in Polen wandte. Insbesondere verurteilte er die Praxis mancher Klöster, nur Deutsche aufzunehmen, die deutschen Predigten in vielen polnischen Kirchen sowie die Rechtseinholung in Magdeburg. Er vertrat die These von einem natürlichen Haß zwischen Polen und Deutschen und malte die Zukunft Polens in düstersten Farben, sollte es den deutschen Einfluß nicht vollständig zurückdrängen.

Die Spannungen zwischen Deutschen und Polen, aber auch die Haltung der polonisierten Deutschen in Krakau vor dem Hintergrund der Kämpfe mit dem Deutschordensstaat beschrieb der Humanist Rudolf Agricola am 17. September 1520 in einem Brief an seinen Sankt Gallener Freund Joachim Vadian: »Es ist mir sehr unangenehm, länger in Krakau zu leben. Deutsche werden oft schlimmer als Juden behandelt. Ganz Krakau ist nicht mehr zu trauen, vor allem nicht den polonisierten Deutschen, die uns Fremden lieblos entgegenkommen und je nach den Wechselfällen des Krieges [gemeint ist der sogenannte Reiterkrieg Polens gegen den Deutschen Orden 1520/21] ihre Anschauungen ändern: siegen die Deutschen, so freuen sie sich mit ihnen; ebenso frohlocken sie mit den Polen, wenn deren Waffen siegreich waren.«[94]

Die gleichzeitig mit der Säkularisierung des Ordens im nunmehr Herzoglichen Preußen (analog dem seit 1466 zur Krone gehörenden Königlichen Preußen) eingeführte Reformation hatte große Bedeutung für die konfessionelle und kulturelle Entwicklung Polens. Das Herzogtum wurde zu einem Ausstrahlungszentrum der neuen Lehre, insbesondere nach der Gründung der Universität Königsberg 1544, und zum Zufluchtsort für vertriebene Protestanten. Diese konnten unter herzoglichem Schutz von hier in das Jagiellonenreich hineinwirken und reformatorische Schriften in polnischer Sprache drucken.

In den Jahren 1526 bis 1529 konnte Sigismund I. auch Masowien nach dem Aussterben der dortigen Piastenlinie der Krone inkorporieren. Dies hatte eine Verstärkung des politischen Gewichts der polnischen Szlachta insgesamt zur Folge, da es in Maso-

Porträts der letzten Jagiellonen von Lucas Cranach dem Jüngeren, um 1556
Abgebildet sind von links nach rechts in der der oberen Reihe: Sigismund I. (1476–1548), Königin Bona Sforza (1491–1558) und Sigismund II. August (1520–1572); untere Reihe: Katharina von Habsburg, die Tochter Ferdinands I. und dritte Gemahlin Sigismunds II. Augusts, sowie Isabella und Katharina, zwei Töchter Sigismunds I. und Bona Sforzas.

wien keine Magnaten, dafür aber eine große Zahl kleiner Adliger gab. Weil die Adelszugehörigkeit neben der Abstammung auch Grundbesitz voraussetzte, war durch dauernde Erbteilungen der Besitz dieses Kleinstadels teilweise so gering, daß er sich nur noch durch seine Adelsprivilegien von der bäuerlichen Bevölkerung unterschied. Doch eben diese zunehmend weiter ausgebauten Privilegien des sich als große Gemeinschaft und Verkörperung der Nation verstehenden Adels ermöglichten es dem weitgehend ungebildeten, undisziplinierten und unberechenbaren Bauernadel, über die Reichstage und besonders die Wahlreichstage, an welchen jeder Adlige teilnehmen konnte, bestimmenden Einfluß auf die Politik des Landes zu nehmen.

Die übrigen neunzig Prozent der Bevölkerung, Bürger und Bauern, wurden dagegen aus dem öffentlichen Leben verdrängt. Sie hatten keinerlei politische Einflußmöglichkeit und verloren – lediglich im Königlichen Preußen nicht – auch auf wirtschaftlichem Gebiet ihre seit der Kolonisationszeit geltenden Freiheiten. Bereits seit 1423 konnte ein polnischer Grundherr in deutschrechtlichen Dörfern Schulzen wegen Aufsässigkeit oder Unfähigkeit absetzen. Dazu kam die Möglichkeit, Erbschulzen ihre Rechte abzukaufen. Die Bauern nach polnischem Recht waren zwar nicht leibeigen, aber eng an den Grundherrn gebunden und unterstanden seit 1518 ausschließlich der adligen Gerichtsbarkeit.

Die polnischen Städte wurden vom zunehmend einträglicheren Handel über die Ostsee, vor allem mit Getreide, weitgehend ausgeschlossen, da einheimischen Kaufleuten seit einem Reichstagsbeschluß von 1565 der Export einheimischer Produkte und der Import fremder Waren verboten waren. Der Adel dagegen war bei Ein- und Ausfuhr sowie dem Wassertransport über die Weichsel von Zöllen und Abgaben befreit. Dies hatte einen enormen Aufschwung der adligen Gutswirtschaft, aber auch eine Vermehrung der bäuerlichen Fronarbeit zur Folge. Diese wurde 1520 auf einen Tag je Woche und Hufe festgesetzt, erhöhte sich jedoch bis Ende des 16. Jahrhunderts auf zwei bis drei Wochentage. Die Benachteiligung der einheimischen Kaufleute bedeutete gleichzeitig einen Vorteil für die ausländischen Händler, wodurch sich die Abhängigkeit Polens vom Ausland in bezug auf Fertigwaren vergrößerte.

Am Widerstand des Kleinadels scheiterte auch der Versuch einer Finanz- und Militärreform der Krone. Da sich das Kriegsaufgebot des Adels in den Kämpfen mit Moskau und den Tataren als zu schwerfällig erwiesen hatte, beabsichtigte Sigismund I. eine Ersetzung des bisherigen Hufenzinses durch eine fünfprozentige Ertragssteuer, um damit die finanzielle Grundlage für ein stehendes Söldnerheer zu schaffen. Die Szlachta lehnte dies ab, zum einen, weil sie in ihrer großen Mehrheit von den weit entfernten Kämpfen mit Moskau und den Tataren nicht direkt betroffen war, zum anderen, weil sie die damit verbundene Stärkung der königlichen Macht fürchtete. Der König trug durch seine die besondere Stellung des Herrschers betonende Prachtentfaltung erheblich zum Mißtrauen und Mißfallen des Adels bei. Besonders verübelt wurde ihm, daß er seinen Sohn Sigismund August im Jahre 1529 durch geschicktes Ausspielen des litauischen gegen den polnischen Adel bereits während seiner eigenen Regierungszeit, *vivente rege,* zum Nachfolger hatte wählen lassen.[95]

Sigismund stand dabei unter dem Einfluß seiner zweiten Frau Bona aus dem Mailänder Fürstenhaus der Sforza, die aus Italien eine andere Vorstellung von Macht und Souveränität der Fürsten mitgebracht hatte. Gegen ihre Günstlingswirtschaft erhob sich die Szlachta 1537 im sogenannten Hahnenkrieg und forderte die strikte Einhaltung der Inkompatibilitätsverordnung von 1454, die eine Ämterhäufung untersagte.

Abgesehen von ihrer zweifelhaften politischen Betätigung erwarb sich Königin Bona Sforza aber in anderen Bereichen große Verdienste. Ihre sehr regen Beziehungen in die alte Heimat brachten in der Kunst und der geistigen Kultur den Anschluß Polens an die westeuropäische Renaissance, und am Hof des Königs und der Magnaten sowie an der Universität Krakau erlebte der Humanismus zu dieser Zeit seinen Höhepunkt in Polen.[96] Beides ließ die letzten Jahrzehnte der Jagiellonendynastie zu einer kulturellen Blütezeit werden.

Durch den Zuzug vor allem von italienischen, aber auch von deutschen, französischen, spanischen und niederländischen Künstlern und Gelehrten erlebte das Land im 16. Jahrhundert einen ungeheuren kulturellen Aufschwung, wie er weder zuvor noch danach erreicht wurde. Neben Gregor von Sanok und dem Italiener Filippo Buonacorsi, genannt Callimachus, waren bedeutende Vertreter des Humanismus in Krakau zu jener Zeit die Deutschen Rudolf Agricola (Baumann), Johann Ursinus (Bär) und vor allem der aus dem fränkischen Wipfeld stammende Konrad Celtis (Pickel). Letzterer, ein bereits in Deutschland berühmter und geehrter Dichter und akademischer Lehrer, gründete während seines Aufenthaltes von 1489 bis 1491 in der polnischen Hauptstadt die erste literarische Gesellschaft des Landes, die »Sodalitas litterarum Vistulana«, welche die Pflege der alten Sprachen, der freien Geisteswissenschaften, der schönen Künste und der platonischen Philosophie zum Ziele hatte.

Der 1505 aus dem elsässischen Weißenburg eingewanderte Jost Ludwig Dietz, der unter dem humanistischen Namen Decius bekannt wurde, gibt in seinem 1521 in Krakau gedruckten Werk »De Sigismundi regis temporibus« eine eingehende Darstellung dieser Epoche, die als »Goldenes Zeitalter der polnischen Kultur« bezeichnet wird. Dietz, selbst Humanist und ein enger Freund des Erasmus von Rotterdam, war in Krakau zum Sekretär des Königs aufgestiegen und hatte sich dann der polnischen Geschichtsschreibung zugewandt. Er war außerdem Verwalter der Salzbergwerke von Wieliczka, oberster Münzmeister des Königs, der zusammen mit Nikolaus Kopernikus eine preußisch-polnische Münzunion schuf, und Diplomat im Dienste Polens. Als er 1545 starb, gehörte er zu den reichsten und angesehensten Bürgern Krakaus.[97] Er berichtete unter anderem auch über zahlreiche Familien aus dem Rheinland, aus seiner Heimatstadt Weißenburg, aus Straßburg, Landau und Köln, welche in Krakau zu jener Zeit eine neue Heimat gefunden hatten.

Den bereits genannten Boner, Betman und Seyfried in unternehmerischer Hinsicht noch überlegen war der aus der Zips stammende deutsche Finanz- und Wirtschaftsmagnat Johann Thurzo, der 1464 das Krakauer Bürgerrecht erworben hatte. Zur damaligen Zeit kontrollierte er schon zusammen mit den Augsburger Fuggern den ungarischen Kupferbergbau, dessen Erträge zum Teil über Krakau und Danzig exportiert

Die Gleichsetzung des lutherischen Bekenntnisses mit dem Deutschtum erleichterte der Gegenreformation in Polen seine Bekämpfung als fremd und feindlich. In unzähligen Karikaturen wurden die protestantischen Geistlichen als Ketzer und Teufelsknechte dargestellt. Hier fällt der Wilnaer Pastor, der am Fastentag ein Huhn schlachten wollte, dem bereits in der Hölle schmorenden Luther entgegen, was dieser mit den Worten kommentiert: »Wo ich bin, da soll auch mein Magister sein.«

wurden. Zusammen mit dem Krakauer Unternehmer Tesznar (Teschner) nahm er auch in Südpolen die Erzförderung auf und errichtete bei Krakau große Hüttenwerke.[98]

Die im Zusammenhang mit den Abwehrkämpfen im Osten an Bedeutung gewinnende Rüstungsproduktion wurde im 16. Jahrhundert eine Domäne deutscher Geschützgießer und Waffenschmiede. Hier bildeten sich Wilna und Lemberg als Zentren heraus.

Bei der Verteidigung der polnisch-litauischen Ostgrenze finden wir an prominenter Stelle eine Reihe deutschstämmiger polnischer Adliger, darunter aus Schlesien Bernhard von Prittwitz, dessen Erfolge als Starost von Bar in Podolien bei der Tatarenabwehr im damaligen Polen geradezu sprichwörtlich geworden waren: »Zu der Zeit des Prittwitzer Herrn blieb der Tatar der Grenze fern« (*Za pana Pretwica spała od Tatar granica*).[99]

Im 16. Jahrhundert fand die mittelalterliche deutschrechtliche Kolonisation in Polen noch eine direkte Fortsetzung in der Besiedlung Litauens, die unter Sigismund I. in großem Stil aufgenommen wurde. Dieser verfügte als Großfürst von Litauen über umfangreichen landesherrlichen Besitz, insbesondere in den ausgedehnten Grenzwäldern. Königin Bona Sforza konnte dank ihrer beträchtlichen italienischen Mitgift seit 1531 weitere umfangreiche Ländereien von litauischen Adligen erwerben. Die von ihr 1549 erlassenen Bestimmungen zur Vermessung dieses Grundbesitzes übernahm ihr Sohn Sigismund August 1557 schließlich für die gesamten großfürstlichen Ländereien. Damit wurde ein gewaltiges Reformwerk in Gang gesetzt. Das gesamte Land wurde durch Landvermesser in Hufen eingeteilt, wobei die flämischen Hufen auf dreißig, später sogar 31 Morgen vergrößert wurden. So entstanden große, ganz regelmäßige Dörfer mit rechteckiger, in drei Schläge aufgeteilter Gewannflur, vor allem in den neu erschlossenen Grenzwäldern. Aber auch alte Weiler wurden entsprechend umgewandelt.

Die Unterschiede zur früheren deutschrechtlichen Siedlung des Mittelalters waren jedoch beträchtlich. Mit der litauischen Hufenverfassung wurde die völlige Gutsherrschaft eingeführt, wodurch ganz einseitig die Grundherren in Vorteil gerieten. Es entstanden Vorwerke, auf denen die Bauern zwei Tage pro Woche Scharwerksdienste zu leisten hatten. Die Gerichtsbarkeit lag bei den Gutsverwaltern. Die Bauern hatten ihr Land nur noch zu Nutzungsrecht, eine bäuerliche Selbstverwaltung bestand nicht mehr. Durch die Übernahme der Hufenverfassung auf den adligen Besitzungen wurde im Laufe des 16. und 17. Jahrhunderts das äußere Bild des litauischen Landes vollständig umgewandelt.[100]

DIE REFORMATION IN POLEN

Die Reformation fand sehr schnell in Polen Eingang. Durch polnische Studenten an deutschen Universitäten, Handelskontakte des städtischen Bürgertums und die Einfuhr lutherischer Schriften konnte sie sich vor allem in Großpolen und dem Königlichen Preußen verbreiten. Diese erste, lutherische Phase, die ungefähr mit der Regierungszeit

Sigismunds I. gleichgesetzt werden kann, war jedoch für Polen insgesamt nicht sehr bedeutend. Aufgrund der als »deutsch« empfundenen lutherischen Lehre war sie weitgehend auf das deutsche und deutschstämmige Bürgertum der preußischen und großpolnischen Städte und einige großpolnische Adlige beschränkt. Insgesamt waren die Voraussetzungen für die Reformation in Polen jedoch günstig, denn der Boden war schon durch den Einfluß des Hussitentums und den Humanismus bereitet.[101]

Aufgrund der besonderen gesellschaftlichen Verhältnisse war die Haltung des Adels von entscheidender Bedeutung. Dieser förderte die Reformation, da er in ihr ein Mittel zum Kampf gegen die geistliche Gerichtsbarkeit und zur Stärkung seiner Selbständigkeit erblickte.[102] Der König versuchte unter dem Einfluß der hohen Geistlichkeit die Ausbreitung der neuen Lehre zu verhindern, indem er durch entsprechende Edikte in den Jahren 1520 und 1523 die Einfuhr und den Besitz lutherischer Schriften sowie in den Jahren 1534 und 1540 das Studium in Wittenberg und Leipzig verbot. In Danzig erzwang Sigismund 1526 sogar mit Waffengewalt die Rückkehr zur alten Lehre.

Wenngleich die Wirkung dieser Maßnahmen nicht allzu groß war, kam es unter Sigismund I. noch nicht zur Bildung reformatorischer Gemeinden. Allerdings konnten die Anhänger der neuen Lehre mit Unterstützung Herzog Albrechts von Preußen und polnischer adliger Protektoren an vielen Orten lutherische Gottesdienste abhalten. In Posen stellte der Kastellan Andrzej Górka seit 1530 seinen Stadtpalast für die protestantischen Predigten von Andrzej Samuel und Jan Seklucjan zur Verfügung.[103]

Die Hoffnungen der polnischen Protestanten richteten sich auf Sigismunds des Alten Sohn und Nachfolger Sigismund II. August (1548–1572), der für reformatorisches Gedankengut aufgeschlossen war. Er stand in Briefwechsel mit Philipp Melanchthon und Johannes Calvin, der ihm 1549 sogar seinen Kommentar zum Hebräerbrief gewidmet hatte. Auch war der König eng mit der führenden Persönlichkeit des Calvinismus in Litauen, Nikolaus Radziwill, befreundet. Die Erwartungen, der neue König werde mit der alten Kirche brechen, erfüllten sich jedoch nicht. Einen Teil Schuld daran trug die Weigerung vor allem auch protestantischer Adliger, seine Frau Barbara Radziwill als Königin anzuerkennen, während sich Erzbischof Dzierzgowski 1550 nach anfänglichem Zögern zur Krönung bereit fand. Fortan war an einen Wechsel Sigismunds II. Augusts zur neuen Lehre nicht mehr zu denken. Allerdings praktizierte er eine tolerante Politik, welche den Protestanten aller Richtungen Gottesdienst und Gemeindebildung ermöglichte.

Neben Königsberg wurde vor allem Krakau zu einem wichtigen Zentrum der Reformation in Polen. Hier traf sich seit 1542 unter Leitung des Franziskaners Francesco Lismanino ein für die Reformation aufgeschlossener Kreis von Wissenschaftlern, Adligen und Geistlichen. Wie überall hatte der Buchdruck auch in Polen große Bedeutung für die Ausbreitung der Reformation. Die ersten Lutherischen Schriften wurden aus Königsberg eingeführt, wo 1530 Luthers »Kleiner Katechismus« in polnischer Sprache erschienen war. Im Jahre 1547 wurde dort ein polnisches Gesangbuch und 1552 ein polnisches Neues Testament gedruckt. Die Übersetzungen hatte der aus Posen vertriebene Jan Seklucjan angefertigt.

In Polen traten neben das Luthertum bald weitere protestantische Bekenntnisse. Seit 1548 kamen auf der Flucht vor der habsburgischen Unterdrückung böhmisch-mährische Brüder nach Großpolen, wo sie sich auf adligen Besitzungen ansiedeln und Gemeinden gründen konnten. In Masowien und Rotreußen konnte die neue Lehre nicht stärker Fuß fassen.

Nach Kleinpolen gelangte die Reformation ganz überwiegend in ihrer calvinischen Form. In Litauen hatte der Calvinismus in der Magnatenfamilie der Radziwills einen mächtigen Rückhalt. Fürst Nikolaus Radziwill förderte in seinen umfangreichen Besitzungen wie im übrigen Litauen die Entstehung reformierter Gemeinden. Auf seine Veranlassung wurde eine polnische Übersetzung der gesamten Heiligen Schrift erarbeitet, die 1563 als »Brester Bibel« in der Radziwillschen Druckerei erschien.

Weniger zahlenmäßig als geistig bedeutend waren in Polen auch die Gemeinden der sogenannten Antitrinitarier, welche sich 1565 von den Reformierten getrennt hatten. Sie wurden auch Polnische Brüder oder, nach einer ihrer führenden Persönlichkeiten, dem Italiener Fausto Sozzini, Sozinianer genannt und zeichneten sich unter anderem durch ein sehr hochstehendes Bildungswesen aus.[104]

Die Reformation wurde in Polen keine Volksbewegung, sondern blieb in ihrer lutherischen Richtung vor allem auf das deutsche Bürgertum, in calvinischer Form auf den Adel beschränkt. Für letztere spielten dabei standespolitische Interessen eine entscheidende Rolle. Die Durchsetzung der Glaubensfreiheit des Adels war Ausdruck des Kampfes gegen die starke Stellung des Klerus im Staate, insbesondere die geistliche Gerichtsbarkeit. Dieses Interesse wurde vom gesamten Adel, über die Konfessionsgrenzen hinweg, getragen. Die Krone dagegen war bereits fest in das System der Adelsdemokratie eingebunden und in ihren Kompetenzen so weit beschränkt, daß die Reformation in Polen nicht zu einer revolutionären Bewegung werden konnte. Es kam auch nicht zu einer Reformation von oben wie im Herzoglichen Preußen.[105]

Der Reichstag von Petrikau im Jahre 1555 legte die Glaubensfreiheit des Adels bis zu einem – nie zustande gekommenen – Nationalkonzil fest und setzte die geistliche Gerichtsbarkeit aus. Zehn Jahre später wurde per Reichstagsbeschluß auch die weltliche Exekution geistlicher Gerichtsurteile abgeschafft. Damit war die Grundlage für die religiöse Toleranz in Polen geschaffen.

Ebenso rasch, wie die Reformation sich im polnischen Adel verbreitet hatte, ging ihr Einfluß jedoch auch wieder zurück. Gründe dafür gab es mehrere. Zum einen gelang es dem polnischen Protestantismus trotz ausgeprägter irenäischer Tendenzen nicht, seine Zersplitterung zu überwinden. Jan Łaski (Johannes a Lasco, 1499–1560), ein hochgebildeter Aristokrat und die bedeutendste reformatorische Persönlichkeit Polens, wirkte den größten Teil seines Lebens im Ausland, in Deutschland und England. Er kehrte erst 1556 nach Polen zurück und starb 1560, ohne sein Ziel, die Bildung einer Nationalkirche, erreicht zu haben. Die gegenseitige Anerkennung von Calvinisten, Böhmischen Brüdern und Lutheranern 1570 im Consensus von Sandomir führte nicht zu einer wirklichen Union. In der gegenseitigen Anerkennung der Rechtgläubigkeit der Bekenntnisse ging die Vereinbarung aber weit über das im übrigen

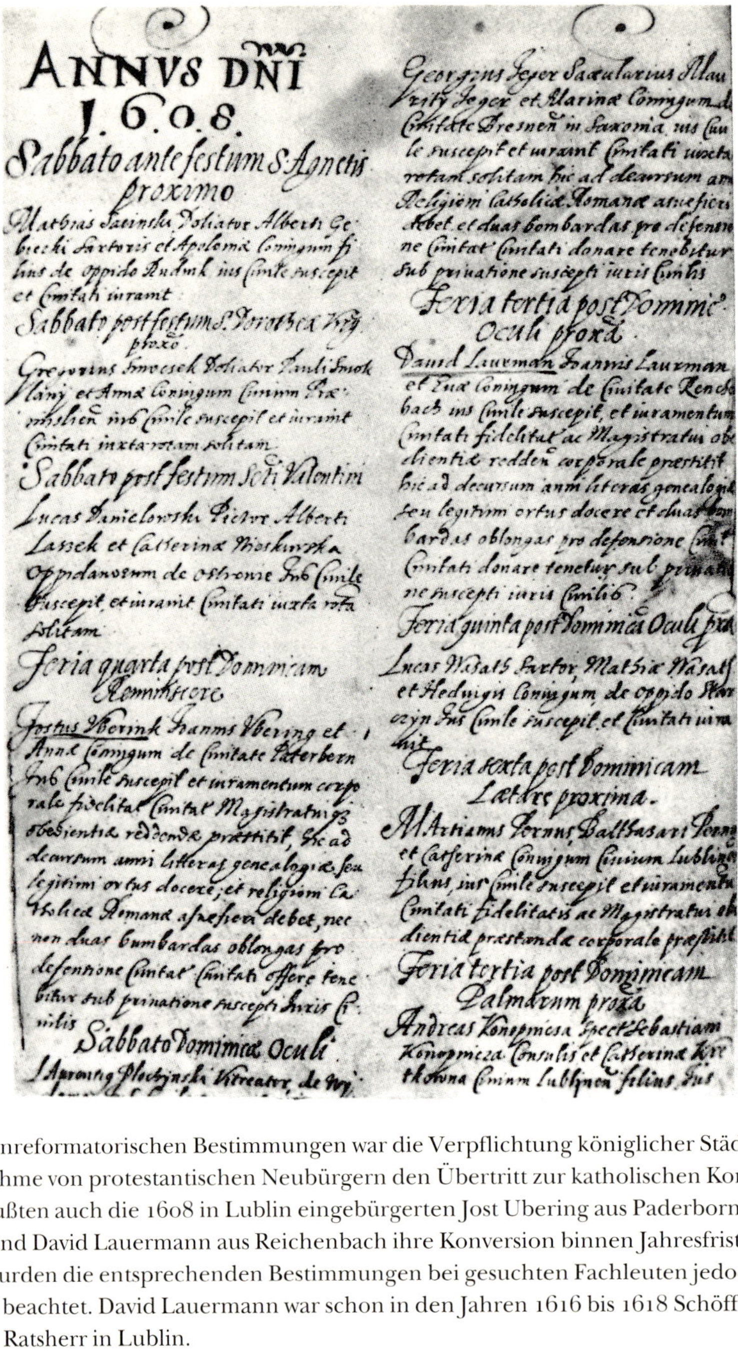

Annus Dni 1608

Sabbato ante festum S. Agnetis proximo

Sabbato post festum S. Dorotheae Virg. proxo.

Sabbato post festum Sti Valentini

Feria quarta post Dominicam Misericordiae

Sabbato Dominicae Oculi

Feria tertia post Dominicae Oculi proxa.

Feria quinta post Dominicam Oculi pro.

Feria sexta post Dominicam Laetare proxima.

Feria tertia post Dominicam Palmarum proxa.

Eine der gegenreformatorischen Bestimmungen war die Verpflichtung königlicher Städte Polens, bei der Aufnahme von protestantischen Neubürgern den Übertritt zur katholischen Konfession zu verlangen. So mußten auch die 1608 in Lublin eingebürgerten Jost Ubering aus Paderborn, Georg Jäger aus Sachsen und David Lauermann aus Reichenbach ihre Konversion binnen Jahresfrist geloben. Tatsächlich wurden die entsprechenden Bestimmungen bei gesuchten Fachleuten jedoch später nicht immer streng beachtet. David Lauermann war schon in den Jahren 1616 bis 1618 Schöffe und dann von 1619 bis 1656 Ratsherr in Lublin.

Europa übliche Maß an konfessioneller Toleranz hinaus. Der Augsburger Religionsfriede etwa hatte ja 1555 in Deutschland nur dem lutherischen Bekenntnis die Anerkennung gebracht.

Diese tolerante Entwicklung setzte sich jedoch nicht fort. Die Lutheraner Polens zeigten sich unter zunehmendem Einfluß des orthodoxen deutschen Luthertums immer weniger kompromißbereit und stellten schließlich die Zusammenarbeit mit den anderen protestantischen Bekenntnissen vollständig ein. Die Antitrinitarier wurden nicht nur von der katholischen Kirche, sondern auch von allen protestantischen Bekenntnissen bekämpft, was die Position der Protestanten insgesamt bedeutend schwächte.

Die römische Kirche hatte mit dem Konzil von Trient (1543–1563) an Stärke und Einfluß gewonnen. Ihr Ansehen wuchs noch durch hervorragende Vertreter wie den ermländischen Bischof Stanislaus Hosius (1504–1579), der einer aus Pforzheim eingewanderten Familie entstammte,[106] und vor allem durch die behutsame und effektive Arbeit des Jesuitenordens. Zu König und Klerus als Stützen der Römischen Kirche kam aufgrund von Gegensätzen innerhalb des Adels auch ein Teil der Magnaten, welche den Einfluß des mehrheitlich protestantischen Landbotenadels zu begrenzen trachteten. Generell ging das Interesse des Adels an religiösen Fragen zurück, nachdem die damit verbundenen innenpolitischen Fragen zu seiner Zufriedenheit gelöst worden waren. Immer mehr protestantische Adlige fanden den Weg zurück zur katholischen Kirche, deren neue Geschlossenheit im Gegensatz zum zersplitterten und »plebejischen« Protestantismus imponierte.

Neben dem Protestantismus nahm auch das Judentum im 16. Jahrhundert einen bedeutenden Aufschwung. Im 16. und 17. Jahrhundert wurde Polen zum führenden geistigen und kulturellen Zentrum des Judentums. Die polnischen Juden bildeten mit ihrer weitgehenden Autonomie geradezu einen Staat im Staate und waren von ihrer Umgebung durch Glauben, Recht, Sprache und Kultur deutlich unterschieden. Das von ihnen gesprochene Ostjiddisch unterschied sich aber auch von dem in Deutschland gesprochenen Westjiddisch. Es enthielt beispielsweise manche polnischen Ausdrücke, etwa für Pflanzen oder Tiere, wie umgekehrt auch einige jiddische Ausdrücke in die polnische Sprache eingegangen sind.[107] Dies zeigt, daß trotz aller Distanz das alltägliche Zusammenleben nicht ganz ohne Spuren blieb.

Im 16. Jahrhundert erreichten die polnischen Magnaten den Zugang zum bisher ausschließlich dem König vorbehaltenen Recht des Judenschutzes und setzten in der Folge auf ihren Besitzungen Juden als Pächter oder Verwalter ein. Auf diese Weise kam ein Teil der Juden, die bis dahin fast ausnahmslos zur Stadtbevölkerung gehört hatten, auf das Land. Zunehmend drangen die Juden auch in Berufszweige ein, die ihnen früher verschlossen waren, etwa das Handwerk. Seit dem 16. Jahrhundert findet man jüdische Kürschner, Juweliere oder Schneider. Nach anfänglichen Auseinandersetzungen mit den christlichen Zünften entstanden im 17. Jahrhundert sogar eigene jüdische Zünfte nach christlichem Vorbild. In Ostpolen wurde die Stadtsiedlung nach deutschem Recht teilweise von Juden fort- und durchgeführt, und diese bildeten fortan in vielen der kleinen und mittleren östlichen Städte die Bevölkerungsmehrheit. Besondere Städte ausschließlich mit und für Juden wurden allerdings nur vereinzelt gegründet. Dazu gehörten Grzymałowo bei Posen, das später in Schwersenz umbenannt wurde und starken protestantischen Zuzug erhielt, Piotrków Żydowski (Jüdisch-Petrikau) südlich von Thorn oder Izbica am Fluß Wieprz.[108] Auf der anderen Seite ließ sich eine Reihe königlicher oder geistlicher Städte das Privileg ausstellen, keine Juden aufnehmen zu müssen.

Die Außenpolitik Polens wurde seit dem Jahre 1558 von der Expansionspolitik des Großfürstentums Moskau bestimmt. Der in diesem Jahr ausbrechende Krieg des Zaren Iwan IV. gegen das Deutschordensgebiet Livland zwang Polen-Litauen zum Eingreifen. Der letzte livländische Landmeister des Ordens, Gotthard Kettler, folgte dem Beispiel Albrechts in Preußen und säkularisierte 1561 seinen Ordenszweig. Das Land wurde geteilt in ein polnisches Lehnsherzogtum Kurland und Semgallen unter Kettler und das dem König unmittelbar unterstehende »überdünische Livland«, zu dessen Statthalter ebenfalls Kettler ernannt wurde. Im 1561 erlassenen »Privilegium Sigismundi Augusti« garantierte der König Livland das Bekenntnis der Augsburgischen Konfession, die Besetzung der Landesämter nur durch Einheimische sowie das Fortbestehen von deutscher Sprache und deutschem Recht.[109]

Moskau griff 1563 die litauische Ostgrenze an, konnte das strategisch wichtige Polock einnehmen und trotz späterer militärischer Erfolge des litauischen Heeres halten. Schweden war zunächst mit Zar Iwan IV. gegen Litauen verbündet. Nachdem 1568 aber mit Johann III. ein Schwager Sigismund Augusts den schwedischen Thron bestiegen hatte, kam es zu einer polnisch-schwedischen Annäherung, welche den Zaren 1570 zum Abschluß eines dreijährigen Waffenstillstandes veranlaßte.

Der Krieg mit Moskau hatte die Frage einer engeren Union zwischen Polen und Litauen, das die Kriegslasten weitgehend allein zu tragen hatte, zur Entscheidung gebracht. Die Attraktivität der polnischen Adelsprivilegien hatte bei der litauischen Szlachta den Wunsch nach Gleichberechtigung beständig wachsen lassen. Schließlich erklärte sich das 1567 zum Kampf gegen Moskau versammelte litauische Adelsaufgebot bei Minsk zum »Feldlagersejm« und verlangte unnachgiebig die Umwandlung der Personal- in eine Realunion. Die litauischen Magnaten lehnten dies zwar aus inneradliger Opposition ab, und auch der König war zunächst unionsfeindlich, weil er das litauische Erbrecht seiner Dynastie erhalten wollte. Da er jedoch aus drei Ehen keine legitimen Nachkommen hatte, gab er schließlich den Widerstand auf und berief 1569 den ersten gemeinsamen, allerdings noch getrennt tagenden polnisch-litauischen Reichstag in Lublin ein, dessen Beschlüsse für die Zukunft Polens von entscheidender Bedeutung sein sollten. Die nach Überwindung vieler Widerstände am 1. Juli 1569 geschlossene Union vereinte das Großfürstentum Litauen und die Krone Polen zu einem unteilbaren einheitlichen Staatskörper. Ein gemeinsamer Reichstag sollte künftig den König wählen, Außenpolitik und Münze sollten für beide Reichsteile gleich sein. Dagegen blieben Heerwesen, Ämter, Finanzen und Recht beider Unionshälften getrennt. Die Herzogtümer Preußen und Kurland waren Lehen der Krone, Livland gehörte der Krone und Litauen gemeinsam.[110]

Das bei einem Stadtbrand 1536 stark beschädigte Posener Rathaus wurde seit 1550 durch den italienischen Baumeister Giovanni Battista Quadro aus Lugano im Renaissancestil umgebaut. Besonders eindrucksvoll präsentiert sich der große Festsaal von 1555 mit seiner reich verzierten Decke.

Der polnische Teil des Doppelreiches war durch den Anschluß der Wojewodschaften Podlachien, Wolhynien und Kiew bedeutend auf Kosten Litauens vergrößert worden. Dem polnischen Adel eröffneten sich in diesen weiten reußischen Gebieten durch Einwanderung und den Erwerb großer Ländereien bedeutende Expansionsmöglichkeiten. Er wurde damit aber auch mehr als bisher in die Kämpfe an der Ostgrenze gegen Moskau, die Tataren und Osmanen eingebunden. Die völlige rechtliche Gleichstellung führte nach 1569 zu einer rasch um sich greifenden sprachlichen und kulturellen Polonisierung des reußischen, litauischen und livländischen Adels. Die Union erwies sich somit als entscheidender Schritt zur Festigung der polnischen Adelsnation, welche die 1569 noch vorhandenen und verbrieften regionalen Unterschiede allmählich aufheben sollte.

Für das Königliche Preußen brachte der Reichstag von 1569 trotz des Widerstands seiner Städte und Magnaten die vom König dekretierte Inkorporation und damit den weitgehenden Verlust der bisherigen Sonderstellung. Im Herzoglichen Preußen wurden dagegen auf demselben Lubliner Reichstag neben dem Sohn des 1568 verstorbenen Herzogs Albrecht auch drei Vertreter der brandenburgischen Linie der Hohenzollern mitbelehnt, wodurch ein Heimfall des Landes an die Krone Polens praktisch unmöglich geworden war.

Die Adelsdemokratie der Wahlkönigszeit

DIE ERSTEN KÖNIGSWAHLEN – HEINRICH VON VALOIS, STEFAN BÁTHORY

Im Jahre 1572 starb Sigismund II. August, und mit ihm endete die jagiellonische Dynastie. In dem nun folgenden Interregnum ging es für den polnischen Adel vor allem darum, die der Krone in der Vergangenheit abgerungenen Freiheiten, die Grundlagen der Adelsdemokratie, abzusichern. Jeder vom Adel künftig zu wählende König sollte vor seiner Wahl dessen Privilegien garantieren und damit seine konstitutionelle Stellung anerkennen. Innerhalb des Adels gab es zwischen den Protestanten, welche die Mehrheit in der Landbotenstube besaßen, und den Katholiken Differenzen. Bei der Frage nach dem Wahlort und der Person des Interrex konnte sich die katholische Seite durchsetzen. Der Wahlreichstag wurde nach Warschau im katholischen Masowien einberufen. Da alle Adligen stimmberechtigt waren, gab dies künftig dem masowischen Kleinadel durch seine Nähe zu Warschau einen unverhältnismäßig großen Einfluß. Interrex wurde der Gnesener Erzbischof, was auch für alle künftigen Interregna beibehalten wurde.

Da zu Beginn des Interregnums die Pariser Bartholomäusnacht, das Massaker an den französischen Protestanten, stattgefunden hatte und einer der Hauptverantwortlichen dafür, der Franzose Heinrich von Valois (1551–1589), aussichtsreichster Kandidat für den polnischen Thron war, verlangten die protestantischen Adligen Polens den Schutz ihrer Glaubensfreiheit. Dies wurde mit der »Warschauer Konföderation« von 1573 erreicht, welche jedem einzelnen Adligen völlige Glaubensfreiheit garantierte.[111] Sie wurde Bestandteil der »Articuli Henriciani«, einer der beiden Wahlkapitulationen, welche vor der Wahl Heinrichs von Valois 1573 für diese und alle künftigen Wahlen beschlossen worden waren. Die »Articuli Henriciani« enthielten die grundsätzlichen Bestimmungen über das Verhältnis zwischen Reichstag und König. Sie legten die beiderseitigen Rechte und Pflichten fest und räumten dem Adel ein Gehorsamsverweigerungsrecht ein, sollte der König seine Wahlverpflichtungen nicht einhalten. Die zweite Kapitulation, die »Pacta conventa«, enthielten auf den jeweiligen Kandidaten zugeschnittene konkrete Regierungsversprechen.[112]

Der erste polnische König, welcher diese Konventionen zu beschwören hatte, blieb allerdings nur wenige Monate im Lande. Heinrich von Valois (polnisch Henryk Walezy) versuchte, die Erfüllung der Wahlversprechen, so die Heirat mit der dreißig Jahre älteren Tochter Sigismund Augusts, der Jagiellonin Anna, möglichst hinauszuzögern. Als er nach dem Tode seines Bruders den französischen Thron besteigen konnte, verließ er im Juni 1574 Polen fluchtartig und reagierte auch auf ein Rückkehrultimatum des Reichstages nicht. Nachdem dieser ihn daraufhin für abgesetzt erklärt hatte, kam es Ende 1575 zu einer Doppelwahl. Der erzbischöfliche Interrex und der Senat hatten Kaiser Maximilian II., die Szlachta unter Führung von Jan Zamoyski dagegen die Erbin Anna und deren designierten Gemahl Stefan Báthory, den Fürsten von Siebenbürgen, gewählt. Die rasche Krönung und Heirat Stefans in Krakau und der Tod Maximilians wenige Monate später entschieden die Situation zu Báthorys Gunsten. Allerdings verweigerte die mächtigste Handelsstadt des Reiches, Danzig, dem neuen König die Huldigung und konnte von diesem trotz dreimonatiger Belagerung nicht bezwungen werden. Ein 1577 mit brandenburgischer Vermittlung geschlossener Friede brachte dem König zwar schließlich die Huldigung und eine Bußgeldzahlung ein, der Stadt aber nicht nur den Verzicht auf Bestrafung, sondern die Bestätigung aller Privilegien und damit weitgehende Unabhängigkeit sowie die beherrschende Stellung bei der Getreideausfuhr über die Ostsee.

Báthory brauchte die Rückenfreiheit für den Kampf gegen Moskau, das 1577 Livland besetzt und verwüstet hatte. Eine 1578 eingeleitete Heeresreform, nach welcher von jeweils zwanzig Hufen des Königsgutes ein Bauer als Fußsoldat zu stellen war, verhalf dem König zu einer schlagkräftigen Truppe und befreite ihn von der Abhängigkeit des schwerfälligen allgemeinen Adelsaufgebots. Nachdem er in drei Feldzügen die Truppen Iwans IV. geschlagen und mit Polock und Welikie Luki wichtige Festungen erobert hatte, konnte er Moskau 1582 im Frieden von Jam Zapolski zum Verzicht auf Livland zwingen.

Livland bieb jedoch auch weiterhin eine Quelle außen- und innenpolitischer Spannungen, denn Dänemark behauptete sich auf der Insel Ösel, Schweden setzte sich in Estland fest, und die polnische Verwaltung Livlands, 1582 in den »Constitutiones Livoniae« geregelt, strebte unter Bruch früherer Zusagen eine Polonisierung des Landes an, was den Widerstand der dortigen Stände hervorrief. So wurden die Spitzen der Verwaltung mit Polen besetzt und die Gegenreformation gefördert durch Einsetzung des zum Katholizismus konvertierten Wilnaer Bischofs Georg Radziwill als Statthalter in Livland, die Gründung jesuitischer Kollegien und eines katholischen Bistums Wenden. In Polen-Litauen selbst wurde der König in die Auseinandersetzungen um seinen wichtigsten Vertrauten und Mitarbeiter Jan Zamoyski hineingezogen. Dieser hatte trotz der festgelegten Unvereinbarkeit die beiden einflußreichsten Ämter, das des Kanzlers und das des Krongroßhetmans (Kronfeldherrn), inne und war mit einer Nichte des Königs verheiratet. Als er ein Mitglied der Magnatenfamilie Zborowski hinrichten ließ, wurde ihm und der Krone von der Szlachta der Vorwurf der Tyrannei gemacht. Der unerwartet frühe Tod Stefan Báthorys im Jahre 1586 verhinderte eine Lösung all dieser innen- und außenpolitischen Konflikte.

DIE SCHWEDISCHEN WAHLKÖNIGE DER WASADYNASTIE

Auch das nun folgende Interregnum endete mit einer Doppelwahl, bei der eine Minderheit der Adligen den habsburgischen Erzherzog Maximilian, die Mehrheit dagegen Sigismund Wasa, den katholisch erzogenen Sohn des schwedischen Königs Johann III. und Enkel des vorletzten Jagiellonen Sigismund I., wählte. Die Krönung Sigismunds III. 1587 in Krakau hatte die Verbindung, aber auch die Rivalität des Doppelreiches mit

Schweden zur Folge, da die Interessen beider Länder nicht in Einklang zu bringen waren. So hatte Sigismund vor seiner Wahl die Abtretung Estlands an Polen versprochen und zugleich den schwedischen Ständen den Erhalt des schwedischen Besitzstandes zugesichert, was sich gegenseitig ausschloß. Sigismund spekulierte dabei auf den schwedischen Thron, den er 1594, zwei Jahre nach dem Tode Johanns III., auch besteigen konnte. Es zeigte sich aber rasch, daß die gleichzeitige Herrschaft in beiden Reichen auf unüberwindliche Schwierigkeiten stieß, insbesondere auch aufgrund des konfessionellen Gegensatzes zwischen dem katholischen Herrscher und dem protestantischen Schweden. Da der polnische Reichstag dem König kein längeres Verlassen des Landes zugestand, mußte Sigismund seinen protestantischen Onkel Karl von Södermanland als Statthalter in Schweden einsetzen. Der schwedische Reichstag erklärte Sigismund 1599 für abgesetzt und rief Karl zum neuen König aus. Zum Schwedisch-Polnischen Krieg führte schließlich der Konflikt um Estland, dessen Besitz Schweden 1595 in einem Vertrag mit Moskau bestätigt worden war. Als Sigismund entsprechend seinen Verpflichtungen als polnischer König im Jahre 1600 die Inkorporation Estlands verfügte, drangen schwedische Truppen unter Karl in Livland ein, dessen Stände aus Unzufriedenheit mit der polnischen Verwaltungspolitik 1601 bereitwillig die Huldigung vollzogen.

Im Osten eröffneten die inneren Wirren im Moskauer Reich nach dem Aussterben der Rjurikidendynastie 1598 für Polen-Litauen die Möglichkeit der Einflußnahme und Machterweiterung. Als der von den russischen Großen zum Zaren gewählte Boris Godunow 1605 gestorben war, versuchte ein von polnischen Magnaten unterstützter und mit einer Polin verheirateter Prätendent als angeblich den Mördern entkommener Zarewitsch Dimitrij den Zarenthron zu erobern. Sein katholisches Bekenntnis und die polnischen Einflüsse riefen jedoch starken Widerstand hervor, der schließlich 1606 zu seiner Ermordung führte. Auch die folgende Krönung des Bojaren Wasilij Szujskij zum Zaren ließ noch keine Ruhe einkehren. Erneut verbreiteten sich Gerüchte, Dimitrij sei noch am Leben, und in dem folgenden Bürgerkrieg konnte ein zweiter Pseudo-Dimitrij erneut mit Unterstützung polnischer Truppen und Magnaten auf Moskau vorrücken.

In dieser Situation schloß Zar Wasilij 1609 ein Bündnis mit Karl IX. von Schweden, um Rückenfreiheit gegen den Prätendenten zu haben, während Karl seinerseits in der Auseinandersetzung mit Polen um Livland gestärkt wurde. Diese für ihn bedrohliche schwedisch-russische Koalition war für Sigismund III. der Anlaß, in den russischen Bürgerkrieg auf seiten des Pseudo-Dimitrij einzugreifen. Während der König zwei Jahre lang Smolensk belagerte, gelang seinem Heerführer Żółkiewicz nach einem Sieg über Szujskij 1610 die Eroberung Moskaus und die Gefangennahme des Zaren. Als daraufhin russische Bojaren Sigismunds Sohn Wladyslaw unter der Bedingung des Wechsels zur Orthodoxie zum neuen Zaren wählten, schien für kurze Zeit eine polnisch-russische Union und damit die Vormachtstellung Polens in Osteuropa möglich. Aber Sigismund lehnte den Glaubenswechsel Wladyslaws kategorisch ab und vergab damit alle Chancen. Auch die Einnahme von Smolensk im Jahre 1611 konnte nicht verhindern, daß die polnische Besatzung Moskaus 1612 kapitulieren mußte und 1613 mit der Wahl von Michail Romanow eine Stabilisierung Rußlands eingeleitet wurde, welche die polnischen Ansprüche zunichte machte. Die neue Dynastie betrieb alsbald wieder eine Westexpansion auf Kosten Polen-Litauens.

Auf religiösem Gebiet war der Ostpolitik Sigismunds III. ebenfalls kein endgültiger Erfolg beschieden. Um seit 1589 erhobene Ansprüche des Moskauer Metropoliten auf Jurisdiktion über alle Orthodoxen der historischen Rus, also auch die betreffenden Einwohner des Doppelreiches, abzuwehren, drängten Bischof Terleckij von Luck, Bischof Pociej von Vladimir, Kanzler Zamoyski und der jesuitische Hofprediger Piotr Skarga auf eine Union der orthodoxen Kirche Polens und Litauens mit der Römischen Kirche. Diese wurde 1595 vom Papst in der Bulle Magnus Dominus verkündet und 1596 von einer Synode in Brest am Bug angenommen. Die orthodoxe Kirche des Doppelreiches erkannte den Primat des Papstes an, behielt aber ihre slawische Liturgie, die eigene Hierarchie und die Priesterehe bei. Die erhoffte kirchliche Einheit wurde jedoch nicht erreicht, im Gegenteil. Da sich die Union nicht vollständig durchsetzen konnte und die orthodoxe Kirche 1635 erneut staatlich anerkannt wurde, gab es statt bisher zwei Kirchen nunmehr deren drei, jede mit eigener Hierarchie. Die vorgesehene Aufnahme der unierten Bischöfe in den Senat scheiterte am Widerstand des katholischen Episkopats. Die Benachteiligung der Nichtkatholiken führte bei den Unierten meist zum Übertritt zur katholischen Kirche, bei den Orthodoxen zur Orientierung auf Moskau, und die protestantischen Adligen beunruhigte die energische Förderung der Gegenreformation durch den streng katholischen König. Als Sigismund 1606 ständige Steuern, eine Reichstagsreform und ein stehendes Heer forderte, kam es zum Adelsaufstand (*rokosz*) unter dem Krongroßmarschall Zebrzydowski, an dem auch die führenden protestantischen Adelsfamilien beteiligt waren. Der König konnte zwar den Aufstand 1607 niederschlagen, mußte aber 1609 versichern, keine absolute Herrschaft anzustreben. Mit dem Scheitern des Aufstandes hatte der protestantische Adel seinen politischen Einfluß endgültig verloren.

Im 17. Jahrhundert begann sich der Adel des Doppelreiches nicht nur sprachlich, durch die Polonisierung des litauischen, ruthenischen und livländischen Adels, sondern auch konfessionell zu vereinheitlichen. Im Bewußtsein der Szlachta wurden die Begriffe Pole – Adliger – Katholik gleichsam synonym, während umgekehrt der Protestantismus mit dem Deutschtum gleichgesetzt wurde. Von der Vielfalt der protestantischen Bekenntnisse in Polen hatte sich während und nach der Gegenreformation nur das Luthertum mit seinem Rückhalt am städtischen deutschen oder deutschstämmigen Bürgertum, vor allem im Königlichen Preußen, erhalten können.

Kennzeichnend für die Szlachta war ihr landständisches, regionalistisches Bewußtsein. Sie nannten sich selbst auch »Landbesitzer« (*Ziemianie*) und vertraten in erster Linie die eigenen Privat- und Lokalinteressen, wobei sie sich auf Landes- beziehungsweise Wojewodschaftsebene als Interessengemeinschaft zusammenfanden. Mit den Regionallandtagen besaßen sie ihr politisches Forum. Die Magnaten verstanden es, den Kleinadel von sich abhängig und ihren Interessen dienstbar zu machen und mit ihrer Gefolgschaft die Landtage zu kontrollieren. Auf ihrem größeren oder kleineren Besitz pflegte die Szlachta eine üppige Adelskultur, wobei die frühere kulturelle Aufgeschlossenheit

Von der hohen Qualität des Posener Kunsthandwerks zeugt die Grabplatte des aus Nürnberg stammenden Posener Patriziers Zacharias Ridt von 1587, heute im Besitz des Posener Nationalmuseums. Dieses besitzt außerdem eine Sammlung von Werken bedeutender Posener Uhrmacher des 17. und 18. Jahrhunderts wie Johann Eckart Stall, Balthasar Weinhardt, Johann Friedrich Huhn, Nikodemus Hildebrandt und Andreas Dittmar.

zunehmend durch Standesdünkel, religiöse Engstirnigkeit und – dadurch bedingt – zunehmende Fremdenfeindlichkeit ersetzt wurde. Durch die entwickelte Gutsherrschaft und die gute Getreidekonjunktur aller materiellen Sorgen enthoben, konnten sie sich ganz ihren familiären und nachbarschaftlichen Problemen widmen. Zumeist beschränkte sich ihr Interesse aber darauf, an den gesamtstaatlichen Problemen war die Szlachta zunehmend desinteressiert. Die Adligen verloren gewissermaßen über ihren Nachbarschaftsproblemen den Staat aus den Augen. Aus dieser provinziellen Rückständigkeit heraus ist die zunehmende Unregierbarkeit der Adelsdemokratie, das Scheitern jeglicher Reformversuche verständlich. Die zeitgenössische Mode, die Ahnenreihen bis in die klassische Antike oder gar in biblische Zeiten zurückzuführen, hatte bei der Szlachta zur »Entdeckung« der Sarmaten, eines schon bei Herodot erwähnten asiatischen Kriegervolks, als angebliche Vorfahren geführt. Der polnische Geschichtsschreiber Jan Długosz lieferte in seinen »Annalen« 1445 eine entsprechende Genealogie. So begann sich für die genannte spezifische polnische Adelskultur der Begriff des »Sarmatismus« einzubürgern, unter dem sie in die Geschichte eingegangen ist.[113]

Trotz der Kämpfe mit Moskau, Schweden und auch dem Osmanischen Reich blieb das Doppelreich, das nur ganz am Rande in den Dreißigjährigen Krieg verwickelt war, im größten Teil seines Territoriums von Krieg und Verwüstungen verschont, und selbst die Gegenreformation war bei allen Erfolgen nicht mit den Maßnahmen in den habsburgischen Gebieten zu vergleichen. Die praktisch absolute Souveränität der polnischen Magnaten auf ihrem Besitz ermöglichte es diesen, nach wie vor Dissidenten (Nichtkatholiken) auf ihren Ländereien anzusiedeln.

DIE NEUZEITLICHE DEUTSCHE EINWANDERUNG NACH POLEN

Die gerade in der Zeit der Gegenreformation anschwellende Einwanderungswelle von Protestanten bildet den eigentlichen Beginn der neuzeitlichen deutschen Siedlung in Polen. Eine Besonderheit stellt dabei die sogenannte Holländersiedlung dar. In den Niederlanden waren im 15. und 16. Jahrhundert die Methoden der Landgewinnung in Marsch- und Sumpfgebieten mittels Deich-, Damm- und Schleusenbau und Trockenlegung durch Pumpmühlen vervollkommnet und auf den neugewonnenen Weiden und Wiesen die Viehzucht sowie der Obst- und Gemüseanbau auf einen hohen Entwicklungsstand gebracht worden. Diese Kenntnisse ließen die Holländer zu begehrten Fachleuten werden, die bereits in der ersten Hälfte des 16. Jahrhunderts auch nach Polen kamen. Der Lubliner Wojewode Firley siedelte 1543 in der von ihm gegründeten Stadt Lubartów neben Deutschen auch Holländer an, denen er 1575 nicht nur ihr heimisches Recht, sondern auch die freie Religionsausübung garantierte.[114]

Um die Mitte des 16. Jahrhunderts war Holland zu einem Zentrum der protestantischen Sonderform der Täuferbewegung geworden. Nach der Katastrophe der radikalen Wiedertäufer in Münster 1535 hatte sich hier die gemäßigte Richtung der »Taufgesinnten« durchgesetzt, die von Menno Simons organisatorisch gefestigt wurde und sich nach ihm benannte. Die Mennoniten lehnten den Kriegsdienst und die Übernahme öffentlicher Ämter ab und praktizierten das allgemeine Priestertum und die Erwachsenentaufe. Die aus Glaubensgründen zur Auswanderung gezwungenen Mennoniten wurden seit 1547 in Gruppen angesiedelt und zunächst vom Danziger Stadtrat mit der Eindeichung und Kultivierung von Ländereien an der unteren Weichsel betraut.

Aufgrund ihrer Erfolge wurden die Holländer auch von anderen Grundherren angeworben und besiedelten bis 1575 bereits große Gebiete beiderseits der Weichsel bis Thorn. Die insgesamt nur etwa 700 Familien mit zusammen 3000 Personen umfassende Einwanderung der »echten« holländischen Mennoniten war damit abgeschlossen. Die weitere Niederungssiedlung weichselaufwärts seit 1590 wurde nur noch zum Teil von ihren Nachkommen, dagegen zunehmend von deutschen lutherischen Siedlern getragen. Allerdings hatte sich mittlerweile die Bezeichnung »Holländerei« als Fachausdruck für die mit Trockenlegung verbundene Siedlung eingebürgert, wie 1597 die Gründung des Dorfes Olędrowo im Netzetal bei Usch zeigt. Entlang der Netze zog sich die Holländersiedlung rasch weiter nach Polen hinein. In der Neumark hatte ihr Vordringen auf polnischer Seite an Netze und Warthe eine entsprechende brandenburgische Gegensiedlung zur Folge, eine deutliche Parallele zu mittelalterlichen Kolonisationsvorgängen. Entlang der Weichsel rückten die Holländersiedlungen vergleichsweise langsam vor. Im Jahre 1624 wurde Warschau erreicht, wo die Holländersiedlung auf der Sächsischen Kämpe Fuß faßte, dort also, wo sich heute im Stadtteil »Saska Kępa« die Botschaft der Bundesrepublik Deutschland befindet.

Die Holländersiedlung wurde seit dem 17. Jahrhundert nicht nur überwiegend von Deutschen getragen, auch die ursprünglich aus Holland stammenden Mennonitenfamilien im Königlichen Preußen assimilierten sich bald den dortigen Deutschen. Erhalten blieben aber die aus Holland mitgebrachten besonderen Rechts-, Sozial- und Wirtschaftsformen, welche die Holländereien deutlich von ihrer Umgebung unterschieden. Im Gegensatz zur privilegierten Stellung des Erbschulzen, wie sie seit der deutschrechtlichen Kolonisation des Mittelalters bei der ländlichen Siedlung üblich war, zeichnete sich die Holländersiedlung durch die Gleichheit und Solidarität aller Gemeindeglieder aus. Der von der Gemeinde alljährlich neu gewählte Schulze hatte keine dauernden wirtschaftlichen Vorrechte.

Alle wichtigen Entscheidungen in der Gemeinde wurden von der Gesamtheit der Siedler oder von Kollegialorganen getroffen. Die gesellschaftliche Struktur der Holländereien ging auf ihre wirtschaftliche Grundlage zurück. Das Schicksal der gesamten Siedlung hing vom Funktionieren der Entwässerungsanlagen jeder Einzelwirtschaft ab. Dabei konnte die Besitzgröße, je nach Leistungsfähigkeit des einzelnen, durchaus unterschiedlich sein. An der Weichsel betrug die Durchschnittsgröße zwei Kulmische Hufen, was 33,6 Hektar entspricht. An der Netze waren die Höfe dagegen meist nur halb so groß. Die Verträge mit dem Grundherrn wurden nicht von einem Lokator oder den einzelnen Siedlern, sondern von der ganzen Gemeinde geschlossen. Die Abgaben richteten sich nach der Anzahl der Hufen, nicht nach der Zahl der Siedler, und für die Ablieferung war ebenfalls die gesamte Gemeinde nach dem Grundsatz »einer für

Die weitverbreiteten Windmühlen im Posener Land und in Mittelpolen sind nicht immer ein Hinweis auf Holländersiedlungen. Vor allem haben auch die einwandernden Schlesier solche Mühlen in und bei ihren Städten erbaut. Seit dem Mittelalter waren die Deutschen im Handwerk der Müller in Polen überproportional stark vertreten.

alle, alle für einen« verantwortlich. Dies hatte verständlicherweise für den Grundherrn große Vorteile.

Das Land wurde in Zeitpacht übernommen, womit eine zu starke Bindung an den Boden und damit die Gefahr der Schollenpflichtigkeit vermieden werden sollte. Damit andererseits die notwendige Sicherheit des Besitzes gewährleistet war, wurden die Verträge über einen größeren Zeitraum, in der Regel auf vierzig Jahre geschlossen und den alten Pächtern beim Wunsch nach Verlängerung ein Vorzugsrecht eingeräumt. Scharwerkspflichten akzeptierten die Holländer nicht und konnten dies trotz des in dieser Zeit voranschreitenden Ausbaus der Gutsherrschaft und der bäuerlichen Robotpflichten durchsetzen. Gleiches galt für das ungehinderte protestantische Bekenntnis in der Zeit der Gegenreformation.

Zumeist beschränkten sich die Leistungen an den Grundherrn auf den jährlichen Zins und das zu Vertragsbeginn fällige Einkaufsgeld in Höhe des Vier- bis Achtfachen der Jahrespacht. Bei dieser legte man wegen der langen Laufzeit nicht selten eine Steigerung fest, um einerseits die fortschreitende Geldentwertung aufzufangen, andererseits die mit der Erschließung einhergehende Wertsteigerung des Bodens zu berücksichtigen. So wurden bei der Gründung des Netzedorfes Usch-Hauland 1597 in den ersten zehn Jahren 16,5 Gulden, im folgenden Jahrzehnt zwanzig Gulden und danach 25 Gulden Jahreszins pro Hufe festgesetzt. In Notzeiten, etwa bei Überschwemmung oder Krieg, konnte die Pacht ermäßigt oder ganz erlassen werden. Die ersten Jahre, in der Regel sechs, waren abgabenfrei.

Die vielfältigen Aufgaben der Dorfgemeinde wurden von dieser in einer sogenannten Willkür festgelegt. Der Grundherr durfte diese nur bestätigen. Dazu gehörten unter anderem die Überwachung und Reparatur der Entwässerungsanlagen und Deiche, die Gerichtsbarkeit mit Ausnahme der Hochgerichtsfälle, die dem Grundherrn vorbehalten blieben, und die gegenseitige Hilfe bei Notfällen. Vorherrschende Siedlungsform der Holländerdörfer war das Marschhufendorf mit einreihiger Anordnung der Gehöfte hinter einem Damm, langgestreckter Hofzeile und parallelen, schmalen und langgestreckten Hufen. Als im 17. Jahrhundert die Holländereien in Großpolen zunehmend außerhalb der Flußniederungen, auf trockenen und bewaldeten Gebieten entstanden, wurden sie hier entsprechend als Waldhufendörfer angelegt. Vermutlich ist es auf die nun häufig mit der Ansiedlung verbundene Waldrodung zurückzuführen, daß sich anstelle der alten Bezeichnung Holländerei hier der Begriff »Hauländerei« durchsetzte. Die meisten Bewohner dieser deutschen Hauländereien stammten aus den benachbarten brandenburgischen und pommerschen Gebieten und aus Schlesien. Die Gründe für ihre Auswanderung, die zum Teil als regelrechte Massenflucht erfolgte, waren vor allem die zunehmenden Frondienstbelastungen und die Drangsalierungen während des Dreißigjährigen Krieges sowie, bei den Schlesiern, der Wunsch nach Glaubensfreiheit.

Die Ansiedlungsbedingungen in Polen waren vergleichsweise günstig. Da die polnischen Adligen nicht bereit waren, ihre Bauern aus der Leibeigenschaft zu entlassen und mit ihnen Zinsverträge einzugehen, kamen als Ansiedler für die neu zu erschließenden

Gebiete im 17. Jahrhundert nur deutsche Einwanderer in Frage, was den nationalen Charakter dieser Holländersiedlungen entscheidend prägte. Erst seit Mitte des 18. Jahrhunderts traten hier Veränderungen ein. In die Siedlungen kamen vermehrt Einlieger und Gesinde, zumeist Polen. Daneben wanderten auch – überwiegend deutsche – Handwerker zu. Eine Minderheit der Holländersiedler war katholisch, bei ihnen gab es eine Tendenz zur Assimilierung an ihre polnischen Glaubensgenossen. In den evangelischen Hauländereien fand dagegen in der Regel eine Assimilierung der polnischen Zuwanderer statt. Hierbei gab es auch regionale Unterschiede, da in den westlichen und nördlichen Randgebieten des Posener Landes mehrheitlich Deutsche lebten, während im Innern des Landes die Polen dominierten, was entsprechende Assimilationsprozesse zur Folge hatte. Schließlich kam es auch vereinzelt zu Umsetzungen älterer polnischer Siedlungen zu holländischem Recht, wiederum vergleichbar den Vorgängen bei der mittelalterlichen Kolonisation. Aus den genannten Gründen können die Holländer- oder Hauländersiedler nicht grundsätzlich mit Deutschen gleichgesetzt werden. Allerdings betrug der polnische Anteil unter Berücksichtigung aller Assimilierungsprozesse bis zu den Teilungen im Höchstfalle ein Drittel.[115]

Im Unterschied zu den Holländersiedlungen stellten die im 16. und 17. Jahrhundert im nördlichen Großpolen entstehenden »Schulzendörfer« von ihrer Form her eine Fortsetzung der mittelalterlichen deutschrechtlichen Kolonisation dar. Die Siedler stammten durchweg aus Pommern und der Neumark. Vorausgegangen war eine brandenburgische Kolonisation der Grenzwälder zu Polen, die zu einer entsprechenden Gegensiedlung der benachbarten polnischen Starosten führte. Da ihnen in Polen günstigere Ansiedlungsbedingungen geboten wurden, zogen neumärkische und pommersche Bauern in großer Zahl über die Grenze. Bemühungen der Kurfürsten, dieser Entwicklung durch Intervention bei den polnischen Magnaten Einhalt zu gebieten, blieben verständlicherweise vergeblich, denn diesen waren die Einwanderer sehr willkommen.

Grundlage für die Ansiedlung war das Magdeburger Recht. Der Lokator erhielt das erbliche Schulzenamt, die Bauern waren persönlich frei, die Freizügigkeit allerdings bereits eingeschränkt. Die Dörfer waren im Vergleich zum Mittelalter, wo ihr Umfang zwischen vierzig und sechzig Hufen betragen hatte, nun mit zehn bis dreißig Hufen kleiner. Die Bauern erhielten einhufige Wirtschaften, der Schulze zwei Hufen und dazu noch Wiesen und Weiderecht im Wald. Die Monopolrechte des Schulzen waren meist auf das Braurecht für den Eigenbedarf reduziert worden, während das Schankrecht vom Grundherrn getrennt verliehen wurde. Dafür war allerdings auch die Pflicht zum Kriegsdienst meist durch die Verpflichtung zu zwei bis vier Getreidefuhren in größere Handelsstädte ersetzt worden; dies zeigt die Bedeutung, welche der Getreidehandel für die polnischen Grundherren damals gewonnen hatte.

Die Pflichten des Schulzen umfaßten die niedere Gerichtsbarkeit, die Einziehung der Abgaben von den einzelnen Wirtschaften und die Überwachung der Scharwerksdienste, die im 17. Jahrhundert kontinuierlich zunahmen. Bei den Dorfgründungen vor 1600 wurden sechs bis acht Taler Jahreszins je Hufe und zwischen sieben und 21 Tage Spannarbeit jährlich gefordert, angesichts der für polnische Bauern zu jener Zeit übli-

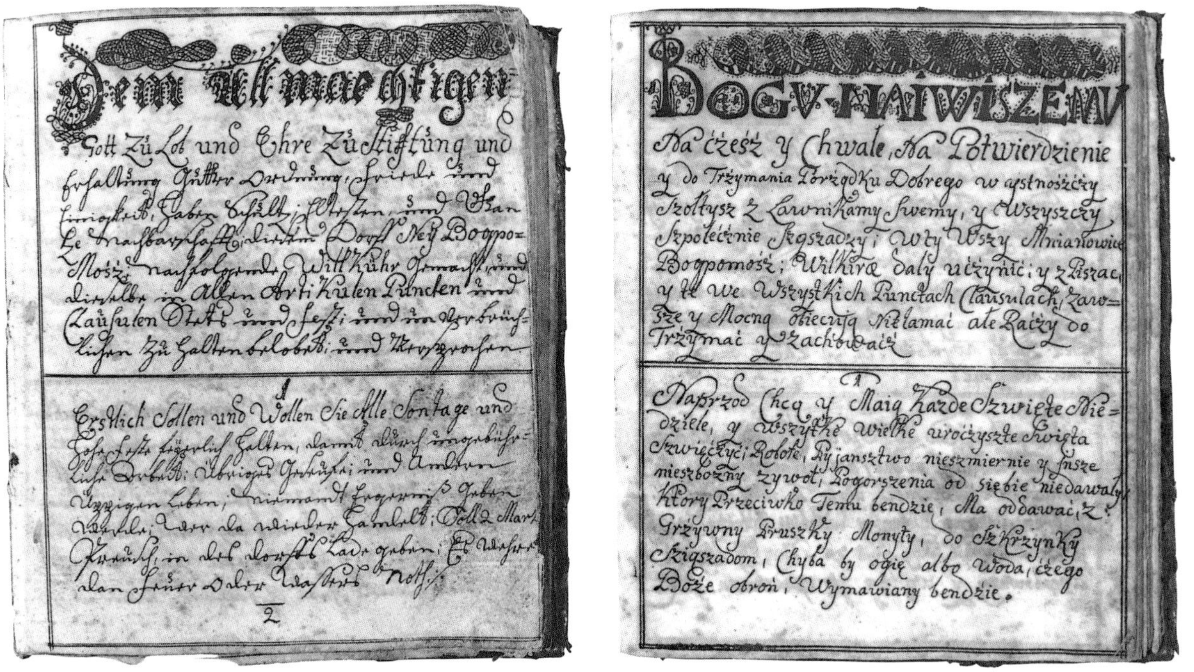

Deutsch und polnisch verfaßte Willkür eines Holländerdorfes, in welcher Rechte und Pflichten seiner Bewohner festgehalten waren

Die unweit der schlesischen Grenze gelegene Kleinstadt Rakwitz ist mit ihrer Fachwerkkirche und den Vorlaubenhäusern ein gut erhaltenes Beispiel für die in der Zeit der Gegenreformation durch schlesische Glaubensflüchtlinge entstandenen Tuchmacherstädte. Robert Koch hatte hier als junger Mediziner seine erste Arztpraxis und ging dann als Kreisphysikus ins nahe Wollstein, bevor er in Berlin durch die Entdeckung des Tuberkulose-Erregers berühmt wurde.

chen Dienste bis zu sechs Tagen pro Woche noch sehr erträglich. In den Gründungsprivilegien nach 1600 dagegen waren schon Spanndienste von ein bis drei Tagen die Woche die Regel, und wo diese geringer blieben, lag dafür der Jahreszins je Hufe bei dreizehn Talern. Auch bei den älteren deutschen Dörfern wird im 17. Jahrhundert die Fronarbeit heraufgesetzt, um die Mitte des Jahrhunderts auf bis zu vier Tage die Woche.

Für die sogenannten Schulzendörfer waren das Straßen- und das Angerdorf mit großzügiger und regelmäßiger Gewannflur typisch. Sie wurden häufig an der Stelle mittelalterlicher Dörfer angelegt, welche in der Wüstungsperiode eingegangen waren. Die Siedler waren ihrem Bekenntnis nach durchweg protestantisch und blieben auch nach ihrer Einwanderung in Polen kirchlich an ihre Herkunftsgebiete gebunden. So weigerten sie sich lange, der lutherischen Kirche Großpolens eingegliedert zu werden, und führten auch später ein weitgehendes Eigenleben. Im Gegensatz zu den Mennoniten und den schlesischen Glaubensflüchtlingen hatten sich die pommerschen Protestanten in ihren Ansiedlungsprivilegien zumeist keinen Schutz ihres evangelischen Bekenntnisses garantieren lassen, denn zur Zeit der Einwanderung wurde ihnen dies von den polnischen Magnaten, die zu einem Teil selbst Protestanten waren, freizügig zugestanden. Die Gegenreformation konnte deshalb in den Schulzendörfern beträchtliche Erfolge verzeichnen, da mit dem Grundherrn häufig auch die Bewohner der Schulzendörfer zum katholischen Glauben zurückkehren mußten.[116]

Die sogenannte Ausleseeinwanderung deutscher Kaufleute und gehobener Handwerker in die großen polnischen Städte setzte sich auch in der zweiten Hälfte des 16. und im 17. Jahrhundert fort und wurde sogar stärker. Obgleich für Protestanten der Zuzug in die königlichen Städte aufgrund entsprechender Verfügungen des Königs und des wachsenden Einflusses der Jesuiten mit Beginn des 17. Jahrhunderts beträchtlich erschwert wurde und zum Teil mit hohen Aufnahmegebühren erkauft werden mußte, stellten sie den Hauptteil der deutschen Neubürger. Die Städte waren nämlich »wegen des Mangels an Handwerkern und Kaufleuten in der Stadt und in der Hoffnung auf ihre Bekehrung zum katholischen Glauben«, wie es in einer Posener Urkunde von 1634 heißt, meist zu Ausnahmen bereit.

Das Hauptherkunftsgebiet der Neusiedler war Schlesien, weshalb die Zuwanderung auch vor allem nach Großpolen erfolgte. Nach den Posener Bürgerlisten erwarben von 1575 bis 1600 insgesamt 982 Personen das Bürgerrecht, davon waren 424 (43 Prozent) Deutsche und von diesen kamen wieder 165 aus Schlesien. Nachdem im Zuge der sich verschärfenden Gegenreformation zwischen 1606 und 1616 die evangelischen Kirchen der Stadt niedergebrannt worden waren und Protestanten die Niederlassung in Posen verboten wurde, sank die Zahl der deutschen Neubürger von 1599 bis 1608 auf 115 und von 1609 bis 1618 auf fünfzig Personen. In anderen großpolnischen Städten blieb der deutsche Zuzug aber stärker, so in Kosten, wo allein von 1633 bis 1641 insgesamt 231 Deutsche einwanderten.[117]

Die deutschen Neubürger in den polnischen Städten bildeten zunächst, vermutlich auch aus religiösen Gründen, abgeschlossene Gruppen mit deutlich nationaler Akzentuierung. So ließ sich in Krakau 1582 die vermutlich erst kurz zuvor durch Einwanderer gegründete Innung der Korduaner, welche ein nach dem spanischen Córdoba benanntes besonderes Gerbverfahren praktizierten, von König Stefan Báthory ihre Satzung in deutscher Sprache bestätigen, wonach die Aufnahme von Polen untersagt war. In anderen polnischen Städten wie Przemysl, Lublin oder Warschau war die deutsche Einwanderung im 17. Jahrhundert zahlenmäßig zwar schwach, bekam aber einen überproportional großen wirtschaftlichen und politischen Einfluß, da die Deutschen im Handel und im Edelhandwerk dominierten. »Ohne Ausländer könnten die Polen nicht existieren«, hieß es in einem zeitgenössischen Bericht, »denn die Kaufleute und Handwerker sind alles Deutsche, die Sänger ausnahmslos Italiener, die besten Schneider sind Franzosen und die Spanier alle Doktoren.«[118] In Lublin stellten die Deutschen 1676 drei Viertel der Mitglieder der Kaufmannsgilde, ein Drittel der Ärzte und ein Viertel der Apotheker der Stadt.

Im Jahre 1623 gründeten katholische deutsche Kaufleute in Warschau die »Bruderschaft des heiligen Benno« mit deutscher Satzung und Verhandlungssprache, »darumb, weil die deutsche Nation in Warschau die stärkeste und derselben Sprach die gemeineste und fast von allen Fremden geredet und verstanden wird. Darumb ist billich, daß alle Sachen auf den Sessionen in einer, nemlich in teutscher Sprache tractiret und die Bücher in selbiger Sprach geschrieben und gehalten werden.« Die genannten Gründe entsprachen aber nicht der tatsächlichen Situation. Gerade die katholischen Deutschen Warschaus polonisierten sich recht schnell, im Gegensatz zu den deutschen Protestanten.

Wesentlich bedeutender als die Ergebnisse dieser Einzelzuwanderung waren jedoch die als direkte Folge der habsburgischen Gegenreformation im westlichen Polen entstehenden Tuchmacherstädte, bei denen es sich um geschlossene Ansiedlungen vor allem schlesischer Protestanten handelte. Den Anfang machten Böhmische Brüder, die unmittelbar nach der Niederlage der protestantischen böhmischen Stände in der Schlacht am Weißen Berg unter Führung von Johann Amos Comenius 1628 nach Großpolen einwanderten, wo ihnen Graf Rafał Leszczyński in Lissa Zuflucht gewährte. Nachdem 1633 auch das Archiv und die Druckerei der Brüderunität nach Lissa verlegt worden waren, bildete die Stadt für die nächsten Jahrzehnte ihr geistliches und geistiges Zentrum. Anfang der dreißiger Jahre des 17. Jahrhunderts kam es dann zu einer Massenflucht schlesischer Protestanten über die polnische Grenze. Aus Guhrau flohen fast sämtliche Einwohner, insgesamt 4000 Personen einschließlich des Bürgermeisters, die sich nahezu geschlossen in dem nur zwanzig Kilometer entfernten Lissa ansiedelten. In vielen polnischen Städten nahe der schlesischen Grenze entstanden neue Stadtteile, sogenannte Neustädte, für die Zuwanderer, so in Kobylin, Adelnau, Fraustadt oder Zduny.

Die Glaubensflüchtlinge, welche zumeist dem Tuchmacherhandwerk angehörten, waren bei den polnischen Magnaten als Fachleute hoch willkommen, wie zahlreiche Aufrufe und Schutzversprechen an die schlesischen Protestanten zeigen. Ihre Anwerbung und Ansiedlung beschränkte sich dabei nicht auf das unmittelbar an Schlesien grenzende Großpolen. Kronstallmeister Erasmus Domaszewski siedelte 1631 Tuchmacher »aus Deutschland und Schlesien« bei seiner Stadt Łuków nördlich von Lublin an, und Fürst Boguslaw Radziwill rief 1645 schlesische Handwerker in das östlich von Warschau gelegene Wengrów.

Mitunter entstanden durch die schlesische Einwanderung nicht nur neue Stadtteile älterer Städte, sondern völlig neue, selbständige Städte wie Rawitsch, Schwersenz bei Posen, Schlichtingsheim auf dem Besitz des Fraustädter Landrichters Johann Georg Schlichting oder das nach seinem Gründer Christoph von Unruh benannte Unruhstadt. In Kleinpolen gründeten unmittelbar jenseits der Grenze zum habsburgischen Bielitz deutsche Tuchmacher die Siedlung Biala, die aber erst 1723 Stadtrecht erhielt.

Die unkoordinierten Initiativen der adligen Grundherren hatten eine ungewöhnlich starke und wirtschaftlich bedenkliche Städteballung im westlichen Großpolen zur Folge. Häufig nur durch die Grenze zweier Grundherrschaften getrennt, ermöglichte allein der Fernhandel den kleineren Tuchmacherstädten das Überleben. Die hohe technische Qualität der schlesischen Tucherzeugung konnte sich rasch auf dem polnischen Markt gegen die anfänglich starke englische Konkurrenz durchsetzen, vor allem nachdem 1650 ein königliches Privileg die meisten Tuchmacherstädte von allen Binnenzöllen befreit hatte. Ein Danziger Bericht aus diesem Jahr erklärt den Rückgang der englischen Tucheinfuhr in die Stadt damit, daß »die Laken zu Frauestadt, Polnischen Lüsse [Lissa] und anderen Orten der Krone von den Tuchmachern, die sich seit jüngst verflossenem deutschen Kriege daselbst gesetzet, von Tage zu Tage besser gemacht und wohlfeiler verkauft werden«.

Den Städten wurde bei ihrer Gründung das Magdeburger Recht verliehen, wobei gegenüber dem Mittelalter die Selbstverwaltung deutlich eingeschränkt war. Der Grundherr behielt entscheidenden Einfluß auf das Stadtregiment und bestimmte Bürgermeister, Rat und Gerichtsvogt. Das handwerkliche Leben war in Zünfte gegliedert, deren Zunftordnungen teils von älteren polnischen Orten übernommen, teils aus den schlesischen Herkunftsorten mitgebracht worden waren. Im Falle der Neugründung Rawitsch etwa wurden die Ordnungen der Leineweber, Schmiede, Schuster und Tuchbereiter aus dem polnischen Fraustadt, die der Bäcker und Fleischer aus Breslau, die der Kürschner, Schneider und Töpfer aus Herrnstadt und die Satzung der Töpfer aus Löwenberg übernommen. Den stärksten Anteil stellten die Tuchmacher, in Rawitsch übten 48 Prozent aller Erwerbstatigen dieses Handwerk aus.

Die neuangelegten Städte erhielten wiederum einen schachbrettartigen Grundriß mit rechteckigem Marktplatz. Die Häuserfronten am Markt waren mit Lauben versehen, die einen durchgehenden überdachten Gang bildeten, wo die Handwerker ihre Waren feilboten. In der Stadt im Südwesten des Posener Landes hat sich diese Laubenarchitekturdes Marktplatzes bis heute erhalten. Im Unterschied zu den mittelalterlichen Städten nahm aber nun, entsprechend der Bedeutung des religiösen Bekenntnisses für die Einwohner, anstelle des Rathauses nicht selten die evangelische Kirche den zentralen Platz in der Mitte des Marktes ein.

Nach der schwedischen Besetzung Polens zwischen 1655 und 1660 ging die deutsche Einwanderung aus Schlesien zurück. Ein Grund dafür war die sich im Kampf gegen

Die Adelsrepublik Polen 1648

die protestantischen Schweden festigende Gleichsetzung von »polnisch« und »katholisch«, die zu wachsender Unduldsamkeit gegenüber den Protestanten in Polen führte. Ganz zum Erliegen kam die religiös motivierte Einwanderung zeitweise im 18. Jahrhundert, als sich die Lage der Protestanten in Schlesien wieder verbesserte, in Polen dagegen immer schlechter wurde.

Der Bevölkerungszuwachs, den Polen durch die Einwanderung der deutschen Protestanten erfuhr, war bedeutend. Lissa, im Jahre 1580 ein Ort mit höchstens 500 Einwohnern, zählte vor der Zerstörung im Schwedenkrieg 1656 rund 12 000 Einwohner. Das ganz neu gegründete Rawitsch hatte im Jahre 1648, als die Zuwanderung noch nicht abgeschlossen war, bereits etwa 4000 Einwohner. In die Neustädte von Fraustadt, Bojanowo und Zduny waren jeweils etwa 2000 Deutsche zugewandert. Der Gesamtumfang der schlesischen Einwanderung im 17. Jahrhundert wird für Polen auf fast 30 000 Personen geschätzt.[119]

NIEDERGANG IN DER ZEIT DER »BLUTIGEN SINTFLUT«

Der durch Getreide- und Viehexport wachsende Wohlstand des Landes konnte unter Wladyslaw IV. (1632–1648), der nach dem Tode seines Vaters 1632 ohne Gegenkandidaten und einstimmig gewählt wurde, weiter gefestigt werden. Ein russischer Angriff wurde 1633 zurückgeschlagen, und in einem 1634 geschlossenen »ewigen« Frieden die bestehende polnisch-russische Grenze bestätigt. Nach Zahlung einer beträchtlichen Entschädigung gab Wladyslaw seine Moskauer Thronansprüche auf, worauf beide Seiten sich gegenseitige Unterstützung zusicherten. Gestützt auf dieses Bündnis konnte Wladyslaw im selben Jahr mit dem Osmanischen Reich einen neuen Vertrag schließen, durch den ein drohender polnisch-türkischer Krieg zunächst vermieden wurde.

Gegenüber Schweden schien sich nach dem Tod Gustav Adolfs im Jahre 1632 bei Lützen eine Gelegenheit zu bieten, Wladyslaws Thronansprüche durchzusetzen oder zumindest die verlorenen Gebiete zurückzugewinnen. Aber dem König waren durch Szlachta und Sejm, welche die Steuern für die Kriegsvorbereitung verweigerten, die Hände gebunden. Aufgrund des Waffenstillstandes von Stuhmsdorf 1635 mußte Schweden zwar das besetzte Königliche Preußen räumen, konnte aber Livland behaupten.

Auch auf einen zusammen mit Moskau für 1646 geplanten großen Türkenfeldzug mußte Wladyslaw aufgrund des starken Widerstands von Szlachta und Sejm verzichten. Trotz dieser Rückschläge schien das Doppelreich 1648, im letzten Jahr des Dreißigjährigen Krieges, im Vergleich zu seinen Nachbarn in einer günstigen Lage und mächtigen Position. Um so härter wurde es durch die schweren inneren und äußeren Kämpfe erschüttert, in welche das Land nach dem Tode Wladyslaws verwickelt wurde. Sie gingen in die polnische Geschichte als die Kriege der »blutigen Sintflut« ein.

Es war dies zunächst der Kosakenaufstand unter Bohdan Chmielnicki. Als Kosaken wurde eine Bevölkerungsgruppe in den unter Moskauer beziehungsweise polnisch-litauischem Einfluß stehenden Steppengebieten nördlich des Schwarzen Meeres bezeichnet. Ihren Kern bildeten zur Verteidigung gegen die Tataren eingesetzte Reitertruppen, welche Kampfes- und Lebensweise von ihren Gegnern übernommen hatten.

In den Gebieten beiderseits des unteren Dnjepr hatten sich seit dem Ende des 16. Jahrhunderts zwei unterschiedliche Kosakenverbände entwickelt. Die nur rund 6000 Mann umfassenden »Registerkosaken« (weil sie in einem Register erfaßt wurden) standen seit der Zeit Stefan Báthorys in polnischem Sold, während die wesentlich zahlreicheren Zaporoger Kosaken (*za porogami* – jenseits der Stromschnellen) eine unabhängige, frauenlose Kriegergemeinschaft darstellten, deren Zentrum sich auf der Dnjeprinsel Sitsch befand. Die »schwarze Masse« (*Čern*) der Bevölkerung dieser Gebiete »an der Grenze« (= *Ukraina*) schließlich, aus der sich die Kosaken rekrutierten, bestand zum großen Teil aus entlaufenen Bauern. Befürchtungen dieser überwiegend ukrainischen und orthodoxen Čern, durch die Ausweitung und Intensivierung des polnischen Großgrundbesitzes ihre Freiheit wieder zu verlieren, schufen zusammen mit dem sozialen und konfessionellen Antagonismus gegen die polnischen und katholischen Magnaten und ihre häufig jüdischen Verwalter ein hochexplosives Konfliktpotential. Als schließlich die Hoffnungen der Kosaken auf den von Wladyslaw IV. versprochenen Türkenkreuzzug und die damit verbundenen Beutemöglichkeiten enttäuscht wurden, löste dies im Jahre 1648 einen gewaltigen Aufstand gegen die polnische Herrschaft aus.

Die Führung der Aufständischen übernahm der aufgrund eines ihm zugefügten Unrechts zu den Zaporoger Kosaken übergetretene und von ihnen zum »Ataman« (Anführer) gewählte polnische Kleinadlige Bohdan Chmielnicki. Er konnte ein gegen ihn aufgestelltes polnisches Heer vernichten und in kurzer Zeit die Wojewodschaften Kiew, Braclaw und Podolien erobern. Unter dem Eindruck dieser Katastrophe wählte der polnische Reichstag im November 1648 den ältesten Stiefbruder des verstorbenen Wladyslaw, Johann Kasimir, der bereits eine illustre Karriere als kaiserlicher Oberst, spanischer Admiral, Jesuit und Kardinal hinter sich hatte, zum neuen König (1648–1668).

Nach anfänglichen Erfolgen der Kosaken gegen den militärisch unfähigen König, der die weitgehende Autonomie Chmielnickis in den drei südöstlichen Wojewodschaften anerkennen und der Aufstockung der Registerkosaken auf 40 000 Mann zustimmen mußte, brachten erst Chmielnickis ehrgeizige Pläne, eine eigene Herrschaft in der Ukraine aufzubauen und seinem Sohn die Thronfolge in der Moldau zu sichern, vor allem aber sein bei der orthodoxen Bevölkerung sehr unpopuläres Bündnis mit den Türken eine Wende. Nachdem im Jahre 1651 ein Bauernaufstand im Karpatenvorland, den er unterstützt hatte, vom Krakauer Bischof rasch niedergeschlagen werden konnte und die Kosaken bei Beresteczko eine Niederlage gegen polnische Truppen erlitten, konnte sich Chmielnicki schließlich nur in der Wojewodschaft Kiew behaupten.

Die enttäuschten Kosaken suchten nun Rückhalt beim russischen Zaren, der sie im Vertrag von Perejaslawl 1654 unter seinen Schutz stellte. Damit hatte sich der Kosakenaufstand zum Polnisch-Russischen Krieg ausgeweitet, auf den Polen gänzlich unvorbereitet war. Russische Armeen konnten deshalb fast kampflos Smolensk, Polock, Minsk, Dünaburg und sogar Wilna besetzen. Auch durch einen polnischen Sieg über Russen und Kosaken bei Ochmatow Anfang 1655 wurden diese großen Gebietsverluste nicht mehr rückgängig gemacht.

Um das Unglück für Polen vollkommen zu machen, ergriff nun auch Schweden die Chance, seinen Rivalen um die Herrschaft über die östliche Ostsee auszuschalten. Im Sommer 1655 marschierten schwedische Truppen, ohne auf Widerstand zu treffen, in Polen und Litauen ein, wo sie bei einem Teil der protestantischen Magnaten Unterstützung fanden und mit Ausnahme von Danzig und Lemberg fast das ganze Land besetzen konnten. Auf diesen beispiellosen schwedischen Siegeszug folgte allerdings ebenso schnell ein Umschwung, da die schwedischen Kräfte mit der Besetzung des ganzen Landes überfordert waren. Die erfolgreiche polnische Verteidigung des Klosters Jasna Góra bei Tschenstochau Ende 1655, bald als wundertätiges Eingreifen der Mutter Gottes verklärt, hatte vor allem eine große moralische Wirkung. Das brutale Verhalten der Schweden gegenüber der katholischen Bevölkerung und die schwedische Privilegierung der polnischen Protestanten gaben dem Widerstand gegen die Besatzungsmacht eine religiöse Komponente. Der König förderte dies geschickt durch die Ausrufung der Mutter Gottes zur »Königin Polens«.

Das konfessionelle Klima wurde nun unduldsamer. Nach dem Abzug der Schweden kam es zu zahlreichen Ausschreitungen gegen die einheimischen Protestanten und zur Zerstörung ihrer Gotteshäuser, ja ganzer protestantisch geprägter Städte wie beispielsweise Lissa. Im Jahre 1658 mußten aufgrund eines Sejmbeschlusses die bei den Katholiken wie den übrigen Protestanten gleich verhaßten Arianer, die sogenannten Polnischen Brüder, das Land verlassen. Der dadurch verursachte geistig-kulturelle Verlust für Polen war groß. Die zunehmende Fremdenfeindlichkeit der Szlachta trug zu jener Zeit trotz manchen nationalen Beigeschmacks aber noch in erster Linie konfessionelle Züge und führte zur Verfestigung der Gleichsetzung von polnisch und katholisch.

Der Kampf gegen die Schweden bestand zunächst vor allem in einem erfolgreichen Kleinkrieg des polnischen Feldherrn Czarniecki im Südosten des Landes, der äußerst effektiv Operationen regulärer Truppenverbände mit Partisanenaktionen verband. Nachdem Polen ein Bündnis mit dem Khan der Krimtataren und Schweden ein solches mit dem Kurfürsten von Brandenburg geschlossen hatte, weitete sich der Konflikt endgültig zum Nordischen Krieg aus, der erst 1660 mit dem Frieden von Oliva beendet werden sollte. Dieser beließ den größten Teil Livlands in schwedischer Hand, nur Kurland blieb polnisches Lehnsherzogtum. Johann Kasimir verzichtete auf seine – längst bedeutungslosen – schwedischen Thronansprüche, erhielt aber das wertvolle Königliche Preußen zurück. Brandenburg wurde die schon 1657 erlangte weitgehende Souveränität im Herzoglichen Preußen bestätigt. Das wichtigste Resultat des Friedens war jedoch, daß Polen die Auseinandersetzung mit Schweden um die Vorherrschaft an der südlichen und östlichen Ostsee endgültig verloren hatte. Johann Kasimir hatte nun allerdings den Rücken frei für den Kampf gegen Moskau, dem in den folgenden Jahren große litauische Gebiete wieder entrissen werden konnten.

Die polnische Armee war aus den jahrelangen Kämpfen als höchst schlagkräftiges Instrument hervorgegangen. Diese militärische Überlegenheit konnte allerdings auf-

Der Stich des deutschen Kupferstechers G. Bodenähr zeigt die Belagerung des Klosters auf dem Klaren Berg in Tschenstochau durch die Schweden 1655, dessen Rettung der Einwirkung der Jungfrau Maria zugeschrieben wurde. Das im Kloster aufbewahrte Gnadenbild der Mutter Gottes, der »Schwarzen Madonna« von Tschenstochau, war bereits seit dem 14. Jahrhundert Ziel unzähliger Pilgerfahrten. Nach seiner Beschädigung bei einem Hussitenüberfall 1430 ließ König Wladyslaw Jagiello es restaurieren, und seit 1673 wird es durch eine Silberverkleidung geschützt. Im Jahre 1717 wurde die »Schwarze Madonna« zur Königin Polens ausgerufen. Das Kloster ist der bedeutendste katholische Wallfahrtsort Polens.

grund zunehmender innerpolnischer Schwierigkeiten nicht vollständig ausgespielt werden. Der bald darauf im Jahre 1667 geschlossene Friede von Andrussowo mit Moskau war Ausdruck und Ergebnis dieser inneren polnischen Krise. Die Adelsrepublik verlor das Gebiet um Smolensk, Sewerien und Tschernigow, Kiew und die ukrainischen Gebiete links des Dnjepr und damit auch ihre bisherige Vormachtstellung im Osten.

Gravierender als die machtpolitischen und territorialen Einbußen dieser Jahrzehnte der »Sintflut« war allerdings der ungeheure Bevölkerungsverlust von mehr als der Hälfte der Einwohner des Doppelreiches. Schuld daran waren weniger die reinen Kriegshandlungen als vielmehr die Massaker von Kosaken, Schweden, Russen und Tataren. Allein in dem von Kosakenaufständen verwüsteten südöstlichen Polen wurden mindestens 400 000 Menschen ermordet, Angehörige der katholischen Zivilbevölkerung aller Schichten, des Adels, des städtischen Bürgertums und Freibauern. Dazu kamen mehr als 100 000 getötete Juden alleine in diesem Gebiet.[120]

Von der ukrainischen Historiographie werden die Kosakenaufstände und die damit verbundenen blutigen Kämpfe ganz überwiegend national als ukrainischer Freiheitskampf gegen die polnische Unterdrückung interpretiert. Dabei wird übersehen, daß hier soziale Motive eine, wenn nicht *die* entscheidende Rolle spielten. Polen hatte es versäumt, die Kosaken, speziell die Registerkosaken, sozial durch rechtliche Gleichstellung mit dem polnischen Adel zu assimilieren. Die große Mehrheit der Kosaken war ethnisch zweifellos ukrainisch, dasselbe galt aber auch für die meisten dortigen Adels- und Magnatenfamilien, die Wojewoden, Starosten und Heerführer, gegen die sich die Aufstände richteten. Gerade die Kosakenaufstände sind ein gutes Beispiel für die Verknüpfung sozialer, konfessioneller, nationaler und politischer Gegensätze, denn an ihnen beteiligten sich ukrainische Bauern, der die kirchliche Union von 1595 bekämpfende orthodoxe Klerus sowie gekränkte polnische Adlige wie Chmielnicki, die eine Führungsrolle spielten.

Ein Faktor, welcher auf die Entwicklung eines stärkeren Nationalismus in der Adelsrepublik lange Zeit hemmend gewirkt hatte, war der bereits genannte ausgeprägte Territorialismus, der bis zu den Teilungen nicht durch einen Zentralismus abgelöst wurde. Das Jagiellonenreich war als Personalunion entstanden und wurde später durch den Anschluß einzelner Territorien unter Wahrung ihrer historischen Eigenart erweitert, wie dies im Falle des Königlichen Preußen oder Livlands geschah. In diesem komplizierten Staatsgebilde war das rein polnische Masowien nicht weniger um die Wahrung seiner Sonderrechte besorgt als Preußen, Livland, Litauen oder Reußen. Jedes noch so kleine Gebiet innerhalb des Reiches wollte nur einen wirklich Einheimischen als Würdenträger oder Beamten akzeptieren. Polnische Adelsfamilien, die in reußischen Gebieten ansässig wurden, wandelten sich zu überzeugten Vertretern der dortigen Regionalinteressen. Reußische Adlige, die nach Litauen zogen, betrachteten sich bald als Litauer, und rein litauische Fürstenhäuser, die nach Reußen kamen, zeigten sich schon in der zweiten oder dritten Generation als Vorkämpfer reußischer Interessen. Andererseits übten die unerhörten Rechte und Freiheiten des polnischen Adels auf den Adel der nichtpolnischen Nationalitäten eine solche Anziehungskraft aus, daß dahinter jeder nationale Unterschied zurücktrat und eine alles überspannende Interessengemeinschaft entstand. Dieser ungeheuer zahlreiche und keine Rangunterschiede anerkennende polnische Adel vertrat also einerseits den Territorialismus, verstand sich andererseits aber insgesamt als »die Nation«. Auf dieser Grundlage konnte verständlicherweise lange Zeit kein moderner Nationalismus wachsen.

Das ursprünglich als Ausdruck der Gleichberechtigung und Freiheit aller Adligen eingeführte Prinzip der Einstimmigkeit von Reichstagsbeschlüssen verwandelte sich durch einen Präzedenzfall im Jahre 1652 in einen Nagel zum Sarg der polnischen Adelsdemokratie. Weil durch den Widerspruch eines einzigen Adligen, durch das sogenannte *Liberum veto*, nicht nur der zur Entscheidung stehende Beschluß, sondern auch alle bereits früher gefaßten Beschlüsse des Reichstags unwirksam wurden, lähmte sich die Adelsdemokratie selbst und gab künftig in- wie ausländischen Interessenten eine wirksame Möglichkeit, durch Bestechung nur eines Landboten unliebsame Entscheidungen zu verhindern. Versuche des Königs, die Durchsetzung des Mehrheitsprinzips zu erreichen, waren erfolglos. Der Adel stellte seine goldene Freiheit, welche er im *Liberum veto* verkörpert sah, über das Wohl des Landes.

Johann Kasimir, durch die inneren und äußeren Niederlagen zermürbt, verzichtete am 16. September 1668 auf den Thron. In dem nun folgenden Interregnum setzte die Szlachta auf einen einheimischen Nachfolger und wählte den litauischen Magnaten Michael Wiśniowiecki, der eine entfernte piastische Abstammung nachweisen konnte, im Jahre 1669 zum neuen König. Wiśniowiecki, der 1670 die Schwester Kaiser Leopolds I. geheiratet hatte, sah sich bald im Südosten von den Türken bedroht, die im Jahre 1672 die Festung Kamieniec in Podolien erobert hatten und weiter auf Lemberg und Lublin vorstießen.

Da der Reichstag durch ein adliges Veto an der Bewilligung einer Kriegssteuer gehindert war, sah sich der König im Vertrag von Buczacz 1672 gezwungen, kampflos der Abtretung der Wojewodschaften Braclaw und Podolien, der türkischen Oberherrschaft über die Ukraina und der Verpflichtung zur Zahlung eines Jahrestributs von 22 000 Dukaten an den Sultan zuzustimmen. Diese Demütigung, durch welche Polen praktisch zu einem osmanischen Vasallen geworden war, brachte den Reichstag aber endlich zur Besinnung. Durch großzügige Bewilligungen ermöglichte er die Aufstellung neuer Truppen. Dem anstelle des schwer erkrankten Königs mit der Kriegführung betrauten Krongroßhetman Jan Sobieski gelang es daraufhin, 1673 einen glänzenden Sieg über die türkische Armee bei Chocim zu erringen. Durch den Tod des Königs am Vortag der Schlacht, der zu einem alle Staatsgeschäfte lähmenden Interregnum führte, konnte der Sieg zwar nicht ausgenutzt werden, er half aber dem dadurch populär gewordenen Sobieski, 1674 als Jan III. (1674–1696) die Krone Polens zu erringen.

JAN III. SOBIESKI UND DER TÜRKENKRIEG

Der neue König betrieb eine sehr energische, flexible und ambitionierte Außenpolitik, um für Polen die in der Vergangenheit verlorenen Gebiete im Westen wie im Osten wiederzugewinnen. Nachdem er durch eine erfolgreiche Kriegführung im Südosten 1676 einen Waffenstillstand mit den Türken erreicht hatte, der die polnische Tributpflicht beendete, konnte er auch den größten Teil der Ukraina wiedererlangen. Podolien blieb aber türkisch. Da Polen durch einen im selben Jahr ausbrechenden russisch-türkischen Krieg an seiner Ostgrenze entlastet wurde, konnte Sobieski hoffen, im Westen mit Unterstützung Frankreichs und Schwedens seine weitgespannten Pläne verwirklichen zu können. Diese sahen vor, den Brandenburgern das Herzogliche Preußen zu entreißen und dort eine erbliche Herrschaft seiner Familie zu begründen. Mit dieser Hausmacht hätte Sobieski auch eine Reichsreform angehen können. Durch Beseitigung des *Liberum veto* und Stärkung der königlichen Macht wollte er eine Modernisierung des Staates entsprechend den gesamteuropäischen Tendenzen erreichen. Selbst Pläne zur Rückgewinnung Schlesiens, das seit 1526/27 zum Haus Habsburg gehörte, schienen im Bündnis mit Frankreich realistisch zu sein.

Die hochfliegenden Absichten Sobieskis wurden allerdings durch das Umschwenken der Politik Frankreichs vereitelt, das sich 1679 mit Brandenburg verständigte. Entscheidend für die daraufhin vorgenommene Wende in der Bündnispolitik Sobieskis war aber die aggressive Politik des Osmanischen Reiches. Dieses bedrohte mit seiner Einflußnahme in Ungarn nicht nur die habsburgischen, sondern auch die polnischen Lebensinteressen. Die Türken unterstützten nämlich in Ungarn die gegen die österreichische Herrschaft kämpfenden Kuruzzen unter Imre Tököly, dessen Operationsgebiet sich bis nach Mähren, also in die unmittelbare Nachbarschaft Kleinpolens, erstreckte. Nachdem Kaiser Leopold I., der sich im Westen der Angriffe Ludwigs XIV. erwehren mußte, im Jahre 1681 durch einen Waffenstillstand mit den Türken und Tököly die drohende Gefahr eines Zweifrontenkrieges für zwei Jahre hatte bannen können, betrieb Sobieski mit Nachdruck Koalitionsverhandlungen mit Österreich. Die Allianz wurde im März 1683 vom polnischen Reichstag unter dem Eindruck eines türkischen Aufmarsches verabschiedet. Als die Türken auf Wien vorrückten, setzte sich auch Sobieski mit einem polnischen Heer nach Österreich in Marsch. Dort wurde dem polnischen König der Oberbefehl über das vereinigte Entsatzheer für das belagerte Wien übertragen. Unter seiner Führung gelang am 12. September 1683 der große Sieg über das türkische Heer unter Großwesir Kara Mustafa, der Sobieski internationalen Ruhm einbrachte.[121]

Der tatsächliche militärische und politische Gewinn dieses Sieges wie auch der weiteren Kämpfe gegen das Osmanische Reich in den folgenden Jahren fiel aber nicht Polen, sondern Österreich und Rußland zu. Letzteres konnte in einem Friedensvertrag 1686 von Polen sogar die Aufgabe aller Rechtsansprüche auf die schon im Waffenstillstand von Andrussowo 1667 abgetretenen östlichen Territorien mit Kiew und das Gebiet der Zaporoger Kosaken erwirken. Der einzige Erfolg der Türkenkriege war für Polen die Wiedergewinnung von Podolien und des türkischen Teils der Ukraina mit dem Frieden von Karlowitz 1699.

Die militärische Kraftanstrengung hatte aber die polnischen Finanzen ruiniert, da in den Jahren 1668 bis 1696 neun Zehntel der Staatseinkünfte für die Kriegführung ausgegeben werden mußten. Dabei ist jedoch zu berücksichtigen, daß der Adel, immerhin ein Zehntel der Bevölkerung, der auch den einträglichen Getreidehandel kontrollierte, von Steuern und Abgaben weitgehend befreit blieb. Die Magnaten, deren Besitz den des Königs in einigen Fällen beträchtlich überstieg, betrieben eine rücksichtlose Interessenpolitik, die nicht im geringsten am Wohl des Gesamtstaates orientiert war.

Es kam zu einem kulturellen Niedergang des Landes, woran auch einige künstlerische Aktivitäten des Königs nichts änderten. Er ließ in Warschau Schloß Wilanów als königlichen Besitz errichten und zog ausländische Architekten für weitere Bauten heran. Neben bedeutenden italienischen Baumeistern verdienen dabei Tylman van Gameren und Andreas Schlüter Erwähnung. Ersterer war an der Errichtung des Krasiński-Palais und des Schlößchens Łazienki beteiligt und starb in Warschau im Jahre 1706. Andreas Schlüter kam im Jahre 1689 von Danzig in die polnische Hauptstadt und blieb dort bis 1693. Durch die von ihm geschaffenen Steinreliefs im Giebel des Krasiński-Palais bekannt geworden, erhielt er den Ruf als Hofbildhauer nach Berlin.

Sobieski war in den von schwerer Krankheit gezeichneten letzten Jahren vor seinem Tod 1696 vorwiegend damit beschäftigt, die Zukunft seiner Familie durch Heiratsverbindungen und eine Nachfolgeregelung abzusichern. Aber auch er scheiterte am Widerstand der Szlachta. Seine Kinder hatten bei der Königswahl im Jahre 1697 keine Chance, da der Adel die Entstehung einer Dynastie auf jeden Fall verhindern wollte. Von den zehn Kandidaten bekam mit Hilfe großzügiger französischer Bestechungsgelder Prinz François Louis de Conti am ersten Wahltag die meisten Stimmen. Überraschend konnte jedoch am zweiten Wahltag der sächsische Kurfürst Friedrich August aus dem Hause Wettin, der erst kurz zuvor zum Katholizismus konvertiert war, durch noch größeren finanziellen Einsatz die Hälfte der Stimmen auf sich vereinen. Aus der Doppelwahl ging der Kurfürst schließlich als Sieger hervor, da er sich unverzüglich nach Polen begab und in Krakau als August II. (1697–1733) krönen ließ. Conti fand dagegen im Land nur wenig Unterstützung und resignierte.[122]

ZWEI SÄCHSISCHE KURFÜRSTEN AUF DEM POLNISCHEN THRON

August II. mußte auch als polnischer Wahlkönig sein erbliches Kurfürstentum Sachsen nicht aufgeben. Der polnische Adel versprach sich nämlich von der Personalunion mit dem industriell weiter entwickelten Sachsen trotz fehlender Landverbindung beider Staaten ökonomische Vorteile. Der König machte sich jedoch alsbald durch absolutistische Neigungen und das offensichtliche Bestreben, Polen in eine sächsische Erbmonarchie zu verwandeln, in weiten Kreisen des Landes sehr unbeliebt. Außenpolitisch konnte er schon kurz nach seiner Wahl mit dem Frieden von Karlowitz 1689 einen

Warschau, vom Stadtteil Praga aus gesehen, Gemälde von Canaletto
Warschau stand in der Sachsenzeit dank der von König, Adel und Bürgertum errichteten Bauten der sächsischen Residenz Dresden an Pracht kaum nach. Der Hofmaler Bernardo Bellotto, genannt Canaletto, hat in seinen Bildern die Atmosphäre des »sächsisch-barocken« Warschau eingefangen. Seine detailgenauen Bilder dienten nach der deutschen Zerstörung der Stadt 1944 in der Nachkriegszeit als Vorlage für den Wiederaufbau.

großen Erfolg verbuchen, als er von der Türkei Podolien mit der Festung Kamieniec und einen Teil der Ukraina wiedererlangte, erntete damit allerdings nur die Früchte von Sobieskis Siegen. Seine Ambitionen richteten sich nun auf die Eroberung von Livland, allerdings nicht für die Republik, sondern für das Haus Wettin. Dieses Ziel suchte er durch eine 1699 geschlossene Allianz mit König Friedrich IV. von Dänemark und Zar Peter I. gegen Schweden zu erreichen.

Die Gelegenheit schien günstig, da man in dem 1699 erst siebzehn Jahre alten schwedischen König Karl XII. keinen ernst zu nehmenden Gegner vermutete. Dies erwies sich jedoch als verhängnisvolle Fehleinschätzung. Während die sächsische Armee anderthalb Jahre vergeblich versuchte, Riga und größere Teile Livlands zu erobern, konnte Karl XII. im Jahre 1700 in einem überraschenden Feldzug zunächst Dänemark zum Frieden von Travendal zwingen, dann unverzüglich seine Armee nach Livland übersetzen und die Truppen Zar Peters I. bei Narwa so vernichtend schlagen, daß dieser zunächst keine Gefahr mehr für ihn darstellte.

Nun wandte sich der junge König gegen August II., den er mit geradezu fanatischem Haß verfolgte. Im Jahre 1701 erlitten die sächsischen Truppen bei Riga die Niederlage. Karl XII. besetzte das polnische Lehnsherzogtum Kurland und übermittelte dem polnischen Reichstag, der ihm bislang noch nicht den Krieg erklärt hatte, seine Forderung nach bedingungsloser Abdankung des Königs. Der Sejm lehnte dies jedoch trotz der Vermittlung einiger proschwedischer Magnaten als ehrenrührig ab. Karl XII. reagierte darauf im Jahre 1702 mit dem Einmarsch in Litauen, wo ihm, ebenso wie beim anschließenden Vorrücken auf Warschau, kein Widerstand geleistet wurde. Erst kurz vor Krakau stellte sich das sächsisch-polnische Heer am 19. Juli 1702 bei Kliszow, verlor aber die Schlacht, weil die polnischen Truppen flohen.

Der junge Schwedenkönig verspielte jedoch seine militärischen Erfolge, indem er weiterhin auf der Abdankung des Königs bestand, was für die meisten polnischen Adligen eine unannehmbare Bedingung war. Hinzu kam die brutale schwedische Ausplünderung des Landes, wodurch die Anhängerschaft Augusts II. in Polen, dessen Krone er zu jener Zeit praktisch nur dem Namen nach trug, wieder wuchs. Wie schon 1655/56 machte auch jetzt ein polnischer Guerillakrieg der schwedischen Besatzung schwer zu schaffen, die sich nur in Großpolen und dem Königlichen Preußen eine sichere Basis erwerben konnte.

In Großpolen war August eine starke Adelsopposition unter dem Magnatengeschlecht der Leszczyński erwachsen, die sich durch Augusts Abmachungen mit Brandenburg hintergangen fühlten. Die Bemühungen Augusts, Brandenburg als Bundesgenossen für den Krieg gegen Schweden zu gewinnen, hatten ihn 1699 den Wunsch des Kurfürsten Friedrich III. nach dem Erwerb einer Königskrone für die Hohenzollern akzeptieren lassen. Dies war nur in dem außerhalb des Heiligen Römischen Reiches liegenden Herzoglichen Preußen möglich, in dem Polen jedoch auch nach dem Frieden von Oliva noch bestimmte Rechte besaß. So waren die brandenburgischen Kurfürsten für ihr preußisches Gebiet zur Kriegsfolge an Polen verpflichtet und mußten in einem besonderen Eid, dem *homagium eventuale*, das Recht des Heimfalls an die polnische

Krone beschwören. Friedrich III. verpflichtete sich 1700 in den Köllner Reversalien gegenüber August, diese polnischen Rechte auch nach der Annahme der Königskrone zu respektieren. August II. stimmte daraufhin, allerdings ohne Wissen des polnischen Reichstags, der Krönung Friedrichs III. zum König in Preußen zu, die am 18. Januar 1701 in Königsberg erfolgte. Der hintergangene polnische Reichstag verweigerte bis zum Ende der Adelsrepublik dieser Krönung seine Anerkennung.

Aber auch Karl XII. kam nicht weiter. Die mit Unterstützung einiger Magnaten erreichte Generalkonföderation von Warschau 1704 brachte keine Entscheidung zu seinen Gunsten. Zwar erklärte sie August II. für abgesetzt und wählte den von Karl favorisierten Wojewoden von Großpolen, Stanislaw Leszczyński, zum neuen König. Leszczyński wurde aber zu Recht als bloße Marionette des Schwedenkönigs angesehen und durch dessen rigorose Besatzungspolitik in den Augen der Szlachta diskreditiert.

August II. wiederum schloß auch im Namen Polens ein Bündnis mit dem Zaren, das russische Truppen als Verbündete ins Land brachte und Peter I. für die Zukunft die Möglichkeit gab, russischen Einfluß in Polen durchzusetzen.

Zunächst ging jedoch der Siegeszug des Schwedenkönigs weiter, der einen Vernichtungsfeldzug gegen die russischen Truppen bis nach Wolhynien führte, um anschließend August II. in seinem sächsischen Stammland zu bekämpfen. Im Frieden von Altranstädt zwang er am 24. September 1706 August II., die polnische Krone niederzulegen, allerdings durfte er den Königstitel behalten. Doch auch jetzt erlangte Karls Gegenkönig Stanislaw Leszczyński nicht die allgemeine Anerkennung in Polen. Seine Herrschaft reichte jeweils gerade so weit wie die Bajonette der schwedischen Besatzungsmacht. Karl hatte seine militärischen Siege nicht politisch umsetzen können, und so verließ ihn auch das Kriegsglück. Nach der entscheidenden Niederlage gegen die Russen bei Poltawa am 9. Juli 1709 mußten die schwedischen Truppen den Rückzug aus Polen antreten und Stanislaw Leszczyński das Land verlassen. August II. kehrte nach Polen zurück und widerrief seine Abdankung, konnte sich allerdings nur mit massiver russischer Hilfe durchsetzen.

Der russische Gesandte in Warschau wurde nun zur einflußreichsten Person bei Hofe. Livland, der Ausgangspunkt für Augusts II. kriegerische Abenteuer, stand unter russischer Herrschaft, und auch Kurland wurde, wenngleich formell noch polnisches Lehen, vom Zaren abhängig. Dieser große russische Einfluß in Polen bewog wiederum das Osmanische Reich, sich zum Schutzherrn der polnischen Unabhängigkeit zu erklären und 1710 einen Krieg mit Rußland zu beginnen. Nach einer schweren russischen Niederlage mußte der Zar sich 1711 und erneut 1713 im Frieden von Adrianopel verpflichten, seine Truppen aus Polen zurückzuziehen.

In Polen hatte August II. inzwischen seine Autorität in den Augen der Szlachta vollständig verspielt, indem er starke sächsische Truppen ins Land brachte, das für ihren Unterhalt aufkommen mußte, oppositionelle Adlige verhaften ließ und versuchte, die Erbfolge seines Hauses zu sichern. In den Jahren zwischen 1709 und 1713 verschlechterte sich die bedrückende Lage des Landes noch durch eine große Pestepidemie, welche die Bevölkerung ganzer Städte dahinraffte.

Die wachsende Unzufriedenheit der Bevölkerung suchte und fand einen Sündenbock in den »Dissidenten«. Die konfessionelle Radikalisierung und Intoleranz war auch durch die schwedische Besatzungspolitik und die damit verbundene Begünstigung der Protestanten gefördert worden. Ein prominentes Opfer des wachsenden Dissidentenhasses der Szlachta wurde der protestantische Graf Sigismund von Unruh (1676–1732), der als Starost von Gnesen und Deutsch Krone von August II. mit wichtigen diplomatischen Missionen, unter anderem zu Brandenburg-Preußen, beauftragt worden war. Man hatte dem Grafen sein Notizbuch gestohlen und darin den vermutlich aus einem Buch abgeschriebenen Satz gefunden: »... ob denn die ewige Wahrheit nur darum vom Himmel gekommen, um auf unserer Erde den Anlaß zu ständigen Irrungen, Kriegen, Streiten und Hass zu geben.« Diese Notiz führte 1716 zu seiner Verurteilung wegen Gotteslästerung durch das Krontribunal. Das Urteil bestimmte, daß ihm die Hand abgehauen und verbrannt, die Zunge aus dem Hals gerissen und dann der Kopf abgeschlagen werden sollte, und es belegt, daß konfessionelle Unduldsamkeit nunmehr an die Stelle der früheren Toleranz getreten war. Dem Verurteilten gelang jedoch die Flucht, und seine Brüder, wie er hohe polnische Würdenträger, erwirkten ein für ihn positives Rechtsgutachten der Pariser Sorbonne. Aufgrund dieses Gutachtens revidierte das Krontribunal sein früheres Urteil, und Sigismund von Unruh wurde rehabilitiert.

Die Familie von Unruh soll hier stellvertretend für andere deutsche Adelsfamilien in Polen, etwa die Goltzes oder die Wedells, näher betrachtet werden. Ein in Schlesien begüterter Christoph von Unruh, welcher 1597 den Grafen Ostroróg die Herrschaft Birnbaum im Posener Land abgekauft hatte, wurde zum Stammvater des polnischen Zweigs dieser Familie, die bald in mehreren Linien große Besitzungen im westlichen Polen besaß. Der Enkel des Stammvaters, Christoph (1624–1689), gehörte nach Studien in Holland zum Stab des polnischen Gesandten in Paris und nahm als solcher auch an den westfälischen Verhandlungen zum Abschluß des Dreißigjährigen Krieges teil. Er finanzierte und kommandierte ein eigenes Infanterieregiment, verwaltete die Starosteien Gnesen und Deutsch Krone und hatte das Amt eines Kapturlandrichters von Posen inne. Als einer der Führer des polnischen Protestantismus förderte er die Ansiedlung protestantischer Glaubensflüchtlinge und gründete eigens für diese den Ort Unruhstadt. König Johann Kasimir verlieh der Stadt das Magdeburger Recht und pries in seinem Privileg die Verdienste des Stadtgründers im Kampf gegen Tataren, Russen und Schweden. Über dessen Sohn Bogislaus (1661–1725) berichtet die Familienchronik: »Weil er ein gelehrter und verständiger Cavalier war, wäre er zu den höchsten Dignitäten des Königreichs gekommen, so er seinen Glauben hätte ändern wollen.«[123] Tatsächlich lehnte er mehrfach Angebote des Königs zur Übernahme einer der wichtigsten Wojewodschaften und Aufnahme in den polnischen Senat wegen des damit zwangsläufig verbundenen Konfessionswechsels ab. Bogislaus heiratete eine Gräfin Żychlińska, deren Großmutter, eine Gräfin Dönhoff, eine geborene Prinzessin von Liegnitz-Brieg und Hohenzollerntochter war.

Eine Nebenlinie der Unruhs auf Bauchwitz wurde 1781 katholisch und polonisierte sich auch in der Namensform zu Unrug. Angehörige dieser polnischen Unruhs fielen in

Nach Polen einwandernde deutsche Adelsfamilien wie die Schlichtings, Dönhoffs oder Unruhs nahmen teilweise höchste politische und militärische Positionen im Lande ein. In der Zeit der Gegenreformation blieben sie zumeist ihrem evangelischen Glauben treu und gewährten auf ihren Besitzungen verfolgten Protestanten Zuflucht. Die Grabschilder des Grafen Christoph von Unruh (1613–1680) befanden sich bis 1945 in der Kirche von Schweinert im westlichen Posener Land.

den polnischen Aufständen der Jahre 1848 und 1863. Einen Ehrenplatz in der polnischen Militärgeschichte nimmt schließlich der Admiral Józef von Unrug ein, dessen Vater übrigens preußischer Generalmajor gewesen war. Die Unruhs, von denen ein Teil generationenlang in polnischen, der andere Teil ebensolange in preußisch-deutschen Diensten stand, waren in dieser Beziehung typisch für den größten Teil ihrer in Polen lebenden deutschen Standesgenossen.

Als 1716 Gerüchte über angebliche Verhandlungen Augusts mit Brandenburg-Preußen zum Ziel einer Teilung Polens bekannt wurden, brach mit der Konföderation von Tarnogród ein Adelsaufstand gegen den König los. Dieser mußte sich erneut um Hilfe an den Zaren wenden, was wiederum den Einmarsch russischer Truppen in Polen bedeutete, die seither fast ständig im Lande blieben. Damit war endgültig die bewaffnete Schutzmachtfunktion Rußlands begründet, das künftig in allen Streitfragen der Republik die letzte Instanz bildete.

Russischer Druck zwang schließlich den König wie die Konföderierten zu Zugeständnissen. Im Warschauer Pazifikationstraktat vom 3. November 1716 versprach August II., die sächsischen Truppen bis auf 1200 Mann aus Polen abzuziehen, alle zwei Jahre einen Reichstag einzuberufen und sich der Aufsicht eines Senatorenkollegiums zu unterstellen. Der Adel mußte der Aufstellung des ersten stehenden Heeres in der Geschichte der Republik in Stärke von 24 000 Mann unter dem Oberbefehl des Königs, davon 18 000 in Polen und 6000 in Litauen, und dem Verbot der Konföderationen zustimmen. Auf Verlangen der radikalen katholischen Adligen bestimmte ein Zusatzartikel, daß alle nach 1632 erbauten protestantischen Kirchen zerstört werden sollten. Seine Annahme auf dem Reichstag am 1. Februar 1717 wurde durch die Anwesenheit russischer und sächsischer Truppen erzwungen, weshalb dieser Reichstag als »stumm« (ohne die Möglichkeit des Widerspruchs) bezeichnet wurde. Die russische Vorherrschaft in Polen konnte seither nicht mehr beseitigt werden. Zum einen sahen die polnischen Magnaten im Zaren ihren Verbündeten gegen absolutistische Bestrebungen des Königs, der seine Pläne zur Errichtung einer Erbmonarchie nicht aufgegeben hatte. Zum anderen hatte der Zar sich im Potsdamer Traktat 1720 mit Preußen verständigt, Reformen des polnischen Adelsstaates und insbesondere die Abschaffung des *Liberum veto*, das entscheidende Einflußmöglichkeiten bot, zu verhindern. Als August II. im Jahre 1733 starb, war die Adelsrepublik zum Spielball und Exerzierplatz ausländischer Interessen herabgesunken.

Dies zeigte sich bereits bei der folgenden Königswahl. Die polnischen Magnaten waren gegen die Thronfolge eines Wettiners und entschieden sich für den von Frankreich unterstützten Stanislaw Leszczyński, der am 12. September 1733 mit großer Mehrheit gewählt wurde. Ohne Rücksicht auf die Adelsnation hatten sich jedoch Rußland, Preußen und Österreich schon 1732 in einem als »Traktat der drei schwarzen Adler« bekanntgewordenen Vertrag auf einen »ungefährlicheren« Kandidaten, den portugiesischen Infanten Manuel, geeinigt. Mit dieser russisch-österreichisch-preußischen Allianz war eine entscheidende Weichenstellung für das künftige Schicksal Polens vollzogen worden. Die drei großen Nachbarmächte hatten sich grundsätzlich auf eine »negative Polen-Politik« verständigt, deren vorrangiges Ziel die Bewahrung und Verstärkung ihres entscheidenden Einflusses auf die inneren Angelegenheiten der Adelsrepublik war. Trotz aller bestehenden und künftigen Gegensätze zwischen den drei Mächten blieb diese Interessengemeinschaft seither ein konstanter Faktor der europäischen Politik. Jeder Versuch der Adelsrepublik, ihre Souveränität wiederherzustellen, führte die großen Nachbarn in Abwehr dieser Bestrebungen zu gemeinsamen Gegenmaßnahmen zusammen.

Im Jahre 1733 mußten die drei Mächte jedoch zunächst die Chancenlosigkeit ihres portugiesischen Kandidaten gegenüber Leszczyński erkennen. Obwohl sie anfangs gegen einen zweiten Wettiner auf Polens Thron gewesen waren, fanden sie sich nun mit der Nachfolge des neuen sächsischen Kurfürsten August ab und setzten am 5. Oktober 1733 dessen Wahl und Krönung mit Hilfe russischer Truppen durch. König Ludwig XV. von Frankreich erklärte daraufhin zwar Kaiser und Zar den Krieg, und es wurde auch eine polnische Adelskonföderation zugunsten Leszczyńskis gebildet. Die russische Übermacht im nun folgenden Polnischen Thronfolgekrieg erzwang jedoch schließlich den Frieden von Wien, in welchem August III. (1733–1763) als König von Polen anerkannt wurde. Stanislaw Leszczyński, der erst 1736 formell auf den polnischen Thron verzichtete, erhielt als Entschädigung das Herzogtum Lothringen, in welchem er noch dreißig Jahre als »Roi Stanislas« regieren sollte.

August III., der zweite Deutsche als König von Polen, zeigte an politischen Fragen kein großes Interesse. Auch um seine polnischen Untertanen kümmerte er sich wenig, war aber dennoch beim Adel recht beliebt. Dazu trugen der wirtschaftliche Aufschwung des Landes und die Friedensperiode bei, die sich wohltuend von den kriegerischen Verwicklungen unter August II. unterschied. Die Magnaten führten auf ihren Besitzungen ein bequemes Leben, das mit der Devise: »Unter dem König der Sachsenzeit iß, trink und mach' den Gürtel weit« (*za króla Sasa jedz, pij i popuszczaj pasa*) sprichwörtlich wurde. Die Entscheidungen trafen die allmächtigen Minister, bis 1738 Józef Sułkowski, danach Heinrich Graf Brühl, der wie sein König die Landessprache nie erlernte. Ihre Günstlingswirtschaft förderte eine tiefgreifende Demoralisierung der Gesellschaft, die ihre Energien lediglich auf Bereicherung und Verschwendung richtete.

Der Reichstag wurde durch die Rivalität der großen Magnatenfamilien gelähmt. Es waren dies die litauischen Radziwills und die mit ihnen verfeindeten Sapichas und Pacs sowie die polnischen Familienclans der Czartoryskis, genannt »die Familie«, und der Potockis, genannt »die Patrioten«. Durch ihre ständigen Rivalitäten um Macht und Einfluß wurden notwendige Reformen wie die Heeresvermehrung unmöglich gemacht, und das Land mußte ständige ausländische Einmischungen und Verletzungen seiner Souveränität erdulden. So zogen russische Truppen ungehindert und ungeniert sowohl im Russisch-Türkischen Krieg von 1736 bis 1739 wie im Österreichischen Erbfolgekrieg von 1745 bis 1748 durch das Land, und auch im Siebenjährigen Krieg wurde die Neutralität des Landes von Russen, Preußen und Österreichern mehrfach verletzt. Preußen finanzierte dabei sogar seine Kriegführung auf polnische Kosten. Beim Einmarsch in Sachsen hatten nämlich die Preußen die in Dresden aufbewahrten Prägestempel für die

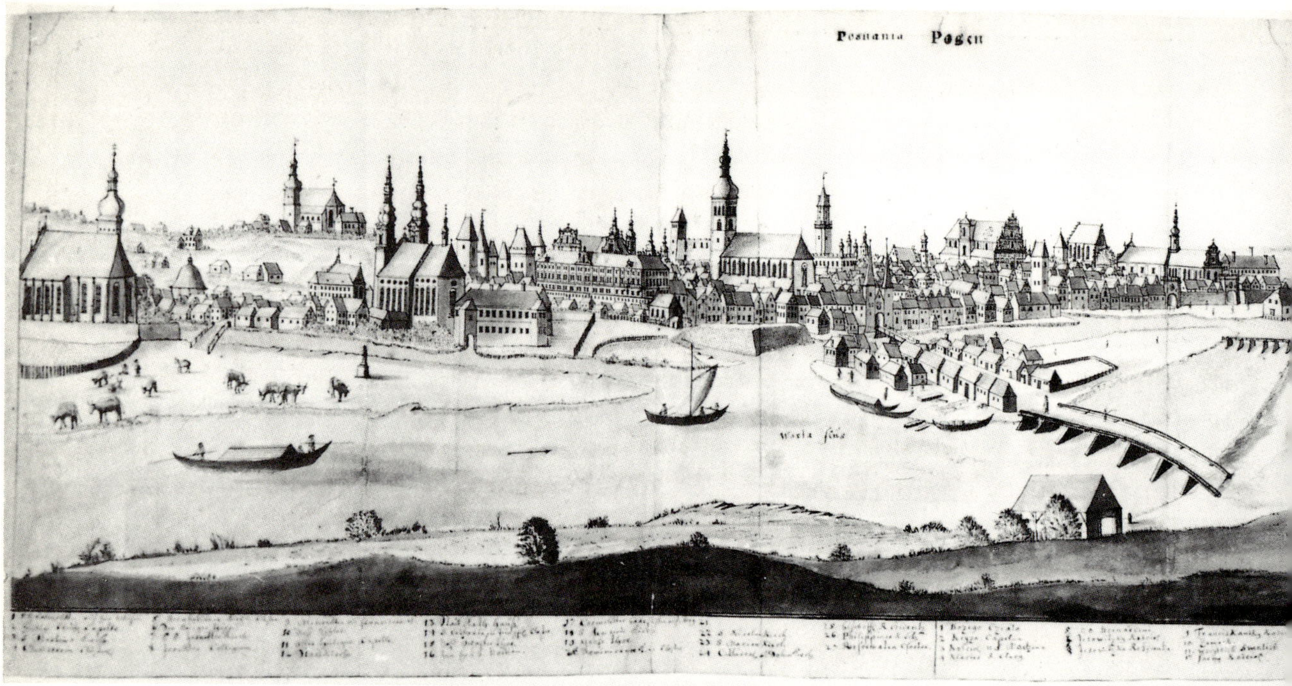

Die Ansicht Posens von dem Schlesier Friedrich Bernhard Werner aus dem Jahre 1738 zeigt die Stadt in ihrer barocken Gestaltung. Das stimmungsvolle Bild läßt nur wenig von dem wirtschaftlichen und kulturellen Niedergang nach den Schwedenkriegen erahnen, der auch durch mancherlei Reformversuche seit 1730 bis zum Ende der Adelsrepublik nicht völlig aufgeholt werden konnte.
Heinrich Heine notierte 1822 in seinem Bericht »Über Polen«: »Posen, die Hauptstadt des Großherzogtums, hat ein trübsinniges, unerfreuliches Ansehen. Das einzige Anziehende ist, daß sie eine große Menge katholischer Kirchen hat. Aber keine einzige ist schön. Vergebens wallfahrte ich alle Morgen von einer Kirche zur anderen, um schöne alte Bilder aufzusuchen. Die alten Gemälde finde ich hier nicht schön, und die einigermaßen schönen sind nicht alt. Die Polen haben die fatale Gewohnheit, ihre Kirchen zu renovieren ...«

polnischen, nach dem Münzmeister Tümpfe »Tynfen« genannten Münzen erbeutet. Friedrich II. ließ daraufhin polnische Münzen mit geringem Feingehalt prägen. Gleichzeitig zog er die im Umlauf befindlichen höherwertigen Originalprägungen ein und ließ sie umschmelzen, was katastrophale Folgen für die polnische Geldwirtschaft hatte.

Es ist angesichts dieser Zustände nicht verwunderlich, daß die sächsische Zeit in der polnischen wie der übrigen Geschichtsschreibung fast ausschließlich negativ beurteilt wurde. In der deutschen Historiographie spielte dabei auch die lange vorherrschende preußische, antisächsische Perspektive eine Rolle. So ist vielen Deutschen August II. als »der Starke« durchaus ein Begriff. Allerdings reduziert sich die Vorstellung zumeist auf das Zerrbild vom kettenzerreißenden, eine Unzahl illegitimer Sprößlinge in die Welt setzenden Barockfürsten, den »dummen August«, wie ihn schon die zeitgenössische preußische Propaganda geschickt zu zeichnen wußte. Daß er auch König von Polen war, dürfte den meisten kaum bekannt sein. Für die Zeitgenossen war Augusts Bild auch durch die in Polen stark gewachsene religiöse Intoleranz verdüstert, die mit dem berüchtigten Thorner Blutgericht Aufsehen und Abscheu in ganz Europa erregte. Am 7. Dezember 1724 waren in Thorn der Bürgermeister und neun Ratsherren der überwiegend deutschen und evangelischen Stadt hingerichtet worden, weil sie die Plünderung des dortigen Jesuitenkollegs durch Schüler des protestantischen Gymnasiums nicht verhindert hatten. Der sich als Schutzherr der polnischen Protestanten verstehende Preußenkönig Friedrich Wilhelm I. hatte deswegen zeitweise sogar ein militärisches Vorgehen gegen Polen erwogen, aufgrund fehlender russischer Unterstützung aber davon absehen müssen.[124]

Mit dem unbestreitbaren politischen Niedergang des Landes ging aber in der rund 65 Jahre umfassenden Sachsenzeit ein Umbruch einher, der das kulturelle Aufblühen des Landes unter seinem letzten König vorbereitete oder überhaupt erst möglich machte.[125] Die beiden Sachsenkönige, die schon an ihrem heimatlichen Dresdner Hof große Förderer der schönen Künste gewesen waren, ließen auch ihrer neuen Residenz in Warschau besondere kulturelle Fürsorge zukommen. Das polnische Musikleben wurde durch die Gründung einer »Königlich Polnischen und Kurfürstlich Sächsischen Kapelle«, welche den König stets begleitete, belebt. Neben französischen, italienischen und deutschen Musikern zogen die beiden Wettiner auch entsprechende Theatergruppen nach Warschau, das mit Dresden als Musentempel wetteiferte. Von dem reichen kulturellen Leben profitierte dabei nicht nur die engere Umgebung des Königs. Das 1724 von August II. erbaute sächsische Opernhaus war das erste öffentliche Theater Polens. Während der Sitzungen von Reichs- und Landtagen waren die Vorstellungen dem Adel vorbehalten, zu allen übrigen Zeiten war es jedoch auch dem Bürgertum zugänglich. Unter August III. um- und ausgebaut, beherbergte die Warschauer Oper bedeutende französische und deutsche Ensembles, so während des gesamten Siebenjährigen Krieges die berühmte Dresdner Oper. Nach dem Vorbild des Königs gründeten zahlreiche Magnaten an ihren Höfen gleichfalls Musik- und Theatergruppen, und Teodor Lubomirski stellte sein Krakauer Theater 1732 ebenfalls der Öffentlichkeit zur Verfügung.[126]

Auf dem Teller aus dem Meißner Krönungsservice Augusts III. von 1733 ist das Wappen nach der Personalunion abgebildet. In den äußeren Feldern stehen die Reiter für das Großfürstentum Litauen, die weißen Adler für die Krone Polen und das sächsische Wappen mit dem Kurfürstenhut für die wettinischen Stammlande des Herrschers.

Auch im Bereich der Architektur hat die Sachsenzeit bleibende Spuren hinterlassen, weshalb die Jahre von 1730 bis 1764 in der polnischen Kunstgeschichte als »sächsisches Rokoko« bezeichnet werden. Die Könige zogen ihre erstklassigen Baumeister auch für ihre Warschauer Bauvorhaben heran. Von Matthäus Daniel Pöppelmann, dem Schöpfer des Dresdner Zwingers, stammt ein Entwurf für den großzügigen Umbau des Warschauer Königsschlosses, der allerdings nicht zur Ausführung kam. Der von August II. zum Königlichen Baudirektor für Warschau ernannte Johann Christoph Neumann leitete den Umbau des Schlosses Wilanow. Sein Nachfolger Karl Friedrich Pöppelmann schuf die Wasserseite des Königsschlosses. Das Palais Brühl neben dem Sächsischen Garten ist ein Werk von Johann Daniel Jauch und Johann Friedrich Knöbel.

Nach diesem Vorbild entstanden weitere Ensembles von Palais mit Gärten in der Umgebung der Stadt wie auf den Besitzungen zahlreicher Magnaten. Eines der schönsten Beispiele ist die Residenz der Familie Branicki in Bialystok, das bedeutendste Werk des Dresdner Architekten Johann Sigismund Deybel.

Der polnische Kirchenbau jener Zeit wurde maßgeblich von italienischen, französischen und deutschen Vorbildern beeinflußt, die durch Architekten aus diesen Ländern umgesetzt wurden. Im litauischen Bereich wirkte insbesondere die »Wilnaer Schule« stilbildend für die östlichen Landesteile.

Andere kulturelle Bereiche wie Bildung, Wissenschaft und Literatur erlebten in der sächsischen Zeit keinen vergleichbaren Aufschwung. Schuld daran trugen durch ihr mangelndes Interesse vor allem die Sachsenkönige selbst. Allerdings zeigte sich August III. dem Gedankengut der Aufklärung aufgeschlossen und trug beispielsweise über Voltaire zu ihrer Verbreitung bei. Kontakte zu Voltaire und Rousseau unterhielten auch Magnaten wie die Czartoryskis und die Poniatowskis, deren Höfe sich zu geistigen Mittelpunkten des Landes entwickelten.

Zahlreiche Reformschriften wurden in der Sachsenzeit veröffentlicht, so 1761 bis 1763 das Werk des Ordensgeistlichen und Pädagogen Stanislaw Konarski »Über die wirksamste Art, Rat zu halten« (*O skutecznym rad sposobie*).[127] Konarski hatte schon 1740 durch die Gründung einer Höheren Schule für adlige Kinder, des Collegium Nobilium in Warschau, eine Reform des polnischen Bildungswesens eingeleitet.

Bischof Józef Załuski gründete 1747 in Warschau die erste öffentliche Bibliothek Polens mit 300 000 Bänden und 10 000 Handschriften. Der von ihm aus Sachsen berufene Bibliothekar Johann Daniel Jänisch schuf die erste wissenschaftliche polnische Bibliothek. Der ebenfalls aus Sachsen stammende Musikwissenschaftler, Arzt und Historiker Lorenz Mitzler von Koloff war zunächst als Historiker des Krongroßkanzlers Malachowski, anschließend als Hofarzt Augusts III. in Warschau tätig. Dort entfaltete er eine ungeheuer vielseitige geistige Tätigkeit, gründete wissenschaftliche Gesellschaften und setzte sich nachdrücklich für die Einfuhr und Verbreitung von Büchern ein. Damit nicht genug, gründete er mit Genehmigung des Königs eine Druckerei und gab wissenschaftliche Zeitschriften in deutscher, lateinischer und polnischer Sprache heraus. Zu seinen bedeutendsten Schöpfungen gehören die 1754 bis 1755 in deutscher Sprache erschienene »Warschauer Bibliothek«, die lateinischen »Acta litteraria Poloniae et Mag.

Duc. Lithuanie« und die polnischen »Nowe wiadomości ekonomiczne i uczone« (»Neue wirtschaftliche und wissenschaftliche Nachrichten«).

Im Vorwort zu seiner »Warschauer Bibliothek« schrieb Mitzler von Koloff: »Es ist schade, daß so wenig Ausländer der polnischen Sprache mächtig sind und sich keinen Begriff von den polnischen Musen machen können. Die meisten stecken im Vorurteil, daß ein polnisches Gedicht nicht so schön wie ein französisches oder deutsches sein könnte, weil ihnen die Sprache selber rauh vorkommt. Es ist aber dieses alles Einbildung. Wenn Sie mir glauben wollen, als einem Ausländer, der ebenso, aber falsch gedacht, so versichere ich als einer, der der polnischen Sprache mächtig geworden, daß man im Polnischen so schön wie im Französischen oder Deutschen schreiben kann ... Woran Deutschland Überfluß hat, daran hat Polen Mangel. Ich meine, wenn ganz Deutschland mit Tagebüchern, Monatsschriften, Zeitungen und dergleichen fliegenden Blättern angefüllt, so kann Polen derzeit gar nichts aufweisen. Es ist aber nicht die Ursache, als wenn es in Polen an Stoff hierzu fehle, sondern es fehlt nur an Personen, die diese Mühe auf sich nehmen. Die Ernte wäre groß, aber es sind wenig Arbeiter ...« Er war selbst einer dieser Arbeiter und ein besonders fleißiger dazu. Seine Verdienste um die polnische Kultur wurden schon zu seinen Lebzeiten erkannt und entsprechend gewürdigt. Im Jahre 1765 wurde ihm von König Stanislaw August Poniatowski der Adel verliehen.[128]

Ein weiterer bedeutender sächsischer Förderer der polnischen Literatur war der Buchhändler Michael Gröll, der in Warschau eine eigene Druckerei betrieb. Er wurde später Hofbuchhändler des letzten Polenkönigs.[129]

REFORMEN UND TEILUNGEN – POLENS LETZTER KÖNIG

Im letzten Interregnum der Adelsrepublik 1763/64 favorisierten die »Patrioten« als Kandidaten den angesehenen, allerdings schon 75 Jahre alten Krongroßhetman Jan Branicki, während die Czartoryskis einen Angehörigen der »Familie« auf dem Thron sehen wollten. Sie hatten die Unterstützung der Zarin Katharina II., welche schon 1762 ihrem früheren Liebhaber Stanislaw August Poniatowski, einem Neffen der Czartoryskis, die polnische Krone versprochen hatte. Die außenpolitischen Interessen bei der Wahl wurden vom Bestreben Frankreichs und Österreichs bestimmt, durch Unterstützung der Patrioten den Einfluß Rußlands in Polen zurückzudrängen. Ausschlaggebend wurde jedoch die Entscheidung Preußens, das sich am 11. April 1764 mit Rußland auf die Wahl Stanislaw August Poniatowskis einigte. Gleichzeitig verpflichteten sich beide Mächte, die Rechte der Dissidenten und die »polnischen Freiheiten« zu garantieren, also alle polnischen Reformbestrebungen zu bekämpfen, und gingen ein Defensivbündnis gegen Österreich ein. Preußen hatte damit seinen Besitzstand nach dem Siebenjährigen Krieg gegen eventuelle Revanchepläne Österreichs abgesichert, allerdings für den Preis der Abhängigkeit von Rußland, zumindest in bezug auf die Politik gegenüber Polen.[130]

Die Königswahl wurde schließlich unter massivem Einsatz russischer Bestechungsgelder und Truppen entschieden. Auf einen »Hilferuf« der Czartoryskis waren 20 000 russische Soldaten in Polen eingerückt und hatten die Kandidaten der »Patrioten«, Jan Branicki und Karol Radziwill, zum Verlassen des Landes gezwungen. Am 7. September 1764 wurde Stanislaw August Poniatowski (1764–1795) ohne weitere Schwierigkeiten gewählt.

Der neue König war umfassend gebildet, beherrschte Russisch, Deutsch, Französisch, Englisch, Italienisch und Latein und war mit den internen politischen Verhältnissen der Adelsrepublik bestens vertraut. Das schwierige Terrain der internationalen Diplomatie hatte er am Petersburger Zarenhof, zunächst als englischer Gesandtschaftssekretär, danach als sächsischer Sondergesandter, gründlich kennengelernt. Das in dieser Zeit eingegangene intime Verhältnis zu Katharina II. hatte sicherlich für seine spätere Wahl große Bedeutung, allerdings wird eine Qualifizierung als bloßer »Günstling Katharinas« seiner tatsächlichen Rolle nicht gerecht.[131] Stanislaw August Poniatowski stand für den Versuch der Reformpartei der Czartoryskis, nicht mehr wie früher gegen, sondern nun mit Rußland eine Reform der Adelsrepublik zu versuchen.

Ein erster Erfolg war ihm beschieden, als im Zusammenhang mit der Königswahl die russische Duldung der Bildung zweier ständiger Reichstagskommissionen für Finanzen und Heerwesen für Polen und Litauen erreicht wurde, in denen nicht das *Liberum veto*, sondern Mehrheitsentscheidungen galten. Auch konnten die wichtigsten Staatsämter mit Vertrauensleuten der »Familie« besetzt werden. Die Erfolge der Kommissionen bei der wirtschaftlichen Stärkung des Staates ermunterten König und »Familie« zu weiteren Reformplänen. Unter anderem sollten die Kompetenzen der Landtage beschränkt und der besitzlose Kleinadel politisch ausgeschaltet werden sowie das *Liberum veto* nur noch im Falle höheren Staatsinteresses, also etwa bei der Entscheidung über Krieg und Frieden, zulässig sein. Dagegen regte sich starker Widerstand in konservativen Adelskreisen. Aber auch Rußland sah sich zum Einschreiten veranlaßt. Polen sollte unter allen Umständen an einer eigenständigen Entwicklung gehindert werden.

Als Anlaß diente der Zarin die – zweifellos unbefriedigende – Lage der Dissidenten. Deren Beschwerden waren unter dem Einfluß radikaler katholischer Adelskreise vom polnischen Reichstag 1766 nicht nur abgewiesen, sondern mit einer Bekräftigung der Diskriminierung aller Nichtkatholiken beantwortet worden. Daraufhin unterstützten Rußland und Preußen zunächst lokale dissidentische Konföderationen und 1767 deren Vereinigung mit ebenfalls von Rußland finanzierten »republikanischen« Konföderationen der Reformgegner zu einer Generalkonföderation in Radom. Der konföderierte Reichstag in Warschau setzte eine Delegation zur Ausarbeitung eines polnisch-russischen Vertrages ein, der am 5. März 1768 angenommen wurde. In diesem »sacrosancten und für alle Zeiten« geschlossenen Vertrag verpflichtete sich Rußland zur Garantie des territorialen Besitzstandes der Adelsrepublik, aber auch zur Erhaltung der als »Kardinalrechte« bezeichneten Verfassungsprinzipien wie des *Liberum veto* und der freien Königswahl. In einem eigenen, neben Rußland auch von Preußen, England, Schweden und Dänemark garantierten Toleranztraktat vom 24. Februar 1768 waren die Rechte der Dissidenten festgelegt worden. Die führenden katholischen Gegner dieser Vereinbarung, darunter die Bischöfe von Krakau und Kiew, hatte der russische Botschafter in Warschau gegen alles Recht im Reichstag verhaften lassen.

Gegen die damit zunehmend brutalere russische Vorherrschaft und für die Wiederherstellung der Vorherrschaft der katholischen Kirche bildete sich am 29. Februar 1768 in der podolischen Ortschaft Bar eine Adelskonföderation »für Glauben und Freiheit«. Die von Bischof Michał Krasiński unterstützten und von Józef Pułaski und seinem Sohn Kasimierz geführten konföderierten Truppen provozierten durch ihre Übergriffe auf orthodoxe Kirchen in der Ukraine einen Aufstand der dortigen orthodoxen Landbevölkerung, der sogenannten Haidamaken. Nachdem diese in wenigen Wochen etwa 100 000 Katholiken und Juden, auch Frauen und Kinder, brutal ermordet hatten, schickte Rußland zur Wiederherstellung der Ordnung Truppen in das Gebiet, die nicht nur den Haidamakenaufstand niederschlugen, sondern auch die Konföderierten über die türkische Grenze drängen konnten. Diese gaben den Kampf damit aber nicht verloren, der sich noch vier Jahre lang hinziehen und durch die Kriegserklärung der Türkei an Rußland einen internationalen Charakter annehmen sollte. Österreich bot den Konföderierten in Oberungarn eine Operationsbasis, und Frankreich schickte ihnen eine Gruppe Militärberater unter General Dumouriez.

Die 1770 proklamierte Absetzung des Königs kostete die Konföderierten allerdings im In- und Ausland beträchtliche Sympathien. Rußland, das dem Osmanischen Reich empfindliche Niederlagen bereitet hatte, gewann im Sommer 1771 in Polen militärisch die Initiative zurück. Frankreich und Österreich stellten ihre Unterstützung der Konföderierten ein, und diese verspielten auch ihren letzten politischen Kredit, als sie im November 1771 vergeblich versuchten, den König aus Warschau zu entführen. Nachdem preußische Truppen Großpolen und das Königliche Preußen besetzt hatten und Österreich in das Karpatenvorland einrückte, war das Schicksal der Konföderierten besiegelt. Mit Tschenstochau fiel im August 1772 ihre letzte Bastion.

Die Erfolge Rußlands im Türkenkrieg und in Polen hatten bei Österreich Befürchtungen bezüglich einer Änderung des europäischen Mächtegleichgewichts zugunsten Rußlands aufkommen lassen. Während Maria Theresia mit der Türkei 1771 ein Geheimabkommen abschloß und Friedensvermittlungen betrieb, hatte ihr Mitregent Joseph II. durch eine Annexion polnischer Gebiete die Adelsrepublik als Kompensationsfeld der Großmächte ins Spiel gebracht. Bereits 1769 hatte er das seit 1412 von Ungarn an Polen verpfändete Gebiet der dreizehn Zipser Städte besetzen lassen und 1770 formell inkorporiert. Preußen, das an einer Verbindung zwischen seinen pommerschen und (ost)-preußischen Landesteilen interessiert war, ergriff nun die Initiative und versuchte, Rußland für eine Teilung Polens zu gewinnen. Um einen drohenden Krieg mit Österreich abzuwenden, war die Zarin schließlich bereit, anstelle der indirekten Herrschaft über ganz Polen die direkte Annexion eines Teilgebiets zu setzen. Ein entsprechender preußisch-russischer Teilungsvertrag wurde am 17. Februar 1772 geschlossen. Obgleich Österreich einen Gebietserwerb auf Kosten des Osmanischen Reiches vorgezogen hätte, kam am 5. August 1772 auch ein österreichisch-russischer Teilungsvertrag zustande.[132]

Ordnung
der
kirchlichen Oekonomie
der evangelischen Gemeine U. A. C.
zu Warschau
1793.

Warschau.
Gedruckt bey Michael Gröll, Königlichen privilegirten Hof-Buchhändlern.

Die evangelische Gemeinde Warschaus hatte sich erst nach dem Warschauer Traktat von 1768 durch Zuwanderung von Deutschen neu gebildet. Zuvor mußten die Protestanten der Stadt zum Gottesdienst das vierzig Kilometer östlich gelegene Wengrow aufsuchen. Erster Pfarrer der Warschauer Gemeinde wurde der Erfurter Johann Jakob Scheidemantel. Dank großzügiger Unterstützung durch Warschauer Bürger wie den Bankier Peter Tepper konnte 1777 bis 1781 die Trinitatiskirche errichtet werden.

Polen mußte rund 220 000 Quadratkilometer mit vier Millionen Einwohnern abtreten, was dreißig Prozent seines Gebietes und 35 Prozent seiner Bevölkerung entsprach. Den mit rund 84 000 Quadratkilometern flächenmäßig größten Teil erhielt Rußland, nämlich die Gebiete um Polock, Witebsk, Mogiljow und Polnisch-Livland. Die rund 1,3 Millionen Einwohner waren zum größten Teil Weißrussen, Großrussen und Letten.

Österreichs Anteil, Kleinpolen (ohne Krakau und Sandomir), Rotreußen sowie Teile Wolhyniens und Podoliens, umfaßte knapp 84 000 Quadratkilometer, war allerdings mit rund 2,7 Millionen polnischen und ukrainischen Einwohnern das am dichtesten besiedelte Agrargebiet Europas. Die Bezeichnung »Königreich Galizien und Lodomerien« (aus »Halitsch« und »Vladimir«) ging auf alte ungarische Besitzansprüche zurück.

Preußen erhielt mit 35 000 Quadratkilometern und 356 000 Einwohnern zwar das kleinste, im Vergleich allerdings das wertvollste Gebiet. Denn das zu vierzig Prozent deutsch besiedelte Königliche Preußen mit dem Ermland, aber ohne Danzig und Thorn, sowie die großpolnischen Gebiete an der Netze und in Kujawien waren zum einen die erstrebte Landverbindung in das östliche Preußen, zum anderen kontrollierte Preußen nun vier Fünftel des polnischen Außenhandels, was große finanzielle Einnahmen und politische Einflußmöglichkeiten einbrachte. In einem polnisch-preußischen Traktat vom 18. September 1773 wurde schließlich formell die Lehnsabhängigkeit der preußischen Krone von Polen beendet und damit die volle außenpolitische Souveränität des preußischen Königs hergestellt. Der eigentliche Gewinner der Ersten Polnischen Teilung war somit Preußen, für dessen weiteren Aufstieg zur Großmacht die Ausschaltung der sächsischen Konkurrenz im Reich und die Schwächung des benachbarten Polens unumgänglich gewesen waren.[133]

Der im Herbst 1772 zusammengetretene polnische Reichstag weigerte sich zunächst, der Teilung zuzustimmen. Nach einer Vertagung trat er im Frühjahr als Konföderationsreichstag (bei dem nicht das *Liberum veto*, sondern das Mehrheitsprinzip galt) neu zusammen, ermächtigte eine Delegation zum Abschluß der Teilungsverträge mit den drei Mächten und ratifizierte sie am 30. September 1773. Versuche des Königs, dies auf diplomatischem Wege zu verhindern, blieben ebenso erfolglos wie eine spektakuläre Widerstandsaktion des Landboten Rejtan.

Die beteiligten Mächte waren sich, ebenso wie die europäische Staatenwelt, über den Unrechtscharakter der Teilung vollständig im klaren. Selbst im Zeitalter der Kabinettspolitik des 18. Jahrhunderts, als Teilung und Länderschacher nichts Ungewöhnliches waren, wurde diese krasse Vergewaltigung der europäischen Rechtsgrundlagen als beispiellos empfunden. Außer offen geäußerter Empörung hatte sie jedoch für die Verantwortlichen keine nachteiligen Konsequenzen. Sie konnten sich die Teilgebiete ohne inneren oder äußeren Widerstand eingliedern. Preußen und Österreich hatten bereits kurz zuvor eine militärische Besetzung vorgenommen.

Nach den Abtretungen umfaßte die polnische Adelsrepublik noch 527 000 Quadratkilometer mit rund sieben Millionen Einwohnern, war also mit einer Größe wie

Frankreich im europäischen Vergleich noch ein respektabler Staat. Der Schock der Teilung hatte quer durch alle politischen Lager einen starken Reformwillen hervorgerufen, der sich in umfassenden Projekten des bis 1775 tagenden Delegationsreichstages zeigte. Rußland ließ diesen Bestrebungen zunächst freien Lauf, obgleich Katharina II. die Kardinalrechte nochmals garantiert hatte. Es wurde eine ständige Reichstagskommission als zentrales Regierungsgremium eingesetzt, der »Immerwährende Rat« (*rada nieustająca*, wegen des dominierenden russischen Einflusses im Volksmund auch *zdrada nieustająca*, »immerwährender Verrat« genannt). Er bestand aus achtzehn Senatoren und achtzehn Landboten und gliederte sich in fünf Fachkommissionen (Inneres, Auswärtiges, Finanzen, Justiz, Militär), die modernen Ministerien vergleichbar waren. Dem Immerwährenden Rat wurde auch das Vorschlagsrecht für die Ämterbesetzung übertragen, so daß der König auf repräsentative und ausführende Aufgaben beschränkt wurde. Dennoch unterstützte Stanislaw August Poniatowski die Reformen, da er hoffte, mit dem Immerwährenden Rat bei entsprechender personeller Besetzung besser als mit den ihre Eigeninteressen vertretenden Magnaten zusammenarbeiten zu können.

Tatsächlich stellten die Intrigen der Magnatenfamilien, die teilweise Unterstützung bei Rußland suchten, teilweise aber auch eine antirussische Politik betrieben, in der Folgezeit die stärkste Behinderung der Reformbestrebungen dar. So wurde eine von Großkanzler Andrzej Zamoyski 1780 entworfene Reform des Zivilrechts, die auch eine Verbesserung der Lage von Bürgern und Bauern gebracht hätte, von den Czartoryskis zu Fall gebracht. Trotz dieser Schwierigkeiten waren die Erfolge der Reformer beachtlich. Das Steuerwesen wurde verbessert, was eine Erhöhung der Staatseinnahmen zur Folge hatte. Die Armee wurde nach preußischem Vorbild reorganisiert. Die der Fachkommission für Inneres unterstellten Kommissionen guter Ordnung befreiten die Städte von Übergriffen des Adels und sorgten für wirtschaftliche und politische Reformen derselben. Auch die Lage der Bauern verbesserte sich; ein Teil erlangte die persönliche Freiheit, ein Teil zumindest die Ablösung der Scharwerkspflichten durch einen erträglichen Grundzins. Gegen ungerechtfertigte Übergriffe der Landvögte konnten die Bauern auf königlichem Besitz nun vor unparteiischen Gerichten klagen. Eine Folge dieser Reformen war die erneute Zuwanderung einiger zehntausend deutscher, überwiegend evangelischer Kolonisten aus dem benachbarten Preußen.

Nach der Auflösung des Jesuitenordens im Jahre 1773 übertrug der Reichstag dessen großes Vermögen einer neugegründeten »Kommission für das nationale Erziehungswesen«. Damit konnte der Aus- und Umbau des polnischen Erziehungswesens finanziert werden. Die 74 Schulen und zwei Akademien des Ordens, Krakau und Wilna, wurden im Geist der Aufklärung umgestaltet. Auch die bestehenden fünf protestantischen Gymnasien in Thorn, Lissa, Bojanowo und Sluck mußten ihre Unterrichtspläne den Vorgaben der Kommission anpassen, behielten aber ihre Autonomie. Erstmalig in Europa fanden weltliche Ethik und politische Wissenschaften Aufnahme in schulische Lehrpläne. Neue, einheitliche Unterrichtsbücher wurden eingeführt und die nun Universitäten genannten Hochschulen durch naturwissenschaftliche Lehrstühle ausgebaut.[134]

Die Teilungen Polens

Die Erneuerung des Erziehungswesens entsprach einem allgemeinen geistigen Umbruch im Sinne der europäischen Aufklärung. Die Schriften von Voltaire, Montesquieu und Rousseau fanden große Verbreitung. Letzterer hatte sich nach Kontakten mit im Exil lebenden ehemaligen Teilnehmern der Barer Konföderation intensiv mit der Verfassung der Adelsrepublik beschäftigt und 1772 seine »Considérations sur le gouvernement de Pologne« veröffentlicht.

Die siebziger und achtziger Jahre wurden eine Zeit großen wirtschaftlichen und kulturellen Aufschwungs. Das städtische Bürgertum, lange in Unmündigkeit gehalten, entwickelte politisches Selbstbewußtsein, das sich auch äußerlich in städtebaulichen Aktivitäten zeigte. Die Städte, allen voran Warschau, blühten auf und wurden großzügig aus- und umgebaut. Bürger, Adel und nicht zuletzt der König wetteiferten in Mäzenatentum. Stanislaw August Poniatowski war ein äußerst kunstsinniger Monarch. Durch seine zahlreichen Bauten verhalf er dem frühklassizistischen Stil in Polen zum Durchbruch. Eine Reihe schöner Palais, vor allem aber das Lustschloß Łazienki bei Warschau mit seiner herrlichen Parkanlage erinnern noch heute an den letzten Polenkönig, dessen Baulust aber selbst die beträchtlichen königlichen Einkünfte überforderte.

Es waren neben italienischen Baumeistern vor allem drei deutsche Architekten, welche durch ihre Werke zur Verschönerung Warschaus, aber auch anderer Städte beitrugen. Der in Thorn geborene Ephraim Schröger hatte den Wiederaufbau des 1772 verbrannten Doms in Posen geleitet und in Gnesen die Hauben des westlichen Turmpaares entworfen, bevor er in Warschau tätig wurde. Hier errichtete er in der Miodowastraße ein Palais für den Bankier Peter Tepper, der wie er der evangelischen Gemeinde der Stadt angehörte. Von dem 1775 zum Hofbaumeister ernannten und geadelten Schröger stammt aber auch die Westfront der Kirche Mariae Himmelfahrt der unbeschuhten Karmeliter und der Palast des polnischen Primas in der Senatorskastraße.

Der gebürtige Merseburger Simon Gottlieb Zug (der sich selbst Zugk schrieb) kam während des Siebenjährigen Krieges nach Warschau, wo ihn August III. zunächst zum Theaterbaumeister ernannte. Er blieb auch nach der sächsischen Zeit in der Stadt, wurde 1768 geadelt und 1772 zum Hofbaumeister ernannt. Nachdem das Toleranztraktat von 1768 im Jahre 1775 konstitutionalisiert worden war, konnten in den königlichen Städten wieder evangelische Kirchenbauten errichtet werden. Neben der Posener Kreuzkirche ist vor allem die von Zug errichtete und 1781 eingeweihte Warschauer Trinitatiskirche ein schönes Beispiel des klassizistischen Typs der Predigtkirche, deren Bau durch große Opfer der protestantischen Gemeinde ermöglicht wurde. Die ausführenden Handwerker waren, wie die Gemeinde und ihre Geistlichen, ausnahmslos Deutsche. Simon Gottlieb Zug wollte für die Bauleitung kein Geld nehmen, wurde von der Gemeinde aber nach der Fertigstellung mit einer größeren Summe und einer eigens geprägten Gedenkmünze beschenkt. Er blieb bis zu seinem Tod 1807 Mitglied der Warschauer Gemeinde und ist auf dem dortigen evangelischen Friedhof begraben. Von ihm stammen neben einer Reihe weiterer Wohnhäuser in Warschau auch der für die Fürstin Radziwill angelegte Park Arkadia bei dem unweit von Łowicz gelegenen Schloß Nieborów.

Das zwischen 1677 und 1699 errichete Krasiński-Palais gilt als eines der bedeutendsten Werke des Spätbarock (mit Zügen des Klassizismus) in Polen. Für den Bau seines Palastes verpflichtete der Warschauer Starost Krasiński die besten Künstler seiner Zeit, so den Architekten Tylman van Gameren und den Maler Michelangelo Palloni. Die Standbilder der Mittelrisalite und die Flachreliefs der Giebel von Vorder- und Gartenfront sind Frühwerke Andreas Schlüters. Die Reliefs stellen Kämpfe und Triumphzug des römischen Heerführers Marcus Valerius Corvus dar, den die einen Raben (*corvus*) im Wappen führenden Krasińskis als ihren Vorfahren betrachteten.

Stanislaw August Poniatowski zog bedeutende italienische Künstler in das Land. Zu seinem Hofmaler wurde 1765 der aus Rom stammende Marcellus Bacciarelli, die Leitung des Bauwesens übertrug er zunächst dem Architekten Fontana, 1773 dem in Brescia geborenen Domenico Merlini. Zu seinem Mitarbeiter wurde der Dresdner Johann Christian Kammsetzer bestellt. Während Merlini die äußere Form der Bauwerke festlegte, übernahm Kammsetzer die Ausführung und den inneren Ausbau. Dies war sowohl beim Warschauer Stadtschloß der Fall, dessen Festräume 1783 erneuert wurden, beim Aus- und Umbau des Lustschlosses Łazienki sowie bei den Palästen Królikarnia, Jablonna und dem Krasiński-Palais in Warschau. Bei der Gestaltung des Parks um das Schloß Łazienki waren auch der Bildhauer Franz Pink und der Intendant der Königlichen Gärten, Johann Christian Schuch, beteiligt. Auch Kammsetzer, der mit Zug und Bacciarelli befreundet war, wurde 1790 in den polnischen Adelsstand erhoben.[135]

Die Chancen für wirklich umfassende Reformen schienen sich Ende der achtziger Jahre zu bieten, als Rußland durch Kriege mit der Türkei (1787–1792) und Schweden (1788–1790) gebunden war und seinen politischen und militärischen Druck auf Polen lockern mußte. Während der König weiter die Anlehnung an Rußland betrieb, setzten die Reformer nun auf Preußen, das ihnen militärische und politische Unterstützung in Aussicht stellte, um möglicherweise ein Gegengewicht gegen Rußland und Österreich aufzubauen. Ein im Jahre 1788 als Konföderation zusammengetretener Großer Reichstag, der von den Reformern dominiert wurde, beschloß sogleich eine Verstärkung des Heeres auf 100 000 Mann. Im Jahre 1789 wurde der Immerwährende Rat abgeschafft und der Reichstag zur Erarbeitung einer Verfassung auf unbestimmte Zeit verlängert. Am 29. März 1790 kam es zum Abschluß eines Bündnisses mit Preußen, das Polen Hilfe im Falle eines Angriffs versprach. Im Hintergrund stand die preußische Absicht, von Polen die Abtretung Danzigs und Thorns, eventuell auch des westlichen Großpolen zu erlangen. Als Ersatz sollte Österreich Galizien zurückgeben und dafür mit den Donau-Fürstentümern Moldau und Walachei entschädigt werden. Preußen verlor jedoch schon nach kurzer Zeit das Interesse an diesem Vertrag, nachdem Österreich in der Reichenbacher Konvention Ende Juli 1790 alle preußischen Forderungen akzeptiert und ein polnischer Reichstagsbeschluß vom September 1790 alle Aussichten Preußens auf Gebietsgewinn im Bündnis mit Polen beseitigt hatte.

Die Lage spitzte sich zu, als der polnische Reichstag am 3. Mai 1791 anstelle weiterer Einzelreformen eine völlig neue Verfassung als »Regierungsgesetz« (*ustawa urzędowa*) beschloß. Auch der König, der lange aus Furcht vor einer russischen Intervention gezögert und sich erst Ende 1790 der Reformpartei des Reichstags angeschlossen hatte, leistete den Eid auf diese erste geschriebene Verfassung Europas. Sie wurde von der wenige Monate später erlassenen französischen Revolutionsverfassung als Vorbild herangezogen.

Getragen vom Geist der Aufklärung, beseitigte die neue Verfassung die von Rußland garantierten Kardinalrechte der alten Adelsrepublik, das *Liberum veto*, die Wahlmonarchie und die Konföderationen, welche eine auswärtige Einflußnahme auf die inneren Angelegenheiten Polens ermöglicht hatten. Die Landbotenkammer, für die auch den Bürgern der königlichen Städte ein – allerdings eingeschränktes – Wahlrecht eingeräumt wurde, sollte alleinige Vertretung der Nation sein und damit das Rousseausche Prinzip der Volkssouveränität verwirklichen. Beschlüsse sollten künftig nach dem Mehrheitsprinzip gefaßt werden. Ferner wurden die Montesquieusche Gewaltenteilung und die parlamentarische Verantwortung der Regierung eingeführt. Die Monarchie wurde im Hause Wettin erblich. Ämterfähigkeit und Landbesitzwürdigkeit des Bürgertums wurden anerkannt und den Bauern des Adelsbesitzes der gleiche Rechtsschutz gewährt, wie er bereits auf den königlichen und geistlichen Besitzungen bestand. Die katholische Religion sollte ihre beherrschende Stellung behalten, den anderen Konfessionen wurde aber Toleranz eingeräumt.

Zu einer Umsetzung dieser Verfassungsbestimmungen kam es jedoch nicht. Die Zarin, welche die Übertragung der »französischen Pest« an die Weichsel nicht akzeptieren wollte, verstand es geschickt, die sich gegen das revolutionäre Frankreich verbündenden Mächte Preußen und Österreich auch gegen Polen zu mobilisieren. Nachdem Rußland seit dem Frieden von Jassy mit der Türkei den Rücken frei hatte, unterstützte Katharina II. die konservativen Magnaten, welche die Wiederherstellung der »Goldenen Freiheiten« anstrebten. Diese schlossen sich Ende April 1792 in Sankt Petersburg zu einer Konföderation zusammen und erließen im Mai in dem ukrainischen Städtchen Targowica einen Aufruf zum Kampf gegen die neue Verfassung und den Reichstag. Unmittelbar darauf erfolgte der Einmarsch von 100 000 russischen Soldaten. Der Reichstag hatte nach dem Erlaß der Verfassung aus unerfindlichen Gründen eine dringend notwendige Heeresverstärkung unterlassen. So konnten die vorhandenen 30 000 Mann starken polnischen Streitkräfte trotz ausgezeichneter Führung durch Fürst Józef Poniatowski, einen Neffen des Königs, und den bereits im amerikanischen Unabhängigkeitskrieg bewährten Tadeusz Kościuszko nur zwei Monate Widerstand leisten. Die Hoffnungen der polnischen Reformer auf eine preußische Unterstützung erfüllten sich nicht. Preußen erklärte den Vertrag von 1790 für nichtig, weil Polen die neue Verfassung ohne vorherige Konsultation des Bündnispartners erlassen hatte. Die Enttäuschung über diesen »Verrat« Preußens sollte bleibende Folgen für das polnischen Geschichtsbild haben.

Der König ging am 23. Juli zu den Konföderierten über. Katharina II. zu Zugeständnissen zu bewegen gelang ihm nicht. Im Herbst 1792 nahmen Preußen und Rußland Verhandlungen über eine erneute Teilung Polens auf. Österreich hatte auf eine Beteiligung verzichtet. Nach dem preußisch-russischen Teilungsvertrag vom 23. Januar 1793 erhielt Rußland fast die gesamten weißrussischen und ukrainischen Gebiete des Landes östlich der Linie Dünaburg–Chocim, rund 228 000 Quadratkilometer mit drei Millionen Einwohnern. Preußen bekam Danzig, Thorn, Großpolen und das westliche Masowien mit 58 400 Quadratkilometern und 1,14 Millionen Einwohnern. Das polnische Restgebiet umfaßte gerade noch 240 000 Quadratkilometer und 3,5 Millionen Einwohner und stellte praktisch keinen lebensfähigen Staat mehr dar.

Der in Grodno neu einberufene letzte Reichstag der polnischen Adelsrepublik mußte unter dem Druck russischen Militärs am 23. September den Abtretungen zustimmen. Die Mai-Verfassung wurde aufgehoben und der Immerwährende Rat wieder eingerichtet. Als mit der ebenfalls beschlossenen Verringerung der polnischen Truppen auf 15 000 Mann begonnen werden sollte, kam es im März 1794 zu einer militärischen Erhebung. Die Führung übernahm Tadeusz Kościuszko, der in Krakau den allgemeinen Volksaufstand ausrief. Mit wenigen regulären Soldaten und mit Bauern, die mit geradegeschmiedeten Sensen bewaffnet waren, konnte er bei Racławice nordöstlich Krakau einen Sieg über russische Truppen erringen. Auch in Warschau und Wilna sowie dem größten Teil Litauens gelang es Aufständischen, die russische Besatzung zu vertreiben. Uneinigkeit im Lager der Aufständischen und die Übermacht der russischen und preußischen Truppen führten aber schließlich nach achtmonatigen Kämpfen die polnische Niederlage herbei. Tadeusz Kościuszko geriet im Oktober bei Warschau verwundet in Gefangenschaft, die Hauptstadt selbst mußte einen Monat später nach russischen Massakern in der Vorstadt Praga kapitulieren.

Bereits während der Kämpfe hatten Rußland, Preußen und Österreich Verhandlungen über eine endgültige Aufteilung Polens aufgenommen. Am 3. Januar 1795 schlossen zunächst Österreich und Rußland ein entsprechendes Abkommen, Preußen trat am 24. Oktober 1795 bei.

Österreich erhielt die südpolnischen Gebiete bis an die Flüsse Pilica und Bug mit Krakau, rund 46 000 Quadratkilometer mit rund einer Million Einwohner. Rußland besetzte alle litauischen und weißrussischen Gebiete östlich von Memel und Bug einschließlich Kurland mit 146 000 Quadratkilometern und 1,34 Millionen Einwohnern. Preußen erhielt ein Gebiet am Oberlauf der Warthe, das »Neu-Schlesien« genannt wurde, und das restliche polnische Gebiet westlich von Bug und Memel, das als »Neu Ostpreußen« bezeichnet wurde, einschließlich Warschau, mit zusammen 55 000 Quadratkilometern und einer Million Einwohner.

Stanislaw August Poniatowski, der letzte polnische König, mußte am 25. November 1795 abdanken. Er starb 1798 in Sankt Petersburg.

Mit der dritten Teilung war Polen als Staat von der Landkarte Europas verschwunden. Das Gefühl der Ohnmacht gegenüber den Teilungsmächten hatte zunächst eine weitverbreitete Resignation der polnischen Gesellschaft zur Folge, welche der Besetzung und den ersten Eingliederungsmaßnahmen der Teilungsmächte keinen Widerstand entgegensetzte. Es war deshalb eine zunächst nur kleine Gruppe polnischer Aktivisten, welche sich für die Wiederherstellung eines freien polnischen Staates einsetzten. Ein Teil derselben setzte seine Hoffnungen auf das revolutionäre Frankreich, in welchem sich 1795 polnische Emigranten organisiert hatten. Es gelang zwar, vom französischen Direktorat 1796 die Genehmigung zur Aufstellung einer polnischen Legion in Oberitalien zu erreichen, die unter General Jan Henryk Dąbrowski aus Freiwilligen und österreichischen Kriegsgefangenen gebildet wurde. Die Hoffnungen der Legionäre auf eine Befreiung ihrer Heimat erfüllten sich jedoch nicht. Frankreich setzte die polnischen Truppen, deren Stärke schließlich 10 000 Mann betrug, nur in Italien, Süddeutschland und schließlich 1803/04 als Kolonialtruppe in Haiti ein, wobei der größte Teil der Legionäre sein Leben verlor. Obgleich ihr Einsatz somit nicht von unmittelbarem Nutzen für die Freiheit ihres Landes war, hatte der Kampf der zunächst von der französischen Republik, dann von Napoleon Bonaparte für fremde Zwecke mißbrauchten polnischen Soldaten doch den Erfolg, die polnische Frage im Bewußtsein der Öffentlichkeit zu halten und die patriotischen Gefühle ihrer Landsleute zu stärken. Das von dem Schriftsteller Józef Wybicki 1797 für die Legionen gedichtete Lied »Noch ist Polen nicht verloren« mit dem Refrain »Marsch, marsch, Dąbrowski, von Italien nach Polen« wurde zum polnischen Freiheitslied schlechthin und ist seit 1918 polnische Nationalhymne.[136]

Weniger spektakulär als die Kämpfe der Legionen, aber für die polnischen Interessen aussichtsreicher war die Tätigkeit der polnischen Aktivisten, welche bei ihren Bemühungen um Wiederherstellung eines polnischen Staates auf die Unterstützung Rußlands setzten. Ihr einflußreichster Vertreter war Adam Jerzy Czartoryski (1770 bis 1861), ein Großneffe des letzten Polenkönigs, der seit 1795 am Petersburger Hof lebte und das Vertrauen des Thronfolgers Alexander gewonnen hatte. Nach der Thronbesteigung Alexanders I. (1801–1825) wurde Czartoryski zunächst Berater des Zaren, 1802 Mitarbeiter des russischen Außenministers und 1804 dessen Nachfolger.[137] Seine hochgespannten Pläne, auf Kosten Preußens ein mit Rußland in Personalunion verbundenes Polen in den Grenzen der alten Adelsrepublik wiederherzustellen, konnte er jedoch trotz dieser Stellung nicht verwirklichen. Nachdem sich am Petersburger Hof die Vertreter einer preußisch-russischen Zusammenarbeit gegen Frankreich durchgesetzt hatten, mußte Czartoryski 1806 die Leitung der russischen Außenpolitik niederlegen.[138]

Czartoryski behielt jedoch die ihm 1803 übertragene Funktion eines Kurators für das Schulwesen in den acht früher zu Polen gehörenden westlichen Gouvernements mit dem Zentrum Wilna. Dank seiner Bemühungen wurden die polnischen Gymnasien und vor allem die Wilnaer Universität nach einer grundlegenden Reform zu Zentren der polnischen Kultur mit großer Ausstrahlung.[139]

Das preußische Teilgebiet
1793 bis 1918

Südpreußen, Neuostpreußen und das Herzogtum Warschau

RICHARD BREYER

Seit der Ersten Teilung Polens (1772), besonders aber seit der Zweiten (1793) und Dritten (1795) vollzog sich das deutsch-polnische Verhältnis im Raume von Warthe und Weichsel auf zwei sich berührenden und zunehmend auch verzahnenden Ebenen. Einmal als Einbeziehung der territorialen Neuerwerbungen in den preußischen Staat, zum anderen als alte und neue Nachbarschaft von Polen und Deutschen im zwar staatlich preußisch-deutsch gewordenen, bevölkerungsmäßig jedoch überwiegend polnisch gebliebenen Land. Dabei verband sich die doppelgesichtige, sowohl außenpolitisch und im größeren, europäischen Rahmen, als auch innenpolitisch-administrativ zu sehende und zu vollziehende »preußische Polenpolitik« mit den Auseinandersetzungen und dem Ausgleich zweier Nationalkulturen. Mit dem bei der ersten Teilung 1772 zu Preußen gekommenen Westpreußen allein wäre eine »polnische Frage im preußischen Osten« wohl kaum entstanden. Durch die Angliederung der alten polnischen Kerngebiete in den beiden folgenden Teilungen, den Erwerb des Gebietes von Posen, Gnesen, Kalisch, Sieradz, Wieluń und Łęczyca, von Teilen der Wojewodschaften Rawa und Plock, der Landschaft Kujawien und des Dobriner Landes (welches 1795 im Tausch gegen Warschau an »Neuostpreußen« kam), ergab sich jedoch eine Situation, welche das friderizianische Preußen vor völlig neue Aufgaben stellte. Jetzt galt es für Preußen vor allem, im Interesse der Staatsräson des ausgehenden 18. Jahrhunderts ein möglichst harmonisches Verhältnis zwischen den alten und den neuerworbenen Gebieten zu finden. Ferner mußte eine fremdsprachige Bevölkerung mit eigener Tradition und ständischer Gliederung, andersartiger Kultur und Bildung in den Staat eingegliedert werden.

Hinzu kam, daß der bisher politisch bestimmende Bevölkerungsteil, die polnische Szlachta, zwar schon seit langem ein hohes Standesbewußtsein zur Schau getragen, aber erst der staatsstreichmäßige Sieg der polnischen Maiverfassung von 1791 große Teile des polnischen Volkes zu einem gesteigerten Nationalbewußtsein emporgetragen hatte. Wenn die »Polenfrage« sich also vom Parkett der diplomatischen Verhandlungen vornehmlich in die Amtsräume der preußischen Ministerien, Kammern, Regierungen und Landratsämter verlagerte, so hing das Gelingen der Aufgabe – die Neutralisierung oder gar die Überwindung des polnischen Strebens nach erneuter Eigenstaatlichkeit – wesentlich davon ab, in welcher Weise und mit welchen Mitteln, aber auch mit welchen Vorstellungen von Land und Leuten die beauftragten preußischen Beamten in den neuerworbenen Gebieten an die Lösung der so gestellten Polenfrage herangingen. Die in den Akten Preußens ausgezeichnet dokumentierten Vorgänge, ihre Begleiterscheinungen und vor allem auch ihre Begründungen lassen es geraten erscheinen, diese Quellen oft selber sprechen zu lassen.[1]

Die militärische Besetzung Südpreußens im Frühjahr 1793 vollzog sich unter dem General von Moellendorff in den Formen »zuvorkommender Freundschaft, Artig- und

Höflichkeit«. Mit einer gewissen Scheu vor »civilen Angelegenheiten« ging der General an die Behandlung der polnischen Bevölkerung und ihrer politischen und kulturellen Einrichtungen heran. Seine Überlegungen gipfelten in den Sätzen: »Die Erwerbung des Zutrauens und der Liebe der polnischen Nation zu Uns ist nicht allein für Uns nützlich und nothwendig, sondern sie macht Uns auch Ehre und unseren Aufenthalt in Pohlen angenehmer und erträglicher. Das beste Mittel, sich dieses zu verschaffen ist: wenn mit derselben auf eine höfliche, freundschaftliche und gute Art umgegangen und alle Handlungen, welche dem Einvernehmen nur den entferntesten Argwohn einer Bedrückung oder Härte beibringen könnte, auf das Sorgfältigste vermieden werden.« Er war »überzeugt, daß es nicht der Wille unseres guten Königs [Friedrich Wilhelm II.] ist, daß durch diese Acquisition irgend jemand unglücklich werden soll«. Insbesondere hielt der General es für notwendig, daß die Behörden zu den neuen polnischen Untertanen in deren Sprache sprechen müßten. In seinen »Ohngefähren Gedanken bey der Einrichtung von Südpreussen« trat er für eine maßvolle Verwaltung ein und forderte, daß »… die Einwohner so behandelt werden, dass sie auf ewig mit der Preussischen Monarchie verbunden ihr Glück fühlen und vor das grösseste Unglück halten, in ihrer vorigen Lage zurückzukehren. Um nun hierzu zu gelangen, werden einestheils noch grosse Summen erfordert, anderntheils aber müssen die Unterthanen mit neuen Auflagen sehr verschont werden, weil kleiner Edelmann, Bürger und Bauer blutharm, folglich alle Industrie und höchst nöthige Melioration dadurch gehemmet werden, auch grosses Missvergnügen und Verlangen nach vorigen Verhältnissen hervorbringen.« Hier sprach der selbstbewußte und tatenfreudige preußische Militär, der die Überlieferung der großen Zeit Friedrichs fortzusetzen gewillt war und mit Stolz auf den vollbrachten Aufbau des preußischen Staates zurückblickte. In Südpreußen bot sich aber eine Lage, die von den bisher durchexerzierten Beispielen abwich und die mit den herkömmlichen Mitteln des aufgeklärt-absolutistischen Staates offenbar nicht zu bewältigen war.

Schon die Stimmung der Polen und die sich in ihr äußernde politische Gedankenwelt machte erste Schwierigkeiten. So klagte Moellendorff, daß »bei den Bürgern in grossen Städten der wahre französische Jakobiner Sinn herrschte«. Es war die Begeisterung für die Französische Revolution und Napoleon, von denen man nach innen und außen auf dem Wege der nationalrevolutionären Erhebung die Freiheit erhoffte. So war es also schwierig, »die neue Acquisition auf den Preussischen Fuß zu setzen«. »Je entfernter [sc. von der alten preußischen Grenze] und je tiefer der Adel in Gross-Pohlen ist, desto unzufriedener ist derselbe und fast bis auf die Raserey über die ihm bevorstehende Veränderung gebracht, dahingegen der Bürger und Bauer durchgängig den Augenblick segnet, … indem er dadurch von der Sclaverey und von dem Druck befreyet wird, unter welchem er zeither vergebens geseufzet hat«, berichtete der schlesische Minister von Hoym. Die preußischen Verwaltungsbehörden sahen in der Lage der Bürger, besonders aber der Bauern, einen Anhaltspunkt, die erprobten Fürsorgemaßnahmen für den kleinen Mann und das Land erneut durchzuführen.

Es mußte schwerfallen, die Polenfrage lediglich als eine Aufgabe anzusehen, die durch eine ordentliche Verwaltung gelöst werden konnte. Hinzu kam, daß die Art, in

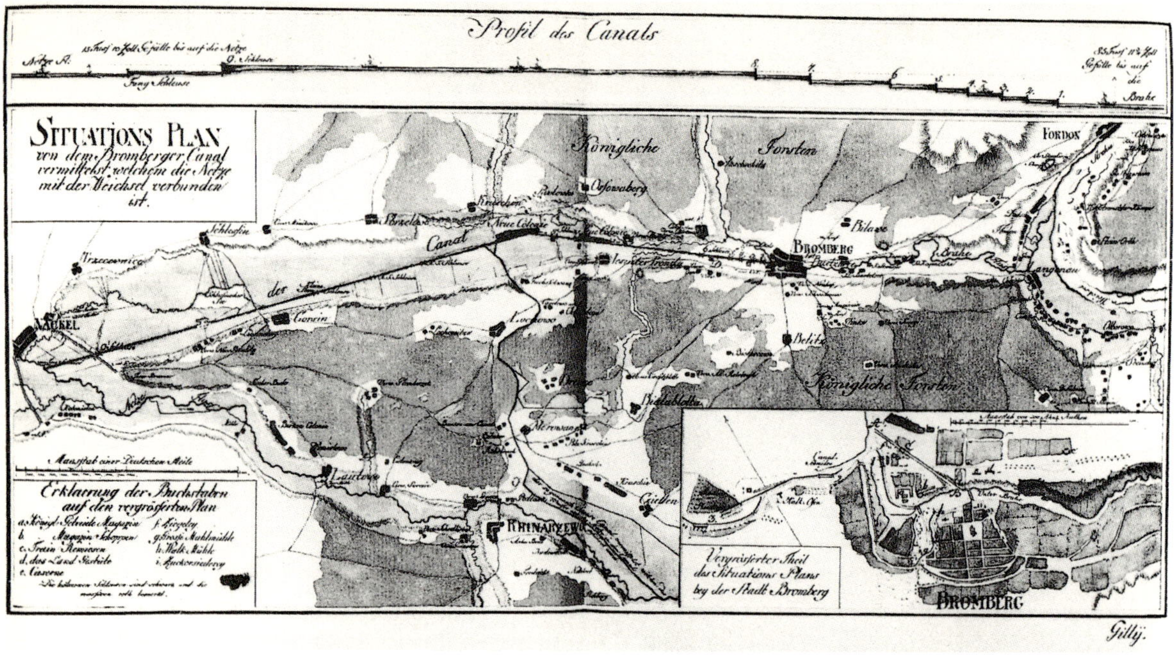

Plan des Bromberger Kanals, Entwurf von David Gilly aus dem Jahre 1798
Der unter Friedrich dem Großen in einer Bauzeit von nur achtzehn Monaten erbaute Bromberger Kanal machte Bromberg zu einem bedeutenden Holzumschlagplatz und trug so wesentlich zum wirtschaftlichen Aufschwung des Netzegebiets bei. Unter Friedrich dem Großen erfolgte auch eine Besiedlung des Netzedistrikts mit rund 7000 deutschen Kolonisten.

der man die Polen und ihr Land zu sehen sich gewöhnt hatte, das Erkennen der äußerst unübersichtlichen Lage nur noch erschwerte. Auch das Urteil Moellendorffs über die Polen wich von der allgemeinen Linie der Zeit nicht ab. »Der dominierende Charakter der Nation ist Stoltz und Eitelkeit, derhalben es gut sein würde, wenn von denen sehr reichen Familien einige nach Berlin gezogen werden könnten. Mit einer sehr guten Behandlung, bei gewisser beweisender Fermeté, ist der hiesige Einsasse zu allem zu bringen.« Aber schon bei der allernächsten Zielsetzung geriet der General in Widerspruch zu der von den Beamten geübten Verwaltungsmethode. Der General sah »nicht gleich auf die stärksten Einnahmen, sondern auf die Beruhigung der Gemüter und den Wohlstand der Bewohner, um ihnen ihre vorige Situation vergessen zu machen«. Voss dagegen, der Minister für Südpreußen, wollte »diese Provinz bei der ersten Organisation vorbereiten, mit gleichen Schultern zu den beiden Hauptressorts des preußischen Staates, dem Militär- und Geldetat, ihren Beitrag zu leisten«.

Dem Bestreben, ohne Rücksicht auf die Bevölkerung aus der neuen Provinz möglichst bald hohe Gewinne herauszuwirtschaften, stand die weitverbreitete Abneigung der Polen gegen die neue Ordnung entgegen. Allzu scharf stießen die Gegensätze der preußischen Verwaltungspraxis und der polnischen Zustände als geschichtlich gegebene Tatsachen aufeinander.

Mit seinem aus den alten Provinzen übertragenen, gut eingespielten Verwaltungsapparat ging Preußen also daran, Neuerungen einzuführen. Dabei mochte die Provinz den in der Aufklärung herangewachsenen und weitgehend in ihr verharrenden Beamten wie eine Tabula rasa vorgekommen sein, auf die sie nun mit kräftigen Strichen die neue Ordnung einzutragen begannen. Anscheinend übersahen sie aber, daß die als segensreich erachteten Maßnahmen einer zielstrebigen Vernunft dennoch zu Mißstimmungen führen konnten, wenn sie gegenüber einer Bevölkerung von anderen Gewohnheiten und anderer Denkungsart angewandt wurden. Traditionen mochten den aufgeklärten Beamten als Reste einer schleunigst zu beseitigenden Rückständigkeit erschienen sein. Die »Amalgamierung« Südpreußens stellte sich dabei ausschließlich als Problem der Staatsautorität dar. »Eine aufsässige, an zügellose ständische Freiheit gewöhnte Aristokratie zu loyaler Untertanenschaft, zum Gehorsam gegen den neuen Landesherrn und seine Behörden, zu preussischer Ordnung, zur ›Räson‹ zu bringen – darauf kam es an … Noch fühlte sich die Staatskunst der Kabinette imstande, ohne viel nationales Sentiment allein der ›Staatsräson‹ zu folgen.«

König Friedrich Wilhelm II. selbst fand seine Akquisition landschaftlich zwar ganz schön, griff aber bald zu dem Stichwort »economie Polonaise«, der »polnischen Wirtschaft«. Der König folgte hier dem allgemeinen Sprachgebrauch, nahm das geflügelte Wort des 18. Jahrhunderts mit dem ironischen und negativen Wertakzent auf und umriß mit seiner Hilfe das ganze Programm der preußischen Verwaltungsarbeit. Dabei war aber für ihn wie für die Beamten wahrscheinlich, daß sie den Begriff schon vor der Besitznahme Südpreußens kennengelernt hatten, ja mit seiner Hilfe und unter seinem vereinfachenden Zwang die ihnen entgegentretenden Erscheinungen zu beurteilen versuchten.

Sosehr auch das Schlagwort von der »polnischen Wirtschaft« die äußeren und sichtbaren, auch aus polnischen Quellen bekannten desolaten Zustände in der untergehenden polnischen Adelsrepublik richtig beleuchtet haben mag, so scheint in ihm doch sehr viel von dem Zeitgeist des 18. Jahrhunderts zu stecken, der sich mit den für die Nachbarn turbulent und kurios anmutenden Verhältnissen in Polen lebhaft auseinandersetzte. Die öffentliche Meinung im Westen hatte sich nämlich zumeist aufgrund der zahlreichen Reisebeschreibungen ausländischer Schriftsteller geformt, die ihre Eindrücke aus der Sicht der Aufklärung heraus niedergeschrieben und als Sensationen, die in ihrer Wirkung denen von Entdeckungsreisen in exotische Länder kaum nachstanden, einem ebenso aufklärungsstolzen wie wissensdurstigen Publikum mitgeteilt hatten. Unter den deutschen Schriftstellern ragt besonders Johann Georg Forster, der weit herumgekommene Weltumsegler, heraus. Durch solche Beschreibungen und Hinweise auf die Rückständigkeit der wirtschaftlichen Verhältnisse und die Verwahrlosung des öffentlichen und politischen Lebens sowie durch die kuriose Literatur aus der Zeit der polnischen Königswahlen »wurde dem deutschen Publikum jene oft ungerechte Verachtung und Verhöhnung polnischen Wesens, deren erste Spuren sich schon im 16. und 17. Jahrhundert finden, vollends eingeprägt«. In Anlehnung an die polnische Selbstironie »Polska nierządem stoi« (*Polonia confusione regitur*) waren die Schlagwörter von dem »verirrten Polen«, von der »polnischen Wirtschaft« und vom »polnischen Reichstag« aufgekommen. Ebenso war von »halsstarrigen Pohlen«, von »unruhigen Köpfen derer Pohlen« und von »unartigen Polacken« die Rede gewesen. Vergessen war die Begeisterung in Volkslied, Roman und Drama über den Anteil Sobieskis am Türkensieg vor Wien 1683, bestätigt erschienen dagegen die jahrzehntelangen Prophezeiungen vom Untergang Polens durch die in den Teilungen sichtbar waltende Nemesis, welche die harten Urteile über diesen Staat zu sanktionieren schien.

So öffnete sich den Beamten ein weites Feld energischer Organisationsarbeit auf dem Gebiet der Wirtschaft und Kultur, für die sie aus der preußischen Erfahrung der letzten hundert Jahre die besten Voraussetzungen mitbrachten. Freilich stießen sie sich an manchen Äußerlichkeiten. Der Minister von Voss hätte beispielsweise die polnische Tracht mit *żupan, kontusz*, Gürtel, Säbel und gelben oder roten Stiefeln der Adligen, die zu Landräten bestimmt waren, gern durch preußische Beamtenuniformen ersetzt gesehen, obwohl er wußte, daß die Kleidung des Adels eine Ständetracht war und als ein charakteristisches Recht der polnischen Nation betrachtet wurde. Ihn verstimmte, daß sie »an alte Verhältnisse erinnerte und von der Verwandtschaft mit Altpolen eine Spur zurücklasse«. Voss war für ein direktes Verbot der polnischen Tracht und fand es unpassend, »wenn Landräthe, Magisträte in polnischer Tracht zu erscheinen sich erdreusten dürften«. Ein entsprechendes Verbot ist jedoch nie ausgesprochen worden.

Die Aufgabe der preußischen Beamten, die Provinz den übrigen preußischen Gebieten anzugleichen, war durch ihre ungewohnte gesellschaftliche Stellung gegenüber dem höheren polnischen Adel sehr erschwert. Dem Prunk der Magnaten hatten die zur Sparsamkeit erzogenen Offizianten kaum etwas entgegenzusetzen. In einem amtlichen Bericht heißt es, »das contrastierende ihrer dürftigen Privat-Verhältnisse mit den ehe-

Die noch aus friderizianischer Zeit stammenden Bromberger Fachwerkspeicher sind bis heute ein Wahrzeichen der Stadt geblieben. Aus Bromberg stammt der Maler Walter Leistikow, dessen Karriere sich allerdings, wie bei den meisten bedeutenden Söhnen des Posener Landes, außerhalb der Provinz vollzog.

maligen polnischen Officianten, welche entweder die vornehmsten und reichsten im Lande waren oder durch Nebenwege ihren Hang zum Aufwande zu nähren wußten, setzte sie völlig herab. So trug man die persönliche Verachtung der meisten preußischen Officianten auf ihr Amt selbst hinüber, wodurch jede gute Organisation dieser Provinz ungemein gehindert wurde.«

Die gehobene polnische Adelsschicht pflegte fast durchweg einen Lebensstil und Gesellschaftsformen, die französischen Salons entlehnt waren. Eine gefühlsmäßige Bejahung oder Ablehnung der neuen preußischen Ordnung richtete sich sehr stark danach, in welchem Lichte die Beamten als Vertreter des preußischen Staates und seiner Räson dem polnischen Adel, besonders den Magnaten, erschienen. Nicht so sehr, welche sachlichen Maßnahmen im einzelnen höheren Orts angewiesen wurden, war für Mitgehen oder Widerstand entscheidend, sondern die Art und Weise, wie die »Officianten« sie im unmittelbaren Kontakt mit der Bevölkerung verkündeten, begründeten und verwirklichten. Hier mußte nicht nur jede amtliche Handlung und Äußerung, sondern auch jede private Meinung in ihrer möglichen Auswirkung abgewogen werden. Das erforderte die Rücksicht auf die nationale Psyche der neuen Untertanen. Der König mag eine Vorstellung davon gehabt haben, als er an Voss schrieb: »Da sich übrigens die Einwohner von Südpreussen zum Theil nicht ohne Mühe zur Ordnung und pünktlichen Befolgung der Vorschriften gewöhnen werden, so werdet Ihr den Cammern einzuschärfen haben, dass sie, die Fälle ausgenommen, wo Ernst und Nachdruck notwendig sind, mit Geduld, Bescheidenheit und Sanftmuth zu Werke gehen. Ich habe das Zutrauen, dass die Collegia die ihnen verliehene Autorität nicht missbrauchen werden. Insbesondere muss aber dahin gesehen werden, dass sich die Unter-Officianten alles rüden und despotischen Verfahrens enthalten müssen. Ich überlasse es Euch, die Cammern mit Rücksicht auf den Charakter der Nation zu instruiren.« Eine solche »Rücksicht auf den Charakter der Nation« hieß, Nationalität und Sprache, Konfession und Geschichtsbewußtsein, Zeitgefühl und politischen Anspruch, Tradition und Zukunftsstreben zu bedenken.

Nicht alle Beamten wurden den politischen und auch persönlichen Anforderungen in der neuen Provinz gerecht; so klagte beispielsweise Hoym über menschliche Unzulänglichkeiten im Beamtenpersonal Südpreußens. »Unter denen Officianten aller Classen sind viel fehlerhafte.« »Ein Hauptgrund der Unzufriedenheit lag in dem ›unanständigen‹, nach heutigem Sprachverstädnis grob-taktlosen, unpassenden Betragen vieler Unteroffizianten gegen den Adel und die Bürger.« »Ein spöttisches Betragen gegen die angesehensten Männer hat sie verhasst gemacht ...« Stand auf der einen Seite bei manchem preußischen Beamten das helle Bewußtsein der Aufklärung, »eine rohe, unruhige Nation, die in sich selbst über die unter der Ohnmacht und Einfalt erliegende Gerechtigkeit unglücklich war, die wohltätigen Folgen eines Regierungssystems fühlen zu lassen, welches unter weisen Fürsten durch große Geistesgaben zu seltener Reife gediehen war«, so war doch andererseits die Versuchung festzustellen, sich fern den Verwaltungszentralen den Annehmlichkeiten unkontrollierter Weitschweifigkeit hinzugeben.

Nach einer Reise durch Südpreußen stellte auch Friedrich Wilhelm III. fest: »Noch kennen Meine neuen Untertanen ihren Wert, den sie dem preußischen Scepter verdanken, nicht, weil ein großer Theil der angestellten Unterbedienten ihren Beruf verkennen und ihr Amt, statt es zum Schutze des Unterdrückten auszuüben, zu Gewalttätigkeiten mißbrauchen. Es ist unter ihnen fast zum Sprichwort geworden, daß der vormahlige Pohle nur mit der Peitsche gehandhabt werden könne, ungeachtet ich Mich überzeuget habe, daß die Süd- und Neu-Ost-Preußen ein gutmüthiges und biegsames Volk ausmachen, das eine solche Behandlung nicht verdienet. Alle diese vielfache Beschwerden gereichen mir umso mehr zum höchsten Mißfallen, als nur durch ein entgegengesetztes pflichtmäßiges Betragen der Officianten der uncultivirte Theil der Nation civilisirt, für das Gute in der Preußischen Verfassung empfänglich gemacht werden kann, dessen Oberhaupt alle seine Schritte nur auf die Wohlfahrt des Ganzen berechnet und diese durch die Glückseligkeit aller und jeder Unterthanen zu erreichen bemüht ist.«[2]

Wenn solche Urteile der Minister und des Königs über manche unteren Beamten auch für sich sprechen, so kann doch die persönliche Unzulänglichkeit einzelner nicht als Maßstab für die südpreußische Beamtenschaft schlechthin gelten. Die südpreußische Verwaltung war zwar ein viel kritisiertes Sorgenkind der altpreußischen Bürokratie, ihre Aufbauleistungen in den verschiedenen Zweigen der Landeskultur fordern aber, sie mit Respekt zu betrachten. Es lag nicht nur an den Beamten, daß ihre Bemühungen um Aufbau und Ordnung keinen Anklang fanden. Tiefe, auch gefühlsmäßige Gegensätze zwischen polnischem Wesen und preußischer Staatsräson berühren den Kern der Kritik an den preußischen Maßnahmen. Er lag darin, daß man »in allen in das Land ergangenen Verordnungen von nichts als Pflichten, Schuldigkeiten, Gehorsam und Abgaben redet«. Diese Kritik war weniger die Frage des Rechtsempfindens als die Scheu vor der mit dem Pathos der Aufklärung erfüllten Bürokratie, deren Ton als moralische Belehrungen und hochmütiges Besserwissen aufgefaßt wurde. »Es sind unter den Verordnungen viele, zu deren Durchlesung nicht Tage und Wochen, sondern Monathe erfordert werden … und den größten Teil der Einwohner missmutig machen.« Auch der für einfachere Naturen schwierige Instanzenweg, etwa bei Rechtsverfahren, war den meisten Polen ein Greuel.

Eine Maßnahme, die viel Ärger bereitete, war beispielsweise die sogenannte Musikabgabe, die Steuererhebung für die Tanzmusik bei Geselligkeiten. »Schon der Name dieser Abgabe ist dieser Nation gehässig«, schrieb Hoym. Die Musikabgabe hatte aber eine für die Aufklärung typische Begründung gefunden. Sie sollte im Sinne der Förderung der öffentlichen Moral erzieherisch wirken. »Völlerey ist eines der allgemeinsten sittlichen Übel des gemeinen Pohlen, der Tanz fordert dazu auf«, schrieb Voss. Daß der adlige polnische Brennereibesitzer den Trunk als Einnahmequelle betrachtete und daher eher förderte als einschränkte, war von dem preußischen Beamten richtig beobachtet. Aber wenn schon getrunken wurde, so sollte nach dem obersten Gesetz des Beamtenfiskalismus wenigstens der Staat der Nutznießer sein. Eine solche Auffassung von Tanz und Geselligkeit erschien den polnischen Bauern und dem vergnügungsfreudigen Adel fremd und steif. Erst nach dem zur politischen Besinnung zwingenden Aufstand von Kościuszko im Jahre 1794 wurde die Musikabgabe wegen der in Südpreußen entstandenen Unruhen und »in Hinsicht des dortigen Nationalcharakters« aufgehoben.

Ein Gebiet, auf dem es zu Spannungen zwischen den aufgeklärten Beamten und dem Volk beinahe zwangsläufig kommen mußte, war die Religion. »Die von manchen [Offizianten] öffentlich geäußerte Irreligion«, mit welcher der Rationalismus gemeint war, machte »einen sehr üblen Eindruck«, hieß es in einem Ministerialerlaß von 1795. Während die Masse des polnischen Volkes noch kaum mit dem Gedankengut der Aufklärung in Berührung gekommen war und unter dem beherrschenden Einfluß der gerade im Posener Lande starken Gegenreformation gewissermaßen noch in der Scholastik verharrte, waren die preußischen Beamten, durch die philosophischen Lehren des 18. Jahrhunderts beeinflußt, entweder zu einer echten oder aus religiöser Interesselosigkeit geborenen Toleranz oder auch zu einer Art »Irreligion«, der Absolutsetzung der Vernunft, gekommen. Da Polen sich gerade durch die verspätet, weil erst zu Beginn des 18. Jahrhunderts einsetzende staatliche Gegenreformation manche Sympathien in Europa verscherzt hatte, mochte das Bewußtsein, die öffentliche Meinung hinter sich zu haben, die preußischen Beamten zu jener selbstsicheren Einstellung gegen den »blinden Religionseifer« der Polen gebracht haben. Für sie erschien es »wenig vorteilhaft, einmal gegangene katholische Capellen retabliren zu lassen, indem sie Gelegenheiten zu Wallfahrten geben, wodurch der gemeine Mann von seiner Arbeit abgehalten und zum Müßiggang und Schwelgerey gewohnt wird«. Die vielen katholischen Feiertage hielt man in den südpreußischen Amtsstuben ebenfalls für überflüssig, denn durch sie »vernachlässigt der Hausvater und Ackerwirth nicht nur seine Wirtschaft, sondern versäuft auch das Erworbene, dazu ihm die Tanzmusik, die nach geendigter Gottesverehrung in der Schenke den Anfang nimmt, fortwährend Gelegenheit gibt«. Bei diesem schroffen Gegensatz zwischen Beamtenanschauungen und geistlichem Amt waren Reibungen unvermeidlich. Hinzu kam, daß Alt-Preußen ein protestantisch regierter Staat war und die vorherrschend katholischen Polen sich in ihrer Konfession bedroht fühlten. Der genannte Erlaß gegen die »öffentlich geäusserte Irreligion« befahl daher: »Es kann ein jeder seine Irrtümer für sich behalten, aber niemand hat die Befugnis, andere damit zu ärgern und zu einer so schädlichen Trennung der Gemüther der katholischen Untertanen von einer protestantischen Regierung vorsätzlich Veranlassung zu geben.« Eine natürliche Spannung blieb jedoch bestehen, sie sollte sich im »Kulturkampf« der Bismarckzeit verhängnisvoll zuspitzen.

Es fiel den Beamten schwer, das politische Denken des polnischen Adels zu begreifen, der bis zum Zusammenbruch Träger des Staates gewesen war und sich an die Verurteilung zu politischer Bedeutungslosigkeit nur schwer gewöhnen konnte. Um den Adel aber mußten notwendig zunächst alle Probleme der preußischen Polenpolitik kreisen, da er die polnische Nation schlechthin darstellte, wenn auch sehr genau zwischen dem zahlreichen armen, politisch kaum in Erscheinung getretenen Kleinadel und dem Magnatentum unterschieden werden mußte.

Der polnische Adel unterschied sich von dem der alten preußischen Provinzen unter anderem dadurch, daß er sich selbst die Möglichkeit verschlossen hatte, seine Söhne

Die Sankt-Annen-Kirche in Wilna, ein spätgotischer Backsteinbau, ist eines der wenigen steinernen Zeugnisse deutscher Geschichte in der litauischen Hauptstadt. Hier wurde 1533 die Reformation in lutherischer Form und Deutsch als Predigtsprache eingeführt. Doch die Gegenreformation erfolgte rasch: Schon 1593 wurde in der wieder katholischen Annenkirche die deutsche Predigt verboten. Zwischen den überwiegend hellen Bauten der Stadt fällt der dunkelrote Backstein des Gotteshauses sofort ins Auge. Als Napoleon 1812 auf dem Rückzug aus Rußland durch Wilna kam, war er von der Annenkirche so angetan, daß er sich wünschte, sie auf der flachen Hand mit nach Paris nehmen zu können.

Die Krakauer Tuchhallen stammen in ihrem Kern noch aus der Mitte des 14. Jahrhunderts und gehen auf Vorbilder in niederländischen Städten wie Gent, Brügge oder Antwerpen zurück, in welchen die berühmten flandrischen Tuche feilgeboten wurden. Mit der Architektur wurde auch der Name Tuchhallen übernommen, obgleich hier in Krakau auch andere Waren verkauft wurden. Um die Mitte des 16. Jahrhunderts wurden die Tuchhallen von italienischen und deutschen Künstlern im Stil der Renaissance umgestaltet. Ihr heutiges Aussehen erhielten sie bei den Restaurationsarbeiten der Jahre 1875 bis 1879, als die charakteristischen neugotischen Arkadengänge und Erker entstanden. Im Obergeschoß befindet sich eine 1879 gegründete Gemäldegalerie mit Werken der polnischen Malerei des 19. und 20. Jahrhunderts.

in einem weitverzweigten Beamtentum oder in der Armee unterzubringen. Die polnische Adelsrepublik war kein zentralisierter Staat mit einem absoluten Monarchen, dem Berufsbeamtentum und stehendes Heer als Instrumente der absoluten Gewalt zur Verfügung gestanden hätten; der Adel hatte ihre Bildung zu verhindern gewußt, sich damit aber selbst eines breiten Betätigungsfeldes beraubt. Den preußischen Beamten erschien der polnische, zumeist besitzlose Kleinadel vielfach lediglich als träger, auf den Höfen der Magnaten herumlungernder, zu allen kleinen Diensten bereiter »Tross von Menschen, den der reiche polnische Edelmann mit sich führte«, der nun aber »fixirt und zum Fleiß genötigt« werden müsse. Das gelang jedoch nicht, weil der Adel aus den bisherigen Gewohnheiten nicht herausgerissen werden konnte; darüber hinaus war seine Einstellung zu der Möglichkeit, in preußische Dienste zu treten, eine völlig andere, als sie nach 1772 beim westpreußischen Adel zu finden gewesen war. Der südpreußische Adel machte von ihr keinen Gebrauch. Hoym klagte kurz nach dem Kościuszko-Aufstand, an dem sich ein Teil des polnischen Adels in Südpreußen beteiligt hatte: »Der republikanische Sinn bei dem größten Teil des Adels will sich gar nicht in die monarchische Form passen lassen.« »In diesen republikanischen Köpfen liegt die pohlnische Idee, zum Besten der Republik sich selbst gegen den König konföderieren zu können.«

Offenbar stand diese »pohlnische Idee« der erstrebten Umerziehung der neuen Untertanen im Wege. Die überkommenen Formen der altpolnischen Vefassung waren nicht ohne weiteres in eine Einheit der Gesetze, Sitten, Gebräuche, der Vorteile und Lasten und – war es dahin zu bringen – auch der Sprache, in ein »National-Band« preußischer Staatsgesinnung zu verwandeln. Trotzdem glaubten die Träger der Verwaltung als gehorsame Diener der aufgeklärt-absolutistischen Monarchie in einer Art kulturellem Sendungsbewußtsein die »Gemütsart der Polen« anzusprechen, zu verändern, mit ihnen »verwüstete Provinzen zu retablieren«, durch »sittliche Ausbildung auf den Charakter der Nation zu wirken«, schließlich eine »Mischung zwischen beiderlei Nationen, gleichsam die Amalgamierung beider Nationen miteinander hervorzubringen«.

Bei der Wichtigkeit der »Nationalisierung und Amalgamierung«, die als erzieherische Aufgaben und Probleme der Umbildung verstanden wurden, war es von größter Bedeutung, wie das Schulwesen selbst beschaffen war, herrschte doch die Hoffnung vor, geistige Entwicklungen breiter Bevölkerungsschichten allein durch den staatlichen Willen und Organisationssinn sowie die Bereitstellung technischer Mittel und Einrichtungen vollziehen und nachholen zu können. Nichts erschien hier nach Meinung von Hoym »nöthiger, um eine rohe Nation, die ohne ihre Schuld mitten in dem gesitteten Europa fast bloßer Naturmensch blieb, aber sehr viele natürliche Anlagen hat, umzubilden, als die Einrichtung eines zweckmäßigen Schulwesens. Ein solches Schulwesen mußte aber Sache des Staates werden, mußte zu einer National-Ausbildung abzwecken und konnte nicht seinem eigenen Gang und dem Volk überlassen werden.« Hier liegen jedenfalls die Ansätze für die Auseinandersetzungen um die Schule als einer politischen Einrichtung, und es ist festzuhalten, daß der Begriff der »Amalgamierung« zum ersten Male gerade im Zusammenhang mit dem Schulwesen verwendet wird.

Überhaupt war die »Cultur der deutschen Sprache«, um die sich bekanntlich selbst Goethe im Hinblick auf Südpreußen Gedanken in einem »Vorschlag zur Einführung der deutschen Sprache in Polen, um eine höhere Kultur der niederen Klassen zu bewirken« gemacht hat, ein wichtiges Anliegen der preußischen Beamten, immer unter dem Gesichtspunkt der Staatsräson, daß »bei der Unkunde der deutschen Sprache die Gemeinschaft zwischen den polnischen und deutschen Einwohnern ganz abgeschnitten sei«; diese »Gemeinschaft« sollte bewirken, daß die »polnischen Einsassen immer mehr an die jetzige Landesverfassung gewöhnt werden«.

Das Gesamtbild von Geist und Form, Ziel und Methoden der Polenpolitik der südpreußischen Beamten hatte durch die Aufklärung des ausgehenden 18. Jahrhunderts seinen markantesten Zug erhalten. Allein von seiner höchsten Steigerung her ist eine gewisse vernünftlerische Unterschätzung des Gewordenen und Gewachsenen, jener Glaube an Fortschritt und Zivilisation zu verstehen, der durch eine Reglementierung aller Lebensäußerungen der Untertanen wahrgemacht werden sollte. Das Zeitgefühl, von dem die Beamten selber getragen wurden, mischte sich in alle ihre Beobachtungen und Pläne und gab ihnen eine bestimmte, auch enge Richtung. Da sie mehr von Maß und Zahl hielten als von den irrationalen Seiten im Leben von Völkern und Nationen, rechneten sie damit, die neue Provinz durch gewissenhafte Verwaltung einzurichten und aus den polnischen Bewohnern glückliche Individuen und gute Preußen zu machen.

Seitdem die Französische Revolution auch bei den Polen Wirkungen zeigte, war dieser rationale Optimismus freilich nicht mehr ganz berechtigt; auch die Polen verlangten für sich das Recht der nationalen Selbstbestimmung, nachdem schon unter dem Eindruck der ersten Teilung eine nationale Besinnung spürbar geworden war. Gerade das Aufeinanderstoßen von preußischer Aufklärung und polnischer Tradition des Adligenstandes förderte bei den Polen das Entstehen eines Nationalbewußtseins der Abwehr. Die polnischen Reformbestrebungen, die in die Konstitution vom 3. Mai 1791 gemündet waren und den Aufstand Kościuszkos von 1794 beflügelt hatten, waren weitere deutliche Zeichen dafür. Mit diesem erwachten Nationalgefühl hatte der obrigkeitliche Absolutismus Preußens seine unverkennbaren Schwierigkeiten. Wirtschaftliche und wohlfahrtsstaatliche Gesichtspunkte allein genügten nicht, der sich vollziehenden nationalen Revolutionierung Herr zu werden. Die aus der Sicht der Aufklärung gefällten Urteile – sehr oft Vorurteile – über Land und Leute verhinderten das. So erklärt sich der Abfall Süd- und Neuostpreußens nach den Niederlagen von Jena und Auerstedt gegen Napoleon in den Jahren 1806/07. Sie sollten aber den Weg frei machen für eine neue Polenpolitik, die aus den Ideen der Reformzeit Antrieb und Rechtfertigung erhielt und in welcher auch etwas von dem »historischen Sinn« Herders zu spüren war. Dann sollte – wie bei dem Freiherrn vom Stein in dessen »Nassauischer Denkschrift« – die Erkenntnis kommen, daß »die polnische Nation zufriedengestellt und dem preußischen Staat anhängen würde, wenn man ihr eine Verfassung gäbe, bei der ihr Nationalstolz beruhigt und ihr der Besitz ihrer Individualität gesichert wird. Diese nicht zu zerstören, sondern auszubilden, wird jeder für einen Gewinn halten, der nicht mechanische Ordnung, sondern freie Entwicklung und Veredlung der eigentümlichen Natur jeden Völkerstammes für den Zweck der bürgerlichen Gesellschaft hält.«

Trotzdem bleibt höchst beachtenswert, was es in der »südpreußischen« Zeit zwischen 1793 und 1806 alles an bedeutsamen deutsch-polnischen Annäherungen gegeben hat. Als treffliche Beispiele sind die beiden Groß- und Hauptstädte Posen und Warschau zu nennen. Zunächst befand sich vor allem Posen in einem Zustand trauriger Vernachlässigung.[3] Diese ging noch auf die Zeit des Nordischen Krieges mit seinen Verwüstungen zurück und hatte eine Verminderung der Stadtbevölkerung, große Verschuldung, Verfall von Handel und Gewerbe zur Folge gehabt. Die schon in den letzten Jahren vor der zweiten Teilung 1793 einsetzende allmähliche Besserung nahm unter preußischer Regie handfeste Formen an. Die alten deutschrechtlichen, vielfach erstarrten Formen des inneren Aufbaus wichen neuen, effektiven preußischen, etwa durch die Einrichtung einer Kriegs- und Domänenkammer sowie einer »Regierung« für das Justizwesen. Freilich galt dabei die Regel, daß nur des Deutschen mächtige Personen städtische Ämter bekleiden sollten; Deutsch wurde auch, nach Lateinisch und Polnisch, städtische Amtssprache, ohne daß damit bereits moderne Germanisierungsabsichten verbunden gewesen wären. Zudem wurden alle Amtserlasse und ähnliches mit einer Übersetzung ins Polnische versehen, wie auch bei allen Beamten auf Kenntnis der polnischen Sprache gesehen und die Anstellung landeseingeborener Kandidaten seit 1794 sehr erleichtert wurde. Das markante, im italienischen Stil gebaute Rathaus zu Posen wurde zu neuer, erweiterter Benutzung umgebaut. Neubauten, etwa der Theaterbau an dem nach einem Stadtbrand 1803 neu angelegten Posener Wilhelmsplatz mit Stilelementen, welche die Tätigkeit Rauchs und Schinkels vorbereiteten, Reparaturen, Straßen, Brücken, Wasserleitung, Feuerwehr forderten städtische Anstrengungen, wurden aber auch vom preußischen Staat mit erheblichen Mitteln gefördert. Die Bevölkerung wuchs rasch an, wobei die Deutschen etwa ein Viertel ausmachten. Dem preußischen Militär kam im Posener Stadtbild noch nicht die spätere Bedeutung zu; da eine Kasernierung noch unbekannt war, empfand die Bevölkerung die »Naturaleinquartierung« mit Bett, Schrank, Kochstelle und »Erwärmnis« als drückend.

Der im jüdischen Viertel Posens entstandene Brand von 1803 hatte zur Folge, daß der Neubau ganzer Viertel begann, vor allem aber der Ghettozwang aufgelockert wurde, den Juden auch im Sinne eines freieren Handels und Gewerbes größere Beweglichkeit eingeräumt wurde, auch wenn das liberale Judenreglement von 1797 zunächst noch wirkungslos blieb. Mit der preußischen Verwaltung eröffneten sich für diese Bevölkerungsgruppe neue Möglichkeiten.

Bei allen preußisch-polnischen Spannungen und Ausgleichserscheinungen sollte nicht übersehen werden, daß es in Polen schon seit den Zeiten des Großen Kurfürsten von Brandenburg traditionell Befürworter einer »preußischen Lösung« gegen das Verhängnis einer russischen Unterwerfung gab. Obwohl das preußisch-polnische Bündnis von 1790 es den polnischen »Patrioten« erleichtert hatte, die Reformen des Großen Reichstages voranzutreiben und mit der Verfassung des 3. Mai 1791 zu krönen, hatte der Ausgleich zwischen Österreich und Preußen in der Reichenbacher Konvention diesem Bündnis das preußische Interesse entzogen. Die schmerzliche Folge für Polen war letztlich die Teilung von 1793 gewesen. Trotzdem blieben in Polen noch manche Sympathien für Preußen bestehen. Schon 1795 hatte der General und spätere Nationalheld Henryk Dąbrowski gemeinsam mit Józef Wybicki den Plan gefaßt, dem preußischen König die polnische Krone anzubieten und so eine preußisch-polnische Föderation zu begründen. Dem preußischen Hochgefühl konnte sich auch Fürst Józef Poniatowski nicht entziehen, als er sich 1802 in Berlin aufhielt, um in mancherlei Nachlaßnöten »mit soldatischem Freimut« an die Hilfe des preußischen Königs Friedrich Wilhelm III. zu appellieren. In Gesellschaft des mit dem preußischen Herrscherhause verschwägerten und betont preußenfreundlichen Fürsten Anton Radziwill nahm er am Berliner Hof- und Stadtleben mit Vergnügen teil und kehrte mit der höchsten preußischen Auszeichnung, dem Schwarzen Adlerorden, nach Warschau zurück.[4]

In Warschau hatte sich der erste preußische Befehlshaber, der in die Stadt gekommen war, der Reitergeneral von Günther, durch die Redlichkeit und Unbestechlichkeit seiner Amtsführung in hohem Maße die Sympathie der polnischen Bevölkerung erworben. Der gutmütige Gouverneur von Warschau, Köhler, stand ihm nicht nach. Überhaupt erfreute sich das prächtige Warschau in preußischer Zeit eines regen kulturellen und gesellschaftlichen Lebens. »Nirgends weht der Geist ziviler Freiheit so stark wie in der Lebensweise der hiesigen Einwohner«, schrieb Cyprian Godębski, der Dichter der polnischen Legionen, und er gab dem preußischen Warschau gegenüber dem russischen Teilgebiet den Vorzug. Im Jahre 1800 entstand hier die »Gesellschaft der Freunde der Wissenschaft« mit einem namhaften Kreis polnischer Gelehrter, um »wenigstens unter dem Vorwand der Wissenschaft den Bestand des Vaterlandes zu sichern, wenn wir schon nicht fähig sind, die politische Existenz aufzurichten«, wie der Vorsitzende, Bischof Albertrandi, erklärte. Als auswärtige Mitglieder gehörten ihr Goethe und Alexander von Humboldt an. Die Presse lebte wieder auf, Bücher erschienen; der aus Thorn stammende Samuel Gottlieb Linde begann, das erste große polnische Wörterbuch in Angriff zu nehmen, unter seinem Rektorat entstand 1805 auch ein polnisch-deutsches Lyzeum.

Vor allem sind auch zwei aus Ostpreußen stammende preußische Beamte zu nennen, die in »Südpreußen« Dienst taten und so Gelegenheit hatten, aus unmittelbarer Nähe die damalige polnische Wirklichkeit zu beobachten. Es sind dies Ernst Theodor Amadeus Hoffmann und Zacharias Werner. E. T. A. Hoffmann, romantischer Dichter, Musiker und Maler, lebte in den Jahren 1804 bis 1808 in Warschau, nachdem er vorher Regierungsassessor in Posen gewesen und wegen respektloser Karikaturen seiner Vorgesetzten 1802 nach Plock an der Weichsel strafversetzt worden war. Aus seiner Warschauer Zeit stammt das Singspiel »Die lustigen Musikanten« nach einem Text von Clemens Brentano. Daneben entstanden hier zwei Opern. Er gründete eine musikalische Gesellschaft, der sowohl Deutsche als auch Polen angehörten, brachte als erster Beethovens Symphonien in Polen zur Aufführung, setzte sich aber als Musikkritiker auch mit der polnischen Musik seiner Zeit auseinander, die er in die Gesamtheit polnischer Nationalkultur einzuordnen wußte. »Wie es mir in Warschau geht, mein teurer Freund?

Die gängigen Klischees einer engstirnigen und nüchternen preußischen Beamtenschaft früherer Jahrhunderte müssen angesichts solcher Vertreter derselben wie E. T. A. Hoffmann differenziert werden. Hoffmann war seit 1800 als Assessor bei der Regierung in Posen tätig, wurde wegen seiner Karikaturen des dortigen Garnisonskommandeurs 1802 nach Plock an der Weichsel strafversetzt und kam 1804 nach Warschau. Während die folgenreichen Posener Karikaturen nicht erhalten sind, existieren noch einige spätere Arbeiten, wie diese Zeichnung der vier höchsten Beamten der Warschauer Regierung

Eine bunte Welt – zu geräuschvoll – zu toll – zu wild – alles durcheinander«,[5] schrieb Hoffmann an Theodor von Hippel, den nachmaligen Verfasser des Breslauer Aufrufs »An mein Volk«, den der König von Preußen 1813 erließ. Neben Hoffmann wirkte auf dem Gebiet der Musikpflege der aus Grottkau in Schlesien stammende Joseph Elsner, der Begründer des Warschauer Konservatoriums und Lehrer Frédéric Chopins.

Hatte schon der Sachse Mitzler von Koloff den großen Plan der Schaffung eines polnischen Nationaltheaters, ähnlich wie es Lessing für Deutschland gefordert hatte, entwickelt, so brachte die preußische Zeit Warschaus darin mancherlei Fortschritte. Die preußischen Behörden ermöglichten einigen deutschen Theatergesellschaften das Auftreten in Warschau, Kalisch und anderen Städten Südpreußens. Der Theaterdirektor Döbbelin kam mit seiner Gesellschaft nach Warschau und arbeitete eng mit Wojciech Boguslawski, dem »Vater des polnischen Theaters«, zusammen. Auf seine Bemühung hin bewilligte die preußische Verwaltung dem Warschauer Theater eine jährliche Unterstützung, was aber nicht mehr zum Tragen kam, weil die politischen Ereignisse im Jahre 1806 die Beziehungen der preußischen Regierung zu Warschau lösten.

Als General von Köhler als letzter preußischer Soldat Warschau im November 1806 verließ und die Verwaltungsgeschäfte an den Fürsten Józef Poniatowski übergab, widmete ihm die Zeitung *Gazeta Warszawska* folgenden Abschiedsgruß: »Das von Güte und Milde geleitete Regiment dieses Beamten gewann ihm die allgemeine Liebe und Verehrung; er schied, begleitet von dem Segen und den guten Wünschen der Einwohner, denen er Herrscher und Freund zugleich war, um dafür ihre dauernde Dankbarkeit und Hochachtung zu finden.« Zu seinen Ehren wurde eine Medaille geprägt und durch eine besondere Abordnung nachgereicht. Poniatowski aber sah sich von Napoleon, der als Sieger über Preußen in Warschau einzog, mit Mißtrauen behandelt, weil er zum Empfang beim Kaiser den Schwarzen Adlerorden trug und aus seinen guten Beziehungen zum preußischen Königshause keinen Hehl machte.

Ein weiteres Beispiel engster positiver preußisch-polnischer Beziehungen ist der »polnische General mit dem preußischen Pour le mérite«, Józef Longin Sowiński, welcher 1796/99 in die preußische Armee eingetreten war und sich in der Schlacht bei Preußisch-Eylau durch höchste Tapferkeit ausgezeichnet hatte. Durch seine Danziger Ehefrau und seine vielfachen Verbindungen zu dem damals noch beträchtlichen deutschen Anteil der Bevölkerung von Warschau hatte Sowiński, der spätere Nationalheld im Novemberaufstand von 1830/31, Zugang zur deutschen Kultur der Klassik gewonnen. Auch hatte er Gefallen gefunden an manchem Zug der preußischen Reformen, etwa von Scharnhorst, und sie nach 1807 im Herzogtum Warschau in die Praxis umgesetzt. Wie bei manchen anderen Polen war bei Sowiński die »preußische Schule« als prägendes Element seiner militärischen und erzieherischen Tätigkeit unverkennbar.[6]

Indessen hatte es Napoleon nach den Siegen von Jena und Auerstedt verstanden, die Polen – besonders Südpreußens – für einen Aufstand zu gewinnen, der die recht überraschte preußische Herrschaft in den Teilgebieten von 1793/95 zum Einsturz brachte.

Noch aber war »Preußen nicht verloren«, sondern es schien ihm eine Frist vergönnt, seinerseits die polnische Frage aufzuwerfen. Schon kurz vor Ausbruch des Krieges zwischen Frankreich und Preußen hatte es preußisch-polnische Gespräche über eine engere politische und sogar militärische Verbindung gegeben, die auf polnischer Seite mit der Forderung nach größerer Bewegungsfreiheit verknüpft worden waren. Besonders Anton Radziwill und Felix Łubieński setzten sich für ein preußisch-polnisches Zusammengehen ein, mit dem Napoleon das französische nationalrevolutionäre Konzept aus der Hand geschlagen werden sollte. Doch wurden diese Überlegungen am preußischen Hof wenig entschlossen verfolgt, ja sie drohten im Strudel der Ereignisse vollends unterzugehen, bis sich endlich der Kreis der Reformer mit dem Freiherrn vom Stein an der Spitze des Radziwillschen Konzepts mit der ihm eigenen Gründlichkeit annahm.

Obwohl das Erscheinen Dąbrowskis in Posen im November 1806 den befürchteten Aufstand der Polen in Südpreußen ausgelöst hatte und die Provinz verhältnismäßig schnell in polnische und französische Hand gefallen war, nahm vom Stein Diskussionen um Gegen-Insurrektionspläne Radziwills zum Anlaß, über eine Abrechnung mit der verfehlten Verwaltung in Preußen hinaus neue, aus reformerischen Antrieben genährte Pläne einer preußischen Polenpolitik zu entwerfen. Gegen den harten Kurs des Posener Kammerdirektors Justus Gruner, der unbeirrt die Einschmelzung der polnischen Provinzen in den preußischen Staat durch »die gänzliche Aufhebung der [polnischen] Verfassung, Sprache und adligen Vorrechte« forderte, und in Übereinstimmung mit den Ideen von Altensteins, der rechten Hand von Hardenbergs, schlug vom Stein in seiner »Nassauischen Denkschrift« vom März 1807 vor, »Pohlen an die Stelle von Süd- und Neu-Ostpreußen zu setzen«, also in enger Verbindung mit Preußen »polnische Individualität zu sichern«. Wenn auch die gesamten innerpreußischen Diskussionen um die polnische Frage, bei der fortwirkende Positionen bezogen wurden, zunächst jäh durch den Frieden von Tilsit 1807 abgebrochen wurden, so blieb doch für Preußen bedeutsam, daß sie in engstem Zusammenhang mit der Reform des gesamten Staates geführt worden sind. Tilsit aber gab den Polen den Weg frei für eine neue polnische Staatlichkeit, das »Herzogtum Warschau«, nachdem Preußen alle Gebiete herzugeben gezwungen wurde, die es in der zweiten und dritten Teilung gewonnen hatte.

Bleibende Spuren hinterließen preußische Herrschaft und Verwaltung in Gestalt der staatlichen Siedlungen, welche die pommerschen und schlesischen Hauländersiedlungen oder Holländereien und die kleinstädtischen Tuchmachersiedlungen der Zeit vor den Teilungen in völlig neuem Stil als »Kolonien« insbesondere der »Schwabensiedlungen« fortsetzten. Unter dem reformeifrigen und bildungsfreudigen Zugreifen der mit allen planerischen Mitteln des absolutistischen Staates ausgestatteten preußischen Beamten vollzog sich eine Kolonisation, die seit 1772 im Netzedistrikt und in den Jahren 1793/95 bis 1806 in Süd- und Neuostpreußen mit nur 15000 Personen etwa fünfzig geschlossene Mustersiedlungen geschaffen hat. Diese teilweise schon als Vorstadium und Eignungsprüfung der Grundgedanken der späteren Stein-Hardenbergschen Reformen auf dem Versuchsfeld der polnischen Gebiete durchgeführte Politik der »Peuplierung« mit allen ihren Begleiterscheinungen, besonders einer versöhnlichen Polenpolitik, ist besonders mit dem Namen des Provinzialministers von West- und Ostpreußen, Friedrich Leopold Reichsfreiherr von Schroetter, verbunden. Ihm als tüchtigem Praktiker war der Übergang von den altpreußisch-friderizianischen Traditionen zum Reformerkreis um den Freiherrn vom Stein, mit dem auch von Altenstein und von Schoen zu nennen sind, am wirkungsvollsten gelungen. Diese Mustersiedlungen, zu einem erheblichen Teil auf wüsten Hofstätten errichtet, haben sich als Grundlage einer modernisierten Landwirtschaft an Warthe und Weichsel ausgewirkt.[7]

Auch im Städtewesen hatten sich mit einwandernden deutschen Handwerkern, Kaufleuten, auch Beamten und Offizieren und mit einer judenfreundlichen Gesetzgebung neue positive Entwicklungen angebahnt. Zudem tauchte dabei ein völlig neues stammliches Element auf, die Schwaben aus dem Württembergischen, deren Stammesnamen im polnischen Sprachgebrauch (*Szwaby*) mit dem Unterton von Spott und Verachtung neben die alte Bezeichnung für die Deutschen trat. Zahlreiche, auch offizielle Ortsnamen wie Leonberg, Ludwigslust, Sulzfeld, Durlach, Ilvesheim, Neu-Württemberg und andere kündeten bis in die Gegenwart hinein von der südwestdeutschen Herkunft der Kolonisten. Ebenso vollzog sich im Bereich des Großgrundbesitzes eine neue Schichtenbildung. Es entstand eine Gruppe deutscher Gutsbesitzer, die durch agrarkulturelle Neuerungen wie Fruchtwechsel, Zuckerrübenanbau, Maschinen, künstliche Düngung und ähnliches in erheblichem Maße dazu beitrug, das Posener Land zu einer Kornkammer zu machen. Wichtig dabei ist, daß alle diese Veränderungen sich zunächst nicht im Zeichen des ausgreifenden Nationalismus und deutsch-polnischen Nationalitätenkampfes vollzogen, sondern die Beziehungen zwischen Deutschen und Polen in Preußen immer noch den altpolnischen glichen. Es ging Preußen nicht darum, polnisches Land »deutsch zu machen«. Gleichwohl war die Polenfrage in der südpreußischen Zeit auch als Problem der Nationalität erkannt, in den Kreisen der Reformer auch die Versöhnlichkeit polnischer und deutscher Nationalität unter der Herrschaft einer recht verstandenen Staatsidee Preußens für möglich gehalten worden.

Indessen schlugen seit 1789 die in der Französischen Revolution geweckten Ideen von Nation und Nationalstaat im preußisch-polnischen politischen und kulturellen Bereich neue Seiten der Beziehungen auf. Die hegemonialen Pläne Napoleons für das östliche Mitteleuropa schufen für Polen neue Möglichkeiten, aber auch für die im Lande mitwohnenden Deutschen.

Mit revolutionären Mitteln bekam Napoleon Bonaparte zunächst im November 1806 Südpreußen in die Hand, indem er im Rücken der preußischen Armee einen polnischen Aufstand entfachte, der das nach den Niederlagen von Jena und Auerstedt am Abgrund stehende Preußen völlig überraschte.[8] Seine Führer waren der General Dąbrowski und der Reichstagsdeputierte Wybicki, die vor Jahren noch eine polnisch-preußische Lösung angestrebt hatten. Mit Versicherungen Napoleons zur Wiederherstellung Polens versehen, vermochten sie besonders den Adel in den Zustand heller nationaler Begeisterung zu versetzen, wofür der Empfang der ersten französischen Chasseurs in Posen am 3. November 1806 charakteristisch war. Die deutsche Bürgerschaft, etwa in Posen, blieb wohl nüchterner, konnte sich aber der Faszination durch die Ereignisse nicht völlig verschließen, zumal ein preußisch-deutsches Nationalbewußtsein noch kaum entwickelt war und sich erst in den Befreiungskriegen zu äußern begann.

Das Weinlokal »Fukiernia« am Warschauer Alten Markt ist nach der polnischen Linie der Fugger benannt, welche im 16. und 17. Jahrhundert eine wichtige Rolle im wirtschaftlichen Leben der Stadt spielten. Erbaut wurde das Haus aber Anfang des 16. Jahrhunderts durch einen anderen deutschen Bürger der Stadt, den Weinhändler Georg Korb.

Die preußische Verwaltung in den preußisch-polnischen Gebieten stellte mit allen Behörden ihre Tätigkeit ein, auch wenn die neue polnische »Regierende Kommission« auf die eingearbeiteten preußischen Beamten und Subalternen nicht ganz verzichten konnte. Im übrigen ruhte die Verwaltung zunächst weitgehend, stand sie doch zumeist im Dienst der französischen und der von den Franzosen neu gebildeten polnischen Armee unter Józef Poniatowski. So wich die anfängliche Hochstimmung der Polen bei mancherlei opfervollen Belastungen bald einer allgemeinen Ernüchterung.

Entscheidend war dann der nach langen französisch-russischen Verhandlungen zustande gekommene Tilsiter Frieden vom 7. Juli 1807, durch welchen Preußen zwar den größten Teil von Westpreußen behalten, einen Großteil des altpolnischen Kernlandes mit Großpolen, Kujawien und Masowien, also »Südpreußen und Neu-Ostpreußen« jedoch abtreten mußte. Das am 22. Juli 1807 von Napoleon geschaffene »Herzogtum Warschau« durfte den alten Namen der »Rzeczpospolita« nicht führen. »Polen« blieb weiterhin im Spannungsfeld der Mächte ein unbestimmter, schillernder Begriff, gekennzeichnet nun durch die Grenzen des Herzogtums zwischen Netzedistrikt, Posener Land, Ostpreußen, Memel, Bug, Galizien und Schlesien. Zum Herzog des neuen Landes wurde König Friedrich August von Sachsen bestimmt.[9]

Die polnische Nation blieb auf Gedeih und Verderb mit Napoleon verbunden. Dies wurde im Innern durch manche Reformen nach französischen Vorbildern, aber auch an begleitenden Wirtschafts- und Finanznöten deutlich, am meisten zeigte es sich jedoch im Großen durch den Krieg von 1809 gegen Österreich und im so hoffnungsvoll in der Rolle der Operationsbasis begonnenen und zum Untergang der Großen Armee führenden Rußlandkrieg von 1812. Er leitete das Ende der napoleonischen Zeit ein, welches nach den Befreiungskriegen, an denen die Posener Deutschen sich mit Hilfs- und Sammelaktionen beteiligten, im Wiener Kongreß von 1815 besiegelt wurde. Trotz zwiespältiger Erfahrungen blieb vom Herzogtum Warschau für die polnische Gesellschaft doch ein Schimmer von Zukunftshoffnung zurück.[10]

Großherzogtum und Provinz Posen (1815–1918)

HELMUT NEUBACH

DIE »STILLEN JAHRE« DES GROSSHERZOGTUMS POSEN

Auf dem Wiener Kongreß 1815 wurde Polen zum vierten Male aufgeteilt. Das 1807 von Napoleon geschaffene Herzogtum Warschau verschwand von der Landkarte. In den drei Verträgen, die am 5. Mai zwischen den Teilungsmächten abgeschlossen und die wörtlich in die Wiener Schlußakte vom 15. Juni aufgenommen wurden, erhielt Preußen acht Prozent, Österreich zehn und Rußland 82 Prozent des polnischen Staatsgebietes von 1772.[11] Der preußische Anteil umfaßte mit Westpreußen und dem Posener Land Gebiete, die ihm bereits nach der ersten und zweiten Teilung von 1772 und 1793 zugesprochen worden waren und die als Landbrücken nun wieder Ostpreußen mit Pommern und mit Schlesien verbanden. Gerade die letztgenannte Landverbindung besaß in strategischer Hinsicht eine gar nicht zu überschätzende Bedeutung.

Im Zuge der territorialen Neugliederung wurden sowohl Westpreußen als auch das Posener Land als neue Provinzen in den preußischen Staat eingegliedert. Wenn beide in der zweiten Hälfte des 19. Jahrhunderts immer wieder in einem Atemzug genannt wurden, ja sich für sie der nicht klar umrissene Begriff »Ostmark« – auch im Plural – einprägte,[12] lag das am Nationalitätenproblem, das aber in Westpreußen, wo die Städte meist mehrheitlich deutsch waren, längst nicht so akut war wie in Posen. In der Tat hatten beide Provinzen – und mit ihnen auch Ostpreußen – bis 1866 etwas gemeinsam: Sie wurden 1815 nicht dem Deutschen Bund eingegliedert, zu dem sich die deutschen Fürsten zur Erhaltung ihrer inneren und äußeren Sicherheit zusammenschlossen. Das war darauf zurückzuführen, daß jenem Staatenbund nur die Gebiete Preußens und Österreichs angehören sollten, die bis 1806 Teile des alten Reiches gewesen waren. Wenn schon in West- und Ostpreußen dieses staatsrechtliche Faktum »fast nicht wahrgenommen« wurde,[13] dürfte es sich in Posen noch viel weniger ausgewirkt haben.

In bezug auf die Bevölkerungszahl nahm die Provinz Posen 1816 unter den fünf Ostprovinzen – Brandenburg sei hier nicht dazugezählt – mit rund 820 000 Einwohnern den dritten Platz ein. Größer waren Schlesien (1 940 000) und Ostpreußen (880 000), kleiner Pommern (680 000) und Westpreußen (570 000).[14] Was die Fläche betrifft, so umfaßte Posen mit seinen fast 29 000 Quadratkilometern beinahe drei Viertel des Territoriums von Schlesien (40 000 Quadratkilometer).

Die Provinz Posen grenzte im Norden an Westpreußen, im Süden an Schlesien und im Westen an Brandenburg. Gegenüber diesen innerpreußischen Grenzen war diejenige im Osten, zum Königreich Polen hin, eine Staatsgrenze. Vom Weichselbogen östlich von Bromberg abgesehen, gab es hier die einzige längere natürliche Grenze, und zwar den Fluß Prosna, der eben an dieser preußisch-russischen Grenze südöstlich von Peisern in die Warthe, den größten Fluß der Provinz Posen, mündet.

Während in den an das Königreich Polen grenzenden Gebieten die polnische Bevölkerung mit einem Anteil von achtzig bis 85 Prozent die weit überwiegende Mehrheit bildete,[15] waren die westlichen und nördlichen Kreise mehrheitlich deutsch besiedelt. Man kann für die gesamte Provinz etwa von einem Verhältnis von zwei zu eins zugunsten der Polen sprechen. Anders etwa als im Elsaß, wo beinahe feste Sprachgrenzen existierten, ließen sich im Großherzogtum Posen die beiden Nationalitäten weniger klar trennen. Es gab hier – wie auch in anderen Grenzgebieten – ein gemischtes, »schwebendes« Volkstum, polonisierte Deutsche genauso wie germanisierte Polen. Die jüdische Minderheit, die wohl damals schon mehrheitlich zum Deutschtum neigte, kann man vorerst noch keiner der beiden Nationalitäten zuordnen. Dieser Prozentsatz war aber längst nicht der alleinige Grund, weshalb die Provinz Posen sogleich eine Sonderstellung erhielt. Die Berliner Regierung war sich nämlich der Tatsache bewußt, daß dieses Territorium neben dem Netzedistrikt und dem westlichen Kujawien das Kernland des historischen »Großpolen« (Wielkopolska) umfaßte und daß darüber hinaus der mit seiner alten Hauptstadt und dem Bischofssitz Gnesen verbundene traditionsreiche Titel des »Primas Poloniae« die einzige, alle drei Teilgebiete umfassende symbolkräftige Klammer bildete.[16] Somit suchte sie von vornherein der polnischen Bevölkerung, deren Nationalbewußtsein hier, an der Wiege des polnischen Staates, erklärlicherweise besonders stark ausgeprägt war, soweit wie möglich entgegenzukommen.

Bereits im preußisch-russischen Vertrag vom 3. Mai 1815 war festgelegt worden, daß die Polen »Institutionen erhalten sollen, welche die Erhaltung ihrer Nationalität sichern«, und zwar »in denjenigen politischen Daseinsformen, welche jede der beiden Regierungen, denen sie unterstehen, ihnen zu gewähren für nützlich und angezeigt ansehen wird«.[17] Nur wenige Tage nach Abschluß des preußisch-russischen Vertrags, am 15. Mai 1815, wandte sich König Friedrich Wilhelm III. in einer Proklamation an die polnische Bevölkerung der neuen Provinz Posen – nicht jedoch an die der Provinz Westpreußen – mit der Zusicherung, daß sie in seiner Monarchie ihre Nationalität nicht zu verleugnen brauche. Er versprach »Teilnahme an der Konstitution«, die er seinen »getreuen Untertanen zu gewähren beabsichtige«, und dazu »eine provinzielle Verfassung«, wie sie die übrigen Provinzen erhalten würden.[18]

Friedrich Wilhelm III. sicherte seinen neuen Untertanen nicht nur den Schutz ihrer Religion zu, sondern auch den ihrer Sprache, die »neben der deutschen in allen öffentlichen Verhandlungen gebraucht werden« könne. Darüber hinaus werde »jedem« der neuen Untertanen »nach Maßgabe seiner Fähigkeiten der Zutritt zu den öffentlichen Ämtern des Großherzogtums sowie zu allen Ämtern, Ehren und Würden« seines Reiches »offenstehen«. Die außergewöhnliche Stellung der neuen Provinz im Vergleich zu den übrigen kündigte der König mit folgenden Worten an: »Mein unter Euch geborener Statthalter wird bei Euch residieren. Er wird mich mit Euren Wünschen und Bedürfnissen und Euch mit den Absichten meiner Regierung bekannt machen.«[19] Doch als ob Friedrich Wilhelm III. die Polen von vornherein vor allzu hohen Erwartungen warnen wollte, fügte er sogleich den deutlichen Hinweis hinzu, daß in Posen allerdings – wie in jeder Provinz – auch ein Oberpräsidium eingerichtet werde.

Polen 1815 bis 1918

Es konnte nicht ausbleiben, daß die überaus unklare Formulierung dieser Zusagen bei den Polen im Hinblick auf eine partikularistische Sonderstellung des Großherzogtums große, allzu große Hoffnungen weckte. In der Tat beriefen sie sich in den folgenden Jahrzehnten immer wieder auf diese Sätze des Königs, bei denen es sich jedoch nicht etwa um Zitate aus einem Staatsvertrag handelte, sondern um »jederzeit widerrufliche Versprechungen der absoluten Staatsgewalt gegenüber ihren Untertanen«.[20]

Immerhin hob die Bezeichnung »Großherzogtum Posen« die neue Provinz aus der Reihe der übrigen Provinzen demonstrativ heraus. Der Ehrentitel eines »Großherzogs« fiel dem preußischen König zu, was auf den ersten Blick als eine beinahe persönliche Verbindung des Herrscherhauses mit der neuen Provinz gedeutet werden könnte. In Wirklichkeit war diese Bezeichnung doch wohl eher als ein entsprechendes Gegenstück zum »König von Polen« gedacht, einer Würde, die auf Vorschlag des Freiherrn vom Stein 1815 der russische Zar angenommenen hatte.

Ganz gewiß bedeutete die Ernennung des Fürsten Anton Radziwill (1775–1831) zum Statthalter den Polen gegenüber ein großes Entgegenkommen. Die Fürstin aus hohenzollerschem Hause erfüllte jedoch die von preußischer Seite in bezug auf eine Vermittlerrolle an sie geknüpften Erwartungen keineswegs. Vielmehr ging sie in den politischen und sogar auch konfessionellen Anschauungen ihres Mannes auf, der eher ein Schöngeist denn ein Politiker war und als eifriger Förderer Chopins sogar selbst komponierte. Auch wenn der Fürst – übrigens mit dem vierfachen Gehalt des Oberpräsidenten – als kunst- und prachtliebender »Hofhalter« überwiegend in Posen residierte und dort den Mittelpunkt des gesellschaftlichen Lebens darstellte, weilte er doch ebenso oft in Berlin, wo er das Palais Radziwill erwarb, in das 1871 die Reichskanzlei einzog. Da er und Fürst Sułkowski vom König in den Preußischen Staatsrat berufen wurden, erlangten die Polen auch in diesem hohen Gremium eine angemessene Vertretung.

Wie dem zitierten Erlaß des Königs zu entnehmen ist, sollte der Statthalter zwischen dem Monarchen sowie der Regierung einerseits und der polnischen Bevölkerung andererseits eine Vermittlerrolle einnehmen. Aber weil seine Rechte und Pflichten nirgends klar festgelegt waren, blieben Meinungsverschiedenheiten zwischen ihm und dem obersten Verwaltungsbeamten nicht aus. Daß auf Vorschlag des Fürsten Hardenberg zum ersten Oberpräsidenten ein Katholik – allerdings ein sehr liberaler – ernannt wurde, durfte als ein weiteres Zugeständnis der Regierung an die neue Provinz, die etwa zu zwei Dritteln katholisch war, angesehen werden (etwa zehn Prozent der Posener Katholiken waren Deutsche): Joseph Zerboni di Sposetti (1815–1825) entstammte einer Breslauer Kaufmannsfamilie, die aus Italien eingewandert war.[21] Auch wenn er in der Provinz Posen ein Gut besaß, fehlte ihm doch die »Hausmacht«, die der Statthalter im polnischen Adel der Provinz besaß. Zerboni verwaltete übrigens das Posener Regierungspräsidium in Personalunion, da dieses Amt im Gegensatz zum Regierungspräsidium Bromberg bis 1890 nicht besetzt wurde. Praktisch übte allerdings der Vizepräsident die Verwaltungstätigkeit aus.

An der Einteilung der Verwaltungsbezirke von 1815 wurden in den ersten Jahren – wie in den meisten Provinzen – noch einige Korrekturen vorgenommen. Im Jahre

1819 bestand der Regierungsbezirk Posen, der mit 17 500 Quadratkilometern sechzig Prozent der Provinzfläche umfaßte, aus siebzehn (Land-)Kreisen.[22] Die Zahl der Kreise erhöhte sich in den dreißiger Jahren, als die Stadt Posen aus dem Landkreis ausgegliedert wurde und einen eigenen Stadtkreis – den ersten und bis 1875 einzigen der Provinz – erhielt. Mit 11 450 Quadratkilometern und vierzig Prozent der Provinzfläche war der Regierungsbezirk Bromberg wesentlich kleiner als der Posener. Er umfaßte von 1818 bis 1875, als Bromberg kreisfrei wurde, neun Kreise.[23] Die zwischen 1815 und 1819 geschaffenen Verwaltungsgrenzen bestanden – von der Errichtung der Stadtkreise Posen und Bromberg freilich abgesehen – im wesentlichen bis zur Neuorganisation der gesamten Provinz 1887 im Rahmen der verschärften Polenpolitik Bismarcks.

Auf die Neuordnung der staatlichen Verwaltung folgte die kirchliche. Die evangelische Kirche erhielt 1815 ein königliches Konsistorium und 1829 ihren ersten Generalsuperintendenten. In der katholischen Kirche, die für die preußische Regierung einen sehr wichtigen politischen Faktor darstellte, wurden durch die Bulle »De salute animarum« von 1821 die Bistumsgrenzen – im Gegensatz etwa zum benachbarten Schlesien – schon verhältnismäßig schnell den Staatsgrenzen angepaßt. Das Erzbistum Gnesen wurde mit dem Bistum Posen zum neuen Erzbistum Gnesen-Posen zusammengefügt, dessen Grenzen sich fast ganz mit denen der Provinz Posen deckten. Es behielt nur ein Suffraganbistum, und zwar Kulm, das fast ganz Westpreußen umfaßte. Während der Bischof von Kulm in Pelplin seinen Sitz hatte, residierte der Erzbischof von Gnesen-Posen fortan in Posen. Der traditionsreichen Kurie in Gnesen wurde allerdings ein Zugeständnis gemacht: Sie durfte ihr Domkapitel behalten.

Somit konzentrierten sich in der gerade 19 000 Einwohner zählenden Provinzhauptstadt Posen die Spitzen sowohl der staatlichen als auch der kirchlichen Verwaltung: der Oberpräsident, der Statthalter und der Erzbischof. In bezug auf Macht und Einfluß müßte die Reihenfolge dieses heterogenen Triumvirats sicherlich umgekehrt lauten. Nicht nur für die Verwaltung, sondern auch für das Militär bildete die verhältnismäßig zentral gelegene Stadt Posen bald den Mittelpunkt. Doch da die Regierung nach den teuren Kriegsjahren zu großer Sparsamkeit gezwungen war, konnte erst 1829 unter General von Aster mit dem Ausbau der Stadt zu einer strategisch überaus wichtigen Festung begonnen werden. Auch wenn Garnison und Beamtenschaft von Jahr zu Jahr wuchsen, geprägt wurde Posen von beiden vorerst kaum.

In der Provinz änderte sich noch weniger. Zwei Gründe mögen dafür maßgebend gewesen sein, daß von den 26 Landratsposten zunächst 23 mit polnischen Adligen besetzt wurden beziehungsweise besetzt blieben.[24] Erstens zwang dazu der Personalmangel, da es so viele preußische Beamte mit polnischen Sprachkenntnissen nicht gab, und zweitens sollte damit dem Versprechen des Königs, auch den Polen den Zugang zu öffentlichen Ämtern offenzuhalten, entsprochen werden. Übrigens übten die adligen Großgrundbesitzer auf ihren Gütern, die beinahe die Hälfte der Nutzfläche der Provinz umfaßten, kraft ihres Besitzrechtes in königlichem Auftrag die Polizeigewalt aus. Die Regierung half den zum Teil erheblich verschuldeten Agrariern ferner durch die Schaffung einer Bodenkreditgesellschaft, der »Landschaft«, die zinslose oder zumindest sehr günstige Staatsdarlehen zur Verfügung stellte. Den Bauern kam sie dadurch entgegen, daß sie die Bauernbefreiung vorantrieb und bald vollendete.

Wie den anderen Provinzen gewährte der König 1824 auch dem Großherzogtum Posen Organe der Selbstverwaltung, also einen Provinziallandtag, der bis 1847 siebenmal zusammentrat, einen Provinzialausschuß und einen Landeshauptmann. Im Provinziallandtag besaß – wie überall in Preußen – die Ritterschaft, also der adlige Großgrundbesitz, mit 24 (später sogar 26) Stimmen die Mehrheit, während die Städte über sechzehn und die Landgemeinden lediglich über acht Stimmen verfügten. Die polnischen Mitglieder, die in diesem Ständeparlament die überwiegende Mehrheit bildeten, benutzten dieses Gremium immer wieder für Beschwerden über angebliche oder tatsächliche Benachteiligungen ihrer Landsleute oder zur mahnenden Erinnerung an die verheißungsvolle Proklamation des Königs von 1815.[25] Doch nicht nur über die 23 Landratsposten und die genannten Selbstverwaltungsorgane besaßen die polnischen Adligen einen überaus großen Einfluß. Ihnen standen auch die meisten anderen öffentlichen Ämter offen, selbst der Offiziersberuf.[26]

Die kulturpolitischen Maßnahmen, wie etwa die Einführung der allgemeinen Schulpflicht 1825, die in den alten Provinzen bereits seit dem Ende des 18. Jahrhunderts galt, hatten allein zum Ziel, den Bildungsstand in Posen und Westpreußen an den des übrigen Preußen anzugleichen. Schon 1817 wurde in Bromberg ein Gymnasium gegründet[27] – nach den Gymnasien in Posen und Lissa nun das dritte im Großherzogtum. Jedem Bürger stand es zu, Bildung zu erwerben. Es gab keinerlei Diskriminierung bildungswilliger Polen, ganz im Gegenteil: Aus dem Fundus der säkularisierten Klöster unterstützten die preußischen Behörden jährlich acht bis zehn Gymnasiasten, die ein Studium beginnen wollten, so unter anderen Hipolit Cegielski, den Gründer der Posener Landmaschinenfabrik und Reichstagsabgeordneten, oder Karol Libelt, den Landtagsabgeordneten, der 1846 wegen Aufstandsvorbereitungen zunächst zum Tode verurteilt und später begnadigt wurde.[28] Nicht nur diese Beispiele zeigen, daß die preußische Bildungspolitik denen, die ihr Angebot in Anspruch nahmen, keine besondere Verpflichtung gegenüber dem preußischen Staat auferlegte. Sie hat letztlich eine polnische Führungsschicht für den Nationalitätenkampf geschaffen. Die Regierung hielt also mit Ausnahme der »Konstitution« die Versprechungen Friedrich Wilhelms III., doch eine Verfassung bekam ja auch das ganze Preußen erst im Revolutionsjahr 1848 unter seinem Nachfolger.

Bei der Betrachtung der politischen Entwicklung jener »stillen Jahre« darf die Tatsache nicht vergessen werden, daß Preußen 1815 neben Posen und Westpreußen auch Westfalen und das Rheinland erworben hatte, also wesentlich größere und zugleich reichere Provinzen, in denen ebenfalls eine neue Verwaltung aufgebaut werden mußte. Schon aus finanziellen und personellen Gründen vermochte die Regierung zur geistigen und wirtschaftlichen Hebung der Provinz kaum mehr beizusteuern, als sie in der Tat beitrug. »Ich hoffe, auf eure Anerkennung rechnen zu dürfen«, hatte Friedrich Wilhelm III. den Polen 1815 zugerufen. Doch diese Anerkennung blieb aus. Nur ein verhältnismäßig kleiner Teil der polnischen Bevölkerung unter dem Statthalter erkannte

Parade der Posener Garnison auf dem Alten Markt, um 1838
Das monumentale Gemälde des Malers Julius Knorr zeigt ein repräsentatives Bild der damaligen Einwohnerschaft der Stadt, neben den angetretenen Militäreinheiten die Spitzen der deutschen Behörden jener Zeit: Oberpräsident Eduard von Flottwell, Polizeipräsident Julius von Minutoli, Oberbürgermeister Eduard Naumann, aber auch den bekannten polnischen Arzt und Mäzen Karol Marcinkowski, den jüdischen Bankier Heymann Saul, den deutschen Besitzer der Hofapotheke »Zum schwarzen Adler«, Ludwig Daehne, sowie weitere Vertreter praktisch aller gesellschaftlichen und nationalen Gruppen.

In der ersten Hälfte des 18. Jahrhunderts wurden in den Kämmereidörfern rund um Posen fränkische Siedler aus der Gegend von Bamberg angesiedelt. An diese katholischen deutschen Einwanderer erinnert heute noch ein Brunnen hinter dem Posener Rathaus mit einer Wasserträgerin in Bamberger Tracht, die sogenannte Bamberka.

das Entgegenkommen sowie die Leistungen der Regierung an und war auf einen Ausgleich oder gar eine Versöhnung bedacht. Der weitaus größere Teil dagegen blieb antipreußisch eingestellt, sehnte sich verständlicherweise nach einem wiedervereinigten polnischen Staat und unterstützte alle Bestrebungen zur Erreichung dieses Ziels. Der Aufstand im russischen Teilgebiet im November 1830 sollte das beweisen.

DIE VERSCHÄRFUNG DER NATIONALEN GEGENSÄTZE IN DER ÄRA FLOTTWELL

Tausende von kampffreudigen jungen Polen strömten 1830 aus Posen und Westpreußen über die Ostgrenze, um sich in Warschau den Aufständischen anzuschließen. Erst der Einsatz preußischen Militärs unter Feldmarschall von Gneisenau, der im August 1831 in Posen an der eingeschleppten Cholera starb,[29] verhinderte einen weiteren Zustrom ins »Königreich Polen« sowie ein Übergreifen des Aufstandes und der anschließenden monatelangen Kampfhandlungen auf das preußische Teilgebiet. Nachdem im September 1831 die tapferen Aufständischen von der russischen Übermacht besiegt worden waren, durchzogen Tausende von ihnen auf dem Weg nach Westen das Großherzogtum Posen, überall freudig begrüßt nicht nur von ihren Landsleuten, sondern auch von den deutschen Liberalen. Je weiter die geschlagenen Insurgenten nach Westen gelangten, um so größer wurde die Begeisterung für diese »Sturmvögel der Revolution«, was ganz besonders für das Hambacher Fest im Mai 1832 galt. So bekannte deutsche Dichter wie Platen, Lenau, Holtei und Uhland besangen in »Polenliedern« die polnischen Freiheitskämpfer, die man gleichsam als Vorboten eines »Völkerfrühlings« feierte. Der Ruf nach Einheit und Freiheit, der damals in Deutschland überall unterdrückt wurde, suchte und fand in der Polenbegeisterung ein Ventil.

Voller Enttäuschung über die Mitwirkung von Posener Polen am Novemberaufstand schrieb Gneisenau nach Berlin, die Polen seien »unfähig, durch eine sanfte und gerechte Regierung wie die unsrige sich leiten zu lassen«.[30] Und sein Nachfolger, General Carl von Grolman, nannte in seiner Denkschrift von 1832 zur Lösung der Posener Frage unter anderem folgende zwei Radikalmittel: erstens den Aufkauf des polnischen Großgrundbesitzes und zweitens die Auflösung der Provinz, die auf ihre Nachbarprovinzen aufgeteilt werden sollte. Die preußische Regierung lehnte dies ab, doch sah sie sich ebenso wie die russische nach dem Novemberaufstand zu einer grundsätzlichen Wende in der Polenpolitik veranlaßt. Die Regierungen der Teilungsmächte mußten nun feststellen – was ihnen auf dem Wiener Kongreß noch nicht bewußt gewesen war –, daß auch die Polen während der napoleonischen Ära vom nationalen Gedanken erfaßt worden waren und daß sie sich die Teilung ihres Landes nicht mehr so ruhig gefallen ließen wie anno 1772, 1793 und 1795.

In den Augen der preußischen Regierung hatten sich die Polen also nicht als die »getreuen Untertanen« erwiesen, als die sie Friedrich Wilhelm III. einst bezeichnet hatte. Die moralischen Verpflichtungen, die der preußische Staat damals für die Polen übernommen hatte – so meinte sie –, waren dadurch, daß die Polen moralische Gegenverpflichtungen nicht eingehalten hatten, hinfällig geworden. Die Regierung konnte unmöglich die offenkundig revolutionären Ziele ihrer polnischen Untertanen ignorieren. Sie mußte eine »Irredenta« und jeglichen Separatismus zu verhindern suchen und konnte nicht länger an einer Politik der Milde festhalten, die als Schwäche ausgelegt worden wäre. Eine Wende war daher ein Gebot der Selbsterhaltung, und so trat nun an die Stelle einer Politik des Entgegenkommens ein Kurs der Strenge, der nicht mehr den fast gewissenhaft durchgeführten Schutz der polnischen Nationalität zum Ziele hatte, sondern den Schutz und die Förderung der deutschen Bevölkerung, die übrigens in der königlichen Proklamation von 1815 mit keinem Wort erwähnt worden war.

Zum neuen Oberpräsidenten, der die Wende der preußischen Polenpolitik in Posen tatkräftig vertreten sollte, wurde Eduard Heinrich von Flottwell (1830–1841), ein im ostpreußischen Insterburg geborener Jurist,[31] ernannt. Nach Zerboni di Sposetti und dem im Amt gestorbenen »geistlosen Bürokraten« Johann Friedrich von Baumann (1825–1830)[32] war er bereits der dritte Posener Oberpräsident. Als ehemaliger Mitarbeiter des mit ihm befreundeten Oberpräsidenten Theodor von Schön in Danzig und später als Regierungspräsident in Marienwerder kannte er die Probleme der Ostprovinzen zur Genüge. Er hoffte – wie er in seiner vielbeachteten Denkschrift von 1841 etwas unklar formulierte – die Provinz Posen dadurch langfristig für Preußen zu gewinnen, daß »die ihren polnischen Einwohnern eigentümlichen Richtungen, Gewohnheiten und Neigungen, die einer solchen Verbindung widerstreben, allmählich beseitigt, daß dagegen die Elemente des deutschen Lebens in seinen materiellen und geistigen Beziehungen immer mehr in ihr verbreitet werden, damit endlich die gänzliche Vereinigung beider Nationalitäten als der Schluß dieser Aufgabe durch das entschiedene Hervortreten deutscher Kultur erlangt werde«.[33] Die »widerstrebenden« und deshalb zu bekämpfenden Elemente waren für Flottwell zuerst der Adel und dann der katholische Klerus. Letzterer nahm schon wegen der im Rahmen der Säkularisation durchgeführten Aufhebung zahlreicher Klöster eine scharf oppositionelle Haltung gegenüber dem preußischen Staat ein.

Zu den ersten Regierungsmaßnahmen der Ära Flottwell gehörten die vergleichsweise milde Bestrafung der Posener »Aufständischen« und die Beseitigung des Sonderstatus der Provinz. Obwohl mit der Absetzung des Statthalters Radziwill das Großherzogtum in eine Provinz umgewandelt wurde, hielt sich der Name noch bis zur Revolution von 1848. Sogleich folgten einige Maßnahmen zur Förderung des Deutschtums. Bereits im April 1832 bestimmte die Regierung Deutsch zur Amtssprache der Behörden. Durch die im Jahre darauf verfügte Aufhebung des Präsentationsrechtes der Kreistage bei der Besetzung der Landratsposten wurde der große Einfluß des polnischen Adels auf dem Lande erheblich zurückgedrängt. Von nun an ernannte der König auf Vorschlag der Regierung die Kreischefs, die jetzt überwiegend Deutsche, aber längst nicht immer Adlige waren. Einfluß verlor der polnische Adel ferner durch eine weitere Reform der Kommunalverwaltung von 1836. Nach der Abschaffung der Wojts (»Vögte«) wurden die Landkreise in Distrikte von je 6000 bis 8000 – gelegentlich auch 10 000 – Einwohnern eingeteilt. In diesen in der Größe unseren heutigen Verbandsgemeinden vergleichbaren Landbezirken wurden Verwaltung und Polizei sogenannten Distriktskommissaren übertragen, die – einzig in ganz Preußen – eine Art von »Unterbeamten« des Landrats darstellten und von denen es 1914 über 170 gab. Durch sie sollten die Landräte entlastet und staatliche Einflüsse auf die Landbevölkerung verstärkt werden. Dieses außergewöhnliche Amt trug wesentlich dazu bei, daß bald keine andere Provinz so ausgeprägt bürokratisch verwaltet wurde wie Posen.[34]

Gewiß gab es auch schon in der Zeit des Großherzogtums Ansiedlungen deutscher Bauern, insbesondere aufgrund der niedrigen Bodenpreise, doch Flottwell wollte diese privaten Unternehmungen staatlich fördern und verstärken. Ein Regierungserlaß von 1833 genehmigte zu diesem Zweck den Ankauf von zwangsweise versteigerten polnischen Gütern, die in deutsche Bauerngüter umgewandelt werden sollten. Das geschah in etwa dreißig Fällen. Außerdem kamen rund hundert Güter polnischer Adliger, die sich beispielsweise durch ihren Einsatz für den Novemberaufstand verschuldet hatten, durch privaten Verkauf in deutsche Hände. Gewiß unterstützte die Regierung diese Umwandlungsmaßnahmen mit einer Million Taler, doch konnte vorerst von einer staatlich gelenkten bäuerlichen Kolonisation noch nicht die Rede sein.

Oberpräsident Flottwell prägte in dem Jahrzehnt seiner Amtstätigkeit die Provinz Posen auf mancherlei Gebieten, auf denen sie in Preußen das Schlußlicht bildete. 1833 wurde die Gewerbefreiheit eingeführt, und im selben Jahre erhielten die rund 80 000 Juden, die immerhin sieben Prozent der Bevölkerung ausmachten und vor allem im Kleinhandel dominierten, eine neue Verfassung, der zufolge sich die Gebildeten unter ihnen naturalisieren lassen konnten. Seit 1836 galt in der Provinz die revidierte Städteordnung von 1831. Im Jahre 1834 wurde auch das Gerichtswesen an das der anderen preußischen Provinzen angepaßt. Durch die Errichtung des zweiten Oberlandesgerichts in Bromberg wurde die Bedeutung dieser mehrheitlich deutschen Stadt als zweitwichtiges Verwaltungszentrum der Provinz unterstrichen. Ebenso wie die Landratsposten bekleideten von nun an fast nur noch deutsche Juristen die höheren Richterstellen. Flottwell errichtete mehrere gemeinnützige Anstalten, förderte die Landwirtschaft sowie die ausschließlich von Deutschen betriebene Tuchfabrikation. Das tief daniederliegende Verkehrswesen suchte er durch den Bau von Straßen zu verbessern. Im Jahre 1815 besaß das Großherzogtum noch keinen einzigen Kilometer Chaussee, Schlesien dagegen bereits 720 Kilometer. Das unterentwickelte Wasserstraßennetz erweiterte der Oberpräsident durch die Schiffbarmachung des verhältnismäßig kleinen Flusses Obschysko (Obrzysko) bei Unruhstadt, den freilich nur sehr kleine Schiffe befahren konnten. Auch auf der Warthe, die auf einer Länge von 300 Kilometern durch die Provinz floß, war nur wenig Schiffsverkehr möglich.

Ein Hauptanliegen Flottwells war die Förderung des Bildungswesens. Bis 1833 gab es in der gesamten Provinz nur drei höhere Lehranstalten, nämlich das Lissaer Gymnasium, an dem im 17. Jahrhundert Johann Amos Comenius als Lehrer und Rektor gewirkt hatte, das Bromberger sowie das Posener katholische Mariengymnasium, von denen einige Dutzend Schüler der oberen Klassen am Novemberaufstand teilgenommen hatten. Nach der Gründung des deutschen Friedrich-Wilhelm-Gymnasiums in Posen

1834 waren hier die polnischen Schüler nun fast unter sich. Um die Bildungsstätten besser zu verteilen, richtete man das fünfte Gymnasium in dem polnischen Städtchen Tremessen und die erste Realschule der Provinz in der überwiegend deutschen Stadt Meseritz ein. Da eine Verlegung der Klerikerausbildung von Posen nach Breslau am Widerstand des Erzbischofs Dunin scheiterte, ließ Flottwell deutsche Theologieprofessoren aus Schlesien nach Posen holen.

Flottwells vielseitige Förderungsmaßnahmen kamen allen Bewohnern der Provinz zugute, nicht nur den deutschen. Während es 1815 allein im Regierungsbezirk Posen erst 164 Schulen gab, waren es 1845, also nach dreißigjähriger preußischer Herrschaft, 1142.[35] »Ohne Zweifel bot der preußische Staat der polnischen Bevölkerung, vor allem auf dem Land, wesentlich bessere Bildungsmöglichkeiten, als dies für Galizien und das Königreich [Polen] galt.«[36] Als nützlich erwies sich auch der von der Regierung verwirklichte Vorschlag Grolmans, die Ausbildung der Posener Rekruten nach Schlesien und die der schlesischen nach Posen zu verlegen. Gewiß trug diese Verlegung auch mit dazu bei, die Zahl der Analphabeten unter den Posener Soldaten zu verringern, und zwar von 43 Prozent im Jahre 1839 auf 41 Prozent im Jahre 1841 und auf elf Prozent im Jahre 1881. In ganz Preußen betrug 1839 der Anteil der Analphabeten lediglich zehn Prozent. Die geplante Verlegung der Ausbildung der Posener Theologen nach Breslau und die durchgeführte Verlegung der Posener Rekruten nach Schlesien ließ immer stärkere Verbindungen zwischen diesen beiden Provinzen entstehen. Mit keiner Nachbarprovinz hatte Posen so enge Beziehungen wie mit Schlesien.[37]

Es ist gewiß nicht übertrieben, Flottwell als einen Wegbereiter des polnischen Mittelstandes zu bezeichnen. Auf lange Sicht noch wirkungsvoller war freilich das verhältnismäßg stille Wirken des polnischen Arztes Karol Marcinkowski, der 1840 eine nach ihm benannte Förderungsgesellschaft gründete. Durch Bereitstellung von Stipendien für begabte, jedoch minderbemittelte Schüler baute der Marcinkowski-Verein nicht nur eine höhere Mittelschicht, sondern zu einem nicht geringen Teil auch jene Intelligenzschicht auf, die in der zweiten Hälfte des 19. Jahrhunderts die führenden Stellungen im Posener Polentum bekleiden sollte. Das ebenfalls von Marcinkowski gegründete und zunächst als Übernachtungsmöglichkeit für auswärtige Landsleute gedachte Hotel Bazar entwickelte sich mit der Zeit zum Zentrum der polnischen Nationalbewegung in Posen.

Diese Bewegung sah in Flottwell zunehmend einen »Germanisator«. Seine sicherlich behutsame, aber doch deutlich erkennbare Förderung des deutschen Bevölkerungsanteils erregte verständlicherweise den auch von der Emigration geförderten und nicht zuletzt von der Literatur, beispielsweise von Adam Mickiewicz, geschürten Widerstand der Polen. Und die geplante Verlegung der Klerikerausbildung nach Breslau sah der seit 1831 amtierende und sich seines hohen Amtes voll bewußte Erzbischof Marcin von Dunin[38] wohl nicht zu Unrecht als Eingriff – und nicht den einzigen – in seine Amtshoheit an.

Sprengstoff hatte sich also sowohl offen wie im geheimen zur Genüge angesammelt. Es bedurfte nur des berühmten Funkens, und das war der Mischehenstreit zwi-

Das Städtchen Filehne liegt im Norden des Posener Landes in einem bis 1945 fast rein deutsch und evangelisch besiedelten Gebiet. Die Ansichtspostkarte aus der Zeit um die Jahrhundertwende vermittelt etwas von der Atmosphäre dieser weltabgeschiedenen Provinzgegend: »Nur die Städtchen liegen abseits stille, doch getrost, auch das ist Gottes Wille.«

Für den Zustand des Landes vor der Verbesserung der Infrastruktur durch Chaussee- und Eisenbahnbau dürfte diese Aufnahme eines Gehöftes in Charbowo in der Provinz Posen aus der zweiten Hälfte des 19. Jahrhunderts charakteristisch sein. Der Philologe Ulrich von Wilamowitz-Moellendorf berichtet: »1839 führte mein Vater seine junge Frau aus der Priegnitz nach Markowitz [im Posenschen]. Als das Ziel endlich erreicht schien, blieb der Wagen in der unergründlichen Blotte stecken, und der junge Ehemann mußte seine Frau auf den Armen nach dem Hause tragen. Blotte muß man sagen; nur dieses Lehnwort genügt. Und wie war das Haus? Etwas größer, aber ganz gleicher Art wie die polnischen Bauernhäuser. Das Strohdach hielt den Regen unvollkommen ab, und unterkellert war das Haus nicht. Als das erste Kind im Bettchen lag, mußte es vor den Ratten geschützt werden. Ein Tümpel, nicht weit vor dem Haus, dahinter ein wie alle Gebäude baufälliges Haus für die Spiritusbrennerei … Die junge Frau mochte doch wohl etwas schaudern …«

schen Staat und Kirche, der 1838 vom Rhein (»Kölner Wirren«) an die Warthe übergriff. Ebenso wie der Kölner Erzbischof Clemens August von Droste zu Vischering erklärte sich nun auch Dunin nicht mit einer früheren vertraglichen Vereinbarung einverstanden, der zufolge in gemischten Ehen die Kinder in der Religion des Vaters erzogen werden sollten. Die Einsegnung solcher Ehen sollte vielmehr von der Zusicherung einer katholischen Kindererziehung abhängig gemacht werden. Diese nicht nur in Hirtenbriefen des Gnesen-Posener Erzbischofs geäußerte Ansicht sah die preußische Regierung als eine Überschreitung seiner Amtsbefugnis und somit als Verstoß gegen Staatsgesetze an. Sie bestand schon deswegen auf der vertraglichen Regelung, weil sie nicht zu Unrecht befürchtete, daß in Mischehen die Kinder eher katholisch erzogen und darüber hinaus in den national gemischten Teilen der Ostprovinzen zugleich polonisiert werden könnten.

Gerade bei dem »Duell Flottwell-Dunin« zeigt sich, daß die Geschichte der Provinz Posen auf keinen Fall isoliert betrachtet werden darf, wie das leider wohl bei den meisten deutschen Historikern der Fall ist, sondern vielmehr im Zusammenhang mit der Geschichte ganz Preußens oder gar ganz Deutschlands gesehen werden muß. Die »polnische Frage« war im 19. Jahrhundert zugleich auch eine »katholische Frage«, da Maßnahmen der Regierung gegen die katholischen Polen – oder nach 1871 gegen die katholischen Elsaß-Lothringer – eine solidarische Reaktion aller preußischen Katholiken bewirken konnten. Vermutlich hätte Dunin im Mischehenstreit nicht so mutig gegen die Haltung des Staates protestiert, wenn das vor ihm nicht schon der Kölner Erzbischof getan hätte. So wie jener 1837 in der Festung Minden, so wurde Dunin zwei Jahre später in der Festung Kolberg wie ein Straffälliger inhaftiert.[39] Mit diesem unklugen, ja taktlosen Schritt vergriff sich die Regierung in der Wahl der Mittel. Daß sich die Konfrontation in Posen noch verschärfte, lag daran, daß sie hier – anders als im Rheinland – sogleich eine nationale Färbung erhielt.

Ein Sturm der Entrüstung ergriff das katholische Deutschland. Indem Joseph Görres mit seiner Schrift »Athanasius« nicht nur in Westdeutschland die Abneigung gegen das preußisch-evangelische Beamtentum mobilisierte oder verstärkte, half er zugleich den politischen Katholizismus zu begründen. Nach den deutschen Liberalen waren nun auch die deutschen Katholiken in ihrer großen Mehrheit gegen den preußischen Staat eingestellt und für die Polen, ihre Glaubensbrüder, gewonnen. Es ist unerklärlich, warum Flottwell, der doch schon als Regierungspräsident von Marienwerder die enge Verbindung zwischen Polentum und Katholizismus kennengelernt hatte, diesen höchst unklugen und unnötigen Schritt mitmachte. Ebenso wie die Berliner Regierung unterschätzte er völlig den großen Einfluß der katholischen Kirche und insbesondere die ungeheure symbolische Bedeutung des »Primas Poloniae«, der – jedenfalls bisher – Adel und Klerus in Personalunion verkörperte. Fast geschlossen standen die Polen hinter ihrem geistlichen und zugleich geistigen Führer, der durch überaus geschickte Propaganda zu einem Märtyrer hochstilisiert wurde. Die überzogene Reaktion der Regierung auf den Widerstand des Erzbischofs, dessen versuchte, aber nicht vollzogene Absetzung und seine Inhaftierung in einer der bekanntesten preußischen Festungen ist als ein kaum zu überschätzender »neuralgischer Punkt« im deutsch-polnischen Verhältnis[40] anzusehen.

Flottwell war am Ende seiner über zehnjährigen Amtszeit im »Duell« mit dem Repräsentanten der mächtigen katholischen Kirche gescheitert. Gegenüber diesem Mißerfolg traten seine kulturellen und wirtschaftlichen Verdienste, durch die er den Rückstand der Provinz Posen gegenüber den anderen Provinzen nicht unerheblich verringert hatte, ganz zu Unrecht in den Hintergrund.

VERSÖHNUNGSPOLITIK UNTER FRIEDRICH WILHELM IV.

Unter Friedrich Wilhelm IV. (1840–1861), der mit den Radziwills und Raczyńskis befreundet war, wurde der Kurs der preußischen Polenpolitik zum zweiten Male geändert. Der nicht nur von den Liberalen mit großen Hoffnungen begrüßte Romantiker auf dem Königsthron suchte die Polen, deren antipreußische Stimmung 1840 viel stärker war als 1830, durch großmütiges Entgegenkommen zu versöhnen. 46 Jahre später nannte Bismarck in seiner großen Polenrede vom 28. Januar 1886 dieses Bestreben »den Irrtum eines edlen Herzens«.[41]

Bereits wenige Wochen nach dem Regierungsantritt des überaus auf Frieden und Versöhnung bedachten Königs durfte Erzbischof Dunin nach Posen zurückkehren, wo er als Märtyrer und Triumphator zugleich begeistert gefeiert wurde. Die im Jahr zuvor vom Posener Oberlandesgericht verhängte Amtsenthebung war somit hinfällig geworden, und der Mischehenstreit trat in den Hintergrund, ohne daß er beigelegt worden wäre. Eine Amnestie begnadigte die Teilnehmer des Novemberaufstandes, die noch Strafen zu verbüßen hatten, und erlaubte Emigranten und Ausgewiesenen die Rückkehr nach Posen, wo sie ebenso wie die Überläufer aus Kongreßpolen, die seit 1843 nicht mehr an Rußland ausgeliefert wurden,[42] die nationalpolnische Bewegung erheblich verstärkten.

Sicher hätte Friedrich Wilhelm IV. Flottwell auch ohne die Beschwerden des Grafen Edward von Raczyński[43] und anderer polnischer Adliger abgelöst, da dieser Oberpräsident seinem Versöhnungskurs im Wege stand. Im Dezember 1840, also lediglich ein gutes halbes Jahr nach dem Regierungsantritt des Königs, wurde der aufrechte, aber überwiegend glücklos amtierende und nicht gerade beliebte Beamte von Posen nach Magdeburg versetzt. Wegen der Session des Provinziallandtags verzögerte sich die Ablösung bis zum Mai 1841. Eduard Flottwell, der aufgrund seiner administrativen Fähigkeiten insgesamt viermal zum Oberpräsidenten (Posen, Sachsen, Westfalen und Brandenburg) sowie zweimal zum Minister (Finanzen und Inneres) berufen und darüber hinaus in die Frankfurter Nationalversammlung gewählt wurde, zählt ohne Zweifel zu den bedeutendsten preußischen Verwaltungsbeamten des 19. Jahrhunderts.

Zu seinem Nachfolger wurde Adolf Graf von Arnim-Boitzenburg (1840–1842) ernannt, der seit seiner Göttinger Studentenzeit mit manchen polnischen Aristokraten bekannt oder gar befreundet war. Er hatte sich als Regierungspräsident von Aachen während der »Kölner Wirren« im Sinne des Staates bewährt, und daher sah Friedrich Wilhelm IV. in ihm den Mann, der seinen Versöhnungskurs in Posen am besten vertreten könne. Er sollte sich in diesem reichen märkischen Adligen nicht getäuscht haben. Anders als Flottwell pflegte der gesellige Arnim engen Kontakt zum Posener Adel und Klerus, lud beide zu festlichen Abendveranstaltungen ein, so daß er bald »Soireenoberpräsident« genannt wurde.[44] Seine Tätigkeit erschöpfte sich jedoch durchaus nicht im gesellschaftlichen Bereich. Freilich mußte auch er bald einsehen, daß trotz zahlreicher gemeinsamer Festlichkeiten der sich äußerlich noch so liebenswürdig darstellende polnische Adel innerlich in Opposition zum preußischen Staat verharrte.[45]

In Armins kaum zweijährige Amtszeit – 1842 wurde er zum Innenminister ernannt – fiel die Gründung der sogenannten katholischen Abteilung des Kultusministeriums, mit der der König nach dem höchst unerfreulichen Mischehenstreit der katholischen Minderheit sein Wohlwollen und Entgegenkommen beweisen wollte. Diese im Februar 1841 geschaffene Teilbehörde ist deswegen für die Entwicklung des deutsch-polnischen Verhältnisses so bedeutungsvoll, weil sie mit einer Verordnung vom Mai 1842 in ganz Preußen die katholischen Schulen dem katholischen Klerus unterstellte. Von nun an übten Priester mehr als dreißig Jahre lang bis zum Beginn des Kulturkampfes als Regierungs- und Schulräte die Schulaufsicht aus. In den national gemischten Gebieten der Ostprovinzen vom Ermland über Westpreußen und Posen bis hinunter nach Oberschlesien achteten sie unter Hinweis auf die Instruktion vom Mai 1842, welche die Anwendung der deutschen und polnischen Sprache in den Unterrichtsanstalten regelte,[46] nicht nur sorgsam darauf, daß die Kinder in ihrer Muttersprache unterrichtet wurden, sondern sie trugen durch ihren großen Einfluß stellen- und zeitweise nicht unerheblich zur Polonisierung der Volksschulen und mancher deutscher Sprachinseln oder Sprachrandgebiete bei. Das bekannteste Beispiel sind die »Bamberger« in den sogenannten Kämmereidörfern der Stadt Posen, jene katholischen Ansiedler, die seit Beginn des 18. Jahrhunderts aus der Gegend von Bamberg gekommen waren, ihr Deutschtum bis zur Mitte des 19. Jahrhunderts behaupten konnten und dann polonisiert wurden.[47] Genaue Zahlen über das Ausmaß der Polonisierungen, die von preußischer Seite vermutlich überschätzt worden sind, gibt es nicht. Der wohl bekannteste »Polonisator« dürfte Bernhard Bogedain gewesen sein, Religionslehrer am Posener Lehrerseminar und später langjähriger Regierungs- und Schulrat in Oppeln.

Noch zwei weitere Konzessionen des Königs sollen nicht unerwähnt bleiben. Die erste betraf die Nachfolge des Erzbischofs Dunin, der im Dezember 1842 gestorben war. Obwohl es auch drei deutsche Domherren gab, setzten die beiden Kapitel sechs polnische Kandidaten auf die Vorschlagsliste. Dem Wunsche Friedrich Wilhelms IV. folgend, wurde der Gnesener Dompropst Leo von Przyłuski (1845–1865) gewählt. Gleich nach seinem Amtsantritt bemühte er sich um die Schaffung einer Theologisch-Philosophischen Akademie, übrigens zur selben Zeit (1845), als die Posener Stadtverordnetenversammlung »die Errichtung einer Universität in Posen für das Großherzogtum Posen« forderte.[48] Die zweite Konzession betraf den Vereinigten Landtag, der im Juni 1847 hauptsächlich unter dem Druck der Liberalen einberufen wurde. Er setzte sich aus allen Mitgliedern der acht Provinziallandtage zusammen. Somit gehörten diesem ersten gesamtpreußischen (Stände-)Parlament auch die 26 Posener Abgeordneten an.

Arnims in der Provinz Sachsen geborener Nachfolger Carl Moritz von Beurmann (1843–1850) war gewiß ein gebildeter und fleißiger Verwaltungsfachmann. Er vermochte jedoch als ein nur exekutiv denkender Beamter keinerlei persönliche Initiativen zu entfalten und erwies sich daher dem schwierigsten Oberpräsidentenamt in ganz Preußen kaum gewachsen. Das sollte sich gerade während der Revolutionsjahre 1848 und 1849 zeigen.

Während Beurmanns Amtszeit ist in Posen ein von der Forschung bisher kaum ausgewertetes Periodikum erschienen, das einen tiefen Einblick in das politische und kulturelle Leben Mitte der vierziger Jahre bietet. Gewiß setzten nicht nur die preußischen Behörden von Amts wegen, sondern auch private deutsche Kulturschaffende ihren Ehrgeiz darein, zum einen den Abstand zu den preußischen Nachbarprovinzen zu verringern und zum anderen so etwas wie ein »Posener Regionalbewußtsein« zu schaffen. Gleiches versuchte bereits die in einer deutschen und einer polnischen Ausgabe erscheinende *Zeitung für das Großherzogtum Posen* – allerdings mit einer nur geringen Auflage. Nach dem Vorbild der seit dem Ende des 18. Jahrhunderts existierenden *Schlesischen Provinzialblätter* kam im Jahre 1846 der erste Jahrgang der *Posener Provinzial-Blätter* heraus, um unter anderem, wie es im Grußwort hieß, »das Interesse unserer lieben Provinz vielseitig zu vertreten«, und dies »jeder religiösen und politischen Polemik fern«.[49] Wie stark sich die Schriftleitung in der Tat um Objektivität bemühte, bewies sie in Nachrufen sowohl auf General von Grolman († 1843) als auch auf Karol Marcinkowski († 1846). Bedauerlicherweise mußten die *Posener Provinzial-Blätter* schon zum Jahresende 1846 ihr Erscheinen einstellen, da sie »nicht die gehörige Unterstützung, namentlich von den deutschen Bewohnern der Provinz, gefunden haben«.[50]

In ihrer letzten Nummer rief dieses Posener Periodikum die deutschen und polnischen Bewohner der Provinz gemeinsam zu »wahrer Vaterlandsliebe« auf, die – so die Meinung der Redaktion – derjenige nicht besitze, »der nach dem Umsturz des Bestehenden, nach der Vernichtung des Wohlstandes dieser Provinz strebt«.[51] Damit bezogen sie sich auf einen neuen polnischen Aufstand, der nach dem Plan des Anführers Ludwik Mierosławski im Frühjahr 1846 – diesmal in der Provinz Posen – ausbrechen sollte, jedoch kurz zuvor dem Posener Polizeipräsidenten Freiherrn von Minutoli[52] verraten wurde. Ein sich 1847 in (Berlin-)Moabit monatelang hinziehender öffentlicher Prozeß gegen mehr als 250 Hauptverdächtige gab diesen die Möglichkeit, ausführlich die polnische Frage zu erörtern. Wegen schweren Landesverrats wurden acht Rädelsführer, unter ihnen Ludwik Mierosławski, zum Tode und über hundert weitere Angeklagte zu hohen Zuchthausstrafen verurteilt. Der nach wie vor um Versöhnung bemühte Friedrich Wilhelm IV. konnte sich nicht zur Bestätigung der Todesstrafen entschließen.

Die wenige Monate nach dem Ende des Prozesses ausbrechende Revolution bewies dem König jedoch in aller Deutlichkeit, daß seine Versöhnungspolitik gescheitert war.

VON DER MÄRZREVOLUTION BIS ZUR GRÜNDUNG DES DEUTSCHEN REICHES

Als Mitte März 1848 die Wellen der Pariser Februarrevolution Berlin erreichten, lautete eine der ersten Forderungen, die das Volk dem König vortrug, die verurteilten polnischen Aufständischen, für die sich sogar Papst Pius IX. in einem eigenhändigen Schreiben an Friedrich Wilhelm IV. eingesetzt hatte, freizulassen.[53] Diese wurden am 20. März im Triumphzug von Moabit durch die Straßen Berlins zum Schloß geführt. Eine abermalige Amnestie des Königs befreite sie von allen Strafen.

Kaum war am 20. März die Nachricht von der Berliner Revolution in Posen eingetroffen, bildete sich im Hotel Bazar ein polnischer nationaler Ausschuß, den der Buchhändler Walery Stefański und der deutschstämmige Jakob Krauthofer leiteten.[54] Um auch im Namen sein Polentum zu dokumentieren, nannte sich Krauthofer von nun an Krotowski, so wie auch andere polnische Nationalisten ihren deutschen Namen änderten, beispielsweise Wollschläger in Wolszlegier. Die Begeisterung riß sogar deutsche Posener mit, die sich zum Zeichen der Verbrüderung neben schwarzrotgoldenen Farben auch weißrote ansteckten. Bei der Hilflosigkeit der Staatsbehörden konnte der Nationalausschuß eine Art polnische Landesregierung bildeten. Wie wenig in der Provinz Posen die politische Geschichte von der Kirchengeschichte zu trennen ist, beweist die Tatsache, daß die polnische Delegation, die die Posener Polen an den König schickten, von Erzbischof Przyłuski angeführt wurde. Friedrich Wilhelm IV. versprach den Abgesandten die Erfüllung ihrer Forderungen, unter anderem eine Verwaltungsneuordnung (»Reorganisation«), die Einsetzung polnischer Beamter und die Bildung nationaler polnischer Streitkräfte. Stadtverordnete und Magistrat, die ebenfalls eine Abordnung nach Berlin sandten, schlossen sich trotz ihrer deutschen Mehrheit den polnischen Forderungen an.

Die Verbrüderungsbereitschaft eines nicht geringen Teils der deutschen Posener wurde allerdings bald gedämpft, als es bei der Machtübernahme durch polnische Kreis- und Ortsausschüsse zu Ausschreitungen gegen Deutsche und Juden kam und als sich in den östlichen Kreisen Tausende von polnischen Freiheitskämpfern zusammenzogen. Deren Führung übernahm Ludwik Mierosławski, der schon acht Tage nach seiner Befreiung aus dem Moabiter Gefängnis auch in Posen begeistert gefeiert worden war. Die sich bedroht fühlenden Deutschen wehrten sich gegen die von den Polen angestrebte »Reorganisation« und forderten unter anderem eine Teilung der Provinz in überwiegend deutsch und überwiegend polnisch besiedelte Gebiete. Nicht dieser Forderung, dafür aber der nach Eingliederung der Provinz in den Deutschen Bund wurde im Dezember 1848 stattgegeben.

Daß man in der Provinz längst noch nicht von einem deutschen »Regionalbewußtsein« sprechen konnte, das zeigte sich, als die überwiegend deutsch besiedelten West- und Nordkreise in wiederholten Eingaben an die Berliner Regierung ohne Rücksicht auf die Gesamtprovinz und aus reinem Lokalegoismus den Anschluß an die benachbarten altpreußischen Provinzen verlangten – wie das dann 1919 etwa in der Provinz »Grenzmark Posen-Westpreußen« verwirklicht wurde –, während andererseits die in der Stadt Posen und in den übrigen Provinzteilen lebenden Deutschen sich diesem »Separatismus«, der für sie eine noch größere Isolierung bedeutet hätte, energisch widersetzten.

Angesichts von etwa 20 000 kampfbereiten Polen erklärte Anfang April der kommandierende General von Colomb den Belagerungszustand, worauf der polnische Landesausschuß mit der Bildung einer geheimen Regierung antwortete. Die preußische Regierung, die durch die revolutionären Ereignisse in Berlin stark beansprucht war, schickte General von Willisen zu Mierosławski, um einen militärischen Konflikt zu vermeiden. Das von beiden am 11. April geschlossene Stillhalteabkommen von Jarosławiec entsprach aber weder den Forderungen der deutschen Bevölkerung noch denen der polnischen Radikalen, die einen Aufstand vorzogen. Die gemäßigten Polen unter Erzbischof Przyłuski erkannten von vornherein, daß ein solcher aussichtslos sein würde. Und in der Tat wurden die Aufständischen geschlagen, so daß sie am 9. Mai bei Wreschen kapitulieren mußten.

Gewiß wegen der Niederschlagung nun schon des dritten Aufstandes beteiligte sich die polnische Bevölkerung fast gar nicht an den Wahlen zur Frankfurter Nationalversammlung, so daß elf deutsche und nur ein polnischer Abgeordneter gewählt wurden.[55] In der großen Polendebatte am 24. und 27. Juli 1848 prallten die Lager unversöhnlich aufeinander und machten die polnische Frage wieder einmal aller Öffentlichkeit bekannt. Der Ostpreuße Wilhelm Jordan hielt zu diesem Thema die längste Rede, die in der Paulskirche gehalten wurde, und bekam viel Beifall in der Mitte und auf der Rechten, als er die Teilung Polens als nichts anderes bezeichnete als »die Bestattung einer längst in Auflösung begriffenen Leiche« und die Wiederherstellung Polens als eine »schwachsinnige Sentimentalität« verwarf. Die Gegenposition vertrat der einzige polnische Abgeordnete, der Posener Theologe und spätere Weihbischof Janiszewski, der betonte, er könne nicht glauben, daß ein Volk wie das deutsche, »das sich eben zu einem freien Dasein emporschwingt, einem anderen schwächeren Stamme wird Fesseln schmieden wollen«.[56]

Nicht vergessen sei, daß 1848 die polnische Frage und damit auch die Posener Frage ebenfalls in zwei anderen Volksvertretungen diskutiert wurde, und zwar in der Preußischen Nationalversammlung, in welche die Provinz Posen sechzehn Deutsche und vierzehn Polen entsandte, sowie auf dem ersten Slawenkongreß zu Prag, an dem unter anderem der Posener Pole Karol Libelt teilnahm.

Als Mitte September 1849 endlich auch in der Provinz Posen – als der letzten – der Belagerungszustand aufgehoben wurde, war die Revolution beendet, und die »Reaktion« hatte gesiegt. Die Diskussionen über Reorganisation, Aufteilung, Demarkationslinien und sonstige Grenzen verstummten. In beiden nationalen Lagern mußten große Hoffnungen begraben werden.

Zu den wesentlichen Ergebnissen der Märzrevolution gehörten eine abermalige Verschärfung der nationalen Gegensätze, eine straffere Organisation der beiden Lager in Vereinen sowie das Einschwenken der bisher national indifferent auftretenden Juden auf die Seite der Deutschen.

Wegen der revolutionären Bewegungen des Jahres 1848 trat ein Ereignis, das man nur auf den ersten Blick lediglich der Wirtschaftsgeschichte zuordnen würde, ganz zu Unrecht in den Hintergrund, und zwar der von der Posener Kaufmannschaft und vom Posener Oberpräsidium immer wieder verlangte Anschluß der Provinz an das Eisenbahnnetz, doch nicht etwa in Richtung Berlin, sondern über Kreuz und Stargard nach Stettin. Dreizehn Jahre nach Nürnberg und sechs Jahre nach Breslau erhielt Posen im August 1848 einen Bahnhof. Stärker als anderswo bedeutete gerade in diesem Grenzgebiet die Eisenbahn auch in politischer, in kulturell und nicht zuletzt in strategischer Hinsicht einen ungeheuren Fortschritt. Im Juli 1851 fuhr der König auf der neuen Ostbahnstrecke von Kreuz über Schneidemühl nach Bromberg, wo er den Bahnhof einweihte. 1856 wurde die Strecke von Posen nach Breslau gebaut. Erst 1870 kam über Frankfurt an der Oder die Verbindung mit Berlin zustande. Im Laufe der folgenden Jahrzehnte entwickelte sich die Stadt Posen auch zum bedeutendsten Eisenbahnknotenpunkt der Provinz.[57]

In das Jahr 1850, als die Provinz Posen bereits 1,4 Millionen Einwohner zählte, fiel ein abermaliger Wechsel im Oberpräsidium. Gustav von Bonin (1850–1851), der den wenig erfolgreichen Oberpräsidenten von Beurmann ablöste, war zwar in Westfalen geboren worden, entstammte jedoch einem alten pommerschen Geschlecht. Der ehemalige preußische Finanzminister (1848) versuchte in Posen den nationalen Gegensatz zu übersehen, doch verlor er dabei das Vertrauen der Deutschen, ohne das der Polen gewinnen zu können. Sorge bereitete ihm die damals einsetzende Auswanderung von Bewohnern der Provinz nach Amerika, die übrigens durch die Eisenbahn gefördert wurde. Er wollte vor allem die deutschen Auswanderer von ihrem Vorhaben abbringen und sie in der Provinz behalten, doch hatte er dabei keinen Erfolg. Schon nach neun Monaten verlor Bonin sein Amt, da er sich der reaktionären Politik des neuen Ministerpräsidenten Otto von Manteuffel (1850–1858) widersetzte.

Bonins Nachfolger, der erzkonservative Eugen von Puttkamer (1851–1860), ebenfalls aus einem alten pommerschen Geschlecht,[58] verließ den Versöhnungskurs der letzten drei Oberpräsidenten und wäre gern ganz dem Programm des strengen Flottwell gefolgt, wenn er dazu in Berlin und bei seinen Beamten ausreichendes Verständnis gefunden hatte. Die Berliner Regierung begann damals nämlich mit der fast bis 1918 praktizierten Strafversetzung mißliebiger Beamter nach Posen und Westpreußen. Das trug freilich kaum dazu bei, den Geist der ostdeutschen Beamtenschaft zu heben. Wohl kaum nur wegen des rauheren Klimas und der wenig abwechslungsreichen Landschaft versuchte jeder nach Posen versetzte Staatsdiener so rasch wie möglich aus der Provinz fortzukommen. Es zirkulierten Verse, die das Ansehen mancher Provinzstädte nicht gerade erhöhten, wie »In Schrimm ist's schlimm« oder »Kommst Du nach Samter, o du Verdammter«.

Puttkamers Haltung war geprägt von der Einsicht, daß die Regierung »dem Polonismus gegenüber eine feste und prononcierte Stellung einnehmen« müsse, weil er »ein ihr feindliches Element« sei und bleibe, »mag er auftreten, in welcher Gestalt er wolle«. Da es »unmöglich« sei, sich mit ihm zu »versöhnen«, bleibe nichts anderes übrig, als

Das Gebäude des ersten Posener Bahnhofs von 1848, mit dem die Stadt über Stargard und Stettin Anschluß an das deutsche Eisenbahnnetz erhielt, wurde nach dem Bau des neuen Hauptbahnhofs im Jahre 1879 Teil des Posener Zoologischen Gartens.

»ihn energisch in der ihm zukommenden untergeordneten Stellung zu halten«.[59] Mit einem solch antipolnischen Kurs konnte sich der streng konservative Puttkamer nicht mehr lange halten, nachdem im November 1858 mit der Berufung des liberalen Fürsten Karl Anton Fürst von Hohenzollern-Sigmaringen (1858–1862) zum Ministerpräsidenten die »Neue Ära« eingeleitet worden war. Zum dritten Male mußte, wie schon 1841 und 1851, ein Posener Oberpräsident weichen, weil mit einem neuen König beziehungsweise mit einem neuen preußischen Ministerpräsidenten auch ein neuer politischer Kurs einzog. Allerdings trauerten Puttkamer nicht einmal die deutschen Posener nach. Durch sein schroffes Wesen hatte er sich gerade bei der Beamtenschaft sehr unbeliebt gemacht. Die abermalige Berufung des gemäßigten Gustav von Bonin (1860 bis 1863) sollte ein Zugeständnis des Prinzregenten Wilhelm an die Polen und an die deutschen Liberalen sein. Doch zeigte sich Bonin gegenüber den Polen diesmal energischer als in seiner ersten Amtszeit. Insbesondere setzte er sich diesmal – freilich nicht als erster Oberpräsident – für eine Vermehrung der evangelischen Gemeinden ein, denn »die Einrichtung neuer evangelischer Kirchen- und Pfarrsysteme« sei »ein im wesentlichen Interesse des Staates liegender politischer Akt«, so daß »jeder Turm an einer evangelischen Kirche hier eine Standarte wird, um welche sich die Deutschen, die Preußen scharen«.[60] Immerhin entstanden zwischen 1850 und 1870 in der Provinz Posen 46 neue evangelische Gotteshäuser.[61]

Bonins Nachfolger, Oberfinanzrat Carl von Horn (1863–1869), der Sohn eines Berliner Universitätsprofessors, war der erste Posener Oberpräsident, der unter dem seit Oktober 1862 amtierenden Ministerpräsidenten Otto von Bismarck berufen wurde.[62] Ebenso wie der mit ihm befreundete Flottwell trat er sein Amt an, als in Kongreßpolen ein polnischer Aufstand – der vierte seit 1815 – ausbrach. Sogleich erließ er einen Aufruf an die Posener Polen, in dem er sie vor einer Teilnahme warnte. Trotzdem zogen Hunderte von Freiheitskämpfern nach Kongreßpolen. Allerdings brauchte auch diesmal wie 1830 kein Belagerungszustand ausgerufen zu werden, und wie damals konnte insbesondere dank der auf Wunsch Bismarcks von General Gustav von Alvensleben in Petersburg abgeschlossenen, vom Ausland jedoch heftig kritisierten Konvention ein Übergreifen des Aufstandes auf die Provinzen Posen und Westpreußen vermieden werden. Wieder einmal diente die polnische Frage als Bindemittel für die preußisch-russischen Beziehungen. Die Konvention Alvensleben machte sich für Preußen-Deutschland 1866 und 1870/71 gut bezahlt. Abermals wurden führende Köpfe der polnischen Aufständischen verurteilt, später jedoch wieder amnestiert.

Horn sah sich gewiß als »dritter Flottwell«, auch wenn er und Puttkamer in der Wirkung längst nicht an ihr Vorbild heranreichten. Er förderte insbesondere die Wirtschaft. Von der Bedeutung der Eisenbahn als kultureller Verbindungsstraße überzeugt, bemühte er sich eifrig um den Anschluß der Provinz an das mitteldeutsche Streckennetz. Die abermals die Provinz heimsuchende Cholera veranlaßte ihn zum Bau und zur Erweiterung von Wohlfahrtseinrichtungen. Das Deutschtum wollte er erstens durch Vermehrung der Garnisonen und zweitens durch den Ankauf größerer zur Versteigerung anstehender polnischer Güter fördern. Ansonsten aber suchte er wie Bonin die nationalen Gegensätze zu ignorieren. Auch Horn setzte seine Hoffnung auf die assimilierende Wirkung der Zeit und auf die seiner Meinung nach höhere deutsche Kultur, die sich mit der Zeit durchsetzen werde. Er wandte sich gegen die Errichtung von weiteren katholischen Gymnasien – von deren Abiturienten sich übrigens 58 Prozent für das Theologiestudium entschieden –,[63] da seiner Meinung nach der polnisch-katholische Klerus die Religion als Deckmantel für politische Agitationen mißbrauchte, und trat für simultane Bildungsanstalten ein, weil in ihnen die nationalen und konfessionellen Spannungen gemildert würden.

Als 1865 ein Nachfolger für den verstorbenen Erzbischof Przyłuski gesucht wurde, schlug Horn den Kulmer Bischof Johann von der Marwitz vor. So wie es in der preußischen Verwaltung keinen schwierigeren Posten als den des Oberpräsidenten von Posen gab, so gab es in ganz Deutschland kein schwierigeres Bischofsamt als das des Erzbischofs von Gnesen-Posen. Da sich weder von der Marwitz noch der Mainzer Bischof Ketteler zur Verfügung stellten, wurde trotz des energischen Widerspruchs von Horn der Kandidat des Papstes gewählt. Dieser hatte wegen der Bedeutung des Amtes den wohl besten Kandidaten vorgeschlagen, den es damals im polnischen Klerus gab, nämlich den weltgewandten Diplomaten Mieczysław Halka von Ledóchowski.[64] Dieser erschien auch der Berliner Regierung als willkommener und zuverlässiger Bundesgenosse im Kampf gegen die Demokratie oder gar Umsturzpläne und fand sogar die Zustimmung Wilhelms I.

In der Tat verhielt sich Ledóchowski zunächst sehr regierungsfreundlich. Während der Wahlkämpfe des Jahres 1867 verbot er den Geistlichen eine Kandidatur und jede Agitation, so daß die Zahl der polnischen Parlamentarier im Preußischen Landtag, dem Abgeordnetenhaus, in dem sie seit 1849 das wichtigste Sprachrohr der Posener und westpreußischen Polen bildeten, von zwanzig auf zwölf zurückging. Auch als die polnischen Abgeordneten sowohl im Landtag als auch im neugeschaffenen Norddeutschen Reichstag energisch gegen die Einverleibung der Provinzen Posen und Westpreußen in den Norddeutschen Bund protestierten, hielt er sich geschickt zurück. Dafür kam die Regierung dem neuen Erzbischof – stets gegen den Einspruch des Oberpräsidenten – in vielen Punkten entgegen. Auch wenn das Duell zwischen Horn und Ledóchowski längst nicht solche Ausmaße wie jenes zwischen Flottwell und Dunin annahm, so war das Ergebnis dasselbe: Der preußische Beamte war dem polnischen Aristokraten nicht gewachsen und mußte – anders als Puttkamer – zum großen Bedauern der Posener Deutschen seinen Platz räumen. Im März 1869 wurde Horn als Oberpräsident nach Königsberg versetzt, von wo aus er dreizehn Jahre lang die große Provinz Preußen – sie wurde erst 1878 in die Provinzen Ost- und Westpreußen getrennt – zur großen Zufriedenheit Bismarcks leitete.

Das gute Verhältnis, das Ministerpräsident Otto von Bismarck zum polnischen Klerus wünschte, sollte der ebenfalls in Berlin geborene Otto Graf von Königsmarck (1869–1873) herstellen. Da er im Kreis Chodziesen (Kolmar) ein Gut besaß und seit zehn Jahren den Direktorenposten des Neuen Kreditvereins für die Provinz Posen bekleidete, kannte Königsmarck die Probleme des Grenzlandes zur Genüge. Er war aber offenbar in den Augen des Reichskanzlers nicht der richtige Mann, den neuen Kurs in der Polenpolitik zu vertreten. Nach dreijähriger Amtszeit wurde Königsmarck zum Landwirtschaftsminister ernannt, doch auch auf diesem Posten verblieb er nicht lange, nicht einmal ein Jahr.

DER NATIONALITÄTENKAMPF UNTER BISMARCK

So wie die Posener und westpreußischen Polen 1848 gegen die Einbeziehung der Provinzen Posen und Westpreußen in den Deutschen Bund Einspruch erhoben hatten, so protestierten sie 1867 gegen die Einverleibung dieser Gebiete in den von Bismarck geschaffenen Norddeutschen Bund. Das geschah am 18. März im Konstituierenden Reichstag, in den sie mit neun Abgeordneten einziehen konnten. Ihren Protest wiederholten sie nach der Gründung des Deutschen Reiches am 1. April 1871 im Deutschen Reichstag. Die preußischen Polen hatten also seit 1867 stets die Möglichkeit, ihren Widerspruch gegen die preußisch-deutsche Polenpolitik vor einem großen Forum einzulegen, und sie machten – wie sich bald zeigen sollte – in der Tat von diesem demokratischen Recht ausgiebig Gebrauch. Meistens wurden sie bei ihrem Protest von den anderen sogenannten Reichsfeinden, also den Elsaß-Lothringern, den Welfen und dem einzigen dänischen Abgeordneten sowie während des Kulturkampfes fast immer von der Zentrumspartei unterstützt.

Im Gegensatz zum Dreiklassenwahlrecht, nach dem seit 1850 das Preußische Abgeordnetenhaus gewählt wurde, konnten sich an den Wahlen zum Reichstag alle männlichen Staatsangehörigen, also auch die Polen, beteiligen. Die Zahl der polnischen Reichstagsabgeordneten schwankte in der Zeit des Kaiserreichs zwischen dreizehn und zwanzig. Das lag daran, daß es aufgrund des Mehrheitswahlrechts hart umkämpfte Wahlkreise gab, die einmal von einem deutschen, ein andermal von einem polnischen Kandidaten erobert wurden. Die Provinz Posen war in fünfzehn Wahlkreise eingeteilt, von denen acht (Buk, Kröben, Schrimm, Wreschen, Krotoschin, Adelnau, Inowrazlaw und Gnesen) von 1871 bis 1918 durchgehend und zwei weitere (Posen-Stadt und Samter) fast immer in polnischer Hand waren. Nur zwei Wahlkreise (Meseritz und Czarnikau) fielen stets und zwei weitere (Fraustadt und Bromberg) fast immer an die Deutschen. Der am härtesten umkämpfte Wahlkreis war Wirsitz. Die meisten polnischen Parlamentarier stellte der Adel, »die leidenschaftlichsten Redner« waren nach Bismarcks Meinung katholische Priester.[65]

Zwar nahm der Kanzler nach dem Protest der polnischen Abgeordneten gegen die Einverleibung von Posen und Westpreußen in den Norddeutschen Bund in seiner ersten großen Polenrede vom 18. März 1867 im Reichstag recht ausführlich zur polnischen Frage Stellung, doch verhielt er sich zu diesem Thema vorerst passiv.

Bismarcks Polenpolitik war während seiner neunzehnjährigen Amtszeit als Kanzler des Deutschen Reiches von Anfang an zwar nicht gleich von einem Programm, aber doch zumindest von einer festen Zielrichtung geprägt. Erst nach der Reichsgründung nahm sich ein Regierungschef der polnischen Frage an. Das war neu, denn bis dahin hatte man dieses Problem mehr oder weniger den Oberpräsidenten überlassen. »Weder beim Amtsantritt noch während ihrer Tätigkeit« hatten sie »eine Anweisung erhalten …, welche Prinzipien sie zu beachten hätten«.[66] Gewiß waren sie alle vom jeweiligen Kurs der Berliner Zentralregierung abhängig gewesen, doch hatten sie – wie Flottwell bewies – erhebliche Eigeninitiativen entwickeln können.

Für Bismarck, dessen politische Prinzipien von Staat und Macht her in den polarisierenden Kategorien des Entweder-Oder geprägt waren, gab es in der polnischen Frage nicht die geringste Konzession. Immer wieder hat er in seinen Reden auf die Landkarte verwiesen, auf der klar genug zu erkennen war, welche existentielle Bedeutung die Provinzen Posen und Westpreußen als notwendige Landverbindung zwischen Ostpreußen, Pommern und Schlesien nicht nur aus strategischen Gründen besaßen. Daher sah der Kanzler »in jeder Form des polnischen Nationalbewußtseins eine Gefährdung des preußisch-deutschen Staates, das war für ihn die Logik der Dinge, alles andere waren Träumereien«.[67] Die Polen sollten polnischsprechende Preußen werden, und dazu war es nötig, daß sie auch Deutsch lernten, denn erst die Deutschkenntnisse machten die Vorteile ihrer Zugehörigkeit zu Preußen sichtbar. Für Bismarck war in Posen-Westpreußen, wo zwei starke Nationalismen zusammenstießen, ein Kampf unausweichlich, zumal dort die Polen, die in ihrer Sprache den Kern ihrer Identität und Selbstbehauptung sahen, nicht Minderheit, sondern »Gegennation« sein wollten.[68] In einer Zeit, in der das Ideal des Nationalstaates von der Vorstellung der ethnischen Homogenität erfüllt war, barg die Sprachenfrage ungeheuren Konfliktstoff. Dies war freilich nicht nur in Preußen, sondern in fast allen europäischen Nationalitätenstaaten der Fall. Und wenn zu der unterschiedlichen Nationalität in Posen-Westpreußen wie in Elsaß-Lothringen noch eine unterschiedliche Konfession hinzutrat, verdoppelte sich die Sprengkraft dieses Konfliktstoffes.

Schon die Auseinandersetzungen zwischen Flottwell und Dunin hatten eindeutig bewiesen, daß Polen- und Kirchenpolitik nicht zu trennen waren. Bismarck hat rückblickend mehrmals betont, wie sehr für ihn der Kampf gegen die katholische Kirche mit der Polenfrage verquickt war. »Wir hätten den ganzen Kulturkampf entbehren können, wenn die polnische Frage nicht daran gehangen hätte«, erinnerte er sich im Jahre 1892.[69] Der Kanzler sah wohl nicht zu Unrecht in den polnisch-katholischen Priestern die entscheidenden Agitatoren, welche das noch loyal gesinnte Landvolk gegen den preußischen Staat aufbrachten. Daher ließ er schon im Juli 1871, also gerade ein halbes Jahr nach der Reichsgründung, die von Friedrich Wilhelm IV. im Jahre 1841 geschaffene Katholische Abteilung des Kultusministeriums auflösen. Diese Institution galt nicht nur ihm als eine partikulare, pro-ultramontane und propolnische Interessenvertretung. Die deutschen und die polnischen Katholiken, insbesondere die Mitglieder der gerade gegründeten Zentrumspartei, hielten diese Maßnahme für eine antikirchliche Mobilmachung.

Wenige Jahre nach dem »Bruderkrieg« zwischen Preußen und dem überwiegend katholischen Österreich sah Bismarck in der polnischen Frage auch eine außenpoliti-

Das Bild »Rugi Pruskie« (die preußischen Ausweisungen) von Wojciech Kossak ist für die meisten Polen geradezu ein Sinnbild der preußischen Polenpolitik geworden. Dabei stellt es im Grunde einen Sonderfall dar, denn im Gegensatz zur NS-Politik im Zweiten Weltkrieg wurden in preußischer Zeit keine einheimischen Polen aus dem Posener Gebiet vertrieben. Dennoch hielt sich diese Vorstellung bis in die Zeit nach dem Ersten Weltkrieg, als die Behörden des neuen polnischen Staates im Posener Gebiet versuchten, die deutsche Bevölkerung durch administrative Maßnahmen zu verdrängen.

sche Gefahr. Vermutlich schloß er einen neuen Krieg mit Österreich, der dann Unruhen in Preußisch-Polen begünstigen oder gar hervorrufen könnte, nicht aus. Aufgrund dieser Sorge richtete Bismarck um die Jahreswende 1871/72 an Innenminister Graf Eulenburg vier Schreiben, in denen er Maßnahmen gegen eingewanderte Polen verlangte. Besonders aussagekräftig ist das Schreiben vom 7. Februar 1872, in welchem er die Verbindung der polnischen Frage mit der Außenpolitik deutlich machte: »Ich habe das Gefühl«, schrieb der Kanzler, »daß auf dem Gebiet unserer polnischen Provinzen der Boden unter uns, wenn er heute noch nicht auffällig wankt, doch so unterhöhlt wird, daß er einbrechen kann, sobald sich auswärts eine polnisch-katholisch-österreichische Politik entwickeln kann.«[70]

Schon wenige Wochen später nahm die preußische Regierung mit dem Schulaufsichtsgesetz vom März 1872 dem polnischen Klerus in den gemischtsprachigen Gebieten – wie sie meinte – ein Mittel der Polonisierung, da es die Schulaufsicht dem Staat übertrug. Nun folgten gleichsam Schlag auf Schlag weitere Maßnahmen zur Zurückdrängung des kirchlichen und polnischen Einflusses sowie zur Förderung des Deutschtums. Nach Außerkraftsetzung einer Instruktion für das Provinzialschulkollegium vom Mai 1842 bestimmte ein Erlaß des Kultusministers Falk vom Oktober 1872, daß an den höheren Schulen der Provinz Posen – mit drei Ausnahmen – der Religionsunterricht in deutscher Sprache zu erteilen sei.

Der neue Oberpräsident William Barstow von Guenther (1873–1886), der nahe bei dem Städtchen Kosten ein Gut besaß, war erst wenige Monate im Amt, da erklärte er mit einem Erlaß vom Oktober 1873 Deutsch zur Unterrichtssprache auch in den Volksschulen. Lediglich Religion sollte weiter in der Muttersprache unterrichtet werden. Mit Gesetz vom August 1876 wurde Deutsch auch zur alleinigen Amtssprache bestimmt.

Diese antipolnischen Maßnahmen bewirkten im Zusammenhang mit mehreren reinen Kulturkampfmaßnahmen nicht nur einen wachsenden Widerstand der polnischen Bevölkerung, sondern auch eine ungeahnte Solidarisierung der polnischen mit den deutschen Katholiken. Während Pius IX. gegen die Verfolgung der Kirche insbesondere in den Ostprovinzen mit einer Enzyklika protestierte, rief der Gnesen-Posener Erzbischof die Gläubigen sogar zum Ungehorsam gegen die staatlichen Bestimmungen auf. Als er die gegen ihn wegen mehrerer Gesetzesverstöße verhängten Geldstrafen (zuletzt 80 000 Reichsmark) nicht zahlen konnte beziehungsweise wollte, wurde er – übrigens als erster preußischer Bischof während des Kulturkampfes – im Februar 1874 verhaftet und zur Verbüßung einer zweijährigen Haftstrafe in das Gefängnis von Ostrowo eingeliefert. Da er sich weigerte, auf sein Amt zu verzichten, wurde er vom staatlichen Gerichtshof für kirchliche Angelegenheiten für abgesetzt erklärt.

Mit Ledóchowski hatte die preußische Regierung nun zum zweiten Male einen »Primas Poloniae« wie einen gewöhnlichen Straftäter inhaftiert. Im Unterschied zu Dunin war letzterer auch auf dem internationalen Parkett bekannt, so durch seine Tätigkeit als päpstlicher Nuntius in Brüssel. Darüber hinaus hatte die polnische Frage in den 35 Jahren seit Dunins Inhaftierung eine weit größere Aktualität erreicht. Eine Welle der Empörung ging nicht nur durch die drei polnischen Teilgebiete und den solidarisierten Katholizismus in ganz Deutschland, zumal bald auch deutsche Bischöfe verhaftet und abgesetzt wurden, sondern durch das gesamte katholische Europa. Unter diesem abermals höchst unklugen Schritt der preußischen Regierung litt ihr Ansehen in ungeahntem Ausmaße. Ferner trat die kaum humanere Behandlung der Polen im russischen Teilgebiet – das zum Vergleich stets herangezogen werden sollte – dadurch fast völlig in den Hintergrund.

Als Ledóchowski 1876 entlassen wurde, begab sich der während seiner Haftzeit zum Kardinal ernannte Erzbischof ins Exil nach Rom, wo ihn die päpstliche Kurie wie einen Märtyrer empfing. Eingesperrt worden waren 1874 auch die Weihbischöfe Jan Janiszewski (Posen), einst Abgeordneter der Frankfurter Nationalversammlung, und Józef Cybichowski (Gnesen) sowie etwa hundert weitere Geistliche, wodurch fast ebenso viele Pfarreien verwaist waren.

Bismarck sah schließlich ein, daß er die katholische Kirche nicht bezwingen konnte, und begann 1880, bald nach der Thronbesteigung des ebenfalls einen Ausgleich zwischen Staat und Kirche anstrebenden Papstes Leo XIII., mit der Einstellung des Kulturkampfes. Den antipolnischen Kurs dagegen behielt er bei, ja er verschärfte ihn sogar, obwohl er doch die enge Verquickung von Politik und Religion, wie sie gerade im polnischen Klerus herrschte, zur Genüge erfahren hatte.

Im Januar 1885 veröffentliche der heute kaum noch als »Philosoph des Unbewußten« bekannte Eduard von Hartmann in der Berliner Wochenschrift *Die Gegenwart* einen Aufsatz über den »Rückgang des Deutschtums«, in dem er als Antwort auf die von ihm nachgewiesene »Ausrottung« durch die Slawen »in ihren Grenzen« die »Ausrottung« des Slawentums »in unseren Grenzen« forderte.[71] Gewiß ungewollt hatte der Berliner Haus- und Hofphilosoph mit dem Ausdruck »Ausrotten«, der sich ähnlich wie »Drang nach Osten« oder »polnische Wirtschaft« zu einem neuralgischen Schlagwort ersten Ranges im deutsch-polnischen Nationalitätenkampf entwickelte, den »Startschuß« für die nun einsetzenden Kampfmaßnahmen der preußischen Regierung gegen die Polen gegeben. Doch schon lange vor diesem Startschuß hatten sich Presse und Regierung mit der Bevölkerungsstatistik beschäftigt, die sich seit den siebziger Jahren geradezu dramatisch zuungunsten der Deutschen entwickelte. Das hatte einige Gründe: erstens die höhere Geburtenrate der Polen, zweitens die Abwanderung in westliche Städte und Industriegebiete, von der mehr Deutsche und Juden als Polen Gebrauch machten, und drittens die Einwanderung von Polen aus dem russischen Teilgebiet, unter denen sich besonders viele »Überläufer« und Militärdienstverweigerer befanden.

Der Volkszählung von 1880 zufolge hielten sich allein in der Provinz Posen über 10 000 Nichtdeutsche auf, die in Rußland (oder Österreich) geboren waren. Da frühere, schon von Oberpräsident Puttkamer angeordnete Gegenmaßnahmen erfolglos geblieben waren, entschloß sich Bismarck im März 1885 zur Zurückweisung jener nichtnaturalisierten polnischen Einwanderer. Da sich unter ihnen etwa ein Drittel Juden befanden, erhielt diese zunächst antipolnische Maßnahme zusätzlich eine antijüdische Komponente. An der ostjüdischen Einwanderung hatte sich wenige Jahre zuvor durch Äußerungen Treitschkes eine wachsende antisemitische Bewegung entzündet. Rechtlich handelte es sich dabei um nichts anderes als um die bis heute von allen Staaten ausgeübte Abschiebung unerwünschter Ausländer. Daß diese Maßregel im Inland wie im Ausland ein so unerwartet starkes Echo erlebte, lag erstens an der relativ großen Zahl der Ausgewiesenen – im ganzen rund 30 000 Personen, davon 5200 aus der Provinz Posen – und zweitens an der mitunter recht kurzen Frist, die den Betroffenen zum Verlassen des preußischen Staatsgebietes gewährt wurde.

Die durch die Ausweisungen im Frühjahr 1885 eröffnete harte Phase der Bismarckschen Polenpolitik erreichte Ende Januar 1886 ihren Höhepunkt. Nachdem am 16. Januar der Reichstag mit großer Mehrheit diese defensive Maßregel mißbilligt hatte, hielt der Kanzler am 28. Januar im Preußischen Abgeordnetenhaus seine längste »Polenrede«, in der er nicht nur die Ausweisungen rechtfertigte – »Wir wollen die fremden Polen los sein, weil wir an unseren eigenen genug haben« –, sondern auch jegliche Berufung auf die »Versprechungen« Friedrich Wilhelms III. von 1815 energisch zurückwies, da diese Zusagen durch das Verhalten der Polen bei den Aufständen von 1830 und 1848 »vollständig hinfällig und null und nichtig« geworden seien. Am 30. Januar nahm das Abgeordnetenhaus einen Antrag »betreffend die Förderung des Deutschtums in Posen und Westpreußen« an, dem zufolge die Ansiedlung deutscher Bauern dort vom Staat unterstützt werden sollte. Dieser Antrag fußte größtenteils auf einer Denkschrift des Regierungspräsidenten von Bromberg, Christoph von Tiedemann (1881–1899), der zuvor Bismarcks Mitarbeiter in der Reichskanzlei gewesen war und der nun als einer seiner engsten Berater in der polnischen Frage galt. Am 7. April 1886 bewilligte das Parlament durch ein Gesetz 100 000 Mark »zur Stärkung und Vermehrung des deutschen Elementes gegen polonisierende Bestrebungen«. Bismarck knüpfte damit an einen Vorschlag des Generals von Grolman an, den gesamten polnischen Grundbesitz aufzukaufen. Somit war die Regierung von der defensiven Maßnahme der Ausweisungen zu einer wirtschaftlichen Offensive, zum »Kampf um den Boden« übergegangen.[72]

Noch während der dreitägigen Polendebatte des Abgeordnetenhauses erfuhr die Presse aus Rom vom dritten großen Schlag Bismarcks gegen die Polen: Nach zweijährigen überaus zähen Verhandlungen war es dem Kanzler gelungen, bei Leo XIII. die Ernennung eines deutschen Geistlichen zum Nachfolger des in Rom als Kurienkardinal weilenden Grafen Ledóchowski zum Erzbischof von Gnesen-Posen durchzusetzen. Ausweisungen ihrer Landsleute, Ansiedlungen von Deutschen und nun auch noch ein Deutscher auf dem Stuhl des heiligen Adalbert, ein Deutscher als »Primas Poloniae«, diese nicht nur für alle Polen unfaßbare Nachricht sorgte für eine abermalige Welle der Empörung und trieb die Stimmung auf einen Tiefpunkt,[73] auf den sie wohl nie zuvor gesunken war und später höchstens wieder Ende September 1939 herabfiel. Allerdings erfüllte der Königsberger Propst Julius Dinder[74] Bismarcks Hoffnungen nicht, da der nicht nur vom Reichskanzler überschätzte Prälat sich gegenüber den überwiegend polnischen Domkapiteln kaum durchsetzen konnte. Er wurde von diesen derart unter Druck gesetzt und isoliert, daß er bereits nach vier Jahren enttäuscht und verbittert starb. Immerhin erreichte er – wie einst sein Vorgänger Ledóchowski – im Februar 1887, daß polnische Geistliche bei der Reichstagswahl 1887 auf eine Kandidatur verzichteten.

Das mächtige Gebäude der Ansiedlungskommission war nur ein Teil des nach der Jahrhundertwende errichteten gewaltigen Bautenensembles in der Nähe des Posener Hauptbahnhofs. Zusammen mit dem Posener Residenzschloß Wilhelms II., dem Theater, der königlichen Akademie, dem Evangelischen Vereinshaus, der Petrikirche und der Posener Landschaft sollte auswärtigen Besuchern durch diese Gebäude der Eindruck einer völlig deutsch geprägten Stadt vermittelt werden.

Zu Beginn des Jahres 1886 erhielt nicht nur das Erzbistum Gnesen-Posen einen neuen Oberhirten, sondern auch die Provinz Posen einen neuen Oberpräsidenten. William von Guenther, der dreizehn Jahre, also so lange wie kein anderer der sechzehn Posener Oberpräsidenten, amtierte und unter der starken Hand Bismarcks wohl kaum Eigeninitiativen entwickeln konnte, wurde von dem Schlesier Robert Graf von Zedlitz-Trützschler (1886–1890) abgelöst, der sich als Regierungspräsident von Oppeln nach Meinung der Berliner Regierung hervorragend bewährt hatte.[75] Auch wenn Zedlitz sich an den verschärften Kurs der Polenpolitik hielt, so vertrat er ihn doch nicht auf eine schroffe, sondern auf eine diplomatisch vermittelnde Art, so daß er sich in Posen keine Feinde machte. Er verwaltete übrigens in Personalunion das Amt des Präsidenten der im Juni 1886 gegründeten Königlichen Ansiedlungskommission. Unter seinen Nachfolgern waren beide Ämter getrennt.

In den Jahren 1886/87 wurden noch weitere Maßnahmen zur Förderung des Deutschtums eingeleitet, von denen nur zwei genannt seien. Während in den übrigen Provinzen den Gemeinden eine Mitsprache bei der Anstellung der Lehrer gestattet wurde, ging in Posen und Westpreußen durch ein Gesetz vom Juli 1886 deren Berufung vollständig in die Hände des Staates über. Mit Gesetz vom September 1887 wurde auch der polnische Sprachunterricht in den Volksschulen beseitigt. Der Verstärkung des deutschen Einflusses diente – gewissermaßen nach dem alten Grundsatz »Teile und herrsche!« – auch eine Verwaltungsreform, wobei insbesondere Landkreise in den überwiegend polnischen Gebieten aufgeteilt wurden. Von Juni 1887 bis November 1918 war die Provinz Posen in 42 Kreise – fünfzehn mehr als 1818 – eingeteilt.[76]

DIE »VERSÖHNUNGSÄRA« UNTER CAPRIVI

Nach der scharfen antipolnischen Politik während der Kanzlerschaft Bismarcks war es nicht verwunderlich, daß die Polen im März 1890 dessen Entlassung begeistert begrüßten. Sein Nachfolger Leo von Caprivi erfüllte ihre Hoffnungen in ungeahntem Maße.[77] Die Gründe für die abermalige Kehrtwendung im Polenkurs, die für beide Seiten völlig überraschend kam, lagen diesmal hauptsächlich in der Innenpolitik. Caprivi benötigte im Reichstag für seine Heerespolitik dringend eine Mehrheit. Da er mit der mächtigen Zentrumspartei nicht rechnen konnte, suchte er sogar die ansonsten als »Reichsfeinde« geltenden Polen für sich zu gewinnen. Gegenüber ihnen schlug er sogleich einen auf »Versöhnung« ausgerichteten Kurs ein. Dabei lockerte er einige antipolnische Gesetze seines Vorgängers.

Als Caprivis erstes Zugeständnis ist die Ernennung des Freiherrn Hugo von Wilamowitz-Moellendorff (1891–1899) zum Oberpräsidenten anzusehen. Diesem aus dem Kreis Inowrazlaw stammenden Grundbesitzer, der dort seit Jahren als Landrat amtierte, gereichte es zum großen Vorteil, daß er – als einziger der Oberpräsidenten – ein Sohn des Posener Landes war und darüber hinaus die Stimmung im Lande gerade durch seinen Verkehr mit polnischen Adligen sehr gut kannte.

Die zweite Konzession der Caprivi-Regierung bedeutete ein noch weiteres Entgegenkommen. Durch einen Erlaß des früheren Oberpräsidenten und nunmehrigen Kultusministers Graf Zedlitz-Trützschler vom April 1891 wurde polnischer Privatunterricht in Schulräumen wieder gestattet.

Das dritte Zugeständnis ging in seiner Bedeutung weit über die Landesgrenzen hinaus, da es den »Primas Poloniae« betraf. Obwohl in der Regierung starke Bestrebungen bestanden, bei Leo XIII. als Nachfolger Julius Dinders wieder einen Deutschen durchzusetzen, gab der von den Polen bedrängte Papst seine Zustimmung zu einem polnischen Prälaten, der während des Kulturkampfes zu den energischsten polnischen Parlamentariern gehört hatte. Im Januar 1892 wurde der Wreschener Propst Florian von Stablewski vom Breslauer Fürstbischof Georg Kopp zum Erzbischof von Gnesen-Posen geweiht.

Auch auf wirtschaftlichem Gebiet kam die Caprivi-Regierung den Polen in manchen Punkten entgegen, zum Beispiel dadurch, daß sie die Zuwanderung polnischer »Überläufer« aus Russisch-Polen und Galizien, die 1885 verboten worden war und zu den Ausweisungen geführt hatte, wieder erlaubte – eine Maßnahme, die wegen des Landarbeitermangels übrigens auch von den deutschen Grundbesitzern begrüßt wurde. Ein weiteres Zugeständnis, das chronologisch allerdings erst in das Ende der Caprivi-Ära gehört, war ein Erlaß des Kultusministers Robert Bosse vom März 1894, dem zufolge in den Volksschulen wieder polnischer Sprachunterricht, also Lesen und Schreiben, zur Unterstützung des Religionsunterrichts eingeführt und damit abermals eine antipolnische Maßnahme der Bismarckzeit – und zwar jene vom September 1887 – aufgehoben wurde.

Caprivis Zugeständnisse verfehlten ihre Wirkung nicht. Gerade sein Entgegenkommen bei der Berufung eines polnischen Adligen zum neuen Erzbischof brachte ihm sowohl beim Adel als auch beim Klerus, die nun nach dem Aufbau eines polnischen Mittelstandes nicht mehr allein die politischen Führungskräfte stellten, nicht geringe Sympathien ein. Es war Józef von Kościelski, ein Gutsbesitzer aus dem Kreis Inowrazlaw und führender polnischer Abgeordneter, dem die schwierige Mittlerrolle zwischen der Regierung und seinen Landsleuten zufiel. Bei der Abstimmung über die Militärvorlage 1893 gab die von ihm geführte polnische Reichstagsfraktion mit ihren neunzehn Abgeordneten den Ausschlag. Von einer Enthaltung abgesehen, stimmten die Polen für jene Vorlage, die eine Verstärkung des deutschen Heeres vorsah. In einer nationalen Angelegenheit ersten Ranges hatten also sogenannte Reichsfeinde die Entscheidung im Sinne der Regierung herbeigeführt. Da sich Caprivi jedoch zu weiteren Konzessionen, wie sie die Polen als Belohnung erwartet hatten, nicht entschließen konnte, machte sich unter ihnen eine große Enttäuschung breit. Als Kościelski im März 1894 seine Fraktion dazu bewegen wollte, einem weiteren Antrag der Regierung zugunsten der Marine zuzustimmen, ließen ihn seine Kollegen im Stich, worauf er sogleich sein Mandat niederlegte. Mitte September äußerte er in Lemberg, daß er das Tischtuch zwischen sich und der Regierung zerschnitten habe. Damit war die gerade viereinhalbjährige (und einzige) Zusammenarbeit der polnischen Reichstagsfraktion mit der Regierung beendet.

Caprivi und Kościelski, dem übrigens seine Landsleute den spöttischen Beinamen »Admiralski« gaben, begingen bei ihrer Versöhnungspolitik einen großen Fehler: Beide dachten als Angehörige des Adels zuwenig an das breite Volk. Weit weniger als das deutsche vermochte das polnische in einem so kurzen Zeitraum von 1890 bis 1894 jene kräftige Kehrtwendung mitzuvollziehen. Zu tief saßen bei beiden Nationalitäten die psychologischen Nachwirkungen des von Bismarck so hartnäckig geführten Nationalitätenkampfes. Für die Polen kam nach so langer Behandlung mit der »Peitsche« das »Zuckerbrot« eben zu plötzlich.

Caprivi und Kościelski prägten das deutsch-polnische Verhältnis während der Versöhnungsära zwar in erster Linie, aber längst nicht allein. Der redselige Kaiser Wilhelm II. antwortete in Thorn auf Kościelskis Bruch mit einer Warnung an die preußischen Polen: »Sie mögen es sich gesagt sein lassen, daß sie nur dann auf meine Gnade und Teilnahme in demselben Maße wie die Deutschen rechnen dürfen, wenn sie sich unbedingt als preußische Untertanen fühlen.«[78] Und Altkanzler Bismarck tröstete und ermutigte in eben jenem ereignisreichen September 1894 eine Gruppe Posener Deutscher, die nach dem pommerschen Varzin wallfahrteten, um bei ihm mit ihren Sorgen über Caprivis weichen Polenkurs Zuflucht zu suchen, mit der Bekräftigung, daß neben der »Wacht am Rhein« die »an der Weichsel und Warthe ebenso fest stehe«.[79]

VON DER GRÜNDUNG DES DEUTSCHEN OSTMARKENVEREINS BIS ZUR WIEDERHERSTELLUNG POLENS

Eine Woche nach den Posener Deutschen fuhr ein Sonderzug mit Hunderten von westpreußischen Deutschen in derselben Absicht zu Bismarck nach Varzin, und auch sie tröstete und ermutigte der Altkanzler. Nach beiden Pilgerfahrten reifte der schon zuvor aufgetauchte Plan zu einer deutschen Defensivmaßnahme auf Vereinsebene: Am 3. November 1894 wurde in Posen der »Verein zur Förderung des Deutschtums in den Ostmarken« gegründet. Es war dies der Höhepunkt in der Entwicklung der deutsch-polnischen Beziehungen des ereignisreichen Jahres 1894, das auch einen Kanzlerwechsel brachte: Wilhelm II. entließ Ende Oktober Caprivi und berief den Fürsten Chlodwig von Hohenlohe-Schillingsfürst zu dessen Nachfolger.

Nach der nur viereinhalbjährigen Versöhnungsära trat erneut eine Wende ein, die aber nicht, wie von polnischer Seite gelegentlich angenommen wird, erst durch die Gründung des Deutschen Ostmarkenvereins herbeigeführt wurde. Die Abnahme der deutschen und die Zunahme der polnischen Bevölkerung lassen sich ebenso wie die Erfolge der Polen bei den Reichstagswahlen der Jahre 1890 und 1893 statistisch belegen. Die Genesis des Deutschen Ostmarkenvereins sollte man wie jedes andere historische Faktum nicht isoliert betrachten, sondern in die kausalen Zusammenhänge einordnen.

Es ist nur auf den ersten Blick schwer zu verstehen, daß ausgerechnet dieser Verein es war, dessen Verhalten den Oberpräsidenten nach achtjähriger Amtszeit zum Rücktritt bewog. Das erregte um so größeres Aufsehen, als Wilamowitz-Moellendorff nicht nur ein Sohn dieser Provinz, sondern als langjähriger Landrat, als Mitglied des Preußischen Abgeordnetenhauses, des Herrenhauses und des Staatsrates ein sehr angesehener Verwaltungsjurist und Politiker war. Da er die Folgen der antikirchlichen und antipolnischen Politik Bismarcks gleichsam vor Ort in einer überwiegend polnischen Gegend miterlebt hatte, neigte er mehr zu einem Versöhnungskurs im Sinne Caprivis, allenfalls zu einem Mittelweg zwischen Bismarcks und Caprivis Kurs. Deshalb kam es bald nach 1894 zu erheblichen, sich von Jahr zu Jahr steigernden Meinungsverschiedenheiten mit den Vertretern des Ostmarkenvereins. Als dann im April 1898 ein Erlaß – der sogenannte Beamtenerlaß – herauskam, der den Beamten außerhalb ihres Dienstes eine aktive Unterstützung des Deutschtums zur Pflicht machte, reichte Wilamowitz-Moellendorff seinen Rücktritt ein.

Sein Nachfolger wurde Rudolf von Bitter (1899–1903), der zwar in Mitteldeutschland (Merseburg) geboren war, aber – ebenso wie Zedlitz-Trützschler – als Regierungspräsident von Oppeln das Nationalitätenproblem der Ostprovinzen bereits kennengelernt hatte. Der um einen Ausgleich zwischen beiden Nationalitäten bemühte polnische Diplomat Bogdan Graf von Hutten-Czapski, seit 1901 Schloßhauptmann in Posen, nannte ihn – wohl etwas übertrieben – »den besten Oberpräsidenten, den man für Posen finden konnte«.[80] Als im Oktober 1900 Bernhard Bülow, der ganz in die Fußstapfen Bismarcks treten wollte, zum Reichskanzler berufen wurde, paßte sich Bitter dem neuen verschärften Kurs an – wenn auch diplomatisch gemäßigt. In Bitters Amtszeit fielen die zweite Auffüllung des Fonds der Ansiedlungskommission um 150 Millionen Mark – die erste hatte 1898 stattgefunden –, die Vorbereitungen für die Gründung der Akademie sowie die Anfänge des Wreschener Schulstreiks.

Im Mai des Jahres 1901 weigerten sich in der rund 5000 Einwohner – davon siebzig Prozent Polen – zählenden Kreisstadt Wreschen polnische Kinder im Religionsunterricht, deutsche Bücher zu benutzen und überhaupt auf deutsch zu antworten. Als sie deswegen vom Lehrer gezüchtigt wurden, kam es zu Protesten der Eltern und schließlich zu Tumulten mit strafrechtlichen Folgen. Zwanzig Wreschener Polen, darunter viele Eltern, wurden wegen Aufruhrs, Haus- und Landfriedensbruchs, Ungehorsams gegen die Obrigkeit sowie ähnlicher Vergehen zu meist mehrmonatigen Haftstrafen verurteilt. Dieser erste Wreschener Schulstreik und das Gerichtsurteil erregten großes Aufsehen und verschlechterten das Verhältnis zwischen beiden Nationalitäten abermals. Nicht nur aufgrund dieser Vorfälle, sondern auch aus persönlichen Gründen trat Bitter – wie schon sein Vorgänger – zurück, verließ die Beamtenlaufbahn und wechselte in die oberschlesische Wirtschaft.

Einen ihm völlig ergebenen Nachfolger fand Bülow in dem in Berlin geborenen Königsberger Regierungspräsidenten Wilhelm von Waldow (1903–1911), der gewiß ein fleißiger Jurist war, aber leider nicht ein geschickter Diplomat, der gerade in jenen Jahren in Posen dringend benötigt wurde. Wegen seines kühlen, schroffen Wesens nannte man den neuen Oberpräsidenten, der eng mit dem Ostmarkenverein zusammenarbeitete, »das gefrorene Handtuch«.[81]

Jahr für Jahr suchten Bülow und Waldow mit offensiven Maßnahmen das Deutschtum zu fördern. Die glanzvollste Handlung des Oberpräsidenten dürfte schon wenige Monate nach seinem Amtsantritt die Eröffnung der Posener Akademie im November 1903 gewesen sein. Im Jahr darauf wurde eine Novelle zum Ansiedlungsgesetz erlassen, welche die Kleinparzellierung wesentlich erschwerte oder teilweise unmöglich machte. In demselben Jahr wurden die deutsche Mittelstandskasse und 1906 die Bauernbank in Danzig gegründet. Beide Kreditinstitute sollten vorhandenes deutsches Bauernland durch Regulierung der darauf lastenden Hypotheken sichern und es dauernd in deutscher Hand erhalten. 1907 wurde eine Kreditanstalt für die städtischen Hausbesitzer geschaffen.

Während die Bankengründungen, die den deutschen Mittelstand fördern sollten, kaum in die Geschichtsbücher eingegangen sind, fanden andere Ereignisse aus Waldows Amtszeit ein beinahe weltweites Echo. Das erste war der große Schulstreik von 1906/07, der erstens auf die noch schwelenden Nachwirkungen des noch lokal begrenzten Streiks von 1901 und zweitens gewiß auch auf einen Protestbazillus zurückzuführen war, der von Russisch-Polen eindrang, wo es wegen der Russifizierung der polnischen Schulen in Warschau ebenfalls Streiks polnischer Schüler gegeben hatte. Der eigentliche Grund war in Wreschen im Schuljahr 1906/07 derselbe wie 1901, nämlich der Protest gegen den Religionsunterricht in deutscher Sprache. Diesmal aber blieb er nicht lokal begrenzt, sondern breitete sich auf die gesamte Provinz aus, in der damals rund 370 000 Schulkinder gezählt wurden, von denen 118 000 Deutsch und 240 000 Polnisch als ihre Muttersprache angaben, während sich 20 000 Schüler weder für die eine noch für die andere Sprache entscheiden konnten. Diese Zahlen zeigen, daß sich das Nationalitätenverhältnis von zwei zu eins gegenüber 1815 kaum verändert hatte.

Der Höhepunkt des Schulstreiks, der auch auf Westpreußen übergriff und beinahe sogar die zweisprachigen Teile Oberschlesiens erfaßt hätte, wurde im November 1906 erreicht, als in 755 Schulen der Provinz Posen beinahe 47 000 Kinder streikten.[82] Wieder folgten Prozesse und Haftstrafen, diesmal auch für mehrere Geistliche, und das Echo in der Presse und in den Parlamenten ging abermals zu Lasten der preußischen Behörden. Die Welt stand auf der Seite der Polen, denn eine Volksschule, »in der das Kind nicht in seiner Muttersprache lesen und schreiben lernen, schließlich nicht einmal in ihr beten durfte« und die darüber hinaus den Willen der Eltern mißachtete, »setzte sich mit elementaren Grundsätzen der Pädagogik in Widerspruch«. Weder der preußische Kultusminister Studt noch Oberpräsident Waldow bewiesen während des Schulstreiks »genügend politischen Scharfblick« und verkannten »hoffnungslos« die Macht der Kirche und gerade die des Erzbischofs Stablewski.[83]

Den zweiten »neuralgischen Punkt« des deutsch-polnischen Verhältnisses aus Waldows Amtszeit stellte das sogenannte Feuerstättengesetz von 1904 dar, das auf eine Begrenzung polnischer Neuansiedlungen zielte. Ein von diesem Gesetz betroffener kleiner, pfiffiger Bauer namens Drzymała lebte auf seinem Grundstück, auf dem er kein festes Haus (mit Feuerstätte) errichten durfte, in einem Wohnwagen.[84] Überlegen lächelnd zum Fenster hinauslehnend, ließ er sich malen und photographieren, und

Das Titelbild des Romans »Der Kampf um die Ostmark« ist typisch für die Behandlung der »Polen-« beziehungsweise »Ostmarken-Frage« in den Jahren vor dem Ersten Weltkrieg. Beide Seiten sahen sich dabei als Verteidiger und den anderen als Aggressor, wobei Angriff als die beste Verteidigung angesehen wurde und der Zweck alle Mittel heiligte.

»Wie die preußischen Behörden polnische Kinder zum Besuch deutscher Schulen ermuntern.« Ähnlich wie andere antipolnische Maßnahmen der preußischen Behörden stärkte auch die Sprachengesetzgebung letztlich nur die Widerstandskraft und das Nationalbewußtsein der polnischen Bevölkerung. Deren Intelligenz konnte es sich darum selbst in solch hochemotionalen Fragen wie den polnischen Schulstreiks und der preußischen Reaktion darauf leisten, die ganze Angelegenheit durch treffende Karikaturen ins Lächerliche zu ziehen.

über sein Bild amüsierten sich zum Gespött der preußischen Verwaltung längst nicht nur die Polen der drei Teilgebiete. Gerade die polnische Emigration, die sich inzwischen im schweizerischen Rapperswil ein neues, überaus aktives Zentrum geschaffen hatte,[85] verstand es ganz hervorragend, solche blamablen Auswüchse engstirniger preußischer Bürokratie, wie sie der »Wagen des Drzymała« darstellte, durch Bilder, Karikaturen, Flugblätter und andere Druckschriften um die Welt zu schicken und damit dem deutschen Ansehen ungeheuren Schaden zuzufügen.

Wohl noch negativer wirkte sich für die Deutschen der dritte »neuralgische Punkt« aus. Nachdem 1908 der Ansiedlungsfonds zum dritten Male aufgefüllt worden war, verschaffte sich die Regierung im selben Jahr, da es immer schwieriger wurde, Siedlungsland auf dem freien Markt zu erwerben, mit dem sogenannten Enteignungsgesetz von 1908 das Recht, entsprechendes Land auf dem höchst umstrittenen Weg der Enteignung zu erwerben und damit auch große polnische Güter zur Ansiedlung deutscher Bauern heranzuziehen. Da sogleich ein Proteststurm einsetzte, den der Literaturnobelpreisträger Henryk Sienkiewicz erheblich zu verstärken half, wurde es erst vier Jahre später angewandt, und zwar in vier Fällen mit insgesamt 1700 Hektar, für die außerdem eine Entschädigung gezahlt wurde. Im Vergleich zu den über 3500 entschädigungslos konfiszierten polnischen Gütern in Kongreßpolen[86] erscheint dies recht gering, allerdings erhob das Zarenreich im Gegensatz zu Preußen auch nicht den Anspruch, ein Rechtsstaat zu sein.

Ein weiteres Gesetz zur Förderung des Deutschtums, das allerdings kein so großes Echo wie die beiden zuvor behandelten hatte, war das Vereins- und Versammlungsgesetz vom April 1908. Es verlangte von den polnischen Vereinen die Einreichung ihrer Satzungen in deutscher Sprache und schrieb in allen Versammlungen den Gebrauch der deutschen Sprache vor. Allerdings ließ es auch manche Ausnahmen zu.

Noch in Waldows fast achteinhalbjährige Amtszeit fällt die Umbenennung von Inowrazlaw (oder Inowrocław) in Hohensalza. Schon seit den siebziger Jahren wurden im übrigen polnische Ortsnamen in deutsche umgewandelt. Chodziesen dürfte 1877 die erste Kreistadt gewesen sein, die einen neuen Namen erhielt, und zwar wurde sie nach dem langjährigen Landrat des gleichnamigen Kreises, dem Parlamentarier und späteren Posener Polizeipräsidenten Axel von Colmar benannt, zur Unterscheidung vom elsässischen Colmar allerdings Kolmar geschrieben.[87] Während es damals kaum Proteste gab, brachten die Polen 1905 ihre Kritik an der Umbenennung von Inowrazlaw sogar im Preußischen Abgeordnetenhaus vor. Gegen entsprechende deutsche Argumente führten sie aus, daß auch deutsche Städte, wie etwa Darmstadt oder Pforzheim, unästhetische Namen hätten. Freilich ging es den Polen vor allem darum, daß ihnen mit jeder Umbenennung etwas von ihrer Identität genommen wurde. Auch hatten die deutschen »Umtaufer«, die nach möglichst ähnlich klingende Namen suchten, bei ihren Entscheidungen nicht immer ein gutes Gespür. So wurde beispielsweise aus dem Dorf Owieczki im Kreis Gnesen nun auf deutsch Owieschön.[88]

Auch in ihren Vorstellungen zur Besetzung des erzbischöflichen Stuhls von Gnesen-Posen knüpften Bülow und Waldow ganz an Bismarck an. Nachdem Stablewski im

November 1906 – auf dem Höhepunkt des Schulstreiks – gestorben war, beharrten sie auf einem deutschen Nachfolger, doch war unter mehreren Kandidaten kein geeigneter zu finden.[89] Während des achtjährigen »Interregnums« fungierte Edward Likowski, den die Regierung nicht akzeptieren wollte, als Kapitelsvikar.

In der Tat gab es während Waldows Amtszeit kaum ruhige Monate. Als Bülows ergebener Exekutivbeamter hielt er dessen scharfen Kurs strikt ein. Doch als Wilhelm II. im Juli 1909 Theobald von Bethmann Hollweg (1909–1917) zum Reichskanzler berief, wurde in den deutsch-polnischen Beziehungen abermals ein neues Kapitel aufgeschlagen. Es ist verwunderlich, daß sich Waldow trotz des nun gewünschten neuen Versöhnungskurses in Posen noch über zwei Jahre halten konnte. Erst im September 1911 wurde er als Oberpräsident nach Stettin versetzt und an seine Stelle der in Magdeburg geborene Jurist Philipp Schwartzkopff (1911–1914) berufen. Dieser vormalige Unterstaatssekretär, der im Kreis Jarotschin ein Gut besaß, hatte die Nachteile der starren Politik seines Vorgängers erkannt und suchte durch maßvolles Handeln die nationalen Gegensätze, wenn sie schon nicht mehr zu überbrücken waren, so doch zumindest abzuschwächen. Dazu diente ihm, dem einzigen Nichtadligen unter den Posener Oberpräsidenten, auch der Verkehr mit polnischen Adligen. Er starb als Jagdgast des Grafen Ignacy Mielżyński Ende Mai 1914 auf dessen Schloß Köbnitz, Kreis Bomst, und damit als einziger Oberpräsident im Amt.

Sein Nachfolger Hans von Eisenhart-Rothe (1914–1918), der auf der Insel Rügen geboren wurde, kannte die Provinz sehr gut, da er lange Jahre Landrat des Kreises Bromberg gewesen war. Wenige Monate nach seinem Amtsantritt gab die preußische Regierung auf ausdrücklichen Wunsch des Kaisers, der den Polen zum Kriegsbeginn entgegenkommen wollte, ihr acht Jahre lang verweigertes Plazet zur Wahl des Posener Weihbischofs Edward Likowski zum Erzbischof von Gnesen-Posen. Doch als dieser schon im Februar 1915 starb, war erneut eine Bischofswahl notwendig. Wie Eisenhart-Rothe der letzte Oberpräsident der Provinz Posen war, so war Edmund Dalbor der letzte Erzbischof von Gnesen-Posen, dem die preußische Regierung ihre Zustimmung geben mußte. Sie gab sie ihm, dem Kandidaten des Papstes, ohne Widerstand, da sie sich schon aus militärischen Gründen keine zusätzlichen Mißstimmungen bei den Polen leisten konnte. Dalbor dankte Kaiser Wilhelm II. im November 1916 telegraphisch für die Proklamation des Königreiches Polen.

Am 10. November 1918 griff die Revolution auch auf die Provinz Posen über. In der Provinzhauptstadt, in Bromberg und anderen größeren Städten entstanden Arbeiter- und Soldatenräte, die jedoch nur vorübergehend Einfluß gewannen, da bereits am 15. November unter der Führung von Korfanty und zwei anderen ehemaligen preußischen Parlamentariern ein Polnischer Volksrat gebildet wurde.[90] Wie in den meisten deutschen Städten wurden auch in Posen den leitenden Verwaltungsbeamten Volksbeauftragte, und zwar überwiegend nationalpolnische Aktivisten, zur Seite gestellt. Oberpräsident Eisenhart-Rothe erwies sich nun ohne Anweisungen aus Berlin als recht hilflos.

Am 26. und 27. Dezember 1918 kam es zwischen heimgekehrten deutschen Soldaten und polnischen Aufständischen zu blutigen Zusammenstößen, welche mit einer

Machtübernahme der Polen endeten. Nüchtern stellte *Die Ostmark* fest, daß dem Oberpräsidenten »die Weiterführung der Regierungsgeschäfte durch die Einsetzung des Rechtsanwaltes und früheren Abgeordneten von Trampczyński als Verwalter des Oberpräsidiums unmöglich gemacht worden sei«.[91] Dies war der unrühmliche Abschluß der mehr als hundertjährigen preußisch-deutschen Herrschaft in der Provinz Posen.

Deutsche in Posen (1815–1870)

KRZYSZTOF A. MAKOWSKI

Eine Ermittlung der genauen Zahl der Deutschen im Posener Land in den Jahren 1815 bis 1870 ist nicht möglich. Die damaligen Statistiken unterschieden die Bevölkerung nämlich nur entweder nach dem Bekenntnis oder nach der Sprache. Die Volkszählung von 1860, bei der erstmals auch die Nationalität der Bewohner Berücksichtigung fand, wurde in bezug auf ihre Zuverlässigkeit jedoch selbst von den Behörden angezweifelt, denn die Angaben stammten nicht unmittelbar von den Befragten selbst, sondern von den Beamten, die die Befragung durchführten. Vor diesem Hintergrund ist es kaum verwunderlich, daß es in dieser Frage unter den Historikern, insbesondere zwischen polnischen und deutschen Angehörigen dieser Zunft, sehr unterschiedliche Ansichten gibt. Eine weitere Unsicherheit ist die häufige Hinzurechnung der Juden zur deutschen Bevölkerung.[92] Die Schätzungen der Zahl der Deutschen im Posener Gebiet unmittelbar nach dessen erneutem Anschluß an Preußen 1815 reichen von etwa 200 000 (entsprechend 25 bis 28 Prozent) bis zu fast 300 000 (rund 35 Prozent).[93]

Trotz dieser großen Differenzen ist generell festzustellen, daß von 1815 bis zum Beginn der sechziger Jahre des 19. Jahrhunderts die Zahl der deutschen Bevölkerung im Posener Gebiet ständig im Anstieg begriffen war. In absoluten Zahlen betrug der Zuwachs sowohl bei den niedrigsten wie bei den höchsten Schätzungen fast 300 000, der Anteil an der Gesamtbevölkerung wuchs dagegen um fünf bis acht Prozent. Dies war nicht nur auf einen verhältnismäßig starken natürlichen Bevölkerungszuwachs zurückzuführen, sondern in hohem Maße auch, vor allem in den ersten Jahrzehnten, auf Einwanderung.

In den Jahren 1815 bis 1830 kamen in das Posener Gebiet vor allem deutsche Beamte, Militärangehörige und Grundbesitzer, letztere zumeist mit Familienangehörigen und Gesinde. Später siedelten sich hier auch aufgrund der Bemühungen der Behörden zur Stärkung des einheimischen Deutschtums Vertreter anderer gesellschaftlicher Gruppen an, gelockt durch die Zusicherung umfassender Unterstützung. Bauern aus den verschiedensten Gegenden Deutschlands konnten hier zu günstigen Bedingungen Land erwerben. So wurden beispielsweise 4000 Morgen des Gutes Koschmin-Radlin unter Kolonisten aufgeteilt, und deutsche Grundbesitzer siedelten Landarbeiter auf ihren Gütern an. Aber auch außerhalb des landwirtschaftlichen Sektors fanden Einwanderer Arbeit. In den Jahren 1828 bis 1834 kamen im Zusammenhang mit dem Ausbau der Festungswerke in Posen mehr als tausend deutsche Arbeiter in die Stadt. Zudem wurden Arbeitskräfte für den Straßenbau und andere öffentliche Unternehmungen benötigt. Die Ereignisse der Jahre 1846 bis 1848 bremsten dann den Zuzug von Deutschen, der sich allerdings in den fünfziger Jahren erneut verstärkte.[94]

Während der gesamten Zeit bis 1870 läßt sich aber nicht nur eine Zuwanderung von Deutschen in das Posener Gebiet, sondern auch eine Abwanderung feststellen.

Eine erste große Auswanderungswelle gab es schon in den Jahren 1816 bis 1825. Sie wurde vor allem durch die steigende Einfuhr besserer und billigerer Textilerzeugnisse aus Schlesien und Sachsen in das Großherzogtum Posen bewirkt, welche das bis dahin florierende und von Deutschen dominierte einheimische Tuchmachergewerbe in eine schwere Krise stürzte. Diese wurde noch verstärkt durch die wenig später erfolgende Verhängung hoher Einfuhrzölle auf Textilprodukte im Königreich Polen. Damals verließen viele deutsche Tuchmacher das Posener Gebiet und zogen, angeworben durch spezielle Agenten, zumeist in das benachbarte Kongreßpolen. Mit Ausnahme einiger begüterter Tuchfabrikanten, beispielsweise die Repphan aus Birnbaum, die in Kalisch eine große Manufaktur errichteten, besaßen die meisten das Posener Gebiet verlassenden Tuchmacher kaum das Nötigste zum Leben. Bis Mai 1821 zogen aus dem Regierungsbezirk Posen mehr als 300 Tuchmacher mit ihren Familien fort, vor allem aus Obornik und Adelnau. Noch größer war die Zahl der Auswanderer aus dem Regierungsbezirk Bromberg, vor allem aus Margonin, Schönlanke und Chodziesen, die zumeist in die Gegend von Lodz, Kalisch und Turek gingen. Günstige Bedingungen lockten damals auch Handwerker anderer Branchen, ferner Gutspächter, landlose Bauern und sogar landbesitzende Bauern ins Königreich Polen. Selbst nach 1825 setzte sich diese Auswanderung nach Kongreßpolen fort, hatte aber keinen Massencharakter mehr. Nach dem Novemberaufstand 1830/31 ebbte sie schließlich ab.[95]

In den dreißiger und vierziger Jahren wanderte zudem eine Gruppe Altlutheraner aufgrund der unduldsamen Haltung der Behörden aus dem Posener Land aus. Sie gingen zum großen Teil nach Australien, obwohl damals vor allem die Vereinigten Staaten Hauptauswanderungsziel der deutschen Bevölkerung aus dem Posener Land waren.[96] Eine geringe Abwanderung, vor allem aus den östlichen Kreisen der Provinz, fiel auch in die Zeit des Völkerfrühlings 1848. Seit der Mitte des 19. Jahrhunderts war ferner, vor allem beim deutschen Kleinbürgertum, ein Zug in Richtung der großen Industriegebiete im Westen festzustellen. Stärker wurde dieser aber erst Ende der sechziger Jahre.[97]

Bis in die sechziger Jahre des 19. Jahrhunderts war die Zuwanderung von Deutschen stets größer als die Abwanderung, wobei der Höhepunkt des Zuzugs in den dreißiger Jahren lag. Insgesamt betrug der Überschuß der Einwanderung gegenüber der Auswanderung von 1824 bis 1871 rund 31 000 Personen.[98]

Im Zusammenhang mit den Wanderungsvorgängen sind bei der deutschen Bevölkerung Posens zwei Hauptgruppen zu unterscheiden, nämlich die ständigen und die zeitweiligen Bewohner. Innerhalb der ersten Gruppe ist weiter zu unterscheiden zwischen denjenigen Deutschen, deren Vorfahren in mehreren Siedlungswellen seit dem Mittelalter in den großpolnischen Teil der Adelsrepublik Polen gekommen waren, und die hier, ähnlich wie ihre polnischen Nachbarn, seit Generationen ansässig waren, und den Deutschen, welche sich erst im Rahmen der friderizianischen Kolonisation im Netzedistrikt angesiedelt hatten. Weiterhin gab es die Ansiedler aus südpreußischer Zeit und schließlich diejenigen der Jahre nach 1815. Zur Gruppe der zeitweiligen Bewohner gehörten vor allem Militärangehörige, Beamte und ein Teil der Lehrer und Vertreter freier Berufe. Sie betrachteten die Versetzung in den Osten vermutlich zumeist als Verbannung oder entschieden sich für den Ortswechsel lediglich im Hinblick auf eine berufliche Karriere, welche hier aufgrund des Fehlens stärkerer Konkurrenz schneller als anderswo zu machen war. Hatten sie ihr Ziel erreicht, suchten sie so bald wie möglich wieder in einen »zivilisierteren« Teil Preußens zu gelangen. Zu dieser Gruppe gehörten auch diejenigen Grundbesitzer, die nur sporadisch ihre östlichen Besitzungen aufsuchten, sowie einige Kaufleute und Unternehmer, die nur kurzzeitig zum Zwecke des Abschlusses guter Geschäfte in die Provinz kamen. Der Anteil derjenigen, die nur vorübergehend blieben, lag in der ersten Hälfte des 19. Jahrhunderts bei maximal zehn Prozent der Posener Deutschen.[99]

Der größte Teil der Deutschen lebte im Regierungsbezirk Posen, wo sie etwa dreißig bis 35 Prozent der Bevölkerung (ohne die Juden) stellten. Im Regierungsbezirk Bromberg dagegen betrug der Anteil der Deutschen an der Gesamtbevölkerung fast fünfzig Prozent. Den höchsten Prozentsatz (zwischen sechzig und 85 Prozent) erreichten die Deutschen im Netzedistrikt und in den westlichen Kreisen der Provinz, wo sie auch die Mehrheit der Landbevölkerung stellten, den geringsten (maximal etwa zwanzig Prozent) in den Kreisen Kosten und Posen sowie in den östlichen, an der Grenze zu Kongreßpolen gelegenen Kreisen.[100]

Nach Angaben für das Jahr 1861 lebten damals fast vierzig Prozent der Deutschen in den Städten, vor allem im Regierungsbezirk Posen. Somit nimmt es nicht wunder, daß ihr Anteil an der städtischen Bevölkerung damals bis zu 67 Prozent betrug. In den früheren Jahren war dieser Prozentsatz geringer gewesen. Ihre Dominanz fiel besonders in den größeren Städten wie Bromberg, Lissa oder Rawitsch ins Auge.[101] In der Provinzhauptstadt Posen lebten im Jahre 1815 gerade 2000 Deutsche, was damals knapp elf Prozent der Bevölkerung entsprach. Vor allem aufgrund starker Zuwanderung von Militärangehörigen, Beamten und Arbeitern wuchs ihre Zahl jedoch rasch an, so daß sie bereits in den vierziger Jahren zur stärksten Nationalität in der Stadt wurden. Diese dominierende Position konnten sie bis 1870 behaupten.[102] In den um Posen gelegenen Dörfern wohnte damals eine größere Zahl von Deutschen, die sogenannten Bamberger. Im Jahre 1861 stellten sie in den Ortschaften Dembsen, Luban, Rataj und Wilda mit zusammen über tausend Personen mehr als zwei Drittel der Einwohner.[103]

Wie das Beispiel der Stadt Posen zeigt,[104] war die deutsche Bevölkerung, zumindest in den Städten und insbesondere in der ersten Hälfte des 19. Jahrhunderts, durch eine maskuline Dominanz gekennzeichnet. Dafür war in erster Linie der große Prozentsatz nur zeitweise hier lebender Personen verantwortlich, die im allgemeinen ohne Familie kamen. Dies galt vor allem für die Soldaten. Aber auch unter den sich auf Dauer in der Provinz ansiedelnden Deutschen bildeten alleinstehende Personen eine recht zahlreiche Gruppe. Eine Analyse statistischen Materials ergab, daß die einheimischen Deutschen sich weitaus seltener als ihre polnischen Mitbürger zu Familiengründungen in jungen Jahren entschieden. Dies traf auch, wenngleich in weit schwächerem Maße, für die Frauen zu.[105] Für diese Unterschiede war vermutlich der auf polnischer Seite starke Anteil ländlicher Bevölkerung verantwortlich, die damals in der Regel früher heiratete. In den Städten waren die Unterschiede zwischen Deutschen und Polen diesbezüglich dagegen vermutlich nicht sehr groß. In der Stadt Posen heirateten in den Jahren 1815 bis 1848 Vertreter beider Nationalitäten erst sehr spät, nämlich durchschnittlich im Alter von 29 Jahren, die Frauen anfangs im Schnitt mit 24, später mit 26 Jahren.[106]

Deutsche Familien hatten in den Jahren 1815 bis 1870, bezogen auf die gesamte Provinz, weniger Nachkommen als polnische Familien. Das Verhältnis von Geburten zu Ehen betrug bei ihnen 4,22, bei den Polen 4,47. Nach 1848 war aber bei den Deutschen ein Steigen der Geburtenzahl im Verhältnis zur Einwohnerzahl festzustellen.[107] In der Stadt Posen wurden sowohl in deutschen als auch in polnischen Familien im Schnitt fünf Kinder geboren. Die Zahl der Geburten sagte aber noch nichts über die tatsächliche Nachkommenzahl aus, da die Kinder- und insbesondere Säuglingssterblichkeit bei den Polen höher war. Aufgrund der geringeren Sterblichkeitsrate waren bei den Deutschen auch kinderreiche Familien häufiger. Dies betraf besonders die höheren Beamten. So hatte Oberpräsident Eduard Heinrich von Flottwell acht Kinder, der stellvertretende Posener Regierungspräsident Ludwig Christoph Colomb sogar zehn. Die beliebtesten Vornamen bei den Posener Deutschen waren in der ersten Hälfte des 19. Jahrhunderts Johann, Karl und Friedrich für Jungen und Anne, Karoline, Maria und Johanna für Mädchen, bei den Katholiken kam noch Marianne hinzu.[108] In der gesamten Provinz war der Anteil der unehelichen Kinder bei den Deutschen mit sechs Prozent recht hoch, bei den Polen betrug er 5,8 Prozent.[109]

Ähnlich schwierig wie die Feststellung der genauen Zahl der Deutschen ist die Rekonstruktion ihrer konfessionellen Struktur. Viele Historiker neigen nämlich dazu, den Anteil der deutschen Katholiken und der polnischen Protestanten recht großzügig anzusetzen. Konsens besteht darüber, daß die meisten Posener Deutschen Protestanten waren. Diese protestantische Dominanz verstärkte sich sogar noch, denn auch die meisten deutschen Zuwanderer waren Protestanten. Die Deutschen stellten 1817 rund 98 Prozent der 237 000 Protestanten und rund zehn Prozent der 55 000 Katholiken der Provinz.[110]

Die deutschen Katholiken lebten vor allem im Westen und Südwesten der Provinz. Sie stellten in diesen Gebieten zehn Prozent aller Katholiken. 1861 wurde im Regierungsbezirk Posen die Zahl der deutschen Katholiken auf 74 000 (zwölf Prozent aller Katholiken) veranschlagt.[111] Im Jahre 1831 betrug ihre Zahl in der Provinzhauptstadt und deren nächstem Umland 3141 Personen (in der Stadt selbst 1678, das sind zwölf Prozent). Nach der Volkszählung von 1858 waren 17 587 der Posener Deutschen (75 Prozent) Protestanten und 5930 (25 Prozent) Katholiken. Auf der Grundlage der Kirchenbücher kann man feststellen, daß in der ersten Hälfte des 19. Jahrhunderts mehr als zwei Drittel der deutschen Stadtbevölkerung Protestanten waren.[112]

Unter den deutschen Protestanten dominierten eindeutig die Lutheraner. Die Reformierten bildeten nur eine verhältnismäßig kleine Gruppe. Aufgrund der Unionsbemühungen Friedrich Wilhelms III. seit 1817 kam es in den dreißiger Jahren des 19. Jahrhunderts zwischen beiden Konfessionen zum Zusammenschluß als Landeskirche mit Gebets- und Abendmahlsgemeinschaft unter Wahrung der jeweiligen Besonderheiten. Im Posener Land gingen die reformierten Gemeinden auf die Böhmischen

Die im 19. Jahrhundert, also zu preußischer Zeit, praktisch vollständig polonisierten Bamberger erinnerten in den Jahren vor dem Ersten Weltkrieg nur noch durch ihre prächtigen Trachten an ihre fränkische Herkunft. Seit dem Ende des Kommunismus in Polen 1989 bilden ihre Nachfahren in Posen den Kern der dortigen deutschen Minderheitenorganisation. In der dritten Generation nach dem freiwilligen Übergang zum Polentum wird nun wieder an die deutsche Herkunft angeknüpft und eine Pflege deutscher Traditionen in Polen versucht, die angesichts der belasteten Vergangenheit im Alltag mit manchen Schwierigkeiten zu kämpfen hat.

Brüder zurück. Die bedeutendsten Gemeinden waren die Posener Petrigemeinde und die Lissaer Johannisgemeinde. Ihre Gläubigen waren größtenteils Deutsche.[113]

Überwiegend Deutsche waren auch die Gläubigen der Altlutherischen Kirche. Sie war Anfang der dreißiger Jahre des 19. Jahrhunderts von den Lutheranern gegründet worden, welche die bereits genannte Union beider protestantischen Bekenntnisse in Preußen und jegliche Veränderungen in Fragen des Bekenntnisses und der Liturgie ablehnten. Altlutherische Gemeinden entstanden damals in Posen, Bromberg, Rogasen, Neutomischel, Nakel und Meseritz. Die Zahl der Mitglieder der neuen Kirche betrug jedoch in der Provinz nie mehr als 50 000. Im Jahre 1861 gab es im Regierungsbezirk Bromberg 1519 Altlutheraner, die vor allem in den Kreisen Bromberg, Chodziesen, Inowrocław und Wirsitz lebten.[114] Ferner gab es im Posener Land eine kleine Gruppe deutscher Mennoniten. Vor allem unter deutschen Katholiken fand auch der polnische Priester Jan Czerski aus Schneidemühl Anhänger, der im Jahre 1844 mit der römisch-katholischen Kirche brach und einen neuen »christlich-apostolisch-katholischen« Glauben predigte. Es gelang ihm, Gemeinden in Schneidemühl, Rawitsch, Lissa, Schwersenz und Posen zu gründen. Die Kirche Czerskis sollte, obgleich sie niemals offizielle Anerkennung erlangte, nach den Vorstellungen der Behörden den Anfang einer deutsch-katholischen Kirche bilden. Da sie keinen stärkeren Zulauf erhielt, löste sie sich jedoch bald wieder auf.[115]

Der erneute Anschluß des Posener Landes an Preußen im Jahre 1815 hatte sehr große Veränderungen in der gesellschaftlichen Struktur der dortigen Deutschen zur Folge. In die polnische Adelsrepublik vor den Teilungen waren nämlich vor allem Vertreter der Schichten eingewandert, an denen dort Mangel herrschte, also Handwerker, Kaufleute und Bauern, und dementsprechend hatten die Deutschen nur einen Teil der für diese Zeit typischen Gesellschaftspyramide ausgebildet. Die wenigen Jahre der südpreußischen Zeit änderten daran nicht viel. Dauerhafte Veränderungen fanden nur im Netzedistrikt statt. Unmittelbar nach der Entstehung des Großherzogtums Posen 1815 bestand deshalb die deutsche Bevölkerung aus einer kleinen Gruppe Grundbesitzer, einem zahlenmäßig bedeutenden Bürgertum, vor allem Patriziat, ferner Bauern, im allgemeinen mit Erbrecht auf ihr Land, sowie einigen ehemals südpreußischen Beamten, welche im Dienste des Herzogtums Warschau verblieben waren. In den Jahren 1815 bis 1870 vollzog sich hier ein nachhaltiger Wandel. Der Anschluß der Provinz an Preußen und die Politik der Behörden führten nicht nur zu einem Anwachsen der schon bestehenden deutschen Gesellschaftsgruppen, sondern es wurde auch die bis dahin begrenzte gesellschaftliche Struktur der Deutschen um neue Bestandteile erweitert. Diese Entwicklung ging einher mit der allgemeinen Umwandlung von einer feudalistischen zu einer kapitalistischen Gesellschaft.

Von der kurzzeitigen ersten Zugehörigkeit zu Preußen abgesehen, stellten Militär, Polizei und Gendarmerie nach 1815 ein völlig neues Element des deutschen gesellschaftlichen Mosaiks im Posener Land dar. Das Offizierskorps bestand von Anbeginn fast ausschließlich aus Deutschen. In den unteren Dienstgraden war deren Dominanz jedoch noch nicht so ausgeprägt. Im Jahre 1845 stellten Deutsche 56 Prozent der Unteroffiziere und Mannschaften der Posener Garnison, und ihr zahlenmäßiges Übergewicht nahm weiter zu. Ähnliches kann wohl auch für die Polizisten und Gendarmen angenommen werden.[116]

Die am schnellsten wachsende Schicht der deutschen Gesellschaft war die der Intellektuellen. Unter ihnen dominierten von Anfang an die Verwaltungs- und Justizbeamten. Dies war zum einen eine Folge der ausgebauten Struktur des preußischen Verwaltungsapparates, zum anderen auch der allmählichen Verdrängung der Polen aus ihren bisherigen Stellungen. Ein deutlicher Anstieg der Zahl deutscher Beamten war unter dem Oberpräsidenten Johann Friedrich Baumann festzustellen. So waren 1830 unter den Räten und Assessoren des Oberpräsidiums, beider Regierungen und der sieben Landgerichte 81 Deutsche, aber nur sechzehn Polen. Nach dem Novemberaufstand ging auch die Mehrheit der Landratsposten in deutsche Hände über. Im Justizwesen veränderte sich die Situation vorübergehend in den Jahren 1848 bis 1864 aufgrund eines stärkeren Zustroms von bereits in Preußen ausgebildeten Polen. Später empfahl das Justizministerium jedoch, polnische Juristen in anderen Provinzen des Staates anzustellen. Im Jahre 1870 betrug ihr Anteil unter den höheren Gerichtsbeamten nur acht bis zehn Prozent. Zunehmend beherrschten die Deutschen auch die unteren Ebenen der Bürokratie. In Posen gab es 1848 unter 700 Beamten nur dreißig Polen.[117] Dabei war es aufgrund des sehr komplizierten und gleichzeitig sehr langwierigen preußischen Beförderungssystem damals nicht gerade leicht, eine Beamtenkarriere zu machen. Nur wenigen war es vergönnt, in die Spitze des bürokratischen Apparates aufzusteigen.[118]

Die zunehmende Dominanz der Deutschen war auch bei anderen akademischen Berufen festzustellen. Zusammen mit den Juden stellten sie die Mehrheit der Rechtsanwälte, damals eine der einträglichsten Professionen. Rechtsanwalt Heinrich Kessler war beispielsweise 1855 der reichste Einwohner der Stadt Inowrocław.[119] Ähnlich verhielt es sich mit den Ärzten, die in der Stadt Posen um 1830 zur Hälfte Deutsche waren. Später veränderte sich dies leicht zugunsten der Polen, aber bis 1870 stellten die deutschen Mediziner (zusammen mit den jüdischen) eindeutig die Mehrheit. Bis 1848 waren in der Provinzhauptstadt auch fast sämtliche Apotheken in deutscher Hand. Ferner praktizierten im Posener Land deutsche Stomatologen und Veterinäre. Selbst die Hebammen der Provinz waren überwiegend deutscher Nationalität.[120]

Unter Oberpräsident Baumann stieg auch die Zahl der deutschen Lehrer. In Posen unterrichteten schon in den vierziger Jahren des 19. Jahrhunderts an den Gymnasien überwiegend Deutsche. Im Jahre 1867 stellten diese bereits an allen Gymnasien, Realschulen, städtischen höheren Schulen und Lehrerseminaren der Provinz mehr als siebzig Prozent der Pädagogen. Über die Nationalität der Lehrer an den Elementarschulen ist wenig bekannt. Wenn man davon ausgeht, daß die Lehrer an den evangelischen und einem Teil der katholischen Elementarschulen Deutsche waren, so bildeten sie vermutlich bereits in den dreißiger Jahren des 19. Jahrhunderts mehr als die Hälfte der dortigen Lehrerschaft.[121]

Nach 1815 wuchs aufgrund des großen Zustroms von Protestanten und der damit verbundenen Entstehung vieler neuer Gemeinden in der Provinz auch die Zahl der evangelischen Geistlichen erheblich. Diese waren fast ausnahmslos Deutsche. Im Jahre 1815 gab es im Großherzogtum Posen etwa hundert Gemeinden, die aber nicht alle einen eigenen Pfarrer hatten. Ende 1870 waren es bereits 210 protestantische Geistliche.[122] Gering war dagegen der Anteil der Deutschen unter dem katholischen Klerus, besonders vor 1830. Bis 1870 bewegte er sich zwischen zehn und fünfzehn Prozent. Im Jahre 1848 waren unter den Geistlichen der Diözesen Gnesen und Posen etwa sechzig Deutsche (elf Prozent), und 1870 rund neunzig (zwölf Prozent). Im Verhältnis zur Zahl der deutschen Katholiken waren sie also eine relativ große Gruppe. In der Regel wurden sie auf Pfarrstellen in überwiegend deutschen Gemeinden berufen. Die meisten deutschen Priester waren zur damaligen Zeit in den Dekanaten Fraustadt, Bentschen, Czarnikau, Neustadt bei Pinne und Grätz tätig. Zur Zeit Flottwells wurden vom König auch einige Deutsche in die Domkapitel von Gnesen und Posen berufen.[123]

Deutsche Architekten, Künstler, Literaten und Schauspieler gab es bis 1870 lediglich einige Dutzend, eine Folge der geringen Nachfrage nach Kunst, des unterentwickelten Presse- und Publikationswesens sowie des Fehlens bedeutender intellektueller Köpfe in der Provinz.

Eine relativ große Gruppe stellten dagegen die deutschen Gutsverwalter dar.[124] Insgesamt vergrößerte sich vor allem durch den Zustrom einer erheblichen Zahl von Beamten, Lehrern und Geistlichen auch die Gruppe der deutschen Akademiker in den Jahren 1815 bis 1870 beträchtlich. Es ist deshalb nicht verwunderlich, daß sie im Verwaltungszentrum der Provinz, in der Stadt Posen, rund zehn Prozent aller Deutschen ausmachten. Schon in der ersten Hälfte des 19. Jahrhunderts rekrutierten sie sich überwiegend aus dem Kleinbürgertum und der eigenen Schicht.[125]

Bis 1870 stieg die Zahl der deutschen Grundbesitzer beträchtlich an. Noch gegen Ende des 18. Jahrhunderts hatten diese im Posener Land nur eine wenige Dutzend Köpfe starke Gruppe gebildet. Im Laufe des folgenden Jahrhunderts wuchs diese auf mehr als 600 Personen und überstieg zu Beginn der siebziger Jahre zahlenmäßig die Gruppe der polnischen Grundbesitzer. Nach jüngsten Berechnungen befanden sich 1832 insgesamt 285 Rittergüter (fast 22 Prozent) in deutscher Hand. Bis 1841 vermehrte sich der deutsche Besitzstand auf 410 Güter (dreißig Prozent). 1857 hatten von 1440 Rittergütern der Provinz 536 (37 Prozent) einen deutschen Besitzer. Nimmt man jedoch die übrigen Güter hinzu, welche sich ganz überwiegend in deutscher Hand befanden, so wuchs der deutsche Anteil bei den Gutsbesitzern in jener Zeit auf 42 Prozent.[126] Für dieses rasche Anwachsen war vor allem die staatliche Politik verantwortlich. Seit den Tagen Flottwells sahen es die Behörden in Berlin und Posen, von einer kurzen Unterbrechung abgesehen, als eine ihrer wichtigsten Aufgaben an, den deutschen Besitzstand in der Provinz zu vermehren. Deutsche, die hier ein Gut erwerben wollten, konnten deshalb auf jegliche Unterstützung rechnen. Auf der anderen Seite spielte eine nicht zu unterschätzende Rolle die Tatsache, daß viele polnische Grundbesitzer sich nicht aus den finanziellen Schwierigkeiten befreien konnten, in die sie während der Zeit Südpreußens oder später geraten waren, oder sie vermochten ihren bisherigen Lebensstil nicht zu ändern und sich den neuen Wirtschaftsbedingungen anzupassen.[127]

Das Gutshaus in Owinsk, zwanzig Kilometer nordöstlich von Posen, wurde 1804 bis 1806 nach Plänen Karl Friedrich Schinkels errichtet. Das Frühwerk Schinkels, wohl schon vor der Italienreise von 1803 bis 1805 entworfen, zeigt deutlich den frühklassizistischen Einfluß David und Friedrich Gillys auf ihren damals dreiundzwanzigjährigen Schüler.

Der größere Teil der in deutschem Besitz befindlichen Güter lag im Regierungsbezirk Posen, ihr prozentualer Anteil war jedoch kleiner als im Regierungsbezirk Bromberg. In diesem war er bereits in den Jahren 1832 bis 1841 von 26 auf 36 Prozent gestiegen. 1857 befand sich dort bereits mehr als die Hälfte aller Güter in deutschem Besitz. Im Provinzmaßstab wies der Kreis Inowrocław die größte Zahl deutscher Güter auf. Die Deutschen besaßen 1857 in zwölf von 26 Kreisen der Provinz die Mehrheit der Güter. Was die Größe des Grundbesitzes angeht, so betrug im Jahre 1848 die Gesamtfläche des deutschen Großgrundbesitzes 606 000 Hektar (39 Prozent), 1860 waren es 730 000 Hektar (47 Prozent). Seit der zweiten Hälfte des 19. Jahrhunderts stellten sie Deutschen die Mehrheit der Grundbesitzer mit Gütern von 200 bis 1000 Hektar. Im allgemeinen besaßen sie jeweils nur ein Gut, was die Verwaltung erheblich erleichterte.[128]

Die Schicht der deutschen Grundbesitzer im Posener Land war jedoch sehr heterogen. Im Gegensatz zu den polnischen Grundbesitzern waren ihre Angehörigen nur in sehr geringem Maße untereinander verwandtschaftlich verbunden. Sie setzten sich sowohl aus Nachkommen von Siedlern aus der Zeit der alten Adelsrepublik als auch aus Erwerbern oder Pächtern von Gütern nach der Ersten und Zweiten Polnischen Teilung zusammen. Die größte Gruppe aber stellten diejenigen Deutschen dar, welche erst nach 1815 in die Provinz gekommen waren. Diese entstammten nicht nur den verschiedensten deutschen Ländern (vor allem der Mark Brandenburg), sondern auch den unterschiedlichsten Schichten, dabei nur selten alten Adelsfamilien. In adligem Besitz befanden sich die großen Landkomplexe. So gehörten mehrere Güter in den Kreisen Kosten und Posen, etwa Widzim, Racot und Stenschewo, dem ehemaligen holländischen König Wilhelm I. Der größte Landbesitz, das sogenannte Fürstentum Krotoschin mit einer Fläche von 25 641 Hektar, gehörte seit 1819 den Fürsten von Thurn und Taxis. Im Posener Land begüterte mittlere Adelsfamilien waren beispielsweise die Kalckreuth, Unruh und Seydlitz. Die meisten deutschen Grundbesitzer waren jedoch nicht von adliger Herkunft. Viele waren zuvor Pächter verschiedener Güter oder höhere Domänenbeamte gewesen. Im Regierungsbezirk Bromberg gehörten 1830 bereits 61 von 87 deutschen Gütern (siebzig Prozent) bürgerlichen Besitzern. Nicht selten erwarben diese ihre Güter aus spekulativen Gründen oder in der Absicht, sich rasch zu bereichern. Bürgerlicher Herkunft war beispielsweise der Besitzer großer Ländereien bei Jarotschin und spätere Mitbegründer des Deutschen Ostmarkenvereins Hermann Kennemann.[129]

Auf überwiegend nichtadlige Abstammung und häufig früher erworbene landwirtschaftliche Kenntnisse war es zurückzuführen, daß die deutschen Gutsbesitzer sich meist erheblich leichter an die neuen Wirtschaftsbedingungen anpassen konnten als ihre polnischen Standesgenossen. Sie errichteten solide Wirtschaftsgebäude und Insthäuser und bemühten sich, den Ertrag der Güter durch eine intensive Bewirtschaftung zu steigern. Auf diese Weise erwarben sie sich große Verdienste um die Melioration der Böden sowie den Bau von Wegen und Straßen. Sie wendeten moderne Düngemethoden an, führten Fruchtwechsel und neue Anbaupflanzen ein (zum Beispiel Kartoffeln) und entwickelten die Rinder- und Schafzucht. Die seit Mitte der dreißiger Jahre andauernde Konjunktur ausnutzend, investierten sie auch in weiterverarbeitende Branchen. Es gab aber auch Ausnahmen, insbesondere wenn die Gutsbesitzer nur an raschem Gewinn interessiert waren oder wenn die Schwankungen des Marktes trotz staatlicher Hilfe nicht aufgefangen werden konnten. So verloren bereits gegen Ende der zwanziger Jahre des 19. Jahrhunderts aufgrund der damaligen Wirtschaftskrise viele deutsche Familien, darunter die Familie Wildegans, den Status eines Rittergutsbesitzers.[130]

Oft auf staatliche Initiative hin wurden, etwa zum Zwecke gemeinsamer Fortbildung und zum Erfahrungsaustausch auf wirtschaftlichem Gebiet, landwirtschaftliche Gesellschaften gegründet. Die erste entstand 1826 in Inowrocław unter dem Namen »Königlich-Preußische Landwirtschaftliche Gesellschaft für Kujawien«, die nächste, der »Landwirtschaftliche Verein für den Kreis Meseritz«, 1829. Mit der Zeit überspannte ein dichtes Netz deutscher landwirtschaftlicher Gesellschaften, in welche später auch Bauern aufgenommen wurden, die gesamte Provinz. 1852 schlossen sie sich im Regierungsbezirk Bromberg zum »Zentralverein für den Netzedistrikt« zusammen, der ein eigenes Vereinsblatt herausgab und einen Musterbetrieb führte. Der »Hauptverein für den Regierungsbezirk Posen« entstand 1865, allerdings ohne die Gesellschaften aus den südposenschen Kreisen. Diese hatten bereits 1855 einen eigenen »Hauptverein der Kreise Lissa, Fraustadt, Kosten, Schmiegel, Rawitsch und Gostyn« gegründet.[131]

Die größte – wenngleich in ihrer genauen Größe schwer zu bestimmende – gesellschaftliche Gruppe der deutschen Bevölkerung der Provinz stellten die Bauern dar. Zum Teil waren es Nachkommen von Siedlern aus der Zeit vor den Polnischen Teilungen, insbesondere aus der ersten Hälfte des 18. Jahrhunderts. Eine größere Gruppe bildeten die Kolonisten, welche unter Friedrich II. im Netzedistrikt angesiedelt worden waren. Aus der Kolonisation zu südpreußischer Zeit war dagegen wenig übriggeblieben. Die jüngste Gruppe bildeten die Zuwanderer nach 1815. Sie wurden vor allem durch die Behörden in die Provinz geholt, besonders unter dem Oberpräsidenten Flottwell. Im Regierungsbezirk Bromberg legte der Staat noch vor 1830 dreizehn Kolonien an, in welchen sich 97 Deutsche (sowie einige Polen) niederließen. Deutsche – und polnische – Kolonisten wurden auch von deutschen Grundbesitzern auf ihren Gütern angesiedelt.

Der Anteil der Deutschen an der Gesamtzahl der Bauern im Posener Land war jedoch nicht allzu groß. Nach Schätzungen betrug er etwa ein Drittel. Sie lebten größtenteils im Westen und Norden der Provinz. Ihre wirtschaftliche Lage war um vieles besser als die der polnischen Bauern. Unter den Deutschen gab es nämlich kaum landlose Bauern, Kätner oder Häusler. Dagegen überwogen mittlere und große Höfe. Dies war nicht nur eine Folge der günstigeren Ansiedlungsbedingungen schon seit der Zeit vor den Polnischen Teilungen, sondern auch des in der Regel höheren Wirtschaftsniveaus. Eine wichtige Rolle spielte hier auch die lokale Verwaltung, welche schon seit den zwanziger Jahren des 19. Jahrhunderts die deutschen Bauern bei der Gründung von landwirtschaftlichen Fortbildungsgesellschaften unterstützte. In den vierziger Jahren entstanden mit staatlicher Hilfe dann Sparkassen und in den sechziger Jahren Spar- und Kreditgenossenschaften. Seit Mitte des 19. Jahrhunderts gab es für deutsche Bauern schließlich Erleichterungen beim Landerwerb.[132]

Den größten Prozentsatz alteingesessener Deutscher wies zu damaliger Zeit das Bürgertum auf, insbesondere in den westlichen und nördlichen Grenzgebieten der Provinz. In diesem Milieu war auch die Dominanz der deutschen Bevölkerung am stärksten, und das nicht nur zahlenmäßig, sondern auch wirtschaftlich. So befanden sich in der Stadt Posen 1848 mehr als zwei Drittel des städtischen Bodens mit einem Wert von fast sieben Millionen Talern in deutscher Hand (der polnische Grundbesitz in der Stadt hatte zum Vergleich einen Wert von 1,7 Millionen Talern). Das an den Vermögenszensus gebundene passive Wahlrecht besaßen 315 Deutsche und nur 115 Polen.[133] Ähnlich sah es auch in anderen Städten der Provinz aus. In Gnesen waren etwa zur gleichen Zeit unter den vierzehn reichsten Bürgern der Stadt mit einem Einkommen von jeweils mehr als 3000 Talern acht Deutsche.[134]

Die ökonomische Stärke des deutschen Bürgertums war jedoch nur relativ, bezogen auf die lokalen Verhältnisse. Das Posener Gebiet gehörte nämlich damals zu den am schwächsten entwickelten preußischen Provinzen. Aufgrund der Konkurrenz ausländischer Waren und der Zollgrenze zu Rußland gingen vor 1820 in Posen die beiden letzten vor den Polnischen Teilungen gegründeten Manufakturen ein, die Ledermanufaktur von Johann Klug und die Tuchmanufaktur von Peter Stremler und August Helling. Auch in anderen Städten mußten Manufakturen geschlossen werden. Deshalb und wegen fehlender Unterstützung seitens der Behörden, welche an einer Industrialisierung der Provinz nicht interessiert waren, endeten die vor allem von Deutschen unternommenen Versuche, hier größere Betriebe zu gründen, meist mit einem Fiasko. Zu den wenigen Erfolgreichen gehörte der Kaufmann Ernst Heidrich. Er gründete in den dreißiger Jahren in Rawitsch eine Tuchmanufaktur, in der er ausschließlich die Insassen der dortigen Strafanstalt beschäftigte.[135]

Eine vor allem durch die Bauernbefreiung und die Entwicklung der Landwirtschaft verursachte Wende trat erst in den vierziger Jahren ein. In einigen Städten Posens entstanden damals Fabrikationsbetriebe für landwirtschaftliche Maschinen und Werkzeuge, deren Eigentümer in der Regel Deutsche waren. Während die meisten dieser Betriebe jedoch nach einiger Zeit wieder eingingen, erlangten zwei Maschinenfabriken größere Bedeutung, die beide in der Stadt Posen angesiedelt waren. Die eine gehörte dem Polen Hipolit Cegielski, die andere, 1853 gegründete, dem Deutschen Julius Moegelin. Moegelins Betrieb entwickelte sich für die dortigen Bedingungen recht erfolgreich. Im Jahre 1861 besaß er bereits zwei Dampfmaschinen, und 1869 setzte er als erster in der Provinz einen Dampfhammer in Betrieb. In Bromberg gehörte zu den ältesten Betrieben dieser Branche die 1846 gegründete Fabrik von Friedrich Eberhardt. Dieser begann zunächst mit fünf Arbeitern, im Jahre 1872 beschäftigte er bereits 200. Ein weiteres bedeutendes Unternehmen war die 1865 in Gnesen entstandene Eisengießerei und Landmaschinenfabrik von Otto Jaenicke.[136]

Unter den größeren deutschen Unternehmen außerhalb der Metallwarenbranche ist die 1845 gegründete Gerberei von Ludwig Buchholz in Bromberg zu nennen, welche in den sechziger Jahren zu den größten Betrieben dieser Art in Preußen zählte. Mit der Zeit wurde eines der bekanntesten Unternehmen die Spedition von Karl Hartwig in

Posen. Verhältnismäßig einträglich waren auch Brauereien und Mühlenbetriebe. Unter den Brauereien war diejenige der Brüder Hugger in Posen seit den sechziger Jahren die größte der Provinz, danach kamen die Brauereien der Familie Stock und von August Brokert. Die florierendste Mühle gehörte Johann Kratochwill aus Posen.[137] Aufgrund der schwachen Entwicklungsmöglichkeiten floß kaum industrielles Kapital aus anderen Teilen der preußischen Monarchie in die Provinz. Vor 1870 wurden hier nur vier Unternehmen von auswärtigen Deutschen gegründet, zwei Gerbereien, ein großer Schreinerbetrieb in Posen und eine Sesselfabrik in Crone an der Brahe. Sie hatten jedoch alle nur zweitrangige Bedeutung.[138]

Im Jahre 1861 hatten von 69 städtischen Produktionsbetrieben der Provinz 58 einen deutschen Eigentümer. Zu den einträglichsten gehörte damals die schon erwähnte Mühle von Kratochwill mit 6000 Talern jährlichem Umsatz zwischen 1861 und 1864, die Huggerbrauerei mit 4000 Talern Umsatz im Jahre 1864, die Posener Schnaps- und Likörfabrik von Hermann Barth mit 4000 Talern Umsatz 1861 sowie die größte Gerberei der Provinz von Buchholz in Bromberg mit einem Umsatz von 3000 Talern im Jahre 1862.[139]

Diese Angaben machen deutlich, daß die kleine Schicht der vor 1870 in der Provinz tätigen deutscher Unternehmer mit ihrer ökonomischen Position allenfalls der einheimischen Öffentlichkeit imponieren konnte. Noch schlechter sah die Situation im Finanzsektor aus. Im Posener Gebiet entstanden damals praktisch keine privaten Banken. Ein Rapport von 1838 nennt zwar in Posen zwei größere Bankiers, darunter den Deutschen Ernst Schmaedicke, aber beide verfügten nur über ein sehr bescheidenes Kapital. Vor diesem Hintergrund stellten die Kaufleute die zahlreichste Schicht innerhalb des gehobenen Bürgertums dar. Hier nahmen ebenfalls die Deutschen, zusammen mit den Juden, eine führende Position ein. Deutsche und Juden kontrollierten sowohl den Groß- wie auch den Einzelhandel. Seit der Mitte des 19. Jahrhunderts lief auch nahezu der gesamte Außenhandel durch ihre Hände. In Posen betrug der Anteil der Deutschen an den voll geschäftsfähigen Kaufleuten im Jahre 1822 mehr als ein Drittel, nämlich 37 Prozent, 1837 waren es immerhin noch 23 Prozent, wobei sie die Mehrheit in der Gruppe mit mehr als 2000 Talern Einkommensteuer stellten.[140]

Die größte Gruppe unter den städtischen Deutschen der Provinz bildete das Kleinbürgertum, insbesondere die Handwerker. In der Stadt Posen lebten 1845 insgesamt 643 deutsche Meister (fast fünfzig Prozent). Unter den christlichen Meistern stellten sie die Mehrheit. Hier dominierten sie auch wirtschaftlich. Im Jahre 1861 gehörten von 88 Handwerksbetrieben der Provinz mit mehr als 1000 Talern Jahresumsatz 69 deutschen Meistern. In der Provinzhauptstadt waren ihre Domäne die einträglichsten Berufe, welche gleichzeitig besonders hohe Fertigkeiten verlangten. So waren deutsche Meister gerade in der Präzisionsfertigung deutlich in der Überzahl, bei den Instrumenten- und Uhrmachern sowie bei den ihre Kenntnisse vom Vater an den Sohn weitergebenden Goldschmieden, beispielsweise den Familien Ahlgreen, Blau oder Rehfeld.[141]

Trotz seines nicht unbeträchtlichen wirtschaftlichen Potentials begann sich das deutsche Kleinbürgertum im Grunde erst Ende der sechziger Jahre des 19. Jahrhunderts, häufig unter staatlicher Leitung, zu organisieren. Dies geschah teilweise auch erst als Reaktion auf die Gründung polnischer Vereinigungen. Damals entstanden Finanzgenossenschaften für Meister und kleine Kaufleute wie die 1860 gegründete »Bromberger Vereinsbank« oder Handwerkervereine. Im Jahre 1862 nahm in Posen der »Deutsche Handwerker-Verein« seine Tätigkeit auf, dessen Ziel vor allem die Förderung der beruflichen und allgemeinen Bildung sowie der guten Sitten war.[142]

Wenn vom Handwerk die Rede ist, müssen auch die Gesellen erwähnt werden. Wie aus Angaben für Posen aus der ersten Hälfte des 19. Jahrhunderts hervorgeht, war ihr Anteil unter den einheimischen Deutschen im Steigen begriffen. Es gab sogar mehr deutsche als polnische Gesellen. So ist nicht verwunderlich, daß seit den fünfziger Jahren immer mehr deutsche Gesellenvereine entstanden, sowohl protestantische wie katholische, welche Einfluß auch auf die Arbeiter nehmen sollten.[143]

Das deutsche Proletariat in den Städten der Provinz war gering. In der Stadt Posen lag sein Anteil in der ersten Hälfte des 19. Jahrhunderts höchstens bei zwanzig Prozent der Gesamtbevölkerung. Die Deutschen überwogen zahlenmäßig nur bei städtischen Angestellten wie Aufsehern und Boten. Die deutschen Arbeiter besaßen in der Regel eine Ausbildung, und die deutschen Dienstboten arbeiteten in den besseren Häusern.[144]

Bis 1870 hatte sich die Struktur der deutschen Gesellschaft erheblich »normalisiert«. Nach wie vor unterschied sie sich jedoch von derjenigen der westlichen preußischen Provinzen. Im Posenschen dominierten nämlich reiche und mittlere Bauern sowie das Kleinbürgertum. Dagegen gab es fast kein Bürgertum westeuropäischen Typs, und dementsprechend niedrig war der Anteil des Proletariats. Unverhältnismäßig stark wurde dagegen die Schicht der Grundbesitzer und Intellektuellen, insbesondere der Beamten.

Über die damalige gesellschaftliche Mobilität der Deutschen ist wenig bekannt. In der Stadt Posen war jedoch festzustellen, daß man, gleich welcher Nationalität, seine gesellschaftliche Position eher durch Bildung als durch Kapital verbessern konnte. Zum einen war die Ausbildung von Kindern erheblich leichter zu finanzieren als die Gründung eines Unternehmens oder auch nur eines Geschäfts. Dies galt insbesondere für die Deutschen, deren wirtschaftliche Lage relativ gut war. Die weniger Begüterten konnten hier mit staatlicher Unterstützung rechnen. Die Posener Deutschen zeichneten sich ferner durch ein starkes Bildungsbedürfnis aus, wobei der Wunsch nach Aufstieg durch Bildung in gewissem Maße auch durch das für sie attraktivere Karrieremodell beeinflußt wurde. Es war nämlich angesehener, Land zu erwerben oder die Position eines Beamten, Anwalts oder Arztes zu erreichen, als im Handel oder der Industrie Erfolg zu haben. Bei der Wahl des Ehepartners spielten in der ersten Hälfte des 19. Jahrhunderts gesellschaftliche Schranken für Deutsche eine geringere Rolle als für Polen. Dies war vor allem auf die meist bürgerliche Herkunft der deutschen Eliten zurückzuführen und die starke »Nivellierung« der gesellschaftlichen Pyramide. Tatsächlich war der Abstand zwischen Grundbesitzern, Akademikern, Unternehmern, reichen Kaufleuten und Handwerkern nicht sehr groß, der Abstand zum Rest der deutschen Gesellschaft vermutlich aber größer.[145]

Die politische und gesellschaftliche Aktivität der Deutschen in der Provinz entsprach zu jener Zeit, insbesondere vor 1848, durchaus nicht ihrer starken wirtschaftlichen Position. Zunächst hatte es jedoch andere Anzeichen gegeben, etwa als die einheimische deutsche Bevölkerung nach der Angliederung der Provinz an Preußen 1815 ihrer Freude durch rege Beteiligung an den Feierlichkeiten zu Ehren der neuen Herrschaft Ausdruck gab. Der Arzt Daniel Friedrich Freter begrüßte im Namen der Deutschen die nach Posen einrückenden Truppen, und der Kaufmann Wilhelm Queisser als Repräsentant des Bürgertums war Mitglied der Deputation, welche sich nach Berlin begab, um dem König zu huldigen. Bei den Posener Huldigungsfeiern wurde die Stadt Posen unter anderem von Kaufmann Gottlieb Treppmacher und Bromberg von Kaufmann Johann Carl Loewe und Stadtrat Kühlbrunn vertreten. Freiwillige aus den Reihen der Posener Deutschen eilten zu den preußischen Fahnen, um sich an der endgültigen Niederwerfung Napoleons zu beteiligen, materielle Hilfe wurde organisiert über den »Verein für die Pflege und Unterstützung der im Felde Verwundeten«, gegründet von Dr. Freter, sowie den »Frauen- und Mädchenverein zum Wohle des Vaterlandes« unter Leitung von Johanna von Hasa. In größeren Städten gab es aktive deutsche Freimaurerlogen.[146]

Mit der Stabilisierung der Lage in Europa stellten die Deutschen im Posener Land ihre Aktivitäten jedoch nahezu vollkommen ein. In der Provinz entwickelten sich in größerem Maße weder eine deutsche Presse noch eine Publizistik, und die bis 1848 herausgegebenen Zeitungen waren vollkommen farblos. Es fehlte sowohl an bedeutenderen Persönlichkeiten wie auch an klar umrissenen Idealen, um die sich das gesellschaftlich-politische Leben der Deutschen hätte scharen können. Sie fühlten sich zwar als rechtschaffene und loyale Untertanen des preußischen Königs, aber die große Mehrheit verhielt sich vor 1848 völlig passiv. Dies wird um so augenfälliger, wenn man das Posener Gebiet mit anderen Provinzen der Hohenzollernmonarchie vergleicht. Die starke Inhomogenität und Zersplitterung der Posener Deutschen sowie die stetigen Wanderungsbewegungen, die ein Gefühl von Vorläufigkeit vermittelten, mögen dafür der Grund gewesen sein. Der Grad des Zusammengehörigkeitsgefühls mit Landsleuten aus anderen deutschen Gebieten war gering, damit fehlten also die Voraussetzungen zur Umformung des dynastischen Patriotismus in einen Staatspatriotismus. Einziges Betätigungsfeld für die deutsche Bevölkerung waren damals die Kreistage, der Provinziallandtag und die Stadträte,[147] in denen die Deutschen eine bedeutende Rolle spielten, sowohl im Hinblick auf ihr zahlenmäßiges Übergewicht bei der städtischen Bevölkerung, besonders im Westen und Norden der Provinz, als auch wegen ihrer besseren finanziellen Position (über das Wahlrecht entschied der Vermögenszensus). In vielen Städten leiteten die Deutschen den Stadtrat, so in Posen von 1832 bis 1843, und stellten den Bürgermeister.[148]

Eine geringere Rolle spielten sie im Provinziallandtag. Dieser hatte nämlich, ähnlich wie die Kreistage, Ständecharakter und wurde vom Ritterstand dominiert. Obgleich in den Jahren 1827 bis 1847 ein relatives Gleichgewicht zwischen beiden Nationalitäten bestand, war die tatsächliche Situation eine andere, da die Deutschen nur bei den Ver-

Feierliche Grundsteinlegung für das Gneisenau-Denkmal in Posen am 13. März 1913 durch den Leiter des Staatsarchivs, Rodgero Prümers. Der preußische Feldmarschall war 1831 in Posen an der Cholera gestorben.

tretern städtischer und ländlicher Gemeinden die Mehrheit hatten, bei den Vertretern des Ritterstandes dagegen – und damit im gesamten Landtag – führten die Polen. Erst 1834 wurde mit Graf Wilhelm von Blankensee aus Filehne erstmals ein Deutscher Vizemarschall des Landtages, und der erste Marschall (Vorsitzende) wurde 1847 Fürst August Hiller von Gaertringen aus Pszczew.[149]

Zu Anfang gaben die deutschen Abgeordneten sowohl in den Stadträten als auch im Provinziallandtag einmütig ihrer loyalen Haltung Ausdruck.[150] Allmählich aber zeigten sich Ansätze unterschiedlicher Meinungen. Die Vertreter des reicheren Bürgertums und ein Teil der Intellektuellen, vor allem Gymnasiallehrer, untere Beamte und Vertreter freier Berufe, näherten sich etwa seit Mitte der dreißiger Jahre allmählich dem preußisch-deutschen Liberalismus an. Sie verlangten die Einberufung eines gesamtpreußischen Parlaments, die Erweiterung der bürgerlichen Freiheiten und kritisierten den aristokratischen Charakter des Hohenzollernstaates. Ihr Programm hielt sich jedoch stets im Rahmen einer konstitutionellen Monarchie. Auch die Grundbesitzer artikulierten nun ihre Vorstellungen. Bei den verschiedensten Gelegenheiten brachten sie immer deutlicher ihre konservative Grundhaltung zum Ausdruck, und bereits während der Beratungen des Provinziallandtags in den vierziger Jahren traten sie offen gegen den Liberalismus des deutschen Bürgertums auf. Der Apologet dieser Schicht, Alexander von Harnier, bemerkte hierzu treffend, der preußische Staat habe sich auf die Gesinnung der deutschen Rittergutsbesitzer in hohem Maße verlassen können.[151] Die konservativ-monarchistischen Ansichten der Grundbesitzer wurden in der Regel von den deutschen Bauern geteilt, welche dem Staat für die Wohltat ihrer Befreiung dankbar waren, ebenso von einem Teil des Kleinbürgertums und nicht zuletzt vom größten Teil der höheren Beamten, welche das politische Leben der Posener Deutschen bestimmten. Dies trug zweifellos nicht zu einer stärkeren Aktivität des Bürgertums bei.[152]

Der Völkerfrühling brachte einen radikalen Wandel dieser Situation. In den mehrheitlich deutschen Kreisen bildeten die Deutschen eigene Nationalkomitees, die aktivsten in Bromberg und Meseritz. Organisation und Führung übernahmen zumeist Beamte, Lehrer oder Gutsbesitzer, den Stamm der Mitglieder stellten jedoch Kaufleute und Handwerker. Angesichts der ständigen Wirren in Berlin und anderen deutschen Staaten und der bevorstehenden Parlamentswahlen begannen sich in der bislang recht geschlossenen deutschen Bewegung Trennlinien abzuzeichnen, welche im wesentlichen den schon im Großherzogtum Posen vor 1848 bestehenden entsprachen. Die Liberalen, vor allem Vertreter freier Berufe, ein Teil der Beamten und des reichen Bürgertums, sammelten sich um den Posener »Konstitutionellen Klub« (später in »Demokratisch-Constitutioneller Verein« umbenannt) und den Bromberger »Deutschen Bürgerverein«. Im September nahm dann der von den Behörden geförderte, stark rechtslastige »Verein für König und Vaterland« seine Tätigkeit auf, der vor allem Grundbesitzer, höhere Beamte, evangelische Geistliche, Kleinbürgertum und Bauern zu seinen Mitgliedern zählte. Er konnte sich in kurzer Zeit eine beträchtliche Basis schaffen.[153]

Hauptsächlich unter dem Einfluß der »Polnischen Liga« unternahmen die Deutschen erneut einen Versuch der Einigung. Ende November wurden in Posen und Bromberg zwei eng miteinander zusammenarbeitende Organisationen unter dem gemeinsamen Namen »Deutsche Verbrüderung« gebildet. Sie sollten die Interessen der örtlichen Deutschen vertreten und nationale Solidarität erreichen. Trotz anfänglicher Erfolge – man gab sogar eine Zeitschrift *Deutsches Volksblatt* heraus, erfüllte die Organisation nicht die in sie gesetzten Hoffnungen. Die Auseinandersetzung des Königs mit der Nationalversammlung führte nämlich erneut zur Teilung. Die konservative Mehrheit begrüßte die Schritte der neuen Regierung, während die liberale Minderheit auf der Seite des Parlaments stand. Allmählich nahm aber auch die Mehrheit der Posener Deutschen eine regierungsfreundliche Haltung ein. Die von Friedrich Wilhelm IV. erlassene Verfassung schließlich hatte weitere Sympathiegewinne zur Folge.

Zur Konfrontation der beiden Lager, wobei die Liberalen das parlamentarische konstitutionelle Projekt verteidigten, kam es nochmals im Zusammenhang mit den Parlamentswahlen im Februar 1849, unter anderem in Gnesen. Unter den deutschen Deputierten gewannen die regierungsfreundlichen Gruppierungen die überhand, während die Liberalen fast allen Einfluß verloren. Als sie im April ihrem Protest gegen die Auflösung der zweiten Kammer des preußischen Abgeordnetenhauses Ausdruck gaben, erhielten sie kaum noch Unterstützung. Bei den Neuwahlen im Juli 1849, die erneut mit einem Erfolg des regierungstreuen Lagers endeten, verloren die Liberalen auch die Kontrolle über die Deutsche Verbrüderung. Die Konservativen übernahmen zudem deren Presseorgan, die *Posener Zeitung*. Politische Fragen fanden jetzt kaum noch Interesse bei den Posener Deutschen, nach den Juliwahlen war es praktisch erloschen. Die Mitgliederzahlen deutscher Organisationen gingen rapide zurück, und schon 1850 waren, wie aus den Berichten der Landräte hervorgeht, in den meisten Kreisen bereits keine Gesellschaften mehr aktiv.

Nach fast zweijährigen Wirren stabilisierte sich das politische Leben der Posener Deutschen wieder. Es bildete sich eine zwar nicht institutionelle, aber faktische Trennung in zwei Lager heraus, Konservative und Liberale, wobei die Parlamentswahlen und die Organe der Selbstverwaltung, unter anderem die Kreistage und Stadträte, zur politischen Arena wurden. Trotz der bestehenden Unterschiede, insbesondere in konstitutionellen Fragen, waren alle Posener Deutschen loyale Untertanen des preußischen Königs und unterstützten die deutsche Einigung unter seiner Führung. Das Nationalgefühl erstarkte. In den Parlamentswahlen bis 1855 siegten die Konservativen. Erst der Fall der Regierung Otto von Manteuffel stärkte die Liberalen, welche 1858 in der Provinz neun der dreizehn von den Deutschen gewonnenen Mandate erlangten.

Anfang der sechziger Jahre trat in der Provinz eine neue politische Kraft auf, die »Deutsche Fortschrittspartei«, die vom Beginn ihrer Tätigkeit an viele Anhänger in den westlichen Kreisen des Posener Gebiets fand, vor allem unter Beamten, Kaufleuten und Handwerkern. Bei Akzeptierung der Prinzipien von konstitutioneller Monarchie und Einigung Deutschlands bekämpfte sie vor allem die Dominanz der Aristokratie im Staate. Bei den Wahlen von 1861 erlangten die »Fortschrittlichen« drei Mandate, die

Liberalen fünf und die Konservativen nur eins. Dies wiederholte sich in den Jahren 1862 und 1863, als keiner der von der Regierung unterstützten Kandidaten in den Landtag kam. Eine allmähliche Veränderung der politischen Präferenzen ließ sich auch bei den Wahlen zu den Stadträten feststellen.

Doch schon 1864 verzeichneten die Konservativen im Zusammenhang mit den wachsenden Einigungsbestrebungen einen erneuten Zulauf der deutschen Bevölkerung. Der Einfluß der Fortschrittspartei ging kontinuierlich zurück, nationalistische Stimmungen nahmen dagegen zu. Der Sieg über Dänemark 1864 und dann 1866 über Österreich rief unter den Posener Deutschen spontane Begeisterung hervor. Viele erwarteten die baldige Vereinigung aller deutschen Gebiete.[154]

Die Posener Deutschen unternahmen auch Anstrengungen im Wohltätigkeitsbereich, vor allem nach 1848. Diese Aktivitäten hatten allerdings recht begrenzten Charakter, und die Initiative dazu ging in der Regel von den Behörden oder der evangelische Kirche aus. Es handelte sich in erster Linie um karitative Unternehmungen. So wurden Waisenhäuser, Spitäler und Asyle gestiftet und Bedürftige individuell oder durch eigens gegründete Gesellschaften unterstützt. Frauen waren bei diesen Unternehmungen an führender Stelle tätig. In Posen entstand beispielsweise 1858 im Rahmen der evangelischen Kirche ein »Frauen- und Jungfrauen-Verein zur Unterstützung und Pflege Armer und Kranker«.[155] Auf deutscher wie auf polnischer Seite gab es energische Feldzüge gegen die Trunksucht. In vielen Städten der Provinz entstanden ferner Verschönerungsvereine, so 1832 der von Deutschen gegründete »Bromberger Verschönerungsverein«.[156]

Das Bild der deutschen Gesellschaft in der Provinz bleibt unscharf, solange man nicht auch das Verhältnis zu den beiden anderen dort lebenden Bevölkerungsgruppen behandelt. Das gemeinsame Leben in Städten, Kleinstädten und Dörfern führte zwangsläufig zu Kontakten zwischen Deutschen, Polen und Juden auf den verschiedensten Ebenen, sei es nachbarschaftlich, wirtschaftlich, politisch, gesellschaftlich, kulturell oder freundschaftlich.

Bis 1830 waren die deutsch-polnischen Beziehungen durchaus befriedigend. Im Jahre 1815 wohnten die Polen, allen voran ihre hohen Würdenträger, sowohl in Posen als auch in vielen anderen Städten in großer Zahl den Feierlichkeiten anläßlich der Übernahme des Großherzogtums Posen durch Preußen bei. Die Deutschen wiederum nahmen mit den höchsten Vertretern ziviler und militärischer Behörden im Jahre 1817 an den Trauerfeierlichkeiten für Tadeusz Kościuszko und im darauffolgenden Jahr am Begräbnis von Jan Henryk Dąbrowski teil. Die Beziehungen zwischen polnischen und deutschen Freimaurern waren damals geradezu vorbildlich. In Posen bot die polnische Loge »Stałość« bereits 1815 der deutschen Loge »Piast zu den drei sarmatischen Säulen« die Zusammenarbeit an. Die Krönung dieser Annäherung war 1819 die Eröffnung des mit vereinten Kräften errichteten Gebäudes an der Grabenstraße. Ein Jahr später vereinigten sich beide zur Loge »Zum Tempel der Eintracht«. Einträchtig arbeiteten auch die Logen in Krotoschin und Inowrocław zusammen, wo Beratungen und Feierlichkeiten abwechselnd in deutscher und polnischer Sprache abgehalten wurden.[157]

Auf religiösem Gebiet gab es ebenfalls keine Konflikte. An den Feiern zum dreihundertsten Reformationsjubiläum 1817 nahmen nicht selten auch Katholiken teil, die sich in manchen Ortschaften auch bei den Einweihungsfeiern neuer evangelischer Gemeinden oder der Amtseinführung neuer Pastoren sehen ließen, etwa 1817 in Grätz oder 1821 in Dobrzyca.[158] Auch nationale Gegensätze waren zunächst nicht festzustellen, jedenfalls nicht zur Zeit der ersten Wahlen zum Provinziallandtag 1827.

Eine Änderung trat hier 1830 im Zusammenhang mit den revolutionären Erschütterungen in Europa ein. Bereits im September waren in den Straßen von Posen Plakate und Flugblätter mit Drohungen gegen Deutsche zu finden. Ähnliche Signale gingen auch aus der Provinz ein. In einigen Orten kam es zu kleineren Unruhen. Nach dem Ausbruch des Warschauer Aufstandes verhielten sich die Posener Deutschen im allgemeinen zurückhaltend. Nur wenige, vorwiegend Grundbesitzer, reiche Kaufleute, Handwerker und ein Teil der Beamten, nahmen gegenüber den polnischen Unabhängigkeitsbestrebungen eine offen feindselige Haltung ein. Aus Furcht vor einem Übergreifen des Aufstandes auf das Großherzogtum Posen zeigten sie diese Haltung aber nicht allzu offen, insbesondere nach den antideutschen Manifestationen, zu denen es im Dezember 1830 und dann im April 1831 in einigen Orten gekommen war. Natürlich nahmen diese Kreise die Kunde von der Niederschlagung des Aufstandes mit großer Freude und Genugtuung auf, aber erheblich größer war die Zahl der Deutschen, die den Polen gegenüber Sympathien empfanden, darunter auch Beamte, was bei den Behörden eine gewisse Konsternierung hervorrief. Eine kleine Schar von Deutschen, vor allem aus der Stadt Posen, zogen sogar als Freiwillige ins Königreich Polen, um den Aufstand zu unterstützen. Das waren vorwiegend junge Leute, Handwerker, Gymnasiasten, Gesellen und Tagelöhner, aber auch Söhne von Grundbesitzern wie beispielsweise Rudolf Meissner.[159]

Die große Mehrheit der Posener Deutschen stand dem polnischen Aufstand jedoch gleichgültig gegenüber. Polenvereine, wie sie in anderen Teilen Deutschlands nach der polnischen Niederlage entstanden, gab es hier nicht, auch sind keine Fälle von Polonophilie bekannt. Vielmehr gestaltete sich nach der Übernahme des Oberpräsidiums durch Flottwell und der Änderung der staatlichen Politik das Zusammenleben beider Nationalitäten weniger harmonisch. Allerdings stießen entgegen den Erwartungen der Regierung alle antipolnischen Maßnahmen der dreißiger Jahre bei der deutschen Bevölkerung eher auf Ablehnung. Im allgemeinen unterstützten die Deutschen die Polizei bei der Fahndung nach geheimen polnischen Organisationen nicht, es gab sogar Fälle von Ablehnung einer von den Behörden gewünschten Zusammenarbeit.

Ein Feld deutsch-polnischer Gemeinsamkeit blieben die Stadträte. Einzig auf dem Forum des Provinziallandtags gelang es Flottwell, Deutsche und Polen zu trennen. 1834 sprachen sich auf sein Drängen hin die deutschen Deputierten beim König gegen die polnische Petition zur Verteidigung der verbliebenen nationalen Besonderheiten des Großherzogtums Posen aus, insbesondere der sprachlichen Rechte, und unterstützten 1837 diese Forderung nur wegen der polnischen Drohung, die Beratungen zu verlassen. Das hinderte beide Gruppen aber nicht, gleichzeitig gemeinsam die Wiedereinfüh-

Die für die Geschäfte der Provinz Posen typischen zweisprachigen Reklameschilder weisen auf eine von den Initiatoren ungewollte negative Folge der Germanisierungspolitik für die deutsche Bevölkerung der Provinz hin. Während die polnischen Posener durch die Diskriminierung des Polnischen zur Zweisprachigkeit erzogen wurden, konnten deutsche Posener, selbst wenn sie es wollten, das Polnische in der Schule nicht mehr lernen. Dies erwies sich für das berufliche Fortkommen in der Provinz als nachteilig, weil auch deutsche Geschäftsleute mit Rücksicht auf polnische Kunden zweisprachige Bedienungen suchten und deshalb oft polnischen Bewerbern den Vorzug gaben.

rung der Wojts und die Wahl der Landräte zu fordern. Nicht ohne Einfluß auf die beiderseitigen Beziehungen war auch der Mischehenstreit 1837 bis 1840, der eine beträchtliche Einschränkung der interkonfessionellen Kontakte, insbesondere zwischen den Geistlichen, zur Folge hatte. Obgleich dieser Streit sich im Grunde nicht auf der nationalen Ebene abspielte, schürte er doch antideutsche Stimmungen unter den Polen.[160]

Das Klima in der Provinz verbesserte sich mit der Thronbesteigung Friedrich Wilhelms IV. und der Abberufung Flottwells erheblich. So bereiteten die Polen dem neuen Herrscher, in den sie große Hoffnungen setzten, gemeinsam mit den Deutschen anläßlich seines Besuchs in Posen 1842 einen begeisterten Empfang. Die polnischen Eliten, welche in den dreißiger Jahren eine Teilnahme an behördlichen Feierlichkeiten eher vermieden hatten, nahmen am Rathausball teil und gaben zuvor zu Ehren des Königs ein großes Festmahl, zu dem auch Deutsche geladen waren.

Gut war auch die Zusammenarbeit der Polen mit dem deutschen liberalen Lager. Zu einer Art Vereinigung beider Kräfte kam es in den vierziger Jahren im Provinziallandtag. 1843 richteten deutsche und polnische Deputierte eine gemeinsame Adresse an den König, in welcher zum einen die völlige Gleichberechtigung beider Nationalitäten im Großherzogtum Posen, zum anderen die Abschaffung der Zensur und der Erlaß einer Verfassung für Preußen gefordert wurden. Das wiederholte sich im Jahre 1845.

Ein Beispiel für fruchtbare Zusammenarbeit gab auch der Posener Stadtrat. 1843 wurde trotz deutscher Mehrheit der Pole Franciszek Ogrodowicz zum Vorsitzenden und zu seinem Stellvertreter der Mitbegründer des Lagers der »Organischen Arbeit«, Karol Marcinkowski, gewählt. Ferner wurden nach jahrelanger Unterbrechung die Sitzungsprotokolle wieder zweisprachig geführt.[161]

Nur ein Teil der deutschen Konservativen, besonders die Grundbesitzer, nahm den sanfteren Kurs gegenüber der polnischen Bevölkerung nach 1840 mit Mißfallen auf. Schon nach der Sitzung des Provinziallandtags von 1841 wandten sie sich an den König mit der Bitte, den Deutschen die Hälfte der Mandate für den Ritterstand sowie das Recht auf die Eingabe eigener Petitionen zu garantieren. Zwar wurde dies abgelehnt, aber dennoch empfanden sie Genugtuung, da Friedrich Wilhelm IV. die während desselben Landtags von den polnischen Abgeordneten vorgetragenen Forderungen in der Sprachenfrage geradezu brüsk zurückwies. Den Konservativen behagte auch der Kompromiß der Polen mit den Liberalen nicht und schon gar nicht deren an den König gerichtete Forderungen. Aber erst nach dem mißlungenen polnischen Aufstandsversuch in den Jahren 1845/46 äußerten sie dies öffentlich. Im April 1846 richteten 38 in Posen versammelte deutsche Grundbesitzer eine Denkschrift an den König, in welcher sie entschiedene Schritte gegen die Polen forderten, unter anderem die Ausweisung der Verschwörer und die Übereignung ihrer Güter an Deutsche zu günstigen Bedingungen sowie eine Stärkung des Posener Deutschtums. Diese Forderungen stießen bei den Behörden ebenso auf Ablehnung wie der Versuch, eine Organisation zu gründen, die als Führungszentrum aller Deutschen im Posener Land gedacht war.[162]

Solche extremen Haltungen waren damals noch die Ausnahme. Die meisten Deutschen überließen nämlich die Auseinandersetzung mit den Polen den Behörden.[163] Die

Ereignisse von 1845/46 hatten bei den Posener Deutschen jedoch das Aufkeimen von Mißtrauen gegen die Polen zur Folge. Dieses Gefühl verschärfte sich Anfang 1848, als in der Provinz Gerüchte über einen erneuten Aufstand aufkamen und Flugblätter verteilt wurden, die antideutsche Akzente enthielten. Zur Zusammenarbeit mit den Polen veranlaßte die Deutschen erst der am 21. März vom polnischen Nationalkomitee erlassene Aufruf zum gemeinsamen Kampf gegen den russischen Despotismus. Bereits am nächsten Tag beschloß der von Deutschen beherrschte Posener Stadtrat, die Forderungen der Polen in Berlin zu unterstützen. Zur Verblüffung der Regierung verlangten die Deutschen nicht Autonomie, wie die polnische Deputation, sondern die Abtrennung des Großherzogtums Posen von Preußen. Diesen Gedanken vertraten sie auch auf einer gemeinsamen Veranstaltung in Posen. In den ersten Tagen des Völkerfrühlings kam es im Posener Land zu Akten der Verbrüderung von Polen und Deutschen, auch Militärangehörigen. Es wurden gemeinsame Gottesdienste und Versammlungen abgehalten und eine gemeinsame Bürgerwehr gebildet.

Doch es kam auch schon zur ersten Trübung der beiderseitigen Beziehungen, als das polnische Nationalkomitee am 22. März die Aufnahme einer Vertretung der Posener Deutschen in seine Reihen verweigerte. Dieser auch von vielen Polen kritisierte Schritt rief bei den Deutschen ernste Befürchtungen über ihren Status im wiederhergestellten Polen hervor. Das am nächsten Tag gegründete deutsche Komitee schlug den Polen Hilfe und Vermittlung bei Kontakten mit den Behörden und der deutschen Bevölkerung vor. Anfangs konnte es seine Aufgabe durchaus erfüllen, die Haltung der Deutschen begann sich jedoch allmählich grundlegend zu wandeln. Die Entwicklung der polnischen Bewegung, die Übernahme der Macht von den preußischen Behörden, vor allem aber die Aufstellung bewaffneter Abteilungen riefen bei ihnen Mißtrauen und ein Gefühl der Bedrohung hervor. Die königliche Genehmigung zur nationalen Reorganisation der Provinz vertiefte diese Gefühle.

Mit der Einberufung eines neuen deutschen Komitees am 27. März, das sich vor allem aus antipolnisch gesinnten Beamten zusammensetzte, gingen Polen und Deutschen faktisch hinfort getrennte Wege. Ende März begannen die Deutschen in vielen Orten, etwa in Lissa, die Gründung polnischer Komitees zu verhindern oder bereits bestehende zu beseitigen sowie die sich bildenden Aufstandsabteilungen zu sprengen. Dies geschah meist unter Beteiligung oder unter dem Schutz des Militärs und führte häufig zu deutsch-polnischen Auseinandersetzungen. Zu einer weiteren Zuspitzung der Lage kam es Anfang April, als das deutsche Komitee in Posen einen Aufruf im Namen aller Deutschen der Provinz erließ, der endgültig die Idee einer Verbrüderung beider Nationalitäten ablehnte. Die Deutschen waren gegen jegliche Verhandlungen und forderten die Unterdrückung der polnischen Bewegung. Als oberstes Ziel wurde nun der Verbleib des gesamten Großherzogtums Posen bei Preußen angesehen. In vielen Ortschaften entstanden deutsche Schutzvereine oder Schutzwachen und im Norden sogenannte Freischaren, die sich vor allem aus Bauern zusammensetzten und das Militär bei den Pazifikationen der Polen unterstützten. Häufig kam es dabei zu blutigen Vorfällen.[164]

Nicht wenige deutsche Katholiken dagegen betrachteten, hauptsächlich unter dem Einfluß polnischer Geistlicher, dieses Vorgehen ihrer Landsleute mit Mißfallen, da sie darin eine Bedrohung ihrer Religion sahen. Diese Gefühle wurden durch das Bekanntwerden der königlichen Entscheidung zur Teilung der Provinz noch verstärkt. In vielen Orten erklärten die deutschen Katholiken damals ihren Wunsch zum Verbleiben im polnischen Teil. Es gab sogar einige Deutsche, die von Anfang bis Ende mit der polnischen Bewegung sympathisierten oder zumindest Verständnis für sie zeigten. Vor allem ist hier die ungewöhnliche Gestalt des Lissaer Arztes Johann Metzig zu nennen, der sich in seinen Briefen sowie auf jede mögliche Art, beispielsweise durch Denkschriften, die er an die europäischen Herrscher richtete, für eine Wiederherstellung Polens einsetzte. Weit häufiger waren weniger spektakuläre Gesten der Sympathie für die Polen. Christian von Massenbach zum Beispiel, seinerzeit Landrat von Birnbaum, gewährte in einer seiner Scheunen einem polnischen Grundbesitzer Zuflucht, und es gab sogar Deutsche, die in polnischen Aufstandsabteilungen kämpften, so der Schustergeselle August Mensch, der an seinen bei Miloslaw erlittenen Verwundungen starb.[165]

Obgleich der Völkerfrühling zweifellos einen Schatten auf die deutsch-polnischen Beziehungen im Posener Land geworfen hatte, klangen die Emotionen allmählich wieder ab. Entschieden ablehnend gegenüber den Polen blieben, ähnlich wie vor 1848, lediglich die zum konservativen Lager gehörenden Vertreter der Behörden und die Grundbesitzer, aber auch ein Teil der Lehrer an höheren Schulen und einige Bauern. Der Rest dagegen, insbesondere die Stadtbevölkerung, hielt sich im allgemeinen von größeren antipolnischen Aktivitäten fern. Zum Ärger der Konservativen sprachen die aus Polen und Deutschen zusammengesetzten Geschworenengerichte die wegen staatsfeindlicher Tätigkeit gegen Preußen in den Jahren 1848/49 Angeklagten damals größtenteils frei. Ein Teil der Deutschen, insbesondere Katholiken, trat sogar der nationale Solidarität verkündenden Polnischen Liga bei. Die Mehrheit aber stand dieser ablehnend gegenüber, vor allem aufgrund der von ihr geführten antideutschen Kampagnen. Obwohl nach 1848 die Parlamentswahlen zum Hauptkampffeld der Auseinandersetzung beider Nationalitäten wurden, arbeiteten die deutschen Liberalen zeitweise mit den Polen zusammen, um die konservativen Kandidaten aus dem Felde zu schlagen. Nicht einmal selten waren auch Fälle von Zusammenarbeit in kommunalen Institutionen, insbesondere in Stadträten. So wurde in einigen Orten, unter anderem in Rogasen und Inowrocław, eine gleichmäßige Mandatsverteilung praktiziert.[166]

Eine erneute Verschlechterung der Beziehungen trat zu Beginn der sechziger Jahre ein, als aus Kongreßpolen eine Welle polnischer patriotischer Manifestationen in das Posener Gebiet hinüberschwappte. Sie wurde von wachsenden antideutschen Gefühlen begleitet, vor allem bei den unteren sozialen Schichten. Dies führte zu einer Beunruhigung der Posener Deutschen, besonders als erneut von einer Wiederherstellung Polens gesprochen wurde. In einigen Zentren, so beispielsweise in Bromberg, starteten die Deutschen deshalb Gegenaktionen, besonders während der Wahlkampagne im Herbst 1861. Daraufhin kam es in den Jahren 1861 und 1862 in einigen Orten zu Ausschreitungen, so in Exin und in Zirke.[167]

Während des Januaraufstandes nahmen traditionsgemäß die Vertreter der Behörden und die Grundbesitzer ihre polenfeindliche Haltung ein, aber auch ein Teil der Bauern, Domänenpächter und des Gesindes schloß sich ihnen an. Drohungen gegen Deutsche sowie Tumulte in verschiedenen Orten riefen allenthalben Befürchtungen vor einem Übergreifen des Aufstandes auf das Posener Gebiet hervor, weshalb die Behörden häufiger bei der Suche nach Polen unterstützt wurden, welche ihren Landsleuten in Kongreßpolen halfen.

Die große Mehrheit der Deutschen verhielt sich jedoch auch jetzt, ähnlich wie dreißig Jahre zuvor, passiv. Ein Teil verfolgte aufgrund seiner kritischen Haltung gegenüber der Bismarckschen Ostpolitik den Verlauf des Aufstandes sogar mit einer gewissen Sympathie. Zu diesen gehörten unter anderen die Anhänger der Fortschrittspartei, welche während der Wahlen 1863 in zwei Wahlkreisen ein Bündnis mit den Polen eingingen. Viele Deutsche, besonders die alteingesessenen, betrachteten die antipolnische Tätigkeit der Behörden nicht nur mit Mißfallen, sondern unterstützten den Aufstand durch das Nähen von Uniformen oder den Transport von Waffen. Eine kleine Gruppe von Gymnasiasten und Studenten nahm sogar aktiv an den Kämpfen teil, so Richard Schirach und Robert Schumacher aus Krotoschin.[168] Nach dem Aufstand verstärkten sich die antipolnischen Gefühle bei den Deutschen, wozu die militärischen Erfolge Preußens und das Wachsen der Einigungsbestrebungen beitrugen. Nach dem Ausbruch des Deutsch-Französischen Krieges 1870 kam es da und dort sogar zu Ausschreitungen.[169]

Viele Lebensbereiche waren allerdings nicht so abhängig von politischen Ereignissen und Veränderungen der allgemeinen Stimmungen. Dies betraf in erster Linie die wirtschaftlichen Kontakte, wenn man von dem völlig mißglückten Versuch des gegenseitigen Boykotts unmittelbar nach dem Aufstand von 1848 absieht. Sie bestanden vor allem auf den Ebenen Arbeitgeber–Arbeitnehmer und Erzeuger/Verkäufer–Kunde. Als Beispiel für die erste Ebene kann der Deutsche Adolf Leinweber gelten, der als leitender Ingenieur die Fabrik Hipolit Cegielskis aufbauen half. Auf der zweiten Ebene war zu jener Zeit generell und ohne Rücksicht auf die Nationalität der Kunde König. Das drückte sich unter anderem in den von vielen Geschäften und Betrieben in Posen verwendeten zweisprachigen Firmenschildern aus.[170]

Polen und Deutsche verbanden darüber hinaus auch gemeinsame Interessen. Für die Bauern war das die Durchführung des Bauernbefreiungsedikts, für die Grundbesitzer der Kampf gegen die Agrarreform. Deutsche und polnische Kaufleute gehörten in der Regel zu gemeinsamen Gilden, die Handwerker zu gemeinsamen Zünften, später zu Handels- und Handwerkskammern. Die Meister beider Nationalitäten traten lange Jahre solidarisch gegen die Unternehmensfreiheit auf. Berufsinteressen verbanden auch die Intellektuellen, gemeinsame Proteste die arbeitenden Schichten. Der Hungeraufstand von 1847 und der Streik der Posener Zimmermanns- und Maurergesellen von 1869, die 1821 gegründete Posener Landschaft, der 1845 eröffnete Handelssaal in Posen, die sogenannte Getreidebörse, und manche wirtschaftlichen Unternehmungen stehen für diese gemeinsamen Interessen.

Aber die Entwicklung ging in eine andere Richtung, vor allem auf organisatorischem Gebiet. Bis 1848 existierten noch viele gemeinsame Organisationen von Polen und Deutschen, zum Beispiel einige landwirtschaftliche Vereine oder der »Verein zur Hebung der Vieh- und Pferdezucht«. In den folgenden Jahren entstanden dagegen wirtschaftliche Vereinigungen im Posener Gebiet vorwiegend nach dem Prinzip nationaler Trennung. Eine der am längsten tätigen gemischten Organisationen war die 1821 in Posen gegründete »Gesellschaft zur Unterstützung armer Handlungsgehilfen«. Diese 1860 in »Gesellschaft Christlicher Handlungsgehilfen« umbenannte Organsiation wurde erst 1872 nach Nationalitäten geteilt. Der gleiche Prozeß konnte bei den gesellschaftlichen Aktivitäten festgestellt werden. In der ersten Hälfte des 19. Jahrhunderts arbeiteten Deutsche und Polen im allgemeinen gemeinsam in karitativen Vereinigungen oder der Mäßigkeitsbewegung zusammen, später dagegen wurden vorwiegend getrennte Organisationen gebildet.[171]

Auf kultureller Ebene gab es nur wenige deutsch-polnische Kontakte, aber diese entwickelten sich zufriedenstellend. Vertreter beider Nationalitäten arbeiteten beispielsweise einvernehmlich in dem zur Jahreswende 1836/37 in Posen auf Initiative Flottwells entstandenen »Kunstverein« zusammen. In den fünfziger Jahren lockten die vom Verein organisierten Ausstellungen jedoch nur noch wenige Besucher an, und 1862 löste er sich vollends auf. Ein Feld der Zusammenarbeit war auch der 1837 in Posen gegründete »Deutsche Naturwissenschaftliche Verein«. Anfangs beteiligten sich die Polen nicht an seiner Arbeit. Dies änderte sich jedoch nach 1850 und insbesondere nach der 1857 erfolgten Wahl des polnischen Lehrers Józef Szafarkiewicz zum Sekretär, der dieses Amt 22 Jahre hindurch bekleidete. Zwar verließ ein Teil der Polen die Gesellschaft bald wieder, vor allem wegen der Gründung der polnischen »Posener Gesellschaft der Freunde der Wissenschaften« (PTPN) aber ein gutes Dutzend Polen nahm weiterhin aktiv an seiner Arbeit teil. Polnische Mitglieder hatte auch die deutsche »Philharmonische Gesellschaft« in Posen, die zuvor den Namen »Gesellschaft der Freunde der Musik« geführt hatte. Ein kleine Schar von Deutschen gehörte wiederum zur bereits genannten PTPN. Ein Treffpunkt der deutschen und polnischen Gesellschaft war ferner eine lange Zeit hindurch das städtische Theater, und auch die im Posener Gebiet tätigen deutschen Verleger und Buchhändler haben viele Kontakte hergestellt. Zahlreiche polnische Zeitschriften und Bücher, auch von der Zensur verbotene, gab insbesondere die Firma Ernst Günther in Lissa heraus.[172]

Fruchtbar gestaltete sich die Zusammenarbeit im Bildungsbereich. Das Ergebnis langjähriger gemeinsamer Bemühungen von Deutschen und Polen war 1853 die Eröffnung einer Realschule in Posen. Gemeinsam bemühte man sich auch, wenngleich vergeblich, um die Gründung einer Universität in Posen.[173] Treffpunkte für Polen und Deutsche waren auch die in jener Zeit im Posener Gebiet entstehenden Sportvereine, unter anderem der 1839 bei der Provinzialgesellschaft zur Verbesserung der Pferde-, Rinder- und Schafzucht entstandene Reitklub, der seit 1838 bestehende Schachklub in Posen und der 1860 gegründete Posener Turnverein. Ebenfalls gemischten Charakter hatten viele Schützengilden.[174]

Eröffnung der Ostdeutschen Ausstellung in Posen im Jahre 1911. Mit dieser Ausstellung sollte der Rang Posens als kultureller und wirtschaftlicher Metropole im Osten des Deutschen Reiches dokumentiert werden.

Am dauerhaftesten und widerstandsfähigsten gegen äußere Einflüsse waren die deutsch-polnischen Kontakte auf geselliger oder allgemein privater Ebene. Eine integrierende Rolle spielten hier vor allem familiäre Bindungen und Nachbarschaft, ferner gemeinsame Arbeit und wirtschaftliche Betätigung oder die Zusammenarbeit in verschiedenen Organisationen und Gesellschaften. Die delikatesten Kontakte bestanden zwischen den Vertretern der höchsten gesellschaftlichen Schichten. Solange Fürst Antoni Radziwill in Posen weilte, war seine Residenz ein Ort der Begegnung für polnische und deutsche Grundbesitzer, höhere Beamte, Offiziere, Lehrer und Künstler. Nach seinem Weggang wurden die gegenseitigen Kontakte erheblich seltener. Längere Zeit noch hielten sich die polnischen Kasinos als gemeinsame Treffpunkte, so beispielsweise das im Posener Bazar, welches noch in den vierziger Jahren unter seinen Mitgliedern eine Reihe von Deutschen zählte.[175]

Nach 1848 mieden die Vertreter der polnischen Eliten gesellschaftliche Kontakte zu deutschen Beamten und Grundbesitzern. Es wäre jedoch falsch zu behaupten, daß solche Kontakte überhaupt nicht mehr bestanden hätten. Die gesellschaftlichen Beziehungen zu den Deutschen brachen nämlich nur diejenigen Gutsbesitzer vollständig ab, welche aktiv in der Nationalbewegung mitarbeiteten. Die übrigen hielten sie bei entsprechender Gelegenheit weiter aufrecht. Es gab auch polnische Grundbesitzer, deren Beziehungen zu ihren deutschen Nachbarn völlig normal blieben. Dabei unterhielten vor allem die reichsten adligen Grundbesitzer, die sich durch eine gewisse Weltläufigkeit auszeichneten, engere gesellschaftliche Kontakte. Für ihre Haltung wurden sie jedoch sowohl von der deutschen wie von der polnischen Presse kritisiert. Auf gesellschaftlicher Ebene trafen sich weiterhin auch eine Reihe von Intellektuellen. Ein Beispiel dafür war der polnische Posener Schriftsteller Marceli Motty, der sich mit einem in seiner Nachbarschaft wohnenden Richter am Appellationsgericht namens Bernhard Dassel anfreundete, da beide das gemeinsame Hobby des Insektensammelns verband.[176]

Die Haltung der Eliten hatte jedoch keinen größeren Einfluß auf die Beziehungen zwischen Polen und Deutschen der mittleren und unteren sozialen Schichten. Von der Intensität der gegenseitigen Kontakte zeugt am besten die große Zahl von Mischehen, welche vor allem, aber nicht nur in diesen Milieus geschlossen wurden. In Posen lag ihr Anteil in der ersten Hälfte des 19. Jahrhunderts bei über zwanzig Prozent, wobei politische Ereignisse nur sehr geringen Einfluß auf ihre Stärke hatten. Von den recht lebendigen gesellschaftlichen Kontakten in der Provinzhauptstadt zeugen auch die relativ häufigen gegenseitigen Einladungen als Trauzeugen und Taufpaten, besonders bei Gesellen, Dienstpersonal und Arbeitern. Nicht zu vergessen seien die recht häufigen deutsch-polnischen Konkubinate. In den gegenseitigen Beziehungen spielte die Konfession eine sehr große Rolle. Polen unterhielten nämlich bedeutend häufiger Kontakte zu deutschen Katholiken als zu Protestanten, und umgekehrt galt das gleiche.[177]

Die gegenseitige Annäherung führte teilweise zur Assimilierung. Anfangs kam es häufiger zur Polonisierung, sogar von preußischen Beamten. Eine nicht unbedeutende Rolle, besonders für Akademiker und Gymnasiasten, spielte die Attraktivität der polnischen Vergangenheit und Kultur, aber auch, wie bereits gesagt, die große Zahl von

Mischehen. Es polonisierten sich vor allem Katholiken, besonders nach 1848, als man im Posener Gebiet begann, Katholizismus mit Polentum gleichzusetzen. Das bekannteste Beispiel hierfür waren die Bamberger. Mit der Zeit wurden aber, vor allem unter dem Einfluß der Schule und des Militärdienstes, die Fälle von Germanisierung häufiger, besonders im Westen der Provinz. Die Assimilierung, durch das Leben in fremder Mehrheitsbevölkerung gefördert, brachte im Posenschen polnische Patrioten mit Namen Krauthofer, Szumann oder Brause und auf der anderen Seite glühende preußische Patrioten mit Namen Suchodolski oder Zychlinski hervor.[178] Bei der Frage der Assimilierung sollte auch das bisher von den Historikern nicht erforschte Problem der Regermanisierung von Deutschen berücksichtigt werden, deren Vorfahren, seltener sie selbst, sich – meist in der Zeit der alten Adelsrepublik – polonisiert hatten.

Insgesamt ist festzustellen, daß die Beziehungen zwischen Polen und Deutschen in Posen sich nach der »Zeit der Annäherung« von 1815 bis 1830 allmählich verschlechterten. Dies hatte seine Ursache in einem grundsätzlichen Interessengegensatz, der ganz deutlich im Jahre 1848 zutage trat. Im Laufe der Jahre konnten sich die Deutschen nämlich eine Abtrennung der Provinz Posen von Preußen nicht mehr vorstellen. Selbst die liberalsten Vertreter waren allenfalls mit einer begrenzten Autonomie für die Provinz einverstanden. Für die Polen war dies jedoch nicht einmal als Minimalprogramm ausreichend. Anfangs waren die Konflikte auf die beiderseitigen Eliten beschränkt. Zunehmend erfaßten sie jedoch, vor allem in Zeiten der Spannung, auch die unteren gesellschaftlichen Schichten. Eine nicht geringe Rolle spielten hier die von der Propaganda genutzten und besonders unter den Bauern verbreiteten gegenseitigen negativen Klischees (auf der einen Seite »Polack« und »polnische Wirtschaft«, auf der anderen »Schwab« oder »Kreuzritterbüttel«).[179] Die Einschränkungen der gegenseitigen Kontakte betrafen dabei jedoch vor allem den offiziellen Bereich. Auf vielen anderen Ebenen blieben die Beziehungen nach wie vor bestehen, besonders in Städten und Regionen, in welchen die Bevölkerung seit langem in starker nationaler Gemengelage lebte.

Die Assimilation der Posener Juden

ULRICH HAUSTEIN

Im Jahre 1850 schrieb der Magdeburger Rabbiner und Prediger Ludwig Philippson (1811–1889) in der von ihm herausgebenen *Allgemeinen Zeitung des Judentums:* »Zuerst in Norddeutschland, ... dann in Süddeutschland; dann im ganzen Deutschland, im Großherzogtum Posen ... ist zum Teil das jüdische Volksleben *unter-* und in ein allgemeines neues Leben aufgegangen ... Liegt in der Auflösung eines eigentümlichen Lebens nicht auch die Auflösung der *Träger* dieses Lebens?«[180] Diese Worte eines bedeutenden Vertreters des deutschen Reformjudentums waren nicht im Sinne einer Abwertung oder Verurteilung der Assimilation gemeint, war er doch selbst einer ihrer Vorkämpfer. Philippson und seine Mitstreiter hielten es durchaus für möglich und wünschenswert, die Juden als gleichberechtigte Bürger in Staat und Gesellschaft einzuordnen, ohne daß sie ihre Identität als Juden aufgeben müßten, wobei freilich niemals klar formuliert wurde, durch welche Elemente außer dem formell-religiösen die jüdische Identität, die jüdische Eigentümlichkeit und Tradition noch bestimmt sein könnten.

Die Assimilation der Juden ist mit ihrer Emanzipation untrennbar verbunden, sie ist die bewußt erstrebte Folge der Emanzipation. Reinhard Rürup weist darauf hin, daß der Emanzipationsgedanke zuerst in Deutschland ausgesprochen und hier intensiver als irgendwo anders diskutiert wurde.[181] Die gegen Ende des 18. Jahrhunderts wirtschaftlich und politisch am weitesten fortgeschrittenen Staaten Europas, Großbritannien, Frankreich und die Niederlande, wiesen einen sehr kleinen jüdischen Bevölkerungsanteil auf; hier hatten die Juden ein hohes ökonomisches Entwicklungsstadium erreicht,[182] so daß die Frage der Judenemanzipation sich nicht in solcher Dringlichkeit stellte wie in Deutschland. Sie konnte sich andererseits noch nicht stellen in osteuropäischen Staaten oder Territorien (Polen, Westrußland, Galizien) mit einer sehr zahlreichen jüdischen Bevölkerung, deren niedriges Entwicklungsniveau mit dem allgemeinen ihrer Siedlungsräume übereinstimmte.[183] Die deutschen Staaten, in denen die Juden unter unterschiedlichen Bedingungen lebten, nehmen eine Sonderstellung ein, und Preußen war es, das sich 1815 zugleich mit dem Großherzogtum Posen einen Teil der osteuropäischen Judenheit einverleibte, was der Emanzipationsfrage in diesem Staat ein besonderes Gewicht geben sollte. Nicht nur die große Anzahl der Juden, ihr Anderssein, ihre abgesonderte Lebensweise, sondern vor allem ihre Armut war es, die gebieterisch nach »Verbesserung« und schließlich nach Emanzipation verlangte, deren Wortführer sich keineswegs immer von humanen Motiven leiten ließen; es ging ihnen darum, ein öffentliches Ärgernis zu beseitigen.

In Frankreich brachte das Gesetz vom 13. November 1791 den Juden die uneingeschränkte bürgerliche Gleichstellung. In diesem einmaligen Akt verwirklichte sich die »liberal-revolutionäre« Konzeption der Judenemanzipation, während man in Deutschland an der »aufgeklärt-etatistischen« festhielt.[184] In dieser Konzeption sollte nicht nur dem Staat eine regulierende, erzieherische Funktion zufallen, sondern die Emanzipation auch nur stufenweise erfolgen, in enger Verbindung von Emanzipation und Assimilation, deren jeweils erreichter Grad die Gewährung neuer Rechte bestimmte.[185] Dies konnte aber nur die Aufgabe der jüdischen Identität vor der Einordnung in die bürgerliche Gesellschaft bedeuten. Weder in Frankreich noch in Deutschland wurde von den Juden verlangt, ihre Religion aufzugeben, aber sie sollten aufhören, als eigenständige Gruppe zu existieren. »Den Juden als Nation ist alles zu verweigern, den Juden als Menschen aber ist alles zu gewähren«, erklärte der Abgeordnete Clermont-Tonnerre in der französischen Nationalversammlung 1789.[186] Das Ziel jeglicher Emanzipationsbestrebungen war offenkundig die soziale Verschmelzung der Juden mit ihrer Umwelt, die Auflösung ihrer einseitigen vor allem auf dem Kleinhandel beruhenden Erwerbsstruktur.

Es gibt unterschiedliche Meinungen zu der Frage, ob alle Ziele, die den Emanzipatoren vorschwebten, erreicht wurden. Man wird aber Bernhard Brilling zustimmen müssen, wenn er schreibt, daß die Germanisierung und Assimilierung der Posener Judenheit eines der interessantesten Kapitel der Emanzipation und Assimilation des deutschen Judentums sei. Im Grunde genommen fanden die Posener Juden den Übergang zur deutschen Kultur schneller als die west- und süddeutsche Judenheit, was ihnen durch eine besonders an der Spitze liberale und tolerante preußische Beamtenschaft erleichtert wurde.[187]

Bis zur Ersten Polnischen Teilung 1772 waren alle Juden der späteren Provinz Posen Untertanen der Rzeczpospolita Polska. Sie stellten den bedeutendsten Teil der großpolnischen Landessynode (Kahal), in der die Selbstverwaltung der großpolnischen Judenheit organisiert war. Diese hatte einen Teil der Vierländersynode gebildet und wurde 1764 aufgelöst.[188] Die Erste Teilung Polens brachte den Netzedistrikt zu Preußen und damit auch die später zur Provinz Posen gehörigen Städte Bromberg, Hohensalza (Inowrocław) und Schneidemühl. Friedrich der Große, der den Juden mit heftiger Antipathie gegenüberstand, wie sie sich besonders in seinem Judenreglement von 1750 dokumentiert, mußte nach dem Gewinn der Provinz Schlesien nun schon zum zweiten Male infolge seiner Expansionspolitik eine bedeutende Vermehrung seiner jüdischen Untertanen hinnehmen. Den Juden des annektierten Gebietes wurde der Zuzug in die übrigen preußischen Landesteile untersagt und sogar die Ausweisung der großen Masse der ärmeren Juden erwogen. Es sollen in friderizianischer Zeit immerhin 7000 Juden aus dem Netzedistrikt abgeschoben worden sein.[189] Im Ergebnis der Zweiten Polnischen Teilung gelangte mit der aus großpolnischen Gebieten gebildeten Provinz Südpreußen auch der gesamte übrige Teil des späteren Großherzogtums Posen an das Königreich Preußen. Die ungefähr sechs Prozent der Gesamtbevölkerung ausmachenden Juden in Südpreußen stellten sowohl aufgrund ihrer Anzahl wie ihrer wirtschaftlichen Funktion eine Gruppe dar, der man nicht mehr mit restriktiven oder verdrängenden Maßnahmen beikommen konnte. Dies war auch gar nicht die Absicht der preußischen Verwaltungsbeamten, wie etwa der Minister von Voss und von Hoym, die vielmehr bemüht waren, »die Prinzipien des Wohlfahrtsstaates im Sinne der Aufklärung auf ein infolge politischer Zerrüttungen lange vernachlässigtes Gebiet von anderer ethnischer und sprachlicher Struktur zu übertragen.«[190]

In Südpreußen wohnten die Juden vor allem in den Städten, in ihren Händen konzentrierte sich hauptsächlich der Aufkauf landwirtschaftlicher Erzeugnisse, der Kleinhandel und das Schankgewerbe, aber auch im Handwerk nahmen sie eine bedeutende Position ein. Der größte Teil von ihnen lebte in Armut, kein Wunder angesichts ihrer großen Zahl, der dichten Siedlungsweise und des allgemein niedrigen wirtschaftlichen Entwicklungsniveaus des Landes. Eine weltliche Schulbildung wurde nicht vermittelt, während das traditionelle höchste Bildungsziel, das Studium des Talmud, sich oft in »spitzfindigem Scholastizismus« und »dialektischem Virtuosentum« erschöpfte.[191] Dennoch hielten die preußischen Beamten die Juden unter den Menschen niederen Standes für die kultiviertesten, und auch ihre wirtschaftliche Bedeutung wurde durchaus erkannt. Im April 1797 trat das »Generaljudenreglement für Süd- und Neuostpreußen« in Kraft, das trotz – oder wegen – seiner erzieherisch-utilitaristischen Tendenz bei den Juden auf starken Widerstand stieß.[192] Die Gerichtsbarkeit der Rabbiner wurde abgeschafft, der Hausierhandel eingeschränkt und auch die Steuern erhöht, dafür aber manche antiquierte Abgabe beseitigt und auf jeden Fall klare Rechtsverhältnisse geschaffen. Verschiedene Bestimmungen, vor allem den Handel betreffend, wurden zunächst auch aus pragmatischen Erwägungen nicht in Kraft gesetzt. Maßnahmen zur Hebung der Volksbildung, etwa die Einrichtung öffentlicher jüdischer Schulen, konnten in der kurzen Zeit, die der preußischen Verwaltung noch blieb, nicht mehr durchgeführt werden.

Im Tilsiter Frieden von 1807 verlor Preußen fast alle seine im Verlauf der Polnischen Teilungen erworbenen Territorien außer Westpreußen an das Herzogtum Warschau, dessen Verfassung die Gleichheit aller Bürger vor dem Gesetz verkündete. Für die Juden blieb dieser Verfassungsgrundsatz jedoch folgenlos, da Napoleon im Jahre 1808 in Frankreich die Gleichberechtigung der Juden für zehn Jahre suspendierte und die Regierung des Herzogtums Warschau diesem Beispiel folgte. Friedrich August I., König von Sachsen und Herzog von Warschau, begründete die Aussetzung der bürgerlichen Gleichberechtigung mit der Hoffnung, daß innerhalb dieser Zehnjahresfrist die Juden »die sie von der übrigen Bevölkerung so sehr unterscheidenden Besonderheiten ausmerzen werden«.[193] Die Assimilation hatte also der Emanzipation vorauszugehen, wie es die aufgeklärt-etatistische Konzeption vorsah. Die Lage der Juden im Herzogtum Warschau gestaltete sich womöglich noch ungünstiger als in der alten Republik. So zog man jetzt die Juden konsequent zum Militärdienst heran, dem laut Verfügung des Kriegsministers Fürst Józef Poniatowski alle Männer im Alter von 21 bis 28 Jahren unterlagen, bei den Juden fast ausnahmslos Ehemänner und damit Ernährer der Familien.

Nach dem Zwischenspiel des Herzogtums Warschau fiel 1815 der größte Teil des Departements Posen an Preußen und wurde mit dem Netzedistrikt zum Großherzogtum Posen vereinigt. Das preußische Judenedikt von 1812[194] – eine bedeutende Leistung Hardenbergs, der allerdings mit der höheren Bürokratie und dem König Kompromisse eingehen mußte – wurde nicht auf das Großherzogtum wie auch nicht auf die anderen neuerworbenen Gebiete ausgedehnt. Welche Rechtsgrundlage sollte aber für das Großherzogtum gelten? Weder bei den Posener Behörden noch bei der Regierung in Berlin herrschte darüber volle Klarheit, da man zwischen dem Reglement von 1797 und der Verfassung des Herzogtums Warschau schwankte. Schließlich setzte sich die Ansicht durch, die Verfassung habe, wie für alle Bürger, auch für die Juden weiterzugelten, freilich mit der Maßgabe, daß die bürgerliche Gleichberechtigung der Juden durch das Dekret von 1808 für zehn Jahre suspendiert worden sei. Nach Ablauf dieser Frist wurde die Suspension auf unbestimmte Zeit verlängert, außerdem ließ man eine Anzahl von Behinderungen aus der neupreußischen Zeit weitergelten. Eine Übersiedlung in preußische Provinzen mit einer anderen Judenverfassung war prinzipiell untersagt und nur mit besonderer Genehmigung möglich, die aber für neuerworbene Gebiete eher erteilt wurde als für Altpreußen.

Die Schwierigkeiten, welche nach Ansicht der preußischen Verwaltung in Südpreußen einer Assimilation der Juden im Wege standen, bestanden nach 1815 unvermindert weiter. Da war einmal die große Zahl der jüdischen Bevölkerung im Vergleich zu anderen Provinzen. Im Jahre 1825 lebten im Großherzogtum Posen 65 131 Juden, bei einer Gesamtbevölkerungszahl von 1 031 925 also 6,3 Prozent, während es beispielsweise im Regierungsbezirk Breslau nur 0,8 Prozent waren. Im Jahre 1834, als sich der Anteil der Juden im Großherzogtum geringfügig auf 6,5 Prozent erhöht hatte, lebten hier 41 Prozent aller Juden des preußischen Staates.[195] Die Konzentration der jüdischen Bevölkerung in den Städten war bemerkenswert, in mehreren kleinen Städten waren die Relationen ähnlich wie weiter im Osten: In den Städten Fordon, Kempen, Schwersenz, Chodziesen und Wreschen waren 1817 über fünfzig Prozent der Bevölkerung Juden, in Lissa, Grätz und Inowrocław immerhin noch über 45 Prozent. In der Provinzhauptstadt Posen lebten 1815 etwa 4000 Juden, rund 22 Prozent der Gesamtbevölkerung.[196] In der Berufsstruktur unterschieden sich die Juden des Großherzogtums deutlich von den Juden in den übrigen preußischen Provinzen. Waren im Jahre 1816 noch 87,7 Prozent aller Juden Preußens in Handel, Geldverleih und als Unternehmer tätig, waren es im Posenschen nur 63,3 Prozent; während hier 34 Prozent ein Handwerk ausübten, waren es in ganz Preußen nur 7,6 Prozent.[197] Allerdings waren die Handwerksberufe in den ehemals polnischen Gebieten häufig eng mit dem Handel verknüpft.

Die eigentliche Emanzipation der Posener Juden beginnt mit dem Jahre 1833. Der Begriff »Emanzipation« hatte sich in den ersten drei Jahrzehnten des 19. Jahrhunderts im amtlichen deutschen Sprachgebrauch eingebürgert und meinte die bürgerliche Gleichstellung, der man zunächst allerorten mit großer Skepsis gegenüberstand. Die Stände des Großherzogtums Posen lehnten 1817 in einer Eingabe die vollkommene »Emanzipation der Juden« ab, und im selben Jahre hatte der westfälische Oberpräsident von Vincke erklärt, es könne »nicht erwartet werden, daß sie durch die bloße, ohne alle Vorbereitung erklärte Gleichstellung in den bürgerlichen Rechten mit den Christen auch ebenso gute Staatsbürger wie diese sein werden«.[198] Im Jahre 1833 erschien eine Flugschrift des Berliner Ministerialreferenten Geheimrat Streckfuß »Über das Verhältnis der Juden zu den christlichen Staaten«, die die Forderung enthielt, reiche und

Zu den markantesten und bedeutendsten Persönlichkeiten des Posener Landes gehörte der Archivar und Historiker Adolf Warschauer (1855–1930). Ihm gelang es, selbst in den Jahren des erbitterten Nationalitätenkampfes und der politischen Instrumentalisierung der Geschichtswissenschaft, durch sachliche und fachlich exzellente Arbeiten bei Deutschen wie Polen bis heute in höchstem Ansehen zu stehen. Gleichzeitig steht Warschauer beispielhaft für das deutsche Selbstverständnis der Posener Juden, wie es im Titel seiner Lebenserinnerungen »Deutsche Kulturarbeit in der Ostmark« zum Ausdruck kommt.

gebildete Juden als »Bürger« anzuerkennen, die große Masse aber in ihren Rechten als »Schutzjuden« zu beschränken. Die Verwirklichung dieses Vorschlages hätte in Preußen, jedenfalls im größten Teil des Staates, einen Rückschritt gegenüber dem Edikt von 1812 dargestellt, daher forderte er auch den entschiedenen Widerspruch jüdischer Publizisten heraus.[199]

Einer Realisierung im Großherzogtum Posen stand aber nichts im Wege, da dort das Edikt nicht galt. Im Juni 1833 trat im Großherzogtum eine »Vorläufige Verordnung wegen des Judenwesens« in Kraft, die alle dort wohnenden Juden in die zwei Klassen der »Naturalisierten« und der »nicht zur Naturalisation geeigneten« einteilte. Um den Status des Naturalisierten zu erlangen, mußte ein Jude einen unbescholtenen Lebenswandel nachweisen, er mußte imstande sein und die Verpflichtung übernehmen, sich in allen öffentlichen Angelegenheiten der deutschen Sprache zu bedienen und einen Familiennamen annehmen. Ferner mußte der Naturalisierte einen ständigen Wohnsitz im Großherzogtum Posen seit 1815 haben und eine hinreichende Existenzgrundlage, einen Beruf oder Grundbesitz im Werte von 2000 Talern oder Kapitalvermögen im Werte von 5000 Talern vorweisen können. Man konnte sich aber auch durch »patriotische Handlungen« qualifizieren.[200] Die »geduldeten« Juden, für die natürlich auch die Verpflichtung zur Annahme eines Familiennamens galt, durften erst mit Vollendung des 24. Lebensjahres heiraten, sie mußten in den Städten wohnen, außer sie bewirtschafteten einen eigenen oder gepachteten Hof oder waren als Landarbeiter beschäftigt. Das Hausieren war ihnen untersagt, das selbständige Schankgewerbe nur in den Städten nach Maßgabe der persönlichen Eignung erlaubt. Sie durften keine christlichen Angestellten beschäftigen und auch keine Kredite aufnehmen ohne staatliche Genehmigung.[201] Alle Juden, Naturalisierte und Geduldete, waren in der »Israelitischen Korporation«, der autonomen jüdischen Zwangsgemeinde, organisiert. Die Gemeinden waren verpflichtet, Mitgliederverzeichnisse zu führen, getrennt nach Naturalisierten und Tolerierten. Bis zum Jahre 1848 hat freilich nur eine kleine Minderheit den Status des Naturalisierten erlangt. In der Stadt Posen waren im Jahre 1840 von 7000 Juden 928 naturalisiert, im gesamten Großherzogtum zwei Jahre später von 74 194 nur 4142, das sind 5,5 Prozent, wobei der Anteil im Regierungsbezirk Posen mit einem Prozent erheblich niedriger lag als im Regierungsbezirk Bromberg mit rund sechzehn Prozent.[202]

Die den Juden gebotene Möglichkeit, sich naturalisieren zu lassen, brachte auch die Frage ihrer Beteiligung an der städtischen Selbstverwaltung auf die Tagesordnung. Voraussetzung hierfür wäre allerdings die Erlangung des städtischen Bürgerrechts gewesen, welches offensichtlich für die Juden nicht sehr erstrebenswert schien. Von den Juden der Stadt Posen waren 1843 erst 58 im Besitz des Bürgerrechts.[203] In den übrigen Städten des Großherzogtums waren es verhältnismäßig mehr. Der wichtigste Grund für die Passivität der Juden in der Hauptstadt dürfte der hartnäckige Widerstand gewesen sein, den die Stadtverordneten und der Magistrat einer jüdischen Beteiligung an der kommunalen Selbstverwaltung entgegensetzten, im Gegensatz zum Oberpräsidenten von Flottwell und der Regierung in Berlin, die fortwährend auf eine positive Regelung dieser Angelegenheit drängten. Hierbei ging es um die Einführung der revidierten

Städteordnung in der Stadt Posen, nach welcher zum Erwerb des Bürgerrechts ein bestimmter Grundbesitz oder ein bestimmtes gewerbliches Einkommen genügte. Bei deren Vorhandensein wurde das Bürgerrecht verliehen und brauchte nicht ausdrücklich beantragt zu werden. Die Posener Stadtverordneten legten 1835 in einem Bericht an die Regierung dar, daß durch eine Anwendung dieser gesetzlichen Bestimmungen »der unmittelbare Ruin der christlichen Bürgerschaft« herbeigeführt werde. Daß in vielen Orten naturalisierte Juden schon das Bürgerrecht erworben hatten und in Schwerin an der Warthe in Magistrat und Stadtverordnetenversammlung saßen, beeindruckte die Posener Stadtverordneten nicht. Sie wiesen auf die hohe Verschuldung der Posener jüdischen Gemeinde hin und darauf, daß die Juden in den Kleinstädten die »Hochfinanz« repräsentierten, was in Posen Gott sei Dank noch nicht der Fall sei.[204]

Der Widerstand der städtischen Behörden führte schließlich 1840 zu einer vom Innenminister verordneten zahlenmäßigen Beschränkung jüdischer Stadtverordneter auf ein Drittel oder ein Viertel des Kollegiums für die Städte der Provinz. Hierbei muß man in Betracht ziehen, daß zu jener Zeit die deutschen Stadtverordneten in Posen etwas über die Hälfte der Versammlung ausmachten – dreizehn oder vierzehn Deutschen standen zehn oder elf Polen gegenüber.[205] Im Jahre 1844 errangen die Polen jedoch in der Stadtverordnetenversammlung die Mehrheit, was auch auf dem Hintergrund ihrer allgemeinen gesteigerten politischen Aktivität gesehen werden muß. Bis in die vierziger Jahre waren sich Polen und Deutsche in ihrer ablehnenden Haltung gegenüber den Juden einig, nun aber brachen die nationalen Gegensätze zwischen beiden Volksgruppen auf und verschärften sich, als die Polen feststellen mußten, daß die naturalisierten Juden sich durchweg an das Deutschtum anschlossen. Auf deutscher Seite erkannte man ebenfalls, daß nur durch ein Zusammengehen von Deutschen und Juden die polnische Mehrheit in der Stadtverordnetenversammlung gebrochen werden konnte. Nun wurde die Zahl der jüdischen Stadtbürger rasch vermehrt, und 1846 wurden zu den bereits vorhandenen zwei jüdischen Stadtverordneten zwei weitere hinzugewählt, womit die deutsche Seite wieder die Mehrheit errungen hatte.[206]

Die Assimilation der Posener Juden wurde also durch die politische Entwicklung beschleunigt, und es ist nicht zu leugnen, daß in diesem Prozeß auch Elemente eines beiderseitigen Opportunismus sich bemerkbar machten.[207] Es konnte nicht ausbleiben, daß von polnischer Seite die Entscheidung der Juden für das Deutschtum – eine Entscheidung, »die die Juden gar nicht anders treffen konnten«, wie Moritz Jaffé in seinem Werk »Die Stadt Posen unter preußischer Herrschaft« schreibt – [208] als Akt der Undankbarkeit angesehen wurde.

Ein entscheidendes Element im Prozeß der kulturellen Assimilation ist zweifellos die Volksbildung. Es liegt auf der Hand, daß die Ausdehnung eines weltlichen und obligatorischen Unterrichts auf die jüdische Religionsgemeinschaft besondere Schwierigkeiten mit sich bringen mußte. Hinzu kam der Zustand »völliger Verwahrlosung«, in welchem sich 1815 das gesamte Schulwesen der Provinz Posen befand.[209] Die preußischen Behörden schwankten zwischen dem Konzept gemeinsamer Schulen für alle, und damit natürlich der Aufhebung aller jüdischen Schulen, und dem der Einrichtung gesonderter jüdischer Schulen. Schließlich entschloß man sich in einer Verordnung von 1824, den Juden drei Möglichkeiten der Schulbildung freizustellen: erstens Privatunterricht durch geprüfte Lehrer; zweitens die Errichtung eigener Schulen mit geprüften Lehrern; drittens den Besuch christlicher Schulen.[210] Ein weltliches Schulwesen stieß bei den Juden vorerst noch auf große Widerstände, viele waren eher geneigt, den Besuch christlicher Schulen in Kauf zu nehmen, als eigene jüdische Schulen zu gründen, die den staatlichen Anforderungen genügten. 1816 war eine jüdische Privatschule »nach deutscher Lehrweise« entstanden, die die Kinder vermögender Familien auf den Besuch des Gymnasiums vorbereiten sollte.[211] Nach 1824 entstanden dann öffentliche jüdische Elementarschulen, das Schwergewicht lag aber vorläufig noch bei den Privatschulen. Ein Bericht des Magistrats der Stadt Posen vom Jahre 1831 zeigt, daß von 1100 jüdischen Kindern »schulfähigen Alters« 133 christliche und 466 jüdische Schulen besuchten; von diesen 466 besuchten wiederum 133 die öffentlichen jüdischen Elementarschulen.[212]

In den dreißiger Jahren nahm das jüdische Bildungswesen dann einen bedeutenden Aufschwung, vor allem seit der Verordnung von 1833. Von 1833 bis 1836 entstanden im Großherzogtum Posen 46 jüdische Lehranstalten, eine nicht bekannte Anzahl von sogenannten Winkelschulen scheint hingegen eingegangen zu sein.[213] Die weitere Entwicklung kann durch einige Zahlen beleuchtet werden: Das Posener Friedrich-Wilhelm-Gymnasium hatte im Jahre 1851 rund 200 jüdische Schüler, und als zwei Jahre später die Realschule eröffnet wurde, hatte sie 172 Juden unter ihren 496 Schülern.[214] Im Jahre 1866 waren von 5115 höheren Schülern in der Provinz Posen 1031 Juden, das sind zwanzig Prozent, bei einem jüdischen Anteil an der Gesamtbevölkerung von etwas über vier Prozent.[215]

Die Emanzipation der preußischen Juden vollzog sich in verschiedenen Etappen, die auch von Rückschlägen begleitet waren. 1845 wurde die Militärpflicht für alle Juden eingeführt, auch für die Posener, die diesem Schritt entschieden zustimmten, da durch den Militärdienst auch die Naturalisation erleichtert wurde.[216] Im Jahre 1847 verhandelte der Preußische Landtag über die Judenfrage. Die Gegner der bürgerlichen Gleichberechtigung der Juden bezogen sich vor allem auf das Prinzip des »christlichen Staates«, das per definitionem eine volle Gleichberechtigung der Juden ausschließe. Das im Juni 1847 vom Landtag beschlossene Gesetz »die Verhältnisse der Juden betreffend« vereinheitlichte zwar die gesetzliche Lage in den verschiedenen Landesteilen, enthielt aber gegenüber dem Gesetz von 1812 eine Reihe von Ausnahmebestimmungen und fand im Posenschen nur auf die naturalisierten Juden Anwendung. Dafür aber wurde allen Juden eine neue Gemeindeverfassung oktroyiert. Die Gemeinden wurden nun zu Korporationen, das heißt juristischen Personen erklärt, aber ihre Autonomie ausschließlich auf die geistlichen Angelegenheiten beschränkt. Der Staat verzichtete auf jegliche Einmischung in die Kultusangelegenheiten der »Synagogengemeinden«, nahm ihnen nun aber, von Ausnahmefällen abgesehen, auch die Befugnis, jüdische Elementarschulen zu gründen; nur noch Unterrichtsanstalten für ausschließlich religiöse Unterweisung durften eingerichtet werden.[217] Das Gesetz von 1847 beschränkte den Zutritt

Für die jüdische Bevölkerung des Posener Landes typischer als die große Synagoge in Posen waren kleine Synagogen wie diese in Moschin, die in der Zwischenkriegszeit als deutsche Minderheitenschule diente.

der Juden zu Staats- und Kommunalämtern sowie zu akademischen und Lehrfächern. Juden durften keine Ämter bekleiden, die verbunden waren mit einer »richterlichen, polizeilichen oder exekutiven Gewalt« noch mit »christlichen Kultus- und Unterrichts-Angelegenheiten«.[218]

Dem Gesetz von 1847 blieb keine lange Wirksamkeit beschieden. Die revolutionären Ereignisse und Bestrebungen von 1848 bewirkten auch in Preußen die Verabschiedung einer Verfassung, die lapidar den »Genuß der bürgerlichen und staatsbürgerlichen Rechte« vom religiösen Bekenntnis unabhängig machte. 1849 trat für die Juden der Ostprovinzen, also Posen, West- und Ostpreußen, eine weitere Erleichterung in Kraft: Der Parochialzwang wurde abgeschafft, Juden durften jetzt aus einer Gemeinde austreten, ohne Mitglied einer neuen zu werden, wovon gerade in Posen viele Gebrauch machten, vor allem in den Städten Lissa, Schneidemühl, Krotoschin und Rawitsch. Dabei wurden sie von unterschiedlichen Motiven geleitet: Den einen war ihre Gemeinde zu konservativ, den anderen zu liberal, und es gab solche, die sich durch Zahlung einer einmaligen Austrittsumlage von allen weiteren Verpflichtungen zur Tilgung der Gemeindeschulden befreien wollten.[219]

Die revidierte preußische Verfassung vom Januar 1850 bedeutete – dem politischen Zeitgeist folgend – wiederum einen Rückschlag für den Fortgang der Emanzipation, der im Paragraphen 14 seinen Ausdruck fand: »Die christliche Religion wird bei denjenigen Einrichtungen des Staates, welche mit der Religionsausübung im Zusammenhang stehen, unbeschadet der im Artikel 12 gewährleisteten Religionsfreiheit, zugrunde gelegt.« Das bedeutete beispielsweise, daß Juden nicht Richter werden durften, da sie den christlichen Eid nicht abnehmen konnten, und überhaupt sollten alle mit Patronatsrechten, mit Erziehung und mit Kultur zusammenhängenden Positionen den Juden verschlossen bleiben.[220] Es ist bezeichnend, daß, als im Jahre 1852 im Preußischen Herrenhaus der Antrag gestellt wurde, in den Paragraphen 12 eine Klausel aufzunehmen, die für den Eintritt in den Staatsdienst die christliche Religion zur Voraussetzung mache, die Regierung erklärte, dies sei nicht dringlich, da die Juden ohnehin »im Verwaltungsweg« von den Staatsämtern ferngehalten würden.

Wenn so von seiten der Regierungen und Behörden der Emanzipation der Juden immer wieder Hindernisse in den Weg gelegt wurden, muß auch die allgemeine Haltung der Juden zur Emanzipation und Assimilation geprüft werden, was naturgemäß viel schwieriger ist, da sie nicht in amtlichen Erlassen und Verlautbarungen zum Ausdruck kam. Es gab mehrere Wortführer der Juden in dieser Sache, der eindrucksvollste und großartigste war zweifellos Gabriel Riesser aus Hamburg. In der Paulskirche trat er ausdrücklich im Namen einer »seit Jahrhunderten unterdrückten Klasse« auf und ließ persönliche religiöse Überzeugung als Privatsache beiseite. Die im folgenden zitierten Sätze lesen sich wie ein Programm der Assimilation: »Ich kann zugeben, daß die Juden in der bisherigen Unterdrückung das Höchste, den vaterländischen Geist, noch nicht erreicht haben. Aber auch Deutschland hat es noch nicht erreicht. Die Juden werden immer begeistertere und patriotischere Anhänger Deutschlands unter einem gerechten Gesetze werden. Sie werden *mit* und *unter* den Deutschen Deutsche werden. Vertrauen

Sie der Macht des Rechts, der Macht des einheitlichen Gesetzes und dem große Schicksale Deutschlands! Glauben Sie nicht, daß sich Ausnahmegesetze machen lassen, ohne daß das ganze System der Freiheit einen verderblichen Riß erhalte, ohne daß der Keim des Verderbens in dasselbe gelegt würde. Es ist Ihnen vorgeschlagen, einen Teil des deutschen Volkes der Intoleranz, dem Haß als Opfer hinzuwerfen, das werden Sie aber nimmermehr tun, meine Herren!«[221]

In Riessers Worten klingt an, daß die Assimilation – zu seiner Zeit wurde hauptsächlich der Begriff Amalgamierung verwendet – noch keineswegs ein schon eingetretener Zustand war, den es nur durch emanzipatorische Gesetzesakte zu besiegeln gelte, sondern ein noch zu verfolgendes Ziel. In der Tat, die Bereitschaft der Juden, sich im Sinn der Riesserschen Vorstellungen zu assimilieren oder zu amalgamieren, ist bis 1848 nicht allzu drängend. Die Vorstellung vom jüdischen Deutschen kam nur schwer gegen ein traditionell-orthodoxes Leitbild an: das des »Untertanen mosaischer Religion«, der sich die Frage stellte, ob er angebotene Ämter übernehmen könne, ohne in Konflikt mit seinem Gewissen zu geraten. Entschieden hat sich dazu der orthodoxe Beuthener Rabbiner Israel Deutsch geäußert: »In neuerer Zeit haben Juden und Nichtjuden viel von *Amalgamieren* gesprochen; aber ich halte mich fest überzeugt, daß eine der nicht unwichtigsten Absichten der Thora auch die ist, eben das Amalgamieren zu verhindern. Wir können *als Menschen, als Staats- und Weltbürger uns nähern* und lieben, als *Volk* aber müssen und sollen wir äußerlich *getrennt bleiben*, bis es der Vorsehung gefällt, alle Glaubensdifferenzen … aufzuheben.«[222]

Die hier postulierte Gesetzestreue vertrug sich, ungeachtet der eschatologischen Verheißungen des Judentums, von jeher mit echter Loyalität zu Dynastie und Staat gemäß den Vorschriften des Talmud, der unbedingte Untertanentreue befiehlt. Auch die noch nicht assimilierten (oder amalgamierten) Juden der Vormärzzeit konnten treue Staatsbürger sein. Auch erschwerte im Vormärz noch die berufliche und wirtschaftliche Struktur der Juden eine rasche Amalgamierung, und selbst diejenigen Juden, die sich wirtschaftlich schon dem Bürgertum angegliedert hatten, waren gesellschaftlich noch weitgehend ausgeschlossen; dafür sorgte schon die Exklusivität der Studentenverbindungen und Vereine, auch der Freimaurerlogen. Jüdische Mitgliedschaft in deutschen gesellschaftlichen Vereinigungen war im Vormärz die Ausnahme. Ein weiteres Element der Trennung war der – vor allem in Posen – noch verbreitete Gebrauch des Jiddischen oder die Gewohnheit, die deutsche Sprache mit hebräischen Buchstaben zu schreiben, was in den Posener Schulen zumindest bis 1848 noch allgemein gelehrt wurde.[223]

Aus vielen zeitgenössischen jüdischen Quellen sind wir darüber unterrichtet, daß bis 1848 ein großer Teil der Juden in den deutschen Staaten noch im Bannkreis der Orthodoxie verharrte. Jacob Toury kommt zu dem Ergebnis, daß von den 154 000 Juden der deutschen Staaten außer Preußen 88 000 von dem Streben nach Amalgamierung mit dem deutschen Kultur- und Lebenskreis noch nicht erfaßt waren, von den rund 206 000 Juden Preußens waren es 112 000. Am höchsten war der Anteil der Nichtassimilierten in der Provinz Posen, nämlich 75 000 von 79 500 (die entsprechenden Vergleichsziffern sind für Oberschlesien 11 000 von 15 500, für Westpreußen 14 000 von 21 000, für Berlin 1000 von 8000).[224]

Um so mehr frappiert den Betrachter der historischen Ereignisse, wie schnell das Geschehen von 1848 das traditionelle Gefüge der deutschen Judenheit erschütterte und aufspaltete. Das neue Streben konnte nicht eindeutiger formuliert werden als von dem Frankfurter Rabbiner Leopold Stein 1848 in der *Allgemeinen Zeitung des Judentums:* »Wir sind und wollen nur Deutsche sein! Wir haben und wünschen kein anderes Vaterland als das deutsche! Nur dem *Glauben* nach sind wir Israeliten, in allem übrigen gehören wir aufs Innigste dem Staate an, in welchem wir leben!«[225]

Es ist offenkundig, daß die Revolution mit ihrem emanzipatorischen Impetus auch breite Kreise des bisher orthodoxen und passiven Judentums mit sich riß. Deutlich zu erkennen war auch das Bestreben, keine speziell jüdische Position während der Revolution zu beziehen, sondern nur im allgemeinen politischen Rahmen Partei zu ergreifen. Selbst als es in manchen Gegenden, darunter auch in Posen, zu antijüdischen Ausschreitungen kam, löste dies keine gemeinsame jüdische Gegenbewegung aus, vielmehr wurden die »Pöbelausschreitungen« als unvermeidliche Begleiterscheinungen der revolutionären Umwälzung heruntergespielt. Es wurden Stimmen laut, die vernehmlich eine wirtschaftliche Umorientierung der Juden forderten, und die jüdische Zeitung *Orient* meldete 1848 aus Posen, daß Juden vom Handel zur Landwirtschaft überzugehen versuchten, da die Polen bei ihnen nicht mehr kaufen wollten.[226]

Die nach dem Scheitern der Revolution einsetzende Reaktion vollendete paradoxerweise, was der revolutionäre Emanzipationswille noch nicht ganz vermocht hatte, nämlich die endgültige Durchsetzung des Leitbildes vom deutschen Bürger mosaischer Konfession: »Was man einmal zu besitzen geglaubt hatte, wurde erst wirklich begriffen, als es genommen schien ...«[227] Die Emanzipation der Juden war nicht mehr aufzuhalten. Im Jahre 1869 stand sie auf der Tagesordnung des Reichstags des Norddeutschen Bundes, ausgelöst durch Petitionen von über 400 Gemeinden der norddeutschen Staaten; am nachdrücklichsten äußerten sich die mecklenburgischen. Ein Abgeordneter der Fortschrittspartei aus Mecklenburg-Schwerin, der unermüdliche Dr. Moritz Wiggers, formulierte einen Antrag an den Reichstag, die vollkommene Gleichberechtigung der Juden zu beschließen.

Zu den Abgeordneten des Norddeutschen Reichstages gehörte auch Eduard Lasker (geboren 1829 in Jarotschin, Provinz Posen), der in früheren Verhandlungen dafür eingetreten war, die Gleichberechtigung der Juden den einzelnen Bundesstaaten zu überlassen. In der Debatte um den Wiggersschen Antrag ergriff Lasker einmal für die Sache der Juden das Wort, betonte aber, daß er grundsätzlich bei Anträgen, die seine Glaubensgenossen beträfen, sich nicht äußere, um nicht den Eindruck zu erwecken, er spreche in eigener Sache.[228] Der Wiggerssche Antrag fand im Reichstag und im Bundestag eine eindeutige Mehrheit und erlangte im Juli 1869 Gesetzeskraft; 1871 wurde das Gesetz auf alle Länder des Deutschen Reiches ausgedehnt.

Die Emanzipationsakte von 1847 bis 1850 brachten den Juden der Provinz Posen auch die Freizügigkeit, ein Recht, das bisher nur von einer Minderheit wahrgenommen werden konnte. Nun aber setzte eine Auswanderungswelle ein, die im Verlauf der zweiten Jahrhunderthälfte zu einer erheblichen Verminderung der jüdischen Bevölkerung der Provinz führte. Im Jahre 1816 wurden im Großherzogtum Posen 51 959 Juden gezählt, das sind 6,4 Prozent der Gesamtbevölkerung. Diese Zahl erhöht sich zunächst noch absolut bis zum Jahre 1843 auf 79 575 mit einem geringfügig verminderten Anteil an der Gesamtbevölkerung von 6,2 Prozent. Danach setzt ein deutlicher Rückgang ein, vor allem seit dem Beginn der sechziger Jahre; die entsprechenen Zahlen lauten: 1861: 74 172 (5,0 Prozent); 1880: 56 609 (3,3 Prozent); 1890: 44 346 (2,5 Prozent) und 1910: 26 512 (1,3 Prozent).[229] Es erübrigt sich hier, auch Zahlenbeispiele für die städtische jüdische Bevölkerung anzuführen, nur sei angemerkt, daß in der Stadt Posen, im Unterschied zu anderen Großgemeinden wie etwa Lissa und Kempen, die Zahl der Juden bis 1852 noch etwas zu- und bis 1880 nicht wesentlich abnahm, jedoch ihr Anteil an der Stadtbevölkerung ständig sank, während der der Protestanten gleichblieb und der der Katholiken stieg.[230]

Eine weitere Ursache für den Rückgang der jüdischen Bevölkerung war neben der Auswanderung die Abnahme der Eheschließungen, welche auch nicht durch die größere Fruchtbarkeit der jüdischen Ehen gegenüber den christlichen ausgeglichen werden konnte. Moritz Jaffé schreibt: »Was die Regierung der südpreußischen Zeit durch Verordnungen und Reglements mit nur geringem Erfolge angestrebt hatte, nämlich die Verhütung des zu frühen und zu unbesonnenen Heiratens, das bewirkte bei den Posener Juden mit einem Male die Erhöhung von Wohlstand und Kultur.«[231]

Wenn wirklich die Erhöhung des Wohlstandes die Ursache für den Rückgang der Eheschließungen war – wie ist dann die gesteigerte Auswanderung zu erklären, die ja normalerweise kein Symptom vermehrten Wohlstandes ist? Zunächst einmal ist bei der demographischen Situation der Juden in der Provinz Posen ihre Konzentration in den Städten auffällig. So lebten im Jahre 1861 im Regierungsbezirk Posen 47 713 Juden in den Städten und nur 2236 auf dem Lande, während im Regierungsbezirk Düsseldorf die entsprechenden Zahlen 6393 zu 3267 und im Regierungsbezirk Köln gar 3633 zu 3650 lauten.[232]

Wäre nicht das Ventil der Auswanderung nach dem Westen gewesen, so hätte die einseitige Berufsstruktur der Juden, ihre starke Konzentration auf Handel und Verkehr »eine bedenkliche Einengung des Nahrungsspielraums« bewirkt.[233] Der Landrat von Inowrocław berichtet 1870: »In noch traurigerer Lage als viele der kleinen Handwerker befindet sich eine für die kleineren Städte der Provinz Posen charakteristische Bevölkerungsklasse, nämlich die der kleineren *jüdischen Handelsleute*, die mehr und mehr verarmen, je weniger ihr Geschäft, der Hausierhandel, blüht, die sich aber nicht zu einem anderen Lebensberuf entschließen können. Zumal wenn noch Krankheit zu dem Mangel und dem Elend in den überfüllten Seitengassen hinzutritt, wo oft *mehrere Familien ein kleines Zimmerchen bewohnen*, bieten sich Bilder der höchsten menschlichen Verkommenheit, gegen die es kein Mittel zu geben scheint, als die zwingende Macht der Not selbst, weil nur diese endlich bewirken kann, daß von Erwerbszweigen, welche ihre wirtschaftliche Berechtigung verloren, zu anderen übergegangen wird!«[234]

In der Provinzhauptstadt präsentierte sich auch das assimilierte Judentum mit eindrucksvollen Gebäuden. Das jüdische Krankenhaus, eine Stiftung, lag nicht von ungefähr in bester Lage unmittelbar neben den deutschen Repräsentationsbauten um das Kaiserschloß.

Die drückende soziale Lage der meisten Juden bewirkte indes vor allem Auswanderung, damit aber auch für die verbleibenden Juden größere wirtschaftliche Entfaltungsmöglichkeiten. Scheinbar konträre Zeugnisse über zunehmende Armut und steigenden Wohlstand müssen sich also nicht widersprechen, sondern zielen auf zwei zum Teil parallel laufende Tendenzen der sozialökonomischen Entwicklung: auf der einen Seite die Abwanderung proletarisierter Bevölkerungsteile, auf der anderen das Aufsteigen eines jüdischen Bürgertums, das die sich bietenden Möglichkeiten auf wirtschaftlichem und politischem Gebiet nutzt und, wie Ludwig Bernhard, ein hervorragender Kenner des »Ostmarkenproblems« schreibt, im deutschen Bürgertum bald an erster Stelle steht. »Sie waren in jedem Sinne fortschrittlich, vertraten den politischen Liberalismus und gingen bei städtischen Reformen den andern Gruppen und Parteien oft voran.«[235]

Die Abwanderung der Posener Juden verlangsamte sich aber keineswegs, nur die soziale Zusammensetzung der Wegziehenden änderte sich. Um 1870 tritt an die Stelle der proletarischen Abwanderung immer mehr eine bürgerliche – es gibt hierfür mehrere Gründe, der gewichtigste aber ist wiederum wirtschaftlicher, genauer gesagt wirtschaftlich-politischer Art, ein Hauptaspekt des deutsch-polnischen Nationalitätenkonfliktes. Zunächst sind es die polnischen Genossenschaften, die zusammen mit Berufsvereinen das »polnische Gemeinwesen im preußischen Staat«, wie Ludwig Bernhard es formuliert, bilden und immer größere Teile des Handels und Geldwesens in polnischer Hand konzentrieren. Sie praktizieren den nationalen Handelsboykott, von dem die Juden am nachhaltigsten betroffen werden. Die später einsetzende preußische Ostmarkenpolitik bediente sich bei ihrem Ansiedlungsprogramm ebenfalls des Genossenschaftswesens, das den Zwischenhandel ausschalten sollte, außerdem war in den Genossenschaften der seit den achtziger Jahren in Deutschland sich aktivierende Antisemitismus stark vertreten.[236]

Die verstärkte Abwanderung der Posener Juden seit den siebziger Jahren hatte auch Ursachen außerhalb der wirtschaftlichen Sphäre. Es gab in der Provinz keine Universität und keine sonstigen Hochschulen, aber der Anteil derer, die einen akademischen Beruf ergreifen wollten, war unter den Juden größer als unter den Christen. Hinzu kam, daß jüdische Rechtsanwälte beispielsweise bei der Zulassung benachteiligt wurden, was mit Einschränkungen auch für andere Akademiker galt.[237] Die jüdischen Rentiers zogen es vor, ihre Rente in Berlin oder anderen attraktiven Städten im Westen zu verzehren. Die gesellschaftliche Atmosphäre in den größeren Orten der Provinz dürfte ebenfalls den Trend zur Abwanderung gefördert haben. Es hatte sich ein Kastengeist entwickelt, der nicht nur die Polen von den Deutschen und Juden fernhielt und, wenn auch in geringerem Maße, eine Separierung der christlichen Deutschen von den Juden bewirkte, sondern auch innerhalb der deutsch-christlichen Gesellschaft zur gegenseitigen Abschottung verschiedener Gruppen (Offiziere und Beamte, Geschäftsleute und Lehrer) führte. Dies schloß nicht aus, daß zwischen einzelnen Juden und Mitgliedern der deutschen Oberschicht individuelle, sogar freundschaftliche Beziehungen bestanden. Außerdem waren die Juden die wichtigsten Träger des deutschen Kulturlebens und die Deutschen hier besonders auf sie angewiesen.[238]

Auch in der Politik gab es Zweckbündnisse zwischen Deutschen und Juden, und seit 1898 saßen jüdische Abgeordnete der Provinz Posen ständig im Preußischen Landtag.[239] Später ist diesen Abgeordneten von jüdischer, vor allem zionistischer Seite vorgeworfen worden, jüdische Belange entweder gar nicht oder nur ungenügend vertreten zu haben, zu einer Zeit, da der Antisemitismus im Deutschen Reich zu einer politischen Kraft geworden war. Allerdings hatte diese Entwicklung 1893 die Gründung einer bewußt auf jüdischem Boden stehenden Gesinnungs- und Zweckgemeinschaft bewirkt, des »Centralvereins deutscher Staatsbürger jüdischen Glaubens«, kurz C.V. genannt, der in der Provinz Posen einen seiner Hauptstützpunkte hatte. Den wichtigsten Anstoß zur Gründung des C.V. gab die Schrift »Schutz-Jude oder Staatsbürger« des 1854 in Posen geborenen Raphael Löwenfeld;[240] sein Credo, daß »das teure Vaterland« über der »Glaubensgemeinschaft und vor ihr steht«, daß der deutsche Jude »national denkt«, sollte die politische Konzeption des C.V. bestimmen.[241] Die Leitsätze des C.V. enthalten unter Punkt zwei die Aussage: »Wir gehören als Juden zu keiner politischen Partei. Die politische Meinung ist wie die religiöse Sache des einzelnen.«[242]

Die Verwirklichung dieser Maxime stieß freilich auf Schwierigkeiten. Der C.V. konnte nicht über allen Parteien, das heißt ihnen gleich nahe oder gleich fern stehen. Die SPD war aus nationalen, vaterländischen Gründen, das Zentrum aus konfessionellen nicht gefragt. Von den Nationalliberalen waren für die Juden nur leere Worte zu erwarten, und die Konservativen hatten im Dezember 1892 in ihr Tivoli-Programm einen antisemitischen Passus aufgenommen, wenn auch aus opportunistischen Motiven.[243] So blieb, per Elimination, nur der Freisinn übrig, also der Linksliberalismus, der sich 1891 in die Freisinnige Volkspartei (FVP) Eugen Richters und die Freisinnige Vereinigung (FVg) Heinrich Rickerts gespalten hatte. Diese Bindung des C.V. an die Linksliberalen zeugte von mangelnder politischer Flexibilität, die einem die Interessen aller Juden vertreten wollenden Verband schlecht anstand. Vor allem aus den Reihen der Zionisten kam scharfe Kritik. Im Dezember 1906 schreibt der Posener Zionist Carl Kassel an seinen Berliner Gesinnungsgenossen Arthur Hantke, der ihn gebeten hatte, in Posen das Verhältnis zwischen dem C.V. und der zionistischen Bewegung in »angenehmere Formen zu bringen«, »dass [sic] die streng durchgeführte Personalunion von Zentralverein und freis. Volkspartei besteht, und dass diese für die letzteren sehr wohl von einigem agitatorischen Vorteil ist, die Judenschaft dagegen den Nichtjuden gegenüber, welche sich von den linksbürgerlichen Parteien immer mehr lossagt, in ein immer schlechteres Verhältnis bringt.«[244] Im Februar desselben Jahres hatten die Posener Zionisten auf ihrer Distriktstagung eine »straffe Organisation der gesamten Judenheit auf jüdischnationaler Basis« und die »Geltendmachung spezifisch jüdischer Interessen in Staat und Kommune« gefordert.[245]

Zwei politische Orientierungen stießen hier aufeinander, deren Unvereinbarkeit auch nicht innerhalb des 1904 gegründeten »Verbandes der deutschen Juden« gemildert werden konnte, eines Dachverbandes, der vor allem bei Verhandlungen mit staatlichen Stellen jüdische Interessen vertreten sollte. Der C.V. warf den Zionisten vor, sie leisteten dem Antisemitismus Vorschub, und erlag selbst gelegentlich der Versuchung, das den Juden nachgesagte mangelnde Nationalgefühl durch strammen Nationalismus zu kompensieren. Im allgemeinen aber pflegte der C.V. eine maßvolle deutschnationale Gesinnung, wie sie in der Zeitung *Im deutschen Reich*, dem Zentralorgan des C.V., zum Ausdruck kommt: »Die Juden in der Provinz Posen sind Deutsche, verleugnen ihr Judenthum nicht und lassen es sich weder von den Polen noch von den deutschen Antisemiten abstreiten oder verkümmern – aber sie sind keine deutschen Chauvinisten, welche mit strammer Schneidigkeit helfen möchten, die Polen durch Dekrete und Zwangsmaßnahmen zu germanisieren und ihrer Sprache und ihren alten nationalen Eigentümlichkeiten zu entfremden.«[246]

Diese Worte offenbaren aber auch das besondere Dilemma der Posener Juden: die Verwicklung in einen Volkstumskonflikt, von dem sie keine Vorteile zu erwarten hatten, der ihnen nicht nur eine Entscheidung *für* die eine oder andere Seite abverlangte, was durch das Bekenntnis zum Deutschtum ja bereits geschehen war, sondern vielmehr *gegen* sie, ohne entsprechende Honorierung von der anderen. Jacob Jacobson schreibt: »Der leicht verständliche Haß der Polen begegnete sich mit dem immer mehr hervortretenden wirtschaftlichen und Rassen-Antisemitismus weiter Schichten des Deutschtums.«[247]

Das Ende der deutsch-preußischen Oberhoheit über die Provinz Posen um die Jahreswende 1918/19 traf die Juden völlig unerwartet. Die Mittelmächte hatten im Osten gesiegt, die Front war weit entfernt, deutsches Militär allgegenwärtig. In der zunächst noch ungewissen Situation zeigt sich noch einmal besonders eindringlich die Zugehörigkeit der Posener Juden zum Deutschtum. Jetzt sind es allerdings die Posener Zionisten unter dem Rechtsanwalt Dr. Max Kollenscher, die am 9. November die Initiative ergreifen und den jüdischen Volksrat als Vertretung der jüdischen Interessen ins Leben rufen; sie konnten auch den größten Teil der jüdischen Gemeinden in der Provinz für sich gewinnen. Dieser Volksrat bedeutete aber keine Absage an Deutschland, im Gegenteil, bei der Vorbereitung der Wahl zur deutschen Nationalversammlung, die ja vorderhand auch für Posen geplant war, empfahl der jüdische Volksrat die Wahl deutscher Parteien, warnte aber die Juden vor jeglicher deutschnationaler oder deutschvölkischer Propaganda, ohne hierbei bestimmte Parteien im Auge zu haben.[248] Gleichwohl war der Volksrat zur loyalen Zusammenarbeit mit den Polen bereit, als der Anschluß der Provinz an Polen nicht mehr aufzuhalten war. Man vertraute den Versicherungen des polnischen Volksrates, der den Juden Gleichberechtigung versprochen hatte. Als die 1919 gegründete polnische Universität der Stadt Posen einen Numerus clausus für jüdische Studenten verhängte, bedeutete dies eine bittere Enttäuschung für die Wortführer der Posener Juden.[249]

Falls es jemals eine echte deutsch-jüdische Schicksalsgemeinschaft gegeben hat, dann wurde sie durch die polnische Politik seit dem Jahre 1919 gestiftet, die Politik der Polonisierung des ehemaligen preußischen Teilgebietes, deren subjektive Berechtigung von jüdisch-zionistischer Seite nicht bestritten wurde. Die Alternative für Deutsche und Juden lautete nun gleichermaßen: abwandern ins Deutsche Reich oder ausharren in der Diaspora. Die Mehrheit beider Gruppen zog den ersteren Weg vor.

Der krasse Rückgang der jüdischen Bevölkerung in den zwanziger Jahren wurde zwar zunächst etwas ausgeglichen durch Zuwanderung aus den zentralen und östlichen Teilen Polens, doch konnte diese die Auszehrung der jüdischen Gemeinden nicht wesentlich aufhalten. Im Jahre 1910 lebten noch 26 500 Juden in der Provinz Posen, das waren 1,26 Prozent der Gesamtbevölkerung, im Jahre 1934 stellten die 9000 Juden dieses Gebietes nur noch 0,4 Prozent aller Einwohner, während der Anteil der Juden an der Gesamtbevölkerung der Republik Polen zu dieser Zeit 9,6 Prozent ausmachte. In der Stadt Posen sank der Anteil der Juden von 3,6 Prozent im Jahre 1910 auf 1,2 Prozent im Jahre 1921 und hatte 1928 den Tiefstand von 0,9 Prozent erreicht.[250]

Einige jüdische Gemeinden wie Schneidemühl, Schönlanke und Meseritz verblieben mit der Grenzmark Posen-Westpreußen beim Deutschen Reich. Die Anhänglichkeit der Posener Juden an ihre alte Heimat und ihr Zusammengehörigkeitsgefühl manifestierten sich in der Gründung von Heimatvereinen, die sich 1925 zu einem Verband mit Sitz in Berlin und dem Organ *Posener Heimatblätter* zusammenschlossen. Zu seinen Aufgaben gehörte neben wirtschaftlicher Selbsthilfe die Sorge für die verlassenen Kultstätten im Posenschen.[251]

Der Exodus der Posener Juden nach dem Ersten Weltkrieg und ihre Zusammenschlüsse zeigen sehr deutlich den Dualismus ihrer Existenz: Sie waren Deutsche geworden und Juden geblieben. Eine Synthese dieser Doppelheit ist immer wieder versucht worden, sie führte oft zum Taufbecken oder zu einer kritischen Distanz gegenüber beiden Komponenten. Die Erfahrung der Geschichte lehrt, daß die Assimilation der Juden an ihre Umwelt Geben und Nehmen von beiden Seiten voraussetzt, wenn sie gelingen soll. In diesem Sinn war eine vollkommene Assimilation im deutschen Kaiserreich nicht zustande gekommen, man bedenke nur, daß den Juden bis in den Ersten Weltkrieg hinein der Reserveoffizier, ein wichtiges Attribut gesellschaftlicher Geltung, verwehrt wurde. Wenn wir aber den Begriff der Assimilation auf die Übernahme von Kultur und Bildungsidealen der christlichen Gesellschaft einschränken, darf wohl von einer Assimilation der Posener Juden gesprochen werden, die uns das Recht gibt, ihre Geschichte mit der der Deutschen in der Provinz Posen zusammen zu behandeln.

Das russische Teilgebiet 1815 bis 1914

RICHARD BREYER, CSABA JÁNOS KENÉZ

Königreich Polen (Kongreßpolen)

RELATIVE SELBSTÄNDIGKEIT

Gemäß den Festlegungen des Wiener Kongresses wurde am 20. Juni 1815 das neue, mit Rußland in Personalunion stehende Königreich Polen ausgerufen. Das 127 000 Quadratkilometer große Gebiet des Königreiches – um siebzehn Prozent kleiner als das Herzogtum Warschau – war in acht Wojewodschaften eingeteilt: Krakau (ohne die Stadt selbst, Verwaltungssitz in Kielce), Sandomir (Sitz in Radom), Kalisch, Masowien (Warschau), Plock, Augustów (ohne den Bezirk Bialystok, Sitz in Suwalki), Podlachien (Siedlce) und Lublin. Die Einwohnerzahl des Landes belief sich 1816 auf rund 3,3 Millionen und stieg bis 1830 auf rund 4,14 Millionen Personen an, was einer Bevölkerungsdichte von 32,6 pro Quadratkilometer entsprach. Der Anteil der städtischen Bevölkerung betrug 21 Prozent. Die größten Städte waren Warschau (1816: 80 000, 1830: 130 000 Einwohner), Lublin (1830: 13 000), Kalisch (12 000) und Plock (9000). Nach der Muttersprache waren von der Gesamtbevölkerung etwa 75 Prozent Polen, zehn Prozent Juden, 7,5 Prozent Deutsche, fünf Prozent Litauer und 2,5 Prozent Ruthenen (Ukrainer); nach dem Bekenntnis waren 83,5 Prozent Katholiken, 2,5 Prozent Griechisch-Unierte, zehn Prozent Juden und 3,75 Prozent Protestanten.[1]

Die beiden westlichen Departements des früheren Herzogtums Warschau, Posen und Bromberg, wurden Preußen zugesprochen, während Österreich bei der »vierten Teilung Polens« in Wien Galizien behalten durfte und aus Krakau und Umgebung eine Stadtrepublik gebildet wurde. Obwohl den polnischen Hoffnungen hinsichtlich der östlichen und südöstlichen Ausdehnung des Königreiches die empfindlichsten Schläge versetzt worden waren, blieben diese Hoffnungen doch durch die schillernde Figur des Kaisers von Rußland, Alexander I. (1801–1825), der sich gern als einziger wahrer Freund der Polen bezeichnete, am Leben erhalten. Auch konnten der russischen Orientierung unter der politischen Führung der polnischen Nation aufgrund der relativ eigenständigen staatlichen Strukturen des jungen Königreichs durchaus Chancen eingeräumt werden, wenn es um die Wiederherstellung Polens in den Grenzen von 1772 ging.

An der Vorbereitung der recht modern anmutenden Verfassung Kongreßpolens vom 27. November 1815[2] war der Jugendfreund Alexanders I. und ehemalige Außenminister Rußlands, Fürst Adam Jerzy Czartoryski (1770–1861),[3] maßgeblich beteiligt. Czartoryski wurde bereits im Sommer 1815 Mitglied der Vorläufigen Regierung, die aus dem Obersten Rat des Herzogtums Warschau hervorgegangen war. Die endgültige Fassung der Konstitution wurde jedoch ohne Beteiligung des polnischen Patrioten formuliert, wobei auch einige seiner Hauptanliegen nicht berücksichtigt wurden, etwa die Bauern- und die Judenfrage. Der König wurde mit erheblichen Machtbefugnissen ausgestattet, jedoch blieben die liberalen Prinzipien beispielsweise hinsichtlich der persönlichen Freiheit, der Eigentumsrechte und der Rede- und Pressefreiheit bestehen. Aufgrund des hohen Anteils des Adels an der Gesamtbevölkerung war der Kreis der Wahlberechtigten mit über drei Prozent (zum Vergleich in Frankreich noch 1830 nur 0,5 Prozent) ungewöhnlich hoch. Indem der Herrscher zur Eidesleistung auf die Verfassung verpflichtet war, mußte er in Kongreßpolen die Rolle des konstitutionellen Monarchen akzeptieren, während er gleichzeitig in Rußland autokratisch regierte.

Der aus zwei Kammern bestehende Reichstag (Sejm) setzte sich aus 128 indirekt gewählten Abgeordneten (77 aus dem besitzenden Adel und 51 aus den Stadt- und Landgemeinden) und dem Senat zusammen, dessen Mitgliederzahl die Hälfte der Abgeordneten nicht überschreiten sollte. Die Sitzungsdauer der Abgeordnetenkammer wurde auf zweijährlich dreißig Tage festgesetzt und war damit doppelt so lang wie zur Zeit des Warschauer Herzogtums. An der Spitze der Staatsverwaltung stand ein Statthalter, zu dem wider Erwarten nicht Czartoryski, sondern General Józef Zajączek (1752–1826) ernannt wurde, ehemals Jakobiner und napoleonischer Offizier, jetzt ein Werkzeug des Zaren. Ihm zur Seite gestellt wurde der Staatsrat, dem auch die als »Verwaltungsrat« bezeichnete Regierung mit den fünf Ministern (Krieg, Justiz, Inneres und Polizei, Finanzen, Bekenntnisse und Volksaufklärung) angehörte.

Die Ministerposten wurden mit Personen aus dem polnischen Hochadel besetzt. Die bedeutendsten unter ihnen waren der Finanzminister seit 1821, Fürst Ksawery Drucki-Lubecki (1779–1846), der Kultusminister Graf Stanislaw Kostka Potocki (1755 bis 1821), während dessen Amtszeit (bis 1820) 1816 die Universität Warschau gegründet wurde, und der Innenminister Tadeusz Mostowski (1766–1842). Negativ wirkte sich aus, daß dem Kriegsministerium seit 1816 kein verantwortlicher Minister vorstand, sondern das Militärwesen allmählich zur Domäne des jüngeren Bruders von Alexander I., des Großfürsten Konstantin (1779–1831), wurde, der seit 1816 Oberbefehlshaber der in Friedenszeiten rund 30 000 bis 35 000 Mann zählenden eigenen polnischen Armee war. Daß sein Kommandobereich 1817/19 um fünf »westliche« russische Gouvernements (Wilna, Grodno, Minsk, Wolhynien und Podolien) erweitert wurde, gab polnischen Hoffnungen auf eine östliche Erweiterung des Königreiches Nahrung. Für die polnische Adelsgesellschaft hegte Konstantin durchaus positive Empfindungen, wovon seine morganatische Ehe mit der polnischen Gräfin Joanna Grudzińska (1799–1831) seit 1820 zeugte. Seine schroffe Art, die Vorliebe für militärischen Drill sowie schließlich die Überschreitung seiner Kompetenzen, als nach dem Tode von Zajączek 1826 kein Statthalter ernannt wurde, sorgten jedoch dafür, daß der Großfürst nicht nur unter den polnischen Offizieren äußerst unbeliebt wurde.

Einen weiteren Grund zur Unzufriedenheit innerhalb der polnischen Adelsgesellschaft bildete die Tatsache, daß entgegen der Verfassung die Stelle eines kaiserlichen Kommissars beim Staatsrat geschaffen und dem Russen Nikolaj N. Nowosilzow (1761 bis 1836) übertragen wurde. Während also im militärischen Bereich nicht der polnische Nationalheld Tadeusz Kościuszko (1746–1817),[4] sondern Großfürst Konstantin das Regiment innehatte, nahm im politischen Bereich Nowosilzow in der Regierung als der Berater Alexanders I. in polnischen Angelegenheiten eine ähnliche Position ein. Sein wachsender Einfluß beim Kaiser ging zu Lasten von Czartoryski, der lediglich Mitglied des Senats und bis zu seiner Ersetzung durch Nowosilzow 1824 Kurator des Schulbezirks Wilna blieb.

Das Parlament wurde insgesamt viermal einberufen, zweimal von Alexander I., 1818 und 1820, und zweimal von Nikolaus I. (1825–1855) im Mai 1825 und im Mai 1830. Offene oppositionelle Stimmen auf dem zweiten Sejm mochten Alexander veranlaßt haben, seine liberale Politik gegenüber Polen zu beenden und die Verfassung restriktiv zu handhaben. War der Zar selbst anfänglich dem Logenwesen nicht abgeneigt, so wurden nach 1820 verschiedene Geheimbünde unter den Studenten in Warschau und Wilna wie auch unter Offizieren entdeckt und aufgelöst: 1822 die »Panta Koina« (Alles gemeinsam) unter Ludwik Mauersberger (1796–1823) in Warschau; die »Philomathen« (Wissenschaftsfreunde) und »Philareten« (Tugendfreunde) in Wilna, deren bekanntestes Mitglied der junge Adam Mickiewicz (1798–1855)[5] war; 1822 wurde das Mitglied der Patriotischen Gesellschaft und Leiter eines Geheimbundes von Offizieren, Major Walerian Łukasiński (1786–1868), verhaftet und 1824 zu neun Jahren Gefängnis verurteilt. Aufstandspläne bestanden in den Geheimbünden nicht, dagegen Begeisterung für die Ideale von Freiheit und Unabhängigkeit.

Die innere Entwicklung des Königreiches nahm insbesondere im kulturellen und wirtschaftlichen Bereich einen günstigen Verlauf. Das ländliche Volksschulwesen blühte unter dem Kultusminister Potocki auf, und es entstanden Hochschulen für Bergbau und Forstwirtschaft. 1818 wurden die neuen Staatsgrenzen auch kirchenrechtlich anerkannt, indem durch päpstliche Bulle die Erzdiözese Warschau mit sieben katholischen und einem unierten Bistum (Cholm) eingerichtet wurde. Der Erzbischof von Warschau war von nun an berechtigt, den Titel »Primas des Königreichs Polen« zu führen, wobei jedoch der Erzbischof von Gnesen (und Posen) die ihm historisch zustehende Titulatur »Primas Poloniae« beibehielt.

Zu jener Zeit wurden die Grundlagen für die Industrialisierung gelegt. In dieser Beziehung sind die Gründung der Oberbergdirektion von 1816 für die Förderung des Kohle- und Erzbergbaus und vor allem die Entstehung der Textilindustrie um Lodz von Bedeutung.

Die politische Lage des Königreichs nach der Thronbesteigung von Nikolaus I. war zunächst durchaus verheißungsvoll. Der neue König verhielt sich auch nach der Aufdeckung von Kontakten der bereits 1822 dezimierten Patriotischen Gesellschaft zur russischen Aufständischenorganisation der Dekabristen verfassungskonform. Der Prozeß wurde vom polnischen Senat geführt, der die Angeklagten 1828 nicht – wie der Kaiser wollte – wegen Hochverrats, sondern lediglich wegen geheimbündischer Aktivitäten zu milden Strafen verurteilte. Nikolaus mußte die Urteile auch aus außenpolitischer Rücksichtnahme bestätigen, ließ sich im Mai 1829 in Warschau zum König krönen und verhielt sich der polnischen Aristokratie gegenüber großzügig. Eine der schwersten Hypotheken des Königreiches waren die von Alexander I. geweckten polnischen Erwartungen, besonders hinsichtlich einer östlichen Ausdehnung, die später vollständig enttäuscht wurden.

Nach dem wirtschaftlichen Niedergang infolge der Napoleonischen Kriege waren sowohl die kongreßpolnische Regierung wie auch private polnische Grundbesitzer daran interessiert, die Industrialisierung ihres Landes nach Kräften zu fördern. Da einheimische Fachkräfte nicht vorhanden waren, mußten ausländische Handwerker und Unternehmer angeworben werden. Man knüpfte dabei an die Politik des letzten polnischen Königs Stanislaw August Poniatowski sowie der Regierung des Herzogtums Warschau an.[6] Die kongreßpolnischen Behörden, aber auch einzelne polnische Adlige führten in deutschen Staaten, vor allem den Textilgebieten Schlesiens, Sachsens und Böhmens, regelrechte Werbekampagnen zur Ansiedlung durch, welche in Preußen sogar zu Konflikten mit der dortigen Regierung führten.[7]

Zustatten kam ihnen dabei ein 1815 geschlossenes Abkommen zwischen den Teilungsmächten, nach welchem es den Bewohnern der verschiedenen Teile Polens erlaubt war, bis 1821 ihren Wohnsitz innerhalb der drei Teilungsgebiete frei zu wählen. Dies nutzten die deutschen Tuchmacher des preußisch gewordenen Posener Landes, welche seit 1815 durch die Zollgrenze zwischen Preußen und Rußland von ihren östlichen Absatzgebieten abgeschnitten waren. Sie wechselten in das Königreich Polen über, womit sie sich Mittelpolen und das Russische Reich als Markt erschlossen. Weitere Tuchmacher und Textilunternehmer kamen aus dem mittel- und westdeutschen Raum. Insgesamt betrug die Zahl der deutschen Ansiedler in Kongreßpolen 1810 bis 1827 rund 50 000 Personen, davon ließen sich fast drei Viertel in den aufstrebenden Industriestädten des Lodzer Raums nieder.[8] Zunächst hatten die adligen Grundherren aufgrund der günstigen Ansiedlungsbedingungen in den von ihnen neu angelegten Städten wie Alexandrow, Konstantynow, Ozorkow, Zdunska Wola und Tomaszow größere Erfolge bei der Anwerbung. Dies veranlaßte die kongreßpolnische Regierung am 18. September 1820 zum Erlaß eines Einwanderungsgesetzes und zur Erhebung einer Reihe von Städten, darunter Lodz, Zgierz, Dombie, Gostynin und Pabianice, zu Fabrikstädten. Entscheidend für die Auswahl dieser Städte waren insbesondere das Vorhandensein von Wasserläufen für den Antrieb von Maschinen, günstige Verkehrswege und Holzreichtum zum Bau von Häusern gewesen.[9]

Die Bedingungen für einwandernde »ausländische Fabrikanten« wurden am 30. März 1821 im Vertrag von Zgierz zwischen drei deutschen Tuchindustriellen und der kongreßpolnischen Regierung nochmals verbessert.[10] So erhielt jeder einwandernde Tuchmacher 1,5 Morgen Land, das innerhalb von zwei Jahren zu bebauen war. Die ersten sechs Jahre waren zinsfrei. Bauholz wurde aus den Staatswäldern unentgeltlich zur Verfügung gestellt. Maschinen und Farben waren von Einfuhrzöllen befreit, bei Waren und Rohstoffen wurden Zollvergünstigungen gewährt. Ferner gab es seitens der Regierung Darlehen und Beihilfen zum Bau von Wohnhäusern und Fabriken.

In Zgierz, das zwischen 1821 und 1830 das Zentrum der mittelpolnischen Textilproduktion war, stellten 1825 bereits 500 deutsche Tuchmachermeister jährlich 700 000 Ellen Tuch her, das über Rußland bis nach China exportiert wurde.[11] Zu den

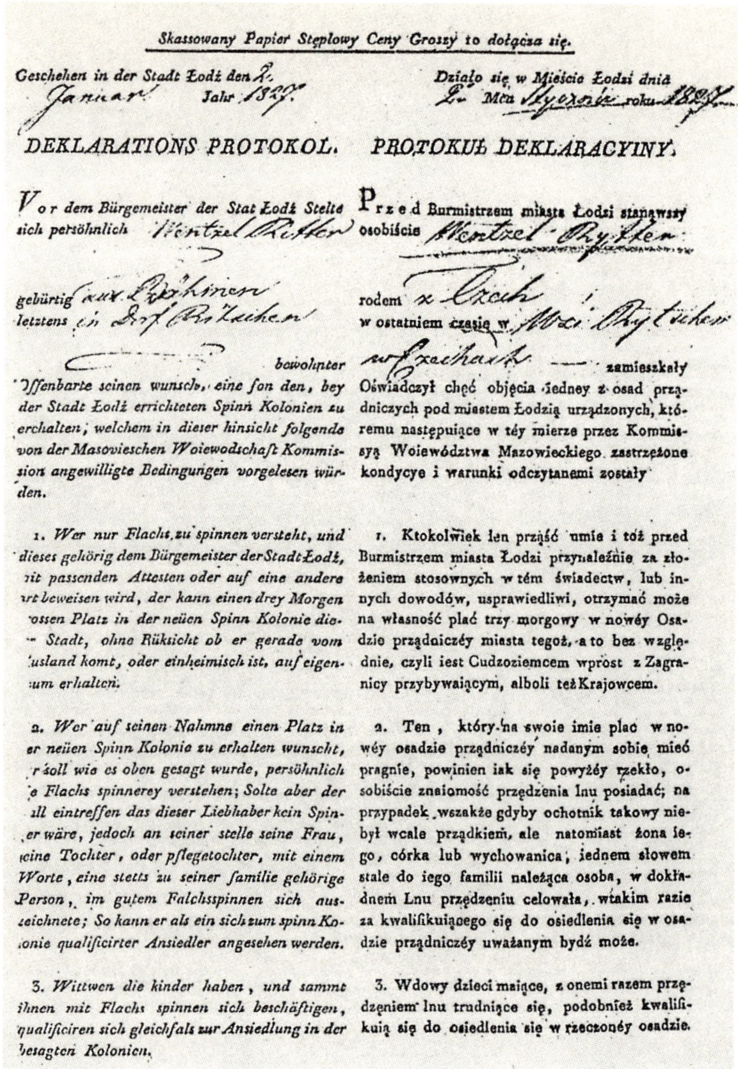

Skassowany Papier Stęplowy Ceny Groszy to dołącza się.

Geschehen in der Stadt Łodż den 2. Januar Jahr 1827.

DEKLARATIONS PROTOKOL.

Vor dem Bürgemeister der Stat Łodż Stelte sich persöhnlich

gebürtig

letztens

bewohnter

Offenbarte seinen wunsch, eine fon den, bey der Stadt Łodż errichteten Spinn Kolonien zu erchalten; welchem in dieser hinsicht folgende von der Masovieschen Woiewodschaft Kommission angewilligte Bedingungen vorgelesen würden.

1. Wer nur Flacht zu spinnen versteht, und dieses gehörig dem Bürgemeister der Stadt Łodż, mit passenden Attesten oder auf eine andere art beweisen wird, der kann einen drey Morgen grossen Platz in der neüen Spinn Kolonie dieser Stadt, ohne Rüksicht ob er gerade vom Ausland komt, oder einheimisch ist, auf eigenthum erhalten.

2. Wer auf seinen Nahmne einen Platz in der neüen Spinn Kolonie zu erhalten wunscht, er soll wie es oben gesagt wurde, persöhnlich die Flachs spinnerey verstehen; Solte aber der Fall eintreffen das dieser Liebhaber kein Spinner wäre, jedoch an seiner stelle seine Frau, seine Tochter, oder pflegetochter, mit einem Worte, eine stetts zu seiner familie gehörige Person, im gutem Falchsspinnen sich auszeichnete; So kann er als ein sich zum spinn Kolonie qualificirter Ansiedler angesehen werden.

3. Wittwen die kinder haben, und sammt ihnen mit Flachs spinnen sich beschäftigen, qualificiren sich gleichfals zur Ansiedlung in der besagten Kolonien.

Działo się w Mieście Łodzi dnia 2. M-ca Stycznia roku 1827.

PROTOKUŁ DEKLARACYINY.

Przed Burmistrzem miasta Łodzi stanąwszy osobiście

rodem

w ostatniem czasie w

zamieszkały

Oświadczył chęć objęcia iedney z osad prządniczych pod miastem Łodzią urządzonych, któremu następuiące w téy mierze przez Kommissyą Woiewództwa Mazowieckiego zastrzężone kondycye i warunki odczytanemi zostały

1. Ktokolwiek len prząść umie i toż przed Burmistrzem miasta Łodzi przynależnie za złożeniem stosownych w tém świadectw, lub innych dowodów, usprawiedliwi, otrzymać może na własność plać trzy morgowy w nowéy Osadzie prządniczéy miasta tegoż, a to bez względnie, czyli iest Cudzoziemcem wprost z Zagranicy przybywaiącym, alboli też Krajowcem.

2. Ten, który na swoie imie plac w nowéy osadzie prządniczéy nadanym sobie mieć pragnie, powinien iak się powyżéy rzekło, osobiście znaiomość przędzenia lnu posiadać; na przypadek wszakże gdyby ochotnik takowy niebył wcale prządkiem, ale natomiast żona iego, córka lub wychowanica, iednem słowem stale do iego familii należąca osoba, w dokładnem Lnu przędzeniu celowała, w takim razie za kwalifikuiącego się do osiedlenia się w osadzie prządniczéy uważanym bydź może.

3. Wdowy dzieci maiące, z onemi razem przędzeniem lnu trudniące się, podobnież kwalifikuią się do osiedlenia się w rzeczonéy osadzie.

Aus dem Jahre 1827 stammt dieses Protokoll, in welchem der aus Böhmen eingewanderte Deutsche Wentzel Ritter vor dem Bürgermeister seinen Wunsch nach Erwerb einer Spinner-Kolonie in Lodz erklärt. Die im Protokoll festgehaltenen Ansiedlungsbedingungen waren für ausländische Fachleute außerordentlich attraktiv.

ersten deutschen Großindustriellen in Mittelpolen gehörte der aus Reichenau in der Oberlausitz nach Pabianice gekommene Benjamin Krusche, welcher dort die Firma »Krusche und Ender« gründete. Bei Kriegsbeginn 1914 zählte das Unternehmen rund 5000 Arbeiter.[12] Der deutsche Unternehmer Adolf Harrer in Sieradz beschäftigte bereits 1823 mehr als 1000 Arbeiter.

Den größten Aufschwung nahm nach 1820 Lodz.[13] Die aus dem 14. Jahrhundert stammende Stadt war noch zu Beginn des 19. Jahrhunderts ein völlig unbedeutender Ort mit 72 Häusern und 361 Einwohnern. Der erste Großunternehmer, der sich 1823 in Lodz niederließ, war einer der Unterzeichner des Zgierzer Vertrages, der aus dem Posener Land stammende Tuchfärber Karl Gottlieb Sänger. Weitere deutsche Unternehmer der ersten Stunde in Lodz waren die Baumwollfabrikanten Karl Gottfried May und Christian Friedrich Wendisch, beide aus Chemnitz, Ludwig Geyer aus Görzdorf in Sachsen, der 1837 die erste Dampfmaschine aus Belgien einführte, und der Leinwandfabrikant Titus Kopisch aus Schmiedeberg in Schlesien.

Ein Bericht vom September 1825 verzeichnete in Lodz neben 31 Tuchmachern mit 59 Webstühlen auch bereits 27 »Baumwollfabrikanten« mit 46 Webstühlen und fünf »Leinenfabrikanten«.[14]

NOVEMBERAUFSTAND UND ERSTE RUSSISCHE REAKTION

Der polnische Novemberaufstand[15] von 1830 wurde vom Adel, Teilen des Warschauer Bürgertums, aber nicht von der Masse der städtischen Bevölkerung und des unfreien Bauerntums getragen. Die Pariser Julirevolution und die belgische Septemberrevolution[16] von 1830 waren in den politischen Kreisen Kongreßpolens nicht nur stark beachtet worden, sie lieferten auch den Anlaß zum vorzeitigen Ausbruch des Aufstandes am 29. November 1830. Zu dieser Zeit wurde nämlich die polnische Armee mobilisiert, und man befürchtete, daß sie zur Wiederherstellung der alten Ordnung im Sinne der Heiligen Allianz im Westen eingesetzt werden würde.

Um das zu verhindern, versuchten am Abend Verschwörer aus der Warschauer Kadettenanstalt und einige Studenten das Schloß Belvedere zu stürmen und den dort residierenden Großfürsten Konstantin gefangenzunehmen. Die Schloßbesetzung gelang zwar, aber die Gefangennahme schlug fehl. Konstantin konnte Warschau mit den ihm ergebenen Truppen – in der polnischen Hauptstadt waren damals 9800 polnische und 6500 russische Soldaten stationiert – verlassen. Bei der Aktion wurden auch einige polnische Generäle, die nicht bereit waren, sich den Aufständischen anzuschließen, so der einer Mainzer Bürgerfamilie entstammende Vizekriegsminister General Moritz Hauke, umgebracht. Bei der Uneinigkeit in der Führung der jugendlichen Verschwörer – insbesondere zwischen dem schwankenden Leutnant Piotr Wysocki (1797–1874) und dem entschlossenen Leutnant Józef Zaliwski – war zunächst zweifelhaft, ob ein regulärer Aufstand überhaupt ausbrechen würde. Als spontan Teile der Warschauer Bevölkerung das Arsenal stürmten und sich bewaffneten, verstärkte sich die revolutionäre Bewegung aber derart, daß es den Aufständischen bis zum nächsten Tag gelang, die Hauptstadt für sich zu gewinnen.

Die Erhebung hatte sich damit zwar ausgebreitet, aber sie blieb weiterhin ohne politische Führung. Zum Leiter der Regierung wurde daraufhin Fürst Adam Czartoryski ernannt, zum neuen Oberbefehlshaber General Józef Chłopicki (1771–1854). Letzterer proklamierte sich selbst am 5. Dezember 1830 zum »Diktator«, ließ aber die Vorläufige Regierung weiter bestehen. Er war nicht für einen Krieg, sondern für eine Verhandlungslösung. Deshalb gestattete er Konstantin mit seinen Truppen den freien Abzug aus dem Königreich. Bei den Verhandlungen sollte es um die Wiederherstellung der Verfassung gehen, also unter anderem um die Ernennung eines Statthalters und territoriale Fragen. Nikolaus I. verlangte aber die sofortige und bedingungslose Unterwerfung.

Inzwischen wurde am 18. Dezember, noch im Namen des Königs, der Sejm einberufen, der die Diktatur von Chłopicki bestätigte und die Vorläufige Regierung durch einen Obersten Rat unter Adam Czartoryski ersetzte. Nachdem die Verhandlungen mit Sankt Petersburg gescheitert und die Richtungskämpfe im Reichstag nicht unter Kontrolle zu bringen waren, trat Chłopicki am 17. Januar 1831 als Diktator zurück. Zum neuen Oberbefehlshaber wurde Fürst Michael Radziwill (1778–1850), ein Bruder des Statthalters des Großherzogtums Posen, Antoni Radziwill, ernannt. Der populäre Chłopicki fungierte als sein Berater. Der fünfköpfigen Nationalregierung unter Czartoryski gehörten außer diesem ein Parteigänger des Vorsitzenden, zwei Vertreter der sogenannten Kalischer Opposition, also reformorientierte Legitimisten, und als Repräsentant der »Linken« – der Patriotischen Gesellschaft, die für die Loslösung Polens von Rußland eintrat – der Historiker Joachim Lelewel (1786–1861)[17] an; es handelte sich also um eine Koalitionsregierung.

Bevor der Sejm diese Regierung berief, faßte er unter dem Eindruck einer von der Patriotischen Gesellschaft organisierten Kundgebung zu Ehren der Dekabristen am 25. Januar den einmütigen Beschluß zur Absetzung des Hauses Romanow. Damit zwang er einerseits die Oberschicht zur Teilnahme am Kampf für die Unabhängigkeit, machte aber andererseits jeden Kompromiß mit Nikolaus I. unmöglich und erschwerte das diplomatische Einwirken des Westens. Der Krieg zwischen zwei ungleichen Gegnern war somit unumgänglich geworden.

Infolge der zögerlichen Kriegsvorbereitungen zur Zeit der Diktatur Chłopickis waren nur etwa 55 000 polnische Soldaten einsatzbereit. Diese Zahl erhöhte sich später unter Einschluß von Freiwilligen aus den anderen Teilungsgebieten Posen, Galizien und Krakau auf 80 000. In Litauen und Wolhynien kamen noch etwa 25 000 bis 30 000 Aufständische hinzu, so daß die Gesamtzahl der eingesetzten polnischen Soldaten auf rund 200 000 zu veranschlagen ist.[18] Auf russischer Seite nahmen an den militärischen Operationen gegen die Polen etwa 250 000 Soldaten teil. Die russische Überlegenheit bestand vor allem im Bereich der Ausrüstung, sie verfügte über Artillerie und Gewehre, während die polnischen Kämpfer dagegen überwiegend Stichwaffen, teilweise sogar nur Sensen hatten. Nach den Kriegen gegen Persien und die Türkei waren die Russen auch an Kriegserfahrung und in der Führung der Truppen überlegen.

Die erste Phase des Polnisch-Russischen Krieges bildete der russische Vormarsch auf Warschau. Anfang Februar überschritt die Armee des Feldmarschalls Johann Graf Diebitsch (1785–1831) mit 120 000 Mann die Grenze des Königreiches und rückte rasch auf die Weichsel und die Hauptstadt vor. Am 14. Februar errang eine Kavallerieabteilung der Aufständischen unter General Józef Dwernicki (1779–1857) bei Stoczek (südwestlich Siedlce) einen Sieg über eine russische Division; es folgten noch einige für die Polen erfolgreiche Gefechte, aber insgesamt konnte der Vormarsch der russischen Verbände nicht aufgehalten werden. Die Situation schien nach der blutigen Schlacht bei Grochów am 25. Februar in der Nähe Warschaus unverändert zu sein, jedoch gelang es den polnischen Truppen, sich nach der Verwundung General Chłopickis geordnet nach der Vorstadt Praga zurückzuziehen, nachdem sie der Armee von Diebitsch empfindliche Verluste beigebracht hatten. Aufgrund dieser Verluste sah sich Diebitsch gezwungen, den Angriff auf Warschau zu verschieben.

Nach der Wahl von General Jan Skrzynecki (1787–1860) zum Oberbefehlshaber am 26. Februar und einer Ruhepause im März folgte im April und Mai die zweite Periode des Polnisch-Russischen Krieges, in der die strategische Initiative von der polnischen Seite übernommen wurde. Eine erfolgreiche Offensive der polnischen Armee wurde nach der gewonnenen Schlacht bei Iganie (nahe Siedlce) am 10. April von Skrzynecki plötzlich abgebrochen, die Truppen Richtung Warschau zurückgezogen; der strategische Vorteil blieb somit ungenutzt. Das nach Wolhynien entsandte polnische Korps unter General Dwernicki war trotz Anfangserfolgen Ende April gezwungen, sich nach Galizien in die Internierung zu begeben. Damit war der Aufstandsversuch in den südwestlichen Gouvernements Rußlands gescheitert.

Die polnische Hauptarmee, bestehend aus 44 000 Mann und 108 Geschützen, unternahm Mitte Mai den wagemutigen Versuch, das zwischen Tykocin und Łomża stehende, 30 000 Mann starke russische Gardekorps unter Großfürst Michael vor dessen Vereinigung mit Diebitsch anzugreifen. Wegen der zögerlichen Führung durch General Skrzynecki kam es aber erst am 26. Mai 1831 zur blutigen Schlacht von Ostrołęka gegen die heranrückenden 70 000 Mann der Armee Diebitsch, die für die Polen mit einer schweren Niederlage endete. Das erschütterte die Moral der polnischen Truppen derart, daß sie das Vertrauen in ihre Führung weitgehend verloren. Abgesprengte kleinere Verbände schlugen sich nach Litauen durch, um dort erneut einen Aufstand zu entfachen. Diese Aktion hatte zumindest auf dem Lande Erfolg. Unter General Tadeusz Tyszkiewicz (1774–1852) entstand in Litauen auch eine Provisorische Regierung. Nachdem aber die Einnahme Wilnas mißlungen war, überschritt die Mehrheit dieser Truppenteile Anfang Juli die preußische Grenze und legte die Waffen nieder.

Aufgrund der eigenen Führungskrise nahm man auf polnischer Seite die großen Schwierigkeiten des Gegners kaum wahr. Die Mißerfolge in Polen hatten in Sankt Petersburg einige Erschütterungen verursacht, und die Cholera dezimierte die russische Armee und raffte am 10. Juni sogar von Diebitsch und am 27. Juli den Großfürsten Konstantin dahin, so daß sich Nikolaus I. vorübergehend verhandlungsbereit zeigte. Die Kräfte der russischen Armee konnten aber unter dem neuen Oberbefehlshaber, Feld-

Das Bild aus dem Jahre 1840 zeigt die ältesten Gebäude der Stadt Lodz am sogenannten Neuen Ring, die evangelische Sankt-Trinitatis-Kirche und das Rathaus. Beide Gebäude existieren bis heute, wirken allerdings mittlerweile fast wie Fremdkörper im Zentrum der um sie herum ins Gigantische gewachsenen Industriestadt.

marschall Iwan Paskewitsch (1782–1856), konsolidiert werden. Dessen weit ausholendes Manöver, Warschau vom Westen her anzugreifen, begann am 4. Juli westlich von Pułtusk. Er führte sein Heer am 21. Juli unter Umgehung der Festung Modlin über Plock und Lipno südöstlich von Thorn über die Weichsel und von dort in westlicher Richtung an Włocławek vorbei nach Łowicz und Warschau. Damit war die dritte Phase des Polnisch-Russischen Krieges angebrochen. Die polnische Seite versäumte es, dieses Umgehungsmanöver effektiv zu stören, weshalb Skrzynecki seiner Funktion als Oberbefehlshaber am 10. August enthoben wurde.

Bereits am 29. Juni 1831 brachen in Warschau Unruhen in der Bevölkerung aus, die nur mit Mühe von der Nationalregierung unterdrückt werden konnten. Als am 15. August eine von der Patriotischen Gesellschaft geleitete Demonstration in eine Lynchjustiz gegen angebliche Verräter und Spione ausartete, trat die Regierung zurück. Am 17. August übertrug der Sejm die militärische und zivile Befehlsgewalt dem radikalen General Jan Krukowiecki (1770–1850), der sich, nachdem er die Ruhe wiederhergestellt hatte, zum Diktator ernannte. Bezeichnend für die verworrene Situation war, daß der neue Diktator ein 20 000 Mann starkes Korps Richtung Brest am Bug abkommandierte, dem sich Czartoryski und andere »kompromittierte« Politiker anschlossen, obgleich Paskewitsch mit der russischen Hauptmacht von 77 000 Mann und 390 Geschützen bereits vor Warschau stand. Dieses polnische Korps mußte später nach Galizien ausweichen und wurde von den Österreichern interniert, fehlte also bei der Verteidigung Warschaus.

Der russischen Hauptarmee standen in Warschau immer noch 35 000 bis 40 000 polnische Soldaten mit 220 Geschützen gegenüber. Nicht so sehr die zahlenmäßige und technische Unterlegenheit, sondern die mangelnde Kampfbereitschaft innerhalb der polnischen Generalität führte schließlich zur Niederlage. Nach hartem Widerstand mußte Warschau am 6./7. September kapitulieren. Die polnischen Verteidiger zogen aber bewaffnet und geordnet nach Modlin und Plock ab. Danach kämpften nur noch einzelne Verbände. Als das Hauptkontingent der polnischen Armee am 5. Oktober 1831 die preußische Grenze überschritten und dort die Waffen niedergelegt hatte, war der Novemberaufstand beendet.

Während des Aufstands hatte sich gezeigt, daß die polnischen Freiheitsbestrebungen bei den Deutschen in Kongreßpolen durchaus auf Verständnis stießen und zum Teil sogar unterstützt wurden. Wie schon Kościuszko 1794 hatten sich auch die polnischen Aufständischenführer von 1830/31 erwartungsvoll an die Deutschen – oft in deutschsprachigen Aufrufen – gewandt, waren doch die ersten Stadtoberhäupter von Lodz, der Bürgermeister Tangermann und sein Nachfolger Traeger, evangelische Deutsche; in den anderen Industriestädten war es ähnlich. Obwohl aber die deutschen Handwerker den Befehlen der neuen polnischen Aufstandsregierung Gehorsam leisteten, in Lodz im Dezember 1830 sogar eine »deutsche Freiheitslegion« polnischem Kommando unterstellt wurde, der Aufruf der Regierungskommission in deutscher Sprache die Selbstlosigkeit der deutschen Siedler bei der Verteidigung ihrer Wahlheimat rühmend hervorhob und eine »väterliche Obhut« zur Fortsetzung ihrer Arbeit in Freiheit versprach, blieben die Deutschen des Lodzer Raumes den polnischen Freiheitsbestrebungen gegenüber größtenteils neutral, teilweise sogar ablehnend.[19] Lodzer deutsche Unternehmer, aber beispielsweise auch evangelische Geistliche verurteilten den Aufstand entschieden, und 2500 Lodzer Deutsche kämpften in der Schlußphase unter russischen Fahnen bei der Niederschlagung des Aufstandes mit.[20] Zum Teil mag dies daran gelegen haben, daß die Deutschen, schon aus sprachlichen Gründen, über die Ziele der Aufständischen nicht orientiert waren beziehungsweise grundsätzlich eine Auflehnung gegen die Obrigkeit verurteilten. Die Folge waren in einzelnen Handwerkerstädten polnische Ausschreitungen gegen die Deutschen. So konnte am Ende der russische General Lesowski den »deutschen Brüdern«, den »harmlosen und fleißigen Fremdlingen« bescheinigen, daß sie »namenlos gelitten« und doch den Schutz der Städte und der umliegenden deutschen Dörfer übernommen hatten.

Mit dem Scheitern des Aufstands brach im Königreich eine Zeit der russischen Unterdrückung an, welche die bisherige relative Selbständigkeit stark beschnitt und vor allem gegen den Adel und die Intelligenz gerichtet war. Zunächst wurde die Verfassung durch das »Organische Statut« vom 26. Februar 1832 ersetzt. In diesem wurden zwar die Grundfreiheiten und die verwaltungsmäßige Sonderstellung Kongreßpolens grundsätzlich bestätigt, jedoch ohne Parlament und eigene Armee. Schon ein Jahr später wurde auch dieses Statut wegen einsetzender Partisanenaktionen unter Józef Zaliwski außer Kraft gesetzt und der Ausnahmezustand eingeführt, der bis 1856 bestehenblieb. Der Eroberer von Warschau, Feldmarschall Paskewitsch – der seither den Titel »Fürst von Warschau« trug –, wurde zum Statthalter ernannt. Formal blieb der Verwaltungsrat bestehen, aber er setzte sich nicht mehr aus fünf, sondern nur noch aus drei Regierungskommissionen (Recht, innere und geistige Angelegenheiten sowie Steuern und Finanzen) zusammen, deren »Hauptdirektoren« überwiegend Russen waren. Er war im Grunde nur ein Ausführungsorgan des Statthalters.

Dem Land wurde der Unterhalt für eine starke Besatzungsarmee auferlegt, wobei die amnestierten polnischen Soldaten weit entfernt von der Heimat ihren Dienst verrichten mußten. Die Amnestie galt nicht für die politisch und militärisch führenden Personen des Aufstandes und alle im Ausland verbliebenen Emigranten. Gegen diese wurden zahlreiche Todesurteile – allerdings in Abwesenheit der Verurteilten – gefällt. Die Höchststrafe gegen die im Lande Befindlichen wandelte Nikolaus I. in Zwangsarbeit um. Das Vermögen der Emigranten und der politischen Häftlinge konfiszierte man. Auf diese Weise wurden über 3000 Großgrundbesitzer mit etwa zehn Prozent des Großgrundbesitzes enteignet, was die Besitzstruktur Polens erheblich veränderte. Die konfiszierten Güter wurden teilweise an russische Offiziere vergeben. Symbol der russischen Militärherrschaft war die seit 1834 im Norden Warschaus errichtete Zitadelle. Das Königreich hatte außerdem den Ausbau der Festungen Modlin, nun Nowogeorgiewsk genannt, oder Dęblin, das nun Iwangorod hieß, finanziell zu tragen. Auch das traditionelle polnische Verwaltungssystem wurde angetastet, indem die Wojewodschaften 1837 in Gouvernements umbenannt und 1844 ihre Anzahl auf fünf reduziert wurde.[21] In den vierziger Jahren ersetzte man zudem das polnische Währungssystem durch das russische und führte das russische Strafgesetzbuch ein. Die Schulangelegenheiten wurden 1839 der Kompetenz des Verwaltungsrates entzogen und der neugegründete Warschauer Schulbezirk dem Bildungsministerium in Sankt Petersburg direkt unterstellt. Trotz allem blieb eine eigenständige polnische Verwaltung auf mittlerer und unterer Ebene bestehen. Von der Sonderstellung zeugte auch die schon 1831 errichtete Zollgrenze gegenüber Rußland, die erst 1851 aufgehoben wurde.

Härter als in Kongreßpolen war die russische Unterdrückung in den sogenannten westlichen Gouvernements, wo schon 1832 im Zuge der Schließung der Universität Warschau die Universität Wilna und das Lyzeum im wolhynischen Krzemieniec aufgelöst wurden. Aus Litauen und Wolhynien wurden rund 40 000 polnische Familien und aus Podolien weitere 5000 des niederen polnischen Adels in die Weiten Rußlands zwangsumgesiedelt. Der niedere Adel wurde seiner politischen Standesrechte weitgehend beraubt, die unierte oder griechisch-katholische Kirche 1839 mit der russisch-orthodoxen Staatskirche vereinigt. Rund 3000 Güter von Aufstandsteilnehmern wurden enteignet. In den nördlichen fünf Gouvernements (Grodno, Kowno, Minsk, Wilna, Witebsk), wo die Landbevölkerung überwiegend aus Litauern und Weißruthenen bestand, waren die Russifizierungsmaßnahmen besonders hart. Im Schulbezirk Wilna blieben alle Schulen zwei Jahre lang geschlossen. Erst 1834 wurden sie wiedereröffnet, allerdings wurde nun in russischer Sprache unterrichtet, polnischer Unterricht war verboten. Milder war die russische Politik in den drei südlichen Gouvernements (Kiew, Podolien und Wolhynien), wo die Landbevölkerung mehrheitlich ukrainisch war. Die 1834 gegründete russische Vladimir-Universität in Kiew, an der in dieser Zeit mehrheitlich polnische Studenten studierten, war bis 1862 ein polnisches geistiges Zentrum. Gegen die katholische Kirche ging die russische Obrigkeit unerbittlich vor, indem sie die Klöster schloß und das kirchliche Vermögen einzog. Letztlich führte das dazu, »daß diese der katholischen Kirche feindliche Staatspolitik den katholischen Klerus nicht nur in den Westgouvernements, sondern auch in dem unmittelbar weniger betroffenen Königreich in enge Verbindung mit dem polnischen nationalen Bewußtsein brachte«.[22]

DEUTSCHE BÄUERLICHE SIEDLUNG IM CHOLMER UND LUBLINER LAND

Nach dem Wiener Kongreß 1815 sind in Kongreßpolen westlich der Weichsel kaum noch neue deutsche bäuerliche Ansiedlungen entstanden, zum einen weil der Vorrat an Wäldern und Sümpfen schrumpfte, zum anderen weil die Bemühungen der polnischen Gutsbesitzer weniger ergiebig waren, denn die Lodzer Industrie, das Paradestück der polnischen Regierung, sog den ländlichen Nachwuchs auf. In den alten ländlichen deutschen Siedlungsgebieten in Mittelpolen, also im Dobriner Land, in der Weichselniederung, in Kujawien und im Warthebruch, im Kalischer Land und auch im Lodzer ländlichen Raum war der Landhunger aber noch keineswegs gestillt. Hier sollten die Nachkommen der Einwander, nachdem die alten Dörfer durch Tochtersiedlungen ergänzt worden waren, nach »Rußland« weiterziehen.

Bei ihrer Ansiedlung wurden die Deutschen in Wolhynien oft mitten in der Wildnis geradezu ausgesetzt. Ein Bericht aus dem Jahre 1867 beschreibt das Leben der Kolonisten: »Der deutsche Bauer in Polen lebt teils in zusammenhängenden Kolonien und Dörfern, teils in einsam gelegenen Höfen mitten im Walde, auf sogenannten Räumungen, die meistens ein bis zwei Werst voneinander entfernt sind. In der Mitte eines Komplexes solcher Räumungen liegen gewöhnlich Bethaus, Schule und Schenke. Auf dem Gehöfte eines wohlhabenden Kolonisten sind Wohn- und Wirtschaftshäuser voneinander getrennt; bei weniger bemittelten Bauern, die kleinere Grundstücke bewirtschaften, findet sich nur ein einziges langes Gebäude, das unter einem Dach Wohnhaus, Scheune und Stallung enthält. Im großen Wohnzimmer findet man Bettstellen, einige buntbemalte Kasten, Tisch, Schrank, der unten mit geschlossenen Türen zur Aufbewahrung der Butter und des Brots versehen, oben aber offen ist. An der anderen Wand hängt das Arbeitsgut des Hausherrn. Am Feuerherd neben dem Ofen fehlt nirgends die geliebte Ofenbank. Dort sitzen und spielen die Kinder oder ruhen die Alten nach getaner Arbeit. Auf einem Brett am Balken unter der Decke befindet sich des Kolonisten Bibliothek, die aus etlichen Gesangbüchern, Brastbergers Predigten, ABC-Büchern, Luthers Katechismus und einer Bibel besteht.«

Anders verhielt es sich mit dem Cholmer und Lubliner Land zwischen Weichsel, Narew und Bug. Dorthin zogen vornehmlich deutsche Bauern aus Mittelpolen, ermuntert durch das »Publicandum« der Staatsverwaltung Warschau vom 17. Mai 1817 und die Podlachische Wojewodschaftskommission am 1. August 1835. In zwei Wellen kamen die deutschen Siedler, wobei die erste zwischen 1815 und 1830 die schwächere war. Sie reichte bis nach Masowien und Podlachien, während die zweite, kräftigere Welle, die erst nach 1864 einsetzte, bis nach Wolhynien schlug. In den seltensten Fällen ist von den deutschen Siedlern im Cholmer und Lubliner Land ganz freies Ackerland angenommen worden. Zumeist wurden von ihnen Sümpfe entwässert oder Wälder gerodet. Und dennoch war das Land zwischen Wieprz und Bug vielfach nur eine Zwischenstation auf der Wanderung in die Weiten des europäischen Ostens, wobei die Rodeflächen und die sich entvölkernden Siedlungen den Polen und Ukrainern überlassen wurden. Sie waren ein Hebel und Vorbild für die polnische Binnenkolonisation. Vereinzelt kamen auch deutsche Großgrundbesitzer durch Ankauf ehemaliger polnischer Krongüter aus russischer Regierungshand ins Land.

Die in der zweiten Hälfte des 19. Jahrhunderts zunehmenden konfessionellen Spannungen zwischen römisch-katholischen Polen und griechisch-unierten Ukrainern blieben auch auf die Deutschen nicht ohne Wirkung. Verunsicherung stellte sich ein, zumal die Kolonisten in polnischen Alarmstimmen als politische und strategische Gefahr dargestellt wurden. Das waren Sturmzeichen für das gesamte Deutschtum in Kongreßpolen, die für die Zukunft nichts Gutes erwarten ließen.

DIE POLNISCHE GESELLSCHAFT NACH 1831

Angesichts der beklagenswerten Verhältnisse in der Heimat verlagerte sich der Schwerpunkt der polnischen nationalen Bewegung nach 1831 ins Exil und seit den vierziger Jahren auch ins preußische Teilgebiet. Nicht aufgrund der zahlenmäßigen Größe, die bei rund 9000 Menschen lag, sondern wegen der überaus wichtigen Rolle, die sie in der Geschichte der polnischen Nation spielte, bezeichnet man die Fluchtbewegung nach der Niederschlagung des Novemberaufstandes als »Große Emigration«.[23] Sie bestand hauptsächlich aus der politischen und militärischen Führungsschicht des Aufstandes, die überwiegend dem Adel angehörte. Darüber hinaus hatte sie auch hervorragende Köpfe des polnischen Kultur- und Geisteslebens in ihren Reihen, so die Dichter Adam Mickiewicz und Juliusz Słowacki (1809–1849), den Komponisten Frédéric Chopin oder den einer ostpreußischen Einwandererfamilie Lölhöffel entstammenden Historiker Joachim Lelewel.

Rund zwei Drittel der Emigranten zogen nach Frankreich und machten Paris zu einem Zentrum polnischer politischer und kultureller Institutionen. Andere begaben sich nach England, Italien, Belgien oder in die Schweiz, kleinere Gruppen gelangten sogar in die USA. Die führenden Köpfe dieser Emigration waren dreißig Jahre lang nicht ohne Erfolg bemüht, die polnische Frage in Europa unter der Losung: »Für unsere und eure Freiheit« im öffentlichen Bewußtsein zu halten. Die politischen Richtungskämpfe aus der Heimat wurden allerdings in der Fremde fortgesetzt und verschärft. Zahlenmäßig überwogen die Demokraten oder »Jakobiner«. Bei ihnen waren schon bald Zwietracht und Abspaltungen an der Tagesordnung, so daß die Versuche des gemäßigten Lelewel, alle Richtungen zu vereinen, zum Scheitern verurteilt waren. Sie glaubten, der polnischen Sache, also der Wiederherstellung eines sozial reformierten polnisch-litauischen Staates, durch revolutionäre Aktivitäten am wirkungsvollsten dienen zu können. So waren sie beispielsweise 1832 an den mißglückten Aufstandsversuchen in Paris sowie im April 1834 in Lyon und an der fehlgeschlagenen Erstürmung der Hauptwache in Frankfurt am Main im April 1833 beteiligt.

Zahlenmäßig schwächer, aber in den politischen Führungsschichten Europas wirkungsvoller agierte das aristokratisch-konservative Lager, das in Fürst Adam Czartoryski eine unbestrittene Führerfigur besaß. Es betrachtete die Wiederherstellung des auf dem Wiener Kongreß gebildeten Königreichs als Nahziel, wobei man die Wiedervereinigung des historischen polnisch-litauischen Staates wie vor den Teilungen erst am Ende eines langwierigen Entwicklungsprozesses in Europa für möglich hielt. Bekannt wurde diese Richtung durch den 1843 erfolgten Erwerb des Hotels Lambert in Paris, wo Czartoryski fast wie ein König residierte und von wo aus er rege diplomatische Beziehungen nach England, in die Türkei und später auch zum Vatikan, nach Serbien und in die Donaufürstentümer unterhielt. Nach dem Tode des Fürsten im Jahre 1861 verminderte sich zwar die politische Aktivität unter seinem Sohn Wladyslaw (1828–1894), blieb aber auf geistig-kulturellem Gebiet durchaus erfolgreich.

Wenn auch die politischen Bemühungen des Hotels Lambert keine konkreten Ergebnisse zeitigten, so brachten sie die polnische Frage immer wieder ins Bewußtsein der europäischen Öffentlichkeit. Einen Höhepunkt der Aktivitäten bildeten die Vorbereitungen zum Krimkrieg, an dem Czartoryski nach Verhandlungen in Frankreich, England und in der Türkei mit einer polnischen Legion teilnehmen wollte. Diese Pläne kamen jedoch nicht zur Ausführung, denn noch während der Bemühungen, eine polnische Division innerhalb der türkischen Armee aufzustellen, starb der polnische Nationaldichter Adam Mickiewicz im Februar 1855 in Konstantinopel.

Der Gipfel der revolutionären Aktivitäten wurde 1848/49 erreicht. Polen beteiligten sich an führender Stelle an den Unruhen in Wien vom Oktober 1848; schon im April 1848 hatte Mickiewicz in der Lombardei eine polnische Legion aufgestellt, und Ludwik Mierosławski (1814–1878) wurde Oberbefehlshaber sowohl der sizilianischen als auch der badischen revolutionären Armee. Am bedeutendsten war die polnische Beteiligung am ungarischen Freiheitskampf. Hier wurde 1849 eine polnische Legion, rund 3000 Soldaten unter Józef Wysocki (1809–1873) eingesetzt. Nach der Niederschlagung des Wiener Aufstandes wurde General Józef Bem (1794–1850) Oberkommandeur der ungarischen Armee in Siebenbürgen. Er ist seither ein Held der ungarischen Nationalgeschichte.

Im Königreich Polen selbst kam es weder 1846 noch 1848 zu Aufstandsversuchen. Die russische Unterdrückungspolitik, die gegen die nationalen Bestrebungen der Polen gerichtet war, dagegen weniger auf wirtschaftlichem Gebiet zur Geltung kam, hielt bis zum Tode Nikolaus' I. im Jahre 1855 beziehungsweise dem Tod des Statthalters Paskewitsch knapp ein Jahr später an. Zum neuen Statthalter bestimmte der Reformkaiser Alexander II. (1855–1881) den konzilianteren Michail Gortschakow (1795–1861). Die Phase der politischen Lockerungen begann mit der Aufhebung des Ausnahmezustandes und der Amnestie politischer Gefangener, die 1856 sowohl aus Sibirien als auch aus der Warschauer Zitadelle entlassen wurden. Wichtig waren die Gründung der Medizinisch-Chirurgischen Akademie in Warschau 1857 und vor allem die Bildung der Landwirtschaftlichen Gesellschaft 1858, die unter dem Grafen Andrzej Zamoyski (1800 bis 1874) – dem älteren Bruder eines engen Mitarbeiters von Czartoryski – bald rund 4000 Mitglieder zählte und zeitweilig als Ersatzparlament fungierte.

Die Landwirtschaftliche Gesellschaft befaßte sich vorwiegend mit der Agrarpolitik, aber auch mit dem Bildungswesen im Sinne von Reformen oder der später berühmten »organischen Arbeit« beziehungsweise der »Arbeit an den Grundlagen«. Graf Aleksander Wielopolski, Marquis von Gonzaga-Myszkowski (1803–1877), vertrat darüber hinaus eine politische Anlehnung an Rußland, womit er in Gegensatz zu Führung und Mehrheit der Landwirtschaftlichen Gesellschaft geriet. Beide Richtungen verfolgten einen evolutionären Weg des Ausgleichs unter Hintansetzung beziehungsweise Leugnung des nationalen Ziels. Aber gerade dieses Ziel stand für die »Demokraten« oder »Roten« im Vordergrund, und sie suchten es mit konspirativer Arbeit und revolutionärem Kampf zu erreichen. Die Ausgleichs- und Reformpolitik wurde in der Regel vom Hochadel, dem Großbürgertum und der hohen Beamtenschaft unterstützt, während der enteignete Adel, das Kleinbürgertum, die untere Beamtenschaft und die Studenten aus Kiew, Dorpat, Petersburg und seit 1897 auch aus Warschau mehrheitlich glühende Befürworter eines nationalen Aufstandes waren.

Seit dem Sommer 1860 wurden von den »Demokraten« nationale Massenkundgebungen organisiert. Die in Verbindung zu Mierosławski in Italien stehenden Veranstalter der Demonstrationen hofften, daß diese in einen Volksaufstand münden würden. Den ersten Höhepunkt bildete die Gedenkfeier zum dreißigsten Jahrestag der Schlacht von Grochów am 25. Februar 1861, die am 27. Februar wiederholt wurde, womit Druck auf die Landwirtschaftliche Gesellschaft ausgeübt wurde, die gerade über die Bauernfrage beriet. Als Kosaken in die Menge feuerten, gab es fünf Todesopfer zu beklagen, was die patriotische Hochstimmung aber noch steigerte. Statthalter Gortschakow war nachgiebig, und auch der Kaiser erwies sich als kompromißbereit. So wurde der »Marquis« Wielopolski am 27. März zum Direktor des wiedergegründeten Departements für Unterricht und Kultus ernannt und der ungeliebte russische Direktor für Inneres, Muchanow, entlassen. Wielopolski nahm in der Regierung die führende Position ein, zumal Gortschakow am 30. Mai starb und sein Nachfolger Karl Graf Lambert (1815 bis 1865) erst Ende August – für zwei Monate – das Amt des Statthalters antrat und mit den Verhältnissen im Königreich nicht vertraut war.

Die Situation wurde noch labiler, als der Marquis Anfang April die Landwirtschaftliche Gesellschaft auflöste und die Demonstrationen zu unterbinden suchte. Schon am

8. April forderte eine weitere Kundgebung auf dem Warschauer Schloßplatz über hundert Todesopfer, und Wielopolski stieß in der Bevölkerung trotz seiner Reformpolitik – am 16. Mai erfolgte die Ablösung der bäuerlichen Frondienste durch Zinsen, am 25. Mai die Emanzipation der Juden – auf Ablehnung. Die Gegensätze verschärften sich im Sommer und Herbst 1861, als nationale Kundgebungen in den Kirchen als Trauer- oder Gedenkfeiern abgehalten und am 14. Oktober der Ausnahmezustand erklärt wurde. Darauf wurde Militär zur Auflösung solcher Gedenkgottesdienste in zwei Warschauer Kirchen geschickt. Aus Protest wurden nun sämtliche Kirchen Warschaus geschlossen, wobei sich Protestanten und Juden solidarisch erklärten. Lambert und Wielopolski, der inzwischen auch die Justizkommission und die Kommission für die Emanzipation der Juden leitete, traten noch Ende Oktober von ihren Posten zurück.

Lamberts Nachfolger, General Alexander Lüders (1790–1874), sollte Härte zeigen, konnte aber die Geheimbünde nicht auflösen. Eine Beruhigung trat erst ein, als der neuernannte Warschauer Erzbischof Edmund Feliński (1822–1892) im Februar 1862 die Kirchen wieder öffnen ließ und weitere außerkirchliche Demonstrationen darin untersagte. Auch Alexander II. zeigte sich entgegenkommend, indem er im Juni 1862 seinen reformfreundlichen Bruder Großfürst Konstantin Nikolajewitsch (1827 bis 1892) als Statthalter entsandte. Unglücklicherweise wurde aber der vom Volk abgelehnte Wielopolski zum Chef der Regierung ernannt, deren Mitglieder ebenso Polen waren wie die neuernannten Gouverneure. Ein wichtiges Zugeständnis war dagegen die Wiedereröffnung der Warschauer Universität unter der Bezeichnung »Hauptschule«. Kongreßpolen schien zum Status von vor 1830 zurückzukehren, wenn auch ohne eigene Armee und Sejm.

Ende August 1862 wurden drei Attentäter hingerichtet, die Anschläge auf das Leben Wielopolskis und des Großfürsten verübt hatten. Das machte den Regierungschef noch verhaßter, und als kurz darauf die Ausweisung von Andrzej Zamoyski erfolgte, verlor er auch die Unterstützung der »Konservativen« oder »Weißen« vollständig. Die »Demokraten« oder »Roten« besaßen schon seit Oktober 1861 ein geheimes Organisationszentrum – das Stadtkomitee, seit Juni 1862 Zentralkomitee genannt – für die Vorbereitung eines Aufstandes. Wielopolski versuchte dem für Frühjahr 1863 geplanten Aufstand durch die zwangsweise Aushebung (*branka*) von rund 10 000 der Konspiration verdächtigen jungen Männern zuvorzukommen. Darauf wurde der Zeitpunkt des Losschlagens vom Zentralkomitee auf den 22. Januar 1863 vorverlegt.

JANUARAUFSTAND UND RUSSIFIZIERUNG

Am 22. Januar 1863 erklärte sich das Zentralkomitee in einem Manifest zur »Provisorischen Nationalregierung« und rief die »Nation Polens, Litauens und Rutheniens« zum Kampf gegen Rußland auf. Gleichzeitig verfügte sie die Landzuteilung an die Bauern, um diese zur aktiven Beteiligung am Aufstand[24] zu ermuntern, womit sie aber nicht in ausreichendem Maße Erfolg hatte. Obwohl diesmal keine reguläre polnische Armee existierte, dauerte es fünfzehn Monate, bis die an Stärke und Ausrüstung weit überlegene russische Armee den Aufstand niederschlagen konnte. Zur Verunsicherung der Russen trugen die diplomatische Unterstützung der Westmächte Frankreich, England und Österreichs sowie die militärischen Fähigkeiten einiger Führer der in kleineren Partisanengruppen operierenden polnischen Aufständischen bei. Dagegen hatte sich Preußen in der Konvention Alvensleben vom 8. Februar 1863 zur Unterstützung Rußlands verpflichtet.

In der ersten Phase der Kampfhandlungen bis Ende März 1863 waren die polnischen Überfälle auf russische Garnisonen zur Erbeutung von Waffen zumeist mißlungen. Da sich die russischen Truppen auf die größeren Städte konzentriert hatten, konnten die kleinen polnischen Kampfgruppen in den Waldgebieten nahe der österreichischen und preußischen Grenze aber erfolgreich operieren und zeitweilig auch kleinere Verwaltungszentren unter ihre Kontrolle bringen. Die im Untergrund tätige Provisorische Regierung übertrug die Macht am 25. Januar an den »Diktator« Mierosławski, der sich schon am 22. Februar über die preußische Grenze absetzte, aber weiter aktiv blieb. Neuer »Diktator« wurde am 11. März ein im Raum Sandomir erfolgreich kämpfender ehemaliger Offizier Garibaldis, Marian Langiewicz (1827–1887). Dieser wich bereits nach zehn Tagen nach Galizien aus, wo er von den österreichischen Behörden interniert wurde.

Nachdem sich im März das Hotel Lambert und die »Weißen« auch in Galizien dem Kampf angeschlossen hatten, verstärkte sich die Aufstandsbewegung und breitete sich auf Litauen und Weißrußland aus. In dieser Phase – von April bis Ende Oktober 1863 – erreichte der Aufstand seinen Höhepunkt, obwohl die Zahl der polnischen Freiheitskämpfer höchstens 30 000 Mann betrug. Unter diesen befanden sich auch besser ausgerüstete Abteilungen aus Posen und Galizien, die nicht nur mit Sensen oder Jagdgewehren bewaffnet waren. Wichtig war auch die diplomatische Intervention der Westmächte und Österreichs in Sankt Petersburg mit der Forderung nach Wiederherstellung des Status des Königreichs Polen von vor 1830. Hinzu kamen Sympathiekundgebungen in verschiedenen Ländern Euopas, wodurch sich der Aufstand zu einer internationalen Angelegenheit ausweitete und die Kampfmoral der Polen gestärkt wurde. Alexander II. war am 12. April jedoch lediglich zu einer Amnestie unter Zusicherung der Weitergeltung der 1861/62 gewährten Zugeständnisse bereit. Dieses Angebot wurde aber kaum beachtet. Die »Nationalregierung« versuchte, im Lande einen Untergrundstaat aufzubauen; die Auslandsvertretung übernahm das Hotel Lambert, also Wladyslaw Czartoryski. Wielopolski blieb in dieser Situation nichts anderes übrig, als am 16. Juli Warschau zu verlassen.

Die letzte Phase des Aufstands begann am 31. Oktober 1863, als der Balte Friedrich Wilhelm Rembert von Berg (1794–1874) Statthalter und zugleich Oberkommandierender der russischen Truppen im Königreich Polen wurde. Daß die Niederschlagung des Aufstands noch bis April 1864 dauerte, lag vor allem an zwei fähigen militärischen Führern, dem letzten Diktator Romuald Traugutt (1826–1864) und dem General Józef Hauke (Deckname Bosak, 1834–1871), beide vormals Obristen in der russischen

Armee. Traugutt, Diktator erst seit dem 17. Oktober, war im Sommer in Wolhynien erfolgreich, Hauke in der Region Kielce und Sandomir von Oktober 1863 an. Als Traugutt am 11. April 1864 in Warschau verhaftet wurde – seine Hinrichtung erfolgte am 5. August – und General Hauke-Bosak am 19. April 1864 die galizische Grenze überschritt, endeten die Kamfhandlungen.

Für die Entwicklung des polnischen Nationalbewußtseins gewann der Januaraufstand eine größere Bedeutung als die früheren Erhebungen. Es handelte sich um den letzten Versuch der Adelsnation, das Ziel, nämlich die Wiederherstellung Polen-Litauens, durch bewaffneten Kampf zu erreichen. Zum letzten Male im 19. Jahrhundert stand die polnische Frage auf der Tagesordnung europäischer Großmachtdiplomatie, und das Ausbleiben westlicher Hilfe löste unter den Polen tiefe Resignation aus. Die in Posen und Krakau schon früher gewachsene Erkenntnis, daß die Gewinnung des bisher abseits stehenden Bauerntums für die Nationalbewegung Prioriät haben sollte, setzte sich nun auch im russischen Teilungsgebiet durch. Diese Erkenntnis lag den griffigen Losungen »organische Arbeit«, »Arbeit an den Grundlagen« und »dreifache Loyalität« zugrunde.

Die russische Vergeltung nach 1864 war erheblich härter als dreißig Jahre zuvor nach dem Novemberaufstand. Damals wurden die Todesurteile von Nikolaus I. ausgesetzt, jetzt aber wurden rund 400 Personen hingerichtet, davon etwa 140 im Generalgouvernement Wilna unter Michail Murawjow (1796–1866), der wegen seiner grausam durchgeführten Strafmaßnahmen den Beinamen »Henker« erhielt. In diesen fünf sogenannten nordwestlichen Gouvernements (Grodno, Kowno, Wilna, Minsk und Witebsk) sollte die kulturell und wirtschaftlich führende polnische Oberschicht ausgeschaltet werden. Mehr als 9200 Personen wurden nach Rußland beziehungsweise Sibirien deportiert, davon fast 1000 zur Zwangsarbeit. Außerdem wurden einige tausend Familien aus dem niederen Adel nach Rußland zwangsumgesiedelt, so daß eine ganze Reihe von Kleinadelsdörfern (*zachcianki*) unterging. Knapp 1800 Güter wurden enteignet und kamen in den Besitz von russischen Offizieren und Beamten; der polnische Grundbesitz wurde mit einer Sondersteuer belegt, so daß viele Grundbesitzer wegen Verschuldung zum Landverkauf gezwungen waren. Diese Unterdrückungspolitik förderte auch eine verstärkte Auswanderung von Polen. Das Verbot der polnischen Sprache in den Schulen wurde rigoros gehandhabt, die katholische Kirche nachhaltig bekämpft. Wenn sich die polnische Führungsschicht bis zum Ende des Jahrhunderts einigermaßen zu erholen vermochte, so lag dies nur daran, daß sie weder durch eine russische noch durch eine – noch nicht ausgebildete – litauische oder weißrussische Intelligenz ersetzt werden konnte. Dagegen blieb die soziale Führungsposition der polnischen Oberschicht im Generalgouvernement Kiew (mit den Gouvernements Wolhynien, Podolien und Kiew) unangetastet, da hier außer in Wolhynien die Unterstützung für den Januaraufstand minimal war.

Obgleich die russische Unterdrückungspolitik nach dem Januaraufstand im Königreich Polen vom letzten Statthalter, dem Grafen Berg – bis 1874 im Amt –, nicht so brutal durchgeführt wurde wie im Generalgouvernement Wilna, kam sie für die politisch

— 1 —

КНИЖКА

для вписыванія засвидѣтельствованій и складчинъ Суконничихъ подмастерей въ госпитальную кассу

ВЪ АЛЕКСАНДРОВѢ

для Суконничаго подмастера

родомъ изъ

Książka

do wpisywania zaświadczeń Czeladzi Sukienniczych do kassy szpitalnej

w Aleksandrowie

dla Czeladnika Sukiennickiego Friedrich Thim

Rodem z

Arbeits- und Auflagebuch

der

Tuchmachergesellen-Kranken-Casse

in Alexandrów

Für den Tuchmachergesellen Friedrich Thim

Gebürtig aus

Das Schicksal deutscher Industriesiedler im russischen Teilgebiet Polens spiegelt sich in der dreisprachigen Ausführung dieses Webergesellenbuchs aus Alexandrow (links). Die Nachkommen der deutschen Siedler wuchsen bereits mehrsprachig auf: in der Familie sprach man deutsch, auf der Straße polnisch, in der Schule und bei den Behörden russisch.

Innungssiegel deutscher Tuchmacher und Weber aus Mittelpolen (rechts) bewußten Kreise des polnischen Volkes dennoch einer Tragödie gleich. Rund 260 Personen wurden hingerichtet, über 1500 zur Zwangsarbeit verschleppt und fast 11 000 deportiert. Durch die Enteignung von 1660 Gütern wurden zahlreiche adlige Familien in Armut gestürzt und zum sozialen Abstieg verurteilt. Der russiche Hegemon sorgte auch ohne einen staatsrechtlichen Akt dafür, daß die Bezeichnung Königreich Polen im amtlichen Sprachgebrauch durch »Weichselland« oder »Weichselgouvernements« (*Privislinskij kraj* oder *Privislinskie gubernii*) ersetzt wurde. Im Jahre 1865 wurde Russisch als alleinige Verwaltungssprache eingeführt, die zentralen Administrationsbehörden wie die Regierungskommissionen, Staatsrat und Verwaltungsrat zwischen 1866 und 1868 auch formell aufgelöst. Die nächste Stufe der verwaltungsmäßigen Angleichung an Rußland bildete 1867 die Errichtung des Generalgouvernements Warschau durch Verdoppelung der Anzahl der bisherigen fünf Gouvernements, wodurch die Eigenständigkeit »Kongreßpolens« weitgehend beseitigt wurde. Diese blieb in Resten nur deswegen erhalten, weil hier die russische regionale Selbstverwaltung (*zemstvo*) nicht durchgeführt wurde. Zu Gouverneuren und höheren Beamten konnten nur Russen ernannt werden.

Nicht nur in der Verwaltung, sondern auch im Schulwesen wurde nach und nach die russische Sprache vorgeschrieben. Seit 1869 war lediglich der Religonsunterricht in höheren Schulen auf polnisch möglich, und im selben Jahr wurde die Warschauer »Hauptschule« in eine russische Universität umgewandelt, worauf die Hörerzahl rapide sank. Eine besondere Zielscheibe der Unterdrückungspolitik war die katholische Kirche. Prozessionen und religiöse Vereine wurden verboten und eine ganze Anzahl von Bischöfen – darunter der Warschauer Erzbischof Feliński schon 1863 auf zwanzig Jahre – in die Verbannung nach Rußland verschickt. So hatten 1870 von den fünfzehn Diözesen des russischen Teilungsgebietes zwölf keinen Bischof. Das einzige unierte Bistum Cholm wurde 1875 mit der russisch-orthodoxen Kirche vereinigt, nachdem dessen Bischof Kaliński ebenfalls verbannt worden war. Die orthodoxe Kirche, für welche bereits 1833 ein Erzbistum in Warschau gegründet worden war, wurde stark bevorzugt. Symbolträchtig hierfür war der Bau einer orthodoxen Kathedrale in Warschau, die 1919 unverzüglich abgerissen wurde.

Die einzige gesellschaftliche Schicht, die von der russischen Unterdrückungspolitik profitierte, waren die Bauern. Um sie gegen den Adel auszuspielen, bereitete der Sonderbeauftragte des Zaren, Nikolaj Miljutin (1818–1872), seit dem Herbst 1863 eine Agrargesetzgebung für das Königreich vor. Das am 2. März 1864 verkündete Gesetzeswerk übertrug das selbstbestellte Land und die Wohnhäuser den Bauern gegen eine Grundsteuer. Dadurch nahm das Bauernland auf Kosten des Großgrundbesitzes um 28 Prozent zu, betrug 1872 bereits 46 Prozent der landwirtschaftlichen Nutzfläche und stieg weiter kontinuierlich gegenüber dem Gutsbesitz an. Für die Bauern in Kongreßpolen war die Situation demnach erheblich günstiger als im übrigen Rußland nach der Agrarreform von 1861, so daß ein kräftiges Mittelbauerntum entstehen konnte. Die russische Unterdrückungspoltik trug so – ungewollt – zur Ausbildung der modernen polnischen Nation bei.

In diesem Prozeß spielte auch eine neue bäuerliche Kolonisation von Deutschen aus Mittelpolen und zum kleineren Teil aus Galizien im Lubliner und Cholmer Land bis 1880 eine Rolle. Schon Anfang der sechziger Jahre des 19. Jahrhunderts waren Anzeichen für eine neue Ostwanderung deutscher Kolonisten zu spüren gewesen. Wagemutige unter den Tuchmachern in Kongreßpolen hatten bereits 1832 eine Siedlung bei Rozyszcze in Wolhynien gegründet, die zweite bäuerliche Welle nach dem Lubliner Land, vor allem aber nach Wolhynien setzte jedoch erst nach dem polnischen Januaraufstand und seinen Begleitumständen ein. Für den Wunsch der Deutschen in Kongreßpolen nach Auswanderung entscheidend war die wachsende, auch von russischer Seite angeheizte Feindseligkeit der benachbarten polnischen Bevölkerung. Die polnischen Grundherren beachteten die einst geschlossenen Pachtverträge und zugesicherten Besitztitel nicht mehr, was zu leidigen Prozessen führte; bei den Bauern wurden neben sozialen auch alte konfessionelle Spannungen wieder spürbar. Da sich die Deutschen dem besonders von den Aufständischen ausgeübten Druck und den vielfachen Gewalttätigkeiten immer weniger gewachsen fühlten, lag der Entschluß zur Wanderung in die »hölzerne Welt« von Rozyszcze, Luzk, Kowel und Rowno in Wolhynien nahe. Die Abwanderung in den dreißig Jahren zwischen 1855 und 1885 riß freilich empfindliche Lücken in das Deutschtum Mittelpolens und hatte für die deutschen Siedlungen in Mittelpolen verheerende Folgen. Die Lücken, die beispielsweise in der Gemeinde Sompolno zur Auflösung von zwölf Kantoraten führten, wurden vielfach von polnischen Bauern ausgefüllt, zumal die Bauernbefreiung und Agrarreform von 1864 polnische Siedlermassen in Bewegung setzte.

In Wolhynien folgte der deutschen Einwanderung dank einer außerordentlichen Geburtenrate bei den Kolonisten ein kräftiger Zuwachs für das gesamte Deutschtum in Polen. In diesem jüngsten Abschnitt des großen Kolonistenzuges blieben dabei alle ursprünglichen Formen der Siedlungsgeschichte in rein bäuerlich-kolonistischem Gemeinschafts- und Wirtschaftsleben, Kirchen- und Schulwesen und Brauchtum erhalten. Die neue wolhyniendeutsche bäuerliche Siedlung »aus wilder Wurzel« hatte dabei mit großen wirtschaftlichen Schwierigkeiten zu kämpfen. Die Agrarverfassung erwies sich von Anfang an insofern als schwierig, als sich die pachtweise Landnutzung trotz allem Fleiß und naturalwirtschaftlicher Bedürfnislosigkeit als dauernde Quelle der Unsicherheit und nationalitätenfeindlicher Eingriffsmöglichkeiten erwies. Diese waren zum Teil durch die sich verändernden, wirtschaftlich fortschreitenden Positionen der polnischen, ukrainischen und auch tschechischen Nachbarn und deren nationales Selbstbewußtsein bedingt. Russische Gesetze beendeten schließlich seit 1885 die nahezu rein bäuerliche deutsche Kolonisationstätigkeit.

Bis zum Ende des Jahrhunderts fand eine rasante Bevölkerungsvermehrung im Königreich statt. Von rund fünf Millionen im Jahre 1863 stieg die Zahl der Einwohner bis 1897 auf 9,5 Millionen und erreichte eine Bevölkerungsdichte von 75 Personen pro Quadratkilometer. Somit war das »Weichselland« insgesamt das am dichtesten bevölkerte Gebiet im Russischen Reich. Knapp drei Viertel der Einwohner (74 Prozent) waren Polen, vierzehn Prozent Juden, 4,7 Prozent Russen und Ukrainer, 4,4 Prozent Deutsche und 3,3 Prozent Litauer. Der Anteil der Katholiken betrug 75 Prozent, der Juden vierzehn Prozent, der Protestanten knapp sechs und der Orthodoxen rund fünf Prozent. In den Städten wohnten insgesamt 22 Prozent der Bevölkerung, wobei die Gouvernements Warschau mit 41 Prozent und Petrikau mit 36 Prozent den höchsten Verstädterungsgrad aufwiesen. Warschau hatte zwischen 1858 und 1897 ein kräftiges Bevölkerungswachstum von 160 000 auf 638 000 Einwohner, aber das Wachstumstempo von Lodz war im gleichen Zeitraum mit einer Zunahme von 40 000 auf 315 000 fast doppelt so hoch. Knapp zwei Drittel der Bevölkerung bestritten ihren Lebensunterhalt aus der Landwirtschaft, doch schon über ein Viertel (27 Prozent) war in Handel, Handwerk und Industrie tätig. Der Adel stellte nur noch 1,5 Prozent der Bevölkerung und war mehrheitlich nicht mehr auf dem Lande als Gutsbesitzer, sondern in den Städten als Angehöriger der Intelligenz anzutreffen.

Die wirtschaftliche Entwicklung verlief während der zweiten russischen Unterdrückungszeit im ganzen gesehen günstig. Obwohl das Eisenbahnnetz seit 1840 nur sehr zögerlich und dünn nach strategischen Überlegungen ausgebaut wurde, bot der gewaltige russische Markt enorme Möglichkeiten für den rasanten Aufstieg der Textilindustrie in Lodz und Umgebung, an dem hauptsächlich Deutsche und Juden beteiligt waren. Bedeutsam war auch das im Gebiet von Dombrowa in der östlichen Nachbarschaft von Oberschlesien entstandene Industriegebiet. Die politisch-kulturelle Russifizierungspolitik, die ihren Höhepunkt unter dem Generalgouverneur Josif von Gurko (1883–1894) erreichte, vermochte den wirtschaftlichen und sozialen Modernisierungsprozeß nicht zu verhindern.

Deutsche und Polen bei der Arbeit an den Grundlagen

DIE DEUTSCHEN IM LODZER INDUSTRIEGEBIET

Hatte der Aufbau der Textilindustrie in Mittelpolen mit dem Handwebstuhl begonnen, so führte die Entwicklung vor dem europäischen Hintergrund zum modernen, von Maschinen bestimmten Großbetrieb und zum endgültigen Umbruch von Lodz, das zur Großstadt wuchs.

Vor allem der Zuwanderung von Baumwollfabrikanten verdankte Lodz seinen rasanten Aufstieg zum »polnischen Manchester« seit der Mitte des 19. Jahrhunderts. Denn das Tuchmachergewerbe war nach anfänglichem Aufschwung in den dreißiger Jahren des 19. Jahrhunderts plötzlich zusammengebrochen. Verantwortlich dafür waren die zu große Zahl der in Mittelpolen angesiedelten Tuchmacherbetriebe, der Aufschwung der Baumwollindustrie, welche der Tuchmacherei die Grundlage entzog, vor allem aber der polnische Aufstand von 1830/31 und die nach seiner Niederschlagung errichtete Zollgrenze zwischen Kongreßpolen und Rußland.[25] Die Heimindustrie verfiel immer mehr, und der Handel mit geschmuggelten ausländischen Baumwollwaren trug seinen Teil zum Niedergang der mittelpolnischen Tuchmacherei bei, den auch die Aufhebung der Zollgrenze zu Rußland 1851 nicht mehr abzuwenden vermochte. Das Fortschreiten der Mechanisierung in der Baumwollindustrie hatte das Absinken vieler Handwerker zunächst in Lohnweberei, schließlich in die Industriearbeiterschaft zur Folge. Ein letztes verzweifeltes Aufbäumen war der Aufstand der deutschen Lodzer Weber im April 1861, als 500 Webergesellen die mechanischen Webstühle in einigen Lodzer Fabriken zertrümmerten.[26]

Das Besondere an der Entwicklung der Lodzer Industrie war, daß es sich dabei zunächst, in der ersten Hälfte des 19. Jahrhunderts, um eine praktisch rein deutsche Angelegenheit handelte. Die Initiative hierzu ging – letztmalig in der Geschichte deutscher Siedlung in Polen – von polnischen Grundherren aus. Die Städte Zgierz, Pabianice, Ozorkow, Alexandrow, Konstantynow, Zdunska Wola und Lodz waren bis zur Mitte des 19. Jahrhunderts fast ausschließlich von Deutschen bewohnt, die zu neunzig Prozent der lutherischen Konfession angehörten. Polen waren nur die wenigen Magistratsbeamten, einige Lehrer und Finanzbeamte.[27] Auch bei den Unternehmern waren in dieser Zeit die Deutschen noch praktisch unter sich.

Erst in der zweiten Jahrhunderthälfte kam es zu einer radikalen Veränderung der nationalen und konfessionellen Verhältnisse der Bevölkerung. Seit 1848 war Juden die Ansiedlung und der Grunderwerb in den Fabrikstädten erlaubt, was Voraussetzung für die Entwicklung des aus dem Handel hervorgehenden jüdischen Unternehmertums war. Dieses konnte bis zum Ende des 19. Jahrhunderts zahlenmäßig mit den deutschen Unternehmern gleichziehen oder diese sogar überrunden. Um die Jahrhundertwende stellten unter den Lodzer Unternehmern die Deutschen noch die größte Gruppe mit 49 Prozent, die Juden 45,7 Prozent. Anfang des 20. Jahrhunderts änderte sich dies zu-

Wie eine Illustration zum preisgekrönten Roman des polnischen Schriftstellers Reymont »Lodz – das gelobte Land« erscheint diese historische Aufnahme des Schachermarktes in der mittelpolnischen Industriemetropole. Polens Starregisseur Andrzej Wajda hat Reymonts Erzählung von der Entwicklung des polnischen Manchesters als gemeinsame Aufbauleistung deutscher, jüdischer und polnischer »Lodzermenschen« eindrucksvoll verfilmt.

gunsten der jüdischen Unternehmer, deren Anteil im Jahre 1913 bereits 47,1 Prozent betrug, derjenige der Deutschen nur noch 44 Prozent. Die Deutschen blieben aber durch ihre Dominanz bei den Großunternehmen wirtschaftlich führend.[28] Im Lodzer Raum waren die Juden, vor allem die jüdischen Unternehmer, im 19. Jahrhundert eine Bevölkerungsgruppe für sich, bei der erst zum Ende des Untersuchungszeitraums eine stärkere Tendenz zur Polonisierung festzustellen war.[29]

Aufgrund des rasant steigenden Arbeitskräftebedarfs im Zuge der Mechanisierung kam es, begünstigt auch durch die Bauernbefreiung, seit Mitte der sechziger Jahre zu einem starken Zustrom polnischer katholischer Arbeiter. Dagegen konnte sich ein polnisches Unternehmertum nur langsam entwickeln. Die Polen stellten zum Ende des Untersuchungszeitraums gerade 6,5 Prozent der Lodzer Unternehmer, vor allem mit kleineren Betrieben, und spielten wirtschaftlich keine größere Rolle.

Gesellschaftliche Kontakte der deutschen Unternehmer mit Polen oder Juden beziehungsweise Unternehmern anderer Nationalität waren die Ausnahme. Im Vergleich etwa zum Warschauer Deutschtum lebten die Lodzer Deutschen in starker Isolation. Daraus resultierte die vergleichsweise geringe Tendenz zur Polonisierung der Unternehmerfamilien. Bis 1914 waren von den Großunternehmern nur die Familien Grohmann, Geyer und Hoffrichter ganz oder zumindest größtenteils polonisiert. Beim Begräbnis Louis Geyers 1869 wurde bereits polnisch gepredigt. Die zweite Generation der Geyers war schon in verschiedenen polnischen Vereinen tätig und finanzierte polnische kulturelle Organisationen. Die Familie Grohmann polonisierte sich in der dritten Generation.[30] Bei der Familie Scheibler-Herbst kam es zu unterschiedlicher nationaler Entwicklung innerhalb der Familie. Ein Teil der zweiten Generation war, wie Karl Scheiblers Frau Anna, stark polonisiert. Ein Anzeichen für die Tendenz zur Polonisierung war die zunehmende Kenntnis des Polnischen bei den Unternehmern der zweiten und dritten Generation, das im Gegensatz zur russischen Amtssprache für einen Lodzer Unternehmer im Untersuchungszeitraum im Grunde nicht erforderlich war.

Nur wenige deutsche Unternehmer kamen bereits mit nennenswertem Kapital in das Land. Zu diesen gehörte Louis Geyer und vor allem der aus Monschau stammende Karl Scheibler, der seine Fabrik in Lodz zunächst ganz aus eigenen Mitteln errichten konnte.[31] Für die große Mehrheit der Lodzer Unternehmer charakteristisch war das Fehlen eines »unternehmerischen Stammbaums«. In der Regel wurden die Unternehmerdynastien erst in Lodz gegründet. Die Bedeutung der staatlichen Kredite für die Entwicklung der Lodzer Industrie war deshalb beträchtlich.[32]

Die starke Abhängigkeit der Unternehmer von staatlichen Krediten führte beim Ausbleiben derselben oder in Zeiten wirtschaftlicher Rezession zu großen Schwierigkeiten, wenn die Kredite gar nicht oder nur zögerlich gewährt wurden. Ein Beispiel hierfür war das Schicksal von Christian Friedrich Wendisch, der in Lodz 1824 die erste Baumwollspinnerei errichtete. Als er nach großen Investitionen, weitgehend auf der Basis von Regierungsanleihen, in Absatzschwierigkeiten geriet, verweigerte die Regierung nicht nur weitere Unterstützung, sondern bestand auf der Rückzahlung der gewährten Kredite und führte damit 1829 den Ruin des Unternehmens herbei, den Wendisch nicht überlebte.[33] Erst in der zweiten Jahrhunderthälfte hatte ein Teil der Unternehmer bereits beträchtliches Eigenkapital erwirtschaftet und wurde dadurch unabhängiger von der staatlichen Kreditgewährung.

Wie überall waren auch im Lodzer Raum entscheidend für den Aufstieg der Unternehmer neben dem vorhandenen Kapital und den staatlichen Krediten vor allem die eigenen unternehmerischen Kenntnisse und Fähigkeiten, das Erkennen von Marktlücken und wirtschaftlichen Entwicklungstendenzen. Julius Heinzel wurde beispielsweise von einem polnischen Zeitgenossen folgendermaßen beschrieben: »Er war ein breitschultriger, schwerer deutscher Kerl, der eher wie ein Fabrikmeister als wie ein Industriepotentat aussah. Aber man mußte nur ein paar Worte mit ihm gewechselt haben, um seine geschäftliche Erfahrung wie seine Entscheidungsfreude und Intuition zu erkennen.«[34]

Ein Teil der deutschen Unternehmer brachte bereits aus der alten Heimat die Kenntnis der neuesten technischen Entwicklungen mit und war in der Textilbranche zu Hause. Durch familiäre und geschäftliche Kontakte zum Westen lernten diese Unternehmer neue technische und wirtschaftliche Entwicklungen kennen und setzten sie in ihren Betrieben um. Schon der Vater des späteren »Königs von Lodz«, Louis Geyer, war »Fabrikant baumwollener Modeerzeugnisse« im sächsischen Neugörsdorf gewesen. Auch Karl Scheibler war Sohn eines Tuchfabrikanten in Monschau, sein Onkel Administrator der Maschinenfabrik von Cockerill in Belgien. Bei Cockerill, auf Studien- und Geschäftsreisen nach England, Frankreich, Schottland, Holland und in Deutschland sowie als Vertreter mehrerer englischer Häuser in Wien von 1843 bis 1848 erwarb sich Karl Scheibler die Kenntnisse, welche ihm nach seiner Niederlassung im Königreich Polen beim Aufbau seines Baumwollimperiums zustatten kamen. Er übernahm zunächst 1849 die kaufmännische Leitung des Spinnereibetriebes seines Onkels Friedrich Schlösser in Ozorkow. 1852 wechselte er nach Lodz, wo er sich zunächst im Maschinenbau versuchte, aber rasch die Entwicklungsmöglichkeiten der Baumwollwarenproduktion erkannte und seit 1853 in diese Branche investierte. Neben seinem bereits in Ozorkow erworbenen Eigenkapital war es vor allem die Mitgift seiner Frau Anna Werner, deren Vater eine Schönfärberei in Zgierz besaß, welche ihm den Einstieg in die Baumwollindustrie in großem Stil ermöglichte. Die erste von ihm errichtete Fabrik in Lodz war bereits voll mechanisiert. Ende der fünfziger Jahre kaufte er mit Gespür für die kommende Entwicklung große Mengen amerikanischer Baumwolle auf, so daß er während des nordamerikanischen Bürgerkriegs, welcher den Baumwollimport aus Nordamerika zum Erliegen brachte, nicht nur keine Verluste machte, sondern seine Produkte mit großem Gewinn verkaufen konnte.[35]

Die meisten deutschen Unternehmen gehörten zur Textilindustrie, die in Lodz neben der Baumwollwarenproduktion auch die Seidenindustrie – hier konnte sich die Seidenweberei der aus dem Rheinland stammenden Unternehmer Klinge und Schulz auch gegen die Moskauer Konkurrenz auf dem russischen Markt durchsetzen – sowie die Band- und Trikotindustrie umfaßte. Aus der Textilbranche gingen auch die größten deutschen Lodzer Unternehmen hervor. Noch 1867 gehörte nur ein deutscher Lodzer

Nach dem Erwerb ihres ersten, noch vergleichsweise bescheidenen Vermögens präsentiert sich hier eine deutsche Lodzer Fabrikantenfamilie um 1860. Noch in derselben Generation erfolgte der Aufstieg in die Reihe der Großindustriellen, der den Umzug von der Villa in den Palast und den Erwerb weiterer Residenzen auf dem Lande ermöglichte. Trotz zunehmender jüdischer Konkurrenz konnten die deutschen Großindustriellen ihre Führungsposition in Lodz bis zum Ersten Weltkrieg behaupten.

Unternehmer nicht zur Textilbranche. Dann stieg der Anteil der Unternehmen außerhalb des Textilbereichs allerdings kontinuierlich an, von acht Prozent im Jahre 1879 auf 35 Prozent 1913.[36]

Verständlicherweise handelte es sich dabei vor allem um die unmittelbar mit der Textilindustrie verbundene Metallbranche, also Maschinenbau und Eisengießerei, aber mit dem rasanten Wachstum der Stadt erlebte auch die Lebensmittelindustrie einen Aufschwung, ebenso die Papier- und Druckindustrie, allerdings erst seit den neunziger Jahren, wobei sie von den wachsenden kulturellen Bedürfnissen des Lodzer Bürgertums profitierte.[37]

Die Spitze der Lodzer Großindustriellen gehörte zu den reichsten Bürgern des Königreichs Polen. So betrug das Vermögen Karl Scheiblers 1881 netto 14,2 Millionen Rubel, Julius Heinzel verfügte über rund fünf Millionen Rubel und Robert Biedermann über 2,5 Millionen Rubel.[38] Zur Jahrhundertwende besaßen rund vierzig Lodzer Unternehmer ein Vermögen von mehr als einer Million Rubel, knapp zwanzig Unternehmer waren 1914 sogar Multimillionäre.[39]

Bis zum Ende des 19. Jahrhunderts waren in Lodz neun Unternehmerfamilien führend, drei jüdische und sechs deutsche. Letztere waren die Familien Scheibler-Herbst, Heinzel, Geyer, Biedermann, Grohmann und Eisert. Nach der Jahrhundertwende kamen fünf weitere Familien dazu, eine jüdische und vier deutsche, nämlich die Familien Schweikert, Bennich, Steinert und Steigert.

Es gab unter den Lodzer deutschen Unternehmern einige Interessengemeinschaften, die auch untereinander kooperierten, wenn das gemeinsame Wohl es erforderte. Solche Interessengruppen waren Scheibler, Herbst & Grohmann oder Heinzel und Kunitzer. Die Familie Geyer spielte unter den Lodzer Unternehmern eine Sonderrolle. Beispielsweise traten Geyers 1906 nicht dem Lodzer Fabrikantenverein bei, der nach den Lodzer Unruhen im Zusammenhang mit der Revolution von 1905 bis 1907 in Berlin gegründet wurde.

Zwischen den Familien Scheibler und Geyer bestand nicht nur in wirtschaftlichen Angelegenheiten, sondern in allen Bereichen eine gewisse Konkurrenz. So wurde beispielsweise die Lodzer Kaufmannsbank von Geyers geleitet, die Lodzer Handelsbank dagegen von Scheiblers. Frau Hedwig Geyer war Vorsitzende und Richard Geyer Kassierer des Lodzer Wöchnerinnenheims, Frau Scheibler dagegen hatte den Vorsitz des städtischen Waisenhauses inne. Ähnlich war es auch in anderen gesellschaftlichen oder sozialen Einrichtungen.[40]

Die führenden deutschen Unternehmer waren wirtschaftlich sehr expansiv. Die Investitionen beschränkten sich dabei nicht nur auf die eigene Textilindustrie. So investierte beispielsweise die Familie Scheibler-Hertz um die Jahrhundertwende zwischen neun und zehn Millionen Rubel Freikapital in Aktien und Obligationen der verschiedensten Branchen.

Die Investitionen der Lodzer Unternehmer blieben aber vor allem im Lodzer Raum und im übrigen Kongreßpolen sowie den westlichen und südwestlichen Gouvernements des Russischen Reiches. Dagegen verzichtete man nach anfänglichen Versu-

Steinert-Reklame um 1920 und 1940
In den Geschäftsanzeigen des Textilbetriebs von Carl Steinert spiegelt sich die Geschichte der Lodzer Industrie der letzten hundert Jahre wider, von ihrer Gründung unter russischer Herrschaft 1834 über das unabhängige Polen nach 1918 bis zur deutschen Besatzungszeit im Zweiten Weltkrieg.

chen angesichts der dort dominierenden russischen Konkurrenz auf stärkeres Engagement in den transkaukasischen und mittelasiatischen Gebieten.

Die Lodzer Großunternehmen waren bereits seit den achtziger Jahren aufgrund ihrer wirtschaftlichen Expansion zu Konkurrenten der russischen Unternehmer, vor allem der Moskauer Textilunternehmer aufgestiegen und wurden von diesen entsprechend bekämpft. Vor allem 1885 bis 1892 wurde seitens der Moskauer Textilindustriellen eine Reihe wirtschaftlicher Restriktionen gegen die Lodzer Industrie und die Errichtung einer Zollgrenze zwischen dem Königreich und Rußland gefordert. Dies erfolgte zwar nicht, aber die Lodzer Industrie war auch so durch die höheren Transportkosten gegenüber der Moskauer Industrie benachteiligt.[41]

Die deutschen Großunternehmer investierten in den unterschiedlichsten Wirtschaftsbereichen. So war Scheibler 1865 am Bau der Eisenbahn Koluszki–Lodz, der sogenannten Lodzer Fabrikbahn, beteiligt. Andere engagierten sich beim Bau der Lodzer Straßenbahnen, im Bergbau, vor allem im an Oberschlesien grenzenden Revier von Dombrowa, in der chemischen Industrie oder im Lebensmittelgeschäft.[42]

Das Gesicht der Städte des Lodzer Raumes wurde nachhaltig von den deutschen Unternehmern geprägt. Dies betraf zum einen die Gebäude der Stadt, ihre Fabriken, Villen und Paläste, Arbeiterhäuser, städtischen Einrichtungen wie Banken und Kreditanstalten, Schulen, Krankenhäuser oder die Feuerwehr, aber auch die Infrastruktur, etwa durch die schon erwähnte Beteiligung am Straßen- und Eisenbahnbau.

Für die Lodzer Fabrikanten war typisch, daß sie ganz überwiegend ihre Villen und Paläste direkt in der Stadt in unmittelbarer Nachbarschaft zur Fabrik errichten ließen. Sie wollten ihren Betrieb buchstäblich nicht aus den Augen lassen. Erst gegen Ende des 19. Jahrhunderts, als die größten Unternehmer nicht nur einen, sondern in der Regel mehrere Paläste in der Stadt besaßen, ging diese direkte Verbindung zwischen Wohnhaus und Fabrik bei der Elite der Unternehmer verloren. Einzelne Großunternehmer hatten bereits früher neben ihrer Stadtvilla auch im Lodzer Umland gebaut, wie Julius Heinzel, der sich einen Landsitz »Julianowo« bei Lodz im Stil einer Adelsresidenz errichten ließ. Einzelne Großunternehmer erwarben auch Besitz außerhalb des Königreiches, meist in Deutschland. So hatte die Familie Scheibler zwei Güter in Schlesien und die mit ihnen verbundene Familie Herbst eine Villa im Ostseebad Zoppot, die Familie Heinzel neben ihrem Lodzer Stadtpalast zwei Anwesen im Umland von Lodz und in Deutschland das Gut Hohenfels bei Coburg, das ihnen den Titel Baron einbrachte. Ein Mitglied der Familie Heinzel besaß auch eine Villa in Baden-Baden.[43]

Seit den achtziger Jahren war seitens der Lodzer deutschen Großunternehmer eine verstärkte Förderung von Kunst und Kultur feststellbar. So wurden kulturelle Einrichtungen mitgegründet und weiter finanziell unterstützt, Künstler angeworben und gefördert sowie Privatsammlungen angelegt, die teilweise für die Öffentlichkeit zugänglich waren.

Seit den siebziger Jahren des 19. Jahrhunderts war bei einem Teil der Fabrikanten ein stärkeres soziales Engagement festzustellen. Sie gründeten Wohlfahrtseinrichtungen, Krankenhäuser, Fabrikschulen und bauten Wohnhäuser für ihre Arbeiter. In den

Betrieben wurden die Arbeitsbedingungen verbessert. An der Spitze standen dabei die Scheiblerschen Werke, die bis 1914 Arbeiterwohnhäuser mit Wohnungen für rund ein Drittel der Belegschaft, fünf Volksschulen, ein für die Arbeiter kostenloses Fabrikhospital, eine kostenlose Fabrikapotheke, eine Kleinkinderbewahranstalt, ein Altersasyl, Badeanstalten, billige Gaststätten, Bäckereien und Kantinen für Ledige erbauten sowie eine Fabrikfeuerwehr und ein Arbeiterorchester gründeten. Ferner gab es Gratifikationen für langjährige Betriebszugehörigkeit und eine Hinterbliebenenfürsorge. Insgesamt betrugen die jährlichen Ausgaben der Scheiblerwerke für soziale Maßnahmen 150 000 Rubel, was im Jahre 1910 etwa 0,8 Prozent der Gesamtkosten des Betriebs entsprach.[44] Ähnlich, wenngleich etwas bescheidener, sah es bei dem Unternehmen Heinzel aus. Scheibler zahlte auch die höchsten Löhne im Lodzer Raum, die ansonsten Ende des 19. Jahrhunderts nur etwa 65 Prozent der Durchschnittslöhne im Königreich Polen entsprachen.[45]

War Scheibler hier ein positives Beispiel für die patriarchalische Einstellung bei Lodzer Unternehmern, so finden wir unter den deutschen Unternehmern dieses Raums auch eine Reihe von Gegenbeispielen. Die niedrigsten Löhne in Lodz zahlte das deutsche Unternehmen Heinzel und Kunitzer. Dort war der Wochenlohn um 0,5 bis zwei Rubel niedriger als bei Scheibler.[46] Und ein deutscher Unternehmer, Julius Kunitzer, galt in Lodz geradezu als Verkörperung des arbeiterfeindlichen Ausbeuters. Er wurde am 30. September 1905 von streikenden Arbeitern getötet. Die sozialen Verhältnisse waren in der Industriemetropole Lodz so unzulänglich wie in anderen Fabrikstädten jener Zeit, die deutschen Unternehmer nicht besser oder schlechter als ihre Pendants in Deutschland oder England.[47] So kam es auch in Lodz seit den neunziger Jahren des 19. Jahrhunderts zu zahlreichen Streikaktionen, wobei die härtesten Streiks im Zusammenhang mit den revolutionären Ereignissen im Russischen Reich 1905 bis 1907 stattfanden. Die Lodzer Unternehmer reagierten darauf mit der Gründung von Interessenverbänden. Im Jahre 1906 entstand in Berlin, wohin sich die meisten deutschen Lodzer Fabrikanten nach der Ermordung Kunitzers in Sicherheit gebracht hatten, der »Verband der Lodzer Fabrikanten der Bekleidungsindustrie«. Diesem gehörten die größten deutschen Lodzer Unternehmen an, nämlich Scheibler (7240 Arbeiter), Heinzel und Kunitzer (3343 Arbeiter), Louis Grohmann (1560 Arbeiter), Biedermann (1560 Arbeiter), Steinert (1344 Arbeiter) und Heinrich Grohmann (680 Arbeiter). Die Verbandsstatuten bestimmten, daß im Streikfalle in einer Fabrik alle anderen ebenfalls aussperren mußten und Lohnerhöhungen nur in allgemeinem Einvernehmen erfolgen durften. Ferner waren »schwarze Listen« entlassener Arbeiter vorgesehen, die von allen Mitgliedern zu beachten waren. Schon Ende 1906 mußte der Verband bei einem Streik in der Fabrik des jüdischen Großunternehmers Poznański aktiv werden. Er verfügte eine Aussperrung, die vom 29. Dezember 1906 bis zum 19. April 1907 dauerte. Sie wurde erst beendet, als die Arbeiter alle Bedingungen der Fabrikanten akzeptiert hatten.[48] Insgesamt verlief die Entstehung und Entwicklung des Lodzer deutschen Unternehmertums bis 1914 ähnlich wie in Deutschland, muß aber im Vergleich damit als verspätet bezeichnet werden.

Arbeiterhäuser bei Lodz aus der zweiten Hälfte des 19. Jahrhunderts
Der Pole Oskar Flatt schreibt über das Lodz des Jahres 1853: »Wie ist doch der Typus dieser Stadt so anders als der unserer übrigen Städte! Auf den ersten Blick erkennt man in Lodz den der Stadt durch die große Überzahl der deutschen Bevölkerung und durch den Fabrikbetrieb aufgedrückten Stempel. Man glaubt, sich in deutschen Fabriksiedlungen zu befinden, so echt deutsch sind hier die Vereine, die Klubs, der Geist. Denn der Einfluß der polnischen Bevölkerung ist hier tatsächlich gering und begrenzt. Sie setzt sich nur aus einem kleinen Kreis von Magistratsbeamten, den Lehrern der Realschule und einigen Finanzbeamten zusammen. Darum suchen wir in solch einer bedeutenden Stadt wie Lodz vergeblich jene Konditoreien, Kaffeehäuser, die heute sogar schon unbedingt in jede Kleinstadt gehören. Hier finden wir einige Lokale mit Bayrisch-Bier. Das sind die wichtigsten Erholungsstätten der Industriebevölkerung.«

Weberhaus in Lodz aus der Mitte des 19. Jahrhunderts
Im Zuge der Industrialisierung entstanden die ersten Fabriken in den Wohnvierteln der Arbeiter, und oft verloren sich die alten Häuser bald zwischen den hohen Ziegelmauern der Betriebe.

Auch Warschau, nach wie vor die polnische Hauptstadt an der Weichsel, beherbergte eine Reihe von deutschen Industriellen wie Peter Steinkeller, den Initiator der »Wiener Eisenbahnstrecke«, oder die Gründer von Metallfabriken wie »Lilpop, Rau und Löwenstein«, Norblin, Henneberg und die Bierbrauereigründer Haberbusch und Schiele, welche wie die Zuckerbäcker Fuchs und Wedel Deutsche waren, jedoch in dem assimilationsfördernden Warschauer Milieu nicht Deutsche blieben.

DAS KIRCHLICHE UND KULTURELLE LEBEN DER DEUTSCHEN

Die Kirche der protestantischen deutschen Einwanderer in Kongreßpolen – sie zählten im Jahre 1914 rund 450 000 Seelen, dazu kamen noch 31 500 polnische Protestanten – war die »Evangelisch-Augsburgische Kirche im Königreich Polen«. Was den polnischen Protestantismus, etwa in der Gestalt des Luthertums, auch dort hemmte, wo er genuin war wie im Teschener Schlesien und im Süden des Posener Landes, war die seit der Gegenreformation verbreitete fatale Gleichsetzung von Luthertum und Deutschtum wie umgekehrt von Polentum und Katholizismus. Dies hatte für die polnischen Protestanten gegenüber ihren katholischen Landsleuten einen dauernden, belastenden Legitimationszwang zur Folge. Entscheidend für das Schicksal des deutschen Luthertums in Polen, soweit seine Existenz noch aus den deutschen bürgerlichen und bäuerlichen Einwanderungen zur Zeit der polnisch-litauischen Union herrührte, waren die Polnischen Teilungen und zuletzt der Wiener Kongreß 1815. Sie führten zu einer nunmehr völlig getrennten Entwicklung der evangelischen Kirchen in den einzelnen Teilgebieten.

In Kongreßpolen erfolgte der organisatorische Aufbau im Anschluß an das in südpreußischer Zeit in Warschau entstandene lutherische Konsistorium. Dieses war, zusammen mit dem reformierten Konsistorium, 1828 zum »Generalkonsistorium für evangelische Bekenntnisse in Warschau« erhoben worden. Mit dem »Kirchengesetz für die Evangelisch-Augsburgische Kirche im Königreich Polen« vom 8./20. Februar 1849 schloß die Entwicklung des organisatorischen Aufbaus ab; er sollte mit gewissen Modifikationen bis 1936 allen politischen Veränderungen zum Trotz unverändert bleiben. Verwaltungsmäßig, also gemäß der inneren Verfassung, gliederte sich die Evangelisch-Augsburgische Kirche als Konsistorialbezirk Warschau und integraler Bestandteil der lutherischen Kirche Rußlands in die vier Diözesen Warschau, Kalisch, Plock und Augustowo. Im Jahre 1901 kam als fünfte die Diözese Petrikau mit Lodz hinzu. Die 66 Pfarr- und 35 Filialgemeinden mit neunzig Kirchen, 369 Bethäusern, 324 Kantoraten und 901 Friedhöfen genossen weitgehende Selbstverwaltung. Träger des geistlichen Lebens waren die in Dorpat ausgebildeten Pastoren, denen Kantorenlehrer zu Seite standen.

Die Einrichtung von Kirchengemeinden war vor den Polnischen Teilungen angesichts der gegenreformatorischen Zeitumstände ein langwieriger, mühseliger Prozeß gewesen. Die kirchenbildende Kraft lag im Zustrom deutscher Siedler. Auf kongreßpolnischem Gebiet ist das 1617 entstandene Kirchspiel Neudorf-Neubruch am Bug[49] als Beispiel zu nennen, dessen aus den Weichselwerdern stammende »holländische« Bauern in völliger Vereinsamung die polnische Sprache annahmen, durch die Bewahrung ihres Glaubens aber eine innere Bindung an die deutsche Kulturwelt behielten – ein von der Volkskunde oft zitiertes Beispiel für den Zusammenhang von Glaube und Volkstum sowie Sprachwandel. Im Jahre 1630 folgte die Gemeindegründung im podlachisch-litauischen Wengrów. Vor allem aber ist Warschau zu nennen, wo 1771 bis 1775 eine zunächst ganz deutsch geprägte lutherische Gemeinde entstanden war, in die das Konsistorium mit dem Generalsuperintendenten von Wengrów übersiedelte. Die von Pommern, Westpreußen und Schlesien in das polnische Zentralgebiet einströmenden Siedler gründeten 1775 in Ilow an der Weichsel, 1777 in Stawiszyn im Kalischer Land, 1780 in Lipno im Dobriner Land und 1796 in Babiak in Kujawien Gemeinden, die sich, mit Alexandrow im Lodzer Gebiet, zu Muttergemeinden der sie umgebenden deutschen evangelischen Siedlungen entfalteten. Ostwärts der Weichsel schlossen sich 1796 Bialystok, 1784 Piaski-Lublin und 1783 das Cholmer Land sowie Wolhynien 1783 mit Korzec und 1862 mit Rozyszcze an.

Nachdem das genuine polnische Element innerhalb des Protestantismus in Polen in der Endzeit Polen-Litauens zurückgetreten war und dem deutschen den Vortritt überlassen hatte, war die Gemeinde Warschau mit einem äußerst regen protestantischen Leben zum Vorort, zur Residenzgemeinde der Evangelisch-Augsburgischen Kirche Polens geworden. Kann man die Jahre seit der Gründung im Jahre 1775 bis 1835 als eine »deutsche Periode«, danach bis 1888 als eine »gemäßigt polnische« bezeichnen, so birgt die Kennzeichnung der Jahre danach als »bewußt polonisatorisch« eine bemerkenswerte Problematik: die Entstehung des »Polnischen Evangelizismus« und die aufkommenden Nationalitätengegensätze innerhalb der polnischen evangelischen Kirche.[50] Die Ursachen lagen in der immer deutlicheren Verschiebung der Nationalitätenproportionen zugunsten des polnischen Anteils der Gemeindeglieder.

Die Polonisierung des Warschauer Bürgertums war zunächst ein allmählich-unbewußter, zunehmend aber auch entschlossener und zielbewußter interethnischer Vorgang. Ihm lag die Faszination vieler Deutscher durch die polnische Adelskultur und ihren in den Aufständen von 1830/31 und 1863/64 demonstrierten Willen des Kampfes um Freiheit und Wiedergeburt Polens, verbunden mit der Begeisterung für die polnische romantisch-messianistische Literatur und Musik zugrunde. Auch waren die sozialen und wirtschaftlichen Aufstiegsmöglichkeiten in der Warschauer Gesellschaft durch einen bewußten Anschluß an die polnische Gesellschaft größer als beim Beharren im stets fremd anmutenden Deutschtum. Der Prozeß einer natürlichen Assimilierung an die polnische Umgebung, die sprachliche Anpassung und nationale Bewußtseinsänderung oder auch politische Solidarisierung mit dem polnischen Milieu hatte vor allem die Geistlichkeit, aber auch wachsende Kreise der Warschauer Gemeinde erfaßt. So zeichneten sich deutlich die Umrisse unterschiedlicher, ja gegensätzlicher Einstellung und Haltung der polonisierten hauptstädtischen Kreise und der deutschen protestantischen Stadt- und Landbevölkerung ab. Von 1844 an kam der Durchbruch des nationalpolnischen Elementes in der Einführung der polnischen Sprache als Verhandlungssprache des Warschauer Kirchenvorstandes zum Ausdruck.[51]

Die Nationalitätengegensätze erfuhren durch die Berufung des Pfarrers Leopold von Otto zum Pastor der damals mehrheitlich noch deutschen Gemeinde in Warschau im Jahre 1849 eine nachhaltige Verschärfung. Otto war einer der Propagandisten des bewußten Übergangs der deutschstämmigen Lutheraner zum Polentum und von der Vorstellung erfüllt, die evangelisch-lutherische Kirche habe in Polen einen Missionsauftrag am katholischen polnischen Volk zu erfüllen. Diesen könne sie aber nur dann erfüllen, wenn sie der Sprache und dem Geiste nach eine polnische Kirche geworden sei und das Evangelium den Polen im polnischen Gewande verkünde. Ottos Begründung des »Polnischen Evangelizismus« wurde mit allem Nachdruck von Generalsuperintendent Dr. Julius Bursche (1862–1942)[52] übernommen, dessen ganzes Leben und Wirken diesem Missionsprogramm gewidmet war. Zwar erkannte Bursche durchaus an, daß das Deutschtum »ein Bollwerk des Evangeliums« sei, gleichzeitig aber sah er in ihm eine »chinesische Mauer«, welche den Zugang zur einheimischen Bevölkerung hindere und deshalb niedergerissen werden müsse. Bis zum Ausbruch des Weltkriegs verloren in der Warschauer Gemeinde die deutschsprachige evangelische Hauptschule und das evangelische Lehrerseminar ihren deutschen Charakter, wurde das deutsche Gymnasium geschlossen, verringerte sich drastisch die Zahl der deutschen Konfirmanden. Bursche betrieb nationalpolnische Aufklärungs-, Bildungs-, Presse- und politische Arbeit auch unter den Masuren, im Teschener Schlesien und im Kaschubenland.

Indessen regte sich in den ohne Verbindung mit der evangelischen Kirche ihres Mutterlandes und der deutschen Geisteswelt, also in »doppelter Diaspora« dahinlebenden Gemeinden erster Widerstand gegen die sprachliche und nationale Assimilierung, zumal mit der Polonisierung, etwa durch konfessionell-nationale Mischehen, häufig die Katholisierung verbunden war. »Wir sind evangelische Christen polnischer Zunge und unsere Herzen sind durchglüht von heißer Liebe zu unserem Glauben wie zu unserer [polnischen] Nationalität«, diesem Bekenntnis des polnischen evangelischen Kirchenblattes *Evangelischer Bote* (*Zwiastun Ewangeliczny*) hielten sie das »Luthererbe« als Vermächtnis und Gebot der Bindung an die deutsche Nationalität entgegen. Von rußlanddeutschen und deutsch-baltischen Impulsen innerhalb der Pastorenschaft angeregt und von Laien vorangetrieben, gab es Widerspruch gegen Bursche und seine Politik in den Gemeinden. Es kam zur Bildung von deutschen Vereinen, die sich die Erhaltung von deutscher Sprache, Brauchtum und Volkstum zum Ziele setzten.

Bei der Dynamik des Lodzer Deutschtums, die sich auf die wirtschafliche Kraft stützte und allmählich auch erste national-politische Züge anzunehmen begann, lag es nahe, daß diese neue Strömung von hier aus, von der mit 50 000 evangelischen Deutschen größten Gemeinde der Evangelisch-Augsburgischen Kirche, aktiv wurde.

Zu den führenden Aktivisten dieses »Deutschtums im Aufbruch« gehörte Adolf Eichler.[53] Mit ihm und seinem Kreis, zu dem unter anderen Robert Bräutigam, Edmund und Hans Weyrauch, Bruno Tugemann und Wilhelm Neumann gehörten, sind die Anfänge der Weckung deutschen Nationalbewußtseins in der Masse der deutschen Bevölkerung Kongreßpolens verbunden. Er gab 1908/09 die *Monatsblätter für das Deutschtum in Rußland* heraus, war Mitbegründer der Tageszeitung *Lodzer Rundschau* und zusam-

Nach schlesischem Vorbild errichtete Holzkirche in Mittelpolen
In den ländlichen deutschen Siedlungen waren Kirche und Schule eng verbunden. Die Bethäuser dienten zumeist auch dem Schulunterricht, der Kantor, ein von einem Pastor unterwiesener Bauer oder Handwerker, der alle kirchlichen Handlungen vollziehen mußte und sonntags Lesegottesdienste hielt, war zugleich Lehrer und unterrichtete in der Woche die Kinder. Die Schulaufsicht lag bei den Pastoren, für den Unterhalt sorgte die Gemeinde. Anfang des 19. Jahrhunderts gab es etwa 125 derartige Kantoratsschulen in Mittelpolen.

men mit dem Lehrer Ludwig Wolff Schriftleiter der Monatsschrift *Geistiges Leben*, die weit und nachhaltig wirkende Akzente gegen das Lodzer materialistisch eingestellte Bürgertum setzte. Mit der Gründung des »Deutschen Vereins zur Förderung von Schul- und Allgemeinbildung«, des »Deutschen Gymnasial- und Realschulvereins«, auf den die Einrichtung des traditionsreichen Lodzer deutschen Realgymnasiums zurückzuführen ist, und mit der Verlegung des Lehrerseminars aus Warschau nach Lodz war diese Stadt nicht nur zum kirchenpolitischen Gegenpol von Warschau, sondern auch zum sich organisierenden kulturellen und politischen Mittelpunkt des »Deutschtums in Kongreßpolen« geworden. Eichler war es, der diesem Deutschtum die erste zusammenfassende Darstellung widmete.

Auf die Polonisierung hemmend wirkte sich der starke deutsche kulturelle Einfluß in Lodz aus, der sich in der Tätigkeit vieler gesellschaftlicher, sozialer und kultureller Vereine und Organisationen widerspiegelte. Hier waren die deutschen Unternehmer oft als Mäzene oder als Mitglieder eingebunden. Nach Vorbildern in Deutschland war es 1846 zur Gründung des ersten deutschen Vereins in Lodz überhaupt, dem »Lodzer Männergesangverein«, gekommen. Ihm folgten Kirchengesangvereine und Posaunenchöre. Mit der Bürgerschützengilde sind unzählige Sportvereine zu erwähnen. Unter Namen wie »Eiche« oder »Kraft« konnten sie erfolgreich mit polnischen und auch jüdischen Vereinen in Wettbewerb treten. Die Lodzer Freiwillige Feuerwehr war stets eine vorwiegend deutsche Organisation von hohem Ansehen. Der Ausbau der Gaststätte »Paradies« schuf Räume für Festlichkeiten und Theateraufführungen. Die erste deutsche Zeitung von 1863, der *Lodzer Anzeiger* im Druckereibetrieb von Johann Petersilge an der Petrikauer Straße, war zusammen mit der *Lodzer Zeitung* von 1865 der Anfang eines vielfältigen Zeitungswesens. Auch deutsche Buchhandlungen sorgten für einen – freilich bescheidenen – literarischen Betrieb, waren jedenfalls ein bedeutender Kulturfaktor im Leben des Lodzer Deutschtums. Aus freiwilligen Spenden der Gemeinschaft wurde das evangelische Waisenhaus und 1904 das »Haus der Barmherzigkeit« mit Krankenhaus und Diakonissenanstalt erbaut.

Die Voraussetzung aller kulturellen und gesellschaftlichen Aktivitäten war ein Schulwesen,[54] welches das Erlernen und die Pflege der deutschen Muttersprache ermöglichte. Sowohl staatliche als auch private Volksschulen, die Gymnasien – Rothert für Mädchen (1878), das Lodzer Deutsche Gymnasium für Knaben und Mädchen (1906) – und das Lehrerseminar milderten die trotzdem vorhandenen Schulnöte. Ein Schulbesuch in Deutschland oder in der Schweiz blieb Fabrikantenkindern vorbehalten. Das »Lodzer Deutsch«, eine Mischung aus schlesischer und sächsischer Mundart mit kolonistisch-niederdeutschem sowie schwäbischem und deutschböhmischem Einschlag, blieb ohnehin ein Charakteristikum der Deutschen des gesamten Industriegebiets.

Verlief die Assimilierung der Lodzer Deutschen nicht zuletzt auch durch die konfessionellen Unterschiede recht langsam, so traf dies auf die deutschen Unternehmer weniger zu. Konfessionswechsel und Mischehen zwischen Katholiken und Protestanten lagen bei ihnen über dem Durchschnitt der deutschen Lodzer Bevölkerung.[55] Die deutschen Unternehmer waren in konfessioneller Hinsicht zu 75 Prozent Lutheraner und zu 25 Prozent Katholiken. Andere Konfessionen waren die große Ausnahme. So gehörte der Druckereibesitzer Petersilge der orthodoxen Kirche an, der Fabrikant Gustav Kaiser zu den Mährischen Brüdern.[56]

Die deutschen Unternehmer spielten für die evangelischen und katholischen Gemeinden im Lodzer Raum eine wichtige Rolle als Mäzene. Hierbei ist anzumerken, daß sich das Mäzenatentum der Lodzer Großunternehmer, gleich welcher Nationalität und Konfession, keineswegs auf die eigene Konfession oder Nationalität beschränkte. So spendeten deutsche protestantische Unternehmer auch erhebliche Summen für den Bau von orthodoxen, katholischen oder jüdischen Gotteshäusern, wie umgekehrt jüdische Industrielle für protestantische oder katholische Kirchen Spenden gaben.[57]

Seit 1906 trat ein Teil der deutschen Unternehmer auch dem »Hilfsverein der deutschen Reichsangehörigen in Lodz« bei, der alldeutsche Aktivitäten unterstützte. Besonders eifrig im deutschnationalen Sinne tätig waren die Unternehmer Ernst Leonhardt,[58] Ludwig Schweikert, Ernst Weyrauch und Hubert Mühle, welche an der Spitze entsprechender deutscher Organisationen in Lodz standen. Die Zahl der offen antipolnisch eingestellten deutschen Unternehmer war im Untersuchungszeitraum aber sehr klein. Wesentlich größer war die Zahl der Unternehmer, welche zur Gruppe der »Lodzermenschen« gezählt werden müssen. Es war dies eine Bevölkerungsgruppe, welche sich durch Loyalität gegenüber der Obrigkeit und Konzentration auf die geschäftlichen Interessen auszeichnete, wobei nationale Erwägungen keine Rolle spielten.

Im Gegensatz etwa zu Warschau, wo das deutsche Bürgertum im 19. Jahrhundert sich nahezu vollständig der polnischen Bevölkerung assimilierte und allenfalls noch als deutschstämmig angesehen werden konnte, war im Lodzer Raum die Frage der Nationalität der Unternehmer nicht nur in bezug auf ihre Herkunft und kulturelle Prägung, sondern bei einem nicht geringen Teil sogar hinsichtlich der Staatsangehörigkeit fast den gesamten Untersuchungszeitraum hindurch eindeutig. Bis in die achtziger Jahre des 19. Jahrhunderts hatte die Mehrheit der deutschen Unternehmer auch noch deutsche Pässe ihrer jeweiligen Herkunftsorte beziehungsweise Länder, einzelne sogar noch bis in den Ersten Weltkrieg hinein. Zur Annahme der russischen Staatsbürgerschaft veranlaßten in erster Linie russische Gesetze, welche Ausländern die Bildung von Aktiengesellschaften untersagten sowie in zehn Gouvernements Kongreßpolens den Erwerb von Immobilien außerhalb der Städte sowie Besitz und Nutzung derselben verboten.[59]

Einige Familien reagierten darauf recht pragmatisch. So besaßen beispielsweise von den Söhnen des Unternehmers Adolf Steinert Karl und Robert die deutsche, Richard und Emil dagegen die russische Staatsbürgerschaft. Von den Söhnen Karl Scheiblers war im Ersten Weltkrieg Karl Wilhelm russischer, Erich dagegen deutscher Offizier.[60] Noch 1892 besaßen in Lodz 33 Prozent aller Fabrikanten eine ausländische Staatsbürgerschaft, ganz überwiegend die deutsche.[61]

Das Verhältnis der deutschen Unternehmer des Lodzer Raums zu den russischen Behörden und zur Dynastie war von Loyalität geprägt. Mehrheitlich scheinen sie an den innenpolitischen Vorgängen im Lande nicht oder kaum interessiert gewesen zu sein. Für die Deutschen waren die Russen ja keine Teilungsmacht. Eine Parteinahme in den

In Lodz entstand seit der Mitte des 19. Jahrhunderts ein vielfältiges deutsches Kulturleben, das zuletzt 85 Vereine umfaßte, darunter Turn- und Sportvereine, freiwillige Feuerwehren, Schützengilden sowie 25 kirchliche und weltliche Gesangvereine.

polnisch-russischen Auseinandersetzungen auf seiten der Polen hätte zu Repressalien führen können. Aber auch bereits der Verdacht der Illoyalität hätte sich angesichts des in der zweiten Hälfte des 19. Jahrhunderts ständig wachsenden Mißtrauens der russischen Behörden stark geschäftsschädigend auswirken können. Während des polnischen Januaraufstandes 1863 war die Haltung der Lodzer Deutschen gegenüber den polnischen Bestrebungen dagegen ganz überwiegend positiv. Die deutschen Unternehmer des Lodzer Raumes allerdings verhielten sich abwartend und sandten, als sich die polnische Niederlage abzeichnete, Ergebenheits- und Glückwunschadressen an den Zaren. Zu den Unterzeichnern gehörten Louis Geyer, Jakob Peters und Louis Grohmann. Erwähnenswert ist, daß der größte Lodzer Unternehmer, Karl Scheibler, nicht unterzeichnet hatte. Seine Stellung war offensichtlich so gefestigt, daß er sich dies erlauben konnte. Die Lodzer Deutschen saßen im Grunde zwischen zwei Stühlen. Einerseits mußten und wollten sie mit der polnischen Bevölkerung einträglich zusammenleben. Dies barg aber die Gefahr in sich, für die russischen Behörden verdächtig zu werden. Die vor allem auf rationalen Beweggründen beruhende ostentative Loyalität der deutschen Unternehmer gegenüber der Obrigkeit und die weitgehende politische Abstinenz der meisten Lodzer Deutschen konnte aber bei der polnischen Gesellschaft als Kollaboration mit der Besatzungsmacht angesehen werden und Mißfallen und Ablehnung auslösen. Tatsächlich zahlte sich die Loyalität gegenüber Rußland zunächst in zahlreichen Zugeständnissen der Regierung an die Deutschen aus, etwa in der Erlaubnis zur Herausgabe deutscher Zeitungen, Einrichtung deutscher Schulen und anderer kultureller und gesellschaftlicher Institutionen. Erst seit den späten achtziger Jahren endete die russische Förderung und Bevorzugung der Deutschen als Gegengewicht zu den Polen, auch vor dem Hintergrund der wachsenden Entfremdung zwischen dem Deutschen Reich und Rußland und der Beschwörung eines »deutschen Drangs nach Osten«.

Eine politische Betätigung der deutschen Lodzer war auf wenige Ausnahmen beschränkt. Wegen ihrer problematischen Position zwischen Polen und Russen und ihrer eigenen Nationalität waren vor allem die Unternehmer im allgemeinen nicht bereit, sich in polnischen oder russischen politischen Organisationen oder Parteien zu engagieren. Bis 1906 hatten die russischen Behörden durch ihre Restriktionen keine Möglichkeiten für politische Arbeit gelassen. Einzige Ausnahme war der Stadtrat, in welchem auch einige Unternehmer vertreten waren. Seit den siebziger Jahren trat an die Stelle des Stadtrats ein dem Gouverneur unterstehender Magistrat mit eingeschränkten Befugnissen. Ihm gehörten als Ehrenräte auch verdiente deutsche Unternehmer an, so Julius Heinzel, Louis Grohmann, Ludwig Meyer, Eduard Herbst, Julius Kunitzer, Siegmund Richter und Karl Eisert.[62]

Die deutschen Unternehmer bevorzugten bei der Auswahl des Führungspersonals ihrer Betriebe die eigene Nationalität. So waren 1892 von 1045 Meistern und technischem Personal der Lodzer Industrie 65 Prozent Deutsche und nur 24 Prozent Polen.[63] Dies mag aber auch daran gelegen haben, daß nicht genügend qualifizierte polnische Bewerber zur Verfügung gestanden hatten.

DIE POLNISCHE GESELLSCHAFT KONGRESSPOLENS BIS 1905

Innerhalb des polnischen geistigen und politischen Lebens gab die Ideenwelt der »organischen Arbeit« und des »Warschauer Positivismus« mit dem Journalisten Aleksander Świętochowski (1849–1938) an der Spitze die Richtung an. Diese wird unter anderem dadurch gekennzeichnet, daß die Zahl der polnischen Intellektuellen in Warschau sich zwischen 1870 und 1882 von 5700 auf rund 12 000 praktisch verdoppelte.

Die Arbeiterbewegung machte sich seit den siebziger Jahren durch größere Streiks in Warschau, Lodz, Zgierz und anderen Städten bemerkbar. Die erste sozialrevolutionäre Partei wurde 1882 in Warschau von Ludwik Waryński (1856–1889) unter dem Namen »Proletariat« gegründet. Durch die Verhaftung ihrer Führung zwischen 1883 und 1885 verlor sie aber rasch an Bedeutung. Im Gegensatz zum »Proletariat« maß die in Paris als Vereinigung von sozialistischen Gruppen aus Warschau, Wilna und der Schweiz 1892 gegründete Polnische Sozialistische Partei (*Polska Partia Socjalistyczna* – PPS) der nationalen Frage größeres Gewicht bei. In der konspirativen Tätigkeit wie in der späteren Entwicklung der Partei spielte Józef Pilsudski (1867–1935)[64] eine prägende Rolle. Die PPS hielt die Errichtung einer unabhängigen demokratischen polnischen Republik für unerläßlich zur Durchführung der notwendigen sozialen Reformen. Hingegen sah die 1884 in Warschau gebildete und von Julian Marchlewski (1866 bis 1925) und Rosa Luxemburg (1871–1919) geführte »Sozialdemokratie des Königreichs Polen« (SDKP, seit 1900 mit dem Zusatz »und Litauens«, SDKPiL) den Nationalstaat als Hindernis auf dem Weg zum Sozialismus an. Die PPS war nach dem Erfurter Programm der SPD ausgerichtet und wurde von der kleineren, radikaleren SDKP – der auch der spätere erste Chef der sowjetischen Geheimpolizei Tscheka, Feliks Dzierzynski (1877 bis 1926), angehörte – heftig bekämpft.

Nicht nur die Arbeiterschaft, sondern die gesamte polnische Nation in allen Teilungsgebieten wollte eine bürgerliche Bewegung ansprechen, deren leitende Persönlichkeiten zunächst Jan Popławski (1854–1908) und später der große Widerpart Pilsudskis, Roman Dmowski (1864–1939),[65] waren. Die auf Schloß Hilfikon in der Schweiz 1887 gebildete »Polnische Liga« (*Liga Polska*) verstand sich als Nachfolgerin der »Demokratischen Gesellschaft« und wollte im Untergrund für die Wiedergewinnung der staatlichen Einheit und Unabhängigkeit kämpfen. Wenn die PPS Streikaktionen organisierte, so veranstaltete die Liga, die sich seit 1894 »Nationale Liga« (*Liga Narodowa*) nannte, nationale Gedenkfeiern, so zum hundertsten Jahrestag der Verfassung vom 3. Mai 1791 oder des Kościuszko-Aufstandes von 1794. Das seit 1895 in Lemberg, später in Krakau erscheinende Presseorgan der Liga, die *Allpolnische Rundschau* (*Przegląd Wszechpolski*), fand auch im Königreich größere Verbreitung als das Organ der PPS, der von Pilsudski im Untergrund bis 1900 betreute *Arbeiter* (*Robotnik*). Aus der Liga ging schließlich die polnische Nationaldemokratie (*Narodowa Demokracja*) hervor, die nach 1903 in Galizien legal wirken konnte.

Mit dem Thronwechsel im Jahre 1894 schien es, als ob die Härte der Russifizierungspolitik unter Nikolaus II. nachlassen würde. Der dreißig Jahre zuvor abgebrochene diplomatische Kontakt zum Vatikan wurde wieder aufgenommen und 1897 dem jungen Kaiser bei seinem Besuch in Warschau von einem Komitee russophiler »Realisten« ein großer Empfang bereitet. Nikolaus widmete das erhaltene Geldgeschenk von einer Million Rubel für die Gründung der russischen Technischen Hochschule in Warschau und gestattete die Errichtung eines Denkmals für den Nationaldichter Mickiewicz. Diese Milderung war aber nur von kurzer Dauer. Schon 1898, als ein geheimes Memorandum des Generalgouverneurs Fürst Imeretinskij zur Polenpolitik im Londoner *Robotnik* veröffentlicht und 1900 der polnische Privatunterricht verboten wurde, nahm die russische Obrigkeit die strenge Linie der nationalen Unterdrückung wieder auf.

DIE REVOLUTION VON 1905 UND IHRE FOLGEN

Der Russisch-Japanische Krieg 1904/05 und die Revolution von 1905 hatten eine spürbare Lockerung der Russifizierungspolitik zur Folge. Andererseits förderten sie auch unüberwindbare Gegensätze unter den polnischen Parteien zutage. Die inzwischen 50 000 Mitglieder zählende PPS organisierte in Warschau am 13. November 1904 eine große Protestdemonstration gegen den Einsatz polnischer Soldaten im Russisch-Japanischen Krieg und setzte dabei gegen die Polizei ihre bewaffnete Kampfgruppe (*bojówka*) ein. Die wilde Schießerei forderte unter den Polizisten ein Todesopfer und mehrere Verletzte. Innerhalb der PPS kam die Linie der »Alten« mit Pilsudski zum Tragen, die Krieg und Revolution zur Loslösung des Königreichs von Rußland ausnutzen wollten und sich von der reinen marxistischen Ideologie immer weiter entfernten. Die Konzeption der engen Zusammenarbeit mit den russischen revolutionären Kräften zum Sturz des Zarentums vertrat die SDKPiL, während die Nationaldemokratie (*Endecja*) nur anfänglich Streiks und Demonstrationen befürwortete, diese aber später für die Gewährung einer Autonomie zu bekämpfen bereit war. Der 22. Januar 1905, der »blutige Sonntag« in Sankt Petersburg, löste nicht nur in Rußland, sondern auch in Kongreßpolen unverzüglich ein großes Echo aus. Die Streikbewegung ging in Warschau, Lodz, dem Industrierevier von Dombrowa und dem Bezirk Bialystok von den Fabriken aus und griff nachher auf Post und Eisenbahn über. Bis Mitte Februar sprach man offiziell von neunzig Todesopfern, die tatsächliche Zahl lag sicherlich erheblich höher.

Innerhalb der PPS lösten zwar die »Jungen«, die den bewaffneten Kampf ablehnten, im März 1905 die bisherige Parteiführung ab, aber der Ausbau der Kampforganisation wurde danach sogar noch verstärkt. Die Ausbildung des Führungspersonals unterstand dem »Kommandanten« Pilsudski, seine engsten Mitarbeiter – wie Walery Sławek (1879–1939), Aleksander Prystor (1874–1941) und Kazimierz Sosnkowski (1885 bis 1969) – sollten nach 1918 im wiedererstandenen Polen höchste Staatsämter bekleiden. Die personelle Stärke der Kampfgruppen wuchs von 1905 bis Ende 1906 von rund 800 auf etwa 2000 Mitglieder an. In dieser Zeit unternahmen diese Kämpfer eine große Anzahl von Aktionen, die zuweilen kleinere militärische Unternehmungen darstellten und oft blutig verliefen. Allein 1906 wurden 678 Attentate verübt, denen 336 russische Militärs oder Beamte zum Opfer fielen. Im August 1906 erreichten die Aktionen ihren Höhepunkt, als mehrere Postzüge überfallen, am »blutigen Mittwoch«, dem 15. August, einige Polizeistationen gleichzeitig angegriffen wurden und am 18. August ein erfolgloses Attentat auf Generalgouverneur Georgij Skalon (1847–1914) erfolgte. Sie lösten heftige Flügelkämpfe innerhalb der PPS aus, die sich im November in eine »Linke«, der SDKPiL nahestehende, und eine auch von der galizischen Sozialdemokratie unterstützte »Revolutionäre Fraktion« unter Pilsudski spaltete.

Zwischen dem Nationalen Arbeiterbund (*Narodowy Związek Robotniczy*) der Nationaldemokraten, der im Juni 1905 entstand, und den rechten und linken Sozialisten wurden im Winter 1906/07 in Lodz blutige Kämpfe ausgetragen. Die erbitterte Feindschaft unter diesen parteipolitischen Richtungen, die auch für das künftige Polen kennzeichnend war, hatte hier ihren Ursprung. Seit dem Frühjahr 1905 kam es auch auf dem Lande, besonders in den Gouvernements Lublin, Warschau, Kalisch und Siedlce, zu Streiks und Protestaktionen der landlosen bäuerlichen Bevölkerung. Wegen der andauernden Unruhen war die russische Obrigkeit genötigt, in Kongreßpolen rund 300 000 Soldaten zu stationieren.

Die Forderung der Nationaldemokraten und der Positivisten (*Świętochowski*) nach Autonomie, damit die revolutionäre Bewegung im Königreich erfolgreich bekämpft werden könne, verhallte ungehört. Im November 1905 verhängte der russische Ministerpräsident Witte den Ausnahmezustand. Die Wahlen zur Ersten Duma im März 1906 wurden von den Sozialisten boykottiert, so daß die Nationaldemokraten von den 38 Mandaten im Königreich 34 errangen. Weitere neunzehn polnische Abgeordnete wurden aus Litauen, Weißrußland und der Ukraine entsandt. Vorsitzender der polnischen Fraktion (*Koło*) war Dmowski. Doch schon im Juli 1906 wurde die Erste Duma aufgelöst. An den Wahlen zur ebenfalls kurzlebigen Zweiten Duma (März bis Juli 1907) nahm nur die PPS nicht teil. Auch diesmal war die Gruppe der 46 polnischen Abgeordneten von den Nationaldemokraten dominiert. Aufgrund des neuen Wahlrechts konnten in die Dritte Duma im Herbst 1907 nur noch neunzehn polnische Parlamentarier entsandt werden. Im Januar 1909 trat Dmowski nicht nur vom Vorsitz der polnischen Fraktion zurück, sondern legte auch sein Mandat nieder, blieb aber weiterhin politisch aktiv.

Die Revolution von 1905 hatte im polnischen kulturellen Leben eine neue Epoche der rasanten Entwicklung eingeläutet. Neben der Lockerung der Zensur war die Zulassung eines polnischen Privatschulwesens im Oktober 1905 besonders wichtig. Bis zu seiner Auflösung im Dezember 1907 gründete der den Nationaldemokraten nahestehende »Polnische Schulverein« (*Polska Macierz Szkolna*) etwa 800 Grundschulen und zahlreiche Kindergärten und Schulbibliotheken. Ein buntes Vereinswesen entstand. Hier sei nur der Turnverein Sokół (Falke) genannt, der aber schon im September 1906 verboten wurde. Auch eine Vielzahl von wissenschaftlichen Gesellschaften hatte ihre Tätigkeit aufgenommen. Dieses pulsierende kulturelle Leben konnte die russische Obrigkeit mit administrativen Maßnahmen nicht völlig unterbinden, so daß die polnische Nation beim Ausbruch des Ersten Weltkrieges ein beachtliches Bildungsniveau erreicht hatte.

August Bebel

an die deutschen Arbeiter u. Arbeiterinnen in Russisch-Polen und Littauen.

Offener Brief

(Herausgegeben vom Vorstand der Sozialdemokratie Russisch-Polens und Littauens).

Deutsche Arbeiter und Arbeiterinnen! Euere Kameraden und Kameradinnen, die russisch-polnischen Arbeiter und Arbeiterinnen, befinden sich in einem schweren Kampfe gegen die Regierung ihres Landes und die Unternehmerklasse um die Eroberung ihrer Bürger- und Menschenrechte!

Arm, rechtlos, der Willkür der Behörden und Unternehmer preisgegeben, werden Männer, Frauen und Kinder gezwungen, für elenden Lohn schwere Arbeit zu verrichten. Gepeinigt und bedrückt von allen Seiten, haben sie keine Macht und kein Mittel, sich des auf ihnen lastenden Druckes zu entziehen. So bleibt ihnen nur die Aussicht auf ein Leben voller Not und Entbehrungen, die sich mit dem Alter steigern, ohne Aussicht auf Hilfe und Rettung, wenn sie sich nicht selber helfen, indem sie einmüthig und geschlossen zu gemeinsamem Kampfe zusammentreten

Deutsche Arbeiter und Arbeiterinnen! Wie es Euren Kameraden, den russisch-polnischen Arbeitern und Arbeiterinnen ergeht, genau so ergeht es Euch, die Ihr durch das Schicksal nach Russisch Polen und Littauen verschlagen seid

Ob polnischer, russischer oder deutscher Arbeiter und Arbeiterin, Eure Lebenslage ist dieselbe. Ihr leidet allesammt unter dem gleichen Druck, dem gleichen Elend, der gleichen Schmach. Wie jene rechtlos und jeder Willkür unterworfen sind, so auch Ihr.

Rosa Luxemburg (1870–1919) spielte zunächst in der polnischen, dann in der deutschen Arbeiterbewegung eine führende Rolle. Von ihr stammt eine der ersten wissenschaftlichen Darstellungen der Entwicklung des Lodzer Industriegebiets. An der Entwicklung des polnischen Sozialismus hatte die Arbeiterschaft im Lodzer Raum großen Anteil. Sozialdemokratische Ideen wirkten aus Deutschland auch nach Kongreßpolen hinein. Im Rahmen der polnischen sozialistischen Bewegung arbeiteten dann seit Ende der siebziger Jahre deutsche und polnische Arbeiter in Kongreßpolen zusammen. Das Gewicht des deutschen Anteils zeigte sich beispielsweise darin, daß von 14 000 Flugschriften der Sozialdemokratie des Königreichs Polen und Litauen zum 1. Mai 1901 in Kongreßpolen 2000 in deutscher Sprache gedruckt wurden.

DIE DEUTSCHEN UND DIE REVOLUTION VON 1905

Der Umbruch von Lodz und seinen Trabantenstädten, die Entwicklung zur Großstadt und zum Industrierevier hatte soziale Probleme, ja explosive Spannungen mit sich gebracht, die zur Entladung drängten. Für die deutsche Arbeiterschaft[66] bot sich allein schon aus sprachlich-kulturellen und herkunftsmäßigen Verbindungen ein Anschluß an die sozialistische Bewegung im deutschsprachigen Gesamtraum nahezu zwingend an, waren ja dort die gleichen Erscheinungen der sozialen Gegensätze zwischen Kapital und Arbeit zu beobachten. Nachdem schon 1835 im Konflikt der Lohnweber mit dem deutschen Fabrikanten Geyer, den »Maschinenstürmern« von 1860/61 und ihrem »Kampf zwischen Handwerk und Maschine« erste Erschütterungen zu verspüren gewesen waren, gab es – nach der Gründung der Sozialdemokratie in Deutschland 1863 – auch in der Lodzer deutschen Arbeiterschaft Ansätze von organisatorischen Zusammenschlüssen auf der ideologischen Grundlage der sozialistischen Internationale. Dabei kam es zur engen Verbindung mit den polnischen Sozialisten und deren Programm von 1879, zumal die internationale Bindung eine chauvinistische Entzweiung verhütete, ging es doch mehr um soziale als um nationale Freiheit. So spielten die Deutschen im polnischen Sozialismus eine bedeutende, teilweise sogar führende Rolle, insbesondere in der SDKPiL, in der sie die Hälfte der Mitglieder stellten. Deren Verbundenheit mit der SPD im Reich kam wiederholt zum Ausdruck, etwa durch die Herausgabe von Aufrufen und Broschüren in deutscher Sprache durch die SDKPiL oder den »Offenen Brief« August Bebels »an die deutschen Arbeiter und Arbeiterinnen in Russisch-Polen und Littauen« vom 9. April 1905, der sie aufforderte, in die Reihen der kämpfenden Brüder und Schwestern polnischer und russischer Nationalität einzutreten. Doch auch die PPS bemühte sich um ihre deutschen Genossen mit der Zeitung *Der deutsche Arbeiter in Polen* und mit deutschsprachigen Flugblättern.

Die revolutionären Ereignisse von 1905[67] in Lodz, das Schauplatz heftiger Streiks, Barrikaden- und Straßenkämpfe, aber auch polnischer und russischer konfessioneller und nationaler Emotionen war, forderten 31 Todesopfer. Attentate, Bombenanschläge, Militäraktionen, Provokationen, Repressalien, Verbannungen sowie schwere Auseinandersetzungen auch innerhalb der Arbeiterschaft erschütterten die deutsche Bevölkerung, vor allem den Teil, der aktiv am Revolutionsgeschehen teilgenommen hatte – und unter den sozialistischen Kämpfern waren viele Deutsche gewesen. Seit 1907 war jedoch eine relative Liberalisierung des bisherigen russifizierenden Regierungskurses zu spüren, der es der deutschen Arbeiterschaft erlaubte, sich in einer »Christlichen Gewerkschaft« sowie in einem »Verein deutschsprechender Meister und Arbeiter« und einem »Christlichen Commisverein« zu organisieren, wobei ihnen der Anflug von Demokratie und Parlamentarismus in Rußland zustatten kam.[68]

Die nachhaltige Auswirkung der Revolution von 1905 war die Genehmigung des muttersprachlichen Unterrichts. So entstand 1907 der »Deutsche Schul- und Bildungsverein« mit einem breitgefächerten Kulturprogramm, vor allem aber kam es 1906/07 bei tatkräftiger finanzieller Hilfe von Lodzer Industriellen sowie deutsch-baltischer

Schulmänner zur Gründung des »Lodzer Deutschen Gymnasiums« als eines Zentrums deutscher Bildung und Mittelpunkt eines eigenständigen Schulwesens in Kongreßpolen, über die traditionellen kolonistischen Kantoratsschulen und städtischen Volksschulen hinaus. Mit den deutschen Vereinen, dem aufkommenden Pressewesen und nicht zuletzt dem Wirken der von Deutschen ins Leben gerufenen sehr aktiven Freiwilligen Feuerwehr von 1875 sowie politischen Regungen war ein sanftes »Erwachen«, ein »Aufbruch« zu spüren. Der Zeitgeist scheint diesen herausgefordert zu haben.

WACHSENDE SPANNUNGEN IN LITERATUR UND PUBLIZISTIK

Unverkennbar begann sich aber nach der Revolution von 1905 die Situation der Deutschen in Kongreßpolen zum Schlechteren zu verändern. Hatten sich schon im Januaraufstand von 1863/64 deutschfeindliche Regungen seitens der polnischen Bevölkerung, dann im Zuge der Russifizierung auch seitens der Regierung in Sankt Petersburg bemerkbar gemacht, so steigerte sich dies nicht zuletzt unter dem Einfluß der außenpolitischen Situation nach 1871, der Gründung des Deutschen Reiches. Hatte es schon im mittelalterlichen Polen und der Adelsrepublik polnische Befürchtungen gegeben, die Deutschen im Lande, also etwa das deutsche Bürgertum von Krakau, Posen oder auch Lissa könnte es mit Böhmen oder mit dem Deutschen Orden beziehungsweise – als protestantische Dissidenten – mit den Schweden halten, so verstärkte sich dieser Verdacht mit dem Aufkommen des Schlagworts vom »deutschen Drang nach Osten«.[69] Als dessen Avantgarde wurden die »landfremden deutschen Einwanderer« in Stadt und Land angesehen. Waren also die Deutschen in Kongreßpolen nicht innere Feinde, die es zumindest mißtrauisch zu beobachten, zunehmend zu verdächtigen, zu bedrohen und schließlich zu verfolgen galt?

Freilich waren auch handfeste wirtschaftliche Probleme mit im Spiel, etwa der Wirtschaftskrieg zwischen dem Moskauer Kattun und dem Lodzer Barchent, der unter dem Beifall der polnischen inneren Konkurrenz in Lodz von der Presse und Publizistik propagandistisch aufgegriffen wurde. Nicht viel anders stellten sich die zwar weitverstreuten, aber doch eine gewisse Einheit darstellenden deutschen bäuerlichen Siedlungen dar, die gleichfalls als wirtschaftspolitischer Faktor einer Konkurrenz von Dorf zu Dorf und von Hof zu Hof empfunden wurden. Hatten sich schon seit den ersten deutschen Einwanderungen in Polen vielseitige, positive und negativ-verschlungene Beziehungen zwischen beiden Völkern im Bereich der unmittelbaren Nachbarschaft entwickelt, so nahmen sie in den letzten Jahrzehnten des 19. Jahrhunderts und nach der Jahrhundertwende schärfere Konturen an. Sie spiegelten sich in zwei Bereichen der siedlungs- und kulturgeschichtlichen Entwicklung der deutsch-polnischen Volksgrenze: in der vereinfachten und überlieferten Vorstellung vom deutschen Kolonisten, also vornehmlich auf der bäuerlich-volkstümlichen Grundlage der Auseinandersetzung mit den Deutschen, und in der sowohl positiv registrierenden als auch das Bild vom Deutschen in Polen verzerrenden polnischen Literatur.[70]

Der so entstehende »Mythos vom Deutschen« in der polnischen Volksüberlieferung,[71] zu dem sowohl polnische als auch deutsche volkskundliche Beobachtungen und Untersuchungen beigetragen haben, ist anhand zahlreicher Motive zu fassen. In Sprichwörtern, Sprüchen, Sagen, Volksliedern, Schwänken und Märchen wird »der Deutsche« dargestellt sowohl als »tüchtiger Tausendsassa« (»Setz den Deutschen auf einen Stumpen oder Stein, er wird wachsen und Brot haben«) als auch als »stummer« (polnisch *niemy, Niemiec*), furchtsamer »Hundsfott«, als komisch-fremd, nämlich mit Kurzrock (*kusy*) und Pluderhosen (*pludrak*) gekleideter Dickwanst und mit Dresdner oder Potsdamer Perücke ausstaffierter Geizhals, als »Kartoffelfresser« und böser Waldschrat (*smętek*), ungläubiger Verdammter, ja sogar als Teufel, als Schwabe (*szwab*) oder Preuße (*prusak*), dem sowohl mit Respekt als auch mit Verachtung, vielfach mit Spott begegnet wurde. Am Ende stand zumeist das Sprichwort von der Erbfeindschaft: »Solange die Welt eine Welt wird sein, wird der Deutsche nicht des Polen Bruder sein.«[72]

Die im polnischen Alltag durchaus vertraute Figur des Deutschen, besonders des deutschen Bauern, des Fabrikanten, Grundbesitzers, weniger des Arbeiters, griff die polnische Literatur des 19. Jahrhunderts in einer Weise und in einem Umfang auf, die sehr bemerkenswert erscheinen müssen.[73] Es seien hier zwei Romane erwähnt, die in der Glanzzeit des polnischen klassischen Romans zwei Themen aus der unmittelbaren Gegenwart und im Hinblick auf das Bild vom Deutschen in Polen diesen Deutschen direkt darstellen: einen »Industriepionier« in Lodz und einen »Kolonisten« im Cholm-Lubliner Land. Beide Romane, nämlich »Lodz – das gelobte Land« (*Ziemia obiecana* – im polnischen Original taucht Lodz nicht im Titel auf) von Wladyslaw Reymont und »Der Vorposten« (*Placówka*) von Boleslaw Prus sind im selben Jahre, 1886, erschienen, gewissermaßen eingerahmt von den beiden »Kreuzritter«(*Krzyżacy*)-Romanen von Ignacy Kraszewski (erschienen 1874) und Henryk Sienkiewicz (erschienen 1897 bis 1900).

Reymont schildert die Verhältnisse in dem Industriezentrum Kongreßpolens, die sich ihm als sozial-kultureller Kampf zwischen Polen, Deutschen und Juden und als Ausbeutung vor allem der polnischen Arbeiterschaft darstellen. Der polnische adlige Ingenieur Borowiecki steht mit seinem Versuch, eine eigene, polnische Fabrik zu gründen, zwischen dem gutmütigen, ehrlichen und geraden Deutschen Max Baum und dem gerissenen, gaunerhaften Juden Moritz Welt. Auffallend sind die merkwürdigen Verzeichnungen der deutschen Industriellen und Millionäre Buchholz und Müller als unerbittliche Ausbeuter der zumeist polnischen Arbeiterschaft. Insgesamt bietet sich dem mehr oder weniger kundigen Leser das Bild eines in Sitten und Anschauungen extrem kleinbürgerlichen »Lodzermenschen«,[74] dessen wirtschaftlicher Erfolg durch »Ochsenfleiß«, »reinliche Ordnung«, Sparsamkeit, ja geniale Organisatonsfähigkeit gleichwohl für polnische Industrielle und ihren Aufbauwillen als ein Vorbild anzusehen war. Dies galt vor allem in der Zeit der positivistischen Literatur, welche sich nach allen romantischen Katastrophen auf eine »organische Arbeit an den Grundlagen« einer neuen polnischen Zukunft ohne fremde Kapitalisten einzustellen versuchte. Mag auch manche polnische Kritik an diesem Roman sachliche und stilistische Mängel festgestellt haben, so blieb bei allen Korrekturen die »Ziemia obiecana« eine Quelle der Mißverständnisse und be-

Einwanderung deutscher Kolonisten, Gemälde von Franciszek Kostrzewski, um 1866
Seit der zweiten Hälfte des 19. Jahrhunderts änderte sich die Einstellung von Polen und Russen gegenüber den Deutschen im Lande grundlegend: man begann, in ihnen eine Gefahr zu sehen. Ein polnischer Kommentator schrieb 1880: »Alles wäre gut und schön, wenn die Deutschen einzeln in polnischen Dörfern wohnten und bald, wie das in den Städten der Fall ist, Polen würden. Da sie aber in geschlossenen Siedlungen auftreten, muß vor ihnen gewarnt werden.«

denklichen Unkenntnis über den »Lodzermenschen« und die Deutschen in Kongreßpolen schlechthin.

Die bäuerliche Seite der deutsch-polnischen Auseinandersetzungen in Kongreßpolen, die eine Folge des »deutschen Drangs nach Osten« zu sein schienen, schilderte Boleslaw Prus in seinem Roman »Placówka«. Schon die Gegenüberstellung des polnischen Bauern Ślimak (polnisch für »Schnecke«) und des deutschen Kolonisten Hammer sollte den Gegensatz deutlich machen. Alle positiven, vor allem aber in polnischen Augen negativen Elemente der deutschen Siedlungstätigkeit wurden dazu benutzt, den Willen zum Widerstand im vermeintlichen Kampf um den Boden zu wecken. Ślimak, durch mancherlei Mißgeschick, ja Unglück, das ihm durch die Deutschen widerfahren war – Tod und Gefängnis der Söhne, Krankheit der Frau, Brand, Mißwirtschaft –, zunächst zur Resignation neigend, wird schließlich zum Retter einer polnischen Dorfgemeinschaft gegen die am Ende abziehenden Kolonisten, welche keine friedliche, mit den Polen gemeinsame Heimat gefunden hatten.

Über die beiden hier stellvertretend für das industrielle und bäuerliche Milieu hinaus wirksamen Schemata aus Volksüberlieferung und der bildhaften, in Stereotypen mündenden Darstellung »der Deutschen« in der unmittelbaren Gegenwartsumgebung sei noch ein Typus des Preußen und Deutschen erwähnt, der »Kreuzritter«. Hier sind Ignacy Kraszewski (1812–1887) und Henryk Sienkiewicz (1846–1916) für die markantesten Darstellungen dieses an sich historischen, aber auf die politische Gegenwart bezogenen Stoffes zu nennen. In beiden Fällen handelt es sich um eine demonstrative Bestätigung des pessimistischen, ja fatalistischen Wortes von der unaufhebbaren deutsch-polnischen Erbfeindschaft, zumal die politische Gegenwart der bereits ein Jahrhundert andauernden Teilungszeit und ihre spannungsreichen Folgen am Ende des 19. Jahrhunderts das ganze Register antipreußisch-antideutscher Ressentiments zu rechtfertigen schienen. Daß auch verkappte antirussische Motive mitspielten, minderte die zur Tradition gewordenen antideutschen Tendenzen und ihre rufenden, mahnenden, die »Herzen stärkenden«, das Nationalgefühl wachhaltenden Bestrebungen keineswegs.

Die Romanliteratur, aber auch Lieder und Gedichte übten eine durchaus ins Politische hineinwirkende Funktion aus. Zunächst stand »der Deutsche« mit all seinen, freilich als fremd empfundenen Tüchtigkeiten und Erfolgen als nachahmenswertes, zu gleichen Leistungen führendes Vorbild da. Aus einem aus der eigenen großen Vergangenheit gewonnenen Identitätsgefühl ließ sich dagegen das Gegenbild der eigenen positiven polnischen »Charaktereigenschaften« ableiten, das zur Selbstbehauptung und schließlich mit der beharrlichen »Arbeit an den Grundlagen« zum neuen Aufstieg führen mochte. Faszination und Furcht zeichneten gleichermaßen das Bild einer Erbfeindschaft, die einen Frieden zwischen Deutschen und Polen als aussichtslos erscheinen lassen mußte. Zu gewaltig, zu bitter muteten alle historischen Erfahrungen an, als daß etwas anderes als Kampf übrigblieb, bis – um dies mit dem »Schwur« (*Rota*) von Maria Konopnicka zu bekennen – »die Kreuzritter-Sturmflut in Schutt und Asche endet«.

Zweifellos haben Volksüberlieferungen und Literatur in ihren Breitenwirkungen zur national-kulturellen Spannung und zu einer politischen Instrumentalisierung im

Verhältnis zu den Deutschen in Stadt und Land beigetragen, die durch eine nüchtern-realistischere Sichtweise der interethnischen Beziehungen nur schwer zu entkrampfen und zu überwinden waren. Doch ist höchst bemerkenswert, daß es ausgerechnet Boleslaw Prus, der Autor der »Placówka«, gewesen ist, der 1901 in der polnischen Zeitung *Gazeta Polska* unter anderem das folgende Bekenntnis ablegen konnte: »Mit dem deutschen Volke hatten wir immer die allerbesten Beziehungen. Von ihm übernahmen wir den gotischen Stil in der Baukunst, die Schnitzerei, eine Menge Geräte, Gefäße und Handwerkszeuge, eine Menge wissenschaftlicher Kenntnisse, die Handwerke und das Gewerbe, den Handel, viele Gebräuche, viele Organisationsformen ... Schämen wir uns nicht der Wahrheit: diesem edlen Volke verdanken wir den größeren Teil unserer Zivilisation. Als Gegengabe dafür besaßen die sich unter uns ansiedelnden deutschen Bewohner ausgesuchte Privilegien und die ländlichen Kolonisten große Erleichterungen. Wie sie sich aber unter uns gefühlt haben, das möge die Tatsache bezeugen, daß Hunderttausende von Deutschen freiwillig ohne jeglichen Schein der Bedrückung unser Volkstum angenommen haben und – sagen wir das laut heraus – uns die besten Arbeiter und die achtbarsten Bürger geschenkt haben. Unsere Erde wurde für sie eine gute Mutter, und sie für dieselbe gute Söhne.«

Es konnte nicht ausbleiben, daß sich unter dem Einfluß der »großen Politik« Rußlands gegenüber Deutschland, dem Moskau-Lodzer »Textilkrieg«, aber auch der polnischen Literatur und Publizistik die politische Stimmung in Kongreßpolen gegenüber den Deutschen verschlechterte, ja aggressive Formen anzunehmen begann.[75] Verhängnisvoll war beispielsweise 1907 das Erscheinen einer Karte der deutschen Siedlungen und des deutschen Grundbesitzes von Henryk Wiercieński, welche das Deutschtum in Kongreßpolen – bei einem Bevölkerungsanteil von lediglich 4,2 Prozent – »wie eine deutsche Sintflut«, schließlich als »strategische Gefahr« darstellte, weil sich dessen Siedlungen angeblich am russischen Eisenbahnnetz orientierten. Mit dem Stichwort »strategisch militärische Gefahr« war ein Motiv angeschlagen, dessen Zählebigkeit sich bis in die jüngste Gegenwart hinein auswirken sollte. Im Sommer 1913 schrieb die russische Zeitung *Neue Zeit* (*Novoje Wremja*) schon eindeutig von der Möglichkeit einer Sabotage im Kriegsfall, bei dem Rußland große Überraschungen erleben werde. Daher war es kaum verwunderlich, daß alle organisatorischen Erscheinungsformen der Deutschen mit mißtrauischem Interesse zur Kenntnis genommen wurden.

DEUTSCHE UND JUDEN IN KONGRESSPOLEN

Wie bereits angedeutet, veränderte sich das Bevölkerungsgefüge der kongreßpolnischen Städte, besonders des Lodzer Ballungsraumes, durch das Einströmen von ländlichen oder kleinstädtischen Schichten. Mit polnischen, bisher agrarisch geprägten, durch die Bauernbefreiung aber beweglich gewordenen Zuwanderern kamen auch Juden[76] aus soziologisch ähnlichen Bereichen in eine neue städtische Umwelt, wie sie sich etwa in Lodz oder Warschau herausgebildet hatte. Somit ergab sich mehr als nur eine

Berührung mit den Deutschen, mit der auch ein Wandel der bisherigen »archaischen« Nachbarschaft, besonders im östlichen Polen, verbunden war. So zogen die Juden seit 1794/1815 aus dem *schtetl* des ihnen in Rußland zugewiesenen, vormals polnisch-litauischen Ansiedlungsstreifens in den Westzonengouvernements und aus ihren überfüllten Ghettos in das Weichselland zwischen Bug und preußischer Grenze.

Vor und mit dieser Westbewegung hatte sich unter dem Einfluß von Industrialisierung, liberaler Emanzipation sowie Assimilation auch eine innerjüdische Veränderung vollzogen, eine allmähliche Umschichtung, die einer Identitätskrise gleichkam. Nach Auflösung der alten Verbindungen zwischen adlig und gutsherrschaftlich geprägtem Land und Stadt, von der auch die vorwiegend in Handel und Handwerk beschäftigten Juden betroffen waren, drängten nun verarmte, verelendete Massen in neue Chancen, die sich ihnen durch die ökonomischen, nicht zuletzt von den Deutschen eingeleiteten, kapitalistisch geprägten Fortschritte Kongreßpolens zu bieten schienen. Das immer schon hohe jüdische Wachstumspotential, bedingt etwa durch religiös motivierte Frühehen, stieg weiterhin nahezu explosionsartig an. Der Hang zur räumlichen Abgeschlossenheit und Eigenständigkeit des »Hierseins und Beisammenbleibens« blieb dabei aber erhalten. Gleiches galt aber auch für die Massenverelendung, erhielt doch 1898 nahezu jeder fünfte arbeitswillige und arbeitsfähige Jude in »West-Rußland« eine Armenunterstützung seiner Glaubensgenossen. Die großen Städte, Warschau und Lodz, zählten 1898 schon 220000 beziehungsweise 100000 Juden. Im Jahre 1900 machten die Juden 13,7 Prozent der Bevölkerung Kongreßpolens aus, und in Lodz waren es 29,4 Prozent (bei nur 21,4 Prozent der Deutschen), die sich schließlich zu politisch-sozialen und national-kulturellen Bünden einer jüdischen revolutionären Bewegung[77] zusammenschlossen. Im Jahre 1915 betrug der jüdische Anteil in Lodz 36,4 Prozent, während der deutsche auf 11,5 Prozent gefallen war. Der Anteil der Juden, die in der Industrie arbeiteten, lag über dem Durchschnitt. Auch die Zahl der jüdischen Textilbetriebe übertraf die der deutschen.

Es war kein Zufall, daß sich zur gleichen Zeit und im gleichen Raum auch bei den Deutschen eine Art politischer »Nationalbewegung« entfaltete. Es gab also bei allen differenzierenden Einzelerscheinungen der interethnischen Beziehungen unverkennbare Gemeinsamkeiten.

Deutliche Trennungen zwischen Juden und den nichtjüdischen, nichtmosaischen, zumeist evangelischen Deutschen gab es durch den Glauben und dessen Ausübung, die Sitten und Bräuche in Ernährung, Kleidung (Kaftan), Haartracht (Schläfenlocken), durch welche die jeweils andere Physiognomie betont wurde. Gleichwohl machte das gemeinsame Bekenntnis zum Alten Testament manches nahezu ausgeklügelt-freundliche, mit Bibelzitaten gewürzte »Religionsgespräch« möglich, etwa zwischen einem deutschen Dorfkantor und einem jüdischen »bibelfesten« Kaufmann. Eine jüdisch-polnische religiöse »Diskussion« war bei dem strengen Katholizismus unmöglich. Nicht gerade beliebte jüdische Kreditgeber aber genossen allgemein christlichen Respekt. Nach wie vor unterschieden sich die Berufsgruppen, auf dem Lande mehr, in den Städten weniger. Immerhin war der Anteil der Juden, die in der Industrie tätig waren, größer als

Schnittwarenbude am Markt in Lodz
»Die an sich schon wenig übersichtlich gebaute Altstadt ist durch den lebhaften Geschäfts- und Krambetrieb geradezu undurchdringlich geworden: ein einziger, riesenhafter Basar oder Jahrmarkt von äußerlich recht provinziellen Formen. Selbst in den Kellern befinden sich Läden und Warenniederlagen. Betritt man einen solchen Raum, so findet man ihn eng und dunkel, bis zur Decke mit Waren vollgestopft. Man brauchte nur die Wände zwischen den einzelnen Läden und Häusern zu durchbrechen ... und das ganze wäre ein einziges riesiges Warenhaus, ein Basarlabyrinth in äußerlich nüchternen Mietskasernen. In der Tat sind solche Durchbrüche in gewissem Maße durchgeführt worden, und man kann – besonders in der Gegend des einstigen Ghetto – längere Wanderungen durch die finsteren, winkeligen Räume antreten, die wie eine unterirdische Höhlenwanderung in einer exotisch-orientalischen Welt anmuten. Diese privaten Geschäftshallen nennen sich hier auch tatsächlich Basare, in denen die Nischen und Wandabschnitte nach Ellen an die einzelnen Händler vermietet werden.« (Oskar Kossmann, Lodz – eine historisch-geographische Analyse)

Markttag in Lodz
»Besondere Kerne des Geschäftslebens bilden die Marktplätze. Auf einem geräumigen, mit Feldsteinen gepflasterten Platz befindet sich ständig eine Reihe von Kramläden in Gestalt fahr- oder tragbarer Holzbuden, die Obst, Selterswasser, Spielzeug und verschiedenen Tand verkaufen. Erst an den Markttagen jedoch erwacht der Platz zu vielseitigem Leben. Die Bauern der von der betreffenden Zufahrtstraße erfaßten ländlichen Umgebung kommen mit ihren Panjewagen zu Hunderten und füllen den Platz bis zum Rand. Die Hausfrauen gehen von Wagen zu Wagen und kaufen direkt von der Bäuerin. Gleichzeitig setzen die Juden ihre Krambuden in Betrieb, in denen die Bauern ihren Bedarf an städtischen Erzeugnissen decken. Rund um den Ring und in den nächsten Straßenansätzen besitzen die Händler feste Läden, die demselben Zweck dienen.« (Oskar Kossmann, Lodz – eine historisch-geographische Analyse)

In den mehrsprachigen Geschäftsanzeigen und Firmenschildern in Lodz spiegelt sich die Entwicklung der zunächst rein deutschen Industriesiedlung im russischen Teil Polens und ihre Veränderung durch den massenhaften Zustrom der polnischen Arbeiterschaft und die zunehmende Dominanz von Juden im Handel, aber auch dem Handwerk und den freien Berufen vor dem Ersten Weltkrieg.

der der Deutschen, was zu Konkurrenzen führte, ohne daß sich daraus ein aggressiver ideologisch-rassistischer deutscher Antisemitismus in Kongreßpolen entwickelte, welcher dem polnischen gleichzustellen gewesen wäre.

Im Gegenteil. Nachdem die Juden durch die Entwicklung eines kämpferischen, politischen Bewußtseins und die Gründung eines eigenständigen sozialistischen »Bundes« im Jahre 1897 eine führende Rolle in der sozialistisch-politischen Szene in Rußland übernommen hatten, rückten sie bewußt in die Nähe der deutschen Sozialisten. Daß sich auch eine liberale Emanzipationsbewegung und der Zionismus etabliert hatten, berührte die jüdisch-deutsche sozialistische Kampfgemeinschaft[78] kaum, die ihrerseits auf die polnische Arbeiterbewegung organisatorisch einwirkte. Umgekehrt hatten sich Juden, als sie noch keine eigenen Organisationserfahrungen an der Basis besaßen, in sozialistische Zirkel einbinden lassen, die von Deutschen und Polen in Kongreßpolen organisiert wurden.[79] Dies war auch bei der Neuorganisation der polnischen Sozialdemokratie (SDKPiL) der Fall, in welcher die deutschen Mitglieder eine so gewichtige Rolle spielten, daß die SDKPiL von der betont national-polnischen PPS geradezu als »nichtpolnische«, ja als »deutsche Partei« beurteilt wurde.

Verbindend war gleichermaßen der Widerstand und die Abwehr gegen polnisch-nationalistische Tendenzen in den eigenen Reihen und das wachsende nationale Selbstbewußtsein, zumal beide Gruppen in ihrer Zerstreuung keinen geographisch-administrativen Mittelpunkt besaßen, der eine territoriale Autonomie hätte rechtfertigen können. Das jüdische *schtetl* und die deutschen Siedlungen wiesen mancherlei Ähnlichkeiten auf. So kann es kaum überraschen, wenn auf polnischer Seite der Antisemitismus in einem Atemzuge mit dem Antigermanismus genannt wurde. Roman Dmowski empfand die Juden besonders wegen ihrer Sprache, des Jiddischen, gewissermaßen als »Vorhut des deutschen Drangs nach Osten«, was völlig unhistorisch und abwegig war und nicht berücksichtigte, daß die deutsche Ostsiedlung oft ein Wegbereiter und Begleiter der im 15. und 16. Jahrhundert begonnenen Auswanderung der Aschkenasim, der Juden aus Deutschland, gewesen ist. Dmowskis Ansicht, daß die Juden auch in Kongreßpolen ein »germanisierendes Element« seien, hat weite und dauerhafte Verbreitung gefunden.

Zweifellos bildeten Jiddisch und Deutsch jeweils eine Brücke der gegenseitigen interethnischen Verständigung, menschlicher ausgedrückt: Es gab bei selbstironischen jüdischen und deutschen Schwänken und Witzen der Juden ein verständnisvoll-herzhaftes Lachen auf beiden Seiten. Die gegenseitige Kenntnis, ja Beherrschung der deutschen Sprache ging so weit, daß der jüdische Ladenbesitzer in einem deutschen Weichseldorf seine Kunden mühelos auf deutsch, und zwar in »Niedrungerplatt«, bedienen konnte. Der jüdische Holzhändler setzte sich nach für beide Seiten erfolgreichem Geschäft, also dem Kauf und dem Transport des von »Stabschlägern« und Rodebauern weichselabwärts nach Danzig gelieferten Holzes, mit diesen im Saybuscher Bierlokal in Warschaus Jerozolimskastraße zu einem *bronfen* (Schnaps) zusammen. Gleichwohl wurden die von beiden Seiten in der Regel rigoros beachteten Schranken des Glaubens und der Sitten in der bäuerlichen Umwelt bei gegenseitiger Toleranz nicht durchbrochen.

Dies war einer der Gründe, warum die Judenmission der Evangelisch-Augsburgischen Kirche in Czyzminek kaum Erfolge verzeichnen konnte.

Im städtischen Milieu kam zu den schon auf dem Lande beobachteten Kontakten ein sehr wesentlicher Umstand des deutsch-jüdischen kulturellen Miteinanders hinzu – die deutsche Schule. Die ländlichen Kantoratsschulen kannten jüdische Mitschüler nicht. Die Gymnasien in Lodz, Zgierz, Pabianice und Sompolno dagegen hatten vielfach von Anfang an bis zum bitteren Ende jüdische Schulkinder; da saßen der deutsch-evangelische Lehrersohn und die Rabbinertochter in derselben Schulbank und wurden zuweilen auch von jüdischen Lehrern unterrichtet. Neben der Furcht vor Mißhandlungen in den polnischen höheren Schulen spielte bei der jüdischen Schulwahl vor allem die Wertschätzung deutscher Schulbildung, die den zumeist aus kleinbürgerlichen Kreisen stammenden jüdischen Mitschülern weltweite, konkurrenzlose Zugänge und Vorteile bot, eine entscheidende Rolle. Auch konnte in Städten eine gewisse »national-kulturelle Assimilation« stattfinden, die freilich nicht zu »preußischen«, Posener Verhältnissen führte, also auch kaum Mischehen kannte, wie dies ebenfalls bei den lediglich ökonomisch eingestellten »Lodzer Menschen« unter dem Gesichtspunkt »Heiraten zahlt sich aus« hätte naheliegen können. Auf beiden Seiten waren in zunehmendem Maße sowohl ethnische Abgrenzung als auch das politische Kalkül des Zusammenwirkens spürbar.

DIE POLNISCHE GESELLSCHAFT AM VORABEND DES ERSTEN WELTKRIEGS

Die Nationaldemokratie hatte als einzige polnische Partei den Anspruch, alle Schichten der Nation zu erfassen. Wenn auch der von Roman Dmowski verkündete »Neoslawismus« mit der Anlehnung an Rußland im Volk wenig Gegenliebe fand, vermochte diese bürgerlich-nationalistische und antisemitisch ausgerichtete Partei wichtige Grundlagenarbeit für die Zukunft zu leisten. Sie hatte als einzige Gruppierung ein geschlossenes Programm für die Wiedererrichtung Polens als Nationalstaat an der Seite Rußlands, das vor der preußisch-deutschen Hauptgefahr schützen sollte. Mit der »piastisch«-antideutschen Richtung gelang es ihr, breite Schichten des Volkes anzusprechen. Innerhalb der Nationaldemokratie gab es jedoch auch oppositionelle Strömungen, die den aktiven Kampf für die Wiedererlangung der Unabhängigkeit nicht so konsequent ablehnten.

Der große Gegenspieler Dmowskis, Józef Pilsudski, und mit ihm die »Revolutionäre Fraktion« der PPS, war mehr der historischen »jagiellonischen« Idee zugetan. Das Haupthindernis auf dem Wege zur Erringung der staatlichen Unabhängigkeit sah Pilsudski in Rußland, wobei er das Ziel nur mit Hilfe eines bewaffneten Kampfes erreichen zu können glaubte. Ein klares politisches Programm war zwar nicht vorhanden, aber in Lemberg wurde im Juni 1908 von Kazimierz Sosnkowski der »Verband für den Aktiven Kampf« (ZWC – *Związek Walki Czynnej*) gegründet, der in Galizien im Untergrund tätig war und dessen Führung 1912 der »Kommandant« Pilsudski übernahm. Ein Beispiel für seinen Kampfeswillen war der berühmte Überfall auf einen Postzug in Bezdany bei Wilna, der von Pilsudski im September 1908 persönlich geleitet wurde. Im Jahre 1910 konnte in Lemberg völlig legal unter dem österreichischen Offizier Wladyslaw Sikorski (1881–1943) der »Schützenverband« (*Związek Strzelecki*) entstehen. Für den Fall eines Kriegs gegen Rußland waren polnische Militärverbände eine Trumpfkarte der österreichischen Politik. Ebenfalls in Lemberg bildete sich 1909 die Kampforganisation »Polnische Armee« (*Armia Polska*), aus der 1911 die legalen »Schützengefolgschaften« (*Drużyny Strzeleckie*) hervorgingen. Beide Organisationen wirkten eng zusammen, hatten auch zahlreiche Mitglieder im Königreich, waren aber im preußischen Teilgebiet nicht tätig. Zu Beginn des Jahres 1914 hatte der »Schützenverband« über 6000 und die »Schützengefolgschaften« 4000 Mitglieder.

Als wichtiges Faktum aus der Russifizierungspolitik, die nun auch von den russischen Liberalen mitgetragen wurde, wurde 1909 in der Duma das Regierungsprojekt eingebracht, ein Gouvernement Cholm aus den östlichen Teilen der Gouvernements Lublin und Siedlce zu schaffen und dem Generalgouvernement Kiew anzugliedern. Mit der Verwirklichung dieses Beschlusses im Jahre 1912 sollte die endgültige Russifizierung dieses Gebiets eingeleitet werden, was den »neoslawischen« Nationaldemokraten nur schaden konnte. Gotthold Rhode charakterisierte die Situation der polnischen Gesellschaft am Vorabend des Ersten Weltkriegs wie folgt: »Das Jahr 1914 fand die polnische Nation politisch bewußt, in weiten Teilen wohlorganisiert, von ihrem Werte, ihrer Bedeutung und ihrer inneren Kraft durchaus überzeugt und voll Glauben an eine große Aufgabe und die Möglichkeit der Wiedergewinnung des Staates. Die Ansichten über den einzuschlagenden Weg und die richtige Haltung im Krieg waren jedoch radikal verschieden. Die große Masse der polnischen Bevölkerung folgte loyal den Mobilmachungsbefehlen, ohne sich zum ›Aktivismus‹ Pilsudskis oder zum Neoslawismus Dmowskis zu bekennen.«

Die Deutschen in Litauen von der Reformation bis zum Ersten Weltkrieg

HARRY STOSSUN

Reformation

Die Einzeleinwanderung von Deutschen in die litauischen Gebiete hatte sich im Mittelalter auf die größeren Städte beschränkt und dort zur Entstehung eines zahlenmäßig geringen deutschen Bürgertums geführt. In dessen Kreisen fand die aus Deutschland kommende Reformation in lutherischer Form rasch Anhänger und wirkte sich auf die weitere Entwicklung und Verbreitung des Deutschtums in Litauen außerordentlich günstig aus.

1550 wurde in Kaunas eine evangelisch-lutherische Kirchengemeinde gegründet, der zwei Jahre später schon insgesamt 124 Familien angehörten. Die reformatorischen Gedanken kamen über die engen Handelsbeziehungen mit dem Westen in diese Stadt. Gefördert wurde der Protestantismus auch durch die Bemühungen der von Herzog Albrecht von Brandenburg-Ansbach im Jahre 1544 gegründeten Universiät Königsberg. Dort übersetzte Martin Mosvidius (Mazvydas) 1547 Luthers »Kleinen Katechismus« ins Litauische und schuf damit das erste Buch in dieser Sprache. Um die Reformation im Nachbarland zu fördern, richtete Herzog Albrecht Stipendien für junge Adlige aus Litauen ein. Stanislaus Rapelhagen, der in Wittenberg ein Schüler Martin Luthers gewesen war, und Abraham Culva hielten in Wilna evangelische Predigten und waren Professoren an der Königsberger Universität. Von hier reiste Culva häufig nach Wilna, wo er eine der Verbreitung der Reformation dienende geistliche Schule ins Leben gerufen hatte. Sie wurde gleichzeitig von rund sechzig Schülern besucht.

Um das Jahr 1550 war Wilna »von Protestanten überschwemmt«,[1] und die Anhänger dieser Glaubensrichtung konnten ihre Religion ungehindert ausüben. Viele Angehörige der gehobenen Stände hatten sich der neuen Lehre zugewandt. Wie Rapelhagen besuchten auch andere litauische Adlige in dieser Zeit die Hochschule in Wittenberg und kehrten beeindruckt vom reformatorischen Geist in ihre Heimat zurück. In den siebziger Jahren des 16. Jahrhunderts wurde in vielen katholischen Kirchen in Litauen die Lehre Martin Luthers verkündet. Protestanten aus Preußen, Kurland oder Livland bekleideten in dieser Zeit hohe städtische Ämter. Der vermögende Kaufmann Augustin Morsztein war zwischen 1531 und 1544 Bürgermeister von Wilna, ebenso Jakob Giebel, von dem bekannt ist, daß er Anfang des 17. Jahrhunderts 34 Jahre lang dieses Amt innehatte. Zwei weitere deutsche Bürgermeister aus Wilna, Wilhelm Engelbrecht und Johann Schretter, wurden 1632 zur Königswahl und 1677 zum Reichstag nach Warschau delegiert.

Die seit 1568 durch den Jesuitenorden betriebene Gegenreformation bewirkte aber einen raschen Niedergang des litauischen Protestantismus und erschütterte schon bald auch die Stellung der Deutschen in den Städten. Viele der evangelischen Kirchen wurden rekatholisiert oder zerstört, und auf dem Markt von Wilna fand 1581 eine Verbrennung protestantischer Bücher statt. In dieser Zeit wurden verschiedentlich protestantische Geistliche auf den Straßen der Stadt mißhandelt. Im 16. und 17. Jahrhundert überfielen Jesuiten mehrmals die reformierte Kirche und zerstörten dabei auch die

Schule und die Bibliothek. Entsprechende Ausschreitungen gegenüber Lutheranern fanden auch in Kaunas statt.

Erst jetzt, da die Bedeutung des städtischen Deutschtums zurückging, fanden die Deutschen ihren Weg in die Kleinstädte und aufs Land. Diese Entwicklung ging auf lutherische und calvinistische Magnaten in Litauen zurück, welche deutsche Handwerker und Kaufleute auf ihre Besitzungen riefen. Viele dieser polonisierten litauischen Adligen hatten ihre Söhne in Deutschland studieren lassen und waren so mit dem Protestantismus in Berührung gekommen. Vom Heranziehen der deutschen Bauern, Handwerker und Gewerbetreibenden versprachen sie sich Unabhängigkeit sowohl gegenüber der mächtigen katholischen Geistlichkeit als auch gegenüber der Krone Polens.

Im Jahre 1567 wurde durch Jan Szemet in Tauroggen eine deutsche Gemeinde gegründet, 1572 siedelte Johann Chotkiewicz auf seinem Gut Skudy Deutsche an. Aus ihrer Ansiedlung entwickelte sich die Stadt Johannesburg, später Schoden genannt. Chotkiewicz hatte in Wittenberg studiert. Neben wirtschaftlichen Motiven war die Schaffung eines Stützpunktes des evangelisch-lutherischen Glaubens ein wesentlicher Grund für seine Stadtgründung. Der Ort behielt mehrere Jahrhunderte lang seinen deutschen Charakter. Ähnliche Motive wie Chotkiewicz verfolgte auch Christoph Radziwill mit der im Jahre 1587 erfolgten Gründung des Ortes Birsen. Obwohl sich die Bedingungen für die Neuansiedlung von Deutschen durch die von den Wilnaer Jesuiten betriebene Gegenreformation verschlechtert hatten und viele polnische und litauische Adlige inzwischen schon wieder zum Katholizismus zurückgekehrt waren, warb Christoph Radziwill der Jüngere noch 1629 für sein Gut Kedahnen deutsche Kolonisten an.

Zwei schwere Schläge trafen das städtische Deutschtum in Litauen im 17. und frühen 18. Jahrhundert. In den Jahren 1648 bis 1655, zur Zeit des Schwedisch-Polnischen Krieges, floh der größte Teil der protestantischen Bürger aus Kaunas und Wilna vor den Russen und Tataren nach Preußen, wo sie auf Befehl des Großen Kurfürsten registriert wurden. Die so entstandenen Listen geben Aufschluß über die zahlenmäßige Stärke und die Zusammensetzung der deutschen Bevölkerung Litauens zu jener Zeit. Von den insgesamt 132 erwachsenen männlichen Personen aus Kaunas können 85 als Deutsche angesehen werden. Darunter waren sechzehn Kaufleute, ebenso viele Handwerker (fünf Goldschmiede, je ein Maler, Apotheker, Büchsenmacher, Kürschner, Leinweber, Bortenwirker, Schneider, Tischler, Böttcher, Drechsler und Barbier) und sechs Angehörige gelehrter Berufe (je ein Pfarrer und Kantor sowie vier Studenten). Auch einer der beiden Bürgermeister war Deutscher. Die übrigen Namen erschienen ohne Nennung des Berufes. Obwohl ein großer Teil der Flüchtlinge nach 1660 wieder nach Kaunas zurückkehrte, erholte sich die deutsche Kolonie nur sehr langsam. So wurden in der protestantischen Gemeinde 1663 nur neun und 1664 nur zehn Taufen registriert, während in den Jahren vor 1655 meist über dreißig Taufen gefeiert worden waren.

Ein noch schwererer Schlag als der Moskowitereinfall von 1655 war für die städtische Bevölkerung die Pestepidemie der Jahre 1709 bis 1714. In Kaunas stieg die Zahl der Beerdigungen von 23 im Jahre 1709 auf 205 im darauffolgenden Jahr. Die Eintragungen im Kirchenbuch machen das Ausmaß der Epidemie deutlich: »In welchem

Jahre und Monaten Juni, Juli, August eine volkreiche und vermögende deutsche Gemeine nebst ihrem bis in den Tod getreuen Seelenhirten ... sowohl bis auf mich, den Bürgermeister, einen Großbürger ... und acht Handwerker, als auch die ganze litauische Stadtgemeinde bis auf einen Bürgermeister und Landvogt ... und einen Rathsherrn ... an der erschrecklich grassierenden Pest allhie ausgestorben ist.«[2]

Es dauerte mehrere Jahrzehnte, bis die Gemeinde durch Zuzug und durch natürliche Vermehrung wieder an ihre alte Größe heranreichte. Dabei unterbrach der Stadtbrand von 1731 nochmals den Erholungsprozeß. Nach diesem Unglück verloren die Deutschen in Kaunas weiter an Bedeutung. Um das Wiederaufleben der Stadt zu beschleunigen, öffnete man Handel und Gewerbe auch für die jüdische Bevölkerung, wodurch sich die Deutschen starker Konkurrenz ausgesetzt sahen. Hinzu kam, daß der Druck der polnischen katholischen Geistlichkeit um die Mitte des 18. Jahrhunderts stärker wurde und viele Deutsche zur Abwanderung gezwungen waren. Dennoch kam es nicht zu einem völligen Untergang des spätmittelalterlichen deutschen Bürgertums. Noch bis in die erste Hälfte des 19. Jahrhunderts nahmen einige der alten deutschen Familien aus Kaunas angesehene öffentliche Ämter in der Stadt ein und stellten 1714, 1801, 1802 und 1837 die Bürgermeister. Bis ins 16. Jahrhundert waren Kaunas, Wilna und Trakai die einzigen Stätten nennenswerter deutscher Ansiedlung geblieben. Weder für deutsche Kaufleute noch für Handwerker kam offensichtlich eine Niederlassung außerhalb dieser Städte in Frage.

Die private Kolonisationspolitik der litauischen und polnischen Magnatenfamilien führte auch im 18. Jahrhundert noch Deutsche nach Litauen. 1790 rief Fürst Nestor Kasimir Sapieha deutsche Handwerkerfamilien in das Städtchen Prenen/Prienai und schenkte ihnen einige Morgen Land mit der Auflage, für Schule, Kirche und Hospital zu sorgen. Die Einwanderer waren vor allem Drechsler, Seiler und Leineweber. Im Jahre 1805 war ein Deutscher auch Bürgermeister des Ortes. Weitere deutsche Siedlungen entstanden damals in Janow/Janova, Schaulen/Siauliai, Zvyren/Zvyriai, Kedahnen/Kedainiai und Godlewo/Garliava. Reformierte und lutherische Adelsfamilien zogen auch hier deutsche Handwerker auf ihre Besitzungen. Im Zuge des Merkantilismus wurde die Ansiedlung von Ausländern aus dem Westem allgemein sehr gefördert, da sie zur Hebung der litauischen Gewerbe und Industrien und damit der gesamten Volkswirtschaft beitrugen. Deutsche waren an diesem Prozeß maßgeblich beteiligt, wenngleich es nur einzelne deutsche Siedlungsinseln gab.

Deutsche Bauern und Landarbeiter kamen im Vergleich zu den Kaufleuten und Handwerkern erst sehr spät nach Litauen. Im 17. und 18. Jahrhundert zogen zwar schon Landwirte widerrechtlich aus Preußen nach Polen-Litauen; dabei handelte es sich aber wohl vor allem um Litauer oder Masuren, die zurückwanderten. So nennt Rudolf Heberle für das Jahr 1779 die Zahl von 270 aus Preußen nach Litauen gelangten Personen, von denen aber nur zwei oder drei deutsche Namen trugen. Der Grund für diese Wanderungsbewegung war vor allem die wirtschaftliche Not, häufig ausgelöst durch die hohe Steuerlast. Da den Adligen in Litauen dieser Bevölkerungszuwachs willkommen war, schickten sie niemanden zurück. Die Zuwanderer wurden auf wüsten

Die 1175 von Mönchen aus dem Rheinland errichtete romanische Zisterzienserabtei in Lond wurde seit 1651 durch eine barocke Kirche ersetzt. Das achteckige, von einer prächtigen Kuppel gedeckte Kirchenschiff erbaute der Italiener Pompeo Ferrari in den Jahren 1728 bis 1735. Es enthält wertvolle Stuckdekorationen und Malereien

In der litauischen Volksüberlieferung sind mit den unzähligen Seen und Sümpfen des Landes Geister und Teufelchen »in deutscher Gestalt« verbunden. Der bei Kaunas im Tal der Issa geborene polnische Dichter Czeslaw Milosz schreibt: »Es ist möglich, daß morsche Weiden, Mühlen, Ufergesträuch besonders bequem sind für Wesen, die menschlichen Augen nur dann erscheinen, wenn diese es selbst wünschen. Diejenigen, die sie gesehen haben, sagen, ein Teufel sei nicht groß, von dem Wuchs eines neunjährigen Kindes, er trage ein grünes Fräcklein, ein Jabot, die Haare zu einem Zopf geflochten, weiße Strümpfe und bemühe sich, durch Schuhe mit hohen Absätzen die Hufe, deren er sich schämt, zu verstecken. Diesen Erzählungen gegenüber soll man eine gewisse Vorsicht walten lassen. Es ist wahrscheinlich, daß die Teufel, da sie die abergläubische Bewunderung des Volkes für die Deutschen kennen – Menschen des Handels, der Erfindung und der Wissenschaft – sich mehr Ansehen zu geben versuchen, indem sie sich wie Immanuel Kant von Königsberg kleiden. Nicht umsonst ist an der Issa der andere Name für unheimliche Macht *Niemczyk* [Diminutiv von »der Deutsche«] ...«

Höfen angesiedelt oder als Landarbeiter beschäftigt. Bis zum Ende des 18. Jahrhunderts gab es nur ein Hin- und Herwandern der litauischen und masurischen Grenzbevölkerung. Erst Ende des 18., vor allem aber im 19. Jahrhundert fand eine stärkere Auswanderung von deutschen Bauern nach Litauern statt. Von diesen zugezogenen Familien stammten viele ursprünglich aus dem Salzburgischen, wobei aber nur ein geringer Teil dieser Glaubensflüchtlinge unmittelbar aus ihrer Heimat nach Litauen gekommen sein dürfte. Vielmehr handelte es sich vor allem um spätere Nachkommen der zunächst in Preußen angesiedelten Kolonisten.

Das Ende des polnisch-litauischen Doppelreiches 1795 und die folgende Stabilisierung der inneren Verhältnisse Litauens hatte auf die Entwicklung der deutschen Gemeinde in Kaunas einen günstigen Einfluß. Deutsche Kaufleute trieben wieder regen Handel mit landwirtschaftlichen Produkten und übten die Kontrolle über die Memelschiffahrt aus. Um 1840 lebten in Kaunas etwa 600 bis 700 Deutsche. Die deutsche Einwohnerschaft in Wilna reichte weder von der Zahl noch von der wirtschaftlichen Stellung her an diejenige der Stadt Kaunas heran. Im 18. und 19. Jahrhundert bestand jedoch hier ein Teil der Handwerkerschaft aus Deutschen.

Durch die Dritte Teilung Polens 1795 kam der links der Memel gelegene und an Ostpreußen grenzende Teil Litauens, das sogenannte Suwalki-Dreieck (Suvalkija), zu Preußen und war bis 1807 ein Teil des neuostpreußischen Kammerbezirks Bialystok. Abgesehen von den Handwerkern, die hier für den Aufbau der Städte angeworben wurden und in größerer Zahl aus Ost- und Westpreußen kamen, gab es in der preußischen Zeit lediglich im Domänenamt Kidule bei Georgenburg/Jurbarkas eine von staatlicher Seite geförderte Besiedlung mit Deutschen. Diese Kolonisation war jedoch nicht groß und änderte praktisch nichts an der Siedlungsstruktur. Die Deutschen lebten häufig sehr weit voneinander entfernt, so daß weder eine Kirchspielgründung noch die Einrichtung von Schulen möglich erschien. Insgesamt zogen 224 Personen aus 47 Familien in sechs Dörfer dieses Domänenamtes. Die Gesamtzahl der vom Staat angeworbenen Familien betrug 225 (683 Personen), von denen 209 aus West- oder Ostpreußen stammten, die übrigen aus anderen deutschen Gebieten. Zahlenmäßig bedeutsamer war dagegen der eigenmächtige Zuzug von deutschen Bauern und Handwerkern in die Provinz Neuostpreußen. Vor allem junge Handwerksgesellen zogen aus Ostpreußen in die Nachbarprovinz, denn es gab hier keine Zünfte und somit eher Möglichkeiten, sich mit einem eigenen Betrieb niederzulassen. Andererseits waren die Lebensbedingungen nicht besonders gut, da Handel und Handwerk sich vor allem starker jüdischer Konkurrenz ausgesetzt sahen. Viele Gesellen wanderten deshalb schon bald wieder ab.

In den Garnisonen richteten die preußischen Verwaltungsbehörden sogenannte Vereinigte Militär- und Bürgerschulen ein, die vor allem für die Soldaten- und Beamtenkinder gedacht waren, aber auch von den ständig in Litauen lebenden Deutschen besucht wurden. Derartige Einrichtungen gab es in Wilkowischken/Vilkaviskis, Kelme, Neustadt/Schaken, Mariampol/Marijampole und Sereje. Der Tatsache, daß diese Schulen ohne konfessionelle Rücksichten eingerichtet worden waren, ist es zuzuschreiben, daß sie nur relativ wenige Schüler hatten. Evangelische Lehrer wurden vom katholischen Teil der Bevölkerung, katholische Lehrer vom evangelischen abgelehnt. Für die außerhalb des Einzugsgebietes der Garnisonen siedelnden Deutschen konnte die preußische Verwaltung nicht viel tun, da die Mittel fehlten. Ein am 31. August 1805 erlassenes Schulgesetz sah zwar die Gründung von Volksschulen und die Bereitstellung von Schulbüchern vor, diese Pläne konnten aber nicht mehr verwirklicht werden.

Auch nach 1807, als das Gebiet zum Herzogtum Warschau kam, und 1815, als es Teil des russischen Königreichs Polen wurde, hielt der Zuzug von Deutschen in die Suvalkija an. Er endete erst mit dem Ersten Weltkieg.

Eine Sonderentwicklung gab es in den beiden litauischen Herrschaften Tauroggen und Serrey. Nachdem die Herrschaft Tauroggen schon zwischen 1598 und 1621 in brandenburgischem Besitz gewesen, dann im 17. Jahrhundert wieder in polnische Hände geraten war und mehrfach den Besitzer gewechselt hatte, fiel sie im Jahre 1688 beziehungsweise 1690 durch Erbvertrag aus dem Besitz der Familie Radziwill wieder an das Haus Brandenburg-Preußen. Für Tauroggen, das direkt an Ostpreußen grenzte, bedeutete diese bis zum Jahre 1795 währende Zugehörigkeit zu Preußen eine Phase der langsamen wirtschaftlichen Gesundung, des fortschrittlichen Landesausbaus und einer stärkeren Bevölkerungszunahme. In dieser Zeit bestand das gesamte Beamtentum aus Deutschen.

Obwohl die brandenburgisch-preußischen Herrscher keine gezielte Förderung des Grundbesitzerwerbs für Deutsche betrieben, kamen viele Bauern und Handwerker, insbesondere aus den angrenzenden östlichen Gebieten der Provinz Ostpreußen, dem sogenannten Preußisch-Litauen. Während es um 1690 in der Stadt Tauroggen noch keine Deutschen gab, waren hier neunzig Jahre später mindestens zwanzig deutsche Handwerkerfamilien ansässig. Noch stärker war die Zuwanderung in die ländlichen Gebiete. Im Jahre 1713 gab es hier erst drei Familien mit deutschen Namen, 1778 waren jedoch schon mindestens 120 deutsche Bauernfamilien verzeichnet. Diese Zuwanderung ist um so bemerkenswerter, als es die preußische Regierung gar nicht gern sah, daß Familien in die Nachbarprovinz abwanderten, denn die Herrschaft Tauroggen gehörte staatsrechtlich zu Polen-Litauen, und es war preußischen Bauernsöhnen somit möglich, sich durch eine Abwanderung der Heeresdienstpflicht zu entziehen. Tauroggen wurde der Mittelpunkt des deutschen Lebens im westlichen Litauen, wenngleich es auch hier keine geschlossenen deutschen Dörfer gab.

In der Herrschaft Serrey/Seiriai blieb der deutsche Einfluß weitaus geringer, wobei der Grund dafür in der geographischen Lage dieses Gebietes zu suchen sein wird.

CATE-
CHISMVSA PRA-
ſty Szadei, Makſlas ſkai-
tima raſchta yr gieſmes
del kriksczianiſtes bei del
berneliu iaunu nauiey
ſugulditas
KARALIAVCZVI VIII.
dena Meneſes Sauſia,
Metu vßgimima Diewa.
M. D. XLVII.
Soli Deo gloria

Der 1547 von Martin Mosvid in Königsberg herausgegebene »Kleine Katechismus« ist das erste gedruckte Buch in litauischer Sprache. Er enthielt die fünf Teile von Luthers »Kleinem Katechismus« (ohne Erläuterungen), die Haustafel für das Gesinde, elf geistliche Lieder mit Noten und eine Einführungspredigt in litauischer Sprache. Daß bis zur Reformation heidnischer Glaube in Litauen noch weit verbreitet war, zeigt die Mahnung Mosvids in seinem Vorwort: »Brüder, Schwestern, nehmet mich und leset … Kobolde und Erdmännel und Fellhüter verwerfet, Alle Teufelei, Göttinnen verlasset …«

Deutsche Gelehrte an der Wilnaer Universität

Im Jahre 1578 erhielten die Wilnaer Jesuiten vom polnischen König Stefan Báthory das Privileg zur Stiftung einer Akademie. Diese »Jesuitenakademie« bestand bis 1781, umfaßte eine Philosophische und eine Theologische Fakultät und diente vor allem der Auseinandersetzung mit der Reformationsbewegung. Katholische Mönche aus Preußen waren die ersten deutschen Gelehrten an der Hochschule. Aus dieser älteren Zeit sind kaum mehr als die Namen der Lehrer bekannt. Bis zur Umwandlung der Jesuitenakademie im Jahre 1781 wirkten hier beispielsweise die Deutschen Simon Behrendt, Thomas Klage, Andreas Rosenwald, Franz Weber, Oswald und Andreas Krüger und Johann Drews. Ihre Geburtsorte waren unter anderen die ermländischen Städte Braunsberg und Allenstein. Einige dieser Gelehrten veröffentlichten ihre Schriften auch in deutscher Sprache, so der aus Meißen stammende Theologieprofessor Karl von Kreitzen, der in Wilna im Jahre 1648 seine Schrift »Von der vergifteten Quelle der Lutherischen Lehre und von der heilsamen der Katholischen« herausgab.

Nach der Auflösung des Jesuitenordens im Jahre 1733 wurde 1781 die Akademie in »Hauptschule des Litauischen Großfürstentums« umbenannt und nach dem Muster der entsprechenden Hochschulen in Westeuropa umgestaltet. Man gründete ein »Mathematisch-physikalisches Collegium« mit einer Abteilung für Medizin. Da es damals in Polen-Litauen nur wenige Naturwissenschaftler gab, wurden Ausländer an die Hochschule berufen, vor allem Deutsche. Außer den Wienern Joseph Langmeyer und Johann Andreas Lobenwein ist hier der in Danzig geborene Naturforscher und Publizist Johann Georg Forster zu nennen. Während seiner nur drei Jahre währenden Tätigkeit in Wilna, nämlich von 1784 bis 1787, gelang es ihm, unter der akademischen Jugend das Interesse an den Naturwissenschaften zu fördern und moderne Forschungsmethoden einzuführen. Ein weiterer bedeutender deutscher Naturwissenschaftler in Wilna war in dieser Zeit der aus Schwaben stammende Ferdinand Spitznagel. Er lehrte zwischen 1792 und 1802 Mineralogie, Botanik und Zoologie und war später an der Medizinischen Fakultät tätig.

Da die Zahl deutscher Wissenschaftler an der Wilnaer Hochschule bedeutend war, kann man davon ausgehen, daß außer in lateinischer und polnischer auch in deutscher Sprache Vorlesungen gehalten wurden. Von einem eigenen Lehrstuhl für Germanistik ist jedoch erst aus der Zeit der »Wilnaer Hauptschule« (1797–1803) etwas bekannt. Der aus dem Ermland stammende Peter Albricht war zunächst Deutschlehrer an einem Wilnaer Gymnasium und übernahm 1798 auch die Vertretung dieses Fachs an der Hochschule. Im Jahre 1804 wurde Benjamin Haustein nach Wilna berufen, wo er Vorlesungen über deutsche Sprach- und Literaturwissenschaft hielt und auch Unterricht in englischer Sprache erteilte.

1803 erhielt die »Hauptschule des Litauischen Großfürstentums« neue Rechte und wurde in »Wilnaer Kaiserliche Universität« umbenannt. Es kam zu einem Aufblühen des akademischen Lebens. Eine große Zahl ausländischer Professoren wurde hier tätig,

Die Universität in Wilna, 1579 von König Stefan Báthory als Jesuitenakademie gegründet, wurde 1773 säkularisiert.

die Universität über die Landesgrenzen hinaus bekannt. Sogar ausländische Studenten kamen nach Wilna, um sich hier ausbilden zu lassen. Die Reaktion der russischen Regierung auf den ersten polnischen Aufstand von 1830/31 hatte entscheidende Auswirkungen auf die Hochschule. Die Universität wurde geschlossen, nur die Medizinische Fakultät konnte als »Medizinisch-Chirurgische Akademie« fortbestehen und einen Teil des Lehrpersonals der Universität übernehmen.

Die bedeutendsten deutschen Hochschullehrer an der »Kaiserlichen Universität« waren der Philosophieprofessor Johann Heinrich Abicht, der Philologe Ernst Gottfried Groddeck sowie die Mediziner Johann Peter Frank und dessen Sohn Joseph Frank. Abicht kam 1803 auf den Lehrstuhl für Philosophie und hielt in lateinischer Sprache Vorlesungen über Logik und Metaphysik. Der aus Danzig stammende Ernst Gottfried Groddeck hatte nicht nur für die Universität in Wilna große Bedeutung, sondern setzte auch für die ganze damalige Wissenschaft Impulse. Ihm gelang es, unter der akademischen Jugend die klassische Literatur populär zu machen. Er richtete ein philologisches Seminar für die Lehrerausbildung ein, förderte den Druck von Büchern in griechischer Sprache und veröffentlichte eine Reihe von Arbeiten, die über die Landesgrenzen hinaus Beachtung fanden. Sein berühmtester Schüler war der spätere polnische Dichterfürst Adam Mickiewicz, der durch ihn mit den Werken Schillers und Goethes bekannt gemacht wurde. Der in Zweibrücken geborene Johann Peter Frank und sein Sohn Joseph waren zwei der berühmtesten Persönlichkeiten der Wilnaer Medizinischen Fakultät. Johann Peter Frank hatte an der Universität Göttingen gearbeitet und sich anschließend in Pavia großen Ruhm als Mediziner erworben. Nach Wilna kam er zusammen mit seinem Sohn im Jahre 1804, blieb dort jedoch nur zehn Monate. Trotz dieser kurzen Tätigkeit gelang es ihm, die Medizin in Wilna in neue Bahnen zu lenken. Er erstellte eine neue Studienordnung, die sich an westeuropäischen Vorbildern orientierte, und richtete an der Universität eine therapeutische Klinik ein. Als er 1805 zum Leibarzt Alexanders I. berufen wurde und nach Sankt Petersburg ging, war es ihm bereits gelungen, die Medizinische Fakultät über die Landesgrenzen hinaus bekannt zu machen. Auch ausländische Studenten ließen sich vermehrt in Wilna ausbilden.

Eine zumindest ebenso große Bedeutung wie Johann Peter Frank hatte für die Universität Wilna auch Joseph Frank. Nach dem Fortgang des Vaters übernahm er die Ausbildung der Ärzte und die Leitung der therapeutischen Klinik. Er gründete die »Medizinische Gesellschaft zu Wilna«, führte umfangreiche Pockenschutzimpfungen durch und leistete darüber hinaus auch viel auf sozialem und kulturellem Gebiet. Gemeinsam mit seiner Frau Christine Frank, die eine bedeutende Sängerin war, veranstaltete er Wohltätigkeitsfeste, deren Überschüsse der Klinik zugute kamen. Um Medikamente für mittellose Kranke, ein Mutterschaftsinstitut und ein Bettlerheim finanzieren zu können, organisierte das Ehepaar Frank Konzerte, die außerdem als wichtige Ereignisse das Kulturleben der Stadt bereicherten. Das von Joseph Frank gegründete »Kroneleven-Institut« vergab an mittellose Studenten Darlehen, um ihnen so eine Ausbildung zu ermöglichen. Franks wissenschaftliche Werke umfaßten fast alle Zweige der Medizin und wurden von der damaligen gelehrten Welt außerordentlich geschätzt.

Wie die Humanmedizin war zu Beginn des 18. Jahrhunderts auch die Tiermedizin an der Wilnaer Universität eine Domäne deutscher Wissenschaftler. Der Veterinär Ludwig Heinrich Bojanus, geboren im Elsaß, kam 1806 nach Wilna und hielt dort als erster systematische Vorlesungen in diesem Fach. Unter seiner Leitung entstand 1822 ein Veterinärinstitut. Mehrere Werke von Bojanus wurden auch in andere Sprachen übersetzt. Der zweite bedeutende Veterinär an der inzwischen in »Medizinisch-Chirurgische Akademie« umbenannten Medizinischen Fakultät war Karl Justus Muyschel. Er stammte aus Riga, hatte in Dorpat und Wilna studiert und wurde dort 1836 zum Professor und zum Leiter des Veterinärinstituts ernannt. Zur gleichen Zeit war auch der Zoologe Eduard Eichwald in Wilna tätig. Ihm verdankte das zoologische Kabinett der Hochschule viele Exponate.

Die Reihe der deutschen Lehrer an der Wilnaer Kaiserlichen Universität soll hier mit Karl Christian Langsdorf, dem ersten Professor für Mechanik und Technologie dieser Hochschule, abgeschlossen werden. Langsdorf kam 1804 aus Erlangen nach Wilna und brachte die neuesten Erkenntnisse der deutschen Forschung mit. Er blieb jedoch nur zwei Jahre in der Stadt. Insgesamt sind die Namen von 34 deutschen Gelehrten bekannt, die in Wilna tätig waren. Keiner von ihnen wurde in Litauen geboren, und kaum einer dieser Wissenschaftler dürfte Kontakte zu den anderen im Lande lebenden Deutschen gehabt haben. Ihr Wirken war aber für die Universität und für das ganze Land bedeutsam.

Die Einwanderung deutscher Bauern, Handwerker und Industriearbeiter nach Litauen im 19. Jahrhundert

Die in größerer Zahl erst im 19. Jahrhundert nach Litauen einwandernden deutschen Bauern und Landarbeiter gehörten in der Regel der evangelisch-lutherischen Konfession an. Aufgrund ihres Zuzuges wurden in dieser Zeit neue evangelische Gemeinden gegründet, und zwar 1800 in Neustadt/Naumiestis und Tauroggen, 1802 in Krottingen/Kretinga, 1806 in Schillehlen/Silale, 1818 in Raseinen/Raseiniai, 1822 in Mariampol, 1832 in Kalvaria/Kalvarija und 1836 in Wilkowischken. Mit der Gründung der Kirchengemeinden war auch die Einrichtung deutscher Schulen verbunden.

Die meisten der bis zur Mitte des 20. Jahrhunderts im westlichen Litauen bestehenden deutschen Bauernsiedlungen gehen vermutlich auf die Einwanderung nach den Napoleonischen Kriegen zurück. Die Notlage in der ostpreußischen Landwirtschaft und das 1816/17 im Regierungsbezirk Gumbinnen entstandene Gerücht, in Litauen würde man kostenlos Land an Kolonisten abgeben, führten zu zahlreichen Gesuchen von Scharwerksbauern und dem Gesindestand angehörigen Personen, Preußen zu verlassen. Die ostpreußischen Behörden verweigerten zunächst die Erlaubnis, und es gelang ihnen bis 1817 auch noch, illegale Auswanderungen zu verhindern. Um 1820 gab es in Ostpreußen aber eine schwere Agrarkrise, durch die viele Bauern ihre Existenzgrundlage verloren. In Anbetracht dieser Not gaben die preußischen Behörden ihren Widerstand gegen die Auswanderung auf. Vor allem aus Preußisch-Litauen zog eine große Zahl von Personen über die Grenze. Unter den Zuwanderern aus Ostpreußen befanden sich auch vereinzelt Gutsbesitzer, die mit dem Erlös ihrer versteigerten Höfe in Litauen neuen Besitz erwarben. Aus wirtschaftlichen Gründen kamen zwischen 1830 und 1850 auch Landwirte aus Württemberg, Hessen, Baden und der Rheinpfalz nach Litauen, die sich wohl vergeblich um Ansiedlungsmöglichkeiten in Ostpreußen bemüht hatten und nun ins Nachbarland zogen. Den litauischen Adligen und den russischen Behörden war dieser Bevölkerungszuwachs willkommen. Sie siedelten die deutschen Bauern entweder auf wüsten Höfen an oder beschäftigten sie als Landarbeiter.

Im Osten und Nordosten Litauens wurden seit dem 18. Jahrhundert auch einige deutsche Adelsfamilien wie die Keyserling, Grotthus und von der Ropp ansässig. Sie stammten aus dem benachbarten Kurland und erwarben zum Teil große Besitzungen. Diese Deutschbalten hatten zu den übrigen im Lande lebenden Deutschen jedoch kaum Kontakt. Mit ihnen kamen, ebenfalls aus Kurland, einige deutsche Müllerfamilien. Das Gewerbe der Müller und der Mühlenbauer wurde in Litauen bis in die Gegenwart hinein überwiegend von Deutschen betrieben. Insgesamt hatte das ländliche Deutschtum im Osten und Nordosten Litauens einen völlig anderen Charakter als in den westlichen Gebieten.

Die Zuwanderung von deutschen Bauern endete etwa um das Jahr 1860. Von 1887 an war es Ausländern aufgrund russischer Gesetze auch nicht mehr möglich, in Litauen ländlichen Besitz zu erwerben. In den neunziger Jahren des letzten Jahrhunderts setzte sogar eine Abwanderung von Deutschen in westliche Industriegebiete, vor allem nach Westfalen und ins Rheinland ein. Einige Deutsche aus Litauen wanderten aber auch in die USA und nach Südamerika aus.

Um die Mitte des 19. Jahrhunderts begann die Einwanderung von deutschen Arbeitern nach Litauen. Für den Bau der Eisenbahnlinie von Eydtkuhnen über Kaunas nach Sankt Petersburg wurden Arbeiter und Ingenieure angeworben. Ihnen folgten Bahnpersonal sowie Angestellte der Telegraphengesellschaften. Das bedeutendste Ergebnis dieser Entwicklung war die Entstehung des Ortes Kybarten/Kybartai, das sich aus einer Kolonie von deutschen Eisenbahnern des Dorfes Wirballen/Virbalis schnell zu einem Städtchen entwickelte. 1864 gründete man hier eine deutsche Schule, um den zahlreichen deutschen Kindern den Weg nach Wirballen zu ersparen. Die Ansiedlung deutscher Speditionsfirmen bewirkte, daß vermehrt deutsche Arbeiter – und mit ihnen ihre Familien – sich in Kybarten niederließen. Anhand der Schulbeitragslisten ist der rasche Zuzug erkennbar. Zahlten 1865 noch 190 Familien Schulgeld, so waren es 1867 schon 238, 1875 dann 294 und 1877 sogar 306 Familien.[3] Anfänglich bestand die Kolonie vorwiegend aus qualifizierten Arbeitern, die aus Westdeutschland gekommen waren. Später zogen auch Hilfskräfte aus Ostpreußen zu. Kurz nach dem Ersten Weltkrieg lebten in Kybarten etwa 2000 Deutsche.

Litauen als Agrarland bot kaum günstige Bedingungen für die Ansiedlung von Industrie. Einige Betriebe, die unter deutscher Leitung standen und überwiegend deutsches Personal beschäftigten, gab es jedoch in Wilkowischken (Eisengießerei), Schaulen (Lederfabrik) und in Ponewesch/Panevezys (Brauerei, Brennerei und Hefefabrik).

Eine bedeutende Rolle in Litauen spielten zwei deutsche Werke der Eisenindustrie in Kaunas. Es waren dies die Nagel- und Schraubenfabrik der Familie Tillmanns (gegründet 1868) und das Unternehmen der Gebrüder Schmidt (gegründet 1879). Beide Betriebe beschäftigten einen hohen Prozentsatz deutscher Arbeiter, von denen viele aus westdeutschen Industriegebieten stammten und ihre deutsche Staatsangehörigkeit behielten. Vor dem Ersten Weltkrieg waren in beiden Fabriken zusammen zwischen 2500 und 3000 Personen tätig, von denen ungefähr die Hälfte Deutsche waren. Die meisten von ihnen ließen sich im Vorort Schanzen nieder. Als 1880 die Bestimmungen über die Arbeitserlaubnis verschärft wurden, mußten viele, die nicht die russische Staatsangehörigkeit hatten, Litauen wieder verlassen. Die Zahl der in Kaunas ansässigen Deutschen sank dadurch aber nicht, denn es zogen viele Deutsche aus den Landgemeinden zu. Außer den erwähnten Fabriken bot auch der Bau von Festungswerken Arbeitsmöglichkeiten. In Kaunas lebten um die Jahrhundertwende bereits 4500 Deutsche, während um 1840 ihre Zahl nur etwa 600 bis 700 betragen hatte. Damit waren Schanzen und Kybarten die größten deutschen Kolonien in Litauen geworden.

Die Rolle von Kirche und Schule beim Erhalt der deutschen Nationalität

Die meisten der im 20. Jahrhundert in Litauen ansässigen Deutschen stammten aus Ostpreußen und dabei vor allem aus dessen östlichen Grenzkreisen. Damit prägte die Bevölkerungszusammensetzung Ostpreußens auch diejenige der deutschen Volksgruppe in Litauen. Es kam nur in wenigen Fällen zur Bildung geschlossener deutscher Siedlungen. Die Zuwanderer taten sich nicht sonderlich hervor und hatten im allgemeinen auch nur geringen Einfluß auf das kulturelle und wirtschaftliche Leben im Lande. Nur in den Städten Wilna und Kaunas fand der deutsche Einfluß auch im Stadtbild seinen Niederschlag. Die Deutschen in Litauen bildeten eine sehr heterogene Gruppe. Ihre Herkunft war sowohl landschaftlich als auch ständisch sehr verschieden, und sie lebten in Litauen weit verstreut. Während die Großgrundbesitzer in Nordlitauen zum Teil intensive Kontakte in ihre baltischen Herkunftsgebiete Libau, Mitau oder Riga pflegten, hatte die Masse der Litauendeutschen im Südwesten des Landes keine Verbindung mehr nach Ostpreußen oder zu anderen deutschen Gebieten. Innerhalb der deutschen Volksgruppe gab es bis ins 20. Jahrhundert keinen Zusammenhalt, der über den Bereich der jeweiligen örtlichen evangelischen Kirchengemeinde hinausging. Allein der Tatsache, daß die Deutschen in der Regel der evangelisch-lutherischen Kirche angehörten und sich dadurch von den katholischen Litauern unterschieden, war es zuzuschreiben, daß sie als Minderheit bis in die Mitte des 20. Jahrhunderts überdauerten.

Die Geschichte der evangelisch-lutherischen Kirche in Litauen war eng mit der Geschichte der Deutschen verknüpft. Obwohl ein erheblicher Teil ihrer Mitglieder nicht deutscher, sondern lettischer und vor allem litauischer Nationalität war, verstand sie sich selbst traditionell als »deutsche« Kirche. Dies wurde durch eine auch im Verständnis der gesamten Bevölkerung Litauens bestehende Gleichsetzung von »evangelisch« und »deutsch« gefördert. »Evangelisch« und »litauisch« oder »preußisch« und »katholisch« wurden als Gegensätze betrachtet, denn die Deutschen waren zu 98 Prozent Lutheraner, während die litauische Mehrheitsbevölkerung sich zu einem ebenso hohen Prozentsatz zur römisch-katholischen Kirche bekannte. Das Unvermögen, Religionszugehörigkeit und Nationalität zu trennen, kam aus der weitaus stärkeren Identifikation mit der Religion als mit dem Staatswesen, zumal ein litauischer Staat bis zum Ende des Ersten Weltkrieges nicht existierte.

Die protestantischen Neusiedler behalfen sich in der häufig ausschließlich katholischen Umgebung zunächst mit privaten Hausandachten und nach Möglichkeit gelegentlichen Besuchen in benachbarten ostpreußischen Gemeinden. Bei Taufen, Trauungen und Beerdigungen mußten häufig katholische Geistliche, die auch als Standesbeamte fungierten, in Anspruch genommen werden. Manchmal besuchten ostpreußische Pastoren größere Siedlungen in Litauen, um kirchliche Amtshandlungen vorzunehmen. Selbst nach der Gründung eigener litauischer Gemeinden erfolgte die Betreuung, sofern sie grenznah lagen, weiterhin vielfach von Ostpreußen aus, denn es herrschte akuter Pastorenmangel, und viele Gemeinden waren ohne eigenen Seelsorger. Über die Herkunft der Pastoren sind für die Zeit vor 1900 kaum Angaben möglich. Vermutlich kamen sie ebenso wie die Siedler zum größten Teil aus Ostpreußen und hatten in Königsberg studiert. Eine aus den eigenen Reihen der deutschen Minderheit hervorgegangene Pastorenschaft gab es in dieser Zeit noch nicht.

Die materielle Ausstattung der Kirchengemeinden war schlecht, da die zumeist bäuerliche Bevölkerung über keine großen Mittel verfügte. Für fast die Hälfte der 37 bis zum Jahre 1900 gegründeten Gemeinden und Filialgemeinden waren Schenkungen oder später auch einmalige Unterstützungen der russischen oder preußischen Regierung die wirtschaftliche Grundlage zum Erwerb des Kirchengrundstücks und zum Bau der Kirche. Die finanziellen Probleme waren um so gravierender, als die Gemeindemitglieder allein für die Besoldung und Unterbringung ihrer Pastoren aufkommen mußten. Bei der verstreuten Siedlungsweise der Deutschen führte das zu flächenmäßig riesigen Gemeinden und zwangsläufig damit verbundenen Problemen der Seelsorge. Dabei hatte sich die Kirche nicht nur um die Seelsorge, sondern auch um die Bildung zu kümmern. Seit der Gründung evangelisch-lutherischer Gemeinden in Litauen lernten die Kinder vieler Litauendeutscher das Lesen mit Hilfe der Bibel, des Katechismus und des Gesangbuchs, wodurch sie gleichzeitig auch auf die Konfirmation vorbereitet wurden. Aufgrund des Pastorenmangels lag die Hauptarbeit dabei auf den Schultern der Kantoren, was die Bildungsmöglichkeiten sehr begrenzte. In der Regel beschränkte sich der vom Kantor erteilte Unterricht auf das Auswendiglernen religiöser Texte, »Schreiben und Lesen galten schon als eine seltene Kunst«.[4]

Der Schulunterricht fand in eigenen oder in von der Kirche gemieteten Räumen statt, manchmal auch in Gutshäusern. Die Kantoren erhielten neben einem geringen Entgelt zumeist freies Wohnen, Feuerholz sowie gelegentlich noch das Recht, etwas Land zu bebauen. Die Kirchengemeinden finanzierten den Unterhalt der Schule aus dem Schulgeld, das aber sehr niedrig bemessen war, aus Spenden und im 19. Jahrhundert auch aus Zuschüssen der »Unterstützungskasse für die Evangelisch-Lutherischen Gemeinden in Rußland«. In einer ganzen Reihe von Gemeinden unterstützten deutsche Adelsfamilien die Kirchenschulen und ermöglichten dadurch nicht zuletzt den Unterricht für ihre eigenen Kinder. Entweder stellten sie Land zur Verfügung, dessen Erträge der Schule zugute kommen sollten, lieferten das notwendige Heizmaterial oder spendeten Geld. Wo es den evangelisch-lutherischen Gemeinden nicht gelang, eine eigene Kirchenschule zu unterhalten, wurden von den Bauern gelegentlich auch wandernde Dorfschullehrer eingestellt, die dann wochenweise reihum bei den Eltern der Schüler logierten. Meist handelte es sich um ältere Männer, für die physische Arbeit zu schwer war und die sich durch diesen Unterricht ihren Unterhalt verdienten. Da diese Männer meist selbst nur geringe Kenntnisse hatten, konnten sie auch nur wenig vermitteln.

In der Mitte des vorigen Jahrhunderts erreichte die Einwanderung von Deutschen und damit die Bildung evangelischer Gemeinden ihren Höhepunkt. In dieser Zeit entstand auch eine größere Anzahl von Schulen. Zunächst wurden sie von der russischen Verwaltung geduldet, nach dem polnisch-litauischen Aufstand von 1863 setzte jedoch eine planmäßige Russifizierung ein. Die Schulverwaltung verlangte nun, daß in jeder Kirchenschule auch ein geborener Russe, der orthodoxen Glaubens war, unterrichtete. Die meisten Kirchenschulen mußten daraufhin schließen, weil sie nicht zwei Lehrer bezahlen konnten. Wenn man sich entschloß, dem russischen Lehrer für den Religionsunterricht den evangelischen Kantor zur Seite zu stellen, mußte dieser von der Schulverwaltung bestätigt werden, was nur geschah, wenn er eine entsprechende Qualifikation nachweisen konnte. Während im übrigen Rußland die Möglichkeit bestand, das Fach Religion in der jeweiligen Muttersprache der Kinder zu unterrichten, gab es dies im größten Teil der litauischen Gebiete nicht. Hier mußte selbst die Glaubenslehre in russischer Sprache erteilt werden. Erst nach 1905 wurden diese Bestimmungen gelockert.

Eine etwas großzügigere Haltung gegenüber den evangelischen Kirchenschulen gab es nur in Südlitauen, das zum Königreich Polen gehörte. Zwar war die Unterrichtssprache auch hier Russisch, zweimal wöchentlich konnten aber Deutsch- und Religionsunterricht in deutscher Sprache erteilt werden. Diese Möglichkeit bestand bis zum Ersten Weltkrieg. Die Pastoren versuchten angesichts dieser Schwierigkeiten, den jetzt auf den häuslichen Unterricht angewiesenen Kindern selbst die Grundlagen der Religion zu vermitteln. Dies war aber nur an den Orten möglich, wo die Pastoren ihren Wohnsitz hatten und Kirchengebäude vorhanden waren, denn der außerhalb der Kirche gehaltene Kindergottesdienst galt als ungesetzlicher Unterricht und wurde bestraft.

Zugeständnisse der russischen Verwaltung nach dem Ausbruch der Revolution von 1905 brachten auch den Deutschen Erleichterungen. So wurde der Religionsunterricht in der Muttersprache wieder freigegeben, einige neue Schulen eröffnet, andere erweitert. Der Mangel an deutschen Schulen sowie die Unzulänglichkeit des Unterrichts an den bestehenden hatten ein niedriges Bildungsniveau zur Folge. Zwar versuchte praktisch jede deutsche Gemeinde, einen Unterricht zu organisieren, doch sehr häufig gelang es nicht, allen Kindern das Lesen und Schreiben beizubringen. Das galt vor allem für die verstreut auf dem Lande lebenden Deutschen. Dort blieben die Kinder zu Hause, wurden zu bäuerlichen Handreichungen herangezogen und erhielten nur dann und wann etwas Unterricht durch einen Verwandten. Die litauischen Dorfschulen wurden meist nicht aufgesucht, denn dort erfolgte die Erziehung im katholischen Sinne. Eine höhere Bildung konnte man im Lande selbst nur an russischen Gymnasien erwerben. Die Absolventen dieser Schulen besuchten anschließend russische Lehrerseminare oder Universitäten. Häufig gingen sie dann ins Innere Rußlands. Ein anderer Weg führte die jungen Deutschen aus Litauen an Hochschulen in Deutschland. Ihn beschritten vor allem die Kinder der in Nordlitauen ansässigen deutschen Gutsbesitzer. Auch sie kehrten in der Regel nicht in ihre Heimat zurück.

Die evangelisch-lutherische Kirche war eine entscheidende Stütze der deutschen Kultur und vor allem auch der deutschen Sprache und hatte deshalb einen hohen Stellenwert im Leben der Deutschen in Litauen. Gleichermaßen wichtig war ihre Funktion als einzige überregionale Organisation der Deutschen in Litauen vor dem Ersten Weltkrieg, die ansonsten aufgrund ihrer bäuerlichen, ortsgebundene Lebensweise kein nationales Zusammengehörigkeitsgefühl entwickelt haben.

Polen vom Ersten Weltkrieg bis zur Vertreibung der Deutschen

Polen im Ersten Weltkrieg

JOACHIM ROGALL

Als im August 1914 der Erste Weltkrieg ausbrach, war Polen vom ersten Augenblick an Kriegsschauplatz. Polnische Soldaten kämpften dabei auf beiden Seiten der Front in den Armeen der Teilungsmächte, durch deren Kriegsgegnerschaft dem System der »negativen Polenpolitik« und damit auch der Teilung die Grundlage entzogen war. Angesichts der Versuche sowohl der Mittelmächte Deutsches Reich und Österreich-Ungarn wie auch Rußlands, die »polnische Karte« gegeneinander auszuspielen, eröffneten sich den politischen Führern der polnischen Nation konkrete Möglichkeiten zur Wiederherstellung eines eigenen Staates. Keine der kriegführenden Parteien besaß jedoch zunächst klare Vorstellungen zur Lösung der »polnischen Frage«. Das Problem, den polnischen Erwartungen zu entsprechen, ohne größere eigene Macht- beziehungsweise Gebietsverluste in Kauf nehmen zu müssen, kam einer Quadratur des Kreises gleich.

Pilsudski, der »Kommandant« der noch irregulären polnischen Kampfverbände in Galizien geworden war, setzte auf das Konzept einer aktiven polnischen militärischen Beteiligung am Krieg gegen Rußland, um nach dessen Niederlage mit oder gegen die Mittelmächte die polnische Selbständigkeit durchsetzen zu können. Österreich-Ungarn genehmigte auch die Bildung eines »Obersten Nationalkomitees« in Krakau und die Umwandlung der polnischen Kampforganisationen in zwei reguläre polnische Legionen im Rahmen der k. u. k. Armee. Im Hintergrund standen Überlegungen, die polnische Frage einer »austropolnischen Lösung«, das heißt der Erweiterung des österreichisch-ungarischen Dualismus zu einer Polen einschließenden Trias zuführen zu können.

Auf russischer Seite hatte Oberbefehlshaber Großfürst Nikolaj Nikolajewitsch bereits unmittelbar nach Kriegsausbruch in einem Aufruf Polens Autonomie im Rahmen des russischen Imperiums in Aussicht gestellt. Dies kam den polnischen »Passivisten« um Dmowski entgegen, die eine Freiwilligenlegion auf russischer Seite aufstellten. Die Entwicklung der Kriegslage im Osten sah Rußland nach anfänglichen Erfolgen in Ostgalizien, das – im Widerspruch zu den mit dem Aufruf geweckten Erwartungen der Passivisten – zum »ewigen Bestandteil Großrußlands« erklärt worden war, in der Defensive. Als im Laufe des Jahres 1915 ganz Kongreßpolen durch deutsche und österreichische Truppen erobert wurde, verlor die russische Option rasch an Bedeutung. Dmowski ging Ende 1915 in die Schweiz, um sich von dort aus bei den Westmächten für eine Lösung der polnischen Frage einsetzen zu können.

Aber auch die Mittelmächte enttäuschten die seitens der »Aktivisten« in sie gesetzten Hoffnungen, da sie sich nicht zu konkreten Aussagen über die Zukunft Polens bewegen ließen und keine klaren Zielvorstellungen entwickelten. Das deutsche Beharren auf der territorialen Integrität Preußens, die Kriegsziele alldeutscher Kreise, welche unter anderem auch Überlegungen zur Annexion Kongreßpolens und zur Aussiedlung der nichtdeutschen Bevölkerung beinhalteten,[1] aber auch die Vorstellungen Friedrich Nau-

Deutsche und österreichische Truppen konnten entgegen anfänglichen Befürchtungen vor der »russischen Dampfwalze« das Gebiet Kongreßpolens 1914 verhältnismäßig rasch besetzen. Auf stärkeren russischen Widerstand trafen sie nur im Raum westlich Lodz, das selbst kampflos eingenommen wurde. Das unmittelbar an der alten preußisch-russischen Grenze gelegene Kalisch war nach angeblichen Heckenschießereien auf die einrückenden deutschen Truppen von diesen massiv beschossen worden und stellte mit seinen starken Zerstörungen insofern einen Sonderfall dar, belastete aber das Verhältnis der Polen zur deutschen Besatzungsmacht nachhaltig.

manns von Mitteleuropa unter deutscher Oberhoheit schlossen eine wirklich unabhängige polnische Staatlichkeit praktisch aus.[2]

Kongreßpolen war im Sommer 1915 in ein deutsches Generalgouvernement Warschau unter General von Beseler und ein österreichisches Militärgouvernement Lublin unter General Baron von Diller aufgeteilt worden. Das Verhältnis der polnischen Bevölkerung zur deutschen Militärverwaltung war zunächst geprägt durch die Kriegsereignisse, die auch die Zivilbevölkerung in Mitleidenschaft gezogen hatten. So war die Stadt Kalisch am 3. August 1914 nach unaufgeklärt gebliebenen »Heckenschießereien« von deutschen Truppen weitgehend zerstört worden, was eine Welle der Empörung gegen die »preußische Barbarei« hervorgerufen hatte. Es kam jedoch rasch zu einer Besserung des polnisch-deutschen Verhältnisses, da die Militärbehörden vor allem im kulturellen Bereich manche Zugeständnisse machten. So wurden unter deutscher Leitung polnische Selbstverwaltungsorgane eingerichtet, in den Schulen nach jahrzehntelanger Russifizierung Polnisch als Unterrichtssprache eingeführt und die Warschauer Universität wiedereröffnet. Überhaupt wurde während des Krieges seitens der Besatzungsmächte darauf geachtet, Schwierigkeiten mit der polnischen Bevölkerung möglichst zu vermeiden. Vor diesem Hintergrund ist auch das Verhältnis zwischen der deutschen Militärverwaltung und den einheimischen Deutschen in Polen zu sehen.

Der Kriegsausbruch 1914 war für die Deutschen in Kongreßpolen völlig überraschend gekommen. Die Gegnerschaft des Deutschen Reiches brachte die große Mehrheit der Deutschen des Landes zunächst nicht in einen Gewissenskonflikt, vielmehr kamen sie als loyale russische Staatsbürger selbstverständlich ihrer Verpflichtung zum Kriegsdienst in der russischen Armee nach. Auch das nach Ausbruch des Krieges verhängte Verbot, in der Öffentlichkeit deutsch zu sprechen, die Liquidierung des deutschen Vereinswesens und die Russifizierung der deutschen Privatschulen wurden als kriegsbedingt hingenommen. Diese Maßnahmen reichten nach Ansicht der russischen Behörden jedoch nicht aus, da die Deutschen angeblich weiter mit dem Feind konspirierten und die russischen Niederlagen herbeiführten. Am 2. Februar 1915 wurde daher ein Liquidationsgesetz für die deutschen Kolonien in Kongreßpolen und Wolhynien erlassen, nach welchem die Deutschen im Laufe eines Jahres ihr unbewegliches Eigentum aufzulösen und ihre Wohngebiete zu verlassen hatten. Durch das rasche Vordringen deutscher Truppen blieben die westlichen Teile Kongreßpolens verschont, dafür wurden etwa 120 000 Deutsche aus dem östlichen Kongreßpolen und Wolhynien aber bereits im Frühjahr 1915 in das Innere Rußlands und nach Sibirien zwangsverschleppt, nachdem sie gezwungen worden waren, ihren Besitz in letzter Minute buchstäblich zu verschleudern. Es waren dies die ersten großen Massenvertreibungen des 20. Jahrhunderts.[3]

Die Deutschen im Lande blieben während des Krieges mehrheitlich passiv, sowohl die in nationaler Beziehung weitgehend noch indifferenten deutschen Bauern in den ländlichen Siedlungen als auch der größte Teil der Deutschen in den Städten, vor allem im Lodzer Industriebezirk. Die begüterten deutschen Lodzer Industriellen waren aus wirtschaftlichen Gründen sogar prorussisch eingestellt und verhielten sich angesichts

Klavierkonzert Chopins für den Posener Statthalter Fürst Antoni Radziwill, Gemälde von Henryk Siemiradzki, 1887
Antoni Radziwill war in seiner Jugend Verlobter der Prinzessin Luise von Preußen gewesen und stand für die preußische Option der polnischen Führungsschichten nach den Polnischen Teilungen. Karl Friedrich Schinkel errichtete dem Fürsten bei Ostrowo zwischen 1822 und 1824 das Jagdschloß Antonin als Holzbau, in dem Antoni Radziwill häufig Mitglieder des preußischen Königshauses und befreundete polnische Adlige empfing. Zu den ständigen Gästen gehörte Frederic Chopin, für den ein besonderes Zimmer reserviert war. Von 1824 bis 1833 gab er hier der Lieblingstocher des Fürsten, Elisa Radziwill, Klavierunterricht.

Der Ballsaal des Warschauer Łazienki-Palais, nach einem Entwurf des Baumeisters Johann Christian Kammsetzer von 1793
Das ursprünglich von Tylman van Gameren 1683 bis 1690 als Badehaus (Łazienki = Bäder) für Stanislaw Lubomirski errichtete Gebäude ließ König Stanislaw August Poniatowski 1775 bis 1793 zu einem Palast umbauen, wobei der Dresdner Gartenbaumeister Johann Christian Schuch den Auftrag erhielt, die Umgebung zu einem Landschaftspark zu gestalten. Der Dichter Bogumil Goltz berichtet in seinen Jugenderinnerungen: »Łazienki lag zur Zeit meiner Kindheit in einem herrlichen finsteren Walde von Buchen und Ahorn. Auf einmal öffnete sich das finstere Dunkel, und wie im Feenzauber stieg das Sommerschloß leicht und fabelhaft empor aus Fontänen und Wassern, die seine Subkonstruktion rings umflossen, in Wänden und Mauerwerken aus mächtigen Quadern von Stein ... Und was waren nicht für Herrlichkeiten im Schlosse selbst zu beschauen! Welch ein mystisch-märchenhafter Duft von köstlichen Hölzern und Stoffen, welche Pracht und Kostbarkeiten in Gemälden, Statuen, Vasen, Marmorkaminen und Mosaikplatten, in Luxusgerätschaften und Prachtmobilien aus aller Welt ...«

des ungewissen Kriegsausgangs abwartend. Es blieb ihnen auch gar nichts anderes übrig, da die deutsche Besatzungsmacht die Waren und Rohstoffe der Fabriken beschlagnahmte und die Maschinenteile demontierte und nach Deutschland bringen ließ. Sie hatten also den bisherigen russischen Absatzmarkt verloren, die Maschinen standen still, die Arbeiter, auch die deutschen, wurden arbeitslos. Der Lodzer Industrie drohte der Ruin, was die Sympathien für die deutsche Besatzung natürlich nicht vermehrte.

Es war eine zunächst kleine Gruppe sogenannter Lodzer Aktivisten um Adolf Eichler, welche den Versuch unternahm, ein nationales Bewußtsein unter ihren deutschen Landsleuten in Kongreßpolen auszubilden. Der Kriegsverlauf mit der deutschen Besetzung und Verwaltung des Landes, die vorangegangenen russischen Maßnahmen und der während des Krieges ständig wachsende Nationalismus des polnischen Bevölkerungsteils kamen diesen Bestrebungen entgegen und führten bei vielen Deutschen in Mittelpolen zu einer Art nationalem Erwachen. Gefördert wurde dies von den Lodzer Aktivisten über die deutsche Presse, vor allem über die von Adolf Eichler herausgegebene *Deutsche Post* und die *Deutsche Lodzer Zeitung*, die von 1915 bis 1918 erschienen.

Die offizielle Haltung der Besatzungsbehörden gegenüber den Lodzer Aktivisten war aus Rücksichten auf die Polen sehr zurückhaltend. Generalgouverneur von Beseler untersagte ihnen beispielsweise anfänglich die Bildung eines alle Deutschen des Besatzungsgebietes umfassenden Verbandes sowie Überlegungen zur künftigen Entwicklung Polens. Dennoch darf der durch die Besatzung möglich gewordene reichsdeutsche Einfluß auf das Entstehen eines Nationalgefühls unter den Deutschen in Mittelpolen nicht gering angesetzt werden. So wirkte sich etwa die Tätigkeit des reichsdeutschen Begründers der *Deutschen Lodzer Zeitung*, Georg Cleinow, des Divisionspfarrers Hermann Willigmann und des Gouvernementspfarrers Paul Althaus dahingehend aus, daß die deutschen Pastoren und Gemeindeglieder in der Evangelisch-Augsburgischen Kirche der Polonisierungspolitik Bursches im Warschauer Konsistorium zunehmend stärkeren Widerstand entgegensetzten.[4] Auf einer Pastoralkonferenz im Oktober 1917 in Lodz kam es darüber fast zu einem Bruch zwischen dem deutschen und dem polnischen Teil der evangelischen Geistlichkeit.

Am 5. März 1916 wurde in Lodz von der Gruppe um Adolf Eichler ein »Deutscher Verein« gegründet, der sich bald über das gesamte Besatzungsgebiet ausdehnen konnte und schließlich in 230 Ortsgruppen mehr als 30 000 Mitglieder zählte. Er entfaltete eine weitgespannte kulturelle und organisatorische Tätigkeit, rief Büchereien, Weiterbildungsveranstaltungen, Einkaufs- und Verbrauchervereine, Stellenvermittlung und Rechtsauskunftsstellen ins Leben und kümmerte sich um den Ausbau des deutschen Schulwesens.

Die Posener Deutschen lebten in den ersten Monaten des Krieges in der Angst, auch ihre Provinz könnte, ebenso wie Ostpreußen, zum Kriegsschauplatz werden. Als nach der Schlacht bei Iwangorod im Oktober 1915 eine Umgruppierung der deutschen Kräfte vorgenommen wurde und dabei zahlreiche Truppenteile verlegt wurden, führten diese Ängste sogar zu einer Fluchtbewegung deutscher Zivilisten und Behörden aus den grenznahen Gebieten. Nach dem Sieg Hindenburgs in der Winterschlacht in Masuren im Februar 1915 legten sich diese Befürchtungen allerdings rasch. In der zweiten Hälfte des Jahres 1916 kam es zu einem Durchbruch in der Haltung der Mittelmächte bezüglich der polnischen Frage. Noch im September war Pilsudski, der sich mit der geheimen »Polnischen Militärorganisation« (POW) und dem »Zentralen Nationalkomitee« (CKN) eigenständige militärische und politische Organe geschaffen hatte, mit der Forderung nach Anerkennung einer provisorischen polnischen Regierung und unabhängigen polnischen Armee am deutschen Widerstand gescheitert. Er legte daraufhin sein militärisches Kommando nieder, zahlreiche polnische Offiziere folgten seinem Beispiel.

Der Umschwung der deutschen Polenpolitik wurde durch die deutsche Oberste Heeresleitung veranlaßt. Diese hoffte, ein mit deutscher Hilfe gebildeter polnischer Staat werde durch die Aufstellung einer Armee an der Seite der Westmächte dazu beitragen, die schweren deutschen Verluste an den Fronten im Westen (Verdun) und im Osten (Brussilow-Offensive) auszugleichen. Am 5. November 1916 wurde durch die beiden Kaiserreiche Deutschland und Österreich-Ungarn ein polnischer Staat als konstitutionelle Erbmonarchie ausgerufen, ohne daß jedoch bezüglich der künftigen Grenzen und einer eigenen Regierung konkrete Aussagen gemacht wurden.[5] Zunächst war lediglich die Bildung einer polnischen Armee vorgesehen, wodurch die hinter der Proklamation stehenden Intentionen nur allzu offensichtlich wurden. Die Resonanz in der polnischen Bevölkerung war entsprechend, das Freiwilligenaufkommen gering. Im Januar 1917 mußten die Besatzungsbehörden aufgrund der polnischen Forderung »ohne polnische Regierung keine polnische Armee« widerwillig der Bildung eines Provisorischen Staatsrats zustimmen, dem auch Pilsudski als Leiter des Heerwesens angehörte. Weil die neuaufgestellten polnischen Truppen aber Generalgouverneur von Beseler und nicht dem Staatsrat unterstellt wurden, legte Pilsudski Anfang Juli sein Mandat nieder und forderte die polnischen Soldaten auf, den Eid zur Waffenbrüderschaft mit den Mittelmächten zu verweigern. Nachdem zwei Drittel der Offiziere und Mannschaften Pilsudski Folge leisteten und sich allgemeine Unruhe ausbreitete, verfügte die deutsche Besatzungsmacht die Schließung der Universität Warschau, die Internierung der kongreßpolnischen Legionäre sowie die Inhaftierung Pilsudskis in der Festung Magdeburg. Zur Zusammenarbeit mit den Deutschen waren nun lediglich noch die konservativklerikalen Kreise bereit, aus deren Reihen am 27. Oktober 1917 ein dreiköpfiger Regentschaftsrat gebildet wurde. Die von diesem eingesetzten, mehrfach wechselnden Regierungen konnten Teile der Verwaltung im ehemaligen Kongreßpolen übernehmen, nicht jedoch im litauischen Gebiet »Oberost«, in welchem die deutsche Besatzungsmacht Ansätze zu einer litauischen Staatsbildung tolerierte.

Die Proklamation des polnischen Staates 1916 wurde von den Deutschen in Kongreßpolen in ihrer großen Mehrheit akzeptiert. Die Aktivisten allerdings fühlten sich wegen mangelnder Sicherung ihrer kulturellen und nationalen Interessen von der deutschen Besatzungsmacht im Stich gelassen. In Lodz, aber nur dort, kam es zu Demonstrationen von Deutschen und Forderungen nach Minderheitenrechten. Erreicht wurde immerhin, daß auf Druck der Besatzungsbehörden ein deutscher Vertreter in

Entwaffnung der Deutschen in Warschau 1918, Gemälde von S. Bazeński, 1939
Erstaunlich rasch und wie ein Kartenhaus brach die deutsche Herrschaft im Osten am Ende des Ersten Weltkrieges in sich zusammen, und dies nicht nur in Warschau, wie auf dem Gemälde dargestellt. Auch in der Provinz Posen lösten sich die deutschen Behörden bei den ersten Anzeichen polnischen Widerstandes fast von selbst auf, und die häufig aus dem Westen stammenden deutschen Beamten suchten das Weite, was bei den alteingesessenen Deutschen einen schweren Schock auslöste.

den polnischen Regentschaftsrat entsandt und bei der Ausarbeitung des Wahlgesetzes der deutsche Wähleranteil berücksichtigt wurde.

Vom Entstehen eines gesamtdeutschen Zusammengehörigkeitsgefühls über die Teilungsgrenzen hinweg konnte zu diesem Zeitpunkt aber nur mit sehr großen Einschränkungen und nur in bezug auf die Aktivisten gesprochen werden. Zu groß waren noch die Unterschiede aufgrund der getrennten Entwicklung seit 1815. In dieser Zeit hatten die Deutschen im Posener Land die Entwicklung zum deutschen Nationalstaat mitgemacht. Die Deutschen in Kongreßpolen waren davon abgeschnitten gewesen und besaßen als russische Staatsbürger in mehrheitlich polnischer Umgebung ein völlig anderes Selbstverständnis.

An den deutsch-russischen Friedensverhandlungen in Brest-Litowsk wurde die polnische Regierung nicht beteiligt. Diese Brüskierung und die im deutschen Friedensvertrag mit der Ukraine vom 8. Februar 1918 festgelegte Abtretung des Cholmer Landes führten zum Rücktritt der polnischen Regierung und zum Übertritt polnischer Truppen unter Oberst Józef Haller auf die russische Seite. Sie konnten über Murmansk nach Frankreich gelangen, wo sie fortan den Kern der unter französischem Kommando stehenden »Blauen Armee« bildeten. Die Initiative zur Bildung eines unabhängigen polnischen Staates ging nun an die Westalliierten über.

Wiedererlangung der Unabhängigkeit und Zweite Polnische Republik

JOACHIM ROGALL

In Lausanne hatte Roman Dmowski im August 1917 ein polnisches Nationalkomitee gegründet, das nach Anerkennung durch die Alliierten als offizielle Vertretung der polnischen Nation seinen Sitz nach Paris verlegte. Der dem Komitee angehörende berühmte polnische Pianist Ignacy Paderewski, der schon während des Krieges in den USA für die polnischen Interessen geworben hatte, konnte Präsident Wilson dazu bewegen, in seine berühmte Vierzehn-Punkte-Deklaration vom 8. Januar 1918 als Punkt dreizehn die Errichtung eines unabhängigen polnischen Staates aufzunehmen, der alle Gebiete mit unbestritten polnischer Bevölkerung umfassen und einen freien und sicheren Zugang zum Meer besitzen sollte.

Angesichts der sicheren Niederlage der Mittelmächte rief der Warschauer Regentschaftsrat am 7. Oktober 1918 ein »vereinigtes unabhängiges Polen« aus. Die in Opposition zum Regentschaftsrat und der von ihm berufenen konservativen Regierung stehenden Sozialisten bildeten aber schon am 7. November 1918 in Lublin eine vorläufige Volksregierung. Zu diesem Zeitpunkt, als in Paris, Warschau und Lublin drei polnische Regierungen unterschiedlicher Orientierung bestanden und die deutschen Besatzungsbehörden in Kongreßpolen sich im Zustand der Auflösung befanden, kehrte Pilsudski nach der Entlassung aus der Magdeburger Festungshaft am 10. November 1918 nach Warschau zurück. Aufgrund seiner unbestrittenen Autorität wurde ihm unverzüglich der militärische Oberbefehl durch den Regentschaftsrat und nach dessen Selbstauflösung am 14. November auch die politische Verantwortung als »Vorläufiger Staatschef« übertragen.

Der vor 1914 beinahe unvorstellbare Glücksfall des Zusammenbruchs aller drei Teilungsmächte – »beinahe« deshalb, weil Pilsudski noch vor Kriegsausbruch die spätere Entwicklung zutreffend vorhergesagt hatte – hatte die Wiedererrichtung eines souveränen polnischen Staates möglich gemacht.

Das künftige Polen sollte nach dem Willen der Ententemächte einen einheitlichen Nationalstaat bilden. In Polen bestanden dagegen zwar unterschiedliche Konzeptionen bezüglich des künftigen Staatsgebiets, sie hatten aber eines gemeinsam, nämlich das Ausgreifen über das geschlossene polnische Siedlungsgebiet. Die von Pilsudski vertretene »jagiellonische«, an das polnisch-litauische Reich der Jagiellonen anknüpfende Idee lief im Grunde auf eine Wiederherstellung der alten Adelsrepublik vor den Teilungen hinaus, die als föderative Großmacht litauische, weißrussische, ukrainische und polnische Siedlungsgebiete unter polnischer Führung umfassen sollte.

Das »piastische«, auf das erste polnische Herrschergeschlecht der Piasten zurückgreifende Programm Dmowskis sah dagegen im Osten eine Beschränkung auf die stärker polnisch besiedelten Gebiete vor, während im Westen auf Kosten Deutschlands die

Angliederung der Gebiete zumindest bis zur Oder gefordert wurde. Dabei berief man sich zwar auf ethnische und historische, auf die Anfänge der polnischen Staatlichkeit im 10. Jahrhundert zurückgreifende Argumente, war sich aber durchaus bewußt, daß damit zwangsläufig die Verweigerung des Selbstbestimmungsrechts für die dortige deutsche Bevölkerung verbunden war. Im polnischen Verständnis wurde dies aber als berechtigte Wiedergutmachung für das Unrecht von Teilung, Fremdherrschaft und Germanisierung angesehen. Die schließlich nach jahrelangen Anstrengungen 1921 erreichte Lösung der Grenzfragen stellte eine fatale Kombination beider Konzeptionen dar.

So entstand eine paradoxe Situation: Polen verkörperte einerseits den Sieg des modernen Prinzips der nationalen Selbstbestimmung gegenüber dem System des »Völkerkerkers« der Teilungsmächte, andererseits suchte es nach der Abschüttelung der Fremdherrschaft nun seinerseits einen Vielvölkerstaat zu errichten. Schon dies war angesichts der unübersehbaren Selbständigkeitsbestrebungen der »jungen Völker« Ostmitteleuropas ein zum Scheitern verurteilter Anachronismus. Das Umschlagen des defensiven polnischen Überlebensnationalismus der Teilungszeit in einen aggressiven Integrationsnationalismus gegenüber den Minderheiten im neuen Staat, wie er der alten Adelsrepublik unbekannt gewesen war, mußte aber vollends zu einer verhängnisvollen Entwicklung dieser Staatskonzeption führen.[6]

Der Weg in den neuen Staat verlief über eine von den Umständen erzwungene Zusammenarbeit der beiden Kontrahenten Pilsudski und Dmowski. Nach einem im Februar 1919 ausgebrochenen polnischen Aufstand in Posen, der rasch den größten Teil der Provinz in polnische Hand gebracht hatte, hatte Pilsudski seine feste Machtbasis in Kongreßpolen auch um diese traditionelle Domäne der Nationaldemokratie erweitern können. Der das Vertrauen der Westalliierten besitzende Dmowski vertrat Polen auf der seit Januar 1919 in Paris stattfindenden Friedenskonferenz und nutzte dies zur Propagierung seiner »piastischen« Vorstellungen, nach welchen Deutschland nicht nur Posen und Westpreußen, sondern auch den größten Teil Schlesiens, Ostpommern, Danzig, das südliche Ostpreußen und das Memelgebiet an Polen abtreten sollte. Obgleich Frankreich unter Ministerpräsident Clemenceau diese polnischen Forderungen im Sinne einer Schwächung Deutschlands weitgehend unterstützte, setzte vor allem Englands Premier Lloyd George eine Beschränkung der deutschen Gebietsabtretungen sowie in zwei Fällen, nämlich in Ostpreußen und in Oberschlesien, die Durchführung einer Volksabstimmung durch.

Im Osten war nach dem Waffenstillstand vom 11. November 1918 und dem Rückzug der deutschen Truppen aus den früheren Westgebieten des Zarenreiches ein Machtvakuum entstanden, das sowohl für die dort entstehenden litauischen, weißrussischen und ukrainischen Nationalregierungen als auch für die beiden neuen Staaten Polen und Sowjetrußland Handlungsspielraum bot. Lenins militärische Unterstützung des Versuchs einer bolschewistischen Machtübernahme in der Ukraine veranlaßte Pilsudski seinerseits im Mai 1919 zum militärischen Eingreifen: Es kam zum Polnisch-Sowjetischen Krieg. Die in Versailles beratenden Alliierten ermächtigten Polen zur Besetzung Ostgaliziens, wurden aber durch den weiteren Vorstoß der polnischen Truppen bis

Minsk brüskiert. Den daraufhin von dem britischen Außenminister Lord Curzon übermittelten Vorschlag für einen Waffenstillstand auf der Basis einer polnischen Ostgrenze entsprechend dem östlichen Rand des geschlossenen polnischen Volksgebiets, nach ihm später »Curzon-Linie« genannt, überholten die Kriegsereignisse: Die polnischen Truppen, die bereits bis Kiew vorgestoßen waren, wurden von der Roten Armee im Gegenstoß bis vor Warschau zurückgeworfen.

Der Fall der Hauptstadt und die Niederlage Polens schienen besiegelt, in Bialystok hatte sich bereits als »Vorläufiges Revolutionskomitee für Polen« eine polnisch-sowjetische Marionettenregierung gebildet. Da gelang Pilsudski im August 1920 die Wende des Krieges, das »Wunder an der Weichsel«. Persönliche Differenzen der beiden getrennt operierenden sowjetischen Heerführer Budjonny und Tuchatschewski ausnutzend, konnte er sie in ihren ungeschützten Flanken angreifen und zum Rückzug zwingen. Den rasch nachstoßenden polnischen Truppen gelang die Eroberung weiter Gebiete östlich der Curzon-Linie, die zwar noch nicht die Grenzen von 1772 erreichten, aber große Gebiete mit überwiegend litauischer, weißrussischer und ukrainischer Bevölkerung umfaßten. Diese Eroberungen konnte Polen im Frieden von Riga am 18. März 1921 auch gegenüber der Sowjetunion durchsetzen, die im übrigen Anfang 1920 aufgrund ihrer Schwäche zu noch weiter gehenden Zugeständnissen bereit gewesen war. Dennoch mußte Polen künftig mit Revisionsforderungen der Sowjetunion rechnen, sobald diese sich konsolidiert hatte. Gleiches galt für sein Verhältnis zu Litauen. Dieses hatte zwar im Schatten des Polnisch-Sowjetischen Krieges die Anerkennung seiner Unabhängigkeit durch die Sowjetunion erreichen können, doch war durch die polnische Besetzung Mittellitauens mit der historischen Hauptstadt Wilna im Jahre 1920 und dem einseitigen Anschluß des Gebiets 1922 an Polen ein unüberbrückbarer polnisch-litauischer Gegensatz entstanden. Auch mit der neuen Tschechoslowakischen Republik fand Polen wegen der beiderseitigen Ansprüche auf das Olsagebiet um die Stadt Teschen keine Einigung über den Grenzverlauf. Die von den Alliierten 1920 verfügte Teilung des Gebietes stellte keine Seite zufrieden.

Durch die Festlegungen des Versailler Vertrages bezüglich der Westgrenze zog sich Polen schließlich auch die Feindschaft des großen Nachbarn im Westen, des Deutschen Reiches, zu. Dieses mußte den größten Teil der Provinzen Posen und Westpreußen sowie Teile von vier niederschlesischen und zwei ostpreußischen Kreisen, rund 43 000 Quadratkilometer mit drei Millionen Einwohnern, ohne Abstimmung an Polen abtreten. Die Stadt Danzig mit ihrem Umland wurde, ebenfalls ohne Abstimmung der Bevölkerung, zu einer Freien Stadt unter dem Protektorat des Völkerbundes erklärt, wobei Polen eine Reihe von Rechten eingeräumt wurde. Im ebenfalls von Polen geforderten südlichen Ostpreußen, einem Teil Westpreußens und in Oberschlesien sollte die Bevölkerung in einer Volksabstimmung unter alliierter Aufsicht über die staatliche Zugehörigkeit selbst entscheiden dürfen. In Oberschlesien hatte Polen entsprechend dem Posener Vorbild schon im August 1919 versucht, durch einen Aufstand vollendete Tatsachen zu schaffen, allerdings aufgrund deutscher Gegenmaßnahmen ohne Erfolg. In die Abstimmungsgebiete rückten nun »Interalliierte Regierungs- und Plebiszitkommis-

Die Republik Polen 1919/21 bis 1939

sionen« ein. Am 11. Juli 1920 stimmten im Ermland und in Masuren rund 98 Prozent und in den westpreußischen Kreisen östlich der Weichsel rund 93 Prozent der Bevölkerung für den Verbleib im Deutschen Reich. Trotz eines weiteren polnischen Aufstandes in Oberschlesien konnte dort am 20. März 1921 die Abstimmung ebenfalls durchgeführt werden. Sie ergab rund sechzig Prozent der Stimmen für Deutschland, vierzig Prozent für Polen. Auch ein daraufhin ausbrechender dritter polnischer Aufstand konnte die Abtretung ganz Oberschlesiens nicht erzwingen.

Die Alliierten setzten schließlich 1922 eine Teilung des Landes durch, wobei aber aufgrund der komplizierten ethnischen und sprachlichen Verhältnisse dieses Grenzgebietes auf beiden Seiten nationale Minderheiten verblieben. Die deutsch-polnische Grenzregelung aufgrund des Versailler Vertrages stellte den Versuch eines Kompromisses dar, der allerdings durch die Haltung der Beteiligten von vornherein zum Scheitern verurteilt war. Die deutschen Regierungsvertreter hatten den Vertrag nur »der übermächtigen Gewalt weichend, und ohne damit ihre Auffassung über die unerhörte Ungerechtigkeit der Friedensbedingungen aufzugeben«, unterzeichnet. Aber auch auf polnischer Seite wurden die Gebietsgewinne im Westen von den Vertretern der piastisch orientierten Nationaldemokratie als unzureichend abgelehnt.

Der neue polnische Staat in den Grenzen zum Ende des Jahres 1921 umfaßte rund 390 000 Quadratkilometer mit 27 Millionen Menschen, von denen allerdings mehr als acht Millionen nationalen Minderheiten angehörten. Offiziellen polnischen Angaben zufolge lebten in der polnischen Republik vier Millionen Ukrainer, 2,1 Millionen Juden, 1,1 Million Deutsche und ebenso viele Weißrussen. Die Regierung des neuen Staates stand vor der ungeheuren Aufgabe, die drei ehemaligen Teilgebiete mit ihrer in allen Bereichen unterschiedlichen Struktur zu einem funktionsfähigen Ganzen vereinen zu müssen.

Bei den Wahlen zum verfassunggebenden Sejm am 26. Januar 1919 hatten die Parteien der Rechten, der Linken und der Mitte jeweils etwa ein Drittel der Stimmen erhalten. Der neue Sejm bestimmte in seiner konstituierenden Sitzung am 20. Februar 1919 Pilsudski erneut zum Staatsoberhaupt und erließ bis zur Ausarbeitung einer endgültigen Verfassung ein vorläufiges Grundgesetz, »Kleine Verfassung« genannt. Die nach langen Auseinandersetzungen schließlich am 17. März 1921 verabschiedete endgültige »Märzverfassung« übertrug die eigentliche Staatsgewalt dem Sejm, während das Oberhaus, der Senat, lediglich bei der Gesetzgebung mitwirken konnte. Die Stellung des von beiden Kammern zu wählenden Staatspräsidenten wurde mit deutlichem Bezug auf die starke Persönlichkeit des beim Parlament wenig beliebten Pilsudski bewußt rein repräsentativ gehalten.

Die große Parteienzahl der jungen Republik sollte sich in der Folge als Quelle politischer Instabilität erweisen. Dies wurde bereits bei der Vorbereitung der Wahlordnung deutlich, die durch politische Intrigen und häufige Regierungswechsel gekennzeichnet war. Die Wahlen vom November 1922 endeten mit einem Erfolg der Nationaldemokratie, ein schwerer Schlag für Pilsudski, der daraufhin nicht für das Amt des Staatspräsidenten kandidierte. Nachdem der im Dezember 1922 gewählte Staatspräsident Gabriel

Narutowicz von einem nationalistischen Attentäter ermordet worden war, kam es zur Bildung einer übernationalen Regierung unter Wladyslaw Sikorski. Der von der politischen Entwicklung enttäuschte Pilsudski legte daraufhin auch die ihm verbliebenen militärischen Ämter nieder und zog sich auf seinen Landsitz bei Warschau zurück.

Es folgte eine Periode innenpolitischer Stabilisierung, in welcher nach Lösungen der drängendsten Probleme gesucht wurde. Ein Konkordat mit dem Vatikan glich die polnischen Diözesangrenzen den neuen Staatsgrenzen an. Die galoppierende Inflation konnte 1924 nach einer Währungsreform und durch eine konsequente Haushaltspolitik zunächst gebremst werden. Der 1925 von Deutschland begonnene »Zollkrieg« führte allerdings zu einer erneuten Abwertung des polnischen Zloty.

Ein besonderes Problem stellte die dringend notwendige Agrarreform dar, die jedoch aus politischen Gründen nicht konsequent durchgeführt werden konnte. Die polnischen Großgrundbesitzer in den Ostgebieten wurden aus nationalen Rücksichten nicht zur Parzellierung herangezogen, um so mehr dagegen die deutschen in den Westgebieten. Die Umverteilung, Flurbereinigung und Neusiedlung kam vor allem in den zentralpolnischen Gebieten mit ihren teilweise völlig unrentablen Kleinstwirtschaften nur schleppend voran.

Als polnisches Tor zur Welt und in Konkurrenz zum benachbarten Danzig, in welchem Polen zwar Hafenrechte besaß, das aber wegen der Ressentiments seiner überwiegend deutschen Bevölkerung als unzuverlässig angesehen wurde – während des Polnisch-Sowjetischen Krieges hatten die Danziger Hafenarbeiter durch einen Streik den polnischen Nachschub behindert –, baute Polen das früher unbedeutende Fischerdorf Gdingen zu einem modernen Überseehafen aus, der durch eine direkte Eisenbahnlinie mit dem ostoberschlesischen Kohlerevier verbunden wurde.

Die Weltwirtschaftskrise, von der das immer noch von der Teilungszeit geprägte Land besonders schwer betroffen wurde, setzte dieser insgesamt hoffnungsvollen Entwicklung ein Ende. Die Wirtschaftskrise, hohe Arbeitslosigkeit, vor allem aber die verbreitete Enttäuschung der polnischen Gesellschaft über die Auswüchse des Parlamentarismus nach französischem Vorbild, Mißwirtschaft, Korruption und Ämterschacher führten auch das Ende der parlamentarischen Demokratie herbei. Durch einen Staatsstreich übernahm Pilsudski, gestützt auf die Armee und ehemalige Mitkämpfer aus den Legionen, im Mai 1926 die faktische Macht.[7] Er konnte sich dabei wie auch bei dem Anspruch, durch eine »moralische Diktatur« eine »Sanierung« Polens zu erreichen, anfänglich auf einen breiten Rückhalt in der Bevölkerung berufen.

Zunächst suchte Pilsudski noch den Schein einer demokratischen Regierungsform zu wahren und durch die Gründung eines »überparteilichen Blocks der Zusammenarbeit mit der Regierung« eine parlamentarische Mehrheit für seine Ziele zu gewinnen. Als die Oppositionsparteien sich jedoch im Parlament zusammenschlossen und die Arbeit der lediglich vom Vertrauen Pilsudskis abhängigen, rasch wechselnden Regierungen immer stärker behinderten und Ende 1929/Anfang 1930 sogar zwei »Obristenregierungen« stürzen konnten, ließ Pilsudski im August 1930 das Parlament auflösen, 88 führende Oppositionspolitiker verhaften und in der Festung Brest am Bug internie-

Unterzeichnung des deutsch-polnischen Vertrages in Warschau, 1934 (von links: der deutsche Botschafter in Warschau, Hans-Adolf von Moltke, Józef Pilsudski, Joseph Goebbels und Polens Außenminister Józef Beck

Nicht die Machtergreifung der NSDAP in Deutschland 1933, sondern die Unterzeichnung des deutsch-polnischen Nichtangriffspaktes 1934 stellte eine Zäsur in der Geschichte der deutschen Minderheit in Polen zwischen den Kriegen dar. Mit einem Schlag wurde im Deutschen Reich jegliche antipolnische Propaganda unterbunden und der deutschen Minderheit Wohlverhalten gegenüber ihrem Staat abgefordert. Polens charismatischer Lenker Pilsudski nötigte Hitler und seinen Gefolgsleuten Respekt ab, und der Nationalsozialismus in Deutschland stieß in manchen polnischen Kreisen zunächst durchaus auf Sympathien.

ren. Der »Erfolg« dieser Gewaltmaßnahmen war zwar der Gewinn der absoluten Mehrheit für den Regierungsblock, aber auch die Abwendung vieler Intellektueller von Pilsudski, der Polen seither praktisch diktatorisch regierte. Eine am 23. April 1935 verabschiedete, ganz auf seine Person zugeschnittene Verfassung legte die entscheidende Machtbefugnis in die Hand des nur »Gott und der Geschichte« verantwortlichen Präsidenten. Durch Pilsudskis Tod am 12. Mai 1935 wurde dieser Konstruktion aber gewissermaßen die Grundlage entzogen. Keiner der Nachfolger hatte auch nur entfernt sein Format und konnte die erforderlichen Maßnahmen zur wirtschaftlichen und sozialen Reform des Landes durchsetzen, in dem die Weltwirtschaftskrise und ihre Folgen zur Radikalisierung großer Teile der Arbeiterschaft und der Bauern geführt hatten.

Außenpolitisch sah sich Polen seit Versailles durch den Revisionismus der beiden großen Nachbarn Deutschland und Sowjetunion bedroht, deren Interessengemeinschaft erneut, wie seit dem 18. Jahrhundert, auf eine »negative Polenpolitik« hinauslief. Obgleich beide Mächte als Verlierer des Ersten Weltkriegs zunächst geschwächt waren, mußten schon der deutsch-sowjetische Vertrag von Rapallo und entsprechende Aussagen deutscher Politiker polnische Befürchtungen wecken. So erklärte Reichskanzler Josef Wirth im Juli 1922: »Polen muß erledigt werden. Auf dieses Ziel ist meine Politik eingestellt ... Ich schließe keine Verträge, durch die Polen gestärkt werden könnte, es ist vielmehr mit meinem Einverständnis manches auch bezüglich der Ostgrenze geschehen, was nur wenige außer mir wissen. In diesem Punkt bin ich ganz einig mit den Militärs, besonders dem General von Seeckt.«

Die Sicherheit Polens war nur durch den Erhalt der Versailler Friedensordnung gewährleistet, deren Beseitigung wiederum das erklärte Ziel der beiden Weltkriegsverlierer war. So suchte Polen Rückhalt bei Frankreich, das seinerseits Polen als wichtigsten Teil seines Cordon sanitaire in Ostmitteleuropa betrachtete. Die Bemühungen beider Länder um Stabilisierung der Versailler Grenzen gestalteten sich jedoch immer schwieriger. Zum einen erschien Polen selbst vor der Weltöffentlichkeit durch seine Grenzprobleme mit fast allen Nachbarstaaten und den Umgang mit seinen nationalen Minderheiten, der zu häufigen Beschwerden vor dem Völkerbund führte, zunehmend als politischer Störenfried. Zum anderen konnte Deutschland mit seiner von Außenminister Gustav Stresemann geführten defensiven und konzilianten Außenpolitik gegenüber dem Westen die Chancen für eine Durchsetzung der deutschen revisionistischen Forderungen im Osten vermehren. Dies zeigte sich deutlich im allmählichen Abrücken Großbritanniens von den Versailler Festlegungen.

Die Forderung nach Revision der Versailler Ostgrenzen gehörte zum ehernen Fundament der Außenpolitik aller Weimarer Regierungen. Der Anerkennung der Gebietsabtretungen im Westen im Vertrag von Locarno 1925 folgte bezüglich der Ostgrenze lediglich eine Gewaltverzichtserklärung, wobei die Hoffnung auf eine friedliche Revision zugunsten Deutschlands von Außenminister Stresemann ausdrücklich bekräftigt wurde. Die politische Aufwertung des Deutschen Reiches durch den Eintritt in den Völkerbund 1927 und die Erlangung der militärischen Gleichberechtigung 1932 ließen die Erreichung dieses Ziels immer wahrscheinlicher werden.

Versuche der polnischen Außenpolitik, die deutsch-sowjetische Umklammerung zumindest zu lockern, zeitigten mit dem Abschluß des polnisch-sowjetischen Nichtangriffspaktes einen ersten Erfolg. Der entscheidende Befreiungsschlag schien Polen aber nach Hitlers Machtergreifung 1933 zu gelingen. Nachdem Pilsudski noch im Frühjahr 1933 durch die Lancierung vorgeblicher oder tatsächlicher Präventivkriegspläne gegen Deutschland in der Öffentlichkeit sowohl die Unentschlossenheit Frankreichs zu einem Vorgehen gegen Deutschland wie auch die Verständigungsbereitschaft der neuen deutschen Regierung festgestellt hatte, nahm er Verhandlungen mit Hitler über einen Nichtangriffspakt auf. Aus polnischer Sicht berechtigte der katholische und betont antikommunistische Österreicher Hitler zu der Hoffnung, daß Deutschland die protestantisch-preußische Tradition der negativen Polenpolitik im Bündnis mit Sowjetrußland beenden würde. Für Pilsudski stellte die Sowjetunion zu jener Zeit die größere Gefahr für die polnische Existenz dar.

In der Verhinderung einer antipolnischen Allianz der beiden großen Nachbarn lag das Ziel der von Pilsudski bestimmten polnischen Außenpolitik begründet. Der am 26. Januar 1934 geschlossene deutsch-polnische Nichtangriffspakt, der auch eine Gewaltverzichtserklärung bezüglich der Grenzprobleme beinhaltete, bedeutete in diesem Sinne eine Atempause angesichts der Unberechenbarkeit der nationalsozialistischen Außenpolitik, der konsequenten deutschen Aufrüstung und des Beginns der Hitlerschen Heim-ins-Reich-Politik seit 1938, aber eben auch nicht mehr. Pilsudski war sich, wie entsprechende Äußerungen zeigen, der Gefahr einer Wiederaufnahme der negativen deutsch-sowjetischen Polenpolitik durchaus bewußt. Seine Nachfolger überschätzten aber ganz offenbar die eigene Stärke ebenso, wie sie die Möglichkeit eines zumindest zeitweisen Zusammengehens der beiden Diktatoren Hitler und Stalin gegen Polen unterschätzten. Sie begriffen nicht, daß sie durch die im Windschatten von Hitlers Expansionspolitik erzwungenen Lösungen der territorialen Probleme mit Litauen und den Tschechen in polnischem Sinne, welche sie als politische Erfolge feierten, selbst dazu beitrugen, die staatliche Ordnung zu zerstören, welche die Grundlage ihrer eigenen Existenz bildete.

Die Deutschen im polnischen Staat

RICHARD BREYER, JOACHIM ROGALL

Für die Deutschen im polnischen Staat galt es nach dem Ersten Weltkrieg, ihre national-kulturellen Rechte im Rahmen des in Versailles verbrieften Minderheitenschutzes zu sichern. Hierbei war ein Ausgleich notwendig zwischen der nationalstaatlichen Tradition in den vormals deutschen Gebieten (Posen-Pommerellen, Ost-Oberschlesien), welche an das Bismarckreich und das Weltkriegserlebnis anknüpfte, und der Minderheitenerfahrung der Deutschen im vormals russischen (Mittelpolen, Wolhynien) und österreichischen Teilgebiet (Galizien, Teschener Schlesien) mit den teilweise noch frischen Erinnerungen an die Ansiedlung aus wilder Wurzel im 19. Jahrhundert. Alte und neue Verbindungen zum Mutterland Deutschland erschienen unerläßlich, zumal das Bewußtsein, in den größeren Kreislauf der deutschen Geschichte im Guten wie im Bösen eingebunden zu sein, seit 1914 ohnehin entstanden war.[8]

So zeigen sich in der deutschen und polnischen Historiographie vier Problemkreise: die Deutschen als eigenständige Minderheit, deutsche Minderheit und polnischer Staat, deutsche Minderheit und deutscher Staat, deutsche Minderheit und deutsch-polnische außenpolitische Beziehungen.

Gegenüber den Deutschen, besonders in den westlichen Wojewodschaften, fand das mit dem Ziel eines einheitlichen Nationalstaats verbundene polnische Konzept der Aussonderung, Verdrängung oder ethnisch-kulturellen Inkorporation sowohl bei den politischen Kräften als auch bei der Mehrheit der polnischen Nation eine Stütze im Bild vom permanenten deutsch-polnischen Antagonismus. Es könnte sein, daß die Alliierten in Versailles die Schwierigkeiten vorausgesehen haben, die sich aus dem Zusammenleben der Polen mit nationalen oder religiösen Minderheiten, insbesondere den Juden und Deutschen, ergeben sollten. Es waren vor allem jüdische Kreise, welche, vermutlich im Hinblick auf virulente antisemitische Tendenzen in der polnischen Gesellschaft, auf eine Sicherung der Minderheitenrechte drängten. Der sogenannte Kleine Versailler Vertrag von 1919, der Minderheitenschutzvertrag,[9] den Polen als Junktim mit der Inbesitznahme der ehemaligen deutschen Gebiete (Artikel 93) zu unterzeichnen von den Alliierten veranlaßt wurde, war als eine durch den Völkerbund gedeckte Garantie der rechtlich geregelten Existenz der Minderheiten gedacht. Die Minderheitengruppen konnten gegenüber dem Völkerbund allerdings nicht selbst als Rechtsperson auftreten, sondern brauchten ein Mitglied des Völkerbundes als Interessenvertreter und Schutzmacht. Dies war für die deutsche Minderheit das Deutsche Reich. Die Weißrussen, Ukrainer oder Juden besaßen dagegen keinen solchen Anwalt.

In Polen wurde der Minderheitenschutzvertrag von der Bevölkerung bis in die höchsten Regierungsstellen als eine einseitige Diskriminierung angesehen und die erzwungene Aufnahme seiner Bestimmungen in die Verfassungen von 1921 und 1935 als eine Einmischung betrachtet, die es zu beseitigen galt. Die Tatsache, daß der Minder-

Grenzschutz-Plakat von 1919
Der drohenden Abtretung der Provinz Posen an Polen nach dem Ersten Weltkrieg versuchten sich die Deutschen innerhalb und außerhalb des Gebiets zum Teil mit Waffengewalt zu widersetzen. In den Grenzgebieten kam es zu erbitterten Kämpfen zwischen deutschen Selbstschutzverbänden und polnischen Truppen. Dabei ereigneten sich auch kuriose Vorfälle. Das westlich Wollstein an der schlesischen Grenze gelegene deutsche Dorf Schwenten erklärte sich angesichts der Bedrohung durch vorrückende polnische Truppen kurzerhand zu einem »Freistaat« und konnte so tatsächlich Besetzung beziehungsweise Zerstörung vermeiden. Nach Eintreten des Waffenstillstands ließ die aus Pastor, Förster und Gastwirt bestehende »Regierung« ein Plebiszit durchführen und erklärte den Anschluß an das Deutsche Reich. Tatsächlich blieb das Gebiet der »Republik Schwenten« nach der endgültigen Grenzziehung bei Deutschland.

heitenschutzvertrag den Deutschen bei weitem nicht die Rechte gab, die sie erhofft hatten, daß er von polnischer Seite aber trotzdem als Privilegierung bezeichnet wurde, zeigte, daß dieses Problem nicht gelöst war. Zunächst aber wurde seitens der Deutschen der Versuch unternommen, alle Möglichkeiten für eine Verteidigung der Minderheitenrechte auszuschöpfen, welche sich aus den Verträgen und der Verfassung anboten.

Die restriktive polnische Politik gegenüber der deutschen Minderheit fand in den internen interministeriellen Richtlinien (*wytyczne*) der Warschauer Kabinette von 1926 und 1938/39 ihre Stütze. Freilich kann nicht übersehen werden, daß das nationalpolitische Instrumentarium spiegelgleich dem der preußisch-deutschen »Ostmarkenpolitik« entsprach und teilweise direkt von dort entliehen war. So erließ das polnische Ministerium für das ehemals preußische Teilgebiet am 29. April 1920 eine Verordnung, nach der die preußischen Gesetze, welche vor 1918 den Gebrauch der deutschen Sprache vorgeschrieben und das Polnische diskriminiert hatten, weiterhin gültig blieben, nur daß im Gesetzestext jeweils »deutsch« durch »polnisch« zu ersetzen war.[10] Ähnlich waren auch die Reaktionen, diesmal seitens der Deutschen als Minderheit: Der polnische Nationalismus arbeitete dem deutschen in die Hand, der Staats- dem Minderheitennationalismus.

DIE POSENER DEUTSCHEN

Die Deutschen im Posener Land traf der Umbruch am Ende des Ersten Weltkrieges, verglichen mit den anderen deutschen Bevölkerungsgruppen im neuen polnischen Staatsgebiet, am härtesten. Gewissermaßen über Nacht waren sie, die zwar in einer Grenzprovinz, aber innerhalb des deutschen Nationalstaats gelebt hatten, zu Auslandsdeutschen und von Angehörigen der staatlich privilegierten Mehrheitsnation zu einer nationalen Minderheit geworden. Erschwerend kam hinzu, daß sich im preußischen Teilgebiet vor allem seit der zweiten Hälfte des 19. Jahrhunderts in den führenden Kreisen der deutschen Bevölkerung die Vorstellung einer kulturellen Überlegenheit »der« Deutschen gegenüber »den« Polen verbreitet hatte. Dafür war die Äußerung bezeichnend, die Leo Wegener, eines der führenden Mitglieder des Deutschen Ostmarkenvereins, im Juni 1918 machte: »Polen hat keine eigene Kultur geschaffen; sie ist von den Deutschen entlehnt.«[11] Diese Kulturträgermentalität bewirkte, daß für die Mehrheit der Posener Deutschen bis zum Ende des Ersten Weltkrieges die Wiederherstellung eines polnischen Staates oder gar die Abtretung der Provinz Posen an einen solchen gänzlich unvorstellbar war. Als dies nach dem Posener Aufstand Ende 1918 nun zur konkreten Möglichkeit wurde, brach für die Posener Deutschen buchstäblich eine Welt zusammen. Einer der Betroffenen gab in der Zeitschrift *Die Ostmark* seinen Gefühlen Ausdruck: »In den letzten Wochen hat sich auf dem Boden der deutschen Ostmark eine der größten Tragödien der Weltgeschichte [sic!] abgespielt: wehrlos, kampflos ist eine Millionenbevölkerung einer feindlichen, kulturell unter ihr stehenden Macht überantwortet worden – nicht einmal einem Sieger, sondern einem, der tatenlos zusah ...«[12]

Hier werden die entscheidenden Gründe für den deutschen Schock genannt: Polen galt, im Gegensatz etwa zu Frankreich, nicht als ebenbürtige Macht. Die Vorstellung, nun unter polnischer Herrschaft zu stehen, erschien für viele Deutsche ehrenrührig. Die vollständige Eliminierung des polnischen Staates bei den Teilungen war ihnen dagegen als normal erschienen, ebenso die mehr als hundertjährige deutsche Herrschaft über Polen. Dies kam auch in den immer wiederkehrenden Klagen über die undankbaren Polen vor 1918 zum Ausdruck, wenn sich die preußische Polenpolitik einmal etwas gelockert hatte, die Polen aber dennoch nicht ihre Unabhängigkeitsbestrebungen aufgeben wollten. Diese Deutschen hatten nicht begriffen, daß selbst die liberalste Minderheitenpolitik in der Teilungszeit immer die Politik einer Besatzungsmacht gegenüber einer des Selbstbestimmungsrechts beraubten Bevölkerung geblieben war und daß es für die geteilte und besetzte polnische Nation zu Unabhängigkeit und Freiheit keine Alternative gab. Sie begriffen es selbst dann noch nicht, als sich die Vorzeichen umgekehrt hatten und sie nun in der Lage der Minderheit waren. Es sei nur am Rande angemerkt, daß sich dieses Unverständnis auch in manchen deutschen Darstellungen zur preußischen Polenpolitik finden läßt.

Der vor allem psychologisch enorm tiefe Sturz der Posener Deutschen löste eine gewaltige Abwanderungswelle aus. Bis zur Übergabe des Posener Gebiets an Polen 1920 hatten es fast zwei Drittel der dortigen Deutschen bereits verlassen. Dabei wanderten nicht nur die meisten Angehörigen der überwiegend landfremden preußisch-deutschen Beamtenschaft und des Militärs ab, was auch aus beruflichen Gründen verständlich war, sondern ebenso ein großer Teil der städtischen deutschen Bürger-, Handwerker- und Arbeiterschaft aus alteingesessenen Familien.

Neben den genannten psychologischen Gründen waren für diese Massenabwanderung natürlich auch erste Maßnahmen des polnischen Staates wie Internierungen, die Verhängung des Ausnahmezustandes am 2. Juni 1919 über das Posener Gebiet, die Entlassung der deutschen staatlichen und kommunalen Beamten – mit Angehörigen rund 100 000 Personen – und die Verdrängung der sogenannten Optanten verantwortlich. Nach dem Versailler Vertrag konnten die Deutschen in den abgetretenen Gebieten, sofern sie dort vor dem 1. Januar 1908 ihren Wohnsitz gehabt hatten, innerhalb von zwei Jahren für die deutsche Staatsangehörigkeit optieren, wovon 150 000 bis 175 000 Personen Gebrauch machten. Sie wurden von Polen in der Folge als Ausländer angesehen und mußten zum größten Teil wegen der Verweigerung der Aufenthaltsgenehmigung das Land verlassen. Das gleiche galt für die Deutschen, welche erst nach dem 1. Januar 1908, dem Inkrafttreten des Enteignungsgesetzes, ins Land gekommen waren. Sie konnten zwar Anträge auf die polnische Staatsbürgerschaft stellen, wurden aber zumeist abgewiesen. Hierbei ergab sich für sie ein besonderes Dilemma, da sie mit der Option für Polen den Anspruch auf die deutsche Staatsbürgerschaft verloren. Wurde ihr Antrag von polnischer Seite abgelehnt, wurden sie folglich staatenlos.

Die Zahl der Deutschen im Posener Land hatte sich bis 1921 nach den Angaben der damaligen polnischen Volkszählung auf 327 846 verringert. Im Jahre 1926 betrug sie nach deutschen Selbstzählungen sogar nur noch 224 254 Personen. Das war im Ver-

Die Deutschen des Posener Gebiets nahmen innerhalb der deutschen Minderheit in Polen eine gewisse Führungsposition ein, wobei die Vielzahl kultureller und wissenschaftlicher Einrichtungen und deren zahlreiche Periodika ein Erbe der preußischen Zeit darstellte und nur mit Mühe und finanzieller Unterstützung aus dem Deutschen Reich erhalten werden konnte.

gleich zum Stand von 1910 ein Rückgang um 454 785 Personen. Der Anteil der Deutschen an der Gesamtbevölkerung der Wojewodschaft Posen betrug danach nur noch elf Prozent. Die städtische deutsche Bevölkerung ging dabei um 85 Prozent zurück, besonders deutlich an den beiden Großstädten Posen und Bromberg zu sehen. In Posen sank der Anteil der Deutschen von rund 42 Prozent im Jahre 1910 bis auf etwas über zwei Prozent 1931, in Bromberg von 77,5 Prozent 1910 auf 8,5 Prozent 1931. Ein geringer Teil des Rückgangs war auch auf Assimilationsvorgänge zurückzuführen.

Objektiv gesehen entsprach die Abtretung des größten Teils der Provinz Posen an Polen den tatsächlichen ethnischen Mehrheitsverhältnissen und wäre auch durch eine Volksabstimmung allenfalls in den Randgebieten geringfügig zugunsten der deutschen Seite korrigiert worden. Aus der subjektiven Sicht der im Lande verbliebenen Deutschen waren sie jedoch durch die Versailler Regelungen gegen ihren Willen und zu Unrecht einem ihnen nicht wohlgesinnten fremden Staat ausgeliefert worden, weshalb sie in ihrer Mehrheit auf eine Änderung des Status quo hofften. Bestärkt wurden sie darin nicht nur durch die während des Polnisch-Sowjetischen Krieges anfänglich schwierige außenpolitische Situation Polens (»Saisonstaat«), sondern vor allem durch die von allen Weimarer Regierungen betriebene Revisionspolitik des Deutschen Reiches.

Umgekehrt stellten die Deutschen in den westlichen Wojewodschaften aus polnischer Sicht eben wegen dieser Revisionspolitik eine Gefährdung des territorialen Besitzstandes dar. Die drastische Verringerung ihres Bevölkerungsanteils wurde so Grundlage des »Posener Programms«, wie es der nationaldemokratische Politiker Stanislaw Grabski bereits 1919 verkündet hatte. Auch war das Posener Gebiet die politische Hochburg der traditionell antideutsch ausgerichteten Nationaldemokraten und Christdemokraten, während versöhnlichere politische Richtungen wie die Sozialisten hier kaum Einfluß besaßen.[13]

Neben dem verwaltungsmäßigen Kampf gegen das Deutschtum, der sich nur in wenigen Fällen auf Ausnahmegesetze, sondern zumeist darauf stützte, daß er allgemeine Bestimmungen einseitig gegen die Deutschen auslegte, entfalteten auch nichtstaatliche Verbände wie der polnische »Westmarkenverband« eine wirkungsvolle Politik der Einschüchterung und wirtschaftlichen Schwächung der Deutschen, etwa durch Boykottmaßnahmen. Diese Konstellation sollte sich künftig als Teufelskreis erweisen, da jede Seite die andere als Aggressor und sich als Opfer beziehungsweise als Verteidiger legitimer Rechte betrachtete und jede Maßnahme der einen Seite entsprechende Gegen- oder – subjektiv gesehen – Schutzmaßnahmen der anderen Seite zur Folge hatte.

Bei der ländlichen Bevölkerung ging der deutsche Anteil bis 1926 um 55 Prozent zurück. Der deutsche private Grundbesitz, der im Posener Gebiet 1914 insgesamt 966 053 Hektar betragen hatte, wurde durch polnische Maßnahmen wie Annullierung von Ansiedlungsverträgen, Liquidation von Eigentum deutscher Staatsangehöriger, Pachtentzug und Agrarreform bis 1926 um 298 796 Hektar verringert. Er blieb allerdings immer noch beachtlich. Bei der Bewertung ist zu berücksichtigen, daß der große Exodus der Jahre 1919 bis 1922 eine völlige Umstrukturierung der deutschen Bevölkerung zur Folge hatte. Während hier vor 1914 Beamte, Handwerker und Kaufleute dominierten, das bäuerliche Element dagegen relativ schwach und die Arbeiterschaft unbedeutend war, überwog nach der ersten Massenabwanderung seit der Mitte der zwanziger Jahre die Landbevölkerung. Der Anteil der Intelligenz, also Ärzte, Pfarrer und Lehrer, war noch ausreichend, nicht aber derjenige von Handwerkern und Kaufleuten; staatliche und kommunale Stellen waren den Deutschen praktisch gänzlich verschlossen. Die Erhaltung des deutschen Bodenbesitzes wurde deshalb von der Führung der deutschen Minderheit des Posener Gebiets als Existenzfrage betrachtet. Die polnische Seite sah dagegen in der einseitig gegen den deutschen Grundbesitz angewandten Agrarreform nur eine legitime Korrektur der Ergebnisse der preußisch-deutschen Bodenpolitik des Kaiserreichs.

Die großen zahlenmäßigen Verluste der Posener Deutschen hatten die für sie positive Folge, daß der verbliebene Teil, nachdem er die neuen Verhältnisse mehr oder weniger akzeptiert hatte, sich als Schicksalsgemeinschaft verstand und eine Verbundenheit entwickelte, wie sie die heterogene deutsche Bevölkerung Posens vor 1918 nicht gekannt hatte. Man darf sich jedoch auch die Deutschen des ehemals preußischen Teilgebietes keineswegs als geschlossene, einheitliche Gruppe vorstellen. Sowohl in bezug auf die Haltung zum polnischen Staat wie zur deutschen Revisionspolitik gab es unter den Deutschen erhebliche Unterschiede.

DIE DEUTSCHEN IN MITTELPOLEN

Es entsprach der Erfahrung der Deutschen in Kongreßpolen und Wolhynien, daß sie die Wiedererrichtung des polnischen Staates als eine historische Gerechtigkeit begrüßten und sich auf eine ehrliche Loyalität in Pflichten und Rechten einstellten. Eine Gelegenheit, diese loyale Bejahung des neuen Polen zu beweisen, bot sich im Krieg zwischen Polen und der Sowjetunion 1919/20, als die Rote Armee im August 1920 vor Warschau stand. Da meldeten sich im Unterschied zu manchen Deutschen in Posen-Pommerellen, welche auf eine Niederlage Polens und die dadurch mögliche Korrektur der Versailler Grenzziehung hofften, viele Deutsche aus Kongreßpolen freiwillig zur polnischen Armee, um das Land vor der Bedrohung aus dem Osten zu retten, die sie teilweise in ihrer eigenen Verbannung und Heimkehr noch selber kennengelernt hatten.

Indessen war die Konsolidierung des polnischen Staates weiter fortgeschritten. Am 26. Januar 1919 fanden in Kongreßpolen und in Westgalizien, also in Gebieten, in denen Deutsche lebten, die ersten Parlamentswahlen zum verfassunggebenden Sejm statt. Trotz mancher Schwierigkeiten, die sich aus der vergangenen Kriegszeit und dem Verhalten der Lodzer »Aktivisten« ergeben hatten, gelang es den deutschen Wählern, zwei deutsche Abgeordnete, den Tischlermeister Joseph Spickermann in Lodz und den Hauptlehrer Ludwig Wolff im Wahlkreis Lodz/Land-Łask-Brzeziny zu berufen. Nach seinem gesundheitsbedingten Ausscheiden wurde Wolff durch den Kaufmann Oskar Friese aus Konstantynow ersetzt. In den Kreisen Gostynin, Konin und Lipno reichten die Stimmen für die deutschen Listen nicht zur Erringung eines Mandats; immerhin

Wahlkampf in Lodz mit Plakaten der Deutschen Liste, 1928
In den zwanziger Jahren schien zunächst eine Beteiligung der Minderheiten am Staatsaufbau und der politischen Entwicklung Polens über ihre Parteien möglich. Das zunehmend autoritäre und antidemokratische Regime unter Pilsudski und seinen Epigonen machte diese Hoffnungen jedoch bald zunichte. Die Minderheiten blieben Fremdkörper in einem Staat, in dessen Verwaltung sie auf keiner Ebene einbezogen waren, und dies galt nicht nur für die irredentistischen Minderheitengruppen in den Grenzgebieten, sondern auch für die loyal eingestellten Deutschen in Mittelpolen.

gab es auch hier Anzeichen für zukunftsweisende politisch-parlamentarische Aktivitäten, obwohl ein Teil der Deutschen Wahlenthaltung geübt hatte.

Da der Deutsche Verein kurz nach der Januarwahl von den polnischen Behörden aufgelöst wurde, waren die Deutschen zunächst ohne jede politische Organisation; gleichwohl nahmen ihre beiden Sejmabgeordneten im verfassunggebenden Sejm an der Verabschiedung der Kleinen Verfassung vom 20. Februar 1919 teil. Die Parlamentswahlen im November 1922 zur gesetzgebenden Nationalversammlung brachten für die Deutschen in Polen insgesamt dadurch einen beachtlichen Erfolg, daß sie mit den Ukrainern und in Kongreßpolen insbesondere mit den Juden einen Minderheitenblock[14] gebildet hatten. Aus Kongreßpolen zogen die Abgeordneten Jakob Karau, Artur Kronig, Otto Somschor, Joseph Spickermann, August Utta, Emil Zerbe und Karl Stüldt in das Parlament ein. Verhängnisvoll war allerdings, daß die Wahl des ersten Präsidenten Narutowicz 1922 nur durch die Stimmen des Minderheitenblocks möglich geworden war. Die Ermordung des deshalb von den Nationaldemokraten als »Symbol der Schande« betrachteten Staatsmannes beleuchtete wie ein Blitz die minderheitenfeindliche Einstellung im Lande.

Die ideologische nationaldemokratische Minderheitenpolitik wirkte sich in Kongreßpolen vor allem in assimilatorisch-polonisierenden Einschränkungen des deutschen Schulwesens aus, wo die Zahl der deutschen Schulen nach der Auflösung der beiden Weltkriegs-Schulverbände in den Jahren von 1919 bis 1930 von 564 auf 63 zurückging. Betroffen waren auch Presse, Vereine, Verbände und Institutionen. Solche Verluste konnten durch den Wahlerfolg vom 4. und 11. März 1928 nicht aufgehoben werden, auch wenn es gelang, den Lehrer und Dichter Julian Will mit Hilfe jüdischer, den Juden Isaak Grünbaum mit deutschen Stimmen in den Sejm zu schicken. Die Wahlen am 16. und 23. November 1930 wurden dann auch ein Desaster, zumal es bei dem allgemeinen politischen Terror in Polen nicht mehr zu einem Minderheitenblock gekommen war; diese Wahlen führten nicht nur zu reichsdeutschen Protesten, sondern auch zu internationalen Vorstellungen.

Auch unter dem autoritären Sanacja-Regime seit 1926[15] war für eine Zusammenarbeit mit den nationalen Minderheiten nach wie vor kein Platz.

GEMEINSAME ABWEHR UND WAHRUNG DES BESITZSTANDES

Zunächst galt es für die Deutschen in Polen, das aus den Teilgebieten überkommene historisch-politische Selbstverständnis zu einem geschlossenen, gemeinsamen Willensakt zu formen und die politische Situation in Polen zum Anlaß für einen Neuanfang der Organisationsarbeit im Rahmen der staatsbürgerlichen Rechte zu nutzen. Dabei war bemerkenswert, daß die grenzüberschreitenden Initiativen als politische Impulse vornehmlich aus Lodz, die wirtschaftlichen und wissenschaftlichen aus Posen und Bielitz kamen und die Schulprobleme von Bromberg aus angegangen wurden. Nach der Auflösung des »Deutschen Vereins für Lodz und Umgebung« wegen dessen Aktivitäten bei der ersten Sejmwahl scheiterte 1919 auch der Versuch der Gründung einer neuen politischen Partei in Mittelpolen, der »Deutschen Volkspartei«. Im September 1921 kam es zu einem erneuten Anlauf mit dem »Bund der Deutschen Polens«. Er hatte mit der Ausbreitung eines weitgespannten Ortsgruppennetzes und durch die Beteiligung am Minderheitenblock 1922 auch durchaus Erfolg. Die Verweigerung seiner Anerkennung durch die polnischen Behörden hatte jedoch die Einstellung seiner Tätigkeit zur Folge. Sein Organ, die Lodzer *Freie Presse*, die ohnehin an der Entstehung und Arbeit des »Bundes« maßgeblich beteiligt war, konnte jedoch unbeirrt weiterwirken.

Eine besondere Beachtung verdient die am 19. Januar in Lodz im Hinblick auf die bevorstehenden Parlamentswahlen vom Herbst 1922 als politische Partei gegründete und damit keiner besonderen behördlichen Genehmigung bedürftige »Deutsche Arbeitspartei Polens«.[16] Gründung und Führung waren das Werk des Diplomingenieurs Emil Zerbe und des Jurastudenten Artur Kronig, die in Deutschland zur Sozialdemokratie gestoßen waren. Ihre sozialdemokratische Ausrichtung legte das Zusammengehen mit den gleichgerichteten Organisationen in Bielitz, Kattowitz und Bromberg nahe. Im August 1927 schlossen sich die deutschen Sozialisten in Polen zur »Deutschen Sozialistischen Arbeitspartei« (DSAP) mit Sitz in Lodz zusammen. Gemäß dem Programm von 1922 lehnte diese Partei nationale Leidenschaften ab und suchte Verständigung und Frieden mit dem polnischen Volk. Die neue Partei trat dabei jedoch nachdrücklich für die Wahrung der Minderheitenrechte, besonders im Schulkampf, und die Idee einer Kulturautonomie ein und brachte dies auch bei den polnischen Genossen, etwa in städtischen Magistraten, zu Gehör. Die deutschen und polnischen Genossen schlossen im Jahre 1928, nach einem Freundschaftsbesuch des Reichstagspräsidenten Paul Löbe in Lodz im Januar 1927, ein Wahlbündnis. Die Bromberger »Deutsche Sozialdemokratische Partei Polens« lehnte dieses Bündnis jedoch ab. Die *Lodzer Volkszeitung* hielt als Zentralorgan der DSAP seit 1925 die Verbindungen zwischen allen deutschen sozialdemokratischen Gruppen in Polen aufrecht.

Die deutschen bürgerlichen Kreise, vor allem im Lodzer Gebiet, kamen nach einigen mißlungenen Versuchen erst am 1. Juni 1924 zur Gründung einer eigenen Partei. Die Initiative ging von dem Sejmabgeordneten Artur Utta aus, der bereits als Synodaler in der Auseinandersetzung um die Verfassung und Leitung der Evangelisch-Augsburgischen Kirche von sich reden gemacht hatte. Der Deutsche Volksverband in Polen (DVV) hatte sich als politische Partei etabliert, die zwar in ganz Polen tätig werden konnte, sich aber doch auf Kongreßpolen beschränkte. Hier fand der DVV allerdings großen Anklang, besonders in den bäuerlichen deutschen Streusiedlungen, um welche sich nach dem Verbot des Deutschen Vereins und dem Weggang Adolf Eichlers nach Deutschland niemand gekümmert hatte. Mit 305 Ortsgruppen und 24 000 Mitgliedern im Jahre 1930 wurden nach dem Vorbild des ehemaligen Vereins und in zeitgemäßer Weise Jugendgruppen, Büchereien, wirtschaftliche und soziale Beratungsstellen eingerichtet.

Zu den kulturellen Einrichtungen, die auf der politischen Linie des DVV lagen, gehörte der Deutsche Schul- und Bildungsverein (SBV),[17] der durch seine Bücherei, seine aktuellen Zeitschriften- und Presseauslagen, Veranstaltungen und Tagungen mit

Vortragenden aus der gesamten Volksgruppe in Polen ein bedeutender Mittelpunkt der Lodzer Deutschen wurde. Der SBV bildete auch das Forum für wissenschaftliche und literarische Entfaltungen des Deutschtums in Mittelpolen. Anregungen aus Posen, Kattowitz und Bielitz kamen der Siedlungsforschung eines Oskar Kossmann, Albert Breyer, Otto Heike sowie dem Volkskundler Robert Klatt zugute, mit Julian Will und Sigismund Banek kamen Dichter zu Wort. Wills »Lied der Auslanddeutschen – Fern vom Land der Ahnen« fand bis nach Südamerika Anklang.

Die Lodzer deutsche Presse, vor allem die Tageszeitung *Freie Presse* mit Adolf Kargel als Redakteur, aber auch das für ländliche Gebiete bestimmte Monatsblatt *Der Volksfreund* sowie die *Lodzer Volkszeitung* versorgten ihre Leser mit politischen und kulturellen sowie mit kommunalen Informationen, bis *Der Deutsche Weg* mit jüngeren Kräften zum Zentralorgan des DVV erhoben wurde. Der Libertas-Verlag bot mit seinem »Volksfreund-Kalender« eine solide Lektüre, besonders für die ländlichen Siedlungen. Auch zum Verband der über ganz Polen, also vom Posener Land bis Wolhynien verbreiteten deutschen Genossenschaften und der Lodzer Genossenschaftsbank bestanden hilfreiche Beziehungen.

Über die Probleme des Zusammenwachsens innerhalb der Minderheiten und der gemeinsamen Abwehr der polnischen Minderheitenpolitik hinaus galt es aber im besonderen Maße, bei den anderen nationalen Minderheiten in Polen, – Ukrainern, Juden, Weißrussen, Litauern – Mithilfe und Verständnis zu suchen, zumal diese ähnliche Nöte zu bewältigen hatten. Zwar galt der Minderheitenschutz – mit Ausnahme einiger die Deutschen im ehemals preußischen Teilgebiet betreffender Sonderfälle – für alle Minderheiten, gleichwohl bestand aber zunächst kein gemeinsames Konzept, kein politisch wirksames Programm. Erst die parlamentarischen Herausforderungen im Staat zwangen die Parlamentarier der Minderheiten dazu, gemeinsame Bemühungen zur Behauptung ihrer national-kulturellen Existenzen zu unternehmen.

Ein Ausgangspunkt für erste Kontakte zwischen den Parlamentariern der Minderheiten war die gemeinsame Feststellung, daß der über dreißig Prozent zählende Anteil an Polens Gesamtbevölkerung dringend eines parlamentarisch-politischen Instruments bedürfe, um dem wachsenden Druck der diskriminierenden, polonisierenden Tendenzen des polnischen Nationalismus standhalten zu können. Dies war um so dringender geboten, als das föderalistische Programm der Ostausdehnung Polens in ukrainische und weißrussische Gebiete hinein mit dem Vertrag von Riga 1921 als gescheitert gelten konnte und damit die »Konzeption der Inkorporation« der Nationaldemokraten mit Roman Dmowski zum Zuge kommen sollte.

Es war dem jüdischen Abgeordneten Isaak Grünbaum gelungen, der ersten polnischen Verfassung vom 17. März 1921 durch eigene Verbesserungsvorschläge einen stärker demokratischen Charakter zu geben, zumal der Minderheitenschutzvertrag einen integralen Bestandteil bildete. Bei Abstimmungen im Parlament spielten die Minderheiten in der Folge teilweise die Rolle eines Züngleins an der Waage. Dies veranlaßte die polnische Mehrheit dazu, eine minderheitenfeindliche Wahlordnung zu präparieren. Im Kampf um diese deutete sich zum ersten Male die Möglichkeit einer Blockbildung

Drugi nakład po konfiskacie

Freitag, den 16. Juni 1933

Opłata pocztowa uiszczona ryczałtem

Einzelnummer 15 Groschen

Lodzer Volkszeitung

Zentralorgan der Deutschen Sozialistischen Arbeitspartei Polens.

Nr. — Die „Lodzer Volkszeitung“ erscheint täglich morgens. An Tagen nach einem Feiertag oder Sonntag mittags. Abonnementspreis: monatlich mit Zustellung ins Haus und durch die Post Zloty 4.—, wöchentlich Zloty 1.—; Ausland: monatlich Zloty 7.—, jährlich Zloty 84.—. Einzelnummer 15 Groschen, Sonntags 25 Groschen.

Schriftleitung und Geschäftsstelle: Lodz, Petrikauer 109. Telephon 136-90. Postscheckkonto 63.508

Anzeigenpreise: Die siebengespaltene Millimeterzeile 15 Groschen, im Text die dreigespaltene Millimeterzeile 60 Groschen. Stellengesuche 50 Prozent, Stellenangebote 25 Prozent Rabatt. Vereinsnotizen und Ankündigungen im Text für die Druckzeile 1.— Zloty; falls diesbezügliche Anzeige aufgegeben — gratis. Für das Ausland 100 Prozent Zuschlag.

11. Jahrg.

Bekenntnis zur deutschen Schule

Machtvolle Kundgebung der deutschen Eltern für die deutschsprachige Schule.

Zu einer machtvollen Protestkundgebung gegen die Vernichtungspolitik gegenüber dem deutschen Schulwesen hat sich gestern das deutsche Lodz vereinigt. Ueber 1400 deutsche Männer und Frauen waren dem Rufe der Deutschen Sozialistischen Arbeitspartei Polens gefolgt und füllten den größten in Lodz zur Verfügung stehenden Saal, die Philharmonie, bis auf den letzten Platz. Ja, in Erwartung eines Massenandrangs der Versammlungsteilnehmer wurde sogar speziell die Bühne verkleinert und 200 Stühle noch extra hingestellt. Alle diese Vorkehrungen erwiesen sich aber immer noch als ungenügend, da noch eine ganze Anzahl Versammlungsbesucher keinen freien Stuhl mehr finden konnte und mit einem Stehplatz fürlieb nehmen mußte. Imponierend war es, in den großen Versammlungsraum zu blicken, wo dichtgedrängt Kopf an Kopf deutsche Volksgenossen saßen und mit innerem Anteil den Ausführungen der Redner folgten. Was der gestrigen Versammlung einen besonderen Nachdruck verlieh, war die außerordentlich starke Beteiligung der Männer, deutscher Väter, während Frauen nur vereinzelt zu sehen waren. Dieses charakteristische Merkmal läßt die freudige Tatsache feststellen, daß nunmehr auch die Männer, die bisher Schulsachen jeglicher Art vielfach als „Weibersache“ ansahen und gern den Frauen überließen, endlich auf den Plan zu treten beginnen und sich in die Kampfesfront stellen.

Die Bedeutung der gestrigen Kundgebung liegt aber nicht allein in der so kraftvoll zum Ausdruck gebrachten Ablehnung der sogen. evangelischen Schule, sondern vielmehr darin, daß den Eltern, allerdings nur im Rahmen des Möglichen, gezeigt wurde, wo die Gefahr für die deutschsprachige Schule liegt, welche Kräfte am Untergang unserer Schule mitwirken. Gleichzeitig wurde aber auch [illegible] und ihr neuer Mut und neue Kraft zur Verteidigung ihres Erbgutes, der deutschen Schule, eingeflößt.

Wie groß die Drangsal ist, der die deutsche Elternschaft auf dem Gebiete des Schulwesens gegenwärtig ausgesetzt ist, bewies die überaus große Zahl derer, die nach [illegible]

Geradezu massenhaft fanden sich die Eltern am Podium ein und schilderten das ihnen angetane Unrecht.

Die gestrige Kundgebung wurde um 10.30 Uhr vom Vorsitzenden der Deutschen Sozialistischen Arbeitspartei Polens Artur Kronig mit einer kurzen Ansprache eröffnet, worauf dieser die deutschen Väter Adolf Jung, Wilhelm Will und Karl Wedlich ins Präsidium berief. Als Redner traten die Redakteure Otto Heike und Emil Zerbe sowie der Sekretär des Deutschen Volksverbandes Julian Will, auf eigenen Wunsch als Gastredner, auf.

Die nachstehend abgedruckte Entschließung fand einstimmige Annahme. Beschlossen wurde, das Versammlungspräsidium und die Referenten mit der Weiterleitung der in der Versammlung zum Ausdruck gebrachten Forderungen an das Unterrichtsministerium zu beauftragen, den unteren Schulbehörden jedoch eine Abschrift der angenommenen Entschließung zuzusenden.

Die Forderung des Tages.

Fortsetzung der Naziverhaftungen in Oesterreich.

Innsbruck, 16. Juni. Die Verhaftungen der nationalsozialistischen Führer gehen weiter. Nunmehr sind sämtliche Ortsgruppenführer des ganzen Landes Tirol verhaftet. Von den in Innsbruck festgenommenen Führern der NSDAP sollten ursprünglich 14 wieder aus der Haft entlassen werden. Auf Weisung der vorgesetzten Behörden wurde den Festgenommenen jedoch mitgeteilt, daß der bereits auf Haftentlassung erteilte Auftrag wieder zurückgezogen werden müsse.

Dollfuß in Paris.

Paris, 16. Juni. Bundeskanzler Dollfuß, der seinen Aufenthalt in London vorzeitig abgebrochen hat und über Paris nach Wien zurückfliegt, wird heute nachmittag hier erwartet. Entgegen den ursprünglichen Meldungen, wonach Dr. Dollfuß sich längere Zeit in der französischen Hauptstadt aufhalten wollte, glauben jetzt die Morgenblätter mitteilen zu können, daß der Aufenthalt Dr. Dollfuß' nur für drei Stunden berechnet sei. Während dieser Zeit werde er eine Unterredung mit Außenminister Paul-Boncour haben.

Sensationeller Bankkrach in Südtirol.

Bozen, 16. Juni. Die für das Südtiroler Wirtschaftsleben maßgebende Bank „Banca del Trentino e Doll. [illegible] größeren Orten Filialen besitzt, ist zahlungsunfähig geworden und hat die Schalter geschlossen. Zurzeit ist man mit der Ausarbeitung eines Ausgleichsvorschlages beschäftigt. Bereits vor einem Jahr erhielt die Bank eine staatliche Hilfe in Höhe von 30 Millionen Liren. Die Bank war unter anderem Kreditgeberin für die Bauern in Südtirol. Auch das Hotelgewerbe in Meran sowie das Geschäftsleben in Bozen und Meran sind durch die Schließung der Bank stark in Mitleidenschaft gezogen worden.

Verbot reichsdeutscher Zeitungen in der Tschechoslowakei.

Als Repressivmaßnahme gegen das Verbot tschechischer Blätter in Deutschland.

Prag, 16. Juni. Wie die offiziöse gut informierte „Lidove Noviny“ berichtet, steht das Verbot von nahezu 100 reichsdeutschen Tageszeitungen, Wochenschriften und illustrierten Zeitschriften unmittelbar bevor. Darunter werden sich sämtliche nationalsozialistischen Parteiorgane, aber auch andere große Tageszeitungen befinden, die in der Tschechoslowakei besondere Verbreitung genießen, z. B. das „Berliner Tageblatt“, die „Vossische Zeitung“ und die „Frankfurter Zeitung“, sowie die bedeutenden Münchener und Leipziger Blätter, die als „gleichgeschaltet“ bezeichnet werden. Die Maßnahme wird als eine Repressalie gegen das reichsdeutsche Verbot von 66 tschechischen Zeitungen [illegible]

Bei allen Unterschieden bezüglich der Einstellung zur Politik und gegenüber dem polnischen Staat führte die polnische Minderheitenpolitik zu einer Solidarisierung der verschiedenen deutschen Minderheitengruppen. Bezüglich des Erhalts des deutschen Schulwesens gab es keine Unterschiede zwischen den konservativen und den sozialdemokratischen deutschen Vereinigungen, beider Presseorgane wurden bei entsprechenden Veröffentlichungen ein Opfer der polnischen Zensur.

der Minderheiten an, wobei Grünbaum auf den Lodzer Wahlkreis hinwies, in dem die Deutschen gemeinsam mit den Juden ein Abgeordnetenmandat gewonnen hatten. Auch der Eintritt von sechs deutschen Abgeordneten aus Posen-Pommerellen nach Ergänzungswahlen förderte den Gedanken des Zusammengehens. Nach einem Bericht Grünbaums ging die Initiative zur Entstehung des »Blocks der Nationalen Minderheiten« (BMN – *Blok Mniejszości Narodowych*) auf den Abgeordneten Ervin Hasbach zurück. »Hasbach war der erste, der den Antrag einbrachte ... Realisiert wurde er jedoch von Grünbaum.« Nach langen Verhandlungen, welche durch politische Animositäten, Fremdenfeindlichkeit und religiöse Vorurteile der Minderheitenvertreter und auch durch Spannungen innerhalb der einzelnen Gruppen bedingt waren, kam es am 17. August 1922 zur Gründung des Blocks, dem fast alle deutschen Abgeordneten beitraten.

Die Wahlen zum Sejm und Senat im November 1922 brachten dann den Minderheiten trotz fortdauernder Anfeindungen einen beachtlichen Erfolg, der als ein Abbild der realen politischen Lage im Lande gelten konnte. Nach dem Gewinn von sechzehn Prozent aller Stimmen zogen die Juden mit 35, die Deutschen mit siebzehn Mandaten in den Sejm und mit fünf in den Senat ein. Der Block war jedenfalls bedeutend genug, um eine eigene Rolle im Parlament zu spielen. Als Gelegenheit bot sich die Wahl des Staatspräsidenten am 9. Dezember 1922 an. Mit den Stimmen des Minderheitenblocks wurde dann nach fünf Wahlgängen mit wechselnden Mehrheiten der polnischen Parteien Gabriel Narutowicz zum ersten Präsidenten der Republik Polen gewählt, was Hetzkampagnen, insbesondere gegen die Juden, zur Folge hatte. Sie führten schließlich zum Mord an Narutowicz und bei den Minderheiten zu der enttäuschenden Erkenntnis, daß es für sie kaum erträgliche Verhältnisse geben könne. Angesichts dieser Lage hörte der Minderheitenblock zunächst auf, als organisierte politische Kraft zu bestehen, doch blieb die Möglichkeit offen, ihn im Bedarfsfall zu erneuern, auch wenn die Bedingungen der allgemeinen Situation in Polen sich zu wandeln begannen.

Dem turbulenten Geschehen um die Verfassung von 1921, die Wahlordnung und die Wahlen vom November 1922, die Kampagne gegen die Minderheiten und schließlich die Ermordung des Präsidenten Narutowicz folgten zwar ruhigere Jahre, doch die feindselige Einstellung und Politik gegenüber den Minderheiten blieb bestehen, auch ihre starken antisemitischen Akzente.[18] Die deutsche Minderheit erlebte zwar einen Konsolidierungsprozeß, der auf einer nüchternen Einstellung zur Realität beruhte, gleichwohl bestanden die Probleme einer gemeinsamen Abwehr der negativen polnischen Minderheitenpolitik weiter. Dabei spielte der Rückhalt, den Deutschlands Politik gegenüber Polen unwillkürlich bot, etwa in seinen territorialen Revisionsansprüchen, sicher eine Rolle. Die generelle Loyalität gegenüber dem polnischen Staat seitens der großen Mehrheit der Deutschen wurde dadurch jedoch nicht in Frage gestellt. Die »Deutsche Vereinigung in Sejm und Senat«, die einzige zentrale, die Teilungsgrenzen überschreitende politische Organisation, bestimmte für die gesamte deutsche Minderheit in Polen den politischen Kurs.

Indessen hatte sich Polens Innenpolitik durch den Konflikt zwischen den Nationaldemokraten und den Anhängern Pilsudskis, besonders durch den Mai-Umsturz Pilsudskis von 1926 und dessen autoritäre Tendenzen erheblich verändert, so daß die Minderheiten sich auf erneute Wahlen einstellen mußten. Damit erhob sich auch die Frage nach einer Neugründung des Blocks der nationalen Minderheiten, der auf mehr als nur ein kurzfristiges technisches Wahlabkommen abzielte. War der Block von 1922 ein Werk der Deutschen und Juden gewesen, so ergriffen Anfang 1926 die ukrainischen Angeordneten mit dem Vorschlag einer neuen Zusammenarbeit mit den Deutschen die Initiative. Dies wurde, wie seinerzeit durch Ervin Hasbach, nunmehr von Eugen Naumann aufgegriffen. Erheblich gemäßigter als die Ukrainer und nur in ihren westlichen Teilen irredentistisch, vertraten die Deutschen als eine über das ganze Land verstreute Volksgruppe zwar eine Politik des getrennten Marschierens, in den alle Minderheiten betreffenden Fragen unterstützten sie aber den neuen »Zweiten Block der Nationalen Minderheiten in Polen«, der noch kurz vor dem Mai-Umsturz am 22. April 1926 gebildet worden war. Mit ihm konnten die Deutschen, Ukrainer, Weißrussen und Litauer hoffen, bei den kommenden Parlamentswahlen zu bestehen. Bemerkenswert war eine gewisse Zurückhaltung gegenüber den Juden, besonders seitens der Ukrainer, die von den Deutschen keineswegs geteilt wurde. Immerhin kamen im Juli 1926 die beiden deutschen Parlamentarier, Senator Hasbach und Domherr Klinke, in Lemberg zur Fortsetzung von Verhandlungen mit der Führung der UNDO (Ukrainische nationaldemokratische Vereinigung) unter Dmytro Levyckyj zusammen, wobei die Ukrainer Verständnis für die gemäßigte Linie der Deutschen gegenüber dem polnischen scharfen Kurs zeigten. Auch traten allmählich die jüdischen Parlamentarier mit Isaak Grünbaum in den Kreis des sich neu formierenden Minderheitenblocks. Seine formelle Konstituierung kam am 27. Oktober 1927 zustande; sein offizielles Organ, in dem auch die Deutschen mitarbeiteten, war die Zeitschrift *Natio*, der aber nur eine kurze Lebensdauer beschieden war.

Trotz mancher Antagonismen innerhalb des Blocks konnten die Minderheiten mit einigen Erwartungen den Parlamentswahlen entgegensehen, wobei die deutschen Wähler sich in ungewöhnlicher Einmütigkeit für die Listen des Blocks einsetzten. Bemerkenswert war der deutsche Einsatz in Kongreßpolen insofern, als sich hier ein Bündnis mit dem jüdischen Wahlblock anbot, der mit seinem städtischen Wählerpotential durchaus Erfolge verheißen konnte. Das parallel zum deutschen Hauptwahlausschuß bei der Deutschen Vereinigung in Sejm und Senat mit Sitz in Bromberg bestende deutsche Zentralwahlkomitee in Lodz schloß ein entsprechendes Bündnis, für welches der Deutsche August Utta und als jüdischer Partner Isaak Grünbaum die Verantwortung trugen. Die deutschen Sozialisten in den zentralen Wojewodschaften schlossen sich der PPS an.

Nachdem am 18. Januar 1928 die letzten Entschlüsse für die auf den 4. und 11. März festgelegten Wahlen gefaßt worden waren, entwickelte sich der Wahlkampf des Minderheitenblocks in den gewohnten Bahnen von Legalität sowie Loyalität und Widerstand gegen empfindliche Störungen durch die polnischen Parteien sowie Presse und Publizistik. Der gemeinsame Wahlaufruf in der in Bromberg erscheinenden *Deutschen Rundschau in Polen* war auf Kampf gegen Unrecht und gebührende parlamentarische Vertretung gestimmt. Die Wahlen selbst verliefen, was die Deutschen und die Liste 18 des Minderheitenblocks betraf, bei aufmerksamer Beobachtung der ostslawischen Gruppen (Ukrainer, Weißruthenen) durch das Pilsudski-Lager korrekt, auch wenn der Hauptanteil der ungültig erklärten Stimmen auf die nationalen Minderheiten entfiel.

Bei einer Wahlbeteiligung von 78 Prozent (Sejm) und 64 Prozent (Senat) erhielten die Minderheiten 19,3 Prozent aller Stimmen, was zwar insgesamt einen Verlust von 0,7 Prozent ausmachte, den Deutschen aber durchaus Gewinne brachte. Bei 55 Sitzen des Minderheitenblocks konnten die Deutschen ihren Stand von 1922 (siebzehn Sejm- und fünf Senatsmandate) auf 21 Sejmmandate erhöhen und mit fünf Senatoren halten, wobei in Zentralpolen jüdische Stimmen zum Erfolg beigetragen hatten. Hinzu kamen zwei deutsche Mandate von der sozialistischen Liste.

Dieser Stand konnte freilich bei den Wahlen von 1930, die vielfach als Wahlen unter Terror galten, nicht gehalten werden. Mit nur fünf Abgeordneten und drei Senatoren versuchten die Deutschen trotzdem, im Parlament die Belange ihrer Gruppe zu vertreten. Es zeichnete sich aber bereits eine allgemeine Abkehr von der Demokratie ab. So war es nahezu folgerichtig, daß sich der Minderheitenblock, wie schon 1922, auch nach der Wahl von 1930 auflöste. In den dreißiger Jahren war die Zusammenarbeit der nationalen Minderheiten zum Schutze ihrer Rechte nur noch eine Erinnerung. Nicht ohne Belang war dabei das bittere Ende des deutsch-jüdischen Wahlbündnisses in Lodz am »Schwarzen Palmsonntag« 1933, als polnische und jüdische Nationalisten deutsche Einrichtungen wie das Gymnasium, den Libertas-Verlag und die Redaktion der *Freien Presse* demolierten; es war eine Reaktion auf Hitlers Machtergreifung in Deutschland.

Daß 1935 im Zuge der deutsch-polnischen Beziehungen vom polnischen Staatspräsidenten zwei Deutsche, nämlich Hasbach und Wiesner, zu Senatoren ernannt wurden, hatte nur insofern eine Bedeutung, als sie gelegentlich die Möglichkeit erhielten, Probleme der Volksgruppe im Senat oder bei Behörden vorzutragen. Die Minderheitenfragen, auch offizielle gegenseitige »Erklärungen« (1937), blieben ein integraler Bestandteil der gesamten deutsch-polnischen Beziehungen.

KIRCHLICHES UND KULTURELLES LEBEN

Im neuen polnischen Staat gab es, unter anderem bedingt durch die unterschiedliche Entwicklung in den früheren Teilgebieten, sieben evangelische Kirchen, von denen die Evangelisch-Augsburgische Kirche in Polen im früher russischen Mittelpolen, die Unierte Evangelische Kirche in Polen im vormals preußischen Teilungsgebiet, die Evangelische Kirche Augsburgischen und Helvetischen Bekenntnisses in Galizien und die Unierte Evangelische Kirche in Polnisch-Oberschlesien zahlenmäßig wie auch im Hinblick auf die Deutschen in Polen die bedeutendsten waren.[19]

In der Evangelisch-Augsburgischen Kirche nahmen die bereits während des Ersten Weltkriegs sichtbar gewordenen Spannungen zwischen dem deutschen Teil, der die große Mehrheit der etwa 400 000 Gläubigen und eine Minderheit der Pastoren umfaßte, und dem polnischen Teil, dem eine Minderheit der Gläubigen und die Mehrheit

Polens Staatspräsident Mościcki beim Verlassen der evangelischen Kirche in Luck, 1929, links hinter dem Staatspräsidenten Pastor Kleindienst, rechts Pastor Henke
Die Anwesenheit des Staatsoberhaupts bei den Deutschen Wolhyniens stellte insofern eine Ausnahme dar, als ansonsten die nationalen und konfessionellen Minderheiten in Polen seitens der staatlichen Repräsentanten kaum der Ehre eines Besuchs gewürdigt wurden.

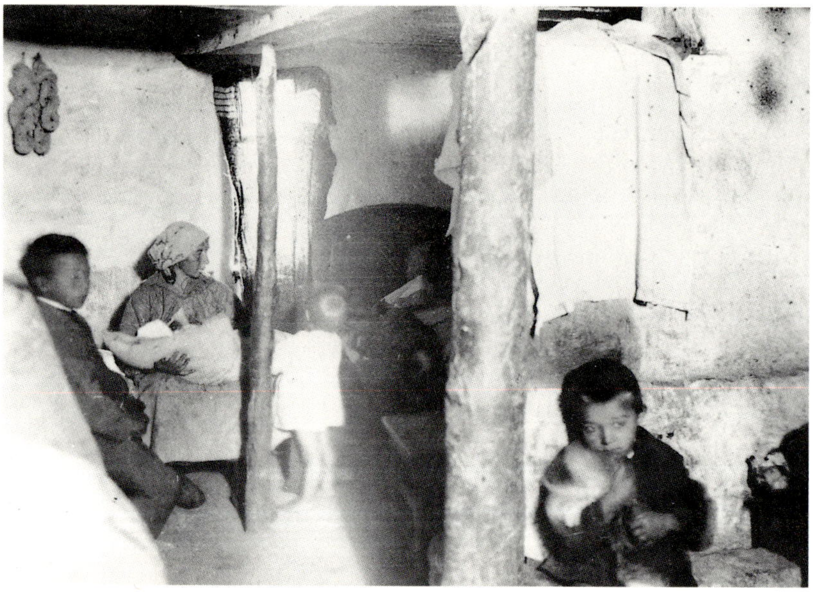

Nach ihrer Rückkehr aus der Verbannung im Ersten Weltkrieg fanden viele wolhynische Bauern ihre Häuser völlig zerstört vor. Für die erste Zeit mußten sie Erdhütten als Notunterkünfte beziehen. Die Aufnahmen entstanden 1926.

Ursprünglich aus Schlesien stammende Siedler in der auf einer Insel im östlichen Teil der Pinsker Sümpfe gelegenen Kolonie Kamienno beim Kirchgang (oben).

Der Pastor aus Grodno bei deutschen evangelischen Kolonisten in Izabelin bei Wolkowysk, Wojewodschaft Bialystok, die er wegen der großen Entfernung zum Kirchspielmittelpunkt nur zweimal jährlich, nämlich am Trinitatissonntag und zum Erntedankfest, besuchen konnte.

der Pastoren angehörte, an Schärfe zu. Dies wurde besonders bei den Verhandlungen über ein neues Kirchengesetz deutlich. In der Auseinandersetzung mit der polnischen Kirchenleitung unter Bischof Julius Bursche schlossen sich die deutschen Pastoren 1935 in einer »Arbeitsgemeinschaft« unter Leitung der Pastoren Alfred Kleindienst (Luck), Gustav Schedler (Lodz) und Waldemar Krusche (Rypin) zusammen. Während vor allem – aber nicht ausschließlich – die deutschen Teile der Kirche möglichst große Unabhängigkeit von den staatlichen Stellen anstrebten, war die polnische Kirchenleitung zu umfangreichen Zugeständnissen an den polnischen Staat bereit. Im Jahre 1936 wurde schließlich ein unter Beteiligung der polnischen Kirchenleitung zustande gekommener Regierungsentwurf, der dem Staat weitgehenden Einfluß auf die kirchlichen Stellenbesetzungen einräumte und Möglichkeiten zur Einschränkung der deutschen Sprache im innerkirchlichen Bereich schuf, gegen den Widerstand der deutschen Vertreter als Gesetz verabschiedet.

Die Posener Unierte Evangelische Kirche in Polen kannte keine nationalen innerkirchlichen Gegensätze, da sowohl ihre Gläubigen als auch ihre Geistlichkeit nahezu ausschließlich Deutsche waren. Sie verstand sich bewußt als deutsche evangelische Kirche und hielt die Verbindung zur preußischen Kirche der Union trotz der am 3. Juli 1920 durch den polnischen Staat verfügten Trennung aufrecht. Nicht zuletzt deshalb kam es bis 1939 zu keiner endgültigen Regelung ihres Verhältnisses zum polnischen Staat. Das innerkirchliche Leben war dadurch allerdings kaum beeinträchtigt, da der polnische Staat die Verbindung nach Berlin tolerierte.

Ein Teil der Gläubigen, der Geistlichen und der Kirchenleitung einschließlich des juristischen Leiters des Posener Konsistoriums, Erich Nehring, und des Generalsuperintendenten Paul Blau besaß nicht die polnische Staatsangehörigkeit, war also von der Möglichkeit der Ausweisung bedroht. Dies erfolgte zwar im Falle einiger Geistlicher, nicht aber bei Blau und Nehring, was vermutlich an deren exponierter Stellung und internationalen Verbindungen lag. Die Posener Unierte Kirche war aus polnischer Sicht wegen ihres betont deutschen Charakters, ihrer fortbestehenden Bindungen nach Deutschland und ihrer Funktion als bedeutendster Stütze der deutschen Minderheit in Westpolen einer der Hauptgegner der dortigen Entdeutschungspolitik.

Die Posener Kirche verlor durch die Massenabwanderung der Deutschen nach 1918 fast drei Viertel ihrer Gemeindeglieder und zählte in den dreißiger Jahren noch knapp 200 000 Gläubige. Diese zeichneten sich ganz überwiegend durch eine sehr starke Bindung an ihre Kirche aus. Dem Zusammenhalt diente unter anderem ein vielfältiges kirchliches Veröffentlichungswesen, das sich auf den Evangelischen Preßverband und den 1925 gegründeten Lutherverlag stützen konnte. Publikationen wie das *Posener Evangelische Kirchenblatt* wurden auch in Deutschland geschätzt, nicht zuletzt deshalb, weil es seit 1933 kontinuierlich, neutral und umfassend über den Kirchenkampf der Nationalsozialisten berichtete.

Die Unierte Kirche übernahm in Polen manche früheren Aufgaben der Schule, organisierte eine eigene Jugendarbeit, Bibelschulen, Freizeiten und Ferienaufenthalte von Posener Jugendlichen im Deutschen Reich. Daneben gab es zahlreiche kirchliche

Gesangs- und Posaunenchöre, eine kirchenmusikalische Betätigung auf hohem Niveau – hier ist vor allem der Posener Bach-Chor unter Pastor Karl Greulich zu nennen – und nicht zuletzt Veranstaltungen wie die den heutigen Kirchentagen vergleichbaren, alljährlich stattfindenden »Kirchlichen Wochen« und Missionsfeste.

Die traditionell starke Pflege der Inneren Mission im Posener Land wurde nach 1920 durch den Landesverband für Innere Mission unter dem Geschäftsführer Richard Kammel weitergeführt. Für die Ausbildung des eigenen deutschen Theologennachwuchses wurden 1921 ein Evangelisches Predigerseminar in Posen und 1925 auch eine Theologische Schule eingerichtet. Ein Besuch der an der Warschauer Universität 1922 gegründeten polnischsprachigen Evangelisch-Theologischen Fakultät kam für die Angehörigen der Posener Kirche nicht in Frage. Hier wirkte sich der Nationalitätengegensatz auch auf das Verhältnis zwischen den evangelischen Kirchen aus, wobei die »deutsche« Posener Kirchenleitung im Gegensatz zum »polnischen« Warschauer Konsistorium stand. Zwischen den deutschen Pastoren in der Evangelisch-Augsburgischen Kirche und der Posener Kirche gab es dagegen recht enge Kontakte, die allerdings seitens der Warschauer Kirchenleitung nicht gern gesehen wurden. Bemühungen, den zersplitterten polnischen Protestantismus der Zweiten Republik zu einen, blieben erfolglos. Zwar wurde nach vielen Anläufen 1926 in Wilna ein »Rat der Evangelischen Kirchen in Polen« gegründet, praktisch erlangte er jedoch wegen der sich vertiefenden nationalen Gegensätze keine Bedeutung.

Für die deutschen Katholiken im Posener Land und in Mittelpolen war aufgrund ihrer geringen Zahl und ihrer Diaspora nur schwer eine deutschsprachige Seelsorge zu gewährleisten. Ihre diesbezüglichen Forderungen fanden bei der sich als Nationalkirche verstehenden katholischen Kirche Polens kaum Unterstützung. In der Stadt Posen gab es um die Franziskanerkirche eine Personalgemeinde, die von einem aus Deutschland entsandten Seelsorger, zunächst Pater Venantius Kempf, seit 1934 Pater Hilarius Breitinger, betreut wurde. In Lodz wurden die deutschen Katholiken durch den Vikar Roman von Gradolewski versorgt, der trotz seines polnisch klingenden Namens Deutscher war. Die Interessen der deutschen Katholiken vertraten innerhalb der katholischen Kirche Polens vor allem die deutschen Domherren der Diözesen Posen, Joseph Klinke, Joseph Paech und Albert Steuer, und Gnesen, Leo Fuhrmann, von denen Joseph Klinke in den Jahren 1922 bis 1927 auch deutscher Sejmabgeordneter war. Den überregionalen Zusammenschluß für Laien wie Geistliche bildete der 1923 gegründete »Verband deutscher Katholiken in Polen« unter Thomas Szczeponik, der seinen Schwerpunkt in Ostoberschlesien hatte.

Im Bereich des Schulwesens legte für das ehemals preußische Teilgebiet ein polnisches Gesetz von 1920 fest, daß bei mindestens vierzig schulpflichtigen deutschen Kindern in einer Gemeinde eine deutsche Schule oder eine deutschsprachige Klasse an einer polnischen Schule eingerichet werden konnte. Nur wenn zwei Jahre hindurch diese Mindestschülerzahl nicht erreicht wurde, konnte die deutsche Schule beziehungsweise Klasse geschlossen werden. Die starke Abwanderung der deutschen Bevölkerung und die restriktive polnische Auslegungspraxis, welche die Schulbezirke häufig bewußt

Eine Klasse der deutschen Volksschule in Moschin 1934 mit Glückwünschen für »unseren Führer« Pilsudski. Die Schulbehörde hatte bei der Schulleitung »angeregt«, anläßlich des Geburtstags des Staatschefs eine entsprechende Ehrung vorzunehmen. Pilsudski genoß bei den meisten Angehörigen der Minderheit im übrigen großes Ansehen, so daß der von oben erwünschte Gruß sicherlich keinen Zwang darstellte. Auf die deutsche Minderheitenschule weist bei der Aufnahme nur das neben den großen Bildern von Matejko (Abfolge der polnische Könige), Pilsudski und Mickiewicz fast verschwindende kleine Bild mit Goethe und Schiller ganz rechts hin.

Dem Mangel an staatlich anerkannten Lehrern und Schulen mit Deutsch als Unterrichtssprache versuchte die Führung der Minderheit durch den Einsatz von Wanderlehrern abzuhelfen. Diese besuchten vor allem in den Diasporagebieten Ostpolens die deutschen Familien und brachten den Kindern, aber auch den Eltern das nötige Rüstzeug für die eigene Weiterbildung bei. Die polnischen Behörden versuchten durch teilweise drakonische Strafen die Tätigkeit der deutschen Wanderlehrer zu behindern.

so festlegte, daß die Mindestschülerzahl nicht erreicht wurde, führten zu einem drastischen Rückgang des deutschsprachigen Schulwesens. Immer mehr deutsche Schüler mußten polnische Schulen besuchen, im Jahre 1933 bereits mehr als die Hälfte.

Im Schuljahr 1933/34 gab es in Posen und Pommerellen zusammen noch 84 öffentliche deutsche Schulen und 118 deutsche Klassen an polnischen Schulen. Bis 1938 war die Zahl der öffentlichen deutschen Schulen auf sechzig und die der deutschen Klassen an polnischen Schulen auf 92 gesunken. In den letzteren wurden die Fächer Erdkunde, Naturkunde, Geschichte, Rechnen und Singen zumeist nur in polnischer Sprache gelehrt. Das höhere deutsche Schulwesen war im Posener Gebiet ganz auf private Lehranstalten beschränkt. Bis 1939 konnten sich nur drei deutsche Gymnasien, das Schiller-Gymnasium in Posen, die Dürer-Schule in Bromberg und das Kant-Gymnasium in Lissa, erhalten.

Deutsche Minderheit und polnischer Staat vertraten in der Schulfrage völlig gegensätzliche Auffassungen. Während die Deutschen aus Angst vor Entnationalisierung das eigene Schulwesen flächendeckend und möglichst frei von staatlichen Einflüssen zu halten bestrebt waren, sah der polnische Staat in den Schulen ein wirksames Instrument seiner Minderheitenpolitik und versuchte, die Entwicklung des seiner Kontrolle weitgehend entzogenen deutschen Privatschulwesens wie des deutschsprachigen Unterrichts überhaupt einzuschränken. Organisationen wie der 1921 in Bromberg zur Förderung des deutschen Privatschulwesens gegründete Deutsche Schulverein in Polen unter Leitung von Dr. Otto Schönbeck und die »Schulabteilung« des Deutschtumsbundes beziehungsweise nach dessen Auflösung 1923 der Vereinigung der deutschen Abgeordneten in Bromberg lagen deshalb in ständigen Auseinandersetzungen mit staatlichen Stellen.

Ein neues polnisches Privatschulgesetz von 1932 ermächtigte schließlich die Behörden, jede Privatschule zu schließen, in welcher nach ihrem Ermessen der Unterricht oder die Jugenderziehung in einem »illoyalen Sinne« erfolgte. Eine 1933 erlassene Verfügung, nach welcher der Geschichts- und Erdkundeunterricht an deutschen Schulen grundsätzlich in polnischer Sprache erteilt werden sollte, mußte nach einer deutschen Beschwerde beim Völkerbund später zurückgenommen werden.

In Mittelpolen bestanden im Jahre 1919 noch 564 deutsche Volksschulen, die vom Deutsch-Evangelischen und Deutsch-Katholischen Landesschulverband getragen wurden. Diese deutschen Schulverbände wurden jedoch 1919 aufgelöst und ihre Schulen vom polnischen Staat übernommen. In der Folge wurden sie teilweise in deutsch-polnische Schulen umgewandelt oder es wurden immer mehr Fächer in polnischer Sprache unterrichtet. Im Schuljahr 1935/36 gab es noch elf Schulen mit Deutsch als Unterrichtssprache, 46 mit Deutsch und Polnisch sowie 189 Schulen mit Polnisch als Unterrichtssprache und zwei Wochenstunden Deutschunterricht. Im Schuljahr 1937/38 konnten 30 000 deutsche Volksschüler (61,5 Prozent) in Mittelpolen keinerlei deutschen Unterricht mehr besuchen, denn das deutsche Privatschulwesen war hier sehr schwach ausgebaut. Im Schuljahr 1923/24 gab es in Mittelpolen nur vier private deutsche Volksschulen mit insgesamt fünf Lehrern und 137 Schülern. Im Schuljahr 1936/37 war mit dreizehn Privatschulen der höchste Stand erreicht, 1938/39 gab es nur noch zehn private deutsche Volksschulen, davon vier in der Stadt Lodz.

An höheren deutschen Schulen verzeichnete Mittelpolen im Jahre 1920 noch sechs private Gymnasien, davon drei in der Stadt Lodz. Nach der polnischen Schulreform von 1932 blieben davon vier erhalten, drei in Lodz und eines in Pabianice. Nur dieses unterstand bis 1939 einen deutschen Direktor, die drei Lodzer Gymnasien dagegen erhielten eine polnische Schulleitung.

Ein besonderes Problem stellte der deutsche Lehrernachwuchs dar. Die aus der Teilungszeit stammenden deutschen Lehrerseminare wurden nach und nach geschlossen, so in Bromberg 1926, in Lodz erst 1937. Vielen älteren deutschen Lehrern wurde, da sie keine polnische Staatsbürgerschaft erhielten oder keine ausreichenden Polnischkenntnisse besaßen, die Unterrichtserlaubnis entzogen. Außerhalb Polens abgelegte Prüfungen wurden nicht anerkannt, auch mußten sich die deutschen Lehrer einer Loyalitätsüberprüfung unterziehen. Aufgrund des Mangels an deutschen Lehrern mußten auch an deutschen Schulen immer mehr polnische Lehrkräfte beschäftigt werden.

Die deutschen Organisationen, in erster Linie die »Schulabteilung« in Bromberg, versuchten, dieser Entwicklung durch Wanderlehrer und die Erteilung geheimen Deutschunterrichts zu begegnen. Die deutschen Wanderlehrer, die keine staatliche Unterrichtserlaubnis besaßen, wurden seit 1927 zunächst im Posener Gebiet für den »Mutterschulunterricht« eingesetzt. Dabei gaben sie den Eltern das Rüstzeug, damit diese wiederum ihren Kindern Deutschunterricht erteilen konnten. Im Jahre 1936 waren in Posen und Pommerellen 32 Wanderlehrer und 87 Helferinnen tätig. Die polnischen Behörden versuchten, diese Arbeit durch Verhängung hoher Geld- und Freiheitsstrafen zu unterbinden, allerdings ohne Erfolg.

Im Jahre 1920 war in Bromberg ein »Landesverband deutscher Lehrer und Lehrerinnen in Polen« gegründet worden, der 1928 bereits 1646 Mitglieder in 46 Kreis- und Ortsvereinen hatte und alle Gebiete Polens umfaßte. Der Verband hatte als Aufgabe neben der Weiterbildung und Interessenvertretung seiner Mitglieder vor allem die Entwicklung geeigneter deutscher Schulbücher, die in einer eigenen Verlagsbuchhandlung herausgegeben wurden.

Ein Problem stellte die deutsche Landbevölkerung dar, welche in den Augen der Minderheitenführung der Schulfrage nicht immer die nötige Bedeutung beimaß. So hielt der Leiter der Schulabteilung der Deutschen Vereinigung, Paul Dobbermann, die Einrichtung deutscher Leihbüchereien auf dem Lande für unerläßlich, da die deutschen Bauern zu knauserig seien, um für Bildungszwecke ein paar Groschen zu opfern. Was hier für das hochentwickelte Posener Land festgestellt wurde, galt in noch weit höherem Maße für Mittelpolen oder gar Wolhynien, wo sich das fast ganz in den Händen der Dorfkantoren liegende deutsche Schulwesen in einem besorgniserregenden Zustand befand. Der Unterricht fand dort zumeist nur in den Wintermonaten statt, da die Kinder in der übrigen Jahreszeit in der Landwirtschaft mitarbeiten mußten. Nach Angaben des Jahres 1933 waren dort fast zwei Drittel der deutschen Kolonistenkinder im Alter von zehn bis fünfzehn Jahren Analphabeten.[20]

In der Zweiten Polnischen Republik gab es eine große Zahl deutscher Jugendorganisationen, die auf unterschiedliche Wurzeln zurückgingen. Die Wandervogel- und Pfadfindergruppen schlossen sich 1926 zur »Deutschen Jungenschaft in Polen« zusammen. Im Lodzer Industriegebiet entstanden Gruppen der Deutschen Sozialistischen Arbeiterjugend. Die breitgefächerte Jugendarbeit der Unierten Evangelischen Kirche im Posener Gebiet entsprach der selbstgestellten Aufgabe dieser Kirche als Vertreterin deutscher Interessen. Daneben waren es vor allem Turn- und Sportvereine, so die Rudervereine »Frithjof« in Bromberg, »Neptun« und »Germania« in Posen, in denen deutsche Jugendliche organisiert waren. Die verschiedenen Jugendgruppen arbeiteten dabei frühzeitig über die ehemaligen Teilungsgebietsgrenzen hinweg zusammen und hatten dadurch großen Anteil an der Entwicklung eines Gemeinschaftsgefühls aller Deutschen in Polen. Dies wurde für die weitere Entwicklung von Bedeutung, als seit den dreißiger Jahren aus dieser Jugendbewegung stammende Persönlichkeiten zunehmend Einfluß auf die deutschen Organisationen und politischen Parteien gewannen.

Das deutsche Kulturleben war im Posener Gebiet verständlicherweise durch die Massenabwanderung der ersten Jahre schwer beeinträchtigt. Ein ständiges deutsches Theater konnte zwar 1920 mit der »Deutschen Bühne« in Bromberg errichtet werden. Dennoch wanderten begabte junge Schauspieler wie der Posener O. E. Hasse nach Deutschland ab. Liebhaberbühnen gab es außerdem noch in Posen, Kolmar und Wollstein. In Lodz gelang es dem 1923 gegründeten Theaterverein »Thalia«, eine Liebhaberbühne zu unterhalten, die auch in anderen Orten Mittelpolens Gastspiele aufführen konnte. Ohne ständige finanzielle Unterstützung aus dem Reich, sei es über die Deutsche Stiftung oder die diplomatischen Vertretungen, wären diese kulturellen Aktivitäten jedoch nicht am Leben zu erhalten gewesen.

Zur bedeutendsten deutschen Kulturorganisation Polens entwickelte sich die Posener Historische Gesellschaft, die allerdings 1922 zunächst nur noch 73 Mitglieder, also fünf Prozent ihres Bestandes von 1910, zählte und sich erst in den folgenden Jahren wieder konsolidieren konnte. Ihre etwa 10 000 Bände umfassende Bibliothek wurde der Grundstock der 1919 ins Leben gerufenen »Deutschen Bücherei« in Posen. Ihr Leiter war bis 1926 Hermann Rauschning. Diese Deutsche Bücherei entwickelte sich später zur Dachorganisation für das deutsche Bibliothekswesen in Posen und Mittelpolen.

Die Historische Gesellschaft gab seit 1923 die *Deutsche Wissenschaftliche Zeitung für Polen* heraus, von 1924 bis 1931 auch die *Deutschen Blätter in Polen*, danach als *Deutsche Monatshefte in Polen* weitergeführt. Die Historische Gesellschaft für Polen, wie sie sich seit 1935 nannte, wurde zum Zusammenschluß deutscher Wissenschaftler aus allen drei ehemaligen Teilgebieten, von denen hier nur Walter Maas, Albert Breyer, Kurt Lück, Wolfgang Kohte, Oskar Kossmann, Walter Kuhn und Alfred Lattermann genannt werden können. Die Sonderrolle Brombergs als kulturelles Zentrum der Deutschen in Westpolen kam auch in der dort bestehenden Deutschen Gesellschaft für Kunst und Wissenschaft zum Ausdruck.

Das deutsche Pressewesen in Polen hatte seinen Schwerpunkt in Lodz, wo im Jahre 1938 noch zwanzig deutsche Periodika herausgegeben wurden. Die bedeutendsten waren die Lodzer *Freie Presse*, die sozialdemokratische *Lodzer Zeitung*, die zeitweilig propolnische *Neue Lodzer Zeitung* sowie die Wochenschrift *Deutscher Volksbote* als Organ des Deutschen Kultur- und Wirtschaftsbundes. Die seit 1934 von der Jungdeutschen Partei herausgegebenen *Deutschen Nachrichten* waren in ganz Polen verbreitet. Im Posener Gebiet hatte die in Bromberg erscheinende *Deutsche Rundschau in Polen* mit 18 000 Exemplaren die größte Auflage, gefolgt vom *Posener Tageblatt* mit zuletzt 9000 Exemplaren. Daneben gab es eine Vielzahl weiterer regionaler, kirchlicher oder berufsständischer Periodika.

WIRTSCHAFTSLEBEN, GENOSSENSCHAFTEN

In Mittelpolen konnten sich die deutschen Industriebetriebe nur schwer von den Rückschlägen während der Besatzungszeit des Ersten Weltkrieges erholen, da der bisherige russische Absatzmarkt verloren war und seitens der expandierenden polnischen, aber auch jüdischen Wirtschaftsunternehmen starke Konkurrenten entstanden. Auch für die deutschen Angestellten und Arbeiter Mittelpolens wirkten sich die politischen Veränderungen nachteilig aus. Sie waren in hohem Maße von Arbeitslosigkeit betroffen. Die deutsche Landwirtschaft Mittelpolens dagegen überstand den Wandel der Verhältnisse, ohne wesentlichen Schaden zu nehmen.

Im Posener Gebiet bildete aufgrund der geschilderten Abwanderung deutscher Beamter, Kaufleute, Freiberufler, Handwerker und Arbeiter die bäuerliche Bevölkerung die Mehrheit der deutschen Bevölkerung. Die deutsche Landwirtschaft konnte sich hier eine starke wirtschaftliche Position sichern und behaupten.

Von 91 500 landwirtschaftlichen Betrieben in Westpolen im Jahre 1931 waren 25,6 Prozent in evangelischem – hier praktisch gleichbedeutend mit deutschem – Besitz. Dabei betrug der deutsche Anteil bei den besonders kräftigen Mittelbetrieben zwischen zehn und fünfzig Hektar dreißig Prozent, bei den 2600 Großbetrieben mit mehr als fünfzig Hektar 33,3 Prozent. Der Anteil der Protestanten betrug nur 9,4 Prozent der Gesamtbevölkerung im Posener Gebiet, ihr Anteil an der landwirtschaftlich tätigen Bevölkerung aber 14,4 Prozent. Als berufständische Organisation der deutschen Landwirte war 1919 der Hauptverein der deutschen Bauernvereine entstanden. Er wurde 1923 von den polnischen Behörden aufgelöst. Daraufhin wurde im November 1923 die Westpolnische Landwirtschaftliche Gesellschaft (Welage) gegründet, die 1930 bereits 10 000 Mitglieder in 175 Ortsvereinen mit einer Gesamtnutzfläche von 1,4 Millionen Morgen umfaßte. Die Welage unterstützte und beriet ihre Mitglieder sowohl in rechtlichen wie in wirtschaftlichen Fragen und trug wesentlich zur großen Leistungsfähigkeit der deutschen Landwirtschaft in Polen bei.

Die Hauptstütze der deutschen Landwirtschaft im Posener Gebiet war aber ihr Genossenschaftswesen, das unter den neuen Verhältnissen die Zersplitterung der preußischen Zeit überwand und sich unter der Führung des Verbandes Deutscher Genossenschaften (Raiffeisen) zur zentralen deutschen Wirtschaftsorganisation entwickelte. Bis

1925 wurde der Verband deutscher Genossenschaften von Leo Wegener, danach von Friedrich Swart geleitet.

Um 1933 gab es im Posenschen 580 Einzelgenossenschaften, davon 251 Darlehns- und Sparkassengenossenschaften, 51 Banken- und Vorschußgenossenschaften, 99 Ein- und Verkaufsgenossenschaften, 66 Molkereigenossenschaften, 42 Brennereigenossenschaften, sechs Dreschgenossenschaften, neun Vieheinkaufsgenossenschaften, sieben Bau- und Ansiedlergenossenschaften, 43 sonstige Genossenschaften sowie sechs Aktiengesellschaften. Des weiteren gab es eine Waren- und eine Molkereizentrale. Von 1925 an übernahmen die Posener Organisationen auch die Unterstützung der wirtschaftlich schwächeren deutschen Genossenschaften in Mittelpolen, wo der »Verband der deutschen Genossenschaften« mit Sitz in Lodz achtzig Kreditgenossenschaften, mehrere Konsumgenossenschaften und eine Molkereigenossenschaft mit 5000 Mitgliedern umfaßte.

DEUTSCHE MINDERHEIT UND NATIONALSOZIALISMUS

Im Deutschen Reich wurde der deutschen Minderheit in Polen seit dem Ende des Ersten Weltkriegs größte Bedeutung zugemessen. Die Existenz einer starken Volksgruppe in Posen und Pommerellen war ein wichtiges Argument für die von allen politischen Kräften der Weimarer Republik vertretene Forderung nach einer Revision der Versailler Ostgrenze. Um die Abwanderung der Deutschen zu verhindern und ihre Lage im neuen polnischen Staat zu stärken, organisierte man eine massive finanzielle Unterstützung der deutschen Minderheit, die allerdings aus politischen Gründen strengster Geheimhaltung unterlag. Koordiniert und abgewickelt wurde die Subventionierung vor allem über die Deutsche Stiftung, die offiziell als private Einrichtung firmierte, in Wirklichkeit aber eine staatliche Einrichtung war. Die Deutsche Stiftung unter Leitung von Erich Krahmer-Möllenberg gewann durch die Verteilung der Mittel auch unmittelbaren Einfluß auf die Führung und Entwicklung der deutschen Minderheit. Dies wirkte sich für diese teilweise sehr nachteilig aus, weil ihre Interessen damit der reichsdeutschen Politik untergeordnet wurden. Nicht zuletzt aus Protest gegen diese Instrumentalisierung der Deutschen in Polen durch die Weimarer Regierungen verließ einer der bis dahin aktivsten Vertreter der deutschen Minderheit, der Leiter der Deutschen Bücherei in Posen, Hermann Rauschning, im Jahre 1926 Polen und ging nach Danzig.

Die deutschen Versuche, Polen politisch – durch Unterstützung der deutschen Minderheit vor dem Völkerbund – und wirtschaftlich – durch den von 1925 bis 1934 geführten Wirtschaftskrieg – zu schwächen und dadurch zu einem Gebietsverzicht zu veranlassen, blieben erfolglos. Die Abschneidung der deutschen Landwirtschaft in Posen und Pommerellen von ihren traditionellen mitteldeutschen und Berliner Absatzmärkten und die Verstärkung der polnischen Ängste um die Sicherheit der Westgrenze durch diese Maßnahmen des Reiches wirkten sich aber nachteilig für die deutsche Minderheit aus.

Besonders deutlich wurde die Abhängigkeit der deutschen Minderheit in Polen von der Reichspolitik nach der Machtergreifung des Nationalsozialismus 1933. Nach dem Austritt Deutschlands aus dem Völkerbund und dem Abschluß des deutsch-polnischen Nichtangriffspaktes 1934 endete die Unterstützung der Anliegen der Minderheit vor dem Völkerbund durch das Reich, und die Führung der deutschen Volksgruppe in Polen mußte sich mit Klagen über die polnische Minderheitenpolitik zurückhalten. Gleichzeitig wurde von den Nationalsozialisten die Kontrolle über die Auslandsdeutschen verstärkt, zunächst über den 1933 eingerichteten Volksdeutschen Rat, seit 1936 durch die Volksdeutsche Mittelstelle.

Die Entwicklung im Deutschen Reich nach 1933 wirkte sich nachhaltig auf die Deutschen in Polen aus. Der Aufschwung des nationalsozialistischen Staates übte auf viele Auslandsdeutsche, die ohnehin ein verklärtes Deutschlandbild pflegten, eine große Faszination aus. Die 1931 gebildete Jungdeutsche Partei, die auf eine seit 1921 in Bielitz bestehende unbedeutende nationalsozialistische Vereinigung zurückging, konnte ihre Tätigkeit rasch auf ganz Polen ausdehnen und wurde unter ihrem Vorsitzenden Rudolf Wiesner zu einer seit 1934 auch im Posener Gebiet und in Mittelpolen einflußreichen politischen Kraft. Ihr kam die Unzufriedenheit eines Teils vor allem der jüngeren Generation der Deutschen in Polen mit der konservativen, noch stark in den Traditionen der Vorkriegszeit verhafteten bisherigen Führung der Minderheit zustatten. Auch diese Älteren waren zwar häufig vom politischen Machtzuwachs des Reiches fasziniert, wurden aber von den radikalen Methoden der neuen Bewegung abgestoßen.

Die bisherigen Führungskreise der Deutschen in Polen versuchten, der politischen Konkurrenz der Jungdeutschen Partei durch eine neue, einheitliche politische Organisation zu begegnen. Mit der 1934 gebildeten Deutschen Vereinigung (DV) vollzog sich gleichzeitig ein Wechsel innerhalb der Führung der Deutschen in Polen. Jüngere, aus der Jugendbewegung kommende Persönlichkeiten gewannen an Einfluß. 1935 wurde als Vertreter dieser jungen Generation Hans Kohnert zum Vorsitzenden der Deutschen Vereinigung gewählt. Eine entsprechende Entwicklung vollzog sich in Mittelpolen, wo im Deutschen Volksverband jüngere Kräfte um Ludwig Wolff Verantwortung übernahmen.

Die deutschen Katholiken waren vor allem durch die Auseinandersetzung um Eduard Pant betroffen. Dieser war ein kompromißloser Gegner des Nationalsozialismus und mußte die Leitung der Deutsch-Christlichen Volkspartei nach Angriffen innerparteilicher Gegner und massivem Druck aus dem Deutschen Reich 1934 niederlegen. Auch sein Versuch, mit einem Verband der Deutschen in Polen und der Zeitung *Der Deutsche in Polen* dem Kampf gegen den Nationalsozialismus innerhalb der Minderheit eine organisatorische Basis zu schaffen, hatte keinen nennenswerten Erfolg.

Obgleich Jungdeutsche Partei und Deutsche Vereinigung gegenüber der polnischen Minderheitenpolitik gemeinsame Interessen vertraten, wurde die deutsche Minderheit durch die inneren Auseinandersetzungen geschwächt. Es fehlte sowohl aus der Volksgruppe selbst als auch aus dem Reich nicht an Versuchen zur Beilegung der Konflikte, sie blieben aber ohne Erfolg. Bis zuletzt blieb die deutsche Minderheit in Polen politisch gespalten.

Von polnischer staatlicher Seite wurden die Gegensätze innerhalb der Minderheit genutzt und nach Möglichkeit vertieft. So wurde 1935 neben Ervin Hasbach auch der Landesleiter der Jungdeutschen Partei, Rudolf Wiesner, zum Senator berufen, und 1938 versuchte die Regierung sogar, durch Berufung von Max Wambeck anstelle von Wiesner Rivalitäten innerhalb der Jungdeutschen Partei zu verstärken. Durch ihre zunehmend intolerante Minderheitenpolitik trug sie aber selbst wesentlich dazu bei, daß die Auseinandersetzungen unter den Deutschen seit 1938 an Schärfe verloren. Aus demselben Grund konnten auch offensichtlich von der Regierung geförderte oder in propolnischem Sinne tätige Organisationen wie der 1929 in Lodz und 1930 im Posener Land gebildete Deutsche Kultur- und Wirtschaftsbund und die Vereinigung der Deutschen Polens keinen größeren Einfluß in der deutschen Bevölkerung gewinnen. Hierzu ist aber zu sagen, daß über die Haltung der »schweigenden Mehrheit« der deutschen Minderheit – und das in allen früheren Teilgebieten – aufgrund der schwierigen Quellenlage nur wenig bekannt ist. Was sich in Akten und Erinnerungen niederschlug, sind vor allem die Tätigkeit und die Einstellungen der Führungsgruppen, der Aktivisten. Sie beanspruchten natürlich stets für sich, im Namen der gesamten Minderheit zu sprechen und deren Interessen zu vertreten. Daß dies zumindest nicht immer zutraf, zeigen unter anderem Klagen dieser Aktivisten über einige ihrer Landsleute. So beklagte ein Bericht der Jungdeutschen Partei vom Jahresbeginn 1939, daß »einige Deutsche häufig für kurzfristigen persönlichen Nutzen ihre Nationalität verraten, indem sie ihre Kinder nicht in deutsche Schulen schicken und miteinander polnisch sprechen, weil sie bei einem Polen arbeiten«. Beispiele gutnachbarlichen Zusammenlebens von Deutschen und Polen in allen Siedlungsgebieten, sowohl im städtischen als auch vor allem im ländlichen Milieu, lassen sich in vielen Erinnerungen von Deutschen aus Polen finden. Ähnlich wie zu preußischer Zeit fand dies jedoch bei der Historiographie lange Zeit zuwenig Beachtung, die spektakulären Konfliktfelder dagegen wurden überbewertet.

Ein eigenes, ebenfalls nur wenig bekanntes Problem stellt das Verhältnis der Deutschen in Polen zu Juden und zum Antisemitismus dar. Hier spielten unter anderem die Besonderheiten der früheren Teilgebiete eine Rolle. Während sich die jüdische Bevölkerung im Posener Land während des 19. Jahrhunderts fast gänzlich deutsch assimiliert hatte, bewahrte sie in Mittelpolen, Wolhynien und Galizien ihre Besonderheit oder tendierte zur Polonisierung. Entsprechend gab es im Posener Gebiet engere, zum Teil ausgesprochen freundschaftliche Beziehungen zwischen Deutschen und Juden, wenn letztere sich dort nicht sogar als jüdische Deutsche empfanden und angesehen wurden. Der bereits genannte jungdeutsche Bericht von 1939 beklagte unter anderem auch die freundschaftlichen Beziehungen zwischen deutschen und jüdischen Familien im Posener Gebiet. Ein anderes Beispiel ist die Beschuldigung Pastor Gürtlers aus Neutomischel durch einen Vertrauensmann der Jungdeutschen Partei Ende 1938, er habe aus eigenem Antrieb, ohne Genehmigung des Gemeindekirchenrats und ohne Zwang von irgendeiner Seite in seinem Konfirmandensaal zwölf aus Deutschland vertriebene

Lp. 51/69

ŚWIADECTWO

strzelec Biedermann Ryszard URODZONY DNIA 7. maja 19 13 R.

W Żubardzin, POWIATU Łódź WOJEWÓDZTWA Łódź

UKOŃCZYŁ W CZASIE OD DNIA 21. września 19 35 R. DO DNIA 3. marca 19 36 R.

SZKOŁĘ PODOFICERSKĄ

piechoty w kompanji szkolnej k.m. pułku K.O.P. „Głębokie"

Die Angehörigen der deutschen Minderheit unterlagen als polnische Staatsangehörige der Wehrpflicht. Man stationierte sie aber zumeist an der Ostgrenze Polens, um eventuelle Loyalitätskonflikte beziehungsweise im Kriegsfalle Desertionen zu vermeiden. Je nach Befähigung und Vorbildung konnten sie auch Unteroffiziere oder Offiziere der Reserve werden, wie das Abgangszeugnis einer Unteroffiziersschule des Lodzer Deutschen Richard Biedermann zeigt.

Juden untergebracht. In den anderen Siedlungsgebieten gab es dagegen Spannungen oder gar Auseinandersetzungen zwischen Deutschen und Juden, wie etwa bei den gemeinsamen polnisch-jüdischen Ausschreitungen gegen Deutsche in Lodz 1933. Dies wirkte sich bis in die einzelnen Organisationen aus. Während der Verband deutscher Hochschüler (VdH) in Warschau – nach polnischem Vorbild – den Arierparagraphen einführte, wurde dies von dem ansonsten stärker nach Deutschland ausgerichteten Posener VdH abgelehnt.

Selbst in den Zeiten zunehmender nationalistischer Erregung auf beiden Seiten im Frühjahr und Sommer 1939 waren nicht alle Deutschen in Polen im Sinne der Volksgruppenführung mobilisiert. Ein zeitgenössischer polnischer Bericht aus dem Jahre 1939 charakterisierte die damalige Situation eines Teils der einfachen deutschen Landbevölkerung im westlichen Posener Land folgendermaßen: »Magere Kühe ziehen langsam den mit Reisig beladenen Wagen zu der strohgedeckten Hütte in der Nähe von Neutomischel. Woran denkt der neben diesem mit der Pfeife im Mund dahinschreitende alte deutsche Siedler? Sicherlich plant er keine Revolution in Polen und sicherlich analysiert er nicht die Bestimmungen des Versailler Vertrages. Sicherlich überschlägt er beim Ausklopfen der Kirschholzpfeife, um wieviel die Holzpreise gestiegen und die Viehpreise – wegen der Bestimmungen gegen die Maul- und Klauenseuche –, gefallen sind ... Aber im Hause des deutschen Bauern wie des Akademikers liegt auf dem Tisch ein Exemplar des Familienkalenders Deutscher Heimatbote, der ihn mahnt, nicht nur über die Ereignisse und Sorgen des Alltags nachzudenken, sondern über die großen Aufgaben, welche die Menschen deutscher Nationalität im Osten zu erfüllen haben. Der Kalender gibt in zahlreichen Artikeln bedeutender Führer der deutschen Minderheit in Polen deren größter Sorge Ausdruck, die Angehörigen der deutschen Volksgruppe könnten sich dem Alltagsleben hingeben ... Er klopft die Pfeife aus, spuckt in hohem Bogen auf den Hof, schaut prüfend zum Himmel, ob es wohl regnen wird, schnalzt nach dem Pferd – ein Mensch wie jeder andere auch. Er kehrt ins Haus zurück, öffnet das ›gleichgeschaltete‹ Buch oder die Minderheitenzeitung und erfährt, was er nach Meinung der Verfasser für ein Übermensch sein soll.«[21]

Es steht außer Zweifel, daß vor allem in den früher preußischen Gebieten, aber sicherlich nicht nur dort, zumindest ein Teil der Deutschen sich bis 1939 nicht völlig mit der Existenz als Minderheit abgefunden hatte und insgeheim oder offen einen Anschluß seiner Heimat an Deutschland erhoffte. Es ist dies eine im übrigen für nationale Minderheiten in der Zeit der Nationalstaaten »normale« Einstellung, die so auch beispielsweise auf die damalige polnische Minderheit im deutschen Oberschlesien zutraf. Diese »geistige Illoyalität« war jedoch noch nicht gleichbedeutend mit aktivem staatsfeindlichem Verhalten. Obgleich in deutschen Nachkriegsveröffentlichungen über die Deutschen in Polen lange bestritten, ist inzwischen nachgewiesen, daß seitens der reichsdeutschen Abwehr und der SS vor 1939 Pläne zur Instrumentalisierung von Deutschen in Polen für Sabotagezwecke bestanden. Die Führung der Minderheit lehnte dies aus Gründen der Sicherheit für ihre Angehörigen verständlicherweise ab. Es hat jedoch eine Reihe solcher Sabotageakte von Deutschen aus Polen im Vorfeld und Verlauf des deutschen Polenfeldzugs von 1939 gegeben.[22] Während des Krieges und auch nach 1945 wurde dies vor allem in Polen, aber nicht nur dort, zum Anlaß genommen, die Deutschen in Polen insgesamt als »fünfte Kolonne« Hitlers der Illoyalität zu bezichtigen. Es waren aber wiederum neuere polnische Forschungen, welche unter anderem aufgrund der Berichte und Informationen der polnischen Sicherheitsbehörden klarstellten, daß eine Spionage- oder Sabotagetätigkeit der deutschen Minderheit bis 1939 in größerem Umfang nicht stattgefunden hat. »Die polnischen Staatsbürger deutscher Nationalität, welche an staatsfeindlichen irredentistischen Aktionen wie Spionage oder militärischer Diversion beteiligt waren, stellten lediglich eine Randerscheinung innerhalb der Gesamtheit der deutschen Bevölkerung in Polen dar.«[23] Die meisten Deutschen dagegen wollten sich angesichts der wachsenden Kriegspsychose in Polen im Sommer 1939 sogar als besonders staatsloyal erweisen. So waren sie beispielsweise überproportional stark an dem Spendenaufkommen für den polnischen Nationalen Verteidigungsfonds (FON) beteiligt.

Dennoch kam es unmittelbar nach Ausbruch des Krieges zu zahlreichen Verhaftungen deutscher Minderheitenangehöriger, insbesondere der führenden Persönlichkeiten, zu Verschleppungen und zu antideutschen Ausschreitungen, bei denen mehrere tausend Deutsche zu Tode kamen. Am bekanntesten und gleichzeitig in der deutschen und polnischen Historiographie besonders umstritten waren die Geschehnisse in Bromberg am 3. September 1939, später von den Deutschen »Bromberger Blutsonntag« genannt. Angeblich als Reaktion auf die Tätigkeit deutscher Diversanten, welche auf zurückweichende polnische Militäreinheiten geschossen haben sollen, kam es in Bromberg zur Ermordung von mindestens dreihundert Deutschen in der Stadt und mindestens noch einmal so vielen in deren Umland. Die Angehörigen der Bromberger deutschen Minderheit beteuerten stets ihre Unschuld, sie hätten keinerlei Diversionstätigkeit entfaltet, schon gar nicht geschossen. Polnische Historiker dagegen sehen es als erwiesen an, daß entsprechende Provokationen von Deutschen, sei es aus der Minderheit oder durch reichsdeutsche Agenten, stattgefunden hatten. Die Zeugenaussagen brachten jedoch keine endgültige Klarheit, auch nicht die vorhandenen Quellen. Es gab zwar, wie bereits erwähnt, reichsdeutsche Sabotagepläne, die sogar teilweise zur Ausführung kamen. Ob aber in Bromberg tatsächlich Deutsche auf Polen geschossen haben, was angesichts der bereits unweit der Stadt stehenden deutschen Truppen militärisch keinerlei Sinn ergeben und die Minderheit stark gefährdet hätte, oder ob polnisches Militär und Zivilpersonen ihre Wut und Verzweiflung über die sich abzeichnende Niederlage an den greifbaren Deutschen ausgelassen haben, ist bis heute ein »neuralgischer Punkt« geblieben.[24]

Polen im Zweiten Weltkrieg

JOACHIM ROGALL

Im Oktober 1938 kam es erneut zu einer Wende in den deutsch-polnischen Beziehungen. Hitler ließ Polen durch Reichsaußenminister Joachim von Ribbentrop seine Wünsche nach Angliederung der Freien Stadt Danzig an Deutschland und einer exterritorialen Autobahn- und Eisenbahnverbindung zwischen Ostpreußen und dem übrigen Reichsgebiet übermitteln. Nach der Zerschlagung der Tschechoslowakei und der Angliederung des Memelgebietes im März 1939 wurden diese Forderungen in ultimativer Form wiederholt. Für den Fall einer polnischen Ablehnung erließ Hitler am 3. April 1939 die geheime »Weisung für eine einheitliche Kriegsvorbereitung der Wehrmacht« zu einem Überraschungsangriff auf Polen bis zum 1. September 1939.[25]

Inzwischen hatte sich die außenpolitische Großwetterlage entscheidend geändert. Die eklatante Verletzung der Grundlagen des Münchener Abkommens durch Hitler hatte den Westmächten die Sinnlosigkeit einer weiteren Appeasement-Politik deutlich gemacht. In der Absicht, der Expansion des »Dritten Reiches« Einhalt zu gebieten, gab Großbritannien am 6. April 1939 eine Garantieerklärung für Polen ab. Am 19. Mai wurde außerdem eine polnisch-französische Militärkonvention geschlossen, nach welcher die französische Armee Polen spätestens am fünfzehnten Tag nach der Mobilmachung mit der Masse ihrer Streitkräfte zu Hilfe kommen sollte.[26]

Im Vertrauen auf die eigene Stärke und französisch-britische Unterstützung hatte Außenminister Józef Beck bereits am 5. Mai die deutschen Ansprüche als ehrenrührig für Polen zurückgewiesen. Eine patriotische Hochstimmung erfaßte die polnische Gesellschaft. Tatsächlich waren die polnischen Voraussetzungen für den nun drohenden Krieg aber keineswegs günstig. Das deutsche Militärpotential war dem polnischen um ein Mehrfaches überlegen. Insbesondere bei Artillerie, Panzern und Flugzeugen bestand ein deutlicher Vorsprung der Wehrmacht. Angesichts der deutschen Aufrüstung und der strategischen Ausgangslage sahen die seit Mitte der dreißiger Jahre entwickelten polnischen Generalstabsplanungen eine anfängliche Verteidigung gegen aus Ostpreußen, Hinterpommern und Niederschlesien erwartete deutsche Angriffe vor. Die polnischen Truppen sollten sich dabei hinhaltend kämpfend langsam zurückziehen, bis der erwartete Entlastungsangriff der französischen Armee im Westen Deutschland in einen Zweifrontenkrieg verwickeln würde. Daraufhin sollten die polnischen Armeen zum Gegenangriff auf Berlin und Ostpreußen antreten.[27]

Diese Planungen hatten die seit März 1939 bestehenden neuen strategischen Möglichkeiten für die deutsche Wehrmacht zu Operationen aus dem mährisch-slowakischen Raum ebensowenig berücksichtigt wie die Möglichkeit eines Zweifrontenkrieges Polens gegen die Sowjetunion und Deutschland. Dies wurde aber im August 1939 zur drohenden Gefahr. Denn der von den Westmächten zum Abschluß eines gegen Hitler gerichteten Bündnisses gedrängte Stalin verhandelte insgeheim mit Deutschland über die Möglichkeit eines Gebietserwerbs auf Kosten Polens, ganz im Sinne der negativen Polenpolitik seit dem 18. Jahrhundert. Bei allen ideologischen Gegensätzen begann die antipolnische Interessengemeinschaft wieder zu funktionieren. Am 23. August 1939 wurde ein deutsch-sowjetischer Nichtangriffspakt geschlossen, dessen geheimes Zusatzprotokoll die Festlegung der beiderseitigen Interessenszonen in Ostmitteleuropa enthielt. Deren Grenze verlief im Bereich des polnischen Staates entlang der Flüsse Narew, Weichsel und San, bedeutete also eine erneute Aufteilung Polens.[28] Diese Vereinbarung, deren Existenz von der Sowjetunion erst unter Gorbatschow eingestanden wurde, gab Hitler für seine Pläne hinsichtlich Polens freie Hand. Ein polnisch-britischer Beistandspakt vom 25. August ließ ihn zwar den bereits für den 26. August erlassenen Angriffsbefehl gegen Polen noch einmal zurücknehmen, sein Entschluß zu einer gewaltsamen Lösung stand jedoch fest. Am letzten Augusttag des Jahres 1939 ließ er durch SS-Männer in polnischen Uniformen einen polnischen Überfall auf den oberschlesischen Sender Gleiwitz inszenieren, um sich eine Legitimation für den Angriff auf Polen zu verschaffen. Dieser begann ohne Kriegserklärung am Morgen des 1. September 1939 und löste den Zweiten Weltkrieg aus.

Die polnische Armee, deren allgemeine Mobilmachung erst am 30. August ausgelöst worden war, hatte ihren Aufmarsch zu diesem Zeitpunkt erst zu einem Drittel vollendet. Die deutschen Panzerverbände konnten im Zusammenwirken mit der Luftwaffe in einem sogenannten Blitzkrieg rasch tief in das polnische Hinterland vorstoßen. Die nach Zahl und Material unterlegenen polnischen Armeen vermochten trotz tapferen Widerstandes den deutschen Vormarsch nicht aufzuhalten und wurden größtenteils eingeschlossen. Der einzige größere polnische Gegenangriff wurde von den deutschen Truppen in der »Schlacht an der Bzura« im Raum von Kutno vom 9. bis 12. September abgewehrt. Am 16. September trafen südlich von Brest am Bug die von Süden und Norden vorstoßenden deutschen Armeen zusammen. Mit der Kapitulation der polnischen Armeen »Posen« und »Pommerellen« war der Krieg am 19. September militärisch bereits entschieden. Die Kämpfe gingen jedoch noch an verschiedenen Stellen weiter. So fiel Lemberg erst am 22., Warschau nach erbitterter Verteidigung erst am 28. September, und als letzte kapitulierten die polnischen Verteidiger von Hela am 2. Oktober und die Truppen von General Franciszek Kleeberg bei Klock nördlich Lublin am 5. Oktober 1939.

Die politische und militärische Führung Polens war bald nach Beginn des deutschen Angriffs nach Osten ausgewichen. Die Hoffnung auf militärische Unterstützung durch die Westalliierten erfüllte sich nicht. In Ostgalizien erfuhr die Regierung Polens am 17. September, daß die Sowjetunion den polnischen Staat und damit auch den mit ihm geschlossenen Nichtangriffsvertrag als nicht mehr existierend betrachtete und entsprechend dem deutsch-sowjetischen Geheimabkommen das ihr zugesprochene Interessengebiet besetzte. Angesichts der militärisch aussichtslos gewordenen Lage überschritten Polens Staatspräsident, Regierung und Heeresleitung daraufhin die Grenze zu Rumänien und wurden dort interniert. Etwa 400 000 polnische Soldaten gerieten in deutsche Gefangenschaft, rund 250 000 fielen der Roten Armee in die Hände. Viele

Soldaten und Offiziere konnten jedoch rechtzeitig untertauchen und begannen noch vor dem Ende der Kämpfe mit dem Aufbau einer polnischen Untergrundarmee. Etwa 90 000 Soldaten gelang es, sich über Ungarn und Rumänien nach Frankreich und England durchzuschlagen. Staatspräsident Mościcki erklärte im rumänischen Exil seinen Rücktritt und bestimmte den in Frankreich befindlichen Senatspräsidenten Wladyslaw Raczkiewicz zu seinem Nachfolger. Dieser bildete am 30. September 1939 in Paris eine Exilregierung unter General Wladyslaw Sikorski, die sogleich von Frankreich, England und den Vereinigten Staaten anerkannt wurde. Aus den in den Westen geflohenen polnischen Soldaten stellte sie eine Exilarmee auf, welche an der Seite der Alliierten gegen Deutschland kämpfte. So leisteten beispielsweise polnische Piloten einen wichtigen Beitrag zum britischen Sieg in der »Luftschlacht um England«. Nach der militärischen Niederlage Frankreichs 1940 verlegte die Exilregierung ihren Sitz nach London.

Das besetzte Polen war nach einem am 28. September 1939 geschlossenen deutsch-sowjetischen Zusatzabkommen entlang den Flüssen Pissa, Narew, Bug und San geteilt worden. Für den Verzicht auf die ihr ursprünglich zugesprochenen Gebiete zwischen Weichsel und Bug hatte die Sowjetunion die Einbeziehung Litauens in ihre Interessensphäre erreichen können. Damit stand das geschlossene polnische Siedlungsgebiet nun ganz unter deutscher Besatzung. Anfängliche Überlegungen Hitlers, einen etwa dem früheren Kongreßpolen entsprechenden polnischen »Reststaat« bestehen zu lassen, wurden schon Mitte Oktober 1939 wieder aufgegeben, da die Alliierten auf dieser Basis keine Verhandlungsbereitschaft zeigten und sich im Lande keine namhaften Persönlichkeiten zu einer Kollaboration mit Deutschland bereit fanden. Am 26. Oktober 1939 erfolgte eine administrative Aufteilung des deutschen Besatzungsgebiets. Sie machte deutlich, daß die Nationalsozialisten keine Rücksicht auf gewachsene historische Strukturen nehmen wollten, also beispielsweise im Posener Gebiet nicht an die preußisch-deutsche Tradition vor 1918 anknüpften. So wurde aus dem größten Teil der früheren Provinz Posen und dem westlichen Mittelpolen mit dem Lodzer Industriegebiet der »Reichsgau Posen« unter Gauleiter Arthur Greiser gebildet (rund 44 000 Quadratkilometer und fünf Millionen Einwohner). Im Februar 1940 wurde durch die Umbenennung in »Reichsgau Wartheland«, kurz »Warthegau«, die Erinnerung an die preußische Provinz Posen ganz gelöscht.

Die Gebiete um Suwalki und Ciechanów, rund 16 000 Quadratkilometer mit einer Million Einwohner, wurden der benachbarten Provinz Ostpreußen angegliedert. Das frühere »Korridorgebiet«, also die polnische Wojewodschaft Pommerellen einschließlich des Danziger Gebiets, rund 21 000 Quadratkilometer mit zwei Millionen Einwohnern, wurde als »Reichsgau Danzig-Westpreußen« Gauleiter Albert Forster unterstellt. Ostoberschlesien kam mit dem Dombrowaer Industriegebiet als Regierungsbezirk Kattowitz (rund 11 000 Quadratkilometer mit 2,6 Millionen Einwohnern) zur Provinz Schlesien.

In den neuen Reichsgauen konnten die Nationalsozialisten im Gegensatz zum sogenannten Altreich mit seinen überlieferten Strukturen von Anbeginn eine enge Verbindung von Partei und Staat auf allen Ebenen praktizieren. So waren die Bürgermeister zugleich Ortsgruppenleiter, die Landräte Kreisleiter und die Reichsstatthalter auch Gauleiter. Wie sehr sich das System zum SS-Staat entwickelt hatte, zeigte sich auch darin, daß den Reichsstatthaltern ein höherer SS- und Polizeiführer mit weitreichenden Befugnissen zur Seite gestellt wurde.

Das außerhalb der dem Reich unmittelbar »eingegliederten Ostgebiete« verbleibende polnische Territorium zwischen Weichsel und Karpaten mit 142 000 Quadratkilometern und fast elf Millionen Einwohnern erhielt die Bezeichnung »Generalgouvernement für die besetzten polnischen Gebiete«. Generalgouverneur mit Sitz in Krakau wurde Reichsminister Hans Frank. Es galt als »Nebenland des Reiches« und war als eine Art Reservat für die polnische Bevölkerung gedacht, in welches auch die Polen aus den »eingegliederten Ostgebieten« umgesiedelt werden sollten. Im Generalgouvernement entwickelte sich neben der Zivilverwaltung unter Frank ein eigenes Herrschaftssystem der SS unter einem höheren SS- und Polizeiführer, der sich hinsichtlich der Kompetenzen dank der Rückendeckung durch Himmler häufig gegenüber dem Generalgouverneur durchsetzen konnte. Die SS kontrollierte schließlich nicht nur den Bereich der inneren Sicherheit, die Arbeits- und Vernichtungslager und entscheidende Bereiche der Wirtschaft, sondern bestimmte auch die Volkstumspolitik, wie sie 1941 im »Generalplan Ost« konzipiert wurde.

Trotz aller Rivalitäten im Alltag bestand hinsichtlich der Endziele der deutschen Polenpolitik auf deutscher Seite Übereinstimmung. Der zum »Reichskommissar für die Festigung deutschen Volkstums« ernannte Heinrich Himmler formulierte sie in einer Denkschrift von 1940 folgendermaßen: »... nur dadurch, daß wir diesen ganzen Völkerbrei des Generalgouvernements von 15 Millionen und die 8 Millionen der Ostprovinzen auflösen, wird es uns möglich sein, die rassische Siebung durchzuführen, die das Fundament unserer Erwägungen sein muß, die rassisch Wertvollen aus diesem Brei herauszufischen, nach Deutschland zu tun, um sie dort zu assimilieren ... Für die nichtdeutsche Bevölkerung des Ostens darf es keine höhere Schule geben als die vierklassige Volksschule. Das Ziel dieser Volksschule hat lediglich zu sein: einfaches Rechnen bis höchstens 500, Schreiben des Namens, eine Lehre, daß es ein göttliches Gebot ist, den Deutschen gehorsam zu sein und ehrlich, fleißig und brav zu sein. Lesen halte ich für nicht erforderlich ... Es erfolgt jährlich insgesamt bei den 6- bis 10jährigen eine Siebung aller Kinder des Generalgouvernenemts nach blutlich Wertvollen und Nichtwertvollen ... Die Bevölkerung des Generalgouvernements setzt sich dann zwangsläufig nach einer konsequenten Durchführung dieser Maßnahmen im Laufe der nächsten Jahre aus einer verbleibenden minderwertigen Bevölkerung, die noch durch abgeschobene Bevölkerung der Ostprovinzen sowie all der Teile des deutschen Reiches, die dieselbe rassische und menschliche Art haben, zusammen. Diese Bevölkerung wird als führerloses Arbeitsvolk zur Verfügung stehen und Deutschland jährlich Wanderarbeiter und Arbeiter für besondere Arbeitsvorkommen (Straßen, Steinbrüche, Bauten) stellen; sie wird selbst dabei mehr zu essen und zu leben haben als unter der polnischen Herrschaft und bei eigener Kulturlosigkeit unter der strengen, konsequenten und gerechten Leitung des deutschen Volkes berufen sein, an dessen ewigen Kulturtaten und Bauwer-

1939/1940 der Sowjetunion angegliederte Gebiete

1941 dem Generalgouvernement angegliedert

Staatsgrenzen

»Eingegliederte Ostgebiete«

Polen in den Grenzen von 1938

Polen im Zweiten Weltkrieg 1939 bis 1944

ken mitzuarbeiten und diese, was die Menge der groben Arbeit anbelangt, vielleicht erst ermöglichen.«[29]

Dieses ungeheuerliche Programm der Verwandlung der Polen in ein Volk von Arbeitssklaven, was letztlich das Ende Polens als selbständiger Nation bedeutete, wurde von Hitler als Richtlinie für die Polenpolitik bestätigt und von den nationalsozialistischen Besatzungsbehörden in die Tat umgesetzt. Die polnische Intelligenz wurde verfolgt, in Konzentrationslager gesperrt oder ermordet. Im Generalgouvernement wurde das polnische Bildungswesen bis auf Volks- und Berufsschulen beseitigt, das kulturelle Leben auf das niedrigste Niveau reduziert. Die Bevölkerung wurde durch drakonische Strafen terrorisiert und insgesamt rund eine Million Polen als »Fremdarbeiter« zwangsweise nach Deutschland verbracht. In den »eingegliederten Ostgebieten« wurden alle polnischen Einrichtungen beseitigt und die polnische Sprache, soweit überhaupt möglich, aus der Öffentlichkeit verbannt. Um Platz für deutsche Umsiedler aus Osteuropa zu schaffen und den Anteil der deutschen Bevölkerung zu stärken, wurden Polen aus den »eingegliederten Ostgebieten« in großer Zahl und in brutaler Weise in das Generalgouvernement zwangsumgesiedelt. Die verbleibenden Polen waren praktisch rechtlos beziehungsweise unterstanden Sonderstrafrecht. Sie konnten ohne Gerichtsurteil inhaftiert, in Lager verschleppt oder sogar öffentlich hingerichtet werden.

Die nationalsozialistische Besatzungspolitik war in der Geschichte der deutsch-polnischen Nachbarschaft ohne Beispiel. Es ist deshalb falsch, sie lediglich als Wende oder gar als Konsequenz der früheren deutschen Polenpolitik zu sehen. Es handelte sich vielmehr um einen radikalen Bruch mit jeglicher Tradition.[30] An die Stelle der seit dem 19. Jahrhundert im Nationalitätenkampf angewendeten Methoden der Zwangsassimilierung und Verdrängung war nun die geplante Massenzwangsumsiedlung und schließlich die biologische Vernichtung getreten, das Absprechen des Lebensrechts aufgrund rassischer oder nationaler Zugehörigkeit. Es handelte sich um das zweifellos dunkelste Kapitel der »deutschen Geschichte im Osten Europas«. Die Beziehungen von Deutschen und Polen unter totalitärer Herrschaft im Zweiten Weltkrieg und, in stalinistischer Form, in der ersten Nachkriegszeit waren nicht repräsentativ für die tausendjährige deutsch-polnische Nachbarschaft. Das Schreckensregiment war aber in seinen Dimensionen so gewaltig, daß es alle friedlicheren Perioden im Bewußtsein der Zeitgenossen lange überschattete.

Die deutsche Polenpolitik während des Zweiten Weltkrieges war zwar insgesamt verbrecherisch und in ihren Konsequenzen furchtbar, aber in der alltäglichen Praxis dabei keineswegs durchdacht, einheitlich oder konsequent. Vielmehr kam es aufgrund unterschiedlicher und teilweise gegensätzlicher kurz- und mittelfristiger Zielsetzungen der jeweiligen Träger, häufig fehlender Abstimmung der einzelnen Maßnahmen und nicht zuletzt der Erfordernisse des Krieges zu zahlreichen Brüchen und Widersprüchen, wie sie auch für die nationalsozialistische Herrschaft insgesamt charakteristisch waren.[31]

Die jüdische Bevölkerung Polens wurde seit 1940 in Ghettos isoliert und konzentriert, wo sie in drangvoller Enge und unter menschenunwürdigen Bedingungen leben mußte. Das Warschauer Ghetto beherbergte 1941 rund 500 000 Juden, die nicht nur

Im Jahre 1942 stattete Himmler dem Lodzer Ghetto einen Besuch ab. Der Gegensatz zwischen dem allmächtigen Reichsführer SS und den ihm ausgelieferten jüdischen Lagerinsassen, wie er in den Propagandaaufnahmen bewußt zum Ausdruck gebracht wird, könnte nicht größer sein.

Das Ende des Warschauer Ghettos nach der Niederschlagung des Aufstandes 1944
Die überlebenden Juden wurden zusammengetrieben und in Vernichtungslager gebracht, das Ghetto selbst durch deutsche Sprengtrupps systematisch vernichtet.

SS-Brigadeführer Jürgen Stroop während der Kämpfe im Warschauer Ghetto, die er in Wort und Bild festhalten ließ. Der Bericht über diese Zerstörung endet mit den Worten: »Es gibt keinen jüdischen Wohnbezirk in Warschau mehr!«

aus Polen, sondern auch aus anderen Ländern Europas hierher deportiert worden waren. Das entsprach bei seinem Areal etwa 111 000 Menschen je Quadratkilometer. Die katastrophalen Wohn- und Lebensbedingungen hatten eine hohe Sterberate zur Folge.

Die Zeugnisse der jahrhundertealten jüdischen Kultur in Polen wurden großenteils vernichtet. So gaben die deutschen Besatzungsbehörden die jüdischen Synagogen und Gemeindehäuser schon im Winter 1939/40 zur Plünderung frei, schändeten jüdische Friedhöfe und rissen jüdische Bauwerke ein oder führten sie einer anderen Verwendung zu. Die große Synagoge in Posen wurde beispielsweise 1940 zu einem Hallenbad umgebaut.

Ebenfalls im Jahre 1940 entstanden im besetzten Polen erste Konzentrationslager, so in Treblinka und dem nahe Lublin gelegenen Majdanek. Zunächst als Zwangsarbeitslager geführt, wurden sie im Zusammenhang mit der 1941 einsetzenden »Endlösung der Judenfrage« in Todesfabriken umgewandelt. Das Lager Auschwitz, das zusammen mit seiner Nebenstelle im benachbarten Birkenau zu den größten Konzentrationslagern gehörte, ist geradezu ein Symbol für die NS-Vernichtungspolitik geworden. Hier wurden während des Krieges mehr als eine Million Menschen umgebracht, vor allem Juden aus allen besetzten Ländern Europas, aber auch nichtjüdische Angehörige vieler Nationen, darunter Polen, Russen, Zigeuner und Deutsche. Im Lager Belzec in der Wojewodschaft Lublin fanden von 1941 bis 1943 insgesamt 600 000 Juden den Tod. In Culmhof bei Koło, nahe der Bahnstrecke von Posen nach Warschau, wurden durch ein Sonderkommando in fahrenden, geschlossenen Gaswagen seit dem 8. Dezember 1941 rund 360 000 Menschen, vor allem Juden aus dem Posener Land, aber auch Polen und Tschechen, darunter wohl auch Kinder aus dem Gebiet von Zamość und aus Lidiče in Böhmen ermordet.

Aus dem Warschauer Ghetto waren 1942 die meisten Bewohner, etwa 400 000 Personen, in das Vernichtungslager Treblinka deportiert worden. Darunter befand sich auch der polnische Arzt, Pädagoge und Schriftsteller Janusz Korczak, der freiwillig mit den ihm anvertrauten jüdischen Waisenkindern in den Tod ging. Als das Warschauer Ghetto 1943 endgültig liquidiert werden sollte, brach am 19. April ein schon länger von einer jüdischen Kampforganisation vorbereiteter Aufstand los. Die jüdischen Kämpfer wurden auch vom polnischen Widerstand unterstützt, es kam aber nicht zum Übergreifen des Aufstandes auf andere Stadtteile. So konnten deutsche Truppen unter dem SS-Brigadeführer Jürgen Stroop ihn schließlich blutig niederschlagen, die letzten Warschauer Juden deportieren und das Ghetto dem Erdboden gleichmachen.

Insgesamt fielen rund drei Millionen polnische Juden der nationalsozialistischen Vernichtungspolitik zum Opfer. Über die Ungeheuerlichkeit ihres Vorgehens waren sich die Täter dabei sehr wohl bewußt. Zwar verstieg sich Himmler bei einer Rede in Posen im Jahre 1943 noch zu der Behauptung, die größte Leistung der an diesen Maßnahmen beteiligten Deutschen sei, dabei »anständig« geblieben zu sein. Tatsächlich aber wurde der gesamte Bereich des Holocaust als Staatsgeheimnis behandelt und auch vor der deutschen Öffentlichkeit nach Möglichkeit verborgen. Nicht zufällig befanden sich die Vernichtungslager außerhalb des alten Reichsgebiets auf polnischem Boden. Nachdem es 1943 in den Lagern Treblinka und Sobibor zu Häftlingsaufständen gekommen war, wurden diese Lager aufgelöst und zur Vernichtung aller Beweise dem Erdboden gleichgemacht. Entsprechende Zerstörungen oder Zerstörungsversuche fanden in den übrigen Konzentrationslagern Anfang 1945 beim Herannahen der Roten Armee statt.[32]

Nach dem Ende des Septemberfeldzuges war auch das sowjetisch besetzte Ostpolen geteilt worden. Das Wilnaer Gebiet trat die Sowjetunion am 10. Oktober 1939 der damals noch selbständigen Republik Litauen ab, die sofort mit einer Diskriminierung der hier lebenden Polen begann. Nachdem Litauen im August 1940 von der Sowjetunion annektiert worden war, setzten umfangreiche Verhaftungen und Deportationen ein, denen praktisch die gesamte litauische und polnische Intelligenz zum Opfer fiel. Etwa 100 000 Polen und 40 000 Litauer wurden in die Sowjetunion verschleppt. In den übrigen ostpolnischen Gebieten hatte die Sowjetunion im Oktober 1939 in einer Atmosphäre der Angst und des Terrors scheindemokratische Wahlen zu einer westweißrussischen und einer westukrainischen »Nationalversammlung« durchführen lassen. Diese baten sogleich nach ihrer Konstituierung den Obersten Sowjet um Angliederung an die entsprechenden Sowjetrepubliken Weißrußland und Ukraine, welche Anfang November 1939 vollzogen wurde. Obgleich mit der Ende November erfolgten Verleihung der sowjetischen Staatsbürgerschaft an die gesamte Bevölkerung auch die dort lebenden Polen formell gleichberechtigt waren, setzten noch im Spätherbst 1939 erste Zwangsdeportationen der polnischen Führungsschicht ein. In vier Wellen wurden bis Juni 1941 rund 1,5 Millionen Menschen, polnische Grundbesitzer, Politiker, Geistliche, Beamte und Soldaten, aber auch Teile der ukrainischen bürgerlichen Intelligenz in sowjetische Lager verschleppt. Den unmenschlichen Bedingungen auf den Transporten und in den Lagern fiel ein großer Teil zum Opfer.

Im Gegensatz zu den deutsch besetzten Gebieten wurde im sowjetischen Machtbereich die jüdische Bevölkerung nicht verfolgt, sondern sogar bevorzugt von den sowjetischen Behörden zur Zusammenarbeit herangezogen. Dies hatte fatale Folgen für das polnisch-jüdische beziehungsweise ukrainisch-jüdische Verhältnis und verstärkte schon vorhandene antisemitische Einstellungen.

Im sowjetisch besetzten Ostpolen und in den »eingegliederten Ostgebieten« konnte sich aufgrund der Deportation der polnischen Führungsschichten, des antipolnischen Terrors und der totalen Überwachung eine polnische Untergrundbewegung nur sehr schwach und langsam entwickeln.[33] Im Generalgouvernement dagegen entstand ein verzweigtes Netz ziviler und militärischer Untergrundorganisationen, die zusammen einen funktionierenden Untergrundstaat bildeten. Es gab unter anderem ein Untergrundparlament, den »Rat der Nationalen Einheit«, eine Vertretung der Londoner Exilregierung mit ressortähnlichen Departements, eine vielfältige Untergrundpresse mit mehr als 1500 Titeln und ein geheimes Schul- und Bildungswesen. An den Untergrunduniversitäten in Warschau oder Krakau studierten beispielsweise während des Krieges mehrere tausend Studenten aller Fachrichtungen, und die Schülerzahl der geheimen polnischen Oberschulen entsprach im Schuljahr 1943/44 fast dem Vorkriegsstand.

Wer heute, vor allem in den Abendstunden, die Warschauer Altstadt durchwandert, kann sich das Ausmaß der Zerstörung im Zweiten Weltkrieg nicht mehr vorstellen. Nur am Tage und im direkten Vergleich mit Vorkriegsaufnahmen erkennt man, daß es sich um eine Totalrekonstruktion handelt. Nach Hitlers Willen sollte kein Stein mehr an die polnische Hauptstadt erinnern. Nur das Kriegsende verhinderte die vollständige Durchführung des Befehls. Der Wiederaufbau nach historischem Vorbild gelang nach 1945 dank der Opferbereitschaft der gesamten polnischen Bevölkerung.

Von besonderer Bedeutung war der militärische Untergrund, der seit November 1939 auf Befehl des Oberbefehlshabers General Sikorski als »Verband für den bewaffneten Kampf« organisiert wurde. Zunächst vermied dieser jedoch bewaffnete Aktionen und beschränkte sich auf eine Ausbildungs-, Spionage- und Sabotagetätigkeit.

Außer den Untergrundorganisationen der Londoner Exilregierung gab es noch eine Reihe weiterer polnischer Untergrundorganisationen rechter und linker politischer Gruppierungen, die ebenfalls über eigene Presseorgane verfügten. Die polnischen Kommunisten waren zwar konspirativ organisiert, zeigten jedoch bis zum Angriff Hitlers auf die Sowjetunion 1941 keine größeren Aktivitäten. Nach diesem Zeitpunkt wurde von sowjetischen Emissären die Gründung der »Polnischen Arbeiterpartei« (PPR) initiiert, welche sich in der »Volksgarde« (GL) eine eigene Untergrundarmee schuf. Seit 1942 kam es zwischen diesen und rechten polnischen Untergrundorganisationen wie den »Nationalen Streitkräften« (NSZ) zu heftigen, teilweise auch bewaffneten Auseinandersetzungen.

Durch den deutschen Angriff auf die Sowjetunion geriet das gesamte frühere polnische Staatsgebiet unter deutsche Herrschaft, was die Ausweitung der polnischen Untergrundbewegung auch auf diese Gebiete ermöglichte. Unter deutscher Besatzung kam es hier zu teilweise brutalen Ausschreitungen ukrainischer Nationalisten gegen die verbliebene polnische Bevölkerung, so zum Niederbrennen polnischer Dörfer und zu Mordaktionen, welche die polnischen Untergrundorganisationen mit entsprechenden Gegenaktionen beantworteten. Auch in Litauen wurden die polnischen Untergrundorganisationen nicht nur von den Deutschen, sondern ebenso von der litauischen Sicherheitswehr verfolgt.

Die polnische Exilregierung hatte auf britischen Druck hin diplomatische Beziehungen mit dem neuen Alliierten Sowjetunion aufgenommen, ohne jedoch hinsichtlich der Zukunft der ostpolnischen Gebiete eine Verständigung mit ihr erreichen zu können. Stalin erlaubte immerhin die Aufstellung polnischer Militäreinheiten auf sowjetischem Gebiet, wodurch viele bislang wie gewöhnliche Verbrecher inhaftierte polnische Soldaten des Septemberfeldzuges die Freiheit wiedererlangten. Auch der Oberbefehlshaber dieser neuen polnischen Armee, General Wladyslaw Anders (1896–1970), war erst unmittelbar vor Antritt seines Postens aus einem Moskauer Gefängnis entlassen worden. Das größte Problem bei der Aufstellung war der Mangel an Offizieren, obgleich polnische Nachforschungen ergaben, daß mehr als 15 000 polnische Offiziere 1939 in die Hand der Roten Armee gefallen waren. Die sowjetischen Behörden behaupteten jedoch, nichts über deren Verbleib zu wissen.

Im April 1943 wurde von Deutschen im Wald von Katyn bei Smolensk ein Massengrab mit den Leichen von rund 4500 polnischen Offizieren entdeckt. Die deutsche Führung ließ die Fundstelle durch eine Delegation des Internationalen Roten Kreuzes untersuchen. Als die polnische Exilregierung ebenfalls das Rote Kreuz um Klärung bat, beschuldigte Stalin sie einer Zusammenarbeit mit den Deutschen und brach die diplomatischen Beziehungen zu ihr ab. Nach sowjetischer, bis 1989 aufrechterhaltener Version hatten die Deutschen nach dem Einmarsch in die Sowjetunion die Erschießungen vorgenommen. Obgleich die englische Regierung eindeutige Informationen über die Schuldfrage besaß, gab sie diese nicht an die polnische Exilregierung weiter, sondern stützte mit Rücksicht auf den größeren Bundesgenossen offiziell die sowjetische Version.[34]

Den Bruch mit der Exilregierung nutzte Stalin, um nun konsequent seine Ziele bezüglich der künftigen Hegemonie über Polen voranzutreiben. Zustatten kam ihm, daß der angesehene polnische Exilpremier Sikorski 1943 unter bis heute ungeklärten Umständen einem Flugzeugunglück zum Opfer fiel. Auf der Kriegskonferenz in Teheran konnte Stalin die Zustimmung der Westalliierten zu seinen Gebietserwerbungen aus dem deutsch-sowjetischen Vertrag von 1939 erreichen. Polen, das nicht an diesen Gesprächen beteiligt, ja zunächst noch nicht einmal über diese informiert worden war, sollte durch ostdeutsche Gebiete entschädigt werden. Die Exilregierung unter dem neuen Premier Stanislaw Mikołajczyk lehnte jedoch entsprechende Vorschläge von englischer und sowjetischer Seite ab.

Es zeigte sich bald, daß die Sowjetunion ihre Vorstellungen durch eine Politik der vollendeten Tatsachen durchzusetzen beabsichtigte. Der polnische Untergrund hatte Pläne ausgearbeitet, beim Herannahen der Roten Armee einen Aufstand der seit 1942 »Heimatarmee« genannten, 300 000 Mann starken polnischen Untergrundverbände gegen die deutsche Besatzung auszulösen, die sogenannte Aktion »Burza« (Sturm). Als die Rote Armee 1944 erstmals die polnische Ostgrenze der Vorkriegszeit überschritt, wurden die polnischen Untergrundkämpfer, die sich zu erkennen gaben, jedoch nicht wie Bundesgenossen behandelt, sondern ihre Offiziere festgesetzt und deportiert. Die Mannschaften versuchte man zum Eintritt in die bei der Roten Armee aufgestellte polnische Armee zu zwingen. Im Falle der Weigerung wurden auch sie interniert. Als die Rote Armee die östlichen Vororte von Warschau erreicht hatte, löste der Befehlshaber der Heimatarmee dennoch am 1. August 1944 den Warschauer Aufstand aus, um ihr das Überqueren der Weichsel zu erleichtern. Nicht zuletzt wollte man der Sowjetunion und den von ihr gestützten polnischen Kommunisten in Warschau als »Herr im Hause« gegenübertreten können. Nach anfänglichen Erfolgen, bei welchen die rund 40 000 Untergrundkämpfer einen großen Teil der Stadt unter ihre Kontrolle bringen und eine polnische Verwaltung ins Leben rufen konnten, wurden sie jedoch von den weit überlegenen deutschen Militäreinheiten am 2. Oktober 1944 zur Kapitulation gezwungen. Die Rote Armee hatte, obgleich sie sich auf dem rechten Weichselufer in der Vorstadt Praga buchstäblich in Sichtweite der Aufständischen befand, keine nennenswerte Hilfe geleistet. Nach dem Ende des Aufstandes befahl Hitler, Warschau dem Erdboden gleichzumachen. Nur die Kürze der noch verbleibenden deutschen Besatzungszeit verhinderte die völlige Realisierung dieser Terrormaßnahme. Aber auch so fiel noch ein großer Teil von Polens Hauptstadt in Schutt und Asche.

Im Untergrund hatte sich die Position der kommunistischen Kräfte seit 1943 gefestigt. Dem aus Moskau eingeschleusten Funktionär Boleslaw Bierut (1892–1956) gelang die Sammlung linker Parteigruppen und Ende 1943 die Gründung eines »Landesnationalrats« (KRN), der sogleich den Anspruch erhob, die eigentliche politische Repräsentation der Nation zu sein. Die »Volksgarde« wurde entsprechend in Konkurrenz zur »Heimatarmee« in »Volksarmee« umbenannt. Durch den siegreichen Vormarsch der Roten Armee in den polnischen Gebieten wurde der Landesnationalrat trotz fehlenden Rückhalts in der Bevölkerung zur entscheidenden politischen Kraft. Im Sommer 1944 nahm Stalin offiziell in Moskau Verhandlungen mit ihm als Vertretung des polnischen Volkes auf. Er setzte einseitig die Oder und Lausitzer Neiße als künftige polnische Westgrenze fest; der mit Hitler vereinbarte Grenzverlauf im Osten durfte nicht mehr in Frage gestellt werden. Am 21. Juli 1944 entstand in Moskau das »Polnische Komitee der nationalen Befreiung« (PKWN), dem die Verwaltung der von der Roten Armee eroberten polnischen Gebiete westlich des Bug übertragen wurde. Nach seinem ersten Sitz in Polen und um seine Moskauer »Geburt« zu verschleiern, wurde es später auch »Lubliner Komitee« genannt. Obgleich die Londoner Exilregierung seine Legitimation bestritt, erklärte sich der Landesnationalrat zur alleinigen polnischen Volksvertretung und bestimmte seinen Vorsitzenden Bierut zum Staatspräsidenten. Am 1. Januar 1945 wurde das Lubliner Komitee in eine »Provisorische Regierung« umgewandelt.

Die faktische Machtübernahme der prosowjetischen Kräfte wurde vollendet, als Anfang Februar die Provisorische Regierung ihren Sitz in das befreite Warschau verlegte und bis April allmählich die Regierungsgewalt im gesamten polnischen Staatsgebiet westlich des Bug sowie in den von der Roten Armee eroberten ostdeutschen Gebieten östlich von Oder und Neiße übernehmen konnte. Die Westmächte akzeptierten auf der Konferenz von Jalta diese vollendeten Tatsachen, indem sie in der Frage der künftigen Regierung nicht auf Neubildung, sondern lediglich auf einer Erweiterung der Provisorischen Regierung durch Politiker des westlichen Exils bestanden. Dabei verstanden es die Kommunisten, sich die entscheidenden Schlüsselpositionen wie das Justiz- und das Innenministerium zu sichern. Zuvor hatte die Sowjetunion schon die sechzehn wichtigsten Vertreter des bürgerlichen Untergrundstaats der Kriegszeit, so den Führer der Heimatarmee und den Regierungsdelegierten, verhaften und in Moskau vor Gericht stellen lassen. Sie erhielten im Juni Gefängnisstrafen bis zu zehn Jahren. Im Lande wurden die bürgerlichen Kräfte und besonders die Angehörigen der Heimatarmee vom »Sicherheitsamt« der Provisorischen Regierung verfolgt und terrorisiert. In der vor dem Hintergrund dieser Vorkommnisse nur unter großen Schwierigkeiten zustande gekommenen »Provisorischen Regierung der Nationalen Einheit« (PRZN) waren aus dem Londoner Exil nur Stanislaw Mikołajczyk als stellvertretender Ministerpräsident und ein Sozialist als Arbeits- und Sozialminister vertreten. Großbritannien, Frankreich und die USA erkannten die Regierung der Nationalen Einheit sogleich an, die auch zur alliierten Siegerkonferenz nach Potsdam im Sommer 1945 eingeladen wurde.[35]

Die Deutschen in Polen im Zweiten Weltkrieg

RICHARD BREYER, WILFRIED GERKE, JOACHIM ROGALL

DIE EINHEIMISCHEN DEUTSCHEN NACH DER BESETZUNG POLENS

In den von der deutschen Wehrmacht im September 1939 besetzten Gebieten wurde unverzüglich eine Militärverwaltung eingerichtet. Sitz des Oberbefehlshabers Ost, Generaloberst von Rundstedts, wurde am 8. September 1939 das historische Schloß in Spala bei Lodz. Ihm waren zwei Bezirksbefehlshaber in Posen und in Krakau zugeordnet. Ein ziviler Zweig ergänzte diese militärische Verwaltung. Sie wurde allerdings rasch ganz durch zivile Behörden ersetzt, da das noch an den traditionellen Grundsätzen des Kriegsvölkerrechts orientierte Vorgehen der Wehrmacht mit den nationalsozialistischen Plänen rücksichtsloser Ausbeutung von Land und Leuten nicht in Übereinstimmung zu bringen war. So erklärte Staatssekretär von Weizsäcker am 23. Oktober 1939 bezüglich der künftigen Besatzungspolitik in Polen: »Das G[eneral]G[ouvernement] Polen dürfe nicht im völkerrechtlichen Sinne als Okkupationsgebiet (etwa wie Belgien im Kriege 1914/18) bezeichnet und behandelt werden, da sonst völkerrechtliche Regeln Platz griffen, denen wir uns zweifellos nicht unterwerfen wollten.«[36]

Das Ende des polnischen Staates hatte auch die Auflösung der deutschen Volksgruppe, wie sie zwischen den Kriegen von 1918 bis 1939 bestanden hatte, zur Folge gehabt. Die Deutschen in Pommerellen befanden sich nun im »Reichsgau Danzig-Westpreußen«, diejenigen des ostoberschlesischen Industriegebiets in der Provinz Oberschlesien. Nachdem von allen im Warthegau und im Generalgouvernement ansässigen und dorthin umgesiedelten Deutschen der Druck der Nationalitätenprobleme genommen war, mußten diese nun sowohl mit dem Reich als auch miteinander neue Formen des Zusammenlebens, vielleicht gar des Zusammenwachsens in dem expandierenden deutschen Nationalstaat finden, der im Nationalsozialismus seine ideologische Ausrichtung erfahren hatte.

Aus Angehörigen einer Minderheit, die sich um ihre nationalkulturelle Existenz und Identität sorgten, waren nunmehr »Reichsbürger« unterschiedlicher Herkunft und Erfahrungen geworden. Die unmittelbare, nun ungemein veränderte Nachbarschaft mit Polen und Juden war jedoch erhalten geblieben. Dabei ist nicht zu übersehen, daß alle Deutschen in Polen vor 1939 den mehr oder weniger starken Einflüssen des Reiches, der »Gleichschaltung« ausgesetzt gewesen waren und daß vor allem die Deutschen im Posener Gebiet Deutschland ohnehin zumeist als verklärtes »Mutterland« angesehen hatten. Wie fanden sie sich nun nach der für einen Teil neuen, für die anderen erneuten Eingliederung ins Deutsche Reich mit der neuen Situation zurecht, die als eine Erfüllung deutscher Nationalgeschichte gedeutet oder auch mißdeutet werden konnte?

Da waren zunächst die Deutschen des Posener Landes und Mittelpolens, welche durch das Erlebnis des Septemberkriegs geprägt waren. Dieser hatte durch gemeinsame

Nöte und Verfolgungen ein Gemeinschaftsgefühl geschaffen, das als aufgezwungener Abschluß der Einigungsprozesse der Zwischenkriegszeit hätte verstanden werden können, obgleich die deutsche Minderheit in Polen in die schwerste Zeit ihrer politischen Existenz ohne politische, alle Gruppen und Parteien umfassende Organisation geraten war.

Das bei der einheimischen deutschen Bevölkerung in den besetzten polnischen Gebieten vorherrschende Gefühl der Befreiung aus Lebensgefahr wurde durch die deutsche Kriegspropaganda nach Kräften bestärkt, indem man die Verschleppung und Verfolgung vieler Deutscher bei Kriegsausbruch durch polnische Behörden und Zivilisten instrumentalisierte und manipulierte. Schon die im November 1939 offiziell bekanntgegebene Zahl von 5437 Toten war nach heutigen Erkenntnissen zu hoch angesetzt, da sie außer den Opfern polnischer Ausschreitungen auch diejenigen von Kriegshandlungen wie Gefallene und Luftkriegstote umfaßte. Die wehrpflichtigen Angehörigen der deutschen Minderheit in Polen waren nämlich zumeist den Mobilisierungsbefehlen der polnischen Armee gefolgt und erlebten den Polenfeldzug 1939 in polnischer Uniform. Sie wurden zwar überwiegend im Osten des Landes eingesetzt und gerieten dort nach dem 17. September in sowjetische Gefangenschaft, aber ein Teil von ihnen war den deutschen Luftangriffen auf polnische Militäreinheiten zum Opfer gefallen, etwa der Pädagoge und Siedlungsforscher Albert Breyer und der Bruder des Osteuropahistorikers Gotthold Rhode.

Auf Anweisung Hitlers und Goebbels' wurde am 10. Februar 1940 bereits von 12 857 Toten und rund 45 000 Vermißten gesprochen. Hierbei handelte es sich um eine bewußte Fälschung, welche deutsche Verbrechen an Polen rechtfertigen und gleichzeitig mögliches oder vorhandenes Mitleid von Deutschen abbauen sollte. Im Jahre 1940 wurden Berichte von Deutschen aus Polen über ihre Erlebnisse bei Kriegsausbruch veröffentlicht. Diese Literatur wurde im ganzen Deutschen Reich verbreitet und besaß weniger dokumentarischen als vor allem propagandistischen Charakter. So wurde die Zahl der Opfer zuletzt offiziell auf 60 000 aufgerundet und das Totengedenken zu nationalsozialistischen Veranstaltungen umgewandelt. Von 1940 bis 1942 veranstaltete die wartheländische Hitlerjugend jeweils zur Monatswende von August auf September Gedenkmärsche auf den Verschleppungsstraßen von 1939, und Angehörige des Bundes Deutscher Mädel schmückten die Gräber auf den Ehrenfriedhöfen, die 1939/40 nach entsprechenden Gedenkfeiern vor allem im Posener Gebiet angelegt worden waren.

Die ermordeten Deutschen wurden pauschal als Nationalsozialisten vereinnahmt und als für ihr Volkstum gefallene Soldaten verherrlicht. Auch viele deutsche Posener übernahmen diese Diktion und unterstützten damit unbewußt die polnischen Vorwürfe, die gesamte deutsche Minderheit habe sich illoyal verhalten. Das negative Bild der deutschen Minderheit in Polen war aber auch durch das Verhalten eines Teils ihrer Angehörigen nach dem Ende des Polenfeldzugs verstärkt worden. Nicht wenige erlagen damals der Versuchung, als »Treuhänder« von dem zur Verfügungsmasse der deutschen Behörden erklärten polnischen und jüdischen Vermögen zu profitieren.

An verschiedenen Orten im Posener Land hatten die dort ansässigen Deutschen nach dem Abzug des polnischen Militärs und der polnischen Behörden noch vor dem Eintreffen der Wehrmacht örtliche Sicherheitswehren gebildet. Die SS faßte diese vereinzelten Initiativen noch im September 1939 als »volksdeutschen Selbstschutz« zusammen und organisierte eine entsprechende Ausbildung und ideologische Ausrichtung. Der Selbstschutz war nur durch Armbinden kenntlich gemacht und besaß keine einheitliche Bewaffnung und Ausrüstung. Die ihm übertragenen Aufgaben waren unterschiedlichster Art und reichten von Transportbegleitung, Straßenkontrollen und Dolmetschertätigkeit bis zur Beteiligung an Vertreibungen polnischer Zivilisten und Verhaftungen von Geiseln, von der Anzeige deutschfeindlicher Polen und Juden bis hin zu Massenerschießungen. So waren die grundsätzlich von reichsdeutschen SS-Offizieren geführten Selbstschutzeinheiten in den ersten Monaten nach der Besetzung daran beteiligt, Angehörige der polnischen Intelligenz aufgrund von Denunziationen oder wegen ihrer Zugehörigkeit zu bestimmten Organisationen und Berufsgruppen ohne Verhör und ohne Gerichtsverhandlung zu erschießen. Ein Teil der Selbstschutzangehörigen wurde auch gegen ihr Gewissen zu solchen Mordaktionen gezwungen, denen insgesamt zwischen 20 000 und 30 000 Menschen zum Opfer fielen. Das Vorgehen des Selbstschutzes war dabei keineswegs einheitlich. So unterstand die Region südlich von Bromberg einem besonders brutalen SS-Selbstschutzbefehlshaber, weshalb in den hier gelegenen Kreisen Hohensalza, Mogilno und Schubin die Zahl der ermordeten Polen und Juden erheblich höher als in den anderen Gebieten war.

Es wäre zu einfach, den Selbstschutz lediglich als willenloses Werkzeug der Besatzungsmacht anzusehen. Die Erlebnisse unmittelbar vor und nach dem Kriegsausbruch 1939 hatten in manchen Deutschen den Wunsch nach Rache geweckt, dem sie nun als Angehörige der siegreichen Nation freien Lauf lassen konnten. Hinzu kam bei einem Teil auch der Wunsch, sich der neuen Herrschaft anzupassen und schnellstens deren Erwartungen zu entsprechen. Das willkürliche Vorgehen des Selbstschutzes war jedoch selbst für die nationalsozialistischen Behörden auf Dauer untragbar. Himmler ordnete deshalb im November 1939 dessen Auflösung an, die sich aber bis in das Frühjahr 1940 hinzog. Ein kleiner Teil der Selbstschutzangehörigen wurde in die SS und in die Polizei übernommen.

Die Nationalsozialisten betrachteten das besetzte Polen als »rechtsfreien Raum«. Hier glaubten sie, ohne jegliche Rücksicht ihre Vorstellungen von absoluter nationalsozialistischer Herrschaft verwirklichen zu können. In diesem Zusammenhang standen sie den einheimischen Deutschen zwiespältig gegenüber. Einerseits wurde deren Abwehrkampf gegen die Polonisierung bei jeder sich bietenden Gelegenheit ehrend hervorgehoben. Auf der anderen Seite waren sich die neuen Machthaber aber bewußt, daß der Nationalsozialismus vor allem die ältere Generation zumeist nur oberflächlich erfaßt hatte, auch wenn es bei ihr zum guten Ton gehörte und in der Regel der eigenen Überzeugung entsprach, sich als Anhänger Hitlers zu bekennen.

Vor allem in bezug auf das Verhältnis zur polnischen Bevölkerung erschienen die Deutschen den nationalsozialistischen Funktionären als zu weich und nicht zuverlässig genug. Trotz der Ausschreitungen des volksdeutschen Selbstschutzes verdächtigten sie nach den ersten Monaten der Besatzung zumindest einen Teil der ansässigen Deutschen, den Polen zu nahe zu stehen beziehungsweise nicht hart genug gegen diese vorzugehen. Denn vor allem in Mittelpolen waren viele Deutsche mit ihren polnischen Nachbarn eng, teilweise sogar familiär verbunden und nicht bereit, diese Kontakte abzubrechen. Es gab eine Reihe von Fällen, in denen diese Deutschen versuchten, auf die Besatzungspolitik mildernd einzuwirken, indem sie polnischen und jüdischen Häftlingen durch Interventionen zur Freiheit verhalfen. Einige wenige wandten sich hierzu direkt an führende Politiker in Berlin und protestierten gegen die menschenunwürdige Behandlung von Polen. Andere bemühten sich zumindest um die Erhaltung von Kulturdenkmälern wie Heiligenstatuen und Kruzifixen oder um das Fortbestehen polnischer Schulen, stellten Loyalitätsbescheinigungen für Polen aus und setzten sich für ihre polnischen Angestellten ein oder verletzten die strengen Bestimmungen, die zur Trennung beider Nationalitäten erlassen worden waren. Entsprechende Aktivitäten waren stets mit der Inkaufnahme persönlicher Nachteile verbunden. So fielen beispielsweise der Direktor des Posener Schiller-Gymnasiums, Dietrich Vogt, und der Posener Superintendent Arthur Rhode, beide aktive Minderheitenvertreter vor 1939, bei der Gestapo in Ungnade, weil sie sich für verfolgte Polen verwendet hatten. Da Vogt mit Unannehmlichkeiten rechnen mußte, nahm er freiwillig Abschied von der Schule, der er seit 1922 als Lehrer und später als Direktor verbunden war, und meldete sich zur Wehrmacht. Superintendent Rhode war zwar als Überlebender eines polnischen Verschleppungsmarsches im September 1939 vor unmittelbaren Konsequenzen seines Eintretens für diskriminierte Polen geschützt, mußte aber auf Druck der Gestapo vom Konsistorium in den Ruhestand versetzt werden.

Wenn es sich bei den genannten Vorgängen und Aktivitäten auch nur um wenig spektakuläre Einzelfälle handelte, zeigen sie doch, daß die einheimischen Deutschen im besetzten Polen keineswegs als einheitliche Gruppe betrachtet werden dürfen. Sie wurden von den nationalsozialistischen Behörden unablässig ermahnt, den Polen als Herren gegenüberzutreten und äußerste Härte und Distanz zu zeigen. Jegliche Kontakte zwischen Polen und Deutschen wurden bis auf das dienstlich unbedingt notwendige Maß untersagt. Ein Großteil der öffentlichen Einrichtungen wie Gasthäuser, Cafés, Parks, Eisen- und Straßenbahnwagen, öffentliche Toiletten oder Parkbänke war durch entsprechende Aufschriften ausschließlich für Deutsche reserviert. Gauleiter Greiser erklärte auf einer Inspektionsreise wenige Wochen vor Beginn des Krieges gegen die Sowjetunion 1941, die Deutschen sollten das Tischtuch zwischen sich und den Polen endgültig zerschneiden. Indirekt gestand er damit jedoch ein, daß dies bisher offenbar noch nicht erfolgt war.

Das insofern begründete Mißtrauen des Regimes gegen die ansässigen Deutschen ließ es nicht zu, ihnen die Verwaltung auf höherer und mittlerer Ebene zu übertragen. Selbst in kleineren Städten wurden Bürgermeister aus den Reihen der Minderheit im Herbst 1939 nur kommissarisch eingesetzt und nach wenigen Tagen oder Wochen von Zugängen aus dem benachbarten Ostdeutschland, aus Bayern, Berlin oder aus Niedersachsen abgelöst. Hierbei wurden die inzwischen weitgehend überholten politischen Differenzen innerhalb der deutschen Minderheit der Vorkriegszeit geschickt als Begründung herangezogen. Lediglich die Landwirtschaft machte hier eine Ausnahme, sollte sie doch einen wesentlichen Beitrag zur Versorgung des gesamten Reiches leisten. Aus diesem Grund waren Staat und Partei bereit, hier den Sachverstand der einheimischen Landwirte gelten zu lassen.

Die Zuwanderer aus dem Reich konnten sich im »Warthegau« Aufstiegschancen in der Verwaltung und in den im Aufbau befindlichen Parteiorganisationen erhoffen. Hier gab es bei vielfacher Ignoranz und auch Arroganz Spannungen zwischen »Volksdeutschen«, die zuweilen spöttisch als »Beutedeutsche« bezeichnet wurden, und »Reichsgermanen«. Denn es wurde schnell deutlich, daß aus dem Reich keineswegs eine idealistische Elite, sondern im Gegenteil sehr oft dort gescheiterte oder zweitklassige Vertreter ihres Berufes in die Zivilverwaltung des Warthegaus und des Generalgouvernements gekommen waren. Abstoßend wirkte auch die offensichtliche Neigung vieler reichsdeutscher Beamter, die Vorteile ihrer Stellung zur eigenen Bereicherung zu nutzen.

Wie ein aus dem Westen Deutschlands abkommandierter Bürgermeister in einer polnischen Kleinstadt mit der Bevölkerung umging, davon vermittelt das unter dem Pseudonym Alexander Hohenstein herausgegebene »Wartheländische Tagebuch«[37] einen Eindruck. Es spiegelt in vielfach typischer Weise die tägliche Praxis nationalsozialistischer Besatzungspolitik im »Warthegau« wider und vermittelt sowohl das von ihm erwartete »Vollgefühl deutscher Überlegenheit« bei der »kolonisatorischen Tat« als auch die ganze Breite der Beklommenheit und widersprüchlichen Gefühle des »Erlebnisses Wartheland« bei aller Unkenntnis der Volkstumsverhältnisse im ganzen Osten, insbesondere der Umsiedlungen und mancher historisch-politischer Unstimmigkeiten. Bemerkenswert sind die empfundenen Diskrepanzen zwischen dem »berauschenden Neuland« mit seiner landschaftlichen Schönheit und dem grausigen und beschämenden Geschehen der Rassen- und Siedlungspolitik gegenüber einer polnisch-jüdisch-deutschen Bevölkerung. Innerhalb dieser Bevölkerung blieben die Spannungen aus der Zwischenkriegszeit und vom September 1939 zwischen den »Volksdeutschen« und den Polen erhalten, zumal die ansässigen Deutschen als Kenner der polnischen Sprache und Verhältnisse noch hassenswerter als die Reichsdeutschen erscheinen mochten, mit denen sich für manche Polen Erinnerungen aus der Zeit des Ersten Weltkrieges an »preußische Ordnung« und Rechtsstaatlichkeit verbanden. Die meisten der zugewanderten Reichsdeutschen hatten bislang keine Berührung mit Polen gehabt. Durch die Sprachbarriere und die nationale Trennungspolitik hatten sie auch wenig Kontaktmöglichkeiten und standen der polnischen Bevölkerung häufig mit Überlegenheitsgefühlen und bestenfalls einer gewissen Gleichgültigkeit gegenüber. In der Minderheit waren sicherlich die von Generalgouverneur Frank gewünschten »absolut polenvernichtungsentschlossenen« Vertreter, sie gaben aber den Ton an.

Einen Ausgleich für die faktische Benachteiligung der einheimischen Deutschen im öffentlichen Leben sollte die Verleihung von SS-Rängen an die bisherigen Leiter der Volksgruppe bilden. Doch auch weitere Auszeichnungen mit Orden, Ehrenzeichen und

»Herrenmenschen« unter sich – Generalgouverneur Hans Frank mit engen Mitarbeitern in der Krakauer Königsburg, dem Wawel.

Durch die Diskriminierungspolitik der deutschen Besatzungsmacht wurde die polnische Mehrheitsbevölkerung im »Reichsgau Wartheland« zu Fremden im eigenen Land. Ein Zusammenleben von Deutschen und Polen in einem künftigen polnischen Staat schien für die meisten Polen seither nicht mehr vorstellbar.

Preisen vermochten den Eindruck nicht zu verwischen, daß »Volksdeutsche« sich besonders bewähren mußten, um als gleichwertige Deutsche anerkannt zu werden. Nur in Lodz stellten sie die Kreisleiter in der Stadt und im Landkreis. Selbst der Siedlungsforscher Kurt Lück, der noch in der zweiten Septemberhälfte 1939 als einer der geistigen Repräsentanten der Posener Deutschen in Erscheinung getreten und nach seiner Ernennung zum SS-Hauptsturmführer an der Umsiedlung der Deutschen aus dem Cholmer und dem Lubliner Land beteiligt gewesen war, sah in Posen keine berufliche Perspektive mehr für sich. Als Einheimischem blieb ihm eine Einstellung als Wissenschaftler an der neuen Reichsuniversität Posen versagt. Daher meldete er sich mit seinen Ostsprachenkenntnissen zu einem Sondereinsatz der SS in der Sowjetunion, wo er im März 1942 von Partisanen getötet wurde.

DIE »DEUTSCHE VOLKSLISTE«

Das besondere Anliegen der nationalsozialistischen Behörden war die rasche Vermehrung der deutschen Bevölkerung in den dem Reich angeschlossenen polnischen Gebieten. Ein Problem bildeten hierbei die besonderen Bedingungen in nationalen Grenz- und Übergangsgebieten. Eine klare Trennung von Deutschen und Polen nach objektiven Kriterien war vielfach unmöglich, da es zahlreiche Fälle von Personen mit sowohl deutschen wie polnischen Vorfahren gab. Andere hatten zwar deutsche Eltern, fühlten sich aber aufgrund der Einflüsse von Schule, Freunden, Militär, Berufskollegen und Ehepartnern mehr oder weniger stark dem Polentum verbunden. Die Frage, wer als Deutscher gelten konnte oder durfte, wurde letztlich von unterschiedlichen, sich teilweise gegenseitig ausschließenden Zielen beeinflußt wie dem Wunsch nach möglichst rascher Eindeutschung der besetzten Gebiete durch Erhöhung der Zahl der deutschen Bevölkerung, vom Bedarf an Soldaten und Arbeitskräften für die Rüstungsproduktion, aber auch von der nationalsozialistischen Rassenideologie und Polenfeindschaft.

Im September und Oktober 1939 hatten zunächst Pastoren und deutsche Organisationen Volkstumsbescheinigungen ausgestellt. Seit dem 28. Oktober 1939 wurde im Reichsgau Posen dann eine Volksliste mit fünf Kategorien und entsprechenden Ausweisen eingerichtet. Gruppe A umfaßte aktive Deutsche, Gruppe B passive Deutsche, Gruppe C Personen, deren Deutschtum Zweifeln unterlag, Gruppe D polonisierte Deutsche, die sich aber nicht antideutsch betätigt hatten, und Gruppe E deutschstämmige Polen, die eine offen deutschfeindliche Einstellung zeigten.

Mit der Verordnung über die Deutsche Volksliste und die deutsche Staatsangehörigkeit in den eingegliederten Ostgebieten vom 4. März 1941 wurde schließlich in allen dem Reich eingegliederten polnischen Gebieten ein einheitliches Prüfungs- und Anerkennungsverfahren mit vier Kategorien eingeführt. Der Gruppe I gehörten Personen an, welche vor 1939 ihr Deutschtum aktiv bekundet hatten. Gruppe II umfaßte passive, aber sich ihrer deutschen Nationalität bewußte Personen. Der Gruppe III wurden Personen deutscher Herkunft zugewiesen, welche als teilweise polonisiert angesehen wurden, sowie polnische Ehepartner aus Mischehen. Die Gruppe IV schließlich bildeten deutschstämmige, aber völlig polonisierte Personen sowie als »eindeutschungsfähig« betrachtete Polen. Die Angehörigen der Gruppen I und II erhielten rückwirkend vom 8. Oktober 1939 an die deutsche Staatsbürgerschaft verliehen, die der Gruppe III vom Tag des Eintrags an auf Widerruf, während diejenigen der Gruppe IV lediglich zu Anwärtern auf die deutsche Staatsbürgerschaft erklärt wurden.

Wer keine Aufnahme in der Volksliste fand, erhielt lediglich den Status als »Schutzangehöriger«, was in allen Bereichen, etwa bei der Lebensmittelzuteilung, Benachteiligungen mit sich brachte. Im Jahre 1943 wurde im Warthegau ein »Verband der Leistungspolen« gebildet, dem Polen beitreten durften, welche sich als besonders loyal gegenüber deutschen Behörden erwiesen hatten. Diesen »Leistungspolen« wurden im Vergleich zu den »Schutzangehörigen« gewisse Vergünstigungen geboten.

Den Mitgliedern der Volkslistengruppen I und II, die vor 1939 im polnischen Staat als Angehörige der deutschen Minderheit zahlreiche Nachteile hatten in Kauf nehmen müssen, mißfiel es, daß jemand nachträglich als Deutscher anerkannt wurde, nur weil es dem Wunsch der neuen Ideologie entsprach.

Verblüfft beobachteten sie den oft nur opportunistischen Wechsel von Polen in das deutsche Lager der Volkslisten,[38] der im Warthegau aber nicht die im benachbarten Reichsgau Danzig-Westpreußen üblich gewordenen Formen und auch nicht den dortigen Umfang erreichte. Ihnen galten die Angehörigen der Gruppen III und IV als »Konjunkturritter«, deren nationalem Bekenntnis nicht zu trauen war. Die einheimischen Deutschen waren mit den Einstufungen in die Volksliste auch deshalb nicht zufrieden, weil zwar einheimische Vertreter in den Entscheidungsgremien saßen, am Ende aber reichsdeutsche Parteimitglieder das letzte Wort hatten. Dabei wurden von letzteren bei der Entscheidung über die Einstufung in die Volksliste neben dem Bekenntnis zum Deutschtum teilweise sogar vorrangig Merkmale wie Sauberkeit, »deutsches Aussehen«, Name und Abstammung herangezogen. Zu Beginn der Besatzungszeit war die Zugehörigkeit zur Volksliste auch für manche Polen durchaus attraktiv, weil materielle Vorteile mit ihr verbunden waren.

Nach der darauf folgenden Einziehung zur Wehrmacht und vor allem den ersten deutschen Niederlagen an der Ostfront im Winter 1942/43 versuchten aber die national Indifferenten, wieder aus der Volksliste gestrichen zu werden. Die Bürokratie übte jedoch einen zunehmenden Druck auf Zögernde aus, bei Vorliegen entsprechender Voraussetzungen die Aufnahme in die Deutsche Volksliste zu beantragen. Dabei wurde in den besetzten polnischen Gebieten das Volkslistenverfahren im Warthegau eher restriktiv, im Reichsgau Danzig-Westpreußen und Ostoberschlesien dagegen recht großzügig gehandhabt, eine Folge der unterschiedlichen Einstellung der betreffenden Gauleiter zu dieser Frage. Am 1. April 1944 waren im Warthegau 219 480 Personen in Abteilung I, 192 280 in Abteilung II, 68 183 in Abteilung III und 18 094 in Abteilung IV der Deutschen Volksliste eingetragen. Die Zahlen geben jedoch keinen Aufschluß darüber, was für die einzelnen Menschen mit dieser bürokratischen Einteilung verbunden war. Familien wurden zerrissen, weil Eltern unterschiedlich eingestuft wurden und selbst die Kinder eine andere »Bewertung« als ihre Eltern erhalten konnten. In einigen Fällen beauftragte auch die polnische Widerstandsbewegung geeignete Leute, die Aufnahme in die Volksliste zu beantragen und nach ihrer Anerkennung Spionagedienste zu leisten.

UM- UND ANSIEDLUNGEN VON DEUTSCHEN INNERHALB POLENS

Die nationalsozialistischen Pläne sahen vor, den Anteil der Deutschen in den dem Reich angegliederten polnischen Gebieten auch durch die Umsiedlung der deutschen Minderheiten aus Osteuropa vom Baltikum bis Bessarabien zu erhöhen. Mit der Umsiedlung wurde durch einen Erlaß Hitlers vom 7. Oktober 1939 der Reichsführer SS Heinrich Himmler als »Reichskommissar für die Festigung deutschen Volkstums« beauftragt. Die Organisation lag bei der Volksdeutschen Mittelstelle. Die Umsiedler wurden von einer Einwandererzentralstelle eingeteilt und anschließend in den von einer Umwandererzentralstelle zwangsgeräumten Besitz eingewiesen. Für die finanzielle Abwicklung waren eine Treuhandgesellschaft und eine Ansiedlungsgesellschaft zuständig.

Aus heutiger Sicht erscheint die Bereitschaft der deutschen Minderheiten in Osteuropa, sich mit einer Umsiedlung aus ihren mitunter jahrhundertealten Siedlungsgebieten in ein völlig fremdes Gebiet einverstanden zu erklären, teilweise unverständlich. Sie ist nur zu erklären durch die ersten Erfahrungen der Deutschen mit kommunistischer Herrschaft in den von den Sowjets nach Absprache mit Hitler bereits besetzten und annektierten Gebieten, mit der Angst, von deutscher Seite im Weigerungsfall als Minderheit nicht mehr unterstützt zu werden, und mit der Erwartung, in Deutschland selbst eine gesicherte wirtschaftliche und kulturelle Perspektive vorzufinden.

Die ersten Umsiedler, gewissermaßen auf vielfache Weise die Vorreiter des gesamten Vorgangs der Umsiedlungen, waren die Deutschbalten[39] aus Estland und Lettland. Sie hatten in ihrer Heimat als national-kulturelle und soziale Oberschicht eine jahrhundertealte Geschichte, die im Bewußtsein gegenüber den anderen Deutschen bei der Ansiedlung eine erhebliche Rolle spielte. Gleichermaßen bahnbrechend war ihre kontroverse wissenschaftliche Auseinandersetzung mit der Problematik der Umsiedlung, die in einem umfangreichen Schrifttum ihren Ausdruck fand. Dies war mit ein Zeugnis für die geistig-wissenschaftliche Regsamkeit der »Balten«, die auch an der von ihnen dominierten Posener »Reichsuniversität«[40] zum Ausdruck kam. Zumeist in den größeren Städten, vor allem in Posen, angesetzt, strebten sie energisch die ihnen zugesagte »Wiedereinsetzung in den vorigen Stand« an, womit Wohnung, beruflicher Einsatz, Grund- und Geldvermögen in Höhe des in der Heimat zurückgelassenen Wertes gemeint waren. Für ehemaligen landwirtschaftlichen, in der Heimat enteigneten Landbesitz nach traditionellem »baltischem Lebensstil« erwarteten sie hier also etwa ein zunächst treuhänderisch zu verwaltendes Landgut aus polnischem Besitz. Da ähnliche Wünsche auch bei anderen Gruppen bestanden, konnte dies aus der Stimmung eines Konkurrenzkampfes zu der mit freundlichem Augenzwinkern verbreiteten Floskel führen: »Allen Balten zum Trotz sich erhalten«.[41]

Einen »Sprung nach vorn« konnten nahezu alle Umsiedler machen. Auch war ein wohlwollender Respekt der polnischen Bevölkerung vor den »baltischen Baronen« zu spüren, der von alten sozialgeschichtlichen, auch familiären Gemeinsamkeiten zwischen Polen-Litauen und Kurland und Livland herrühren mochte. Kein Wunder andererseits, daß die Einstellung zu den »individualistisch-elitären«, wenn nicht gar »reaktionären Balten« bei den Institutionen, welche die Umsiedlungen zu leiten hatten, herbkritisch war.[42]

Im Baltikum wurde die Umsiedlung von der Leitung der deutschen Minderheitenorganisationen und reichsdeutschen Behörden gemeinsam vorbereitet und durchgeführt. Im Gegensatz zum Baltikum existierten seit dem Herbst 1939 im nunmehr sowjetischen Ostpolen jenseits des Bug keine deutschen Organisationen mehr, so daß Vorbereitung und Durchführung allein bei den deutsch-sowjetischen Umsiedlungskommissionen lagen und der »freiwilligen« Meldung größere Bedeutung zukam. Daß bei der Umsiedlung in den dafür eingesetzten Kommissionen vereinzelt auch prominente Deutsche aus Polen tätig waren, förderte das Vertrauen in die nationalsozialistischen Versprechungen, nach denen es künftig niemandem schlechter-, sondern allen bessergehen sollte.

Die Deutschen aus dem westlichen Wolhynien, aus Ostgalizien und vom Narew verließen nach letzten Gottesdiensten im Winter 1939/40 bei Temperaturen von bis zu minus vierzig Grad ihre Heimat. Sie gingen in dem Bewußtsein, in der nun sowjetischen Heimat ihre bisherige Lebensweise nicht beibehalten zu können. So waren teilweise noch während des Aufbruchs ihre bisherigen Kirchen in Lagerhäuser umgewandelt worden. Schon das Bild, welches sie mit ihren Trecks boten, war geeignet, ihnen Mitgefühl und Sympathie zu sichern. Zudem kamen sie dem Geist der Zeit, der sich in der Parole von »Blut und Boden« manifestierte, sehr entgegen. Vier Fünftel der Umsiedler kamen zwar im Bahntransport, die Propaganda berichtete jedoch nur über die geradezu romantisch verklärten Fahrten der bäuerlichen Pferdefuhrwerke und über ihre Ankunft im deutsch besetzten Teil Galiziens bei Przemysl in Anwesenheit Himmlers. Der »große Treck« in verschneiter Winterlandschaft wurde in der nationalsozialistischen Darstellung zum Sinnbild einer neuen »germanischen Völkerwanderung«. Die zahlreichen organisatorischen Unzulänglichkeiten wie verirrte Treckwagen, zermürbender Aufenthalt in den Lagern und auseinandergerissene Dorfgemeinschaften blieben der Öffentlichkeit dagegen verborgen. Viele ältere Umsiedler und Kinder waren den Strapazen des Trecks kaum gewachsen und erkrankten.

Verhältnismäßig rasch ging die Umsiedlung der Deutschen aus dem Cholmer und dem Lubliner Land vor sich. Die Vorbereitungszeit war etwas länger und die Zahl der Umzusiedelnden erheblich geringer, so daß für die Betroffenen der Kräfte verschlingende lange Lageraufenthalt entfiel. Diese Durchgangslager bedeuteten für alle Umsiedler eine Belastung durch die Massenunterbringung und durch die begrenzten Konsummöglichkeiten, aber auch durch die Unterwerfung unter das »reichsdeutsche«

Kommando. Der Zwangscharakter wurde verstärkt durch die Isolierung von der Außenwelt und die fehlende Arbeitsmöglichkeit, bei den späteren Umsiedlern aus der Ukraine, den »Schwarzmeerdeutschen«, auch durch die zehnstündige Arbeitszeit. Gerade diese Deutschen konnten auch nicht mehr ansatzweise in den Ansiedlungsgebieten heimisch werden, da sie erst 1943 im Zusammenhang mit dem Rückzug der deutschen Wehrmacht in der Ukraine evakuiert worden waren und 1944 ihre neuen Höfe erhielten, die sie schon zu Beginn des folgenden Jahres wieder verlassen mußten. Enttäuschung und das Gefühl, hintergangen worden zu sein, wuchsen bei allen Umsiedlern zusätzlich durch die vielfach als schlecht empfundene Verpflegung und das deutlich geäußerte Überlegenheitsgefühl der Betreuer.

Aber auch die nach und nach mögliche Arbeitsaufnahme stellte nur wenige zufrieden. Lediglich ein kleiner Teil des Lohns wurde ausgezahlt, und umgeschulte Landwirte mußten sich mit Industriearbeit abfinden. Groß war schließlich die Enttäuschung darüber, daß die neue Heimat nicht innerhalb der Reichsgrenzen von 1937 lag, sondern auf eigentlich polnischem Territorium, was ein Gefühl der Fremdheit und der Ungewißheit über die Zukunft vermittelte. Es war eben nicht Deutschland schlechthin, sondern der »Warthegau« mit seiner kalt berechneten, rassisch-ideologisch und raumpolitisch motivierten »Polenpolitik«, an deren Anfang wohl die Befreiung der »Volksdeutschen« gestanden hatte, die in der alltäglichen Praxis aber zum schier unüberwindbaren Konflikt zwischen traditioneller Kirchlichkeit und amtsmäßiger Kirchenfeindlichkeit führte. »Die Polen werden unsere Diener sein«, hieß es in einer Rede des Gauleiters Greiser, die den aus Lagern und Verschleppungen heimkehrenden »Volksdeutschen« entgegenscholl. Gewalt, Unrecht, Verfolgung wurden als »Volkstumskampf« ausgegeben, den die Deutschen vor 1939 freilich als legalen Rechtskampf geführt hatten. Welcher Schock traf wolhynische Bauern, die in polnische Höfe eingewiesen wurden und damit die polnischen Besitzer zu Knechten zu degradieren hatten, wenn diese nicht schon in das »Generalgouvernement« abgeschoben worden waren! Der befohlene Verstoß gegen das biblische siebente und neunte Gebot war für viele unerträglich, brachte in einigen Fällen die neuen Bewohner sogar dazu, sich das Leben zu nehmen.

Die Kriterien für die regionale Verteilung waren nicht durchschaubar, wurden als diskriminierend empfunden und zerrissen gewachsene soziale Bindungen. Der Zustand der Wohnungen war oft schlechter als zu Hause. In den Städten mangelte es an Bau- und Heizmaterial.

Was mit der Umsiedlung der Galizien- und Wolhyniendeutschen und ihren Begleit- und Folgeerscheinungen im Verhältnis zu den Polen geschah, wiederholte sich mit den Umsiedlern aus Bessarabien, dem Buchenland, mit den Schwarzmeerdeutschen. Auch diese, zumeist bäuerlich bestimmt, wurden durch die Parole »Heim ins Reich« in eine »ethnische Flurbereinigung« und Unterwerfungspolitik von bisher unvorstellbarer Gewalt einbezogen. Dabei hatte sich bei ihnen seit 1905 und 1915 das dumpfe Gefühl vertieft, auf verlorenem Posten zu stehen. Gerade das Jahr 1939 mit dem Polenfeldzug, der deutsch-sowjetischen »Interessenverteilung« und dem Einmarsch der Sowjettruppen in

Unmittelbar nach dem Abschluß der Umsiedlungsverträge mit dem Deutschen Reich und noch vor der Umsiedlung der Wolhyniendeutschen wurden ihre Kirchen bereits von der sowjetischen Verwaltung zu Lagerhallen umfunktioniert und das Land im Sinne der nun herrschenden Ideologie radikal umgestaltet. Daraufhin schlossen sich auch die letzten noch zögernden Wolhyniendeutschen der Umsiedlung an.

Ostpolen und die baltischen Staaten sowie Rumänien hatte dieses Gefühl verstärkt und einen »Aufbruch ins Unbekannte« als einzigen Ausweg erscheinen lassen.

Von allen Maßnahmen zur Eindeutschung der eingegliederten Ostgebiete war die Umbenennung polnischer Ortsnamen noch die harmloseste. Das geschah teilweise völlig unhistorisch nach dem Gutdünken von Ortsansässigen oder von Beamten. Die Dörfer Naumannsfelde und Bödekersdorf im Nordwesten des Warthegaus beispielsweise wurden nach 1939 ermordeten Deutschen benannt, auch Straßen- und Schulnamen erinnerten an sie. Die von den Nationalsozialisten geförderte Theorie eines »urgermanischen« Charakters des Landes an Weichsel und Warthe wurde durch Phantasienamen wie Altburgund für die Stadt Schubin zum Ausdruck gebracht. Der Name der mittelpolnischen Industriemetropole Lodz, zunächst kurzzeitig »Lodsch« geschrieben, wurde kurz vor Hitlers Geburtstag 1940 in »Litzmannstadt« geändert. Namensgeber war ein General des Ersten Weltkriegs, der sich im Jahre 1914 in der Nachbarstadt Brzeziny beim Kampf gegen russische Truppen als »Löwe von Brzeziny« ausgezeichnet und später zu den alten Kämpfern der NSDAP gehört hatte. Die Stadt Brzeziny wurde entsprechend in Löwenstadt umgetauft, Pabianice in Burgstadt, Konstantynow in Treustadt und Alexandrow in Alexanderhof.

Trotz aller Umsiedlungen, »Rückführungen«, dienstlicher Versetzungen, Vertreibungen und trotz der Massenmorde gelang es den Nationalsozialisten nicht, eine deutsche Bevölkerungsmehrheit in den eingegliederten polnischen Gebieten auch nur entfernt zu erreichen. Selbst 1944 war erst etwa jeder vierte bis fünfte Bewohner des Warthelandes deutsch. Ziel war nach den wirklichkeitsfremden Vorgaben von 1939/40 das Zweieinhalbfache gewesen.

Nach dem »Kleinen Umsiedlungsspiegel« für 1943 setzte sich die Zahl der deutschen Umsiedler in den dem Reich eingegliederten polnischen Gebieten folgendermaßen zusammen: 59 858 aus Estland und Lettland, 95 601 aus Galizien, Wolhynien und dem Narewgebiet, 24 913 aus dem östlichen Generalgouvernement, 41 509 aus Bessarabien, 24 855 aus der Bukowina, 5660 aus der Dobrudscha und 338 aus Südosteuropa und Litauen. In die Abteilungen I und II der Deutschen Volksliste waren im Herbst 1944 rund 411 000 Volksdeutsche eingetragen, in Abteilung III nur 70 000 und in Abteilung IV lediglich 18 500, insgesamt also knapp eine halbe Million.

Am 15. März 1944 meldete die örtliche Presse, im Wartheland lebe bereits eine Million Deutsche, und im Herbst 1944 sollen es sogar 1,2 Millionen gewesen sein. Dieser Zuwachs war in erster Linie auf reichsdeutsche Zuwanderer und die Evakuierten aus den bombengefährdeten Gebieten West- und Mitteldeutschlands zurückzuführen.

GLEICHSCHALTUNG UND INTEGRATION

Die einheimischen Deutschen von den Polen zu trennen und schnellstens in die »deutsche Volksgemeinschaft« zu integrieren war das erklärte Ziel von Partei und Verwaltung. Das Volkslistenverfahren erwies sich aber in dieser Hinsicht als kontraproduktiv, weil es den in die Volksliste Aufgenommenen einen Sonderstatus verlieh und sie gewissermaßen zu Deutschen zweiter Klasse erklärte. Ein »Volksdeutscher« war in der Öffentlichkeit zu identifizieren durch seine Pflicht, das volksdeutsche Abzeichen zu tragen und für Personenkontrollen den volksdeutschen Ausweis mit sich zu führen, der je nach Abteilung des Inhabers unterschiedlich gefärbt war. Indem den einzelnen Gruppen ihre besondere Zugehörigkeit und Herkunft immer wieder bewußt gemacht wurde, war die von der Propaganda als bereits vollzogen gemeldete Integration aller Deutschen im Warthegau mehr Wunsch als Wirklichkeit.

Nur in der jungen Generation war bereits mehrheitlich ein gesamtdeutsches Gemeinschaftsgefühl vorhanden, das durch die Einbeziehung in NS-Organisationen wie die Hitlerjugend oder den Bund Deutscher Mädel und die Wehrmacht noch verstärkt wurde. Es fand seinen Ausdruck in nahezu euphorischen Einstellungen zu künftigen Gemeinsamkeiten, etwa in der »Eindeutschung« des als »Mustergau« gedachten Gebietes, das sich als »Siedlungs-Neuland« anzubieten schien. Die Faszination eines vermeintlichen Neubeginns war freilich gepaart mit dem Schrecken der rigorosen diskriminierenden Behandlung der polnischen Bevölkerung, besonders aber der Juden, deren Vernichtung insgeheim als unabwendbares Verhängnis beklagt wurde. Alles, was in den Jahren des »Warthegaus« positiv oder negativ erlebt oder erlitten wurde, stand ja vom ersten Tag der neuen »Ordnung« an im Schatten des Krieges, im Zwiespalt von Hoffnung auf einen vernünftigen, den guten Traditionen gemäßen Ausgleich und Furcht vor einem bösen Ende im Zeichen von Rache und Vergeltung.

Ein Mittel zur angestrebten Gleichschaltung war die Beseitigung aller bisherigen gesellschaftlichen Verbindungen. Die deutschen Organisationen aus der Vorkriegszeit wurden daran gehindert, ihre von den polnischen Behörden im Sommer 1939 untersagte Tätigkeit unter deutscher Herrschaft wieder aufzunehmen. Das galt sogar für die ehemalige Landesgruppe der NSDAP in Polen.[43] Die noch bestehenden, wie der Deutsche Schulverein, wurden um die Jahreswende 1939/40 nach feierlichen Schlußappellen aufgelöst. Die deutschen Privatschulen, von den Eltern vor 1939 unter großen Opfern unterhalten, gingen in Staatseigentum über. An die Stelle der bisherigen Organisationen traten die entsprechenden Gliederungen der Partei, welche von Deutschen aus dem »Altreich« dominiert wurden. Der NSDAP konnte man hier nicht beitreten, sondern mußte berufen werden. Umsiedler konnten erst ein Jahr nach der Umsiedlung einen Aufnahmeantrag stellen, Angehörige der Volkslistengruppen III und IV überhaupt keine Parteimitgliedschaft erwerben.

Unter dem Führungspersonal der neuen deutschen Herrschaft waren auch einige ehemalige Posener, die ihre Heimat nach dem Ersten Weltkrieg verlassen hatten, wie Gauleiter Arthur Greiser und der Gebietsführer der Hitlerjugend, Werner Kuhnt. Ein

Teil der einheimischen Deutschen verübelte ihnen, daß sie sich unter den neuen Verhältnissen nun anmaßten, die Einheimischen zu bevormunden, obgleich sie sich nach 1918 der schwierigen Minderheitenexistenz durch Abwanderung nach Deutschland entzogen und damit die deutsche Position in Polen geschwächt hatten.

Es kam während der deutschen Besatzungszeit nicht zu einer Integration der ansässigen und umgesiedelten Volksgruppen, wie dies von den Nationalsozialisten im Sinne einer Art Neustammbildung von »Wartheländern« beabsichtigt war. Jede Gruppe war bestrebt, ihren traditionellen Zusammenhalt mit allen stammlich-historischen Eigentümlichkeiten gegen alle Zerstreuungstendenzen der Verwaltung zu erhalten, was auch gelang. Dabei spielten die gemeinsam erlebten schaurigen Verfolgungen der Polen und Juden durch die Rassen- und Bodenpolitik im Warthegau insofern eine verbindende Rolle, als sie Schuld- und Schamgefühle weckten. Es zerbrach freilich die besonders in der Zwischenkriegszeit bis 1933 praktizierte politische deutsch-jüdische Weggenossenschaft, von der sprachlich-kulturellen Tuchfühlung zu schweigen.

Hier mag sich die Frage stellen, ob nicht doch Widerstand der Deutschen des Warthegaus möglich gewesen wäre. Sicherlich gab es, zum Teil aufgrund älterer Erfahrungen, Kritik, Vorwürfe, Mahnungen und nicht zuletzt Anstöße zu politischer Vernunft und moralischer Mißbilligung. Wenn die ehemalige Volksgruppe aber keinen Widerstand in dem Sinne, wie der Begriff im Zusammenhang mit dem 20. Juli 1944 gebraucht wird, geleistet hat – und sie hat es nicht getan –, so sind die Erlebnisse im September 1939 zu berücksichtigen, die als solche empfundene Errettung aus polnischer Gewalt, die ein andauerndes Gefühl der Dankbarkeit erzeugt hatte. Hinzu kam die Überzeugung, es gehe in dem Krieg um Leben oder Tod des deutschen Volkes und Reiches, damit also um den letzten »Einsatz« eines jeden einzelnen alten und neuen Reichsbürgers zur Abwendung einer Niederlage und ihrer unvermeidlichen Folgen. In dieser Gedankenfolge hatte Widerstand kaum Sinn und Platz.

Wenn andererseits die Enttäuschung über das Verhalten von Partei- und Staatsstellen im engeren Umkreis wuchs, ohne jedoch das Vertrauen in die höchste Führung des Reiches ernsthaft zu erschüttern, wenn Unbehagen, Zorn, aber auch Besorgnis um sich griffen, so reichten diese Regungen verletzten Rechtsgefühls, moralischer Skrupel und auch politische Skepsis trotzdem nicht aus für den Entschluß zur aktiven Wende mit gleichfalls ungewissem Ausgang. Es gab auch keine Vorstellung davon, wie dies hätte geschehen sollen. Es gab ja zudem noch die unvermeidlich erscheinende Frontstellung gegenüber den Polen, die jeglichen Widerstand ausschloß, da er indirekt dem drohenden Rächer zugute kommen mußte. Während die bewaffneten Widerstand leistenden Polen das leuchtende Ziel ihrer Freiheit, ihres Sieges über die Deutschen vor Augen hatten, beschwor deutscher Widerstand im Warthegau den Konflikt mit der eigenen Nationsräson herauf, der unlösbar erschien.

Darüber hinaus hatte es im Deutschtum Polens seit Jahren auch antinationalsozialistische Kräfte gegeben, ohne daß es – wie im Sudetendeutschtum – zu einer auch im Exil tätigen »antifaschistischen Bewegung« gekommen wäre. Die »Gleichschaltung« war aber durchaus nicht bei allen Angehörigen der deutschen Minderheit erfolgreich gewesen. Im Kriege waren es vornehmlich die Kirchen,[44] die mit den Reichsstatthaltern und Gauleitern einen verzweifelten Kampf – im Grunde einen Zweifrontenkrieg – um ihre Existenz führen mußten.

Der im Warthegau geführte Kampf des nationalsozialistischen Weltanschauungsstaates gegen die Kirchen ging weit über den Kirchenkampf im Deutschen Reich vor dem Zweiten Weltkrieg hinaus. Im Gegensatz zum »Altreich« glaubten die Nationalsozialisten, bei der völlig inhomogenen Bevölkerung ihre Kirchenpolitik rücksichtsloser verwirklichen zu können. So kam es unter der Parole einer völligen Trennung von Kirche und Staat zum Versuch der Zerstörung der Kirchen in ihrer bisherigen Form. Sie wurden weitgehend aus dem öffentlichen Leben verdrängt, zu bloßen Vereinen mit eingeschränkter Rechtsfähigkeit degradiert, ihre Tätigkeit in allen Bereichen behindert oder ganz unterdrückt. Der Versuch, den Kirchen durch den Entzug der Kirchensteuer die finanzielle Basis zu rauben, scheiterte nur an der Opferwilligkeit der Gläubigen. Der Kriegsverlauf verhinderte schließlich, daß die Absichten der nationalsozialistischen Machthaber in vollem Umfang verwirklicht werden konnten.

Die Behörden hatten entsprechend ihrer Polenpolitik allen Kirchen eine absolute Trennung von deutschen und polnischen Gläubigen vorgeschrieben. So wurde im September 1941 die »Römisch-katholische Kirche deutscher Nationalität im Reichsgau Wartheland« gebildet, der offiziell jeglicher Kontakt mit anderen römisch-katholischen Stellen einschließlich des Vatikans untersagt war. Sie wurde zunächst von Domherr Joseph Paech, seit 1942 von Pater Hilarius Breitinger geleitet.[45]

Auf deutscher Seite waren aufgrund der konfessionellen Verhältnisse von den antikirchlichen Maßnahmen neben der kleinen Gruppe deutscher Katholiken in erster Linie die Glieder der evangelischen Kirchen betroffen. Die Posener Teile der Unierten Evangelischen Kirche in Polen bildeten seit 1941 auf staatlichen Druck die »Posener Evangelische Kirche deutscher Nationalität im Wartheland«, die 1944 rund 300 000 Gläubige zählte. Sie wurde vom Konsistorium in Posen unter Generalsuperintendent Blau geleitet. Aus den im Warthegau liegenden Gemeinden der Evangelisch-Augsburgischen Kirche in Polen wurde die »Litzmannstädter Evangelische Kirche deutscher Nationalität im Wartheland« gebildet, die 1944 rund 500 000 Gläubige umfaßte und ein Konsistorium in Lodz unter Oberkonsistorialrat Kleindienst besaß. Trotz staatlicher Verbote konnten beide Konsistorien Verbindung zum Evangelischen Oberkirchenrat in Berlin halten. Eigenständig war die altlutherische »Evangelisch-lutherische Kirche deutscher Nationalität im Warthegau-West«, welche die früher altlutherischen Gemeinden umfaßte.

Im Generalgouvernement wurden die deutschen Protestanten seit 1940 in der »Deutschen Evangelischen Kirche im Generalgouvernement« unter dem Warschauer Superintendenten Waldemar Krusche (seit 1942 unter Superintendent Ladenberger in Krakau) zusammengefaßt. Ebenso wie die polnische Bevölkerung wurden auch zahlreiche polnische Geistliche und Priester von den nationalsozialistischen Behörden diskriminiert, verfolgt, vertrieben oder in Konzentrationslager verschleppt und ermordet. Ende 1941 waren zur Betreuung der mehr als drei Millionen katholischen Polen im

Warthegau nur achtzig Priester verblieben. In der Stadt Posen gab es für 200 000 Gläubige seit 1944 lediglich zwei Priester. Die deutschen Protestanten und Katholiken und ihre Geistlichkeit bemühten sich teilweise im Alltag, den diskriminierten polnischen Glaubensgenossen Hilfe zu leisten. Zu offiziellen Protesten gegen deren Verfolgung kam es allerdings nicht.[46]

WIRTSCHAFTLICHE ENTWICKLUNG

Die Kampfhandlungen des Jahres 1939 hatten zahlreiche Zerstörungen hinterlassen wie die Unterbrechungen von Verkehrswegen, die Vernichtung von Gebäuden in verschiedenen Kleinstädten und vor allem in Warschau sowie die Verluste der Landwirtschaft durch militärische Requisitionen, kriminelle Handlungen und die eigentlichen Kampfhandlungen.

Die deutsche Verwaltung versuchte nach der Besetzung Polens, die dortigen Wirtschaftsverhältnisse entsprechend den Kriegserfordernissen neu zu ordnen. Vor allem der während der gesamten Besatzungszeit notorische Personalmangel verhinderte jedoch eine völlige Umgestaltung. Seit September 1939 wurde polnischer und jüdischer Besitz verstaatlicht, zahlreiche kleine und vorwiegend jüdische Betriebe wurden stillgelegt, wobei es sich häufig um Unternehmen mit veralteten Maschinen handelte. Die weiterbestehenden deutschen oder Treuhänderfirmen wurden unter maßgeblicher Beteiligung der Nebenstelle Litzmannstadt der Treuhandstelle Posen unter großem Aufwand modernisiert. Diese Investitionen in eine durch den Luftkrieg so gut wie gar nicht betroffene Industrie führten dazu, daß Polen 1945 Fabriken übernehmen konnte, die auf dem neuesten technischen Stand waren. In Lodz war dies zu einem großen Teil durch die hemmungslose Ausbeutung der Insassen des jüdischen Ghettos finanziert worden, die in den Werkstätten zu Hungerlöhnen Sklavenarbeit verrichten mußten. Die Verarbeitung landwirtschaftlicher Produkte förderte man durch Firmenzusammenschlüsse; die Metallindustrie im Dienste der Rüstung, der Wohnungs- und Barackenbau in den Städten, die Energieversorgung und die Textilindustrie wurden bedeutend ausgebaut.

Im Jahre 1940 war die Marktordnung des Reiches in den besetzten Gebieten vollständig eingeführt und das Land an Warthe und Weichsel damit den Interessen der deutschen Kriegswirtschaft dienstbar gemacht worden. Zuchtvieh, Saatgut, Kunstdünger und Maschinen aus Deutschland förderten eine intensivere Bewirtschaftung der Agrarflächen, so daß sich die Getreideausfuhr bald mehr als verdoppelte. Außerdem entwickelte sich der Gau mit seinen traditionellen Anbauflächen für Zuckerrüben in Kujawien neben der Provinz Sachsen zum bedeutendsten Zuckerlieferanten für den deutschen Bedarf. Über die Hälfte der wartheländischen Milcherzeugung ging ins »Altreich«.

Mehr noch als das Wartheland erwies sich aber das Generalgouvernement als Objekt wirtschaftlicher Ausbeutung, die dort noch viel rücksichtsloser betrieben wurde.

Die Hebung des Lebensstandards der deutschen Bevölkerung, eines der Mittel, sie mit den neuen Machthabern zu verbinden, fand auf Kosten der Polen und Juden statt.

Manches wurde angefangen, vieles geplant, mußte aber angesichts der zunehmenden Mangelwirtschaft seit 1941 unausgeführt bleiben. Bezeichnend für die Besatzungspolitik war jedoch, daß genügend Arbeitskräfte und Mittel vorhanden waren zur Vernichtung polnischer Denkmäler bis hin zu den Kruzifixen am Wegesrand. Letzteres erfolgte sogar, wenn diese deutsche Inschriften aufwiesen, also Zeugnisse deutscher Geschichte in diesem Gebiet waren, während ansonsten alle derartigen Nachweise sorgsam gepflegt und herausgestellt wurden. Da die besetzten polnischen Gebiete, abgesehen von zwei Luftangriffen auf Posen im Frühjahr 1944, bis zum Januar 1945 von direkten Kriegseinwirkungen nicht betroffen waren, wurde die Produktion hier vor allem von den Lieferschwierigkeiten anderer, gefährdeterer Gebiete beeinträchtigt.

Auf dem agrarischen Sektor wurde das aus polnischer Zeit bewährte deutsche Genossenschaftswesen im Westen des Warthelands in seiner Eigenständigkeit eingeschränkt. An die Stelle der Westpolnischen Landwirtschaftlichen Gesellschaft trat die Landesbauernschaft. Auf Wunsch des Gauleiters berief man einen Senator aus Danzig zum Vorstandsvorsitzenden der Posener Molkereizentrale. Später übernahm dieser Protegé Greisers zusätzlich das Amt des genossenschaftlichen Verbandsdirektors und den Vorsitz in den Aufsichtsräten mehrerer landwirtschaftlicher Einrichtungen. Der bisherige Verbandsdirektor, Dr. Friedrich Swart, mußte der Zeitung entnehmen, daß er durch den früheren Landesbauernführer von Bayreuth abgelöst worden war. Einen Ausgleich bot die Ernennung Dr. Swarts zum Generaldirektor. Er besaß aufgrund seiner Minderheitenarbeit in der Zwischenkriegszeit das Vertrauen der einheimischen Landwirte.

Wie in der Bevölkerungspolitik konnten die radikalen Vorstellungen der Nationalsozialisten auch in der Wirtschaftspolitik nicht vollständig umgesetzt werden. Ohne die Hilfe polnischer Arbeitskräfte hätten die ökonomischen Erfolge, auf welche die Machthaber des Warthegaus so stolz waren, nicht erzielt werden können. Die Polen stellten im Wartheland fast alle Arbeiter und einen großen Teil des übrigen Personals, im Generalgouvernement waren so gut wie alle ausführenden Arbeitskräfte Polen und zunächst auch noch Juden. In vielen Kreisen Mittelpolens gab es Deutsche nur in den Verwaltungszentren und allenfalls noch auf großen Gütern.

Auf polnische Arbeitskräfte mußte man auch in Gebieten mit einem höheren deutschen Bevölkerungsanteil zurückgreifen, um die massenhafte Einziehung von Deutschen zur Wehrmacht und zur Waffen-SS halbwegs auszugleichen. In der Posener Genossenschaftszentrale erreichte der Anteil der Polen fast ein Drittel des kaufmännischen Personals, in den einzelnen Warengenossenschaften und in den Geschäftsstellen sogar drei Viertel. In den übrigen Betrieben der privaten Wirtschaft war der Anteil der Polen in aller Regel noch höher. Dadurch war auch der polnische Widerstand über zahlreiche interne Vorgänge gut informiert. Unter den Polen herrschte die Auffassung vor, es sei auch im Interesse der polnischen Nation wichtig, die Entwicklung der Wirtschaft zu unterstützen, um nach der erhofften Befreiung modernisierte und leistungsfähige Betriebe übernehmen zu können. Die während des Krieges kontinuierlich gesteigerte Produktion ging allerdings mit einer zunehmend rückläufigen Arbeitsproduktivität einher, da die polnischen Arbeiter, durch geringe Löhne und Lebensmittelrationen am Rand des Existenzminimums lebend, zur Befriedigung ihrer elementarsten Lebensbedürfnisse geradezu zu Arbeitskriminalität und Schwarzhandel gezwungen waren. Dies konnte nur durch drastische Erhöhung des Zwangsarbeiteranteils aufgefangen werden.

LODZ UND UMGEBUNG – EIN SONDERFALL

Die Situation der Deutschen in den Städten des Lodzer Textilindustriegebiets wies zahlreiche Besonderheiten auf. Im April 1940 lebten hier 120 000 Deutsche unter 780 000 Polen und Juden. Der Anschluß dieses Gebiets an den »Warthegau« war von einheimischen Deutschen begrüßt worden. Die vollständige Entrechtung von Polen und Juden hatte gerade in Mittelpolen eine ungeheure Umwälzung im Berufsleben, in der Wohnraumverteilung und im Stadtbild zur Folge. Das mittelständische Handwerk und ein großer Teil des städtischen Geschäftslebens lagen hier traditionell in jüdischer Hand. Seit der Mitte des 19. Jahrhunderts hatten sich viele Juden deshalb vor allem in den Zentren der Städte angesiedelt.

Im Februar 1940 wurde ein jüdisches Ghetto in Lodz eingerichtet, und großangelegte Umsiedlungen der Bevölkerung in die jeweils für Deutsche, Polen und Juden vorgesehenen Stadtteile durchgeführt. Auch wenn seit dem 1. Mai 1940 Deutsche und Polen das Lodzer Ghetto nicht mehr betreten durften, hatten sie doch Kentnis von den unmenschlichen Lebensbedingungen der Menschen dort. Weder aus dem Abbruch der Synagogen noch aus der Deportation zunächst aus kleinen Orten nach »Litzmannstadt« und schließlich aus »Litzmannstadt« in die Konzentrationslager wurde in der Presse ein Geheimnis gemacht, abgesehen davon, daß an solchen Vorgängen Deutsche unmittelbar beteiligt waren. Lodzer Deutsche stellten auch einen Teil des Bewachungspersonals in den Gefängnissen.

Bemerkenswert für Lodz ist, daß hier mehr als andernorts in den besetzten polnischen Gebieten Deutsche lebten, die von den Nationalsozialisten verfolgt wurden. Dem Vorsitzenden der deutschen Lodzer Sozialisten, Emil Zerbe, gelang es, die Kriegszeit im Untergrund zu überleben; er starb 1954 in Lodz. Der letzte Vorsitzende der Lodzer Exekutive der Deutschen Sozialistischen Arbeitspartei Polens, Wilhelm Zinser, wurde dagegen 1939 festgenommen, nach kurzer Zeit in Freiheit 1943 erneut von der Gestapo verhaftet, vom Volksgerichtshof in Berlin zum Tode verurteilt und hingerichtet. Auch andere, vor allem Sozialisten und der Sympathie für Polen Verdächtige wurden inhaftiert oder verloren ihre Stellungen. Benachteiligungen erfuhren auch zahlreiche katholische und evangelische Lodzer Deutsche, die ihre über die Kirche gewohnten Kontakte zu Polen nicht aufgeben wollten. Für die Mehrheit der Deutschen in Mittelpolen bleibt aber festzuhalten, daß sie der einrückenden Wehrmacht zugejubelt und die neue deutsche Herrschaft unter nationalsozialistischem Vorzeichen unterstützt oder zumindest hingenommen haben.

DAS GEISTIGE UND KULTURELLE LEBEN DER DEUTSCHEN IM »WARTHEGAU« UND IM GENERALGOUVERNEMENT

Während das polnische Kulturleben von den deutschen Besatzungsbehörden durch entsprechende Verbote vollständig aus der Öffentlichkeit verbannt worden war, erfreute sich die deutsche Bevölkerung zahlreicher Maßnahmen zur Befriedigung ihrer kulturellen und gesellschaftlichen Bedürfnisse. Davon ausgenommen waren jedoch Einrichtungen und Institutionen, welchen das nationalsozialistische Regime feindlich gegenüberstand, wie die Kirchen oder die Freimaurerlogen. In Lodz leiteten die dortigen Deutschen die Stadtbücherei, die Musikschule und das Stadtarchiv. In Posen behielten die ansässigen Wissenschaftler ihr Zentrum, zu neuem Leben erwachten der Naturwissenschaftliche Verein und die Historische Gesellschaft, deren Organ in *Deutsche Wissenschaftliche Zeitschrift im Wartheland* umbenannt wurde und bis zur Evakuierung von Alfred Lattermann erschien. Lattermann, der 1940 zum Direktor der Posener Staats- und Universitätsbibliothek ernannt worden war, ist es zu verdanken, daß die polnischen Buchbestände der Universitätsbibliothek der Zwischenkriegszeit nicht vernichtet wurden.

Weitere bedeutsame kulturelle Einrichtungen in Posen waren das Reichsgautheater, der Bachchor, die Gaumusikschule und zahlreiche Chöre. Im gesamten Warthegau bestanden 1944 mehr als zwanzig Musikschulen, an welchen rund 3000 Schüler unterrichtet wurden.

Anstelle der polnischen Universität war 1941 eine »Reichsuniversität« in Posen gegründet worden, deren wissenschaftliches Personal zu einem großen Teil aus baltischen Umsiedlern bestand. Auch unter den Studenten stellten die baltischen Umsiedler einen größeren Anteil, die Mehrheit der Immatrikulierten kam jedoch aus dem »Altreich«. Die einheimischen Deutschen aus Polen waren dagegen kaum vertreten, 1944 stellten sie lediglich achtzehn von 1228 eingeschriebenen Studenten.

1941 umfaßte das deutsche Schulwesen im Warthegau 1719 Volksschulen mit 2698 Lehrern und 110 228 Schülern, zwanzig höhere Schulen für Jungen mit 242 Lehrern und 3575 Schülern sowie drei höhere Schulen für Mädchen mit 73 Lehrern und 1392 Schülerinnen.

Das Generalgouvernement mit seinen Distrikten Krakau, Warschau, Lublin und Radom wurde am 1. August 1941 nach dem deutschen Angriff auf die Sowjetunion um den Distrikt Galizien mit dem Sitz Lemberg ergänzt.

Die Zahl der einheimischen Deutschen im Generalgouvernement war mit rund 100000 Personen relativ klein. Zwar gab es keine Deutsche Volksliste, wohl aber wurden Kennkarten für deutsche Volkszugehörige ausgegeben. Deren Erfassung war besonders in den Großstädten mit erheblichen Schwierigkeiten verbunden, da einerseits die Affinität zum Polentum ungeachtet der jeweiligen Konfession meist weit vorangeschritten war und sich andererseits nach der Etablierung der deutschen Verwaltung nicht wenige Polen auf eine angebliche oder tatsächliche deutsche Abstammung beriefen, obwohl sie vor 1939 keinen deutschen Minderheitenorganisationen angehört hatten.

Die staatsrechtliche Definition des Generalgouvernements blieb ebenso umstritten, wie seine künftige Bestimmung unklar war. Die inoffizielle Umschreibung als »Nebenland des Reiches« trennte es stärker von diesem als das »Reichsprotektorat Böhmen und Mähren«. Die Bevölkerungsstruktur wurde zunächst nicht angetastet. Seit 1940 wurde von den Nationalsozialisten kurzzeitig die Möglichkeit eines jüdischen »Reservats« zwischen Bug und Weichsel erwogen, jedoch wegen der Aufmarschpläne gegen die Sowjetunion bald wieder verworfen. Generalgouverneur Frank versuchte, sein Herrschaftsgebiet zu einem wirtschaflich und politisch relativ eigenständigen Bereich umzuformen. Er konnte sich damit bei Hitler jedoch nicht durchsetzen, der das Territorium ausschließlich als Ausbeutungsobjekt ansah.

Für die deutsche Bevölkerung erfolgte der Aufbau eines deutschen Schulwesens mit zuletzt rund 250 deutschen Schulen, 350 Lehrern und 13 000 Schülern. In Warschau und Tomaszów Mazowiecki bestand je eine deutsche Oberschule für Jungen, in Rabka eine solche für Mädchen. Den Diasporaverhälnissen entsprechend wurde in Lublin eine deutsche Internatsschule eingerichtet. Die Organisation des Selbstschutzes und die wirtschaftliche Sicherung der ansässigen Deutschen erfolgte zunächst ebenso wie in den annektierten Ostgebieten Wartheland, Danzig-Westpreußen und Ostoberschlesien. Am 19. April 1940 rief der Generalgouvemeur die »Volksdeutsche Gemeinschaft« ins Leben. Sie wurde von dem mit einem SS-Rang versehenen Lodzer Deutschen Heinrich Boltz geleitet und als ein »betreuter Verband« der NSDAP angegliedert. In der Praxis war sie lediglich ausführendes Organ der deutschen Verwaltung.

NATIONALSOZIALISTISCHE VOLKSTUMSPOLITIK IM GENERALGOUVERNEMENT

Der zunächst eingeschlagene Kurs, das alteingesessene Deutschtum im Generalgouvernement zu fördern, wurde schon im Sommer 1940 geändert. Durch einen Umsiedlungsstab der SS wurden die Deutschen im Cholmer und im Lubliner Land sowie im rechts der Weichsel gelegenen Teil des Distrikts Warschau registriert und zur Umsiedlung vorbereitet. Von dieser Aktion, die nach der Getreideernte 1940 durchgeführt wurde, waren mehr als 30 000 Deutsche zwischen Bug und Weichsel betroffen. Nach offizieller Lesart hatten sie sich freiwillig gemeldet, doch bestand in Wirklichkeit ein Zwang, die Höfe aufzugeben und den Anweisungen der SS zu folgen.

Die meisten wurden im »Warthegau« auf Höfen angesiedelt, von denen kurz zuvor polnische Landwirte vertrieben worden waren. Diesen wurden zum Teil die bisher deutschen Höfe im Generalgouvernement übergeben. Vom Inventar durften die betroffenen Deutschen nur einen kleinen Teil mitnehmen. Diese Umsiedlung schwächte das Deutschtum im Generalgouvernement ganz erheblich und sollte letztlich die Räumung des gesamten Generalgouvernements von bodenständiger deutscher Bevölkerung einleiten, da diese vereinzelten Außenposten in der fremden Umgebung unterzugehen drohten, wie die Begründung lautete.

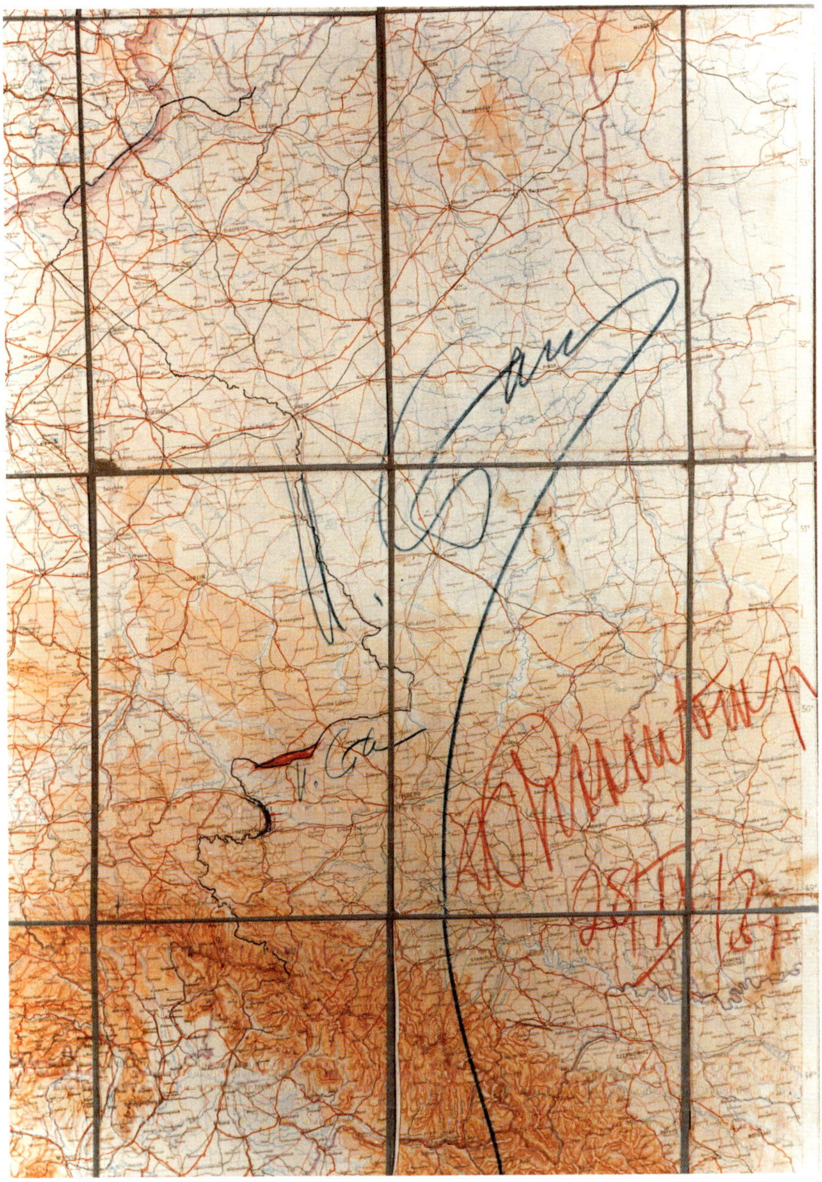

Im Besitz des Auswärtigen Amtes in Bonn befindet sich die dem deutsch-sowjetischen Grenz- und Freundschaftsvertrag vom 28. September 1939 beigegebene Karte Ostmitteleuropas, auf welcher Stalin und Hitlers Außenminister Ribbentrop die erneute Teilung Polens unterzeichneten. Mit einem Federstrich wurde über das Schicksal von Millionen Menschen entschieden, ebenso wie 1945 in Jalta. Die Folgen sind auch mehr als fünfzig Jahre später noch nicht überwunden.

Haus Petrikauer Straße 147 in Lodz, erbaut 1897 für den Baumwollfabrikanten Robert Schweikert Lodz gilt weithin als häßlichste Stadt Polens, und sicherlich ist die im 19. Jahrhundert in fast amerikanischem Tempo gewachsene und durch ihre Fabrikschlote gekennzeichnete Industriemetropole auf den ersten Blick wenig anziehend. Wer sich allerdings in der »längsten Straße Polens« die Jugendstilvillen und Fabrikantenpaläste ansieht, wird diesem Vorurteil nicht mehr zustimmen wollen. Diese nüchterne Arbeiterstadt hat außerdem eine erstaunliche Vielzahl hervorragender Künstler und Literaten hervorgebracht, und es ist wohl erlaubt, hier von einem wirklichen »genius lodzi« zu sprechen. Für die polnische Seite sei nur der Dichter Julian Tuwim genannt, für die deutsche der Übersetzer und Leiter des Deutschen Poleninstituts, Karl Dedecius.

Anfang 1941 wurde die »Volksdeutsche Gemeinschaft« aufgelöst. Mit Ausnahme der wenigen NSDAP-Mitglieder war für die verbliebenen einheimischen Deutschen nun eine »Deutsche Gemeinschaft« zuständig. Im Jahre 1943 wurde auch diese Organisation aufgelöst. Sie hatte ihre sozialen, politischen und kulturellen Aufgaben auch nur unvollkommen erfüllen können, da die Deutschen westlich der Weichsel zu verstreut wohnten.

Die Umsiedlung weiterer Deutscher aus dem Generalgouvernement wurde Ende 1940 abgebrochen. Vermutlich war die nun verfolgte neue Bevölkerungskonzeption im Zusammenhang mit der Vorbereitung des Krieges gegen die Sowjetunion zu sehen, der ein rein polnisches Generalgouvernement unerwünscht erscheinen ließ. Im Juli 1942 konnte der höhere SS- und Polizeiführer im Generalgouvernement, Odilo Globocnik, Himmler für das Projekt gewinnen, durch ein erstes »deutsches Siedlungsbollwerk« im Distrikt Lublin Polen und Ukrainer räumlich voneinander zu trennen. Dazu sollte westlich des Flusses Bug eine Reihe deutscher Dörfer neu geschaffen und die dort lebende polnische Bevölkerung nach Westen vertrieben werden. Die Menschen für dieses geplante Siedlungsgebiet von Mittelpolen bis hinüber nach Siebenbürgen sollten zunächst aus den Umsiedlerlagern kommen, und in einer zweiten Siedlungswelle sollten dann »eindeutschungsfähige Polen« herangezogen werden.

Um diesen absurden Plan in die Tat umzusetzen, begann die SS am 27. November 1942 mit Terrormaßnahmen gegen die Polen des Gebiets um Zamość südöstlich von Lublin. Einzelne Polen, die als loyal und leistungsstark eingestuft wurden, erhielten größere Höfe als bisher. Arbeitsunfähige Großeltern und Kinder brachte man in »Renten-Dörfern« bei anderen Polen notdürftig unter. Die von der SS als rassisch minderwertig Beurteilten wurden in das Konzentrationslager Auschwitz verschleppt, alle übrigen arbeitsfähigen Polen zur Zwangsarbeit in das Reichsgebiet deportiert. An ihrer Stelle wurden nun Deutsche und Ukrainer angesiedelt. Durch diese Aktionen der SS war das zuvor völlig ruhige Gebiet aber zu einer Hochburg der Untergrundbewegung geworden. Zahlreiche Polen waren vor einer Verschleppung oder Zwangsaussiedlung in die Wälder geflüchtet und terrorisierten nun die Ansiedler. Im Frühjahr 1943 war das Scheitern der deutschen Ansiedlungspläne offensichtlich. Wehrmacht, SS und Polizei waren nicht in der Lage, für die Sicherheit der Siedler zu sorgen. Diese Situation änderte sich bis zur endgültigen Aufgabe des Gebiets im Juli 1944 nicht mehr. Nicht nur auf den Mangel an Sicherheitspersonal und geeigneten Siedlern war der völlige Fehlschlag der deutschen Absichten, die Wolfgang Jacobmeyer zutreffend als volkstumspolitischen Amoklauf charakterisiert hat,[47] zurückzuführen, sondern auch auf den erbitterten und solidarischen Widerstand der polnischen Bevölkerung.

Gerade das Beispiel Zamość zeigte deutlich, daß für die nationalsozialistischen Machthaber die Deutschen in den besetzten polnischen Gebieten lediglich Objekte ihrer politischen und ideologischen Konzeptionen darstellten.

Die Vertreibung der Deutschen aus Polen

JOACHIM ROGALL

Hitlers Instrumentalisierung der Deutschen in Polen für seine Expansionspolitik hatte sie in ihrer Gesamtheit in den Verdacht einer »fünften Kolonne« des Diktators gebracht. Dies und die deutsche Besatzungspolitik ließen innerhalb der polnischen Gesellschaft schon im Jahre 1939 die Forderung nach ihrer zwangsweisen Aussiedlung laut werden, vorgebracht zunächst von polnischen Exilpolitikern. Die polnische Exilregierung in London machte unmißverständlich klar, daß nach einem siegreich beendeten Krieg keine Deutschen mehr auf dem Territorium eines wieder freien Polens geduldet würden. Dies betraf sowohl die deutsche Minderheit, die schon vor 1939 dort lebte, als auch Deutsche aus möglicherweise anzugliedernden ostdeutschen Gebieten. Das Versprechen einer liberalen Minderheitenpolitik für die Nachkriegszeit wurde im Februar 1940 vom polnischen Außenminister Zalęski eingeschränkt, indem er die Deutschen davon ausnahm. Das Leiden, das das polnische Volk gegenwärtig erdulden müsse, erfordere ein Sonderrecht für die Behandlung der Deutschen nach dem Kriege. Ein Zusammenleben von Deutschen und Polen in einem Staat sei nicht mehr vorstellbar. Das polnische Volk werde verlangen, daß seine Henker nach ihrer Niederlage das polnische Territorium verlassen. Vorstellungen über die Lösung des Bevölkerungsproblems sind in dem Rundschreiben Zalęskis ebenfalls enthalten: Hitler selbst habe mit der Aussiedlung der Deutschen aus Lettland und Estland ein Beispiel für die Art und Weise gegeben, wie man mit diesen deutschen »Kolonien« nach dem Kriege verfahren müsse.

Diese Umsiedlungspläne wurden von Außenminister Raczyński anläßlich der Unterzeichnung der Atlantikcharta noch auf die deutschen Umsiedler der Kriegszeit beschränkt: »Insbesondere muß der polnischen Bevölkerung in den westlichen Provinzen, die so rücksichtslos umgesiedelt worden ist, die Gelegenheit gegeben werden, sofort in das Land ihrer Vorfahren zurückzukehren, und die deutschen Siedler, die auf polnische Höfe angesetzt worden sind, müssen ins Reich zurückgebracht werden.« In der polnischen Untergrundpresse waren die Forderungen aber bereits weitaus radikaler: »... Dem polnischen Volk wird das Recht zustehen, die ganze deutsche Bevölkerung nach freiem Ermessen der zuständigen polnischen Behörden nach Deutschland auszusiedeln, ohne Rücksicht auf eine eventuelle Option dieser Bevölkerung. Die Entschädigung für die deutsche Bevölkerung, die seit langem auf polnischem Boden lebt, zahlt die deutsche Regierung, sie trägt auch die Kosten der Aussiedlung.«

Daß die Exilregierung beabsichtigte, die Deutschen vollständig aus Polen auszusiedeln, zeigt sich auch bei der Beschränkung der polnischen Gebietsforderungen in einem Beschluß des Ministerrats vom 7. Oktober 1942. Dies geschah mit der Begründung, bei einer Ausdehnung bis zur Oder und Lausitzer Neiße sei es unmöglich, aus diesen Gebieten alle Deutschen auszusiedeln, und man müsse sich hüten, durch allzu große Gebietsforderungen mit eigenen Händen eine »riesige fünfte Kolonne« vorzubereiten.

Für die polnische Linke äußerte sich 1943 Alfred Lampe, ein Mitbegründer des Bundes Polnischer Patrioten in der Sowjetunion dahingehend, daß er im Zusammenhang mit dem Selbstbestimmungsrecht der Völker ausdrücklich den Deutschen die Möglichkeit vorenthalten wollte, solche »freiheitlichen und humanen Grundsätze für sich auszunutzen«. Das neue Polen werde ein Nationalitätenstaat sein, das Selbstbestimmungsrecht aber für die Deutschen nicht gelten. Das könne nur eine Lösung bedeuten: nach dem Kriege keine Deutschen mehr auf polnischem Staatsgebiet zu dulden. Der gesamtpolnische Konsens in dieser Frage bestand über alle politischen Gruppierungen hinweg.

Die diesbezüglichen Äußerungen der PPR waren allerdings bis 1943 noch sehr allgemein. Ihre Vorstellungen sahen lediglich vor, alle Deutschen, die nach 1939 gekommen waren oder die sich feindlich verhalten hatten, ebenso wie alle polnischen »Volksverräter« zu entwaffnen und zu internieren. Hier scheint eventuell noch ein Verbleiben größerer Teile der deutschen Bevölkerung in Erwägung gezogen worden zu sein.

Die polnischen Vorstellungen wurden alsbald von alliierten Politikern aufgegriffen, die sich über eine stabile Friedensordnung für das Nachkriegseuropa Gedanken machten. Um das Minderheitenproblem ein für allemal zu lösen, stimmte man mit den polnischen Vorstellungen überein, die Minderheiten selbst zu beseitigen.

Zunächst war allerdings nur an eine Umsiedlung der illoyalen Minderheitenangehörigen gedacht, also solcher Personen, die vor dem Krieg aktiv gegen ihre Gastländer gearbeitet hatten, ferner an die Umsiedler aus Osteuropa. Indem die Alliierten dem Gedanken einer gewaltsamen Umsiedlung prinzipiell zustimmten, stellten sie den jeweiligen Regierungen aber eine Art Blankovollmacht aus, denn was »illoyales Verhalten« war, bestimmten diese selbst. In letzter Konsequenz konnten diese auch das Festhalten an der eigenen Sprache und Tradition als illoyal ansehen. Daß die Westalliierten überhaupt in derartige Vorhaben einwilligten, ist wohl nur der Stimmung der Kriegsjahre, dem Glauben an die Möglichkeit einer geregelten Durchführung und – seitens der Amerikaner – der weitgehenden Unkenntnis der tatsächlichen ethnischen und politischen Verhältnisse in Europa zuzuschreiben.

Freimütige Äußerungen von polnischer Seite hätten den Alliierten allerdings schon bald die Illusionen nehmen müssen, eine Aussiedlung könne human und geregelt erfolgen. So erfuhr Präsident Roosevelt im Sommer 1943 in Anwesenheit des Botschafters Ciechanowski von dem polnischen Untergrundkämpfer Karski: »Ich will ihnen gegenüber ganz offen sein, Herr Präsident: Nichts auf der Welt wird die Polen daran hindern können, an den Deutschen Rache zu nehmen, wenn der Nazismus einmal zusammengebrochen ist. Es wird zum offenen Terror kommen, wahrscheinlich nur für kurze Zeit, aber er wird unvermeidlich sein. Und das wird, glaube ich, für alle Deutschen in Polen eine Art Aufmunterung sein, nach Westen, ins eigentliche Deutschland zu ziehen, wohin sie gehören.«

Auf der alliierten Kriegskonferenz in Teheran fand man zu den Bevölkerungsumsiedlungen nur die vage Formulierung, daß die endgültige Grenzziehung möglicherweise an einigen Punkten Bevölkerungsumsiedlungen erfordern werde.

In Churchills Fünf-Punkte-Vorschlag an die polnische Exilregierung vom Januar 1944 war dann aber ausdrücklich die Aussiedlung aller Deutschen aus Polen enthalten, ebenso in den Punkten, für welche die Exilregierung Polens die Garantie der Westmächte verlangte. Zu diesen Punkten lag auch die Zustimmung des Rats der Nationalen Einheit, also des polnischen Untergrundparlaments vor. Auch der von der Polnischen Arbeiterpartei gebildete »Landesnationalrat« erklärte nun Anfang 1944, daß Polen, gestützt sowohl militärisch wie wirtschaftlich auf die Sowjetunion, die »Deutschen aus unseren Gebieten entfernen und den Frieden für ewige Zeiten sicherstellen« könne. Das kommunistische Untergrundorgan *Wolna Polska* schrieb am 8. Januar 1944 tatsächlich als Volkes Stimme, daß in der Zeit des Versailler Vertrags die Frage der deutschen Bevölkerung, die in polnischen Gebieten ansässig war, einer der wichtigsten Hemmschuhe für eine gerechte Lösung gewesen sei. Die westlichen Demokratien seien an diesem Problem gescheitert. Die Deutschen selbst hätten schließlich mit ihrer Umsiedlungspolitik die richtige Lösung gefunden. Unmittelbar nach Konstituierung des Lubliner Komitees erklärte dessen Vorsitzender, man wolle künftig keine deutsche Minderheit haben. Den Frauen und Kindern werde man nicht antun, was die Deutschen mit polnischen Frauen und Kindern gemacht hätten, aber man werden ihnen nicht erlauben, zu bleiben.

Im Regierungsprogramm der Exilregierung für die Nachkriegszeit waren die gleichen Forderungen enthalten. Seitens der Engländer und Amerikaner wurde nicht der Versuch gemacht, hier mäßigend einzuwirken. Churchill bekräftigte nicht nur in einer Botschaft an Stalin und in einem Gespräch mit General Anders die alliierte Zustimmung, sondern die Amerikaner boten dafür ausdrücklich ihre Hilfe an. Alle Bedenken, die gegen eine gewaltsame Bevölkerungsumsiedlung vorgebracht wurden, wehrte Churchill am 15. Dezember 1944 im britischen Unterhaus ab: »Die nach unserem Ermessen befriedigendste und dauerhafteste Methode ist die Vertreibung. Sie wird die Vermischung von Bevölkerungen abschaffen, die zu endlosen Schwierigkeiten führt ... Man wird reinen Tisch machen. Mich beunruhigen diese großen Umsiedlungen nicht, die unter modernen Verhältnissen besser als je zuvor durchgeführt werden können.«[48]

JALTA UND POTSDAM

Je näher das Ende des Krieges rückte und konkrete Planungen zu den Bevölkerungsverschiebungen notwendig wurden, desto vorsichtiger äußerten sich die Westalliierten. Allmählich muß ihnen die Ungeheuerlichkeit der Aufgabe, die sie sich vorgenommen hatten, aufgegangen sein.

Das amerikanische Außenministerium plädierte dafür, Umsiedlungen auf ein Mindestmaß zu beschränken und sie schrittweise, in ordnungsgemäßer Weise und unter internationaler Kontrolle stattfinden zu lassen.

Diese Vorbehalte schlugen sich auch in einem Memorandum der Außenminister vom ersten Konferenztag in Jalta nieder: »3 c) Minderheiten: Soweit möglich, sollten wir uns einer wahlloser Massenumsiedlung von Minderheiten widersetzen. Umsiedlun-

Polen nach den Beschlüssen von Jalta und Potsdam 1945

gen sollten schrittweise unter internationaler Aufsicht stattfinden.« Hierbei ging es aber nur noch um Deutsche aus den an Polen abzutretenden ostdeutschen Gebieten. Die Umsiedlung der eigentlichen Polendeutschen, deren Zahl man mit 700 000 nach der polnischen Volkszählung von 1931 zu gering ansetzte, stand schon gar nicht mehr zur Diskussion.

Zwischen Jalta und Potsdam diskutierten Experten des britischen Foreign Office den Entwurf eines Memorandums an die European Advisory Commission, der die Einberufung einer »Popular Transfer Commission« vorsah. Zu dieser Zeit waren die ersten, sogenannten wilden Vertreibungen aus Polen aber schon in vollem Gange. Da die meisten Vertriebenen aus Polen und den ostdeutschen Gebieten zunächst in die von der Roten Armee besetzten Teile Deutschlands gelangten, hatten die Westalliierten zu diesem Zeitpunkt vom Ausmaß der Vertreibungen zunächst noch gar keine Vorstellungen.

Auf der Potsdamer Konferenz im August 1945 legte Artikel XIII des Potsdamer Protokolls fest: »Die drei Regierungen haben die Frage unter allen Gesichtspunkten beraten und erkennen an, daß die Überführung der deutschen Bevölkerung oder Bestandteile derselben, die in Polen ... zurückgeblieben sind, nach Deutschland durchgeführt werden muß. Sie stimmen darin überein, daß jede derartige Überführung, die stattfinden wird, in ordnungsgemäßer und humaner Weise erfolgen soll.«

Die Praxis der Vertreibungen, die bereits seit der sowjetischen Rückeroberung Polens stattfanden, entsprach dem jedoch nicht im geringsten. Die illusionären, von der Wirklichkeit längst überholten westalliierten Vorstellungen zeigten sich auch noch in den Ausführungen des amerikanischen Außenministers Byrnes zwei Wochen nach der Konferenz: »Die Potsdamer Übereinkunft erkennt nur an, daß die Aussiedlung größerer oder kleinerer Teile der deutschen Bevölkerung unternommen werden sollte. Soweit es uns angeht, wollten wir unterschiedslose und ungerechte Vertreibungen umgehen, um unnötige Härten für die Betroffenen und unnötige Belastungen für die Zonen, welche sie aufnehmen müssen, zu umgehen. Wir sahen ein, daß gewisse Aussiedlungen unvermeidlich waren, aber wir beabsichtigten in Potsdam nicht, zu Aussiedlungen anzuregen oder in Fällen, wo andere Regelungen möglich waren, Verpflichtungen einzugehen.«

Ein Unterausschuß der Außenministerkonferenz befaßte sich nach Potsdam speziell mit der Erarbeitung eines Umsiedlungsartikels. Der britische Unterausschußvertreter, Geoffrey Harrison, berichtete über die Verhandlungen, daß der sowjetische Vertreter die Ansicht vertreten habe, der Wunsch der Polen und Tschechen, ihre deutsche Bevölkerung auszuweisen, entspreche einer historischen Mission, welche die sowjetische Regierung keineswegs zu verhindern suche. Die Vertreter der Westalliierten erklärten daraufhin, daß sie grundsätzlich gegen Massenausweisungen seien. Sollten sich diese jedoch als unumgänglich erweisen, müßte eine geordnete und humane Durchführung sichergestellt werden.

Der hier vorgebrachte westliche Standpunkt wirkt angesichts der früheren generellen Zustimmung zu Ausweisungen allerdings wenig glaubwürdig. Mit ihrem generellen Ja zu gewaltsamen Umsiedlungen hatten die Alliierten die Verantwortung für die Vertreibung mit übernommen. Sie haben sich erst von 1944 an, als es bereits zu spät war,

Gedanken über die Durchführung gemacht. Als sie schließlich einen Zeitplan für die Umsiedlungen aufgestellt hatten, fehlte ihnen jede Möglichkeit, auf die Vertreibungen noch Einfluß zu nehmen. Hinzu kam, daß die Westalliierten von der Sowjetunion und den von ihr unterstützten polnischen Kommunisten getäuscht wurden, da diese offiziell die Sprachregelung von der humanen und geregelten Umsiedlung übernommen hatten. Zu der Täuschung trugen im übrigen auch der amerikanische und der britische Botschafter in Polen bei. Beide verharmlosten in ihren Berichten das polnische Vorgehen gegen die Deutschen, verzögerten die Weitergabe von Protesten ihrer Regierungen an die polnische Regierung, und der britische Botschafter schlug angesichts der unübersehbaren Ausschreitungen gegen Deutsche vor, wie Nelson bei der Beschießung von Kopenhagen das Fernrohr vor das blinde Auge zu halten.[49]

Die Sowjetunion hielt sich mit Stellungnahmen lange zurück, legte aber durch ein geheimes Abkommen mit dem Lubliner Komitee bereits im Juli 1944 einseitig die Oder und Lausitzer Neiße als künftige Westgrenze fest und erteilte die Zustimmung zur Vertreibung der Deutschen aus dem künftigen polnischen Staatsgebiet. Dementsprechend unterstützte sie nach der Eroberung der ostdeutschen Gebiete die sogleich einsetzenden polnischen Vertreibungsaktionen. Als die Westalliierten dies erkannten, erzwangen sie mit Hinweis auf die Potsdamer Vereinbarungen zunächst eine Unterbrechung der Vertreibungen.

FLUCHT UND VERTREIBUNG

Die sowjetische Offensive im Juni und Juli 1944 hatte die Eroberung des östlichen Generalgouvernements bis zu Weichsel und Narew durch die Rote Armee ermöglicht. In diesem Gebiet lebten nur noch die Deutschen, welche als Umsiedler nach Zamość gekommen waren. Aufgrund dieser nun unmittelbaren Bedrohung Ostdeutschlands und der »eingegliederten Ostgebiete« Warthegau und Danzig-Westpreußen wurden umfangreiche Befestigungsarbeiten am sogenannten Ostwall aufgenommen, der auf polnischem Boden westlich des Flusses Narew sowie im Warthegau entlang der Linie Leslau–Kutno–Wieluń und Kolmar–Posen–Lissa geplant war, aber kaum noch zur Ausführung kam. Weiter westlich dagegen entstanden jetzt mehr oder weniger provisorische Befestigungen an der alten schlesisch-polnischen Grenze, im Reichsgau Danzig-Westpreußen auch östlich der Weichsel und im Bereich der alten Pommern-Obra-Stellung, der Ostgrenze Pommerns und Brandenburgs, wobei jeweils die ortsansässige Bevölkerung zu Schanzarbeiten herangezogen wurde. Seit 1944 wurden die Männer zwischen sechzehn und 65 Jahren zum Volkssturm einberufen, jegliche Räumungsmaßnahmen dagegen von den Behörden weiterhin unter Strafandrohung verhindert.

Auf Ersuchen des Wehrkreises ließ Gauleiter Greiser einen Evakuierungsplan für den Warthegau vorbereiten, der allerdings nur eine Bevölkerungsverlegung innerhalb des Gaus selbst vorsah, also die Aufnahme der Evakuierten aus den östlichen Kreisen im

Der Zweite Weltkrieg war eine Zeit erzwungener Völkerwanderungen im Rahmen der totalitären »ethnischen Flurbereinigung«. Wie Schachfiguren wurden Bevölkerungsgruppen in Ostmittel- und Osteuropa verschoben, jahrhundertealte ethnische Verhältnisse gewaltsam verändert. Das Bild der wolhynischen Umsiedlertrecks von 1940 könnte auch aus der Zeit von Flucht und Vertreibung der Deutschen aus dem Osten 1945 stammen.

Westteil des Gaus. Eine Eroberung des gesamten Gaus wurde nicht in Betracht gezogen. Diese Pläne erwiesen sich schon bald als völlig unzureichend.

Vom 12. bis 15. Januar 1945 erfolgte die russische Großoffensive an der gesamten Front von der Memel bis zur oberen Weichsel mit Stoßrichtung zur Oder und auf Berlin. Die 1. ukrainische Front unter Marschall Konjew stieß aus dem Baranow-Brückenkopf nach Schlesien vor, die 1. weißrussische Front unter Marschall Schukow über Lodz und Kalisch an die mittlere Oder, die 2. weißrussische Front unter Marschall Rokossowski von Pultusk über Zichenau/Ciechanów und Soldau in Richtung Elbing. Bereits am 18. Januar hatten die Armeen Schukows und Konjews die Linie Plock–Lodz–Tschenstochau–Krakau überschritten. Am 20. Januar erreichten sie die schlesische Grenze. Gleichzeitig besetzte die Rote Armee Wreschen und Gnesen, am 25. Januar wurde Posen eingeschlossen und Ende Januar waren Schukows Truppen an der Oder bei Küstrin. Der Angriff Rokossowskis war ebenfalls erfolgreich. Am 19. Januar fielen Zichenau und Soldau, Ende Januar erreichte sein rechter Flügel Elbing, der linke über Thorn und Bromberg Schneidemühl. Innerhalb weniger Tage befand sich damit fast ganz Polen unter der Kontrolle der Roten Armee.

Die deutschen Behörden verbreiteten in Posen noch am 12. Januar Durchhalteparolen. Erst als die Lage aufgrund des stürmischen sowjetischen Vormarsches unhaltbar geworden war, ergingen die Räumungsbefehle an die einzelnen Zonen des Gaus. Die Verzögerung der Räumung durch die Behörden wurde jetzt zur Katastrophe für die Menschen. Aus der ostlichen Zone, für die erst am 16. Januar der Räumungsbefehl für Frauen und Kinder und am 18. Januar für die Restbevölkerung erging, gelang nur einem kleinen Teil der Deutschen die Flucht, denn am 18. Januar waren sowjetische Truppen bereits auf der Höhe von Lodz und hatten die nach Westen fahrenden Eisenbahnverbindungen unterbrochen. Nur wer trotz des Räumungsverbots nach Westen gefahren war, hatte sich retten können.

Aus dem zentralen Wartheland, dem Raum Hohensalza-Posen-Kalisch, konnte etwa die Hälfte der Bevölkerung entkommen, teils mit der Bahn, teils im Treck, aber auch nur, weil die meisten schon vor dem offiziellen Räumungsbefehl, der erst am 20. Januar erfolgte, aufgebrochen waren. Aus den westlichen Teilen des Gaus, der an Pommern, Schlesien und Brandenburg grenzte, erreichte dagegen ein großer Teil der Bevölkerung über die Oder das innere Reichsgebiet.

Gauleiter Greiser hatte kurz nach Ausgabe des Evakuierungsbefehls am 20. Januar mit einem Großteil der Partei- und Zivilverwaltung den Gau verlassen. Im Norden waren durch den russischen Vorstoß auf Elbing und den südlichen Stoß über Thorn-Bromberg-Schneidemühl nach Kolberg die Deutschen im ehemaligen Korridor, in Pomerellen und Danzig eingeschlossen, etwa 400 000 aus dem Gebiet der Freien Stadt Danzig und rund 300 000 im ehemaligen Korridorgebiet. Dazu kam noch eine große Zahl Flüchtlinge aus Ostpreußen und dem nördlichen Warthegau.

Ende Februar begann der russische Vorstoß durch Ostpommern an die Ostsee bei Stolp, das am 8. März eingenommen wurde. Den ganzen März über wurden von Gdingen, Danzig, Hela und Pillau aus noch Hunderttausende von Deutschen evakuiert. Am

22. März brachen die Sowjets zwischen Danzig und Gdingen an die Küste durch, am 27. März fiel Danzig. Bis zur Kapitulation der Wehrmacht am 8. Mai konnten deutsche Truppen noch einen schmalen Küstenstreifen bei Schiewenhorst und Hela behaupten. Von hier wurden bis zuletzt Flüchtlinge evakuiert. Dennoch gerieten in diesem Raum etwa eineinhalb Millionen Menschen, darunter viele aus Ostpreußen, in russische Gefangenschaft.

Fast die gesamte deutsche Bevölkerung Polens in seinen Vorkriegsgrenzen, etwa achtzig bis neunzig Prozent, war auf der Flucht. Im Gegensatz zu den Umsiedlern und Reichsdeutschen konnten sich manche alteingesessenen Deutschen aber nur schwer von ihrem angestammten Besitz trennen. Sie hatten auch persönlich häufig ein gutes Gewissen und wiegten sich deshalb in relativer Sicherheit. Von den rund 1,2 Millionen Deutschen, die vor 1939 in Polen gelebt hatten, konnte etwa die Hälfte die Oder erreichen. Mindestens 600 000 wurden aber von der Roten Armee entweder noch in ihren Wohnorten überrascht oder auf der Flucht überrollt und wieder zurückgetrieben, wobei bereits hohe Verluste auftraten.[50]

Nach den bekanntgewordenen Ausschreitungen der Roten Armee gegen die Zivilbevölkerung in Ostpreußen war die Angst vieler Deutscher groß. Das Schicksal der Zurückgebliebenen zeigte auch, daß die Befürchtungen zumeist nicht übertrieben waren. Schon die von den NS-Behörden verschuldete überstürzte Flucht im Winter hatte hohe Opfer gefordert, besonders unter den Kindern, den Alten und Kranken, doch was sich jetzt abspielte, war weit schlimmer. Von ihren Vorgesetzten und Dienststellen dazu ausdrücklich aufgefordert, ging die Rote Armee sofort nach der Eroberung zu Plünderungen, Brandstiftungen, Morden und Schändungen über, die viele Todesopfer forderten. Am schlimmsten war es in den reichsdeutschen Gebieten und in Danzig, während auf polnischem Boden solche Ausschreitungen seltener stattfanden. Der in Rußland geborene Journalist Alexander Werth, Kriegsberichterstatter der britischen *Sunday Times* bei der Roten Armee, zitierte einen russischen Major: »... nach nahezu vier Jahren waren unsere Soldaten in dieser Beziehung völlig ausgehungert. In Polen ereigneten sich eine Reihe bedauerlicher Dinge, aber was die Frauen anging, so wurde doch streng auf Disziplin geachtet. Es wurde schrecklich viel gestohlen und geraubt. Aber Plünderungen und Vergewaltigungen in großem Maßstab begannen erst, als unsere Soldaten nach Deutschland kamen.«

Gemäß einer Vereinbarung mit dem sowjetischen Oberkommandierenden in Polen, welche das Lubliner Komitee unmittelbar nach seiner Konstituierung am 26. Juli 1944 getroffen hatte, unterstanden alle Teile des polnischen Territoriums, die »nicht mehr in der Zone der unmittelbaren Feindseligkeiten« lagen, seiner Verwaltung. Bereits kurze Zeit nach der Rückeroberung ging die Verwaltung in Zentralpolen, in Posen und Pommerellen von den sowjetischen Kommandanturen an die neuen polnischen Staatsorgane über. Dasselbe geschah auch im Gebiet der Freien Stadt Danzig. Schon im April 1945 trat hier die polnische Verwaltung an die Stelle der Sowjetkommandantur, und es trafen die ersten polnischen Umsiedler aus den von der Sowjetunion besetzten ostpolnischen Gebieten ein.

Zum Zeitpunkt der Übernahme der Verwaltungshoheit durch die Polen lebten maximal noch etwa 800000 Deutsche auf dem Gebiet des polnischen Staates der Vorkriegszeit. Der aufgestaute Haß gegen die deutsche Besatzungspolitik entlud sich nun gegen alle Deutschen, gleichgültig, ob persönlich schuldig oder nicht. Dabei wurde auch nicht zwischen Reichsdeutschen, Umsiedlern und ehemaligen Minderheitenangehörigen unterschieden. So mußten vielerorts die Deutschen – in Anlehnung an deutsche Maßnahmen gegen die Juden – auf ihrer Kleidung deutlich sichtbare Kennzeichen wie weiße Armbinden oder aufgenähte Hakenkreuze tragen. Die solcherart als Deutsche kenntlich Gemachten waren ständig Ausschreitungen ausgesetzt, so daß die Selbstmordrate unter den Deutschen stark anstieg.[51]

Die in sowjetische Hand gefallenen deutschen Umsiedler aus dem Schwarzmeergebiet und Wolhynien wurden als »sowjetische Staatsangehörige« sogleich in Zwangsarbeitslager in der Sowjetunion abtransportiert. Die Rote Armee ließ viele Deutsche, die auf der Flucht überrollt oder in ihren Heimatorten überrannt worden waren, zunächst in die örtlichen Zuchthäuser sperren. Da es die Westalliierten in Jalta nicht vermocht hatten, die sowjetischen Forderungen nach »Reparationen in Sachleistungen«, also auch in Form deutscher Arbeitsleistungen, abzuwehren, begannen die Sowjets nun unverzüglich mit dem Abtransport Zehntausender Deutscher in die Sowjetunion zur Zwangsarbeit. Die polnischen Behörden führten ebenfalls Massenverhaftungen von Deutschen durch, so daß bald alle größeren polnischen Zuchthäuser wie Fordon bei Bromberg, Graudenz, Crone an der Brahe, Lodz, Mokotów bei Warschau, aber auch die in den Kreisstädten, überfüllt waren.

POLNISCHE SONDERGESETZE ZUR BEHANDLUNG DER »VOLKSDEUTSCHEN«

Aus dem Wunsch, Vergeltung für die deutsche Besatzungspolitik zu üben, wurde bereits während des Krieges von polnischen Politikern die gesetzliche Grundlage zur Diskriminierung und Entrechtunge aller Deutschen in Polen geschaffen, wobei man teilweise auch rückwirkend das bisherige polnische Recht bedeutend erweiterte.[52] Dazu gehörte ein Dekret der polnischen Exilregierung in London vom März 1943, das die strafrechtliche Ahndung von deutschen Kriegsverbrechen in Polen betraf. Das Lubliner Komitee erließ am 31. August 1944 ebenfalls ein Dekret zur »Bestrafung der faschistisch-hitleristischen Verbrecher, die der Tötung und Mißhandlung der Zivilbevölkerung und von Kriegsgefangenen schuldig sind, sowie der Verräter des polnischen Volkes«.

Obwohl als Strafgesetz für Kriegsverbrechen erlassen, ist der Begriff »faschistisch-hitleristische Verbrechen« hier so weit gefaßt, daß auch alle Handlungen hierunter fielen, die geeignet waren, die Besatzungsmacht zu stützen und dem polnischen Volk zu schaden, selbst wenn sie unter Zwang stattgefunden hatten. Durch seine Dehnbarkeit begünstigte dieses Gesetz Willkürakte und politische Kollektivbestrafung. Als Strafen waren Tod oder Gefängnis, Verlust der Bürgerrechte und Vermögenseinziehung festgelegt worden. Obwohl über die Volkszugehörigkeit nichts ausgesagt wurde, kam es in der Praxis vorwiegend gegen Deutsche zur Anwendung. Die Verfahren sollten durch Sondergerichte verhandelt werden, vor denen ohne schriftliche Begründung Anklage erhoben werden konnte und gegen deren Urteile keine Rechtsmittel zulässig waren. Ergänzt wurde dieses Dekret durch weitere Gesetze, die sich gegen die polnischen Staatsangehörigen richteten, die während der deutschen Besatzungszeit durch Deutschtumserklärungen materielle und rechtliche Vorteile genossen hatten. Das erste dieser Dekrete über die »Sicherungsmaßnahmen gegen Volksverräter« wurde am 4. November 1944 für die zu diesem Zeitpunkt bereits befreiten Gebiete des Generalgouvernements und der Wojewodschaft Bialystok erlassen. Es verfügte neben der mit Zwangsarbeit verbundenen Internierung aller »Volksverräter« auch Vermögenseinzug und den Verlust der politischen und bürgerlichen Rechte, einschließlich elterlicher und vormundschaftlicher Rechte. Das Gesetz wurde auf alle Deutschen angewendet, unabhängig davon, ob sie erst im Kriege die deutsche Staatsbürgerschaft angenommen oder sie schon vorher besessen hatten.

Es handelte sich hierbei nicht um ein normales Strafgesetz, sondern um die Anordnung einer polizeilichen Strafverfolgung, bei der kein ordentliches Strafverfahren zur Anwendung kam. Die Strafverfolgung lag im Ermessen der Polizei- und Milizorgane, die zur Festnahme jedes des Tatbestandes Verdächtigen verpflichtet waren. Sie führten auch die Verhöre und leiteten die Anzeigen an die Sondergerichte weiter. Die Verhafteten hatten keinerlei Einspruchsrecht. Auf Flucht aus den Internierungslagern, Beiseiteschaffen von Vermögenswerten oder Beihilfe zu solchen Handlungen sowie jegliche Hilfe für die vom Dekret Betroffenen stand Todesstrafe oder lebenslänglich Gefängnis.

Da im übrigen Polen die Zahl der betroffenen Deutschen sehr viel höher war, wurde anstelle des Dekrets vom 4. November 1944 für das übrige Staatsgebiet am 28. Februar 1945 ein Dekret über den »Ausschluß feindlicher Elemente aus der polnischen Volksgemeinschaft« erlassen. Es basierte auf den Einstufungen in die »Deutsche Volksliste« während des Krieges. Das Dekret vom 28. Februar 1945 sah eine Überprüfung der »Loyalität« der in die Volksliste eingetragenen Personen vor. Wurde diese nicht bescheinigt, kamen Maßnahmen wie beim Dekret vom November 1944 zur Anwendung. Angehörige der Liste I waren grundsätzlich von der Rehabilitation ausgeschlossen, sie wurden in Internierungslager verbracht, ihr Vermögen wurde eingezogen. Für die Angehörigen der Volkslistengruppen III und IV war ein erleichtertes, teilweise pauschales Rehabilitationsverfahren vorgesehen. Sie mußten lediglich eine Treueerklärung gegenüber dem polnischen Volk abgeben, die öffentlich bekanntgemacht wurde. Erfolgte innerhalb von sechs Monaten kein Einspruch dagegen, galt die Rehabilitation als vollzogen. Die Angehörigen der Gruppe II dagegen mußten generell mit Enteignung und Internierung rechnen, wenn sie nicht in einem förmlichen Rehabilitationsverfahren nachweisen konnten, daß sie gegen ihren Willen in die Volksliste aufgenommen worden waren und sich immer zur polnischen Nation bekannt hatten. Offensichtlich sollten besonders die Angehörigen der Gruppe II, die man nicht eigentlich als Deutsche, sondern als »Volksverräter« ansah, exemplarisch bestraft werden. Im September

1946 wurden erneut bezüglich der Deutschen Dekrete erlassen. Das erste, bereits am 28. Juni 1946 in Oberschlesien in Kraft gesetzt, aber erst am 19. September 1946 auf das gesamte polnische Staatsgebiet ausgedehnt, betraf »die strafrechtliche Verantwortlichkeit für den Abfall von der Nation während des Krieges«. Das Gesetz sah Straffreiheit für alle vor, die schon vor dem 1. September 1939 ständig ihre Zugehörigkeit zur deutschen Nation bekundet hatten oder sich danach nur unter Druck oder zur Vermeidung schwerer Verfolgung zur deutschen Nationalität bekannt hatten. Strafmilderung gab es für diejenigen, die aus Unwissenheit gehandelt hatten. Ziel des Dekrets war die weitgehende Einstellung der Sanktionen gegen die Angehörigen der Volkslisten III und IV und Beschränkung der Verfolgung auf eindeutige Fälle von opportunistischem Nationalitätswechsel sowie die Ausweisung derer, die zweifelsfrei Deutsche waren.

Das zweite Dekret vom 13. September 1946 über den »Ausschluß von Personen deutscher Nationalität aus der polnischen Volksgemeinschaft« erkannte allen Personen, die nach vollendetem achtzehntem Lebensjahr »ihre deutsche Nationalität bekundet haben«, die polnische Staatsbürgerschaft ab. Ihr Vermögen wurde eingezogen, sie selbst mit ihren Familienangehörigen ausgewiesen. Nach diesem Dekret trat für die bisher der Strafverfolgung wegen Volksverrats Ausgesetzten an die Stelle weiterer Strafverfolgung die Aussiedlung.

Mit den genannten Gesetzen wurde die völlige Ausschaltung der deutschen Bevölkerung aus dem politischen, wirtschaftlichen und sozialen Leben des neuen polnischen Staates angestrebt und der Polonisierung der verbliebenen deutschen Bevölkerung eine formaljuristische Deckung gegeben.

Die praktische Durchführung bedeutete für die Deutschen sofortige Rechtlosigkeit, Besitzverlust und Internierung in einem Zwangsarbeitslager beziehungsweise Zwangsarbeit beim Aufräumen zerstörter Städte, bei Bauern oder in Betrieben. Deutsche Kinder unter dreizehn Jahren wurden den Eltern weggenommen und in Kinderheime gesteckt, in denen die Sterberate hoch war. Für ihre »Repatriierung« setzte man nach einer Verordnung vom 12. Oktober 1947 eigene Kreiskommissionen ein. Kinder, die »ein ausgeprägtes Zugehörigkeitsgefühl zur deutschen Volksgruppe zeigten« oder »derart im Hitlergeist verwurzelt sind, daß ihr ferneres Verbleiben in Polen lästig wäre«, wurden ausgewiesen. Die übrigen sollten in Polen bleiben und polonisiert werden.

In den Aussiedlungs- und Zwangsarbeitslagern kamen Zehntausende von Deutschen durch Hunger, Mißhandlungen, Seuchen, fehlende ärztliche Behandlung und teilweise auch durch Mord zu Tode.[53] Allein im Lager Potulitz starb zwischen 1947 und 1950 mehr als die Hälfte aller Inhaftierten.[54]

Wie viele Deutsche in den Jahren 1945 bis 1950 in den Internierungslagern verstorben sind, läßt sich nicht mehr feststellen, da die polnischen Behörden die Zahl der Toten aus verständlichen Gründen geheimhielten. Die Leichen kamen in Massengräber, die als Grabstätten unkenntlich gemacht wurden.

Die polnische Volkszählung vom 14. Februar 1946 nennt für das Gebiet Polens in den Vorkriegsgrenzen westlich des Bug noch 212 343 Deutsche und 222 971 Personen mit anhängigem Rehabilitationsverfahren. Dabei handelte es sich zumeist um ehemalige Angehörige der deutschen Minderheit vor 1939. Die Zahlen sind als Mindestwerte anzusehen. In den vier Besatzungszonen in Deutschland einschließlich Berlins lebten nach der Volkszählung vom 29. Oktober 1946 rund 528 000 vertriebene Deutsche aus Polen. In Dänemark waren damals etwa 4000 Deutsche aus Polen interniert, in Österreich betrug ihre Zahl rund 10 000 Personen. Auf die Gesamtheit der deutschen Vorkriegsbevölkerung Polens bezogen errechnete das Statistische Bundesamt einen Gesamtverlust durch Krieg und Vertreibung von 293 000 Menschen, das entspricht 21,4 Prozent der deutschen Bevölkerung Polens am 1. September 1939.[55]

Litauen vom Ersten bis zum Ende des Zweiten Weltkriegs

HARRY STOSSUN

Die Deutschen in Litauen während des Ersten Weltkriegs

Der Kriegsausbruch 1914 brachte die auf dem litauischen Territorium lebenden Deutschen in eine schwierige Lage. Die russische Verwaltung begegnete den russischen Untertanen deutscher Nationalität hier ebenso wie in Kongreßpolen mit großem Mißtrauen; viele wurden der Spionage verdächtigt. Ende 1914 begann man, Deutsche abzuschieben. Fabrikarbeiter und Handwerker, die zunächst noch an der Festung Kowno gearbeitet hatten, mußten nun mit ihren Familien die Stadt verlassen. Auf dem Lande war es ähnlich. Die Abschiebung der Deutschen erfolgte häufig gewaltsam und ungeordnet und nach Gutdünken der örtlichen russischen Militärkommandanten. Von ihrer Habe durften die Menschen so gut wie nichts mitnehmen. Einige flohen in die Wälder, andere hofften weiter im Osten Beschäftigung und Lebensunterhalt zu finden. Die Deutschen aus Kaunas gingen zum Teil nach Wilna, und viele deutsche Männer wurden zum russischen Heer eingezogen.

Zwischen März und September 1915 wurde das gesamte von Litauern bewohnte Gebiet von deutschen Truppen besetzt. Die zurückweichenden Russen hatten zuvor den gesamten Verwaltungsapparat aus dem Lande abgezogen und große Teile der Bevölkerung zur Flucht ins Innere Rußlands gezwungen. Nach dem Ende der Kriegshandlungen kehrte der größte Teil der Deutschen von dort wieder in ihre Wohnorte zurück. In einem zeitgenössischen Bericht aus Kaunas heißt es dazu: »Was sie vorfanden, war sehr schmerzlich. Ihre Wohnungen waren meist wüst und leer, zum großen Teil … von dem zurückgebliebenen Pöbel geplündert, andere durch Requisitionen ausgeräumt und militärisch belegt … So standen die Deutschen da, viele nicht nur ihrer Ersparnisse, sondern auch ihrer Habe völlig ledig, andere schwer geschädigt.«[1] Die Betreuung dieser mittellosen Rückkehrer lag in den Händen der deutschen Behörden.

Diejenigen Deutschen, die im Kriegsgebiet geblieben waren, hatten häufig die Erfahrung machen müssen, daß die deutschen Truppen sie zunächst argwöhnisch betrachteten. Wie in Kongreßpolen konnten viele deutsche Soldaten kaum glauben, daß in diesem Teil des Russischen Reiches nicht überwiegend Russen, sondern vor allem Litauer, Polen und Juden und selbst viele Deutsche lebten. Man schätzte ihre Zahl auf etwa 30 000.

Ganz ohne Zweifel begann mit der Besetzung Litauens durch deutsche Truppen für die hier lebenden Deutschen eine günstige Entwicklung. Zwar war diese Minderheit durch die Verschleppungen bei Kriegsbeginn geschwächt worden, erfuhr jetzt aber durch verschiedene Maßnahmen der Besatzungsverwaltung eine deutliche Stärkung.

Die oberste Gewalt über das Territorium hatte der Oberbefehlshaber Ost, seit Sommer 1916 war das Prinz Leopold von Bayern. Ihm unterstanden die den Etappeninspektionen zugewiesenen Verwaltungschefs und diesen wiederum die Kreishauptleute, Bürgermeister und die Feldgendarmerie. Der Chef des Stabes Ober-Ost, General der Infanterie Erich Ludendorff, schuf daraus allmählich eine Verwaltungseinheit, das »Land Ober-Ost«. Es bestand zunächst aus den sechs Verwaltungsbezirken Kurland, Litauen,

Vor dem Theater in Memel steht auch heute wieder der Brunnen mit dem Ännchen von Tharau zu Ehren des Dichters Simon Dach, der 1605 in Memel geboren wurde. Die nach 1945 verschollene Ännchen-Statue wurde 1990 durch Spenden heutiger und ehemliger Einwohner Memels in alter Form rekonstruiert und in einem Festakt an ihrem alten Platz wieder aufgestellt.

Die auf einer Halbinsel gelegene Burg Traken/Trakai war einst Sitz der litauischen Großfürsten, bevor diese ihre Residenz nach Wilna verlegten. Alfred Brust hat in seinem Roman »Die verlorene Erde« 1926 eine Bootsfahrt nach Traken geschildert: »... dieser See schien kein Ort, da man Gespräche führen konnte. Sie fuhren an einer Insel vorbei, darauf eine verlorene Burg stand. Und es war, als ob die Manen der Heiden, die hier einst gelebt und gestritten hatten, hart auf der Grenze zum Diesseits um ein zerstürztes Reich trauernd sich bewegten. Zuweilen wurde ihre Nähe so lastend, daß die Bootsinsassen schwer atmend, tief gebeugt, stumm auf den schmalen Bänken saßen.«

Suwalki, Wilna, Bialystok und Grodno. 1916 wurden Suwalki und Wilna vereinigt und im März 1917 mit Litauen zur »Militärverwaltung Litauen« zusammengefügt, der 1918 auch Bialystok und Grodno angeschlossen wurden.

Die deutsche Militärverwaltung förderte die Deutschen in Litauen vor allem durch die Einrichtung deutscher Grundschulen. Auch die Gründung einer höheren deutschen Schule war geplant, kam jedoch nicht zur Ausführung. Trotz mancher Unzulänglichkeiten bedeuteten die neuen Bildungseinrichtungen im Vergleich zu den vorher vorhandenen Kirchenschulen einen gewaltigen Fortschritt. Sie vermittelten zumindest Elementarkenntnisse, auf die später aufgebaut werden konnte. Überhaupt wurde nun zum ersten Mal die Grundlage für einen kulturellen Aufstieg der Deutschen in Litauen gelegt. Die Eltern, litauendeutschen Lehrer und Mitarbeiter der evangelisch-lutherischen Kirchengemeinden, die das Umfeld der Schulen bildeten, bemühten sich auch nach dem Ende der deutschen Militärverwaltung um den Fortbestand der deutschen Bildungseinrichtungen. Das Gemeinschaftsgefühl, das sich bislang auf die deutschen Kirchengemeinden beschränkt hatte, wurde in dieser Zeit beträchtlich verstärkt. Es erwachte ein Selbstbehauptungsstreben der Deutschen, das bis dahin nur in Glaubensdingen wirksam gewesen war. Noch wichtiger als die Bemühungen um die Verbreitung der deutschen Sprache in Litauen war die Tatsache, daß die Existenz dieser nationalen Minderheit in Deutschland weiteren Kreisen überhaupt bekannt wurde.

Während die Deutschen in Litauen die Maßnahmen der Militärverwaltung begrüßten, stießen diese bei den Litauern zum Teil auf heftige Kritik. Neben der gezielten Förderung der deutschen Sprache umfaßten sie nämlich auch die wirtschaftliche Ausbeutung des Landes sowie die Aufstellung von Arbeitsbataillonen für die Forstwirtschaft und die holzverarbeitende Industrie. Viele der politisch engagierten Litauer sahen in praktisch allen Maßnahmen der Besatzungsverwaltung lediglich Mittel zur Germanisierung des Landes.

Die litauische Unabhängigkeit am Ende des Ersten Weltkrieges war einerseits das Ergebnis der deutschen Politik, die einen vom Deutschen Reich abhängigen Staat schaffen wollte, andererseits eine Folge der russischen Revolution. Am 26. März 1917 bildeten Mitglieder verschiedener politischer Richtungen und Parteien, die für die Litauer ein Selbstbestimmungsrecht verlangten, in Sankt Petersburg einen »Litauischen Nationalrat« und führten mit der russischen revolutionären Regierung Verhandlungen. In Wilna trat im August 1917 ein Organisationsausschuß zusammen, der eine Konferenz von Vertretern aller Schichten und politischen Parteien des litauischen Volkes einberief. Diese tagte vom 18. bis 23. September 1917 und wählte einen litauischen Landesrat (*Lietuvos Taryba*), der wiederum Antanas Smetona, den späteren litauischen Staatspräsidenten, zu seinem Vorsitzenden wählte. Die Taryba forderte einen unabhängigen litauischen Staat und nahm darüber Verhandlungen mit der deutschen Regierung und mit einzelnen deutschen Parteien auf. Eine Verwirklichung der litauischen Freiheit schien damals nur mit deutscher Hilfe möglich zu sein.

Die Unabhängigkeitserklärung erfolgte am 29. November 1917 durch den Reichskanzler Graf Hertling, woraufhin die Taryba am 16. Februar 1918 die Wiederherstel-

Einmarsch deutscher Truppen 1915 in eine litauische Stadt
Die anfänglich als Befreier von der russischen Herrschaft begrüßten Deutschen machten sich durch Erklärungen wie »Fester als damals [zur Deutschordenszeit] steht heute die deutsche Wacht in Litauen« bei der litauischen Bevölkerung rasch unbeliebt.

lung eines auf demokratischer Grundlage aufgebauten, unabhängigen litauischen Staates mit der Hauptstadt Wilna und die Lösung aller staatlichen Bindungen proklamierte, die mit anderen Völkern bestanden hatten. Diese Erklärung stand im Widerspruch zu den deutschen Forderungen, die eine Anlehnung des neuen Staates an Deutschland vorsahen.

Erst nach einer vertraglich festgelegten engen Bindung an das Deutsche Reich, einer Militär- und Verkehrskonvention und einer Zoll- und Münzunion erfolgte am 23. März 1918 durch Kaiser Wilhelm II. die offizielle Anerkennung der litauischen Unabhängigkeit. Die Taryba arbeitete einen Verfassungsentwurf aus, der eine konstitutionelle Monarchie vorsah, und wählte am 9. Juli 1918 den Herzog Wilhelm von Urach, Grafen aus Württemberg, zum litauischen König. Zu einer Regierungsbildung kam es jedoch zunächst nicht. Als sich im November 1918 der Zusammenbruch des Deutschen Reiches abzeichnete, brauchten die Litauer auch keine Rücksicht mehr auf die Abmachungen mit dem westlichen Nachbarn zu nehmen und hoben den Beschluß über die Bildung einer konstitutionellen Monarchie wieder auf. Damit war der Weg zu einer selbstbestimmten litauischen Unabhängigkeit frei geworden.

Deutsche in Litauen und im Memelland in der Zeit zwischen den beiden Weltkriegen

DAS MEMELLAND

Der Versailler Vertrag trennte 1919 das Memelland, wie das 2657 Quadratkilometer große Gebiet zwischen der Memel und der Reichsgrenze von 1914 genannt wurde, unter Berufung auf das ethnografische Prinzip, aber ohne die Einholung eines Votums der Bevölkerung, vom Deutschen Reich ab. Es wurde einem internationalen Kondominium unter einem französischen Oberkommissar unterstellt. Von den im Jahre 1910 insgesamt 140 496 Einwohnern hatten als Muttersprache 71 000 Deutsch und etwa 67 000 Litauisch angegeben. Etwa die Hälfte der deutschsprachigen war in der Stadt Memel ansässig, wo sie neunzig Prozent der Einwohnerschaft bildeten. Die eigentliche Verwaltung lag in den Händen eines deutschen Landesdirektoriums.

Am 10. Januar 1923 wurde das Memelgebiet von litauischen Truppen, teils als »Aufständische« getarnt, teils in regulärer Uniform, besetzt und zu einem Teil Litauens erklärt. Die alliierte Botschafterkonferenz erkannte schon am 16. Februar 1923 unter der Bedingung, daß die Autonomie gewahrt bleibe, die litauische Souveränität über das Memelgebiet an. In der Memelkonvention vom 8. Mai 1924 wurde der Rechtsstatus des Landes festgeschrieben. Das Dokument, das außer von Litauen unter anderem auch von Frankreich und Großbritannien unterzeichnet worden war, sah ein autonomes Gebiet mit eigenem Landtag vor. Die vollziehende Gewalt lag in den Händen eines Landesdirektoriums, dem als Vertreter des litauischen Staates ein Gouverneur gegenüberstand. Dieser besaß bei der Gesetzgebung ein Vetorecht. Litauisch und Deutsch wurden gleichberechtigte Amtssprachen, die Minderheitenschutzdeklaration sollte auch im Memelgebiet gelten.

Das Ergebnis der ersten Wahl zum memelländischen Landtag machte deutlich, daß litauische Familiensprache und politisches oder nationales Bekenntnis nicht übereinstimmen mußten. Insgesamt 27 der 29 Sitze wurden von den zu einer »Einheitsfront« zusammengeschlossenen deutschen Parteien errungen. Aus historischen und konfessionellen Gründen standen viele Litauer im Memelgebiet ihren deutschen Nachbarn näher als ihren Landsleuten in Litauen. So blieb auch bei den folgenden Wahlen im Memelgebiet der Anteil der litauischen Parteien stets unter zwanzig Prozent.

Verschiedene Verstöße gegen das Memelstatut von seiten Litauens, das seit Dezember 1926 von einem autoritären Regime geführt wurde, belasteten in der Folgezeit das Verhältnis Deutschlands zu seinem östlichen Nachbarn. Dennoch kam es 1928 zum Abschluß eines Grenz- und Schiedsvertrags und 1929 eines Handelsabkommens.

Einer Verschärfung des deutsch-litauischen Konflikts erfolgte im Jahre 1932, als die litauische Regierung das memelländische Direktorium absetzte und gegen den Willen der Landtagsmehrheit einen Litauer zum Direktoriumspräsidenten machte. Durch das

Das unmittelbar an der ostpreußischen Grenze gelegene Gebiet um Suwalki war eines der Zentren der litauendeutschen Bevölkerung. Die Marktstände waren entsprechend den hier vertretenen Nationalitäten mehrsprachig deutsch-polnisch-litauisch ausgezeichnet, die Kundschaft wurde in ihrer jeweiligen Sprache bedient.

Deutsche Reich daraufhin verhängte Importbeschränkungen für landwirtschaftliche Produkte aus Litauen stürzten das Land in eine schwere Wirtschaftskrise.

Bereits kurz nach der Machtübernahme Hitlers kam es im Memelgebiet zur Ablösung der vier bisherigen deutschen Parteien. Sie wurden durch zwei von der NSDAP gelenkte, sich aber gegenseitig bekämpfende Parteien ersetzt: Die Christlichsoziale Arbeitsgemeinschaft (Vorsitzender: von Saß) und die Sozialistische Volksgemeinschaft (Vorsitzender: Dr. Neumann). Von den litauischen Behörden wurden diese nationalsozialistisch gleichgeschalteten Parteien verboten und im Juni 1934 das Landesdirektorium unter Dr. Schreiber abgesetzt. In einem Landesverratsprozeß vom Dezember 1934 bis März 1935 wurden die beiden Parteivorsitzenden und mit ihnen viele andere Mitglieder vor allem wegen ihrer Kontakte zum Deutschen Reich zu langen Zuchthaus- und Gefängnisstrafen verurteilt.

Um die Auswirkungen des Importverbots, das gerade auch das Memelland sowie die in Litauen ansässigen deutschen Bauern schwer getroffen hatte, zu mildern, erklärte sich Deutschland 1936 wieder zu Wirtschaftsgesprächen mit Litauen bereit, verlangte aber einen neuen Kurs in der Memelpolitik und vor allem die Respektierung der in der Memelkonvention festgelegten Autonomierechte. Nach litauischem Einlenken kam es zum Abschluß eines Waren- und Grenzverkehrsabkommens, und die deutsch-litauischen Beziehungen blieben bis Ende 1938 entspannt. So wurden verschiedene Maßnahmen zur Einschränkung des deutschen Kultur- und Wirtschaftslebens von litauischer Seite wieder zurückgenommen, im Februar 1938 Dr. Neumann aus der Haft entlassen und im Oktober desselben Jahres das seit Dezember 1926 geltende Kriegsrecht im Memelgebiet aufgehoben.

Im Dezember 1938 fand die letzte Landtagswahl statt. Auch diesmal konnten die deutschen Parteien, die sich zu einer von Dr. Neumann angeführten Memeldeutschen Liste zusammengeschlossen hatten, die weitaus meisten Stimmen erzielen.

Die kurz nach der deutschen Besetzung der Tschechoslowakei im März 1939 erfolgte Lösung der Memelfrage durch Wiedereingliederung des Gebiets in das Deutsche Reich wurde zwar ohne direkte Gewaltanwendung, aber durch ein entsprechendes Ultimatum Hitlers erzwungen. Sie entsprach jedoch dem Willen der Bevölkerungsmehrheit. Mit dem Vertrag vom 22. März 1939 wurde ein »künstlich geschaffener pseudonationaler Zankapfel zwischen Deutschland und Litauen«[2] beseitigt.

DIE DEUTSCHE MINDERHEIT IM LITAUISCHEN STAAT

Nach den Ergebnissen der Volkszählung von 1923 hatte Litauen eine Einwohnerzahl von 2 028 971 Menschen, darunter neben der litauischen Mehrheitsbevölkerung Juden, Polen, Russen, Deutsche, Letten und Angehörige anderer Nationalitäten. Der Anteil der Deutschen betrug mit 29 231 Personen rund 1,4 Prozent. Diese erste und einzige Volkszählung in der Zwischenkriegszeit vom 17. September 1923 war jedoch keineswegs zuverlässig und wurde insbesondere von den Angehörigen der nationalen Minderhei-

Das jüdische Viertel in Wilna, das waren schmale Häuser mit kleinen Läden, dicht aneinandergedrängt. Ausschließlich hier spielte sich das gesamte Leben der Juden ab. Es war eine ganz eigene und fremde Welt, in der die Vergangenheit gleichsam versteinert in die Gegenwart überdauert hatte.

ten kritisiert. Zwar erfolgte die Feststellung der Nationalität nach dem persönlichen Bekenntnis, die Erhebungsmethoden zielten aber auf ein möglichst geringes Ergebnis bei der nichtlitauischen Bevölkerung ab. Den Angehörigen der Minderheiten, die zum Teil die litauische Sprache nicht ausreichend beherrschten, war die unterschiedliche Bedeutung der Begriffe *tikybe* (Konfession), *tautybe* (Nationalität) und *pilietybe* (Staatsangehörigkeit) keineswegs klar. Im Bewußtsein der Bevölkerung kam zumeist der Religionszugehörigkeit die größte Bedeutung zu, die Volkszugehörigkeit war dagegen eher zweitrangig. Ein klares Nationalbewußtsein, das Voraussetzung für die Erhebung der Nationalität nach dem persönlichen Bekenntnis gewesen wäre, kann Anfang der zwanziger Jahre in Litauen bei vielen Einwohnern noch nicht vorausgesetzt werden.

Aufschlußreicher als die Angaben über die nationale Zugehörigkeit der Einwohnerschaft waren die aus der Volkszählung resultierenden Werte über die konfessionelle Gliederung der Bevölkerung. Sie lassen auch Rückschlüsse auf die tatsächliche Zahl der Deutschen im Lande zu.

Wie die Volkszählung zeigte, waren die Litauer zu 98 Prozent Katholiken und die Deutschen zu einem ebenso hohen Prozentsatz Lutheraner. Von den insgesamt 66 578 Lutheranern sollen 28 671 Deutsche (davon 924 Reichsdeutsche), 22 312 Litauer und 13 555 Letten gewesen sein. Berücksichtigt man die Angaben der evangelisch-lutherischen Pfarrer, wonach die Zahl der evangelischen Litauer etwa 12 000 Personen betrug, so haben sich unter den 22 312 als »Litauer« bezeichneten Lutheranern mindestens 10 000 evangelische Deutsche befunden. Nach kirchlichen Berechnungen der Zwischenkriegszeit waren 43 000 Lutheraner Deutsche, was auch durch die bei der Umsiedlung 1941 ermittelten Zahlen bestätigt wird.

Die Ergebnisse der Volkszählung von 1923 zeigen drei regionale Schwerpunkte der deutschen Siedlung in Litauen: Die erste Region umfaßte sechs ostlitauische Kreise einschließlich des Stadtkreises Wilkomir mit rund einem Fünftel des Territoriums und der Gesamteinwohnerschaft des Landes. Die hier lebenden 226 Deutschen bildeten 0,05 Prozent der Bevölkerung.

Das zweite Gebiet umfaßte zwölf Kreise Mittel- und Nordlitauens einschließlich der Stadtkreise Schaulen und Ponewesch, der Fläche nach mehr als die Hälfte des Landes. Die 3 675 hier ansässigen Deutschen bildeten 0,35 Prozent der Gesamtbevölkerung in diesem Gebiet und 12,6 Prozent aller Deutschen Litauens. Zumeist handelte es sich bei ihnen um Bauern oder Handwerker, wobei der Beruf des Müllers besonders stark vertreten war. In diesem Gebiet waren auch die meist aus Kurland stammenden deutschbaltischen Adligen ansässig.

Die große Mehrheit der Litauendeutschen, nämlich 86,6 Prozent, lebte in einem relativ kleinen Gebiet, das nur etwa ein Viertel der Gesamtfläche Litauens umfaßte. Diese dritte Region, zu der auch die Stadt Kaunas gehörte, grenzte unmittelbar an Ostpreußen an. Hier war die deutsche Siedlung sehr stark und erreichte im Kreis Wilkowischken einen Anteil von zwölf Prozent der Einwohnerschaft. Aber auch in diesem südwestlichen Teil Litauens gab es praktisch kein geschlossenes deutsches Siedlungsgebiet.

Bei der Umsiedlung zeigte sich, daß bei den traditionell zwei- oder mehrsprachigen Angehörigen der Minderheit die litauische Sprache die deutsche als Umgangssprache häufig bereits verdrängt hatte. Vor allem bei Mischehen war die Neigung des deutschen Teils groß, die Pflege der deutschen Sprache ganz aufzugeben und so Schwierigkeiten im Berufsleben und beim Schulbesuch der Kinder zu vermeiden. Mischehen wurden vor allem bei der städtischen deutschen Bevölkerung eingegangen. Auf dem Lande dagegen blieben Ehen mit Angehörigen anderer Konfessionen wegen der großen Bedeutung ihrer Religion für die evangelischen Deutschen die Ausnahme.

DIE VERWIRKLICHUNG DER MINDERHEITENRECHTE IN SCHULE UND KIRCHE

Am 16. Februar 1918 hatte der litauische Landesrat einen auf demokratischer Grundlage aufgebauten, unabhängigen litauischen Staates ausgerufen.

Der Umstand, daß die Litauer selbst lange Zeit als Minderheit im Russischen Reich um ihre nationale Identität hatten kämpfen müssen, ließ sie bei der Staatsgründung die Anerkennung und Sicherung kultureller Selbstverwaltung für die Minderheiten im Lande festschreiben. Nach seiner Verfassung und den gegen den Völkerbund eingegangenen Verpflichtungen gewährte der litauische Staat seinen Minderheiten sehr weitgehende Autonomierechte. Es handelte sich dabei jedoch nur um Rahmengesetze, die zu ihrer praktischen Umsetzung entsprechender Ausführungsbestimmungen bedurften. So boten sie nicht ausreichend Schutz gegen den auch in Litauen bald einsetzenden nationalen Chauvinismus. Die grundsätzlich garantierte kulturelle Autonomie wurde auf dem Verwaltungswege vielfachen Beschränkungen unterworfen. Auf der Rigaer Minderheitenkonferenz mußten die Vertreter der litauischen Deutschen 1926 konstatieren, daß ihre Situation trotz des hoffnungsvollen Anfangs tatsächlich als die ungünstigste aller baltischen Staaten anzusehen sei.

Die Entstehung des litauischen Staates stellte die Deutschen auch vor die Notwendigkeit, zur wirksamen Vertretung ihrer Interessen eine politische Organisation ins Leben zu rufen. Da es innerhalb der Minderheit mit Ausnahme der wenigen adligen Grundbesitzer kaum Personen gab, die über Erfahrungen beim Aufbau einer solchen Organisation verfügten, ging die Initiative hierzu von einigen in Litauen befindlichen Reichsdeutschen und Deutschbalten aus. 1920 wurde in Kaunas die »Partei der Deutschen Litauens« gegründet. Sie bestand aus Kreisausschüssen in den zwölf größeren Orten des Landes, ferner Bezirksausschüssen und einem Zentralausschuß.[3] Die Partei gab eine Loyalitätserklärung gegenüber dem litauischen Staat ab und nannte als Ziele Kulturautonomie und Gleichberechtigung für die Angehörigen der Minderheit. Der Partei konnten alle Deutschen beitreten, sofern sie mindestens siebzehn Jahre alt waren, wobei »parteipolitische Gesinnung«[4] keine Rolle spielte. Dies führte zu einem sehr heterogenen Mitgliederbestand. So unterschieden sich die Interessen der von der Agrarreform betroffenen Adligen grundlegend von denen der Kleinbauern und Landlosen. Wieder andere Ziele verfolgte die zum Teil sozialistisch eingestellte deutsche Arbeiterschaft in Kaunas.

Die Tatsache, daß die Gründer der Partei und auch ihre führenden Mitglieder entweder Reichsdeutsche oder Deutschbalten waren, war mit dafür verantwortlich, daß diese Organisation kaum Rückhalt bei den sozial schlechtergestellten Minderheitenangehörigen fand. Bei den Wahlen zur litauischen Konstituierenden Versammlung konnte die Partei der Deutschen Litauens einen Vertreter in das Parlament entsenden. Während im ersten litauischen Landtag 1922 kein Deutscher vertreten war, gelang es 1923 durch ein Wahlbündnis mit der russischen und der jüdischen Minderheit, zwei Sitze zu erringen. Von 1920 bis 1922 und zwischen 1924 und 1929 gab die Partei die *Litauische Rundschau* heraus.

Die Bedeutung der deutschen Partei sank, als der Sejm nach einem Staatsstreich vom 16./17. Dezember 1926 im April 1927 aufgelöst wurde und eine auf den Kriegszustand gestützte Alleinherrschaft der Tautininkai-Partei begann. In den folgenden Jahren war die Partei der Deutschen Litauens nur noch in verschiedenen Kommunalparlamenten vertreten, bevor sie sich im Sommer 1935 auflöste.

Die deutschen Abgeordneten konnten zwar einige Male im Sejm auf die Situation der Minderheit hinweisen, aber darüber hinaus spielte die deutsche Partei im politischen Leben des Landes und im Bewußtsein der Deutschen Litauens keine bedeutende Rolle. Es fehlte ihr nicht nur an einem funktionierenden Parteiapparat, sondern vor allem an einem engeren Kontakt zwischen den Funktionären und den Angehörigen der deutschen Minderheit. Nur der »Verein Deutsche Oberrealschule von 1920 zu Kowno«, der seinen Tätigkeitsbereich unter Beibehaltung des Namens auf ganz Litauen ausgedehnt hatte und 1924 in den »Kulturverband der Deutschen Litauens« umgewandelt wurde, setzte sich bis zur Umsiedlung im Jahre 1941 für die Belange der deutschen Volksgruppe ein. Die Kulturarbeit stand zwar weiterhin im Mittelpunkt der Tätigkeit dieser Organisation, im Laufe der Zeit wurden aber politische Aspekte ihrer Tätigkeit zunehmend wichtiger. Schließlich setzte sich der Kulturverband auch für eine wirtschaftliche Förderung des Deutschtums in Litauen ein. Er gab zwischen 1931 und 1941 die *Deutschen Nachrichten für Litauen* heraus.

Ähnlich wie bei der deutschen Partei waren es auch im »Verein deutsche Oberrealschule« vor allem Reichsdeutsche und Deutschbalten, die in den ersten Jahren des Bestehens dieser Organisation den Ton angaben. Ohne diese Personen, die zum Teil über sehr gute Kontakte nach Deutschland und zur deutschen diplomatischen Vertretung in Kaunas verfügten, wäre der Aufbau von deutschen Einrichtungen und Organisationen nicht denkbar gewesen. So war der Deutschbalte Silvio Broedrich, Berater der litauischen Regierung bei der Durchführung der Agrarreform, maßgeblich an der Entstehung und am Ausbau der Deutschen Oberrealschule in Kaunas, des späteren Deutschen Gymnasiums, beteiligt. Diese Bildungseinrichtung erwarb sich im Lande einen sehr guten Ruf und wurde nicht nur von deutschen, sondern auch von sehr vielen jüdischen, litauischen und russischen Kindern besucht. Dem Direktor, Johannes Strauch, gelang es, bedeutende Wissenschaftler der Universität Kaunas als Lehrer zu gewinnen.

In eine ernste Finanzkrise geriet die Schule 1933, als die jüdischen Eltern ihre Kinder aus Protest gegen die antisemitischen Ausschreitungen in Deutschland von der Schule nahmen, denn die sehr hohen Schulgelder für Kinder nichtdeutscher Herkunft hatten den Erhalt der Einrichtung erst ermöglicht. Das Deutsche Gymnasium blieb bis zur Umsiedlung der kulturelle Mittelpunkt für die Deutschen in und um Kaunas.

Die gleichzeitigen Initiativen von Reichsdeutschen, Deutschbalten sowie den Angehörigen der deutschen Minderheit Litauens führten in den zwanziger Jahren zu heftigen Kontroversen innerhalb der Minderheitenorganisation. Dabei spielten weniger politische Richtungskämpfe als vielmehr persönliche Zwistigkeiten die entscheidende Rolle. Hauptstreitpunkte zwischen der deutschen Minderheit und den litauischen Behörden waren in den zwanziger und dreißiger Jahren die Kirchen- und die Schulpolitik.

Bei der Ausstellung von Pässen, mit der eine Litauisierung der Vor- und Familiennamen vorgenommen wurde, verfuhren die Behörden auf die gleiche Art und Weise wie bei der Volkszählung. So wurden viele Deutsche aufgrund falscher Angaben in ihren Pässen als Litauer bezeichnet und geführt. Trotz verschiedener Proteste waren die litauischen Behörden nicht bereit, entsprechende Korrekturen vorzunehmen.

Die zweifelhaften Volkszählungsergebnisse und die falschen Paßeintragungen hatten aber entscheidende Auswirkungen, vor allem hinsichtlich der Einrichtung von Minderheitenschulen. Betrug die Zahl der deutschen Volksschulen im Jahre 1922 noch 23, so wurde diese Zahl ständig mit der Begründung verringert, die Eltern der diese Schulen besuchenden Kinder seien laut Paßeintrag Litauer, somit müsse die Unterrichtssprache für die Kinder Litauisch sein. Im Jahre 1938 waren schließlich nur noch sechs deutsche Schulen übriggeblieben, die alle vom »Kulturverband der Deutschen Litauens« unterhalten werden mußten. Dieser war wiederum, da die Eltern nicht zum Erhalt der Schulen herangezogen werden konnten, auf Unterstützungen aus Deutschland angewiesen. Diese erfolgte vor allem durch die Kulturpolitische Abteilung des Auswärtigen Amtes und den Verein/Volksbund für das Deutschtum im Ausland (VDA).

Das Fehlen einer deutschen Lehrerbildungsanstalt in Litauen hatte einen großen Mangel an Pädagogen zur Folge. Studenten, die sich am Deutschen Pädagogischen Institut in Memel ausbilden ließen, durften anschließend nur im Memelgebiet eingesetzt werden, und der Zuzug von Lehrkräften aus Deutschland wurde von den litauischen Behörden verhindert. Diese wiederum zogen den Mangel an qualifizierten Lehrern als Begründung für die Schließung der deutschen Schulen heran.

Der Kulturverband unterhielt neben einer Reihe von Volksbüchereien auch einige Schülerwohnheime, die wegen der oftmals großen Entfernungen zwischen den Elternwohnorten und den deutschen Schulen eine wichtige Funktion erfüllten. Für den Unterhalt mußten die Eltern einen Zuschuß zahlen, was vielen aber angesichts der schwierigen wirtschaftlichen Verhältnisse nicht möglich war.

Ende der dreißiger Jahre lag der Anteil der deutschen Kinder, welche aufgrund dieser Probleme keine deutsche Schule besuchen konnten, bei sechzig bis siebzig Prozent. Besonders auf dem Lande war das Analphabetentum unter den Deutschen weit verbreitet.

Innenraum der evangelischen Kirche in Wilna
Die »Evangelisch-Lutherische Kirche Litauens«, nach dem Ersten Weltkrieg aus Teilen des Warschauer Evangelisch-Augsburgischen Konsistoriums und des Kurländischen Konsistorialbezirks gebildet, war die wichtigste Organisation der deutschen Minderheit in Litauen. Diese stellte mit 45 000 Gliedern die Mehrheit der rund 70 000 litauischen Protestanten. Ähnlich wie in Polen kam es innerhalb des litauischen Protestantismus zwischen den Weltkriegen zu einer Verschärfung der nationalen Gegensätze.

Zu den Gründen für das Vorgehen der Behörden gehörte der wachsende litauische Nationalismus, aber auch die Belastung des deutsch-litauischen Verhältnisses durch die Memelfrage. Von den großen außenpolitischen Spannungen, mit denen der junge litauische Staat von Anbeginn belastet war, hielt die deutsche Volkstumsorganisation sich jedoch fern.

Der Staatsstreich vom 17. Dezember 1926 und die folgende Alleinherrschaft der Tautininkai führten zu einer weiteren Verschlechterung der Lage der deutschen Minderheitenschulen. Dabei erwies sich die Bestimmung, welche den Besuch einer Schule vom Nationalitätsvermerk in den Pässen der Eltern abhängig machte, als das entscheidende Instrument zur Schließung der deutschen Bildungseinrichtungen. Daß es trotz aller Bemühungen und der Vorlage von Dokumenten, die eine deutsche Volkszugehörigkeit zweifelsfrei belegten, nicht möglich war, auch ganz offensichtlich falsche Paßeintragungen zu korrigieren, machte deutlich, daß hier der Wunsch der litauischen Regierung, das Minderheitenschulwesen zu zerschlagen, entscheidend war.

Das kirchliche Leben der deutschen Minderheit wurde durch einen Streit innerhalb des evangelisch-lutherischen Konsistoriums stark beeinträchtigt. Der litauische Staat erkannte die 1921 von den drei Synoden der deutschen, der litauischen und der lettischen Lutheraner festgelegte Synodalordnung nicht an, und nach der 1925 erfolgten Einsetzung des litauischen Pfarrers Dr. Gaigalat als Präses entbrannte zwischen 1925 und 1929 ein »Kirchenkampf«, in dessen Folge einige deutsche Pastoren ihrer Ämter enthoben und ausgewiesen wurden.

Ausgangspunkt des Konflikts war die national heterogene Zusammensetzung der Kirchengemeinden. Sie führte zu Streitigkeiten zwischen den nationalen Gruppen sowohl auf Gemeindeebene als auch in der Kirchenführung. Deutsche evangelische Gemeinden hinderten Gaigalat daran, Gottesdienste oder Gemeindevisitationen abzuhalten, indem sie die Kirche verschlossen und sich weigerten, den Schlüssel herauszugeben oder die Gemeinde durch ununterbrochenes Singen von Chorälen die Abhaltung eines Gottesdienstes für Stunden unmöglich machte. Es kam vor, daß Pastoren in Gemeinden amtierten, ohne von diesen gewählt oder durch das Konsistorium bestätigt zu sein. Das Konsistorium nahm keine Rücksicht auf Gemeindewahlen mehr, setzte unliebsame Gemeinderäte ab, verbot Versammlungen und Pastorenwahlen, verwehrte gewählten Pastoren die Bestätigung oder veranlaßte deren Entfernung aus den Gemeinden mit Polizeigewalt. Nationale Interessen wurden über das Wohl der Gesamtheit und der Kirche gestellt.

Die litauischen Lutheraner wollten nun nach der langen Zeit deutscher Dominanz in der evangelischen Kirche endlich selbst das Heft in die Hand nehmen. Unterstützung fanden sie bei der Regierung, die im Verlauf der Streitigkeiten einseitig zugunsten litauischer Interessen eingriff und bestrebt war, Angehörige von Minderheiten aus allen Schlüsselpositionen zu drängen. Auf der anderen Seite waren die Vertreter der deutschen Seite bestrebt, die geistige und kulturelle Betreuung ihrer Gemeindemitglieder durch deutsche Pastoren auch unter der veränderten politischen Lage sicherzustellen und die deutsche Dominanz in der Kirche zu erhalten.

Kaunas, in das er 1916 als Angehöriger der deutschen Besatzungsmacht kam, machte auf Richard Dehmel einen vertrauten und zugleich fremdländischen Eindruck: »Die innere Stadt wirkt im ganzen nicht viel anders als eine ostpreußische Provinzgarnison, bloß daß es bei uns etwas sauberer und das Armeleutviertel weniger baufällig aussieht ... unten die mächtige Flußgabel mit den reizenden Türmen der Altstadt, deren Gruppierung immerfort wechselt, mag man auf den Höhenwegen oder den Uferstraßen gehen. Die Türme meist aus dem 18. Jahrhundert, sehr gefälliges, schlichtes Barock, so daß über den Fluß hin das Panorama mehr an Venedig und die Lagunen erinnert als an Moskau oder Petersburg.«

Der Konflikt um die Besetzung kirchlicher Ämter wurde im Frühjahr 1928 nach einer Vermittlung durch eine internationale Kommission des Weltbundes für Freundschaftsarbeit der Kirchen beigelegt. Nationalistische Einstellungen auf allen Seiten ließen die evangelischen Kirchengemeinden aber auch in den dreißiger Jahren nicht zur Ruhe kommen.

DIE WIRTSCHAFTLICHE UND SOZIALE LAGE DER DEUTSCHEN

Die weitaus meisten Deutschen, nämlich 58,2 Prozent, lebten auf dem flachen Lande. Dazu kamen 7,2 Prozent, die in den sogenannten Flecken ansässig waren, also Ortschaften zwischen 200 und 2000 Einwohnern. 34,6 Prozent der Deutschen lebten in Städten, wozu in Litauen alle Ortschaften mit mehr als 2000 Einwohnern gezählt wurden. Die große Mehrheit der Deutschen, nämlich siebzig Prozent, waren Bauern. Hinzu kamen Handwerker und Gewerbetreibende wie beispielsweise Müller. In Kaunas und in einigen anderen Städten gab es außerdem eine deutsche Arbeiterschaft. In Kaunas war das Unternehmen Tillmanns die einzige Fabrik, die überwiegend deutsches Personal beschäftigte.

Angehörige akademischer Berufe waren unter den Deutschen in Litauen nur in sehr geringer Zahl vertreten. So gab es 1939 in ganz Litauen drei deutsche Rechtsanwälte, sieben Ärzte, zwei Zahnärzte und einen Tierarzt. Für die über dreißig evangelischen Kirchengemeinden standen nur neun deutsche Pastoren zur Verfügung. Das Fehlen einer intellektuellen Führungsschicht war somit das Hauptproblem der deutschen Minderheit.

Unter den Deutschen in Litauen gab es nur wenige, die über ein größeres Vermögen verfügten. Abgesehen von einigen im Norden des Landes lebenden Besitzern von Restgütern herrschte in der Landwirtschaft der Klein- und Mittelbesitz vor. Insbesondere in den Hauptsiedlungsgebieten der Deutschen im Südwesten des Landes betrug die durchschnittliche Hofgröße kaum mehr als zehn Hektar.

Die 1922 durchgeführte Agrarreform hatte für die Deutschen in Litauen kaum Bedeutung, da von ihr nur die geringe Zahl deutscher Großgrundbesitzer betroffen war. Im Laufe der dreißiger Jahre verschlechterte sich jedoch die Lage der deutschen Landwirte, was vor allem mit dem Zusammenbruch der Deutschen Genossenschaftsbank zusammenhing. Dieses Geldinstitut hatte man 1923 gegründet, um kapitalarmen deutschen Bauern und Handwerkern Kredite zum Aufbau und zur Erhaltung ihrer Betriebe zu gewähren. Für den Zusammenbruch dieser Genossenschaftsbank im Zuge der Weltwirtschaftskrise war auch der Mangel an geeigneten Fachkräften verantwortlich. In der Folgezeit konnten sich die Deutschen nur noch bei halbstaatlichen Banken mit zum Teil überteuerten Krediten versorgen, was dazu führte, daß eine ganze Reihe von Betrieben zwangsversteigert werden mußte.

Zusätzlich zu den fehlenden Kreditmöglichkeiten erschwerten ein Preissturz für landwirtschaftliche Erzeugnisse und der Rückgang des Handels mit dem Deutschen

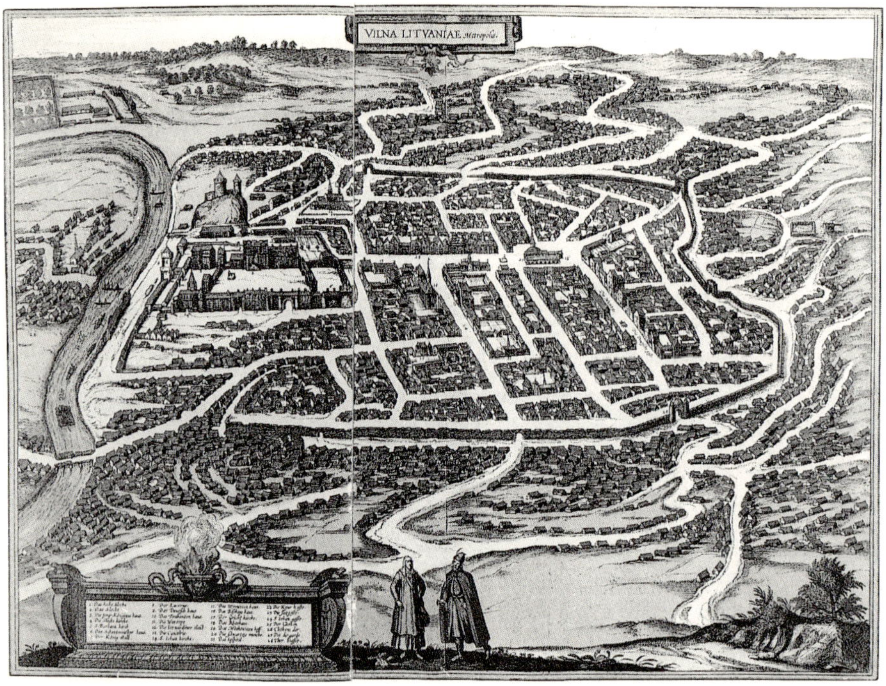

Wilna nach der Topographie Mathias Merians aus der Mitte des 17. Jahrhunderts (oben) und in den dreißiger Jahren unseres Jahrhunderts (unten)

Reich die Existenz der deutschen Bauern. Gerade die deutschen Landwirte, die zum beträchtlichen Teil in der Nähe der westlichen Landesgrenze siedelten, litten in dieser Zeit unter dem wegen der Memelfrage von Deutschland verfügten Importverbot. Mit der Wiederaufnahme der deutsch-litauischen Wirtschaftsbeziehungen im Jahre 1936 war für die Bauern in Litauen die Zeit der akuten Existenzgefährdung vorbei. Manche deutschen Landwirte hatten aber weiterhin Schwierigkeiten, ihre Produkte abzusetzen, da einige halbstaatliche Handelseinrichtungen die Annahme von nichtlitauischen Erzeugnissen verweigerten.

Neben dem Fehlen von günstigen Krediten machte den deutschen Landwirten in den Jahren bis zur Umsiedlung vor allem der Aufbau eines Genossenschaftswesens Schwierigkeiten. Das zum Kulturverband gehörende Landamt, das 1933 von einigen Restgutsbesitzern gegründet worden war und die Bauern über technische Fragen beraten sollte, bemühte sich zwar auch um die deutschen Landwirte in Südlitauen, eine offizielle Tätigkeit war ihm hier aber erst von 1937 an möglich. Die litauischen Bauern, die durch Landwirtschaftsvereine ihr Produktionsniveau heben konnten und auch über die notwendigen Kredite verfügten, hatten in dieser Zeit manche Vorteile.

Auch das Handwerk, nach der Landwirtschaft der zweite Haupterwerbszweig der Deutschen, hatte Zukunftssorgen. Schon Anfang der zwanziger Jahre wurden die litauischen Handwerker durch die staatlich unterstützten Genossenschaften bevorzugt. In der Regel war der deutsche Handwerker gezwungen, mehreren Berufen gleichzeitig nachzugehen. So war der Schmied gleichzeitig Schlosser und der Tischler gleichzeitig Drechsler und Stellmacher. Aber auch die Ausübung mehrerer Berufe brachte häufig nicht genug Verdienst, so daß die ländlichen Handwerker nebenbei noch etwas Landwirtschaft betreiben mußten. Neben den Handwerkern und selbständigen Bauern gab es auf dem Lande noch eine Reihe deutscher Knechte. Sie wurden teils in Geld, teils in Naturalien bezahlt. In vielen Fällen erhielten diese Knechte, deren Ehefrauen und arbeitsfähige Kinder häufig ebenfalls im Dienste der Bauern standen, zusätzlich noch etwas Land zur Bewirtschaftung.

Während die Deutschen, die als kleine Landwirte oder Handwerker ein bescheidenes Dasein fristeten, sich ohne Schwierigkeiten zu ihrer Nationalität bekennen konnten, gab es in den Städten für die wenigen deutschen Angestellten und Besitzer kleiner Handelsbetriebe dabei manche Probleme. Insbesondere Beschäftigte im öffentlichen Dienst wurden häufig gezwungen, eine Verpflichtung zu unterschreiben, ihre Kinder in litauischen Schulen erziehen zu lassen. 1934 verloren auch deutsche Angestellte in der Privatwirtschaft, die sich zu ihrer Nationalität bekannten, in größerer Zahl ihren Arbeitsplatz. Um der wachsenden Not der Deutschen und der steigenden Arbeitslosigkeit entgegenzuwirken, richtete der Kulturverband 1932 eine Arbeitsvermittlungsstelle ein, und die seit 1931 erscheinenden *Deutschen Nachrichten für Litauen* veröffentlichten kostenlos Stellenanzeigen.

Insgesamt war die ökonomische und soziale Lage der Deutschen auch aufgrund der vom Staat gelenkten nationallitauisch ausgerichteten Wirtschaftspolitik im Laufe der dreißiger Jahre schwieriger geworden.

DIE LAGE DER DEUTSCHEN MINDERHEIT NACH 1933

Im Gegensatz zu den deutschen Minderheiten in Estland und Lettland hatten die politische Entwicklung in Deutschland und die Machtübernahme der Nationalsozialisten zunächst keine direkten Auswirkungen auf die Arbeit der deutschen Minderheitenorganisationen in Litauen. Zwar verfolgten die dortigen Deutschen die Geschehnisse im Deutschen Reich mit großem Interesse, die Mitarbeiter im Kulturverband hatten aber zunächst andere Sorgen, als sich näher mit dem nationalsozialistischen Gedankengut auseinanderzusetzen. »Germanisierungsabsichten«, wie sie der deutschen Minderheit von einem Teil der litauischen Presse unterstellt wurden, wies man mit Recht zurück. Es ging dem Kulturverband in diesen Jahren vor allem um die Kulturarbeit und hier insbesondere um den Ausbau des deutschen Schulwesens, die wirtschaftliche und soziale Unterstützung der Litauendeutschen und eine verstärkte Mitgliederwerbung.

Wenn es auch zwischen den Deutschen im Memelgebiet und der deutschen Minderheit in Litauen kaum Berührungspunkte gab, so wirkte sich das durch die Memelfrage belastete Verhältnis des litauischen Staates zu seinem Nachbarn im Westen auch auf die Litauendeutschen aus.

Die Tätigkeit des Kulturverbandes wurde von der litauischen Polizei stark kontrolliert, Versammlungen und auch Theateraufführungen wurden verboten, bei leitenden Mitarbeitern der Minderheitenorganisationen Hausdurchsuchungen durchgeführt und ihnen der Aufenthalt in bestimmten Landkreisen untersagt. Die litauischen Behörden begründeten ihr Vorgehen meistens mit unzulässiger politischer Betätigung und der Störung der öffentlichen Ruhe und Ordnung. Vor allem während des Landesverratsprozesses von Dezember 1934 bis März 1935 war der Kulturverband kaum arbeitsfähig. Alle Aktivitäten der Führung der deutschen Minderheit wurden von den zuständigen litauischen Stellen mit großem Argwohn betrachtet, die offenbar nach Anzeichen dafür suchten, ob sich das Gedankengut und die Organisationsformen des Nationalsozialismus auch innerhalb der deutschen Minderheit in Litauen ausbreiteten.

Die Maßnahmen der litauischen Regierung richteten sich dabei nicht allein gegen die Deutschen, sondern waren Ausdruck einer grundsätzlich nationalistischen, minderheitenfeindlichen Politik. In noch stärkerem Maße als die Deutschen litten die im Lande lebenden Polen in dieser Zeit unter dem polnisch-litauischen Konflikt um das Wilnagebiet.

Das Geschäftsjahr 1934/35 wurde vom Kulturverband geradezu als Notstandsjahr bezeichnet, denn ein großer Teil des Arbeitsprogramms war lahmgelegt. Trotz großer Anstrengungen kam man vor allem in der Schulfrage nicht voran. Immerhin gelang die Gründung einiger neuer Ortsgruppen, und die Vertreter der inzwischen von inneren Streitigkeiten weitgehend freien Minderheitenorganisation sprachen in verschiedenen Ministerien und auch beim Staatspräsidenten vor, um ihren Wünschen und Forderungen Nachdruck zu verleihen.

Schon bald nach dem Ende des Landesverratsprozesses entspannte sich die Lage wieder. 1936 konnte der Kulturverband weitere Verbesserungen feststellen. Die litauische Presse hatte ihre antideutsche Kampagne beendet und zeichnete wieder ein positives Bild, sowohl vom Deutschen Reich als auch von der deutschen Minderheit im Lande.

Die auf dem Lande lebenden Deutschen, die wegen ihrer sozialen Stellung niemals Neid und Mißgunst erregt hatten, merkten von den in den dreißiger Jahren anwachsenden nationalistischen Strömungen in Litauen kaum etwas. Sie pflegten zu ihren Nachbarn freundschaftliche Beziehungen; von den politischen Fragen ließen sich hier beide Seiten nicht beeinflussen.

Der Kulturverband seinerseits ließ in dieser Zeit kaum eine Gelegenheit aus, die Loyalität der deutschen Minderheit herauszustellen. So wurde auf dem Delegiertentag vom 11. Dezember 1937 als oberstes Ziel der Arbeit die Schaffung einer gefestigten Vertrauensgrundlage in den Beziehungen zu den Litauern festgelegt: »Die Deutschen Litauens haben niemals Veranlassung gegeben, an ihrer Treue gegenüber dem Staat zu zweifeln; seit Jahrhunderten bewohnen sie die gemeinsame Heimat, sie fühlen sich nicht als Fremdkörper und wünschen auch nicht, als solche betrachtet zu werden.«[5]

Seit 1936 trat der Kulturverband immer selbstbewußter auf. Einflüsse des Nationalsozialismus waren spätestens jetzt unübersehbar geworden. Durch Schulungen leitender Mitarbeiter im Deutschen Reich, Kontakte mit den die Minderheitenarbeit unterstützenden reichsdeutschen Organisationen sowie durch Bücher, die für Bibliotheken und Lesehallen zur Verfügung gestellt wurden, kamen neue Impulse nach Litauen. Die *Deutschen Nachrichten für Litauen*, die einzige deutsche Zeitung im Lande, verwendeten zunehmend Schlagworte aus der NS-Terminologie.

Aufgrund der Assimilierungsversuche des litauischen Staates, die das Nationalbewußtsein in den zwanziger Jahren verstärkt hatten, war die Anfälligkeit der Deutschen für eine Ideologie, in welcher die Begriffe »Volk« und »Volkstum« eine zentrale Rolle spielten, durchaus verständlich. Die aus konfessionellen und nationalen Gründen verbreitete Ablehnung von Mischehen schien mit den nationalsozialistischen Vorstellungen über »Reinhaltung der Rasse« vergleichbar, und auch der betonte Antikommunismus der Nationalsozialisten sprach viele Deutsche in Litauen an. Andere wesentliche Bestandteile der NS-Ideologie wie die Ablehnung der Kirchen waren dagegen kaum bekannt, unter den besonderen Verhältnissen Litauens mit seiner engen Verbindung zwischen Kirche und Nationalität auch kaum vorstellbar.

Wie bei anderen deutschen Minderheiten war es auch in Litauen die junge Generation, die früh unter den Einfluß der nationalsozialistischen Ideologie geriet. In den Jugendgruppen wurde alsbald neben der Kulturarbeit auch eine weltanschauliche Schulung betrieben. Im Herbst 1938 gehörten bereits 250 Jungen und 300 Mädchen der »Deutschen Jungenschaft Litauen« beziehungsweise der »Deutschen Mädelschaft Litauen« an. Aufgrund der Streusiedlung der Deutschen konnte das Ziel beider Organisationen, nämlich eine vollständige Erfassung der deutschen Jugend, zwar nicht erreicht werden, die Gruppen erhielten aber starken Zulauf. Noch straffer geführt als die Jugendverbände war die im Frühjahr 1939 gegründete »Deutsche Mannschaft Litauen«.

Die litauischen Behörden, die den Aktivitäten des seit 1936 von Oskar von Reichard geführten Kulturverbandes stets sehr mißtrauisch gegenübergestanden hatten und mehrfach führende Mitarbeiter der Minderheit verhaften ließen, gingen gegen die jetzt sehr selbstbewußt auftretenden Mitarbeiter des Kulturverbandes Ende der dreißiger Jahre nicht mehr direkt vor. Der Kulturverband konnte seine Mitgliederzahl in dieser Zeit beträchtlich erhöhen und umfaßte Ende 1937 schon neunzehn Ortsgruppen. Verläßliche Angaben über die Gesamtzahl der Mitglieder des Kulturverbandes sind nicht möglich. Im Herbst 1939 sollen es 3000 gewesen sein, im Februar 1940 aber schon 10 000.

Ohne eine Finanzierung aus Deutschland, die natürlich auch eine Abhängigkeit bedingte, wäre der Ausbau der Volksgruppenorganisation nicht möglich gewesen, denn wegen der schlechten wirtschaftlichen Lage eines großen Teils der deutschen Minderheit mußten die Mitgliedsbeiträge möglichst niedrig gehalten werden, und Spenden waren kaum zu erwarten. Im Jahre 1938 kamen schließlich zwei Drittel des Etats des Kulturverbands aus dem Deutschen Reich, und es ist davon auszugehen, daß der Anteil im folgenden Jahr noch stieg.

Die großen außenpolitischen Erfolge und das wachsende Prestige des Deutschen Reiches hatten in diesen Jahren auch unter den Litauendeutschen eine Stärkung des Selbstbewußtseins zur Folge. Erst 1939 schritten die litauischen Behörden wieder mehrmals ein, verboten Veranstaltungen und verhafteten Deutsche, die sich ohne polizeiliche Anmeldung versammelt hatten. Betroffen waren nicht nur politische Zusammenkünfte, sondern auch Trainingsabende und kirchliche Veranstaltungen. Dies war offenbar eine Folge der veränderten deutsch-litauischen Beziehungen nach der Rückgliederung des Memelgebietes.

Das Schicksal der Litauendeutschen während des Zweiten Weltkriegs

DER HITLER-STALIN-PAKT UND DIE DEUTSCHEN UMSIEDLUNGSPLÄNE

Während in Litauen der Kulturverband noch bemüht war, die Existenz der deutschen Minderheit dauerhaft abzusichern, wurde in Berlin bereits die vollständige Umsiedlung der Litauendeutschen erwogen, da sich deren Situation mit dem deutsch-sowjetischen Nichtangriffspakt und dem Kriegsausbuch am 1. September grundlegend verändert hatte. Bei der SS schon seit 1936 bestehende Pläne, deutsche Volksgruppen aus Ostmittel- und Osteuropa nach Deutschland umzusiedeln, wurden nach Beendigung des Polenfeldzugs in die Tat umgesetzt. In einer Reichstagsrede vom 6. Oktober 1939 begründete Hitler die bevorstehenden Umsiedlungen mit der Notwendigkeit der Beseitigung von Konfliktherden, die sich aus dem Bestehen von völkischen Minderheiten ergeben könnten, und kündigte eine großangelegte ethnische Flurbereinigung in Ostmitteleuropa an. Sowohl bei den betroffenen Auslandsdeutschen als auch bei den Staaten, in denen diese Minderheiten lebten, erregte diese Reichstagsrede großes Aufsehen. Bis zur Umsiedlung der Litauendeutschen sollte aber noch über ein Jahr vergehen.

In Litauen wurde in der Zeit zwischen Oktober 1939 und Juni 1940 die bevorstehende Umsiedlung in der Presse in erster Linie als eine Angelegenheit Deutschlands behandelt. Man ließ erkennen, daß es aus litauischer Sicht nach der Klärung der Memelfrage keine Probleme mehr mit den einheimischen Deutschen gab. Verschiedene Zeitungen machten auch auf die mit einer Umsiedlung verbundenen soziologischen, wirtschaftlichen und kulturellen Folgen für das Land aufmerksam. Die wohlwollende Haltung gegenüber der Volksgruppe war wohl nicht nur auf die in der Regel guten Beziehungen zwischen Litauern und litauischen Deutschen zurückzuführen, sondern auch auf die Überlegung, daß diese Minderheit ein Schutz gegen die drohende Sowjetisierung des Landes sein könnte.

Ende September 1939 hatte die Sowjetunion durch ein Ultimatum Litauen zum Abschluß eines Beistandspaktes gezwungen, worauf 10 000 Mann sowjetische Truppen im Land stationiert wurden. In den Stützpunktverträgen hatte sich die Sowjetunion noch verpflichtet, die Staats- und Wirtschaftsordnung Litauens nicht anzutasten. Im Juni 1940 verlangte die Sowjetunion aber von der litauischen Regierung die Einwilligung zur vollständigen Besetzung des Landes mit der Begründung, Litauen habe zusammen mit den beiden anderen baltischen Staaten eine sowjetfeindliche Politik betrieben. Da Widerstand sinnlos gewesen wäre, kam es am 15. und 16. Juli zur Besetzung des Landes und bereits nach kurzer Zeit zur Durchführung einer Wahl, aus der aufgrund des massiven sowjetischen Terrors eine sowjetfreundliche »Volksregierung« hervorging. Diese richtete an Moskau die Bitte um Aufnahme in die UdSSR, der schon am 3. August 1940 stattgegeben wurde. Auf den Anschluß an die Sowjetunion folgte in Litauen die

Gleichschaltung des gesamten öffentlichen Lebens. Zahlreiche Bücher und Zeitschriften wurden aus den Bibliotheken entfernt und eine rücksichtslose Russifizierung des Landes eingeleitet. Mit physischem Terror gingen die sowjetischen Behörden gegen die litauische Führungsschicht vor. Bis zur deutschen Besetzung des Landes im Juni 1941 wurden rund 75 000 Litauer verhaftet und verschleppt.

Am 28. September 1939 war im geheimen Zusatzprotokoll zum deutsch-sowjetischen Grenz- und Freundschaftsvertrag festgelegt worden, daß Litauen entgegen der Abmachung vom 23. August zur sowjetischen »Interessensphäre« gehören sollte. Gleichzeitig einigten sich die Verhandlungspartner darauf, in den betroffenen Gebieten einen Bevölkerungsaustausch vorzunehmen. Daß bis zur Umsiedlung der Deutschen aus Litauen noch über ein Jahr verging, war darauf zurückzuführen, daß ein schmaler Gebietsstreifen im Südwesten bei Suwalki, in welchem sich das Hauptsiedlungsgebiet der litauischen Deutschen befand, nach den ursprünglichen Planungen zu Deutschland kommen sollte. Vermutlich wollten die reichsdeutschen Stellen einen großen Teil der Volksgruppe bereits in ihrem Interessengebiet haben.

Es folgten komplizierte und lang dauernde deutsch-sowjetische Verhandlungen über die wegen der vollständigen Besetzung Litauens von der Sowjetunion zu zahlende Kompensation für diesen Gebietsstreifen und über die Entschädigung für das zurückbleibende Umsiedlervermögen. Die Sowjetunion mußte sich schließlich zur Zahlung von 7,5 Millionen Golddollar bereit erklären, womit auch die noch in Estland und Lettland verbliebenen Vermögensteile entschädigt sein sollten.

Da zu dieser Zeit schon die Eingliederung Litauens in die Sowjetunion erfolgt war, erlebten die Deutschen die radikale Umgestaltung aller Lebensbereiche. Zwar standen sie unter dem Schutz des Deutschen Reichs, der insbesondere durch die bis zur Umsiedlung bestehende deutsche Gesandtschaft wahrgenommen wurde, so daß sie vor Verhaftungen und Deportationen, wie sie viele Litauer erleiden mußten, zunächst geschützt waren. Es zeigte sich aber, daß es manche Schwierigkeiten gab, die zwischen dem Deutschen Reich und der Sowjetunion ausgehandelten Sonderbestimmungen durchzusetzen. Entgegen den Abmachungen kam es auch zur Enteignung deutschen Besitzes. Vor allem die wenigen deutschen Güter und Gewerbebetriebe wurden als Symbole des Kapitalismus in Staatseigentum überführt. Viele Deutsche wurden von ihren Arbeitgebern in dieser Zeit mit dem Argument entlassen, man müsse angesichts der bevorstehenden Umsiedlung rechtzeitig neues Personal einstellen. So waren vom Sommer 1940 an viele deutsche Stadtbewohner auf Unterstützungszahlungen angewiesen. Aber auch Landwirte kamen in Schwierigkeiten. Da sie angenommen hatten, noch im Sommer oder Herbst 1940 das Land zu verlassen, hatten sie bereits einen Teil ihrer Habe verkauft und ihre Felder nicht mehr bestellt. Dennoch war es weniger die materielle Not als die Sorge vor künftigen sowjetischen Zwangsmaßnahmen, die die Deutschen die seit Oktober 1939 angekündigte Umsiedlung herbeisehnen ließ.

Nachdem im Juni 1940 zunächst alle Organisationen in Litauen verboten worden waren, konnte der Kulturverband schon bald seine Arbeit wieder aufnehmen, da er zur Vorbereitung herangezogen werden sollte. Die deutsche Minderheitenorganisation wurde nach der sowjetischen Besetzung Litauens mit Anträgen auf Mitgliedschaft überhäuft. Gerüchte besagten, die Zugehörigkeit zum Kulturverband sei Voraussetzung für das Recht auf Umsiedlung.

Am 10. Januar 1941 wurde die deutsch-sowjetische Umsiedlungsvereinbarung für Litauen unterzeichnet. Ein Teil der in Moskau vereinbarten Entschädigung wurde seitens der Sowjetunion tatsächlich noch in den folgenden Monaten in Form von Geld, Rohstoffen oder Getreide gezahlt.

DIE UMSIEDLUNG VOM JANUAR BIS MÄRZ 1941

Die Durchführung der Umsiedlungsmaßnahmen wurde zunächst durch die winterlichen Witterungsverhältnisse erschwert. In vielen Gegenden war der Pferdeschlitten das einzig verwendbare Transportmittel. Bis zuletzt hatten sich die deutsche und die sowjetische Seite nicht über die Kriterien einigen können, welche zur Umsiedlung berechtigten. Allen Beteiligten war klar, daß dafür nicht geworben werden mußte, sondern eher mit einem Ansturm auf die Registrierstellen zu rechnen war. Erst nach dem Beginn der eigentlichen Erfassung willigten die sowjetischen Stellen ein, gemäß den deutschen Vorschlägen das evangelische Bekenntnis als Indiz für die Volkszugehörigkeit zu akzeptieren, was das Verfahren stark vereinfachte. Nur bei etwa zehn Prozent der Antragsteller mußten noch weitere Kriterien herangezogen werden, weil abweichende Paßeintragungen vorlagen. Über die ostpreußische Grenzstadt Eydtkau wurden Unterlagen aus dem Reich angefordert und die Pfarrämter zuständiger deutscher Kirchengemeinden mit Anfragen überhäuft.

Neben den auf diese Weise ermittelten »Volksdeutschen« waren auch alle ihre Familienangehörigen ausreiseberechtigt. Das deutsche Umsiedlungskommando hatte Anweisung erhalten, möglichst vielen Menschen die Umsiedlung zu ermöglichen. Vermutlich wurden auch einige Litauer, an denen das Reich ein spezielles Interesse hatte, durch Ausstellung entsprechender Dokumente in die Umsiedlung mit einbezogen. Es kam jedoch auch vor, daß Umsiedlungsanträge von deutschen Ortsbevollmächtigten abgelehnt wurden. Größere Schwierigkeiten ergaben sich mit den sowjetischen Dienststellen, die manche Urkunden nicht anerkannten oder Umsiedlungswillige vor den stets vom Sicherheitsdienst überwachten Registrierlokalen verhafteten. Dabei hatten die sowjetischen Stellen in der Regel gar keine Möglichkeiten, die Echtheit der vorgelegten Dokumente zu überprüfen. Streitfälle ergaben sich vor allem aus Eigentumsfragen wie der Mitnahme von Wertgegenständen und Vieh sowie der Regelung von Schulden.

Am 18. März 1941 sollte laut Vertrag die Registrierung abgeschlossen sein. Buchstäblich bis zur letzten Minute waren die Lokale von Menschen umlagert, die den Nachweis ihrer deutschen Abstammung erbringen wollten, denn allen war klar, daß es nach Abschluß der Aktion kaum noch eine Möglichkeit geben würde, das Land zu verlassen.

In 34 Trecks, neunzehn Lkw-Transporten, siebzig Zügen und einem Fußgängertreck wurden zwischen Januar und März 1941 insgesamt 50 142 Umsiedler aus Litauen

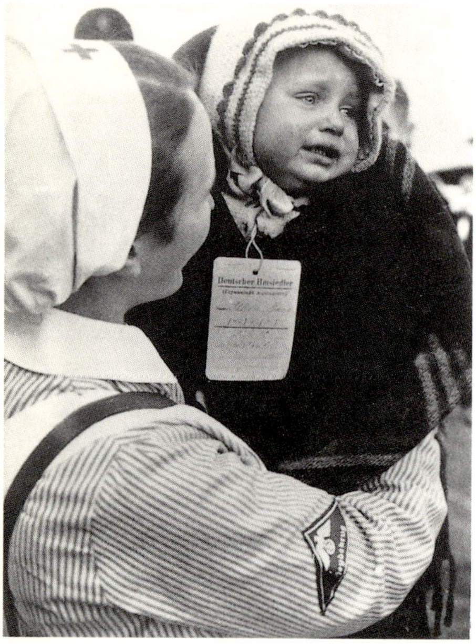

Deutsche Umsiedler aus Litauen beim Empfang an der deutschen Reichsgrenze in Ostpreußen und bei der Aufnahme durch die Volksdeutsche Mittelstelle in das Deutsche Reich gebracht. Später stieg die Zahl durch die Anerkennung von Umsiedlerrechten von Personen, die Litauen schon vor der offiziellen Umsiedlung verlassen hatten, auf 52 870. Abgesehen vom Handgepäck wurden 52 014 Kubikmeter Hausrat, 3922 Rinder, 5143 Schweine, 6800 Schafe, 28 165 Stück Geflügel und 5904 Pferde mitgeführt.

Ähnlich wie in Estland und Lettland war auch in Litauen die praktische Umsiedlungsarbeit im wesentlichen von Angehörigen der Volksgruppe selbst geleistet worden. Die lange Vorbereitungszeit hatte es möglich gemacht, das Verlassen der Heimat sehr gründlich vorzubereiten.

Im Unterschied zu den meisten anderen Umsiedlungsaktionen des Deutschen Reiches war bei der Umsiedlung der Deutschen aus Litauen ein Austausch von Volksgruppen vorgesehen. Parallel zur Umsiedlung der Deutschen aus Litauen wurden über 20 000 Litauer, Russen und Weißrussen aus dem Memel- und dem Suwalkigebiet zum Teil zwangsweise nach Sowjet-Litauen umgesiedelt.

DIE LITAUENDEUTSCHEN IM DEUTSCHEN REICH

Vor allem die jüngere Generation der Litauendeutschen hatte die Umsiedlung als Chance eines Neubeginns im Deutschen Reich begrüßt. Die ältere Generation und hier vor allem die bäuerliche Bevölkerung verließ ihre Heimat dagegen mit gemischten Gefühlen. Bei beiden Gruppen war es aber letztlich die Furcht vor der drohenden Sowjetisierung, die den Ausschlag für den Entschluß zur Umsiedlung gab.

Die Hoffnung, sie würden im Deutschen Reich sinnvoll eingesetzt und die Bauern bald wieder in ihrem Beruf tätig werden können, wurde rasch enttäuscht. Bereits die Aufnahme der Umsiedler verlief keineswegs in geordneten Bahnen. Auf dem Papier hatte man zwar in Barackensiedlungen, Kasernen, kirchlichen Einrichtungen oder Hotels Platz für rund 56 000 Umsiedler geschaffen. Beim Beginn der Aktion standen aber nicht alle der vorgesehenen Durchgangslager zur Verfügung. So war für viele Umsiedler völlig unklar, wo sie zumindest vorläufig untergebracht werden sollten. Hinzu kam, daß in vielen Fällen die Familien bei der Umsiedlung getrennt worden waren, da Frauen und Kinder zumeist per Bahn, die Männer dagegen im Treck das Land verließen. Für viele begann so zunächst einmal das große Suchen nach den Angehörigen.

Die Verhältnisse in den Durchgangslagern waren sehr unterschiedlich. In einem Bericht aus Mecklenburg hieß es: »Die Umsiedler sind im Verhältnis zur Zahl in viel zu kleinen, dunklen und düsteren Räumen zu fünfzig bis hundert Personen zusammengelagert. In manchen Lagern steht für eine Person nur eine Bodenfläche von zwei bis drei Quadratmetern zur Verfügung. Die Räume dienen in der Mehrzahl der Fälle außer zum Schlafen auch zum Essen, Waschen und den sonstigen Verrichtungen des täglichen Lebens. Den Kindern ist in vielen Lagern nicht einmal die Gelegenheit geboten, sich im Hofraum bzw. in der frischen Luft aufzuhalten. Ihr Aussehen ist dementsprechend blaß und fahl.«[6]

Kaunas, die zweitgrößte Stadt Litauens und während der ersten Unabhängigkeit in der Zeit zwischen den Weltkriegen Hauptstadt des Landes, war die von der deutschen Einwanderung des Mittelalters am stärksten geprägte Stadt. Als Haupttor des litauischen Außenhandels war sie zur Ostsee hin orientiert und vom Ostseeraum beieinflußt. Bis heute erinnern daran die gotische Peter-Pauls-Kirche, die Georgskirche und dieses für den Ostseeraum so typische Kaufmannshaus.

Zu der mangelhaften Unterbringung kamen häufig schlechte Verpflegung, mangelndes Verständnis der Lagerführung für die Situation der Umsiedler, wenig Geld für die zu verrichtenden Arbeiten und das Verbot, in den Lagern Gottesdienste abzuhalten. So verflog die anfänglich noch gute Stimmung in den Lagern sehr schnell.

Auch der Umgang der Einheimischen mit den Umsiedlern, die als Arbeitskräfte vermittelt wurden, ließ häufig zu wünschen übrig. Deutsche Bauern aus Litauen wurden mit ihren Gespannen als Hilfskräfte in der Landwirtschaft eingesetzt. Hier behandelte man sie oft wie ausländische Zwangsarbeiter, vor allem in den Fällen, wo die Umsiedler der deutschen Sprache nicht oder nicht ausreichend mächtig waren.

Als diskriminierend empfanden die Umsiedler auch die sogenannte Durchschleusung durch die Einwandererzentralstelle, mit welcher die SS die Eignung für die »Aufbauarbeit im Osten« feststellen wollte. Fiel die Untersuchung positiv aus, erhielten die Betreffenden einen Ausweis mit dem Stempel »O« für Osten. Wer dagegen einer Mischehe entstammte oder hinsichtlich seines Körperbaus, der politischen Gesinnung und des Gesundheitszustandes nicht bestimmten nationalsozialistischen Kriterien entsprach, wurde als ungeeignet für die Ostsiedlung eingestuft und erhielt einen Ausweis mit dem Stempel »A« ausgestellt. Dabei waren die Kriterien, nach denen diese Einteilung vorgenommen wurde, teilweise durchaus unterschiedlich. Für die Umsiedler hatte diese Einteilung jedoch entscheidende Bedeutung, denn die in Gruppe »A« Eingestuften wurden ins sogenannte Altreich gebracht. Für die Bauern unter ihnen bedeutete dies zumeist das Ende der Hoffnungen auf eine Wiederaufnahme der selbständigen Tätigkeit. Die »A«-Umsiedler kamen auch im Altreich zunächst wieder in Lager und wurden anschließend überwiegend in der Rüstungsindustrie eingesetzt. Eine größere Gruppe von Deutschen aus Litauen kam so zu den Hermann-Göring-Werken in Salzgitter-Lebenstedt. Viele der Männer wurden auch zur Wehrmacht eingezogen.

DIE RÜCKSIEDLUNG IN DAS DEUTSCH BESETZTE LITAUEN

Organisatorische Schwierigkeiten gab es auch bei der Ansiedlung in den eingegliederten Ostgebieten. Nach der Aufnahme der Deutschbalten im Jahre 1940 sowie der Bessarabien-, Bukowina- und Dobrudschadeutschen 1941 war es schwierig geworden, geeigneten Wohnraum und Arbeitsplätze zu finden. Allzu große Anstrengungen wurden diesbezüglich auch nicht mehr unternommen, denn nach der deutschen Besetzung Litauens im Sommer 1941 kam bei den NS-Machthabern der Gedanke auf, die für den »Osteinsatz« vorgesehenen und noch immer in Lagern lebenden Litauendeutschen in ihre Heimat zurückzubringen. Insgesamt wurden in den Jahren 1942 bis 1944 mehr als 20 000 Umsiedler nach Litauen zurückgeführt, wo sie die Vorhut einer umfassenden deutschen Kolonisation des Landes darstellen sollten. Der »Generalplan Ost« sah nämlich große Teile des Baltikums und Rußlands als deutsche Siedlungsgebiete vor.

Diese Rücksiedlungsaktion, welche mit einer Verdrängung polnischer, russischer und litauischer Bevölkerung einherging, ist beispielhaft für die Menschenverachtung, mit welcher hier ohne Rücksicht auf historisch gewachsene Bevölkerungsverhältnisse eine »ethnische Flurbereinigung« vorgenommen wurde. Es zeigte sich deutlich, daß auch die deutschen Minderheiten lediglich Objekte der NS-Planer waren.

Die Rückkehr der Deutschen wurde zunächst von großen Teilen der litauischen Bevölkerung durchaus begrüßt, sah man doch darin ein Zeichen für die Wiederherstellung der Verhältnisse der »guten« alten Zeit. Dies änderte sich allerdings rasch, da die litauendeutschen Umsiedler häufig nicht wieder ihren alten Besitz zurückerhielten, sondern größere, litauische Höfe zugewiesen bekamen, denn sie sollten im deutsch besetzten Litauen künftig eine Führungsrolle spielen.

Verantwortlich für die seit 1943 zunehmend deutschfeindliche Stimmung der Litauer war aber vor allem die restriktive Besatzungspolitik des von Adrian von Renteln geführten »Generalkommissariats Litauen« mit Terrormaßnahmen wie der Erschießung von Landwirten, die ihre Ablieferungspflicht nicht erfüllten. Entgegen den Hoffnungen vieler Litauer kam es auch nicht zu einer staatlichen Autonomie oder zumindest der Rückgabe des 1940 von den sowjetischen Machthabern verstaatlichten Besitzes.

Da der Versuch der Anwerbung von Arbeitskräften in Litauen scheiterte, reagierte die deutsche Besatzungsmacht mit drastischen Repressionsmaßnahmen: Angehörige der litauischen Intelligenz wurden verhaftet und in das Konzentrationslager Stutthof bei Danzig gebracht, die Universitäten Wilna und Kaunas geschlossen und sogenannte Greifaktionen durchgeführt, wobei man auch nicht davor zurückschreckte, während des Gottesdienstes Kirchen zu umstellen und die Besucher unter Waffengewalt abzutransportieren. Bis 1944 waren auf diese Weise rund 50 000 Litauer zur Zwangsarbeit nach Deutschland gebracht worden. Eine Folge dieser Maßnahmen war, daß vereinzelt deutsche Bauern bedroht oder sogar überfallen wurden. Im allgemeinen blieb das Verhältnis der deutschen Rücksiedler zu ihren litauischen Nachbarn jedoch friedlich, ihre wirtschaftliche Situation hatte sich verbessert, und viele bemühten sich um eine Zuzugserlaubnis für Angehörige in die vermeintlich sicheren Gebiete im Osten. Erst im Frühjahr und Sommer 1944 näherte sich die Front litauischem Gebiet und löste eine Fluchtbewegung von Litauern und Rücksiedlern aus.

Ende Juli 1944 befanden sich praktisch alle Rücksiedler zum zweiten Mal auf dem Weg in Richtung Westen. Ein Teil wurde auf der Flucht von der Roten Armee überrollt und mußte in das nun wieder sowjetische Litauen zurück. Erst Jahre nach dem Krieg kamen sie als Spätaussiedler nach Deutschland.

In den ersten Jahren nach 1945 erhielten viele Deutsche aus dem sowjetisch gewordenen Nordostpreußen in Litauen Hilfe zum Überleben. Eine Betroffene berichtet: »Obwohl die Leute sehr arm waren, ließ uns dort niemand ohne etwas gehen.« In den »Dokumenten der Menschlichkeit aus der Zeit der Massenaustreibungen« werden entsprechende Hilfeleistungen beschrieben.[7]

Schlußbetrachtung

JOACHIM ROGALL

Nach Krieg und Vertreibung war 1945 zunächst das Ende eines jahrhundertelangen Zusammenlebens von Deutschen, Polen und Litauern in einem Raum gekommen, das Ende einer Nachbarschaft, die zwar selten ganz frei von Spannungen, aber dennoch überwiegend friedlich und für beide Seiten fruchtbar gewesen war. Es schien, als wäre die deutsche Hybris, auf Kosten Mitteleuropas ein »Tausendjähriges Reich« errichten zu wollen, mit einer Zurückdrehung des Rads der Geschichte um tausend Jahre bestraft worden. Tatsächlich war das geschlossene deutsche Siedlungsgebiet 1945 bis fast auf den Stand vor Beginn der deutschen Ostsiedlung des Mittelalters reduziert, und zwischen den Deutschen und ihren östlichen Nachbarn bestand wieder eine Sprachlosigkeit wie am Beginn der gemeinsamen Geschichte, als die Deutschen von den Slawen als »die Stummen« bezeichnet wurden. In Mitteleuropa und zwischen seinen Völkern waren Gräben aufgerissen und Grenzen errichtet worden, die im Vergleich zu früheren Zeiten grausam und unmenschlich erschienen. Jahrhundertelanges Neben- und Miteinander drohte angesichts des neuen Gegeneinander und einer sich ständig steigernden Haßspirale in Vergessenheit zu geraten.

Es ist das Verdienst vieler vertriebener Deutscher aus Polen und Litauen, hier eine Mittlerfunktion übernommen zu haben, um zunächst im kleinen diese Gräben zuzuschütten und Grenzen, auch solche sprachlicher Art, abzubauen. Sie konnten Mittler sein, weil sie sowohl die Deutschen als auch ihre östlichen Nachbarn als Staatsnationen mit ihren Stärken und Schwächen sehr eng, aber dennoch mit einer gewissen und notwendigen Distanz erlebt hatten.

Vielleicht muß man als »Auslandsdeutscher« geboren werden, um Deutschland weniger als Staat denn vielmehr als Kulturgemeinschaft zu sehen. Diese Kultur durch ihre besonderen Traditionen zu bereichern, dabei aber ihren Landsleuten die erlebte Nachbarschaft zu anderen Völkern und Kulturen in ihrem ganzen Wert und Reichtum nahezubringen, haben viele Deutsche aus Polen zu ihrer Lebensaufgabe gemacht. Durch ihre Kontakte in die alte Heimat sorgten sie dafür, daß der deutsch-polnische Dialog auch in den schwierigsten Zeiten nicht abriß. Wer sich mit der Geschichte der deutsch-polnischen Beziehungen nach dem Zweiten Weltkrieg befaßt, stößt in jedem Bereich auf Persönlichkeiten, welche das deutsche Polenbild maßgeblich geformt haben. Hier seien stellvertretend für viele andere nur der aus Posen stammende Osteuropahistoriker Gotthold Rhode, der Publizist Peter Nasarski aus Lodz und der Übersetzer und Leiter des Deutschen Poleninstituts, Karl Dedecius, der ebenfalls aus Lodz stammt, genannt.

Die Deutschen aus Polen waren zunächst auch die einzigen, welche durch ihre Sprachkenntnisse noch beständig auf die »Spuren« ihrer Vorgänger in Form der deutschen Lehnwörter im Polnischen stießen und die steinernen Wegmarken erkannten, welche ihre Vorfahren in zehn Jahrhunderten in Polen oder Litauen hinterlassen hatten. Denn es war schon immer das Los der Auslandsdeutschen gewesen, von ihren Landsleuten vergessen zu werden. Dies hat sich in der Zeit nach dem Zweiten Weltkrieg noch dramatisch verstärkt. Es galt lange Zeit schon als Ausdruck von Nationalismus, auf deutsche Geschichte im Osten Europas hinzuweisen, und oft begegneten dem, der es tat, Ablehnung und Mißtrauen, bestenfalls noch schlichtes Desinteresse.

Wie viele der zahlreichen deutschen Besucher Krakaus mögen wissen, daß sich hinter dem Schöpfer des herrlichen Flügelaltars in der Marienkirche mit dem unaussprechlichen Namen »Wit Stwosz« der Nürnberger Veit Stoß verbirgt, und welche fruchtbare deutsch-polnische Symbiose durch die Bronzetüren des Gnesener Doms, die Warschauer Trinitatiskirche oder die Brunnenfigur der Posener Bamberka dokumentiert ist? Wer weiß noch, daß die berühmte »Ostra Brama« in Litauens Hauptstadt Wilna in früheren Jahrhunderten »das deutsche Tor« genannt wurde und so auch auf alten Stadtplänen verzeichnet ist? Was für diese berühmten Sehenswürdigkeiten gilt, das gilt in noch weit stärkerem Maße für die weitverstreuten, weniger bedeutenden und bekannten Denkmäler jahrhundertealter deutscher Geschichte im Land der großen Ströme von Polen bis Litauen. Keine Inschrift, kein Hinweis etwa bei Bürgerhäusern oder Kirchen erinnert daran, und nur der ortskundige »Heimwehtourist« bahnt sich zuweilen einen mühsamen Weg durch mannshohes Unkraut, weil er in einem »Urwäldchen« abseits der Straße einen evangelischen Friedhof erkannt hat, dessen deutsche Grabsteine, Kulturdenkmäler besonderer Art, häufig zerschlagen, aber noch entzifferbar, am Boden liegen.

Vergessen die erfolgreichen Bemühungen deutscher Wissenschaftler wie des in Wilna lehrenden Philologen Ernst Groddeck aus Danzig, dessen bedeutendster Schüler der spätere polnische Dichterfürst Adam Mickiewicz war, der polnischen Jugend die deutsche Sprache und Literatur nahezubringen. Vergessen auch die Anstrengungen deutscher Buchdrucker und Verleger wie Lorenz Mitzler von Koloff, die polnische Literatur durch Herausgabe von Übersetzungen wie der »Warschauer Bibliothek« in Deutschland bekannt zu machen.

Gleiches galt lange Zeit für Polen, in welchem Deutsch als die Sprache von Auschwitz belastet war und die Deutschen im Lande in Vergangenheit und Gegenwart mit dem Odium der Unzuverlässigkeit und der Bedrohung behaftet waren. Dies machte es den trotz Flucht und Vertreibung in Polen verbliebenen Deutschen bis 1989 fast unmöglich, ihre nationale Identität zu bewahren und an ihre Kinder weiterzugeben. Mit der politischen Wende in Polen kam es auch hier zu einem Wandel. Die deutsche Minderheit in Polen lebt heute allerdings zum größten Teil in den bis 1945 ostdeutschen

Gebieten wie Schlesien, Ostpreußen und Hinterpommern und hat dort keinen Bezug zu den historischen deutschen Siedlungsgebieten in Polen. Es gibt jedoch auch in den altpolnischen Gebieten an Warthe und Weichsel und selbst in Litauen Deutsche, welche noch oder wieder ihre deutsche Herkunft betonen und die Geschichte ihrer Vorfahren weiterführen wollen. Ihnen kommt zugute, daß man sich heute in Polen und Litauen unbefangener mit dem deutschen Anteil an der eigenen Geschichte und Kultur befaßt und in Polen beispielsweise auch die Vertreibung der Deutschen kein Tabuthema mehr darstellt. Doch ist dies ein langsamer, mühevoller Prozeß, der noch die Barrieren vieler zählebiger Legenden und Mythen beseitigen muß.

Es ist eine der großen Kulturtragödien, daß die seit dem vergangenen Jahrhundert wirksame Ideologie des Nationalstaats blind ist für den Reichtum, den das Zusammentreffen verschiedener Kulturen überhaupt erst ermöglicht, und sich nach einer deutschen, polnischen oder litauischen Nationalkultur sehnt, die es so niemals und nirgends gegeben hat.

Dieses Buch will den Leser zu den Wurzeln Mitteleuropas zurückführen und die vielfältigen Verbindungen aufzeigen, welche in der Vergangenheit zwischen West und Ost bestanden haben, zu allseitigem Nutzen. Es war in der Vergangenheit nicht immer böser Wille, sondern zumindest ebensohäufig eine falsch verstandene nationale oder moralische Pflichtauffassung auf allen Seiten, in der deutschen Geschichte in Polen und Litauen zunächst und vor allem Schuld und Verhängnis zu sehen und sie entsprechend darzustellen. Betrachtet man diese Geschichte jedoch in ihrer Gesamtheit, so wird die Unzulässigkeit einer solch eingeengten und einseitigen Betrachtung deutlich. Sie stellt ebenso wie die Leugnung oder Aufrechnung dieser Schuld eine Verfälschung der Geschichte dar. Bettina von Arnim schrieb bereits im vergangenen Jahrhundert: »Die Verleumdungen, die in unzähligen Varianten sich in Wort und Schrift verbreiten, sind das Schwert, das man zwischen Euch Deutsche und Polen legt ...«

Es war das erklärte Ziel aller Mitarbeiter dieses Werkes, das Schwert der Verleumdung in eine Pflugschar der Erkenntnis zu verwandeln und mit dieser das Feld der gemeinsamen Geschichte von Polen, Litauern und Deutschen zu bearbeiten, damit unter der Last der unmittelbaren Vergangenheit auch die Gemeinsamkeiten und Beispiele friedlicher Nachbarschaft zutage kommen und für die Zukunft fruchtbar gemacht werden können.

Nachbarn in Europa

1 Hans Lemberg, Der »Drang nach Osten« – Mythos und Realität, in: Deutsche und Polen. 100 Schlüsselbegriffe, Hrsg. Ewa Kobylińska, Andreas Lawaty und Rüdiger Stephan, München/Zürich 1992, S. 22–27.

2 Ebda, S. 203.

3 Ingeborg Weber-Kellermann, Zur Interethnik. Donauschwaben, Siebenbürger Sachsen und ihre Nachbarn, Frankfurt a. M. 1978, hier S. 125–149.

4 So der Untertitel der 1920 erschienenen Schrift von Karl Hampe, Der Zug nach dem Osten.

5 Norbert Krekeler, Revisionsanspruch und geheime Ostpolitik der Weimarer Republik. Die Subventionierung der deutschen Minderheit in Polen 1919–1933, Stuttgart 1972.

6 Günther Schubert, Das Unternehmen »Bromberger Blutsonntag« – Tod einer Legende, Köln 1989.

7 Gotthold Rhode, Die Geschichte Polens in der deutschen Geschichtsschreibung, in: Nationalgeschichte als Problem der deutschen und der polnischen Geschichtsschreibung (XV. deutsch-polnische Schulbuchkonferenz der Historiker 1982 in Braunschweig), Braunschweig 1983, S. 107–130.

Polen vom Mittelalter bis zu den Polnischen Teilungen

1 Herbert Ludat, Deutsch-slawische Frühzeit und modernes polnisches Geschichtsbewußtsein, Ausgewählte Aufsätze, Köln/Wien 1969; W. H. Fritze, Frühzeit zwischen Ostsee und Donau, ausgewählte Beiträge zum geschichtlichen Werden im östlichen Mitteleuropa vom 6. bis zum 13. Jahrhundert, Hrsg. L. Kuchenbuch und W. Schich, Berlin 1982 (Germania Slavica Band III); Z. Vana, Einführung in die Frühgeschichte der Slawen, Neumünster 1970.

2 Klaus Zernack, Polen und Rußland, zwei Wege in der europäischen Geschichte, Berlin 1994, S. 33/34.

3 Charlotte Warnke, Die Anfänge des Fernhandels in Polen, Würzburg 1964.

4 Ibrahim's ibn-Ja'kub's Reisebericht über die Slawenlande aus dem Jahre 965, St. Petersbourg 1898.

5 Herbert Ludat, An Elbe und Oder um das Jahr 1000, Skizzen zur Politik des Ottonenreiches und der slavischen Mächte in Mitteleuropa, Köln/Weimar/Wien [2]1995.

6 Herbert Ludat, Deutsch-slawische Frühzeit (wie Anm. 1), S. 190.

7 Bernhard Stasiewski, Die ersten Spuren des Christentums in Polen, in: Zeitschrift für osteuropäische Geschichte 8 (1934), S. 238–260; F. Manthey, Polnische Kirchengeschichte, Hildesheim 1965.

8 Herbert Ludat, An Elbe und Oder (wie Anm. 5).

9 Karol Małeczyński, Galli Anonymi cronica et gesta ducum sive principum Polonorum, Monumenta Poloniae Historica II, s. a. III,2, Warszawa 1952.

10 Benedykt Zientara, Die deutschen Einwanderer in Polen vom 12. bis zum 14. Jahrhundert, in: Walter Schlesinger (Hrsg.), Die deutsche Ostsiedlung des Mittelalters als Problem der europäischen Geschichte, Sigmaringen 1974, S. 334.

11 Werner Conze, Ostmitteleuropa. Von der Spätantike bis ins 18. Jahrhundert, Hrsg. Klaus Zernack, München 1992, S. 45; František Graus, Die Nationenbildung der Westslaven im Mittelalter (Nationes 3), Sigmaringen 1980; Klaus Zernack, Frühe Staatsbildung und Anfänge der europäischen Nationen. Einige komparatistische Betrachtungen, in: Od plemienia do państwa. Śląsk na tle wczesnośredniowiecznej Słowiańszczyzny Zachodniej, Wrocław/Warszawa 1991, S. 195–205.

12 Klaus Zernack, Polen und Rußland (wie Anm. 2), S. 62–64.

13 Jürgen Peterson, Kolonisation und Neustammbildung – das Beispiel Pommern, in: Ostdeutsche Geschichts- und Kulturlandschaften, Köln 1988, Bd. III, Pommern, S. 65.

14 Monumenta Poloniae Historica I, S. 697f.

15 Gallus Anonymus (wie Anm. 9), I,6.

16 Ferdinand Seibt, Polen von der Jahrtausendwende bis 1444, in: Handbuch der Europäischen Geschichte 2, Stuttgart 1987, S. 1042 bis 1079, hier S. 1053.

17 Seibt, Polen (wie Anm. 16), S. 1052.

18 P. W. Knoll, Władysław Łokietek and the Restauration of the Regnum Poloniae, in: Medievalia and Humanistica 17 (1967) 4, S. 3–29.

19 Vgl. die ausführliche Darstellung der litauischen Geschiche bis 1569 von Manfred Hellmann in: Handbuch der Geschichte Rußlands, Bd. 1/2, S. 718–849.

20 Zientara, Deutsche Einwanderer (wie Anm. 10), S. 336.

21 Jan M. Piskorski, Kolonizacja wiejska Pomorza Zachodniego w XIII i w początkach XIV wieku na tle procesów osadniczych w średniowiecznej Europie [Die ländliche Kolonisation Pommerns im 13. und in den Anfängen des 14. Jahrhunderts vor dem Hintergrund der Siedlungsvorgänge im mittelalterlichen Europa], Poznań 1990, S. 104.

22 Maria Bogucka, Das alte Polen, Leipzig 1983, S. 62.

23 J. Plocha, Najdawniejsze dzieje opactwa benedyktynów w Mogilnie [Die älteste Geschichte der Benediktinerabtei zu Mogilno], Wrocław 1969.

24 Zientara, Deutsche Einwanderer (wie Anm. 10), S. 338/339.

25 Zientara, Deutsche Einwanderer (wie Anm. 10), S. 345/346.

26 Zientara, Deutsche Einwanderer (wie Anm. 10), S. 345.

27 Piskorski, Kolonizacja (wie Anm. 21), S. 98.

28 Walter Kuhn, Ostsiedlung und Bevölkerungsdichte, in: ders., Vergleichende Untersuchungen zur mittelalterlichen Ostsiedlung, Köln/Wien 1973, S. 173–210, hier S. 185.

29 Walter Kuhn, Wesenszüge und Verlauf der deutschen Ostsiedlung, in: Der deutsche Osten, München o. J., S. 5–18, hier S. 7/8.

30 Klaus Zernack, Der hochmittelalterliche Landesausbau als Problem der Entwicklung Ostmitteleuropas, in: ders., Preußen – Deutschland – Europa, Aufsätze zur Geschichte der deutsch-polnischen Beziehungen, Hrsg. Wolfram Fischer und Michael G. Müller, Berlin 1991, S. 185–202, hier S. 185.

31 Gertrud Schubart-Fikentscher, Die Verbreitung der deutschen Stadtrechte in Osteuropa, Weimar 1942, S. 241.

32 Piskorski, Kolonizacja (wie Anm. 21), S. 100/101.

33 Kuhn, Westslawische Landesherren als Organisatoren der mittelalterlichen Ostsiedlung, in: Schlesinger, Ostsiedlung (wie Anm. 10), S. 225–261, hier S. 228.

34 Ferdinand Seibt, Glanz und Elend des Mittelalters, eine endliche Geschichte, Berlin 1987, S. 214.

35 Raimund Friedrich Kaindl, Geschichte der Deutschen in den Karpathenländern, Bd. I, Gotha 1907, S. 10.

36 Schubart-Fikentscher, Stadtrechte (wie Anm. 31), S. 250.

37 Vgl. Schubart-Fikentscher, Stadtrechte (wie Anm. 31), S. 263.

38 Kaindl (wie Anm. 35), S. 54.

39 Jan M. Piskorski, Die deutsche und deutschrechtliche Kolonisation des 12. bis 14. Jahrhunderts in Ostmitteleuropa, in: Geschichte in Wissenschaft und Unterricht 42 (1991), S. 203–219, hier S. 217.

40 Gerhard Helbig/Ludwig Weinreich (Hrsg.), Urkunden und erzählende Quellen zur Geschichte der deutschen Ostsiedlung im Mittelalter, Bd. 2, Darmstadt 1970, Nr. 77.

41 Vgl. Schubart-Fikentscher, Stadtrechte (wie Anm. 31), S. 231.

42 Walter Kuhn, Die Siedlerzahlen der deutschen Ostsiedlung, in: ders., Vergleichende Untersuchungen (wie Anm. 28), S. 211–234, hier S. 228.

43 Conze, Ostmitteleuropa (wie Anm. 11), S. 63.

44 Norbert Conrads, Schlesien, Berlin 1994.

45 Kuhn, Siedlerzahlen (wie Anm. 42), S. 218.

46 Herbert Ludat, Vorstufen und Entstehung des Städtewesens in Osteuropa, Köln-Brausfeld 1955; ders., Zur Evolutionstheorie der slavischen Geschichtsforschung am Beispiel der osteuropäischen Stadt, in: Gießener Abhandlungen zur Agrar- und Wirtschaftsforschung des europäischen Ostens 3 (1957), S. 96–115; Thomas Sporn, Die »Stadt zu polnischem Recht« und die deutschrechtliche Gründungsstadt, Frankfurt a. M. u. a. 1978.

47 Paul Richard Kötzschke, Das Unternehmertum in der ostdeutschen Kolonisation des Mittelalters, Diss. Leipzig 1894.

48 Stanisław Trawkowski, Die Rolle der deutschen Dorfkolonisation und des deutschen Rechts in Polen im 13. Jahrhundert, in: Schlesinger, Ostsiedlung (wie Anm. 10), S. 349–368, hier S. 366.

49 Schubart-Fikentscher, Stadtrechte (wie Anm. 31), S. 234.
50 Kaindl, (wie Anm. 35), S. 120–121.
51 Kaindl, (wie Anm. 35), S. 99.
52 Schubart-Fikentscher, Stadtrechte (wie Anm. 31), S. 242.
53 Kaindl (wie Anm. 35), S. 11.
54 Schubart-Fikentscher, Stadtrechte (wie Anm. 31), S. 258.
55 Kuhn, Landesherren (wie Anm. 33), S. 230.
56 Walter Kuhn, Die deutschrechtliche Siedlung in Kleinpolen, in: Schlesinger, Ostsiedlung (wie Anm. 10), S. 369–415, hier S. 377.
57 Kuhn, Kleinpolen (wie Anm. 56), S. 478.
58 Kuhn, Kleinpolen (wie Anm. 56), S. 479.
59 Schubart-Fikentscher, Stadtrechte (wie Anm. 31), S. 228.
60 Kuhn, Ostsiedlung und Bevölkerungsdichte (wie Anm. 28), S. 209.
61 Conze, Ostmitteleuropa, (wie Anm. 11), S. 81; Gotthold Rhode, Die Ostbewegungen des deutschen, polnischen und russischen Volkes im Mittelalter – Versuch eines Vergleichs, in: Europa Slavica – Europa Orientalis. Festschrift für Herbert Ludat zum 70. Geburtstag, Hrsg. Klaus Detlev Grothusen und Klaus Zernack, Berlin 1980, S. 178–204.
62 Piskorski, Kolonisation (wie Anm. 39), S. 81.
63 Vgl. das Privileg Herzog Władysław Odonicz' von 1225, abgedruckt bei Helbig/Weinreich (wie Anm. 40), Bd. II, S. 216/217.
64 P. W. Knoll, The Rise of the Polish Monarchy: Piast Poland in East Central Europe, 1320–1370, Chicago 1972.
65 Oskar Balcer, Les statuts de Casimir le Grand, Paris 1948.
66 Karol Górski, Les structures sociales de la noblesse polonaise au moyen âge, in: Le Moyen Age 73 (1967), S. 73–85.
67 Gotthold Rhode, Die Ostgrenze Polens. Politische Entwicklung, kulturelle Bedeutung und geistige Auswirkung, Bd. I, im Mittelalter bis zum Jahre 1410, Köln/Graz 1955.
68 Otfried Pustejovsky, Schlesiens Übergang an die tschechische Krone. Machtpolitik Böhmens im Zeichen von Herrschaft und Frieden, Köln/Wien 1975.
69 G. Grosschmidt (Hrsg.), Louis the Great, King of Hungary and Poland, New York 1986.
70 C. Kellog, Jadwiga, Polands Great Queen, Harrisburg 1971.
71 Winfried Schich, Zum Problem der Juden in der frühen deutschrechtlichen Stadt, in: Deutsche, Polen, Juden. Ihre Beziehungen von den Anfängen bis ins 20. Jahrhundert. Beiträge zu einer Tagung. Hrsg. Steffi Jersch-Wenzel, Berlin 1987, S. 65–102.
72 A. Lewicki, Über das staatsrechtliche Verhältnis Litauens zu Polen unter Jagiello und Witold, in: Altpreußische Monatsschrift NF 31 (1894), S. 1–94.
73 Josef Pfitzner, Großfürst Witold als Staatsmann, Brünn 1930.
74 H. Gersdorf, Der Deutsche Orden im Zeitalter der polnisch-litauischen Union. Die Amtszeit des Hochmeisters Konrald Zöllner von Rotenstein (1382–1390), Marburg 1957.
75 Gotthold Rhode, Polemiken um die Schlacht bei Tannenberg 1410, in: Zeitschrift für Ostforschung 22 (1973), S. 475–486.
76 Oskar Halecki, The Crusade of Varna. A Discussion of Controversial Problems, New York 1943.
77 Hartmut Boockmann, Der deutsche Orden. Zwölf Kapitel aus seiner Geschichte, München 1981; Lothar Dralle, Der Staat des Deutschen Ordens in Preußen nach dem 2. Thorner Frieden. Untersuchungen zur ökonomischen und ständepolitischen Geschichte Altpreußens zwischen 1466 und 1497, Wiesbaden 1975.
78 Marian Biskup, Die dynastische Politik der Jagiellonen um das Jahr 1475 und ihre Ergebnisse, in: Österreichische Osthefte 18 (1976), S. 213–217.
79 Zernack, Polen und Rußland (wie Anm. 2), S. 143–153.
80 Michael Ludwig, Besteuerung und Verpfändung königlicher Städte im spätmittelalterlichen Polen, Berlin 1984.
81 Gotthold Rhode, Staatenunion und Adelsstaat. Zur Entwicklung von Staatsdenken und Staatsgestaltung in Osteuropa, vor allem in Polen/Litauen, im 16. Jahrhundert, in: Zeitschrift für Ostforschung 9 (1960), S. 185–215; Gottfried Schramm, Staatseinheit und Regionalismus in Polen-Litauen (15.–17. Jahrhundert), in: Forschungen zur osteuropäischen Geschichte 11 (1966), S. 7–23.
82 Horst Grünert, Herkunftsnamen und mittelalterliche deutsche Ostsiedlung, in: Aus Natur und Geschichte Ostmitteleuropas, Festgabe zum 350-jährigen Jubiläum der Justus-Liebig-Universität Gießen, Gießen 1957, S. 139–167, hier S. 166.

83 Grünert, Herkunftsnamen (wie Anm. 82), S. 167, nach Hugo Weczerka, Herkunft und Volkszugehörigkeit der Lemberger Neubürger im 15. Jahrhundert, in: Zeitschrift für Ostforschung 4 (1955), H. 4, S. 506–530.
84 Kazimierz Tymieniecki, Polszczenie się Niemców w miastach Wielkopolskich w XV wieku [Die Polonisierung der Deutschen in den großpolnischen Städten im 15. Jahrhundert], Poznań 1938.
85 Kaindl, (wie Anm. 35), S. 143.
86 Kaindl, (wie Anm. 35), S. 147.
87 Kaindl, (wie Anm. 35), S. 146.
88 Codes dipl. Pol. min. IV. Nr. 1108.
89 Walter Kuhn, Geschichte der deutschen Ostsiedlung in der Neuzeit, Bd. 1, Köln/Graz 1955, S. 259–63.
90 Kaindl, (wie Anm. 35), S. 102–104.
91 Kurt Lück, Der erste Organisator der polnischen Staatsfinanzen Hans Boner († 1523), in: Kurt Lück/Viktor Kauder (Hrsg.), Deutsch-polnische Nachbarschaft, Lebensbilder deutscher Helfer in Polen, Würzburg 1957, S. 116–124.
92 Walter Hubatsch, Albrecht von Brandenburg-Ansbach. Deutschordenshochmeister und Herzog in Preußen 1490–1568, Heidelberg 1960.
93 Stefan Dolezel, Das preußisch-polnische Lehensverhältnis unter Herzog Albrecht von Preußen (1525–1568), Köln/Berlin 1967; Maria Bogucka, Die preußische Huldigung, Warszawa 1986.
94 Raimund Friedrich Kaindl, Die Deutschen in den Karpatenländern, Bd. I, Gotha 1907, S. 143/44.
95 Klaus Zernack, Polen und Rußland. Zwei Wege in der europäischen Geschichte, Berlin 1994, S. 155–157.
96 J. Irmscher (Hrsg.), Renaissance und Humanismus in Mittel- und Osteuropa, T. 2, Berlin 1962.
97 Ernst Kiock, Wirtschaftspionier, Sekretär des Königs und Geschichtsschreiber Jost Ludwig Dietz (1485–1545), in: Lück/Kauder, Deutsch-polnische Nachbarschaft (wie Anm. 91), S. 125–136.
98 Kurt Bathelt, Der Bergwerkpionier im Karpathenraum Johann Thurzo (1437–1508), in: Lück/Kauder, Deutsch-polnische Nachbarschaft(wie Anm. 91), S. 60–70.
99 Kurt Lück, Deutsche Aufbaukräfte in der Entwicklung Polens, Plauen i. V. 1934, S. 242, 243.
100 Walter Kuhn, Landesherren (wie Anm. 33), S. 236–237; Werner Conze, Agrarverfassung und Bevölkerung in Litauen und Weißrußland. Teil I, Die Hufenverfassung im ehemaligen Großfürstentum Litauen, Leipzig 1940.
101 Gotthold Rhode, Die Reformation in Osteuropa, in: Zeitschrift für Ostforschung 7 (1958), S. 481–500; Bernhard Stasiewski, Reformation und Gegenreformation in Polen: Neue Forschungsergebnisse, Münster 1960.
102 Gottfried Schramm, Der polnische Adel und die Reformation 1548–1607, Wiesbaden 1965.
103 Arthur Rhode, Geschichte der evangelischen Kirche im Posener Lande, Würzburg 1956.
104 Reformation und Frühaufklärung in Polen. Studien zur Geschichte des Sozinianismus und seinem Einfluß auf das westeuropäische Denken im 17. Jahrhundert, Hrsg. Paul Wrzecionko, Göttingen 1977.
105 Gottfried Schramm, Reformation und katholische Erneuerung, in: Deutsche und Polen, 100 Schlüsselbegriffe, Hrsg. Ewa Kobylińska, Andreas Lawaty und Rüdiger Stephan, München/Zürich 1992, S. 39–42.
106 J. Lortz, Kardinal Stanislaus Hosius, Braunsberg 1931.
107 M. Brzezina, Polszczyzna Żydów [Das Polnisch der Juden], Warszawa 1986.
108 Walter Kuhn, Geschichte der deutschen Ostsiedlung in der Neuzeit, Bd. II, Köln/Graz 1957, S. 145.
109 Klaus-Dieter Staemmler, Preußen und Livland in ihrem Verhältnis zur Krone Polen 1561–1586, Marburg 1953.
110 Handbuch der Geschichte Rußlands, Bd. 1/2, S. 777–778.
111 Gottfried Schramm, Ein Meilenstein der Glaubensfreiheit. Der Stand der Forschung über Ursprung und Schicksal der Warschauer Konföderation von 1573, in: Zeitschrift für Ostforschung 24 (1975), S. 711–736.
112 E. Reimann, Die polnische Königswahl von 1573, in: Historische Zeitschrift 11 (1864), S. 68–128.
113 Jan Blónski, Sarmatismus, zur polnischen Adelskultur, in: Deutsche und Polen (wie Anm. 105), S. 127–132.
114 Walter Kuhn, Ostsiedlung Neuzeit (wie Anm. 108), S. 44–92.
115 Oskar Kossmann, Die Deutschen in Polen seit der Reformation. Historisch-geographische Skizzen. Siedlung, Sozialstruktur, Wirtschaft, Marburg/L. 1978.

116 Kuhn, Ostsiedlung Neuzeit (wie Anm. 108), S. 122–124.
117 Kuhn, Ostsiedlung Neuzeit (wie Anm. 108), S. 146–150.
118 Biblioteka Czartoryskich, Krakau, Handschrift 3031, Bl. 577.
119 Kuhn, Ostsiedlung Neuzeit (wie Anm. 108), S. 172.
120 Hans Roos, Polen von 1668–1795, in: Handbuch der Europäischen Geschichte, Bd. 4, Stuttgart 1968, S. 696–698.
121 Gerda Leber-Hagenau, Jan Sobieski. Der Retter Wiens, Wien/München 1983; J. Wimmer, Der Entsatz von Wien 1693, Warszawa 1983.
122 K. Piwarski, Das Interregnum 1696/97 in Polen und die politische Lage in Europa, in: J. Kalisch und J. Gierowski (Hrsg.), Um die polnische Krone. Sachsen und Polen während des Nordischen Krieges 1700–1721, Berlin 1962, S. 9–44.
123 Georg Christoph von Unruh: Roter Löwe im Goldenen Schild, eine kleine Familienchronik der Familie von Unruh, Selbstverlag Köln 1962, S. 31–32.
124 Gotthold Rhode, Brandenburg-Preußen und die Protestanten in Polen 1640–1740, Leipzig 1941.
125 Jacek Staszewski, Sachsen, in: Deutsche und Polen (wie Anm. 105), S. 60–65
126 Karl Hartmann, Die Sachsenkönige in Polen, in: Deutsche im europäischen Osten, Hrsg. F. B. Kaiser/B. Stasiewski, Köln/Wien 1976, S. 59–71, hier S. 64.
127 Jörg Hönsch, Sozialverfassung und politische Reform. Polen im vorrevolutionären Zeitalter, Köln/Wien 1973.
128 Karl Grundmann, Der Vater der Publizistik in Polen Lorentz Mitzler von Kolof (1711–1778), in: Lück/Kauder (wie Anm. 91), S. 209–245.
129 Hartmann, Sachsenkönige (wie Anm. 126), S. 68/69.
130 Roos, Polen (wie Anm. 120), S. 741.
131 Klaus Zernack, Stanislaw August Poniatowski, Probleme einer politischen Biographie, in: Jahrbücher für Geschichte Osteuropas 15 (1967), S. 371–393.
132 Michael G. Müller, Die Teilungen Polens 1772–1793–1795, München 1984.
133 Michael G. Müller, Das Ende zweier Republiken: die Teilungen Polens und die Auflösung des alten Reichs, in: Deutsche und Polen (wie Anm. 105), S. 53–59.
134 Roos, Polen (wie Anm. 120), S. 749.
135 Julius Kohte, Architekten in Warschau – Schröger, Zug, Kammsetzer, in: Lück/Kauder (wie Anm. 91), S. 285–295.
136 Vgl. J. L. Pachoński, Legiony polskie. Prawda i legenda 1794–1807 [Die polnischen Legionen. Wahrheit und Legende 1794–1807], 4 Bde, Warszawa 1969–79.
137 Marceli Handelsman, Adam Czartoryski, 3 Bde, Warszawa 1948–1950; P. K. Grimstead, The Foreign Ministers of Alexander I., Berkeley 1969.
138 Marian Kukiel, Czartoryski and European Unity 1770–1861, Princeton/New York 1955; J. Skowronek, Le programme européen du prince A. J. Czartoryski en 1803–1805, in: Acta Poloniae Historica 17 (1968), S. 137–159.
139 D. Beauvois, Lumières et societé en Europe de l'Est. L' Université de Vilna et les écoles polonaises de l'Empire Russe, 2 Bde, Paris 1977.

Das preußische Teilgebiet 1793–1914

1 Rodgero Prümers (Hrsg.), Das Jahr 1793. Urkunden und Aktenstücke zur Organisation Südpreußens, Posen 1895.
2 Otto Heike, Die Provinz Südpreußen, Marburg 1953.
3 Richard Breyer, Die Stadt Posen in südpreußischer und herzoglich Warschauer Zeit (1793–1815), in: Gotthold Rhode (Hrsg.), Geschichte der Stadt Posen, Neuendettelsau 1953.
4 Wilhelm Feldmann, Geschichte der politischen Ideen in Polen seit dessen Teilungen (1795–1914), München/Berlin 1917.
5 Eckart Kleßmann, E. T. A. Hoffmann oder die Tiefe zwischen Stern und Erde, Frankfurt a. M./Leipzig 1995, bes. S. 95–103.
6 Richard Breyer, Józef Longwin-Sowiński, der polnische General mit dem preußischen Pour le mérite, in: Ostmitteleuropa. Berichte und Forschungen, Hrsg. Ulrich Haustein, Georg W. Strobel und Gerhard Wagner, Stuttgart 1981, S. 116–142.
7 Erich Weise, Die Schwabensiedlungen im Posener Kammerdepartement 1799–1804, Würzburg 1961.

8 Kurt Schottmüller, Der Polenaufstand 1806/07. Urkunden und Aktenstücke aus der Zeit zwischen Jena und Tilsit, Posen 1907.

9 Marceli Handelsman, Napoléon et la Pologne 1806–1807, Paris 1909.

10 Walter Recke, Die polnische Frage als Problem der europäischen Politik, Berlin 1927.

11 Gotthold Rhode, Geschichte Polens. Ein Überblick, Darmstadt ^{3}1980, S. 342.

12 Im Kaiserreich bezeichnete man mit diesem Begriff in erster Linie die Provinzen Posen und Westpreußen. Nach der Gründung des Deutschen Ostmarkenvereins 1894 wurden manchmal auch die gemischtsprachigen Gebiete der Provinzen Ostpreußen (Masuren) und Schlesien (Regierungsbezirk Oppeln) mit eingeschlossen. Vgl. z. B. Carl Fink, Der Kampf um die Ostmark, Berlin 1897; Die Ostmark (= Aus Natur und Geisteswelt, 351. Bändchen), Leipzig 1911; Die deutsche Ostmark, Hrsg. Deutscher Ostmarkenverein, Lissa 1913.

13 Hartmut Boockmann, Ostpreußen und Westpreußen, Berlin ^{2}1992, S. 350.

14 Handbuch der preußischen Geschichte, Hrsg. Otto Büsch, Bd. 2, Berlin 1992, S. 93.

15 Georg-Christoph v. Unruh, Provinz (Großherzogtum) Posen, in: Verwaltungsgeschichte Ostdeutschlands, Hrsg. Gerd Heinrich u. a., Stuttgart 1992, S. 363–474, dort S. 367.

16 Helmut Neubach, Die Erzbischöfe von Gnesen-Posen, Kirchenfürsten und Politiker, in: Europäische Begegnung 6 (1966), S. 264–269.

17 v. Unruh, Provinz (wie Anm. 15), S. 368. Übersetzung des französischen Textes durch den Verf.

18 Ebda, S. 366. Rechtschreibung und Zeichensetzung wurden dem heutigen Stand angepaßt.

19 Ebda.

20 Manfred Laubert, Die preußische Polenpolitik von 1772 bis 1914, Krakau ^{3}1944, S. 50. Siehe auch ders., Studien zur Geschichte der Provinz Posen in der 1. Hälfte des 19. Jahrhunderts, Posen 1908. Otto Hoetzsch, Nationalitätenkampf und Nationalitätenpolitik in der Ostmark, in: Die deutsche Ostmark (wie Anm. 12), S. 567–623. Wolfgang Kohte, Das Posener Land, in: Geschichte der deutschen Länder, Territorien-Ploetz, Bd. 2, Hrsg. Georg W. Sante, Würzburg 1971, S. 158–185. Karl Heink Streiter, Die nationalen Beziehungen im Großherzogtum Posen 1815–1848, Bern 1986. Lech Trzeciakowski, Polen und Deutsche im Großherzogtum Posen 1815–1918, in: Archiv für Kommunalwissenschaften 12 (1989), S. 200–215. Wesentlich ausführlicher ist das Gemeinschaftswerk von Bolesław Greś, Jerzy Kozłowski, Aleksander Kramski: Niemcy w Poznańskiem wobec polityki germanizacynej 1815–1920 [Die Deutschen im Posener Land gegenüber der Germanisierungspolitik], Hrsg. Lech Trzeciakowski, Poznań 1976.

21 Laubert, Polenpolitik (wie Anm. 20), S. 48.

22

1. Adelnau	7. Kröben	13. Samter
2. Birnbaum	8. Krotoschin	14. Schildberg
3. Bomst	9. Meseritz	15. Schrimm
4. Buk	10. Obornik	16. Schroda
5. Fraustadt	11. Pleschen	17. Wreschen
6. Kosten	12. Posen (Stadt u. Land).	

Nach Grundriß zur deutschen Verwaltungsgeschichte 1815–1945, Reihe A: Preußen, Hrsg. Walther Hubatsch, Bd. 2, Teil I, bearb. v. Dieter Stüttgen, Marburg 1975, S. 23.

23

1. Bromberg	4. Gnesen	7. Schubin
2. Chodziesen	5. Inowrazlaw	8. Wirsitz
3. Czarnikau	6. Mogilno	9. Wongrowitz

Nach Grundriß (wie Anm. 22), S. 75. Allgemein zu diesem Regierungsbezirk siehe Irene Berger, Die preußische Verwaltung des Regierungsbezirks Bromberg 1815–1847, Köln 1966.

24 Berger (wie Anm. 23), S. 36 u. 81.

25 Herbert Obenaus, Polen und Deutsche auf dem Posener Provinziallandtag von 1827 bis 1847, in: Ideologie, poglądy, mity w dziejach Polski i Europy XIX i XX wieku (Ideologien, Ansichten, Mythen in der Geschichte Polens und Europas im 19. und 20. Jahrhundert), Poznań 1991, S. 77–89.

26 Dieter Bangert, Polnischer Adel, österreichisches und preußisches Heer, in: Zeitschrift für Ostforschung 21 (1972), S. 466–521.

27 Hugo Rasmus, Hundert Jahre Königliches Gymnasium, in: 650 Jahre Bromberg, Hrsg. Bernhard Jähning u. Gerhard Ohlhoff, Münster 1995, S. 179–195.

28 Nora Koestler, Intelligenzschicht und höhere Bildung im geteilten Polen, in: Bildungsbürgertum im 19. Jahrhundert, Teil I, Hrsg. Werner Conze u. Jürgen Kocka, Stuttgart 1985, S. 186–206, dort S. 184.

29 Barbara Dettke, Die asiatische Hydra. Die Cholera von 1830/31 in Berlin und den preußischen Provinzen Posen, Preußen und Schlesien, Berlin 1995.

30 Die deutsche Ostmark (wie Anm. 12), S. 50; siehe auch M. Laubert, Die Behandlung der Posener Teilnehmer am Warschauer Novemberaufstand von 1830/31, Marburg 1954. Zum Aufstand allgemein siehe G. Rhode, Preußen und der polnische Novemberaufstand 1830/31, in: Oswald Hauser (Hrsg.): Zur Problematik »Preußen und das Reich«, Köln 1984, S. 299–330.

31 Hans Fenske, Eduard Heinrich Flottwell (1786–1865), in: Persönlichkeiten der Verwaltung, Hrsg. Kurt G. A. Jeserich u. Helmut Neuhaus, Stuttgart 1991, S. 154–158.

32 Laubert (wie Anm. 20), S. 49. Flottwell folgte also nicht auf Zerboni, wie Unruh (wie Anm. 15, dort S. 372) irrtümlich meint.

33 [Eduard v. Flottwell:] Denkschrift, die Verwaltung der Provinz Posen vom Dezember 1830 bis zum Beginn des Jahres 1841 betreffend, Berlin 1897, S. 3.

34 v. Unruh (wie Anm. 15), S. 380. Siehe auch Manfred Laubert, Die geschichtliche Entwicklung des Posener Distriktskommissariats, in: Zeitschrift der Historischen Gesellschaft für die Provinz Posen 27 (1912), S. 125–210.

35 Das Elementarschulwesen im Departement Posen, in: Posener Provinzialblätter 1 (1846), S. 131–143, dort S. 138.

36 Nora Koestler (wie Anm. 28), S. 194.

37 Helmut Neubach, Schlesier in der Provinz Posen, in: Jahrbuch Weichsel-Warthe 14 (1968), S. 108–110; ders., Schlesische Kandidaten für den erzbischöflichen Stuhl von Gnesen-Posen, in: Beiträge zur schlesischen Kirchengeschichte, Hrsg. Bernhard Stasiewski, Köln 1969, S. 452–473.

38 Zdzislaw Grot, Marcin von Dunin-Sulgustowski (1774–1842), in: Die Bischöfe der katholischen Kirche der deutschsprachigen Länder 1785/1803–1945, Berlin 1983, S. 149–153. Dieser Band enthält auch Kurzbiographien der übrigen hier erwähnten Erzbischöfe und Weihbischöfe.

39 Manfred Laubert, Zur Abführung des Erzbischofs von Dunin nach Kolberg, in: Historische Monatsblätter für die Provinz Posen 15 (1914), S. 130–137.

40 Gotthold Rhode, Die deutsch-polnischen Beziehungen und ihre neuralgischen Punkte, in: Ost-West-Berichte 1961, H. 2/3, S. 83–102.

41 Stenographische Berichte über die Verhandlungen des Hauses der Abgeordneten, 16. Legislaturperiode, 1. Session 1886, S. 170.

42 Helmut Neubach, Die Ausweisungen von Polen und Juden aus Preußen 1885/86. Ein Beitrag zu Bismarcks Polenpolitik und zur Geschichte des deutsch-polnischen Verhältnisses, Wiesbaden 1967, S. 6.

43 Zum Einfluß dieses polnischen Grafen auf die Wende in der Polenpolitik siehe Manfred Laubert, Die Rede des Grafen Eduard Raczyński bei der Erbhuldigung in Königsberg am 11. September 1840, ein Wendepunkt in der preußischen Polenpolitik, in: Grenzmärkische Heimatblätter 13 (1937), S. 50–84.

44 Laubert (wie Anm. 20), S. 84.

45 Manfred Laubert, Der Posener Oberpräsident Graf Arnim in seinen gesellschaftlichen Beziehungen zum Polentum, in: Deutsche Blätter in Polen 6 (1929), S. 297–309.

46 Abgedruckt bei Siegfried Baske, Praxis und Prinzipien der preußischen Polenpolitik vom Beginn der Reaktionszeit bis zur Gründung des Deutschen Reiches, in: Forschungen zur osteuropäischen Geschichte 9 (1963), S. 7–268, dort S. 242–245.

47 Friedrich Metz, Die Bamberger und die Stadt Posen, in: Geschichte der Stadt Posen, Hrsg. Gotthold Rhode, Neuendettelsau 1953, S. 269–276.

48 Posener Provinzial-Blätter 1 (1846), S. 105.

49 Ebda, S. 5.

50 Ebda, S. 396.

51 Ebda, S. 392.

52 Manfred Laubert, Vom 1. Posener Polizeipräsidenten Frh. v. Minutoli, in: Deutsche Wissenschaftliche Zeitschrift im Wartheland 1 (1940), S. 82–89.

53 Manfred Laubert, Papst Pius IX. und die Polen 1847, in: Deutsche Rundschau 194 (1923), S. 121–124.

54 Gotthold Rhode, Posen von der Revolution des Jahres 1848 bis zur Gründung des Deutschen Reiches, in: Geschichte der Stadt Posen (wie Anm. 47), S. 115–126, dort S. 116. Allgemein zu 1848/49 siehe W. Kohte, Deutsche Bewegung und preußische Politik im Posener Lande 1848/49, Posen 1931 (Deutsche Wissenschaftliche Zeitschrift für Polen, Heft 21).

55 Niebour-Wilmersdorf, Die Vertreter der Provinz Posen in der Frankfurter Nationalversammlung, in: Historische Monatsblätter für die Provinz Posen 12 (1911), S. 65–74. Siehe ferner R. Bartolomäus, Die Provinz Posen auf dem Frankfurter Parlament, in: Zeitschrift der Historischen Gesellschaft für die Provinz Posen

14 (1899), S. 1–66; Walter Bleck, Die Posener Frage auf den Nationalversammlungen in den Jahren 1848/49, in: Zeitschrift der Historischen Gesellschaft für die Provinz Posen 29 (1915), S. 1–96.

56 Zitate nach Heinrich Lutz, Zwischen Habsburg und Preußen. Das Ringen um die Vormacht in Deutschland 1815–1866, Berlin 1985, S. 286.

57 Klaus Helmut Rehfeld, Die preußische Verwaltung des Regierungsbezirks Bromberg 1848–1871, Köln 1968, S. 204–210. Siehe ferner E. Hoffmann, Hundertjährige Arbeit auf dem Gebiete des Verkehrswesens in der deutschen Ostmark, in: Zeitschrift der Historischen Gesellschaft für die Provinz Posen 5 (1890), S. 351–376.

58 Der Oberpräsident war der Vater des späteren preußischen Innen- und Kultusministers Robert v. Puttkamer.

59 Laubert (wie Anm. 20), S. 120.

60 Bonin am 17. 7. 1862 an Innenminister von Jagow, zit. nach Baske (wie Anm. 46), S. 219 bis 220.

61 Ebda, S. 128.

62 Aus dem Leben des Oberpräsidenten Carl v. Horn 1863–1869, in: Deutsche Revue 38 (1913), Bd. 2, S. 351–366, Bd.3, S. 103 bis 119, 237–251 u. 354–367.

63 Witold Molik, Kszałtowanie się inteligencji w Wielkim Księstwie Poznańskim 1841–1870 [Die Bildung einer Intelligenzschicht im Großherzogtum Posen 1841–1870], Warszawa 1979, S. 95, zit. nach Koestler (wie Anm. 28), S. 196.

64 Bogislaw Frh. v. Selchow, Der Kampf um das Posener Erzbistum. Graf Ledochowski und Oberpräsident von Horn, Marburg 1923.

65 Bismarck am 31. 1. 1885 an Curd v. Schlözer, den preußischen Gesandten beim Vatikan, zit. nach Neubach, Ausweisungen (wie Anm. 42), S. 237. Siehe auch ders., Polnische Geistliche im Deutschen Reichstag 1871–1918, in: Ostmitteleuropa. (wie Anm. 6), S. 266–282. Allgemein zu den polnischen Abgeordneten siehe Zygmunt Hemmerling: Posłowie polscy w parlamencie Rzeszy niemieckiej i sejmie pruskim 1907–1914 (Die polnischen Abgeordneten im Deutschen Reichstag und im Preußischen Abgeordnetenhaus 1907–1914), Warszawa 1968; Jerzy Wojciak: Walka polityczna w wyborach do parlamentu Rzeszy i sejmu pruskiego w Poznańskiem w latach 1898–1914 (Der politische Kampf bei den Wahlen zum Reichstag und zum preußischen Abgeordnetenhaus im Posenschen 1898–1914), Warszawa 1981.

66 Baske (wie Anm. 46), S. 175.

67 Thomas Nipperdey, Deutsche Geschichte 1866–1918, Bd. 2, München 1992, S. 267.

68 Ebda, S. 267.

69 Bismarcks Gesammelte Werke, Bd. 13, Berlin 1930, S. 474.

70 Zit. nach Neubach, Ausweisungen (wie Anm. 42), S. 3.

71 Helmut Neubach, Eduard von Hartmanns Bedeutung für die Entwicklung des deutsch-polnischen Verhältnisses, in: Zeitschrift für Ostforschung 13 (1964), S. 106–159, dort 134.

72 Wolfgang Kohte, Die staatliche Ansiedlungspolitik im deutschen Nordosten (1886–1914), in: Die deutsche Ostsiedlung in Mittelalter und Neuzeit, Wien 1971, S. 219–240.

73 In unzähligen Zeitungsartikeln ließen die Polen ihrer Verärgerung über den Papst freien Lauf, ja sie begannen an ihm zu zweifeln. Siehe eine Karikatur von Leo XIII. bei Neubach: Ausweisungen (wie Anm. 42), S. 249; ferner ders., Bismarck in der polnischen Karikatur, in: Europäische Begegnung 5 (1965), S. 473–477.

74 Helmut Neubach, Julius Dinder, der einzige deutsche Erzbischof von Gnesen-Posen, in: Jahrbuch Weichsel-Warthe 11 (1965), S. 74–79.

75 Helmut Neubach, Robert Graf von Zedlitz-Trützschler (1837–1914), in: Persönlichkeiten der Verwaltung (wie Anm. 31), S. 228–233.

76 a) Regierungsbezirk Posen:

1. Adelnau	11. Krotoschin	21. Rawitsch
2. Birnbaum	12. Lissa	22. Samter
3. Bomst	13. Meseritz	23. Schildberg
4. Fraustadt	14. Samter	24. Schmiegel
5. Gostyn	15. Obornik	25. Schrimm
6. Grätz	16. Ostrowo	26. Schroda
7. Jarotschin	17. Pleschen	27. Schwerin/ Warthe
8. Kempen	18. Posen-Ost	
9. Koschmin	19. Posen-West	28. Wreschen
10. Kosten	20. Rawitsch	

b) Regierungsbezirk Bromberg:

1. Bromberg-Stadt	8. Mogilno
2. Bromberg-Land	9. Schubin
3. Kolmar/Preußen	10. Strelno
4. Czarnikau	11. Wirsitz
5. Filehne	12. Witkowo
6. Gnesen	13. Wongrowitz
7. Inowrazlaw (Hohensalza)	14. Znin

Nach Grundriß (wie Anm. 22), S. 24 u. 76.

Siehe ferner Thomas Gey, Die preußische Verwaltung des Regierungsbezirks Bromberg, Köln 1976.

77 Siehe als neueste Veröffentlichung über die Caprivi-Ära Ted Kaminski, Polish Publicists and Prussian Politics (1890–1894), Stuttgart 1988.

78 Zit. nach Helmut Neubach, Das Jahr 1894, ein erneuter Wendepunkt in der Geschichte des deutsch-polnischen Verhältnisses, in: Westpreußen-Jahrbuch 44 (1994), S. 119–130, dort S. 126. Zur Caprivi-Ära siehe ferner Helmut Neubach: Der Gnesen-Posener Erzbischof Florian von Stablewski und seine Stellung zur polnischen Bewegung in Posen und Oberschlesien (1894), in: Beiträge zur deutsch-polnischen Nachbarschaft. Festschrift für Richard Breyer, Hrsg. Czaba János Kenéz, H. Neubach u. J. Rogall, Berlin 1992, S. 113–123.

79 Neubach, Das Jahr 1894 (wie Anm. 78), S. 123.

80 Bogdan Graf v. Hutten-Czapski, Sechzig Jahre Politik und Gesellschaft, Bd. 1, Berlin 1936, S. 419.

81 Bernhard Fürst v. Bülow, Denkwürdigkeiten, Bd. 2, Berlin 1930, S. 488.

82 Rudolf Korth, Die preußische Schulpolitik und die polnischen Schulstreiks 1906/07. Ein Beitrag zur preußischen Polenpolitik der Ära Bülow, Würzburg 1963, S. 133.

83 Ebda, S. 159.

84 Otto Korthals, Der Wagen des Drzymała, in: Jahrbuch Weichsel-Warthe 10 (1964), S. 89–93.

85 Helmut Neubach, Das Polenmuseum zu Rapperswil. Ein Beitrag zur polnischen Emigration in der Schweiz, in: Zeitschrift für Ostforschung 13 (1964), S. 721–728.

86 Rhode, Geschichte Polens (wie Anm. 1), S. 423.

87 Helmut Neubach, Axel v. Colmar, Landrat in Chodziesen. Vor 100 Jahren wurde diese Posener Kreisstadt nach ihm benannt, in: Jahrbuch Weichsel-Warthe 23 (1977), S. 129–131.

88 E. Graber/O.Ruppersberg, Verzeichnis der Ortsnamenänderungen in der Provinz Posen, Posen 1912.

89 Akten zur preußischen Kirchenpolitik in den Bistümern Gnesen-Posen, Kulm und Ermland 1885–1914, bearb. v. Erwin Gatz, Mainz 1977, S. LXX–LXXIII.

90 Sigmund Karski unter Mitwirkung von Helmut Neubach, Albert (Wojciech) Korfanty, Dülmen 1990, S. 187–195; Dietrich Vogt, Der Großpolnische Aufstand 1918/19, Marburg 1980.

91 Die Ostmark 25 (1920), Nr. 1, S. 5.

92 Gotthold Rhode, der sich auf die Bekenntnisstatistik stützt, geht von rund 350 000 Deutschen im Jahre 1825 aus, was 33, 5 Prozent der Bevölkerung entspricht, der amerikanische Historiker William W. Hagen dagegen nur von 318 000 (30,8 Prozent). Richard Böckh und Manfred Laubert beziffern die Zahl der Deutschen im Jahre 1831 (ohne die Juden) auf rund 360 000 (35 Prozent), während Jerzy Kozłowski für dieses Jahr nur wenig mehr als 300 000 Deutsche (29 Prozent) annimmt und erst für 1840 auf eine Zahl von 365 000 (30 Prozent) kommt. Für die Mitte des 19. Jahrhunderts schwanken die polnischen Schätzungen zwischen etwa 325 000 (24 Prozent) und 420 000 (31 Prozent), Hagen gibt eine Zahl von 448 000 (34 Prozent) an, und Eugen v. Bergmann 453 000 (ca. 34 Prozent). Die erste amtliche Volkszählung mit dem Kriterium der Nationalität schließlich ermittelte für 1860 eine Zahl der Deutschen (einschließlich der Juden) in der Provinz von 628 823 (44,4 Prozent). Kozłowski dagegen schätzte ihre Zahl für 1861 nur auf rund 480 000 (33 Prozent), und Józef Buzek und Bergmann (ohne die Juden) entsprechend auf 563 000 (38 Prozent) und 592 000 (40 Prozent). Nachweise s. Anm. 93.

93 Baske, Praxis und Prinzipien (wie Anm. 46), S. 22; ders., Stosunki niemiecko-polskie w Wielkim Księstwie Poznańskim w latach 1831–1848 [Die deutsch-polnischen Beziehungen im Großherzogtum Posen in den Jahren 1831–1848], in: Stosunki polsko-niemieckie 1831–1848: Wiosna Ludów i okres ją poprzedzający. Hrsg. W. Borodziej und T. Cegielski, Wrocław/Warszawa 1981, S. 44; Józef Buzek, Historya polityki narodowościowej rządu pruskiego wobec Polaków od traktatów wiedeńskich do ustaw wyjątkowych z r. 1908 [Geschichte der Nationalitätenpolitik der preußischen Regierung gegenüber den Polen von den Wiener Verträgen bis zu den Ausnahmegesetzen 1908], Lwów 1909, S. 546; Christian Meyer, Geschichte des Landes Posen, Posen 1881, S. 366; Jerzy Kozłowski, Niemcy w Poznańskiem do 1918 roku [Die Deutschen im Posenschen bis 1918], in: Polska-Niemcy-mniejszość niemiecka w Wielkopolsce. Przeszłość i teraźniejszość. Hrsg. A. Sakson, Poznań 1994, S. 18; Kohte (wie Anm. 20), S. 165; William W. Hagen, Germans, Poles, and Jews. The Nationality Conflict in the Prussian

East, 1772–1914, Chicago-London 1980, S. 324; Richard Böckh, Der Deutschen Volkszahl und Sprachgebiet in den europäischen Staaten. Eine statistische Untersuchung, Berlin 1869, S. 239; Manfred Laubert, Beiträge zum Sprach- und Nationalitätenverhältnis in der Provinz Posen um 1830, in: Deutsche Blätter in Polen, 5 (1928), H. 9/10, S. 423; Eugen v. Bergmann, Zur Geschichte der Entwickelung deutscher, polnischer und jüdischer Bevölkerung in der Provinz Posen, Tübingen 1883, S. 35–37, Grześ/Kozłowski/Kramski (wie Anm. 20), S. 19–20.

94 Czesław Łuczak, Życie gospodarczo-społeczne w Poznaniu 1815–1918 [Das wirtschaftlich-gesellschaftliche Leben in Posen 1815–1918], Poznań 1965, S. 43; Grześ/Kozłowski/Kramski (wie Anm. 20), S. 54.

95 Vgl. Czesław Łuczak, Przemysł wielkopolski w latach 1815–1870 [Die großpolnische Industrie 1815–1870], Warszawa 1959, S. 62–63; Laubert, Beiträge (wie Anm. 93), S. 425–426; Kozłowski, Niemcy (wie Anm. 93), S. 13.

96 Vgl. Wilhelm Iwan, Die Altlutherische Auswanderung um die Mitte des 19. Jahrhunderts. Bd. 1, Breslau 1943, S. 16ff.; Manfred Laubert, Die preußische Polenpolitik von 1772–1914, Berlin 1920, S. 68.

97 Gotthold Rhode, Die deutsche Besiedlung, in: Wir von der Weichsel und Warthe. Hrsg. E. Wittek, Salzburg 1950, S. 135; Grześ/Kozłowski/Kramski (wie Anm. 20), S. 146, 154.

98 Bergmann, Geschichte (wie Anm. 93), S. 54–60.

99 Lech Trzeciakowski, Polacy i Niemcy w drugiej połowie XIX wieku. Między dawnymi a nowymi postawami [Polen und Deutsche in der zweiten Hälfte des 19. Jahrhunderts. Zwischen alten und neuen Einstellungen], in: Z badań nad dziejami stosunków polsko-niemieckich. Hrsg. A. Czubiński und R. Wryk, Poznań 1991, S. 81–82; Grześ/Kozłowski/Kramski (wie Anm. 20), S. 21.

100 Vgl. Baske, Praxis (wie Anm. 46), S. 23; Bergmann, Geschichte (wie Anm. 93), S. 36; Böckh, Der Deutschen (wie Anm. 93), S. 238–239.

101 Nach dem Völkerfrühling dominierten die Deutschen bereits in den meisten Posener Städten, wobei sie in einigen Kreisen über neunzig Prozent der städtischen Bevölkerung stellten (im Kreise Birnbaum beispielsweise 95,3 Prozent). Lech Trzeciakowski, Pod pruskim zaborem 1850–1918 [Im preußischen Teilgebiet 1850–1918], Warszawa 1973, S. 12; Bergmann, Geschichte (wie Anm. 93), S. 37; Baske, Praxis (wie Anm. 46), S. 24.

102 Im Jahre 1867 lebten in der Stadt Posen nämlich 22 144 Deutsche, 17 940 Polen und 7101 Juden (ohne Berücksichtigung der Militärangehörigen). Łuczak, Życie (wie Anm. 94), S. 42–45. Vgl. auch Krzysztof Makowski, Rodzina poznańska w I połowie XIX wieku [Die Posener Familie in der 1. Hälfte des 19. Jahrhunderts], Poznań 1992, S. 58.

103 Max Bär, Die »Bamberger« bei Posen, zugleich ein Beitrag zur Geschichte der Polonisierungsbestrebungen in der Provinz Posen, Posen 1882, S. 74.

104 Makowski, Rodzina (wie Anm. 102), S. 59.

105 Bergmann, Geschichte (wie Anm. 93), S. 83–84.

106 Eine Besonderheit stellte der in Posen sehr niedrige durchschnittliche Altersunterschied der Ehegatten dar, der sich unter den erstmaligen Ehen von anfänglich 3,6 auf zwei Jahre verringerte. Es sei noch angemerkt, daß die Posener Deutschen seinerzeit vorwiegend im Herbst (Oktober und November) heirateten und dies am häufigsten an einem Sonntag.
Es ist auch erwähnenswert, daß deutsche Ehepaare – vor allem aufgrund der höheren Lebenserwartung – im Schnitt fast zwanzig Jahre gemeinsam verlebten (ein Viertel sogar mehr als dreißig Jahre), während polnische Ehen nur etwas mehr als siebzehn Jahre dauerten. Makowski, Rodzina (wie Anm. 102), S. 87ff.

107 Bergmann, Geschichte (wie Anm. 93), S. 76, 108, 236.

108 Makowski, Rodzina (wie Anm. 102), S. 154–160.

109 Bergmann, Geschichte (wie Anm. 93), S. 122, 237.

110 Nach Bergmann, der wohl die solideste diesbezügliche Untersuchung durchführte, lebten 1849 im Posener Land 46 000 deutsche Katholiken, was 5,4 Prozent aller Katholiken der Provinz entsprach. Die Zahl der deutschen Protestanten bezifferte er auf 407 000, was einem Anteil von 98,5 Prozent entspricht. Seiner Meinung nach betrug vom Beginn der zwanziger Jahre bis 1870 der Anteil der Deutschen bei den Protestanten der Provinz rund 99,5 Prozent und bei den Katholiken etwa fünf bis sechs Prozent. Ebda, S. 30, 35; Kohte, (wie Anm. 20), S. 165.

111 1861 wurde im Regierungsbezirk Posen die Zahl der deutschen Katholiken mit 74 000 (zwölf Prozent aller Katholiken) veranschlagt. Im Jahre 1831 betrug ihre Zahl in der Provinzhauptstadt und deren nächstem Umland 3141 Personen (in der Stadt selbst 1678, das sind zwölf Prozent). Nach der Volkszählung von 1858 waren 17 587 der Posener Deutschen (75 Prozent) Protestanten und 5930 (25 Prozent) Katholiken. Zygmunt Zieliński, Kościół katolicki w Wielkim Księstwie Poznańskim w latach 1848–1865 [Die katholische Kirche im Großherzogtum Posen 1848–1965], Lublin 1973, S. 33; Manfred Laubert, Die Verwaltung der Provinz Posen 1815–47, Breslau 1923, S. 3. Als Beispiel sei angefügt, daß 1860 in Opalenitza die Deutschen 7 Prozent der dortigen Katholiken stellten, vgl. Dzieje Opalenicy [Geschichte von Opalenitza]. Hrsg. Cz. Łuczak, Poznań 1993, S. 128 (Teil von Anna Bittner-Nowak).

112 Geschichte der Stadt Posen (wie Anm. 47), S. 274 (Beitrag von Friedrich Metz); Dzieje Poznania 1793–1918 (Geschichte Posens 1793–1918]. Hrsg. J. Topolski und L. Trzeciakowski, Warszawa/Poznań 1994, S. 233 (Teil von Mieczysław Kędelski); Makowski, Rodzina (wie Anm. 102), S. 62.

113 Arthur Rhode, Geschichte der evangelischen Kirche im Posener Lande, Würzburg 1956, S. 149ff.

114 Ebda, S. 153; Streiter (wie Anm. 20), S. 116; Rehfeld (wie Anm. 57), S. 163; Iwan, Altlutherische (wie Anm. 96), S. 14ff.

115 Zygmunt Zaleski, Herezja Jana Czerskiego w Poznaniu [Die Häresie des Jan Czerski in Posen], in, Kronika Miasta Poznania, 2 (1924), S. 164ff.; Stanisław Karwowski, Historya Wielkiego Księstwa Poznańskiego [Geschichte des Großherzogtums Posen], Bd. 1, Poznań 1918, S. 230.

116 Maria und Lech Trzeciakowscy, W dziewiętnastowiecznym Poznaniu [Im Posen des 19. Jahrhunderts], Poznań 1987, S. 118; Makowski, Rodzina (wie Anm. 102), S. 40, 50.

117 Witold Molik. Społeczeństwo niemieckie Wielkiego Księstwa Poznańskiego wobec powstania listopadowego [Die deutsche Gesellschaft im Großherzogtum Posen gegenüber dem Novemberaufstand], in: Powstanie listopadowe a problem świadomości historycznej. Hrsg. L. Trzeciakowski, Poznań 1983, S. 42; ders., Kształtowanie (wie Anm. 63), S. 63. Vgl. auch Laubert, Verwaltung (wie Anm. 110), S. 156–158; Grześ/Kozłowski/Kramski (wie Anm. 20), S. 37; Makowski, Rodzina (wie Anm. 102), S. 40, 52.

118 Dzieje Poznania (wie Anm. 112), S. 293 (Teil von Krzysztof Makowski).

119 Lech Trzeciakowski, Kształtowanie się nowoczesnego społeczeństwa miejskiego (1815–1919) [Die Entstehung einer modernen städtischen Gesellschaft], in: Dzieje Inowrocławia. Hrsg. M. Biskup. Bd. 1 (do 1919 r.), Warszawa/Poznań 1978, S. 348.

120 Molik, Społeczenstwo (wie Anm. 117), S. 42; ders., Kształtowanie (wie Anm. 63), S. 64–65; Makowski, Rodzina (wie Anm. 102), S. 40.

121 Molik, Ksztaltowanie (wie Anm. 63), S. 64, 67; Grześ/Kozłowski/Kramski (wie Anm. 20), S. 37; Makowski, Rodzina (wie Anm. 102), S. 51.

122 Joachim Rogall, Die Geistlichkeit der evangelisch-unierten Kirche in der Provinz Posen 1871–1914 und ihre Verhältnis zur preussischen Polenpolitik, Marburg/L. 1990, S. 8–10.

123 Molik, Kształtowanie (wie Anm. 63), S. 65–66; Laubert, Polenpolitik (wie Anm. 96), S. 71.

124 Vgl. Molik, Kształtowanie (wie Anm. 63), S. 66–67.

125 Makowski; Rodzina (wie Anm. 102), S. 61; ders., in: Dzieje Poznania (wie Anm. 112), S. 285.

126 Witold Molik, Polnische und deutsche Grossgrundbesitzer des Grossherzogtum Posen im Alltagsleben, in: Studia Historica Slavo-Germanica 18 (1991–1992), S. 65; ders., Przemiany w strukturze narodowościowej i społecznej wielkich właścicieli ziemskich w Poznańskiem (od końca XVIII do początku XX wieku) [Veränderungen in der nationalen und gesellschaftlichen Struktur der Großgrundbesitzer im Posenschen (vom Ende des 18. bis zum Beginn des 20. Jahrhunderts)], im Druck. Vgl. auch Laubert, Polenpolitik (wie Anm. 96), S. 116.

127 Molik, Przemiany (wie Anm. 126).

128 Alexander v. Harnier, Beitrag zur Geschichte des deutschen Großgrundbesitzers im Lande der Netze und Warthe, o. O. u. J., Tab. XXIII und XXIV; Streiter (wie Anm. 20), S. 173 (Tab. VII); Molik, Polnische (wie Anm. 126), S. 65–66; ders., Przemiany (wie Anm. 126).

129 Vgl. Hans Frhr. v. Rosen, Bilanz. Das deutsche Gut in Posen und Pommerellen, Rosbach v. d. H. 1972, S. 20–21; Molik, Polnische (wie Anm. 126), S. 66–67; Molik, Przemiany ((wie

Anm. 126); Laubert, Polenpolitik (wie Anm. 96), S. 44; ders., Verwaltung (wie Anm. 111), S. 200; Harnier, Beitrag (wie Anm. 128), S. 68–71.

130 Rosen, Bilanz (wie Anm. 129), S. 27–34; Laubert, Verwaltung (wie Anm. 111), S. 193.

131 Die deutsche Ostmark, Lissa i. P. 1913, S. 295–296 (Teil von Hermann Wagner); Harnier, Beitrag (wie Anm. 128), S. 78; Rehfeld (wie Anm. 57), S, 229–230.

132 Hagen, Germans (wie Anm. 93), S. 97, 151; Grześ/Kozłowski/Kramski (wie Anm. 20), S. 26–27.

133 Witold Jakóbczyk, Studia nad dziejami Wielkopolski w XIX w. (dzieje pracy organicznej) [Studien zur Geschichte Großpolens im 19. Jahrhundert, Geschichte der Organischen Arbeit], Bd. 1, Poznań 1951, S. 63.

134 Grześ/Kozłowski/Kramski (wie Anm. 20), S. 28.

135 Łuczak. Przemysł (wie Anm. 95), S. 70–71. Vgl. auch ders., Życie (wie Anm. 94), S. 57–61.

136 Ausführlich hierzu Łuczak, Przemysł (wie Anm. 95), passim. Vgl. auch Historia Bydgoszczy [Geschichte Brombergs], Bd. 1, do roku 1920, Warszawa/Poznań 1991, S. 517–518, 531.

137 Łuczak, Przemysł (wie Anm. 95), S. 163ff.; ders., Życie (wie Anm. 94), S. 65, 121, Dzieje Poznania (wie Anm. 112), S. 139–144 (Teil von Witold Szulc).

138 Łuczak, Przemysł (wie Anm. 95), S. 76.

139 Ebda, S. 73, 80; Dzieje Poznania (wie Anm. 112), S. 151 (Teil von Szulc).

140 Grześ/Kozłowski/Kramski (wie Anm. 20), S. 28; Trzeciakowscy, w dziewiętnastowiecznym (wie Anm. 116), S. 95–98; Hagen, Germans (wie Anm. 93), S. 150.

141 Krzysztof Makowski, Rzemieślnicy poznańscy w połowie XIX w. w świetle akt stanu cywilnego [Posener Handwerker um die Mitte des 19. Jahrhunderts im Spiegel von Personenstandsakten], in: Drobnomieszczaństwo XIX i XX wieku, Studia . Hrsg. S. Kowalska-Glikman. Bd. 2, Warszawa 1988, S. 113; ders., Rodzina (wie Anm. 102), S. 40ff.; Dzieje Poznania (wie Anm. 112), S. 152, 690–692 (Teile von Szulc und Zygmunt Dolczewski); Łuczak, Przemysł (wie Anm. 95), S. 66; Trzeciakowscy, W dziewiętnastowiecznym (wie Anm. 116), S. 88.

142 Aus Brombergs Vergangenheit. Ein Heimatbuch für den Stadt- und Landkreis. Hrsg. G, Meinhardt, Wilhelmshaven 1973, S. 242; Dzieje Poznania (wie Anm. 112), S. 179–180 (Teil von Jan Majewski).

143 Łuczak, Przemysł (wie Anm. 95), S. 128; Makowski, Rodzina (wie Anm. 102), S. 55, 61.

144 Makowski, Rodzina (wie Anm. 102), S. 57, 61.

145 Ebda, S. 107ff.; ders. in: Dzieje Poznania (wie Anm. 112), S. 280ff.

146 Ludwik Hass, Loże wolnomularskie i pokrewne organizacje na zachodnich ziemiach Rzeczypospolitej (1721–1938) [Freimaurerlogen und verwandte Organisationen in den Westgebieten der Republik (1721–1938)], in: Studia i Materiały do Dziejów Wielkopolski i Pomorza 11 (1974), 1, S. 115–116; Meyer, Geschichte (wie Anm. 93), S. 359–360; Laubert, Verwaltung (wie Anm. 111), S. 10–17.

147 Baske, Stosunki (wie Anm. 93), S. 50, 57; Hagen, Germans (wie Anm. 93), S. 99–100; Grześ/Kozłowski/Kramski (wie Anm. 20), S. 56–59.

148 Laubert, Verwaltung (wie Anm. 111), S. 167, 173.

149 Ebda, S. 71ff.; Franciszek Paprocki, Wielkie Księstwo Poznańskie w okresie rządów Flottwella (1830–1841) [Das Großherzogtum Posen zur Zeit der Regierung Flottwell 1830–1841], Poznań 1970, S. 245; Vgl. auch Ludwik Żychliński. Historya Sejmów Wielk. Ks. Poznańskiego do r. 1847 [Geschichte der Landtage des Großherzogtums Posen bis 1847], Bd. 1–2, Poznań 1867, passim.

150 So brachte beispielsweise im Jahre 1834 einer der deutschen Abgeordneten zum preußischen Parlament den Antrag ein, den Versuch einer Einschränkung der königlichen Macht durch eine Verfassung zu verurteilen, was die Unterstützung der städtischen und ländlichen Vertreter fand. (Grześ/Kozłowski/Kramski (wie Anm. 20), S. 55).

151 Harnier, Beitrag (wie Anm. 128), S. 63.

152 Hagen, Germans (wie Anm. 93), S. 100–101; Baske, Stosunki (wie Anm. 93), S. 51.

153 Ausführlicher zum Thema Haltung der Deutschen zur Zeit des Völkerfrühlungs Krzysztof Makowski, Das Großherzogtum Posen im Revolutionsjahr 1848 (im Druck); Wolfgang Kohte, Deutsche Bewegung und preussische Politik im Posener Lande 1848–49, Posen 1931, passim; Grześ/Kozłowski/Kramski (wie Anm. 20), S. 69ff. Vgl. auch Saat und Ernte. Lebensbilder Posener deutscher Landwirte. Hrsg. Hans Frhr. v. Rosen, Hameln 1978, passim.

154 Vgl. Grześ/Kozłowski/Kramski (wie Anm. 20), S. 131ff.; Hagen, Germans (wie Anm. 93), S. 153–154.

155 Wilfried Gerke, Die Evangelischen in Posen 1861/63, in: Jahrbuch Weichsel-Warthe 35 (1989), S. 71.

156 Aus Brombergs Vergangenheit (wie Anm. 142), S. 82.

157 Grześ/Kozłowski/Kramski (wie Anm. 20), S. 36–41, Karwowski, Historya (wie Anm. 115), Bd. 1, S. 10ff.; Molik, Społeczeństwo (wie Anm. 117), S. 43; Dzieje Poznania (wie Anm. 112), S. 326 (Teil von Lech Trzeciakowski); Laubert, Verwaltung (wie Anm. 119), S. 74.

158 A. Angermann, Die evangelischen Kirchen des Posener Landes seit 1772, Posen 1912, S. 35.

159 Manfred Laubert, Stadt und Provinz Posen bei Ausbruch des Warschauer Novemberaufstands, in: Deutsche Wissenschaftliche Zeitschrift für Polen 19 (1930), S. 9ff.; Andrzej Wojtkowski, Udział Poznania i Wielkopolski w powstaniu 1830/31 [Die Beteiligung Posens und Großpolens am Aufstand 1830/31], in: Kronika Miasta Poznania 1 (1 923), Nr. 2, S. 23–24; Molik, Społeczeństwo (wie Anm. 117), S. 45–51, Paprocki, Wielkie (wie Anm. 147), S. 62–63.

160 Baske, Stosunki (wie Anm. 93), S. 54; Laubert, Verwaltung (wie Anm. 111), S. 75; Karwowski, Historya (wie Anm. 115), S. 154–159; Grześ/Kozłowski/Kramski (wie Anm. 20), S. 55–59; Paprocki, Wielkie (wie Anm. 149), S. 196, 246–251.

161 Laubert, Polenpolitik (wie Anm.), S. 80; Karwowski, Historya (wie Anm. 115), Bd. 1, S. 208–219; Grześ/Kozłowski/Kramski (wie Anm. 20), S. 64–66.

162 Witold Molik, Starania niemieckich właścicieli ziemskich o rozszerzenie polityki germanizacyjnej władz pruskich w Wielkim Księstwie Poznańskim w końcu pierwszej połowy XIX wieku [Die Bemühungen deutscher Grundbesitzer um Erweiterung der Germanisierungspolitik der preußischen Behörden im Großherzogtum Posen Ende der ersten Hälfte 19. Jh.], in: Studia Historica Slavo-Germanica 9 (1980), S. 150–154; Herbert Obenaus, Polen und Deutsche auf dem Posener Provinziallandtag von 1827 bis 1847. Politische Restauration und nationale Bewegung im Großherzogtum Posen, in: Ideologie, poglądy, mity w dziejach Polski i Europy XIX i XX wieku. Studia historyczne. Hrsg. J. Topolski, W. Molik und K. Makowski, Poznań 1991, S. 87; Laubert, Polenpolitik (wie Anm. 96), S. 79–80; Streiter (wie Anm. 20), S. 98.

163 Für die deutsche liberale Opposition war die polnische Bewegung im übrigen weiterhin ein natürlicher Bundesgenosse. Als im November 1846 Karol Marcinkowski starb, gaben ihm deshalb viele Deutsche mit der evangelischen Geistlichkeit an der Spitze das letzte Geleit. Propolnische Sympathien zeigten sich auch während der Sitzungen des ein Jahr später einberufenen vereinigten preußischen Landtags. Die deutschen Deputierten unterstützten nämlich damals die an den König gerichtete Bitte um gnädige Behandlung der in Berlin verurteilten polnischen Verschwörer. Baske, Stosunki (wie Anm. 93), S. 54, 58.

164 Ausführlicher zu den deutsch-polnischen Beziehungen im Völkerfrühling Tatjana Studenikina, Polen und Deutsche im Großherzogtum Posen im Frühjahr 1848, in: Jahrbuch für Geschichte der sozialistischen Länder Europas 33 (1989), S. 130ff., Hans Schmidt, Die polnische Revolution des Jahres 1848 im Großherzogtum Posen, Weimar 1912, S. 131ff.; Grześ/Kozłowski/Kramski (wie Anm. 20), S. 83ff.; Makowski (wie Anm. 153).

165 Tadeusz Filipiak/Zdzisław Grot/Franciszek Paprocki/Lech Trzeciakowski/Tadeusz Wiesiołowski, Polityczna działalność rzemiosła wielkopolskiego w okresie zaborów (1793–1918) [Die politische Betätigung des großpolnischen Handwerks in der Teilungszeit 1793–1918], Poznań 1963, S. 320; Kohte, Deutsche (wie Anm. 153), S. 80–81; Rosen, Bilanz (wie Anm. 127), S. 40. Über Metzig vgl. Wilhelm Bickerich, Johann Metzig, ein deutscher Idealist im Posener Lande, in: Deutsche Wissenschaftliche Zeitschrift für Polen (1926), H. 7/8, S. 80–111; Stanisław Z. Gołębiowski, Jan Metzig 1804–1868, in: Wielkopolanie XIX wieku. Hrsg. W. Jakóbczyk. Bd. 1, Poznań 1966, S. 103–123; Makowski (wie Anm. 153).

166 Grześ/Kozłowski/Kramski (wie Anm. 20), S. 129ff.; Trzeciakowski, Polacy (wie Anm. 99), S. 89; ders., in: Dzieje Poznania (wie Anm. 112), S. 307.

167 Felix-Heinrich Gentzen, Grosspolen im Januaraufstand. Das Großherzogtum Posen 1858–1864, Berlin 1958, S. 105–122; Heinrich Wuttke, Städtebuch des Landes Posen, Leipzig 1877, S. 263–264; Grześ/Kozłowski/Kramski (wie Anm. 20), S. 181.

168 Zdzisław Grot, Rok 1863 w zaborze pruskim. Udział społeczeństwa polskiego w powstaniu styczniowym [Das Jahr 1863 im preußischen

Teilgebiet. Die Beteiligung der polnischen Bevölkerung am Januaraufstand], Poznań 1963, S. 162–164; Gentzen, Grosspolen (wie Anm. 167), S. 203–206; Grześ/Kozłowski/Kramski (wie Anm. 20), S. 182–190.

169 Karwowski, Historya (wie Anm. 115), Bd. 2, S. 195–196; Grześ/Kozłowski/Kramski (wie Anm. 20), S. 214–216.

170 Lech Trzeciakowski, Polen und Deutsche im alltäglichen Leben in Posen im 19. Jahrhundert, in: Studia Historica Slavo-Germanica 18 (1991–1992), S. 38–41; Trzeciakowscy, W dziewiętnastowiecznym (wie Anm. 116), S. 101.

171 Wolfgang Kohte, Volkstum und Wirtschaft des preussischen Ostens im 19. Jahrhundert, in: Deutsche Wissenschaftliche Zeitschrift für Polen 29 (1935), S. 237; Karwowski, Historya (wie Anm. 115), passim; Dzieje Poznania (wie Anm. 112), S. 180–191; Łuczak, Przemysł (wie Anm. 95), S. 124–128; Filipiak, Polityczna (wie Anm. 165), S. 23; Jakóbczyk, Studia (wie Anm. 133), Bd. 1, S. 42–46, 73–74; Laubert, Verwaltung (wie Anm. 111), S. 226, 301; Rhode, Geschichte (wie Anm. 113), S. 145; Geschichte der Stadt Posen (wie Anm. 47), S. 101–110; Grześ/Kozłowski/Kramski (wie Anm. 20), S. 41ff.

172 Magdalena Warkoczewska, Malarstwo i grafika epoki romantyzmu w Wielkopolsce. Dzieje i funkcje [Malerei und Grafik der Zeit der Romantik in Großpolen. Geschichte und Funktion], Warszawa/Poznań 1984, S, 238ff.; Artur Jazdon, Polski ruch wydawniczy w Wielkim Księstwie Poznańskim w latach 1831–1862 [Das polnische Veröffentlichungswesen im Großherzogtum Posen 1831–1862], Warszawa-Poznań 1990, S. 24ff.; Witold Molik. Die polnisch-deutschen kulturellen Beziehungen im Großherzogtum Posen in den Jahren 1831 bis 1846, in: Zeitschrift für Geschichtswissenschaft 30 (1982), H. 6, S. 524–528; ders., Kształtowanie (wie Anm. 63), S. 147–149; Trzeciakowscy, W dziewiętnastowiecznym (wie Anm. 116), S. 423; Trzeciakowski, Polen (wie Anm. 170), S. 46–48; Geschichte der Stadt Posen (wie Anm. 47), S. 111, 126 (Autor Laubert).

173 Nicht vergessen werden dürfen auch die gemeinsam die Schule besuchenden Kinder und Jugendlichen sowie die in den Schulen unterrichtenden Lehrer. In jener Zeit waren die Beziehungen zwischen Lehrern und Schülern beider Nationalitäten in der Regel noch normal. Deutsche Namen sind im übrigen auch auf den Listen der Stipendiaten der polnischen »Gesellschaft für wissenschaftliche Hilfe« zu finden. Moritz Jaffé, Die Stadt Posen unter preußischer Herrschaft. Ein Beitrag zur Geschichte des deutschen Ostens, Leipzig 1909, S. 255–257; Jakóbczyk, Studia (wie Anm. 133), Bd. 2, S. 28; Trzeciakowski, Polen (wie Anm. 170), S. 43–44; Grześ/Kozłowski/Kramski (wie Anm. 20), S. 157–158; Trzeciakowscy, W dziewiętnastowiecznym (wie Anm. 116), S. 331–334.

174 Tadeusz A. Jakubiak, Kurkowe bractwa strzeleckie w Wielkopolsce [Schützenvereine in Großpolen], Poznań 1986, S. 56; Kozłowski, Niemcy (wie Anm. 93), S. 30; Dzieje Poznania (wie Anm. 112), S. 751 (Teil von Wojciech Lipoński); Trzeciakowski, Polen (wie Anm. 170), S. 48.

175 Karwowski, Historya (wie Anm. 115), passim; Grześ/Kozłowski/Kramski (wie Anm. 20), S. 65.

176 Trzeciakowski, Polen (wie Anm. 170), S. 39–46; Molik, Polnische (wie Anm. 126), S. 67–73; ders., Kształtowanie (wie Anm. 63), S. 147–149; Hagen, Germans (wie Anm. 93), S. 146.

177 Krzysztof Makowski, Die polnisch-deutschen und katholisch-evangelischen Mischehen in Posen in der ersten Hälfte des 19. Jahrhunderts, in: Studia Historica Slavo-Germanica 18 (1991–1992), S. 54–56; ders., Rodzina (wie Anm. 102), S. 124ff. Vgl. auch Trzeciakowski, Polen (wie Anm. 170), S. 46.

178 Adolf Kraft, Die Bamberger im Posener Raum, in: Jahrbuch Weichsel-Warthe 19 (1973), S. 67–70; Grześ/Kozłowski/Kramski (wie Anm. 20), S. 21, 36; Laubert, Beiträge (wie Anm. 93), S. 420–421; ders., in: Geschichte der Stadt Posen (wie Anm. 47), S. 100–104.

179 Wojciech Wrzesiński, Sąsiad. Czy wróg? Ze studiów nad kształtowaniem się obrazu Niemca w Polsce w latach 1795–1939 [Der Nachbar. Ein Feind? Studien über die Entwicklung des Deutschenbildes in Polen 1795–1939], Wrocław 1992, S. 19ff.; Witold Molik, Das Bild des Deutschen im geteilten Polen vom Ende des 18. bis zum Anfang des 20. Jahrhunderts, in: Deutschlandbilder in Polen und Rußland, in der Tschechoslowakei und in Ungarn. Hrsg. H. Süssmuth, Baden-Baden 1993, S. 113–114; Edyta Połczyńska, »Im polnischen Wind«.

Beiträge zum deutschen Zeitungswesen, Theaterleben und zur deutschen Literatur im Großherzogtum Posen 1815–1918, Poznań 1988, S. 226ff.; Kurt Lück, Der Mythos vom Deutschen in der polnischen Volksüberlieferung und Literatur, Posen 1938, S. 30ff.

180 Zitiert nach Jacob Toury, Soziale und politische Geschichte der Juden in Deutschland 1847 – 1871, Düsseldorf 1977, S. 138.

181 Reinhard Rürup, Emanzipation und Antisemitismus. Studien zur »Judenfrage der bürgerlichen Gesellschaft, Göttingen 1975, S. 12.

182 Eine Ausnahme bildet in Frankreich das Elsaß, das aber strukturell noch zum deutschen Bereich zu rechnen ist.

183 Daher zielen auch die seit Beginn des 19. Jahrhunderts in Rußland unternommenen Versuche, die Judenfrage zu lösen, nicht auf eine Emanzipation, sondern auf die »Verbesserung« der Lage der Juden und gleichzeitig auf ihre Russifizierung.

184 Rürup, Emanzipation und Antisemitismus (wie Anm. 181), S. 17.

185 Ebda, S. 78.

186 Zitiert nach Simon Dubnow, Weltgeschichte des jüdischen Volkes: Bd. 8. Das Zeitalter der ersten Emanzipation (1789–1815), Berlin 1928, S. 94.

187 Bernhard Brilling, Zur Geschichte der Juden in Posen, in: Bulletin des Leo Baeck Instituts I (1957/58), S. 108 f.

188 Die Vierländersynode (»Waadim« der vier Länder) war das im frühen 16. Jahrhundert entstandene höchste Selbstverwaltungsorgan der Judenschaft im alten Polen, dessen Mitglieder von den Gemeinden gewählt wurden und in unregelmäßigen Abständen in verschiedenen Orten zusammentraten. Die vier Länder waren ursprünglich Großpolen, Kleinpolen, Reußen und Litauen. 1569 trennte sich Wolhynien von Litauen, so daß vorübergehend eine Fünfländersynode bestand, bis 1623, als der litauische Gemeindeverband sich selbständig machte. Die Waadim hafteten dem Staat gegenüber für die von Juden zu entrichtenden Steuern, vertraten die Interessen der Gemeinden und besaßen auch richterliche und exekutive Kompetenzen. Die Vierländersynode löste sich 1764 auf.

189 Siehe den Artikel Posen (Provinz) in: Jüdisches Lexikon, Bd. 4, Berlin 1930, Sp. 1057.

190 Walter Hubatsch, Geleitwort, in: Ingeburg Charlotte Bussenius, Die preußische Verwaltung in Süd- und Neuostpreußen 1793–1806, Heidelberg 1960, S. 5.

191 Jaffé, Stadt Posen (wie Anm. 173), S. 160; Philipp Bloch, Judenwesen, in: Prümers, 1793 (wie Anm. 1), S. 593.

192 Zum Inhalt siehe Bussenius, Die preußische Verwaltung (wie Anm. 190), S. 246f.

193 Zitiert nach Dubnow, Weltgeschichte (wie Anm. 186), S. 337.

194 Näheres zum Edikt bei Dubnow, Weltgeschichte (wie Anm. 186), S. 226; und Heinz Holeczek, Die Judenemanzipation in Preußen, in: Die Juden als Minderheit in der Geschichte, hrsg. Bernd Martin und Ernst Schulin, München 1981, S. 149f.

195 Bergmann (wie Anm. 93), S. 44; Stefi Wenzel, Jüdische Bürger und kommunale Selbstverwaltung in preußischen Städten 1808–1848, Berlin 1967, S. 225.

196 Felix A. Theilhaber, Der Untergang der deutschen Juden. Eine volkswirtschaftliche Studie, Berlin [2]1921, S. 57; Julian Bartys, Grand Duchy of Poznan under Prussian Rule – Changes in the Economic Position of the Jewish Population 1815–1848, in: Leo Baeck Institute Year Book 17 (1972), S. 194.

197 Ebda.

198 Rürup, Emanzipation (wie Anm. 181), S. 127.

199 Dubnow, Weltgeschichte (wie Anm. 186), Bd. 9, Berlin 1929, 46f.

200 Wenzel, Jüdische Bürger (wie Anm. 195), S. 163.

201 Jacob Jacobson, Das Naturalisationsverzeichnis der jüdischen Gemeinde in Posen, in: Zeitschrift für Ostforschung 17 (1908), S. 484; Bartys, Grand Duchy of Poznan (wie Anm. 196), S. 198f.

202 Ebda, S. 199, Anm. 22.

203 Wenzel, Jüdische Bürger (wie Anm. 195), S. 164

204 Siehe hierzu Manfred Laubert, Die Erwerbung des Bürgerrechts durch naturalisierte Juden in der Stadt Posen, in: Monatsschrift für Geschichte und Wissenschaft des Judentums 70 (1926), S. 35f.

205 Wenzel, Jüdische Bürger (wie Anm. 195), S. 191.

206 Laubert, Erwerbung Bürgerrecht (wie Anm. 204), S. 41. Drastisch bemerkt Laubert, der deutsche Oberbürgermeister Naumann, ein Liberaler, habe »instinktmäßig« in den Juden »eine Hilfstruppe« gesehen, »die geeignet war, den polnischen Ansturm abzuschlagen«. Ebda, S. 40.

207 Etwa wenn das deutsche Nationalkomitee 1849 erklärte, die jüdische Bevölkerung sei in der deutschen aufgegangen, oder einer der beiden ersten jüdische Stadtverordneten in Posen, Moritz Mamroth, 1848 äußerte, man dürfe nicht ruhen, bis der letzte Pole aus der Stadt hinaus sei. Siehe: Aus dem Leben des Generals der Infanterie z. D. Dr. Heinrich von Brandt, zusammengestellt von Heinrich von Brandt. Dritter Teil, Berlin 1882, S. 173f.

208 Jaffé, Stadt Posen (wie Anm. 173), S. 159.

209 Manfred Laubert, Zur Entwicklung des jüdischen Schulwesens in der Provinz Posen, in: Zeitschrift für die Geschichte der Juden in Deutschland 1 (1929), S. 304.

210 Ebda, S. 305.

211 Wenzel, Jüdische Bürger (wie Anm. 195), S. 188.

212 Jaffé, Stadt Posen (wie Anm. 173), S. 162, Anm. 1.

213 Laubert, Schulwesen (wie Anm. 209), S. 316.

214 Jacob Jacobson, Zur Geschichte der Juden in Posen, in: Geschichte der Stadt Posen (wie Anm. 47), S. 254.

215 Toury, Soziale und politische Geschichte (wie Anm. 180), S. 174. In den meisten anderen preußischen Provinzen war der Anteil der Juden an den höheren Schülern größer, in Ost- und Westpreußen zusammen ungefähr gleich und in Westfalen sogar niedriger. Vergleiche die Tabelle bei Toury, S. 174.

216 Martin Philippson, Neueste Geschichte des jüdischen Volkes Bd. 1, Leipzig 1907, S. 266f. Siehe hierzu auch Manfred Laubert, Die jüdische Militärdienstpflicht in der Provinz Posen, in: Monatsschrift für Geschichte und Wissenschaft des Judentums 66 (1922), S. 211–230.

217 Dubnow, Weltgeschichte (wie Anm. 186), Bd. 9, S. 323.

218 Toury, Soziale und politische Geschichte (wie Anm. 180), S. 286f.

219 Ebda, S. 62.

220 Dubnow, Weltgeschichte (wie Anm. 186), Bd. 9, S. 328; Toury, Soziale und politische Geschichte (wie Anm. 180), S. 300.

221 Zitiert nach Dubnow, Weltgeschichte (wie Anm. 186), Bd. 9, 323.

222 Zitiert nach Jacob Toury, »Deutsche Juden« im Vormärz. In: Bulletin des Leo Baeck Instituts 8 (1965), S. 69 [Hervorhebungen von Toury].

223 Ebda, S. 76f.

224 Siehe die Tabelle bei Toury, »Deutsche Juden« (wie Anm. 222), S. 81.

225 Jacob Toury, Die Revolution von 1848 als innerjüdischer Wendepunkt, in: Das Judentum in der Deutschen Umwelt 1800–1850. Studien zur Frühgeschichte der Emanzipation, Hrsg. Hans Liebeschütz und Arnold Paucker, Tübingen 1977, S. 363.

226 Ebda, S. 366.

227 Ebda, S. 368

228 Dubnow, Weltgeschichte (wie Anm. 186), Bd. 9, S. 339f.; Toury, Soziale und politische Geschichte (wie Anm. 180), S. 346ff. Die Attitüde Laskers sollte in Zukunft typisch für viele deutsche Politiker jüdischen Glaubens sein.

229 Heinrich Silbergleit, Die Bevölkerungs- und Berufsverhältnisse der Juden im Deutschen Reich, Bd. 1: Freistaat Preußen, Berlin 1930, S. 7*, 14*, 18* f.

230 Gotthold Rhode, Posen von der Revolution des Jahres 1848 bis zur Gründung des Deutschen Reiches, in: Geschichte der Stadt Posen (wie Anm. 47), S. 235. Im Jahre 1880 hatte Posen zwar mit 10,75 Prozent den stärksten jüdischen Bevölkerungsanteil aller größeren Städte des Deutschen Reiches, jedoch dicht gefolgt von Fürth mit 10,72 Prozent und Frankfurt am Main mit 10,56 Prozent. Siehe Toury, Soziale und politische Geschichte (wie Anm. 180), S. 35.

231 Moritz Jaffé, Stadt Posen (wie Anm. 173), S. 151.

232 Rudolf Wassermann, Die Entwicklung der jüdischen Bevölkerung in der Provinz Posen und das Ostmarkenproblem, in: Zeitschrift für Demographie und Statistik der Juden, Jg. 6 (1910), S. 67.

233 So Bergmann, Geschichte (wie Anm. 93), S. 41. Bergmann konstatiert für die Zeit von 1843 bei 1861 eine erhebliche Abnahme der handwerklichen Tätigkeit bei den Juden und eine bedeutende Zunahme der Beschäftigungen im Handel. Siehe ebda, S. 310f.

234 Zitiert nach Wassermann (wie Anm. 232), S. 67f.

235 Zitiert nach Wassermann (wie Anm. 232), S. 71. Im Jahre 1905, als die jüdische Bevölkerung der Stadt Posen 4, 24 Prozent der Einwohner betrug, brachte die jüdische Gemeinde über 23 Prozent der von den Posener Bürgern zu erhebenden Steuern auf. Siehe Jaffé, Stadt Posen (wie Anm. 173), S. 411.

236 Siehe hierzu Wassermann (wie Anm. 232), S. 71f. und Bernhard Breslauer, Die Abwanderung der Juden aus der Provinz Posen. Denk-

schrift im Auftrage des Verbandes der Deutschen Juden gefertigt von seinem ersten Schriftführer, Berlin 1909, S. 12.

237 Ebda, S. 12.

238 Siehe hierzu die Erinnerungen von Ernst Herzfeld (geb. 1874 in Grätz, gest. 1947 in Buenos Aires), in: Jüdisches Leben in Deutschland. Selbstzeugnisse zur Sozialgeschichte im Kaiserreich, hrsg. und eingeleitet von Monika Richarz, Stuttgart 1979, S. 374ff. sowie von Adolph Asch (geb. 1881 in Posen, gest. 1972 in London), ebda, S. 221ff.

239 Sogar Antisemiten wählten im Zeichen des sich verschärfenden deutsch-polnischen Nationalitätenkampfes »unter beträchtlichen Prinzipienopfern« jüdische Abgeordnete. Siehe Peter Pulzer, Die jüdische Beteiligung an der Politik, in: Juden im wilhelminischen Deutschland 1890–1914. Ein Sammelband, Hrsg. Werner E. Mosse unter Mitwirkung von Arnold Paucker, Tübingen 1976, S. 185. Bei Jacob Toury, Die politischen Orientierungen der Juden in Deutschland. Von Jena bis Weimar, Tübingen 1966, sind im Anhang S. 352ff. für die Zeit von 1867 bis 1916 sechs jüdische Abgeordnete im preußischen Abgeordentenhaus und einer im Herrenhaus aufgeführt; dieser war der getaufte Oberbürgermeister von Posen, Richard Witting, Sohn eines Kaufmannes Witkowski und Bruder des bekannten Publizisten Maximilian Harden. Mit Ausnahme eines getauften Oberregierungsrats Oscar Hahn aus Bromberg (konservativ) gehörten alle liberalen Parteien oder freisinnigen Gruppen an. In diesem Zusammenhang muß auch auf die Aktivität zahlreicher jüdischer Stadtverordneter und Stadträte in der Provinz Posen hingewiesen werden. Dazu ausführlich für die Frühzeit Stefi Wenzel, Jüdische Bürger (wie Anm. 195), sowie Pulzer (wie Anm. 239), S. 186f.

240 Löwenfeld begründete 1894 das Berliner Schillertheater und war einer der ersten Übersetzer Tolstois (acht Bände, 1891/93).

241 Toury, Die politischen Orientierungen (wie Anm. 239), S. 203.

242 Arnold Paucker, Zur Problematik einer jüdischen Abwehrstrategie in der deutschen Gesellschaft, in: Juden im Wilhelminischen Deutschland, S. 488.

243 Der Parteikongreß der Konservativen, der in den Tivoli-Sälen in Berlin tagte, strich aus dem Parteiprogramm den Satz »Wir verwerfen die Ausschreitungen des Antisemitismus«, deklarierte hingegen: »Wir bekämpfen den vielfach sich vordrängenden und zersetzenden jüdischen Einfluß auf unser Volksleben.« Man hoffte, die sich radikalisierende antisemitische Bewegung in ein gemäßigtes konservatives Fahrwasser lenken und für die eigene Partei nutzbar machen zu können. Siehe Paul W. Massing, Vorgeschichte des politischen Antisemitismus. Aus dem Amerikanischen übersetzt und für die deutsche Ausgabe bearbeitet von Felix J. Weil, Frankfurt a. M. 1986, S. 69.

244 Der Brief ist in vollem Wortlaut abgedruckt bei Toury, Die politischen Orientierungen (wie Anm. 239), S. 340ff.

245 Ebda, S. 285.

246 Zitiert nach Paucker, Problematik (wie Anm. 242), S. 327.

247 Jacob Jacobson, Zur Geschichte der Juden in Posen (wie Anm. 214), S. 256.

248 Max Kollenscher, Jüdisches aus der deutsch-polnischen Übergangszeit. Posen 1918–1920, Berlin 1925, S. 39.

249 Die von den Polen zugrunde gelegte Prozentnorm von zwei Prozent hätte sogar ungefähr dem jüdischen Anteil in den ehemals preußischen Provinzen entsprochen, widersprach aber dem Pariser Minderheitenschutzvertrag und war in Beziehung auf Gesamtpolen viel zu niedrig, schließlich sollte die Posener Universität ja allen Studenten in Polen offenstehen.

250 Zahlen nach »Philo-Lexikon. Handbuch des jüdischen Wissens, Berlin 1935 (Provinz) und Adolf Kraft, Die Stadt Posen im Versailler Polen 1918–1939, in: Geschichte der Stadt Posen (wie Anm. 47), S. 177, (Stadt).

251 Siehe Jacob Jacobson, Posen (Provinz), in: Jüdisches Lexikon, Bd. 3, Sp. 1059.

Das russische Teilgebiet 1815 bis 1914

1 Gotthold Rhode, Geschichte Polens, Darmstadt 1980, S. 344; ders., Polen und die polnische Frage von den Teilungen bis zur Gründung des Deutschen Reiches, in: Handbuch der europäischen Geschichte. Hrsg. Theodor Schieder, Bd. 5, Stuttgart 1981, S. 696; Atlas östliches Mitteleuropa, Blatt 18; The Cambridge History of Poland, 1951, S. 275; Marian Kukiel, Dzieje Polski porozbiorowej 1795–1921 [Geschichte Polens nach den Tei-

lungen 1795–1921], London 1961, S. 147; Stefan Kieniewicz, Historia Polski 1795–1918 [Geschichte Polens 1795–1918], Warszawa 1968, S. 50 (Karte) u. 62; Piotr Wandycz, The Lands of Partitioned Poland 1895–1918, Seattle/London 1974 (History of East Central Europe Bd. 79), S. 65 (Karte) u. 74.

2 Text der Verfassung bei Karl Heinrich Ludwig Pölitz, Die europäischen Verfassungen seit dem Jahre 1789 bis auf die neueste Zeit, Leipzig [2]1833, S. 24–33 in deutscher und bei Stefan Kieniewicz, Przemiany społeczne i gospodarcze w Królestwie Polskim (1815–1830) [Soziale und wirtschaftliche Wandlungen im Königreich Polen (1815–1830)], Warszawa 1951, S. 56–84 in polnischer Sprache.

3 Marian Kukiel, Czartoryski and European Unity 1770–1861, Princeton/New Jersey 1955; W. H. Zawadzki, A man of honour. Adam Czartoryski as a statesman of Russia and Poland 1795–1831, Oxford 1993.

4 Eine kleine Auswahl aus der reichhaltigen biographischen Literatur: Adele Tatarinoff-Eggenschwiler, Tadeusz Kościuszko 1746–1817. Kampf und Opfer für die Freiheit. Solothurn 1967 (Separatdruck aus dem Jahrbuch für Solothurnische Geschichte Bd. 40, 1967); Monica M. Gardner, Kościuszko. A Biography, London [2]1942; Miecislaus Haiman, Kościuszko in the American Revolution, New York 1975; ders., Kościuszko. Leader and exile. New York 1977 (The Library of Polish Studies Bd. 5).

5 Aus der unübersehbaren Literatur über den polnischen Nationaldichter: Mieczysław Jastruń, Mickiewicz. Deutsch von C. Poralla, Berlin 1953; Wiktor Weintraub, The poetry of Adam Mickiewicz, The Hague 1954; Günther Wytrzens, Adam Mickiewicz 1798–1855, Wien 1955; Wacław Lednicki (Hrsg), Adam Mickiewicz in World Literature. a Symposium, Berkeley/Los Angeles 1956; David Welsh, Adam Mickiewicz, New York 1966; Monika M. Gardner, Adam Mickiewicz. The national poet of Poland. New York 1971.

6 Tadeusz Stegner, Polacy-Ewangelicy w Królestwie Polskim 1815–1914 [Die evangelischen Polen im Königreich Polen 1815–1914], Gdańsk 1992, S. 22.

7 Otto Heike, Aufbau und Entwicklung der Lodzer Textilindustrie, Mönchengladbach 1971, S. 55f.

8 A. Różański, Próba określenia liczby imigrantów niemieckich przybyłych na teren Królestwa Polskiego [Versuch der zahlenmäßigen Erfassung der in das Gebiet des Königreichs Polen gekommenen deutschen Einwanderer], in: Roczniki Dziejów Społecznych i Gospodarczych 1948, Bd. 10, S. 200f.

9 Heike (wie Anm. 7), S. 83.

10 Vollständiger Vertragstext bei Heike, (wie Anm. 7), S. 298–304.

11 Otto Heike, Zgierz, Ausgangspunkt der Textilindustrie in den Regierungsstädten Polens, Mönchengladbach o. J.

12 Pabianice – Leben, Leistung und Schicksal deutscher Einwanderer in einer Textilstadt Mittelpolens, Mönchengladbach 1965.

13 Oskar Kossmann, Lodz, eine historisch-geographische Analyse, Würzburg 1966.

14 Kazimierz Konarski, Stanisław Staszic w Łodzi w r. 1825 [Stanisław Staszic in Lodz im Jahre 1825], in: Rocznik Łódzki 1 (1928), S. 186.

15 Vgl. die deutsch- und französischsprachige Fachliteratur bei Rhode, Handbuch (wie Anm. 1), S. 700, (Anm. 11). Hinzuzufügen wäre noch Anneliese Gerecke, Das deutsche Echo auf die polnische Erhebung von 1830. Wiesbaden 1964. (Veröffentlichungen des Osteuropa-Instituts München, Bd. 24).

16 Jan Andrzej Betley, Belgium and Poland in international Relations 1830–1831. The Hague 1960.

17 Zu seinem Leben und Werk folgende Beiträge in französischer und englischer Sprache: Marian Henryk Serejski, Joachim Lelewel 1786–1861. Sa vie et son œuvre. Warszawa/Wrocław/Kraków 1961; derselbe, Joachim Lelewel et la science historique de son temps. Wrocław/Warszawa/Kraków 1963; Joan Stella Skurnowicz, The Polish national idea in the life and works of Joachim Lelewel. Ann Arbor, Michigan 1972.

18 Kukiel (wie Anm. 3), S. 211.

19 Eine andere Meinung vertrat A. Hoefig, Powstanie listopadowe w świetle dokumentów łódzkich [Der Novemberaufstand im Lichte von Lodzer Dokumenten], Rocznik Łódzki 1928, Bd. 1, S. 223, der schrieb, die Mehrheit der Deutschen, besonders die deutschen Siedler bei Lodz, hätten sich ein freies und unabhängiges Polen gewünscht.

20 Witold Kula, Niemieccy koloniści przemysłowi wobec powstania listopadowego [Deutsche Industriekolonisten gegenüber dem Novemberaufstand], in: Przegląd Historiczny 1957, Nr. 4, S. 761.

21 Unverändert blieben die Gouvernements Augustów und Plock; die neuen Gouvernements Lublin (vorher Lublin und Podlachien), Radom (Kielce und Sandomir) und Warschau (Kalisch und Masowien) wurden durch Zusammenlegung vergrößert.

22 Vgl. Rhode, Handbuch (wie Anm. 1), S. 729.

23 Weiterführende deutschsprachige Literatur Rhode, Handbuch (wie Anm. 1), S. 709, Anm. 1–3.

24 Vgl. zum Januaraufstand die bei Hans-Werner Rautenberg, Der polnische Aufstand von 1863 und die europäische Politik im Spiegel der deutschen Diplomatie und der öffentlichen Meinung, Wiesbaden 1979 (Quellen und Studien zur Geschichte des östlichen Europa, Bd. 10), angegebene Literatur.

25 Heike (wie Anm. 7), S. 109.

26 Otto Heike, Die deutsche Arbeiterbewegung in Polen 1835–1945, Dortmund 1969, S. 19/20.

27 Stegner (wie Anm. 6), S. 66.

28 Stefan Pytlas, Łódzka burżuazja przemysłowa w latach 1864–1914 [Die Lodzer Industriebourgeoisie in den Jahren 1864–1914], Łódź 1994, S. 46f.

29 Heike (wie Anm. 7), S. 223–233.

30 Pytlas (wie Anm. 28), S. 304.

31 Walter Scheibler, Die Auswanderungen aus Monschau nach dem Osten im 19. Jahrhundert, Dortmund 1962, S. 24–33.

32 Pytlas (wie Anm. 28), S. 67.

33 Heike (wie Anm. 7), S. 117ff.

34 S. Krzywoszewski, Długie życie. Wspomnienia [Ein langes Leben, Erinnerungen], Bd. 1, Warszawa 1947, S. 51.

35 W. Puś/Stefan Pytlas, Dzieje łódzkich zakładów przemysłu bawełnianego im. Obronców Pokoju »Uniontex« (d. Zjednoczonych Zakładów K. Scheiblera i L. Grohmana) w latach 1827–1977 [Geschichte der Lodzer Fabriken der Baumwollindustrie im. Obronców Pokoju »Uniontex« (vorm. Vereinigte Betriebe K. Scheibler und L. Grohmann) in den Jahren 1827–1977], Łódź 1979, S. 32–48.

36 Pytlas (wie Anm. 28), S. 31–34.

37 M. Nietyksza, Rozwój miast i aglomeracji miejsko-przemysłowych w Królestwie Polskim 1865–1914 [Entwicklung der Städte und der industriellen städtischen Ballungsgebiete im Königreich Polen 1865–1914], Warszawa 1986, S. 279–292.

38 Pytlas (wie Anm. 28), S. 57.

39 Pytlas (wie Anm. 28), S. 58f.

40 Heike, (wie Anm. 7) S. 131.

41 M. Lewy, Życie ekonomiczne Królestwa Polskiego, Bd. 1, Rosyjskie taryfy celne i kolejowe i ich wpływ na życie ekonomiczne Królestwa Polskiego [Das Wirtschaftsleben des Königreichs Polen, Bd. 1, russische Zoll- und Eisenbahntarife und ihr Einfluß auf das Wirtschaftsleben des Königreichs Polen], Warszawa 1915, S. 88–89.

42 Pytlas (wie Anm. 28), S. 117–141.

43 Pytlas (wie Anm. 28), S. 268–291.

44 K. Schweikert, Die Baumwollindustrie Russisch-Polens, Zürich/Leipzig 1913, S. 315, 370ff.

45 M. Bandurka, Dokumenty buntu łódzkiego 1892 roku [Dokumente des Lodzer Aufruhrs 1892], in: Rocznik Łódzki 1982, Bd. 31, S. 211–213.

46 Pytlas (wie Anm. 28), S. 206–211.

47 Heike (wie Anm. 7), S. 240.

48 Heike (wie Anm. 7), S. 242f.

49 Adolf Eichler, Das Deutschtum in Kongreßpolen, Stuttgart 1921, S. 19ff. Eduard Kneifel, Die Heimkehr der verpolten »Holländer« am Bug und in Wolhynien, in: Adolf Kargel/Eduard Kneifel: Deutschtum im Aufbruch. Vom Volkstumskampf der Deutschen im östlichen Wartheland. Leipzig 1942, S. 234ff.

50 Vgl. zum »polnischen Evangelizismus« Alfred Kleindienst/Oskar Wagner, Der Protestantismus in der Republik Polen 1918/19 bis 1939 im Spannungsfeld von Nationalitätenpolitik und Staatskirchenrecht, kirchlicher und nationaler Gegensätze. (Marburger Ostforschungen, Bd.42) Marburg 1985, S. 18ff.

51 Kleindienst/Wagner (wie Anm. 50), S. 19.

52 Zu Otto und Bursche vgl. Kleindienst/Wagner (wie Anm. 50), S. 19 und 21ff. Eingehender Eduard Kneifel, Bischof Dr. Julius Bursche Sein Leben und seine Tätigkeit 1862–1942, Vierkirchen 1980; Bernd Krebs, Nationale Identität und kirchliche Selbstbehauptung. Julius Bursche und die Auseinandersetzung um Auftrag und Weg des Protestantismus in Polen 1917–1939, Neukirchen 1993.

53 Vgl. die Adolf Eichler gewidmete Schrift »Deutschtum im Aufbruch« (wie Anm. 49) sowie Eichlers »Lebensbericht« »Deutschtum im Schatten des Ostens«, Dresden 1942.

54 Otto Heike, 115 Jahre Kampf um die deutsche Schule in Litzmannstadt, Posen 1940.

55 Pytlas (wie Anm. 28), S. 364.

56 Pytlas (wie Anm. 28), S. 55.

57 Pytlas (wie Anm. 28), S. 361–367.
58 Otto Heike, Ernst Leonhardt, ein Industrieller als Förderer des deutschen Bildungswesens in Lodz, in: Von unserer Art. Vom Leben und Wirken deutscher Menschen im Raum von Weichsel und Warthe, Wuppertal 1963, S. 85–88.
59 Pytlas (wie Anm. 28), S. 45.
60 Heike (wie Anm. 7), S. 256.
61 Pytlas (wie Anm. 28), S. 45.
62 Pytlas (wie Anm. 28), S. 152.
63 Pytlas (wie Anm. 28), S. 299.
64 Vgl. zu Piłsudski die jüngst erschienene Bibliographie von Tomasz B. Łeńczewski, Józef Piłsudski w bibiliografii. Biografie i życiorysy [J. P. in der Bibliographie. Biographien und Lebensbeschreibungen]. Łódź/Warszawa 1993. Aus der Fülle der Fachliteratur hier nur eine kleine Auswahl in westlichen Sprachen: Jacques de Carency, Joseph Pilsudski. Soldat de la Pologue restaurée. Étude biographique. Paris o. J. (nach 1928); Anton Loeßner, Josef Pilsudski. Eine Lebensbeschreibung auf Grund seiner eigenen Schriften. Leipzig 1935; Wacław Lipiński und J. P. Kaczkoski, Josef Pilsudski. Erinnerungen und Dokumente. Bd. I–II Essen 1935, Bd. III–IV Essen 1936); William Fiddian Reddaway, Marshal Pilsudski. London 1939; Aleksandra Piłsudska, Piłsudki. A Biography. New York 1941; Wacław Jędrzejewicz, Piłsudski: A Life for Poland. New York 1982.
65 Vgl. über Dmowski in westlichen Sprachen: Kurt Georg Hausmann, Die politischen Ideen Roman Dmowskis. Ein Beitrag zur Geschichte des Nationalismus in Ostmitteleuropa vor dem Ersten Weltkrieg, 3 Bde, Kiel 1968 (Manuskript der Habilitationsschrift an der Universität Kiel); Alvin Marcus Fountain, Roman Dmowski. Party, Tactics, Ideology, 1895–1907. Ann Arbor, Michigan 1976; Peter Alfred Witkowski, Roman Dmowski and the thirteenth point. Ann Arbor, Michigan 1981.
66 Otto Heike, Die deutsche Arbeiterbewegung in Polen 1835–1945. Dortmund 1969.
67 Georg W. Strobel, Die Deutschen Kongreßpolens und die russische Revolution 1905–1907, in: Jahrbuch Weichsel-Warthe 1972, S. 47–52; ders., Gemeinsame Wurzeln – gemeinsame Erfahrungen. Die Revolution 1905–1907 in Kongreßpolen und die Deutschen, in: Kulturpolitische Korrespondenz 45/46 (1972).
68 Otto Heike, Die deutsche Minderheit in Polen bis 1939, Leverkusen 1985. Kapitel »Erste politische Regungen unter den Deutschen«, S. 117ff.
69 Über den »deutschen Drang nach Osten« gibt es eine umfangreiche Literatur. Vgl. zuletzt: Wolfgang Wippermann, Der »deutsche Drang nach Osten«. Ideologie und Wirklichkeit eines politischen Schlagwortes, Darmstadt 1981.
70 Johannes Hoffmann, Völkerbilder in Ost und West, Auswahlbibliographie, Dortmund 1980, S. 164–183.
71 Kurt Lück, Der Mythos vom Deutschen in der polnischen Volksüberlieferung und Literatur. Forschungen zur deutsch-polnischen Nachbarschaft im ostmitteleuropäischen Raum. (Ostdeutsche Forschungen, Hrsg. Viktor Kauder, Bd. 7), Leipzig ^{2}1943.
72 Jan Józef Lipski, Zwei Vaterländer – zwei Patriotismen. Bemerkungen zum nationalen Größenwahn und zur Xenophobie der Polen. Deutsche Ausgabe mit einer Einführung von Gotthold Rhode, Berlin 1982.
73 Gotthold Rhode, Das Bild des Deutschen im polnischen Roman des 19. und beginnenden 20. Jahrhunderts und das polnische Nationalgefühl, in: Ostdeutsche Wissenschaft. Jahrbuch des Ostdeutschen Kulturrates. Festgabe für Max Hildebert Boehm. München 1960, S. 327–366.
74 Zum Stereotyp des »Lodzermenschen« sind bisher nur andeutungsweise Untersuchungen erschienen. Vgl. Lück, Mythos, (wie Anm. 71), S. 306ff.; Oskar Eugen Kossmann, Deutsche mitten in Polen, Berlin/Bonn 1985.
75 Vgl. die beiden polnischen Publikationen von Stefan Górski »Niemcy w królestwie Polskiem« [Die Deutschen im Königreich Polen], Warschau 1908, und Bolesław Koskowski »Die deutsche Gefahr« (1907). Otto Heike, Die deutsche Minderheit in Polen bis 1939, S. 116; Kurt Lück, Vom Mißbrauch der »strategischen Gefahr«. Ein Appell an das polnische Institut für Minderheitenforschung, in: Nation und Staat, 2. Jg. Wien 1929, S. 377ff.
76 Gotthold Rhode (Hrsg.), Juden in Ostmitteleuropa von der Emanzipation bis zum Ersten Weltkrieg (Historische und Landeskundliche Ostmitteleuropa-Studien 3), Marburg 1989; Für Kongreßpolen: Jürgen Hensel, Der Wandel in den ökonomischen Funktionen der Juden zwischen 1815 und 1862.

77 Paweł Korzec, Bemerkungen zur Entstehung und Entwicklung der jüdischen Revolutionsbewegung in den Westgebieten des Russischen Kaiserreiches um die Wende vom 19. zum 20. Jahrhundert, in: Rhode, Juden (wie Anm. 76), S. 257ff.

78 Georg W. Strobel, Die sozialistische Arbeiterbewegung Polens und die Juden. Ebda, S. 241ff.; Korzec (wie Anm. 77), S. 267.

79 Georg W. Strobel, Die »Deutschenarbeit« der polnischen sozialistischen Parteien vor dem Ersten Welkrieg, in: Jahrbuch Weichsel-Warthe 1974, S. 38ff.

Die Deutschen in Litauen von der Reformation bis zum Ersten Weltkrieg

1 A. F. (A. F. A.) Adamovicz, Die Evangelisch-Lutherische Kirche zu Wilna. Eine Chronik geschrieben zur Feyer des dreyhundertjährigen Bestehens der Kirche am S. Johannis Tage 1855, Wilna 1855, S. 12.

2 J. Wischeropp, Die heilige Stadt unserer Väter. Die Evang.-Luther. Trinitatiskirche zu Kaunas 1683–1933, Kaunas o. J., S. 63f.

3 Aus der Chronik der Wirballer Gemeinde, in: Deutsche Nachrichten für Litauen vom 21. 12. 1940.

4 J. Sakalauskas, Das Schulwesen und die preußische Schulpolitik in Neuostpreußen (1795–1806), Dissertation (Maschinenschrift) Berlin 1924, S. 56.

Polen vom Ersten Weltkrieg bis zur Vertreibung der Deutschen

1 Immanuel Geiss, Der polnische Grenzstreifen 1914–1918. Ein Beitrag zur deutschen Kriegszielpolitik im Ersten Weltkrieg. (Historische Studien, H. 378) Lübeck/Hamburg 1960.

2 Werner Conze, Nationalstaat oder Mitteleuropa? Die Deutschen des Reichs und die Nationalitätenfragen Ostmitteleuropas im Ersten Weltkrieg, in: Deutschland und Europa, Festschrift für Hans Rothfels, Düsseldorf 1951.

3 Alfred Krüger, Die Flüchtlinge von Wolhynien. Der Leidensweg rußlanddeutscher Siedler 1915–1918, Plauen i. V. 1937; »Wolhynische Hefte«, Hrsg. Historischer Verein Wolhynien e.V. (Hugo Karl Schmidt, Nikolaus Arndt), Folge 3, 4 und 5: Waldemar Giesebrecht, Die Verbannung der Wolhyniendeutschen im I. Weltkrieg.

4 Paul Althaus, Die Entdeckung des Deutschtums im ehem. Mittelpolen, in: Adolf Kargel/Eduard Kneifel: Deutschtum im Aufbruch, Leipzig 1942, S. 191ff.

5 Werner Conze, Polnische Nation und deutsche Politik im Ersten Weltkrieg (Ostmitteleuropa in Vergangenheit und Gegenwart Bd. 4), Köln/Graz 1958.

6 Vgl. Klaus Zernack, Polen und Rußland, Berlin 1994, S. 434.

7 Hans Roos, Geschichte der Polnischen Nation 1918–1978, Stuttgart [4]1986. Die Ära Pilsudski, S. 115–140.

8 Richard Breyer, Nationalstaatliche Tradition und volksdeutsche Erfahrung der Deutschen in Polen zwischen den Kriegen, in: Deutsche, Slawen und Balten. Aspekte des Zusammenlebens im Osten des Deutschen Reiches und in Ostmitteleuropa. Hrsg. Hans Hecker und Silke Spieler, Bonn 1989.

9 Erwin Viefhaus, Die Minderheitenfrage und die Entstehung der Minderheitenschutzverträge auf der Pariser Friedenskonferenz. (Marburger Ostforschungen Bd. 11), Würzburg 1960.

10 Hermann Rauschning, Die Abwanderung der Deutschen aus Westpreußen und Posen nach dem Ersten Weltkrieg. Ein Beitrag zur Geschichte der deutsch-polnischen Beziehungen 1919–1929. Hrsg. Wolfgang Kessler, Essen 1988, S. XXI.

11 Ebda, S. XXII.

12 Ebda, S. XXXIII.

13 Gotthold Rhode, Das Deutschtum in Posen und Pommerellen in der Zeit der Weimarer Republik, in: Die deutschen Ostgebiete zur Zeit der Weimarer Republik. (Studien zum Deutschtum im Osten, H. 3) Köln/Graz 1966. S. 88–132.

14 Paweł Korzec, Der Block der Nationalen Minderheiten im Parlamentarismus Polens des Jahres 1922. In: Zeitschrift für Ostforschung 24 (1975), H. 2, S. 193–220.

15 Richard Breyer, Polnischer Parlamentarismus und Nationalitätenfrage, in: Die Krise des Parlamentarismus in Ostmitteleuropa zwischen den beiden Weltkriegen. Hrsg. Hans-Erich Volkmann, Marburg 1967, S. 64–78.

16 Otto Heike, Die Deutsche Sozialistische Arbeitspartei Polens, in: Zeitschrift für Ostforschung, 29. Jg. (1980), H. 2/3, S. 224–249.
17 Horst Markgraf/Fritz Weigelt, Der Deutsche Schul- und Bildungsverein in Lodz, Weinheim 1957; Drei Jahrzehnte Dienst am Volk – Aus der Geschichte des Deutschen Schul- und Bildungsvereins in Lodsch, in: Kargel/Kneifel, Deutschtum im Aufbruch, S. 198ff.
18 Frank Golczewski, Polnisch-jüdische Beziehungen 1881–1922. Eine Studie zur Geschichte des Antisemitismus in Osteuropa, Wiesbaden 1981.
19 Alfred Kleindienst/Oskar Wagner: Der Protestantismus in der Republik Polen 1918/19 bis 1939 im Spannungsfeld von Nationalitätenpolitik und Staatskirchenrecht, kirchlicher und nationaler Gegensätze, Marburg 1985; Bernd Krebs, Nationale Identität und kirchliche Selbstbehauptung. Julius Bursche und die Auseinandersetzung um Auftrag und Weg des Protestantismus in Polen 1917–1939, Neukirchen 1993.
20 Jörg Wiesner, Die soziale und wirtschaftliche Stellung der deutschen Bauern in Wolhynien 1919–1939, Bonn 1980; Przemysław Hauser, Mniejszość niemiecka w Polsce w latach 1918–1939 [Die deutsche Minderheit in Polen 1918–1939], in: Polska-Polacy-mniejszości narodowe, Wrocław/Warszawa/Kraków 1992, S. 31–52, hier S. 52.
21 Józef Winiewicz, Mobilizacja sił niemieckich w Polsce [Die Mobilisierung der deutschen Kräfte in Polen], Warszawa 1939, S. 127.
22 Karol Marian Pospieszalski, Der Bombenanschlag von Tarnow [Tarnów], in: Polnische Weststudien 1986, Nr. 2, S. 285–318.
23 Przemysław Hauser, Mniejszość niemiecka w Wielkopolsce i na Pomorzu w okresie II Rzeczypospolitej [Die deutsche Minderheit in Großpolen und Pommerellen in der Zeit der Zweiten Republik], in: Polska-Niemcy-mniejszość niemiecka w Wielkopolsce, Hrsg. Andrzej Sakson, Poznań 1994, S. 33–56, hier S. 56.
24 Vgl. Günther Schubert, Das Unternehmen »Bromberger Blutsonntag«. Tod einer Legende, Köln 1989, der unkritisch eine mittlerweile auch in Polen umstrittene Position übernahm.
25 Walther Hubatsch (Hrsg.), Hitlers Weisungen für die Kriegführung. Dokumente des Oberkommandos der Wehrmacht, Frankfurt a. M. 1962, S. 17ff.
26 H. A. Batowski, Le dernier traité d'alliance franco-polonais (4 septembre 1939), in: Les relations Franco-Allemandes 1933–1939, Paris 1976, S. 353ff.
27 Das Deutsche Reich und der Zweite Weltkrieg, Bd. II, Stuttgart 1979, S. 104ff.
28 Akten zur deutschen auswärtigen Politik 1918–1945, Serie d, Bd. VII, Baden-Baden 1956, Dokumente 228 und 229.
29 Klaus Zernack, Polen und Rußland, Berlin 1994, S. 453–454.
30 Wolfgang Jacobmeyer, Nationalsozialistische Besatzungspolitik in Polen im Zweiten Weltkrieg, in: Deutschland und Polen von der nationalsozialistischen Machtergreifung bis zum Ende des Zweiten Weltkrieges, Braunschweig 1989, S. 95–108, hier S. 95/96.
31 Ebda, S. 96/97.
32 Stätten des Kampfes und des Märtyrertums 1939–1945. Jahre des Krieges in Polen, Hrsg. Schutzrat für Kampf- und Märtyrerdenkmäler, Warschau 1965.
33 Gotthold Rhode, Die politische Entwicklung Polens im Zweiten Weltkrieg, in: Werner Markert (Hrsg.), Osteuropa-Handbuch Polen, Köln/Graz 1959, S. 213–220.
34 K. Zawodowski, Zum Beispiel Katyn. Klärung eines Kriegsverbrechens, München 1971.
35 L. Gelberg, Die Entstehung der Volksrepublik Polen. Völkerrechtliche Probleme, Frankfurt a. M. 1972.
36 Jacobmeyer (wie Anm. 30), S. 95.
37 Alexander Hohenstein, Wartheländisches Tagebuch aus den Jahren 1941/42, Stuttgart 1961.
38 Martin Broschat, Nationalsozialistische Polenpolitik 1939–1945, Stuttgart 1965, S. 118ff.; Walther Kuhn, Die Eingliederung der Deutschen durch die Politik Hitlers, in: Osteuropa-Handbuch Polen (wie Anm. 33), S. 152ff.
39 Jürgen v. Hehn, Die Umsiedlung der baltischen Deutschen – das letzte Kapitel baltischdeutscher Geschichte, Marburg 1982.
40 Gabriele von Campenhausen, Die Reichsuniversität Posen 1941–1945, in: Nordost-Archiv 21 (1988), H. 90.
41 Richard Breyer, »Allen Balten zum Trotz sich erhalten«?, in: Kulturwart 95 (1969); Wilfried Schlau, Erfahrungen der Deutschen in Polen und der Deutschbalten (1940–1945), in: Jahrbuch Weichsel-Warthe 1991, S. 25–27.
42 Heinrich Himmlers Geheimreden 1933–1945. Frankfurt a. M. 1974, S. 135ff.

43 Dariusz Matelski, Ludność niemiecka w Kraju Warty (1939–1945) [Die deutsche Bevölkerung im Warthegau 1939–1945], in: Polska-Niemcy-niemiecka mniejszość w Wielkopolsce (wie Anm. 23), S. 105–128, hier S. 115.
44 Paul Gürtler, Nationalsozialismus und evangelische Kirche im Warthegau. Trennung von Staat und Kirche im nationalsozialistischen Weltanschauungsstaat, Göttingen 1958; Eduard Kneifel, Die evangelische Kirche im Wartheland-Ost (Lodz), ihr Aufbau und ihre Auseinandersetzung mit dem Nationalsozialismus, Vierkirchen 1976.
45 Hilarius Breitinger, Als Deutschenseelsorger in Posen und im Warthegau 1939–1945, Mainz 1991.
46 Matelski (wie Anm. 43), S. 122.
47 Jacobmeyer (wie Anm. 30), S. 102.
48 Gotthold Rhode und Wolfgang Wagner, Quellen zur Entstehung der Oder-Neiße-Linie in den diplomatischen Verhandlungen während des Zweiten Weltkrieges, Stuttgart 1959.
49 Alfred M. de Zayas, Die Angloamerikaner und die Vertreibung der Deutschen, München 1978; ders., Anmerkungen zur Vertreibung der Deutschen aus dem Osten, Stuttgart/Berlin/Köln 1993.
50 Joachim Rogall (Bearbeiter), Die Räumung des »Reichsgaus Wartheland« vom 16.–26. Januar 1945 im Spiegel amtlicher Berichte, Sigmaringen 1993.
51 Vertreibung und Vertreibungsverbrechen 1945–1948. Bericht des Bundesarchivs vom 28. Mai 1974. Archivalien und Erlebnisberichte, Bonn 1989.
52 Georg Geilke, Die Lösung der »Deutschen Frage« im Lichte polnischer Gesetze (als Mskr. vervielfacht), Hamburg 1954; Theodor Schieder (Hrsg.), Dokumentation der Vertreibung der Deutschen aus Ost-Mitteleuropa, Bd. I/3, Abschnitt 3, I u. IV., Bonn 1961, Neudruck (dtv) München 1984.
53 Silvia Waade, »Baracke 7«. Frauenschicksale hinter Stacheldraht. Viele gingen den Weg nach Sikawa (1945/46). Berlin/Bonn 1985.
54 Hugo Rasmus, Schattenjahre in Potulitz 1945. Schicksal in polnischen Internierungslagern. Eine Dokumentation, Münster 1995.
55 Die deutschen Vertreibungsverluste. Bevölkerungsbilanzen für die deutschen Vertreibungsgebiete 1939–50. Hrsg. Statistisches Bundesamt (Polen – bearb. v. Walter Kuhn), Stuttgart 1958; Gerhard Reichling, Die deutschen Vertriebenen in Zahlen, T. I: Umsiedler, Verschleppte, Vertriebene, Aussiedler, 1940–1985, Bonn 1986.

Litauen vom Ersten bis zum Ende des Zweiten Weltkriegs

1 Steinweg, Die Kownoer Deutschen während des Krieges, in: Kownoer Zeitung vom 18. 8. 1917.
2 Manfred, Hellmann, Grundzüge der Geschichte Litauens und des litauischen Volkes, Darmstadt ^{4}1990, S. 167.
3 Satzung der Partei der Deutschen Litauens, in: Deutscher Kalender für Litauen 1922, S. 76ff.
4 Ebda.
5 Deutsche Nachrichten für Litauen vom 18. 12. 1937.
6 Zitat aus der Gesundheitsabteilung der Einwandererzentralstelle, vgl. Harry Stossun, Die Umsiedlungen der Deutschen aus Litauen während des Zweiten Weltkrieges, Marburg 1993, S. 117.
7 Dokumente der Menschlichkeit aus der Zeit der Massenaustreibungen, Hrsg. Göttinger Arbeitskreis, Würzburg ^{2}1960, S. 136.

BIBLIOGRAPHIE

Die folgende, keinen Anspruch auf Vollständigkeit erhebende Literaturauswahl verweist den an vertiefenden Studien interessierten Leser auf einschlägige Werke zur polnischen und litauischen Geschichte allgemein sowie zu den einzelnen Zeitabschnitten des Bandes. Der Schwerpunkt wurde dabei auf gut erreichbare Literatur in westeuropäischen Sprachen gelegt.

BIBLIOGRAPHIEN

Bibliographie sur la Pologne. Pays – Histoire – Civilisation, Hrsg. J. Pelcowa u. M. Lenartowicz, Warszawa 1963.

Bibliographie des travaux des historiens polonais en langues étrangères parus dans les années 1945–1968, Hrsg. S. Skwirowska, Wrocław 1971.

Bücherkunde Ostdeutschlands und des Deutschtums in Ostmitteleuropa, Bearb. H. Jilek, H. Rister u. H. Weiss, Köln/Graz 1963.

Bücherkunde zur Weltgeschichte vom Untergang des Römischen Weltreichs bis zur Gegenwart, Bearb. G. Franz, München 1956 (Polen: S. 287–312, Bearb. Herbert Ludat).

Davies, Norman, Poland, Past and Present. A Selected Bibliography of Works in English, Newtonville/Mass. 1977.

Fünfunddreißig Jahre Forschung über Ostmitteleuropa. Veröffentlichungen der Mitglieder des J. G. Herder-Forschungsrates 1950–1984, Marburg 1985 (Bibliographien zur Geschichte und Landeskunde Ostmitteleuropas I).

Gunzenhäuser, Max, Bibliographie zur Geschichte der polnischen Frage bis 1919, Stuttgart 1940.

Gunzenhäuser, Max, Bibliographie zur Nationalitätenfrage und zur Judenfrage der Republik Polen 1919–1939, Stuttgart 1943.

Heise, Albert, Das Nachkriegsschrifttum über das Deutschtum in Polen, in: Jahrbuch Weichsel-Warthe, Jg. 1969, S. 144–149; Jg. 1975, S. 138–150; Jg. 1983, S. 145–157.

Hoffmann, Johannes, Polen unser östlicher Nachbar. Sachbücher – Medien – Unterrichtsmaterialien. Eine Auswahlbibliographie, Dortmund 1975.

Hoffmann, Johannes, Völkerbilder in Ost und West, Auswahlbibliographie, Dortmund 1980, S. 164–183.

Horecky, P. L., East Central Europe – a Guide to Basic Publications, Chicago 1969.

Hundert, G. D. und G. C. Bacon, The Jews in Poland and Russia, Bibliographical Essays, Bloomington 1984.

Jilek, Heinrich, Rister, Herbert, Weiss, Hellmuth, Bücherkunde Ostdeutschlands und des Deutschtums in Mitteleuropa, Köln/Graz 1963, S. 315–351.

Kannengießer, Albrecht, Schrifttum über das Posener Land 1961–1970, Register, Marburg 1979.

Kessler, Wolfgang (Bearb.), Ost- und südostdeutsche Heimatbücher und Ortsmonographien nach 1945. Eine Bibliographie zur historischen Landeskunde der Vertreibungsgebiete, München 1979.

Lewanski, R. C., Poland, Oxford u. a. 1984.

Meyer, K., Bibliographie zur osteuropäischen Geschichte. Verzeichnis der zwischen 1939 und 1964 veröffentlichten Literatur in westeuropäischen Sprachen zur osteuropäischen Geschichte bis 1945, Berlin 1972.

Meyer, H. M./Pflaume, H., Wartheland-Bibliographie, Folge I, 1939–1942, Beiheft I zur Deutschen Wissenschaftlichen Zeitschrift im Wartheland, Posen 1943.

Les origines des villes polonaises. Recueil des travaux, Hrsg. P. Francastel, Paris/Den Haag 1960.

Rhode, Gotthold, Polen (Veröffentlichungen 1945 bis 1960), in: Historische Zeitschrift (HZ) Sonderheft 1 (1962), S. 158–211.

Rister, Herbert, Schrifttum über Polen 1943–1951 mit besonderer Berücksichtigung des Posener Landes, Marburg 1953.

Schmidt, Ch. D., Bibliographie zur osteuropäischen Geschichte. Verzeichnis der zwischen 1965 und 1974 veröffentlichten Literatur in westeuropäischen Sprachen zur osteuropäischen Geschichte bis 1945, Berlin 1983.

Schrifttum über Polen (ohne Posener Land). 1961/62 und Nachträge 1966–1970 und Nachträge (Auswahl), 1971–1973. Bearb. Johanna Stiller, Marburg 1971, 1980, 1983.

Smogorzewski, K., Abrégé d'une bibliographie relative aux relations germano-polonaises, Paris 1933.

Symmons-Symonolewicz, K., Studies in Nationality and Nationalism in Poland between the Two Wars (1918–1939): A Bibliographic Survey, New York 1944.

QUELLENSAMMLUNGEN

Acta historica res gestas Poloniae illustrantia, 13 Bände, Krakau 1878–1908.

Acta Tomiciana, 17 Bände, Posen/Krakau/Warschau 1852–1966 (noch nicht abgeschlossen).

Akten zur deutschen Auswärtigen Politik. Aus dem Archiv des Auswärtigen Amtes, Serie D, Bde. X–XIII, Frankfurt 1961–1963; Bd. XI, Bonn 1964

Ausgewählte Quellen zur Kirchengeschichte Ostmittel-Europas, Ulm. 1959.

Brügel, J.: Stalin und Hitler. Pakt gegen Europa, Wien 1973.

Bussenius, I. Ch. (Hrsg.), Urkunden und Akten zur Geschichte der preußischen Verwaltung in Südpreußen und Neuostpreußen 1793–1806, Frankfurt a. M. 1961.

Codex diplomaticus Majoris Poloniae, Bd. I–VII. Hrsg. J. Zakrzewki u. a., Posen/Krakau 1877–1908; Warszawa/Poznań 1982–1985. Series nova: Fasc. 1, Warszawa/Poznań 1975.

Comte d'Angeberg, Recueil des traités, conventions et actes diplomatiques concernant la Pologne 1762–1862, Paris 1862.

David, P., Les sources de l'histoire de Pologne 963–1386, Paris 1934.

Deutschland und Polen 1772–1970. Zwei Bände, Hrsg. Enno Meyer, Stuttgart 1971, 1972.

Diktierte Option. Die Umsiedlung der Deutschbalten aus Estland und Lettland 1939–1941, Dokumentation, Hrsg. D. A. Loeber, Neumünster 1972.

Diplomata regum Poloniae et privilegia cardinalium Poloniae a saeculo XII usque ad saeculum XVI in chartis pergameneis scripta et in archivo capituli Sandomiriensis conservata, ope ac sumptibus Joannis Wisniewski impressa, Hrsg. J. Wisniewski, Sandomierz 1926.

Długosz, Jan, Opera omnia, 16 Bände, Hrsg. A. Przezdziecki u. a., Krakau 1863–1873, Neuedition Warszawa 1964 ff. (noch nicht abgeschlossen).

Documenta occupationis Teutonicae, Hrsg. Zygmunt Wojciechowski, 12 Bände, Poznań 1945–1986.

Dokumente zur Geschichte der deutsch-polnischen Freundschaft 1830–1832, Hrsg. Helmut Bleiber, Jan Kosim, Berlin 1992.

Dokumente der Menschlichkeit aus der Zeit der Massenaustreibungen, Hrsg. Göttinger Arbeitskreis, Würzburg ²1960.

Dokumentation der Vertreibung der Deutschen aus Ost-Mitteleuropa. Bearb. Theodor Schieder, Hrsg. Bundesministerium für Vertriebene, Flüchtlinge und Kriegsgeschädigte, unveränd. Nachdruck München 1984, Bd. 1,1–3, Die Vertreibung der deutschen Bevölkerung aus den Gebieten östlich der Oder-Neiße.

Dogiel, M., Codes diplomaticus regni Poloniae et M. D. Lithuaniae, Band 1, 4, 5, Wilna 1758–1764.

Gallus Anonymus, Polens Anfänge (Chronicon). Chronik und Taten der Herzöge und Fürsten von Polen, Hrsg. J. Bujnoch, Graz/Wien/Köln 1978.

Hecker, Hans, Die Umsiedlungsverträge des Deutschen Reiches während des Zweiten Weltkrieges (Werkhefte der Forschungsstelle für Völkerrecht und ausländisches öffentliches Recht der Universität Hamburg, Nr. 17), Hamburg 1971.

Heiber, H., Der Generalplan Ost, in: Vierteljahrsheft für Zeitgeschichte 6 (1958), S. 281–325.

Jewish privileges in the Polish Commonwealth Charters and rights granted to Jewish Communities in Poland-Lithuania in the sixteenth to eighteenth centuries. Critical edition of original Latin and Polish documents with English introductions and notes by J. Goldberg, Jerusalem 1985.

Monumenta medii aevi historica res gestas Poloniae illustrantia, 18 Bände, Krakau 1874–1919.

Monumenta Poloniae Historica, Hrsg. A. Bielowski, Sechs Bände, Lemberg 1864–1893. Neudruck Warszawa 1960, Nova series: Band 1 ff. Kraków 1947 ff.

Monumenta Poloniae Vaticana, Hrsg. Collegii Historici Academiae Litterarum Cracoviae, Acht Bände, Krakau 1913–1946.

Quellen zur Geschichte der deutschen Minderheit in Polen von 1919 bis 1939 in deutschen und polnischen Archiven, Bearb. Stefan W. Kotowski, in: Dokumentation Ostmitteleuropa 18 (42), Heft 3/4, Marburg/L. 1992.

Quellen zur Geschichte der ostdeutschen Kolonisation im 12. und 13. Jahrhundert, Hrsg. R. Kötzschke, Leipzig ²1931.

Raczyński, K., Codex diplomaticus Majoris Poloniae (1136–1597), Posen 1840.

Scriptores rerum Polonicarum, 22 Bände, Krakau 1872 ff.

Smolka, S., Polnische Annalen bis zum Anfange des vierzehnten Jahrhunderts, Lemberg 1873.

Urkunden und Akten zur Geschichte der preußischen Verwaltung von Südpreußen und Neuostpreußen. 1793–1806. Bearbeitet von Ingeborg Charlotte Bussenius, Hrsg. Walter Hubatsch, Frankfurt a. M./Bonn 1961.

Urkunden und erzählende Quellen zur deutschen Ostsiedlung im Mittelalter, Hrsg. H. Helbig u. L. Weinrich, Darmstadt 1962.

Vertreibung und Vertreibungsverbrechen 1945–1948. Bericht des Bundesarchivs vom 28. Mai 1974, Archivalien und Erlebnisberichte. Bonn 1989.

Vetera Monumenta Poloniae et Lithuaniae gentiumque finitimarum historiam illustrantia, Hrsg. A. Theiner, Vier Bände, Rom 1860–1864. Neudruck Warszawa 1969.

Vetera monumenta Poloniae et Lithuaniae ex tabulariis Vaticanis, Hrsg. A. Theiner, Bd. I–IV., Rom 1860–1864.

Warschauer, Adolf, Die Chronik der Stadtschreiber von Posen, Posen 1888 (umfaßt die Zeit 1389 bis 1752).

Warschauer, Adolf, Stadtbuch von Posen. Bd. 1: Die mittelalterliche Magistratsliste, die ältesten Protokollbücher und Rechnungen, Posen 1892.

Wierzbowski, Th., Matricularum regni Poloniae summaria escusis. codicibus, qui in Carhophylacio Maximo Varsoviensie asservantur (1447–1512), Bd. I–IV, Warschau 1905–1919.

ERINNERUNGEN

Baade, Silvia, Baracke 7. Frauenschicksale hinter Stacheldraht – viele gingen den Weg nach Sikawa (1945/46), Berlin/Bonn 1985.

Breitinger, Hilarius, Als Deutschenseelsorger in Posen und im Warthegau 1939–1945, Mainz ²1991.

Heike, Otto, Leben im deutsch-polnischen Spannungsfeld. Erinnerungen und Einsichten eines deutschen Journalisten aus Lodz, Essen 1989.

Hohenstein, Alexander, Wartheländisches Tagebuch aus den Jahren 1941/42 (Quellen und Darstellungen zur Zeitgeschichte Band 8), Stuttgart 1961.

Hornung, Gabriele, »Schrimm, Schroda, Bomst« im Krieg 1942–1945, Hessisch Lichtenau 1985.

Kossmann, Oskar Eugen, Es begann in Polen. Erinnerungen eines Diplomaten und Ostforschers, Lüneburg 1989.

Lehfeld, Walburg, Gut Lehfelde. Eine deutsche Geschichte 1932–1950, Frankfurt/Berlin 1988.

Maschmann, Melita, Fazit. Kein Rechtfertigungsversuch. Stuttgart. 1963.

Motty, Marceli, Przechadzki po mieście [Spaziergänge durch die Stadt], Bearb. Zdzisław Grot, 2 Bände, Warszawa 1957.

Rhode, Artur, Die Evangelische Kirche in Posen und Pommerellen. Erfahrungen und Erlebnisse in drei Jahrzehnten 1914–1945, Lüneburg 1984.

Rosen, Hans von, Grocholin. Geschichte eines deutschen Gutes in Posen, Leer 1985.

Rosen, Hans von, Wolhynienfahrt 1926, Siegen 1982.

Warschauer, Adolf, Deutsche Kulturarbeit in der Ostmark, Erinnerungen aus vier Jahrzehnten, Berlin 1926.

Wittek, Erhard, Jugendjahre und Kriegserlebnisse eines Poseners 1904–1921, Hannover 1982.

ATLANTEN

Atlas zur Geschichte der deutschen Ostsiedlung, Hrsg W. Krallert, Bielefeld/Berlin/Hannover 1958.

Atlas östliches Mitteleuropa, Hrsg. Th. Kraus, E. Meynen, H. Mortensen und H. Schlenger, Bielefeld/Hannover/Berlin 1959.

Staats- und Verwaltungsgrenzen in Ostmitteleuropa. Historisches Kartenwerk, Hrsg. Göttinger Arbeitskreis, München 1954 ff.

JAHRBÜCHER UND ZEITSCHRIFTEN

Aus dem Posener Lande. Monatsblätter für Heimatkunde, Hrsg. Paul Beer, ab Bd. 6 Georg Minde-Pouet, Bd. 1–10 Lisssa 1906–1915; seit 1916 Namensänderung in: Aus dem Ostlande, Bd. 11–14, Lissa 1916–1919.

Bromberg, Zeitschrift der Bidegastvereinigung Wilhelmshaven, 1959 ff.

Deutsche Blätter in Polen. Hrsg. Hermann Rauschning u. a., Bd. 1–10, Posen 1924–1933.

Deutsche Monatshefte in Polen (seit Ende 1939: Deutsche Monatshefte), Hrsg. Viktor Kauder, Bd. 1–9, Kattowitz 1934–1943.

Deutsche Wissenschaftliche Zeitschrift für Posen (seit 1935: für Polen), Hrsg. Hermann Rauschning, von Heft 7 an Alfred Lattermann, Heft 1–36, Posen 1923–1939.

Deutsche Wissenschaftliche Zeitschrift im Wartheland, Hrsg. Alfred Lattermann, Heft 1–8, Posen 1940–1943.

Historische Monatsblätter für die Provinz Posen, Hrsg. Rodgero Prümers, Bd. 1–23, Posen 1900 bis 1923.

Jahrbuch Weichsel-Warthe, Hrsg. Landsmannschaft Weichsel-Warthe, Hannover 1955 ff.

Kulturwart – Beiträge zur deutsch-polnischen Nachbarschaft, Vierteljahresschrift, Hrsg. Landsmannschaft Weichsel-Warthe, Wiesbaden 1953 ff.

Posener Stimmen, Monatsschrift, Hrsg. Gemeinschaft Evangelischer Posener, Lüneburg 1953 ff.

Zeitschrift für Geschichte und Landeskunde der Provinz Posen, Hrsg. Christian Meyer, Bd. 1–3, Posen 1882–1884.

Zeitschrift der Historischen Gesellschaft für die Provinz Posen, Hrsg. H. Ehrenberg, von Bd. 3 an Rodgero Prümers, Bd. 1–30, Posen 1885–1918.

Zeitschrift für Ostforschung. Länder und Völker im östlichen Mitteleuropa, Marburg/L. 1952 ff., seit 1995 als Zeitschrift für Ostmitteleuropaforschung.

EPOCHENÜBERGREIFENDE DARSTELLUNGEN, HANDBÜCHER NACHSCHLAGEWERKE

Allen, W. E. D., The Ukraine – A History, Cambridge 1940.

Amman, A. M., Abriß der ostslawischen Kirchengeschichte, Wien 1950.

Arnold, S./Zychowski, M., Abriß der Geschichte Polens. Von den Anfängen des Staates bis in die neueste Zeit, Warszawa 1967.

Beter und Rebellen, Aus 1000 Jahren Judentum in Polen, Hrsg. M. Brocke, Frankfurt a. M. 1983.

Bielecki, F. u. a., Polen. Geschichte, Wirtschaft, Kultur, Warszawa 1966.

Bogucka M., Dzieje kultury polskiej do 1918 roku [Geschichte der polnischen Kultur bis 1918], Wrocław 1987.

Bogucka, M./Samsonowicz, H., Dzieje miast i mieszczaństwa w Polsce przedrozbiorowej [Geschichte der Städte und des Bürgertums in Polen vor den Teilungen], Wrocław/Warszawa/Kraków 1986.

Boockmann, Hartmut, Der deutsche Orden. Zwölf Kapitel aus seiner Geschichte, München 1981.

Borwicz, M., 1000 years of Jewish life in Poland, Paris 1955.

Brandys, M., Poland, New York 1974.

Buchhofer, Ekkehard, Polen. Raumstrukturen – Raumprobleme. Studienbücher Geographie, Hrsg. Adolf Karger u. Willi W.Pulsa, Frankfurt a. M. 1981.

The Cambridge History of Poland, Hrsg. W. F. Reddaway, J. H. Penson, H. Halecki u. R. Dyboski, Erster Band: Cambridge ²1950. Zweiter Band: 1948.

Carl, H., Kleine Geschichte Polens, Gütersloh [1963].

Castellan, G., »Dieu garde la Pologne«. Histoire du catholicisme polonais (1795–1980), Paris 1981.

Conze, Werner, Ostmitteleuropa – von der Spätantike bis zum 18. Jahrhnudert, Hrsg. K. Zernack, München 1992.

Davies, Norman, God's playground. A history of Poland, Zwei Bände, Oxford 1981.

Deutsche Ostforschung. Ergebnisse und Aufgaben seit dem ersten Weltkrieg, Hrsg. H. Aubin u. a., Zwei Bände, Leipzig 1942, 1943.

Die Deutschen und ihre östlichen Nachbarn. Ein Handbuch, Hrsg. Viktor Aschenbrenner, Ernst Birke, Walter Kuhn und Eugen Lemberg, Frankfurt a. M. 1967.

Dmochowski, Z., The Architecture of Poland. A Historical Survey, London 1956.

Dubnow, S., History of the Jews in Russia and Poland from the earliest times until the present day, Drei Bände, Philadelphia 1916–1920.

Dzieje Wielkopolski [Geschichte Großpolens], Band 1, bis 1793 (Hrsg. J. Topolski), Poznań 1969, Band 2 (Hrsg. W. Jakóbczyk), 1793–1918, Poznań 1973.

Forst-Battaglia, Otto, Zwischeneuropa von der Ostsee bis zur Adria. Erster Teil: Polen, Tschechoslowakei, Ungarn (mehr nicht erschienen), Frankfurt a. M. 1954.

Forster, K., L'ancienne Pologne (800–1796), Paris 1840.

Fuhrmann, R. W., Polen-Handbuch. Geschichte, Politik, Wirtschaft, Hannover 1990.

Gargas, S., Geschichte der Nationalökonomie im alten Polen, Berlin 1925.

Gastpary, Woldemar, Historia protestantyzmu w Polsce od połowy XVIII w. do pierwszej wojny światowej [Geschichte des Protestantismus in Polen von der Mitte des 18. Jh. bis zum Ersten Weltkrieg], Warszawa 1977.

Gieysztor, A., Herbst, S., Leśnodorski, B., Tausend Jahre Polen, Warszawa 1976.

Gumowski, M., Handbuch der polnischen Numismatik, Graz 1960.

Halecki, Oskar, Europa. Grenzen und Gliederung seiner Geschichte, Darmstadt 1957.

Halecki, Oskar, Geschichte Polens, Frankfurt a. M. 1963.

Halecki, Oskar, Grenzraum des Abendlandes. Eine Geschichte Ostmitteleuropas, Salzburg 1956.

Halecki, Oskar, Das Nationalitätenproblem im alten Polen, Krakau 1916.

Halecki, Oskar, La Pologne de 963 à 1914, Paris 1933.

Handbuch von Polen. Beiträge zu einer allgemeinen Landeskunde. Hrsg. Ernst Wunderlich, Warschau/Berlin 1917.

Hanisch, E., Die Geschichte Polens, Bonn/Leipzig 1923.

Hartmann, Karl, Polen, Nürnberg 1966.

Haumann, H., Geschichte der Ostjuden, München 1990.

Hellmann, Manfred, Daten der polnischen Geschichte, München 1985.

Hellmann, Manfred, Grundzüge der Geschichte Litauens und des litauischen Volkes, Darmstadt [4]1990.

Histoire de l'économie rurale en Pologne jusqu'à 1864, Hrsg. B. Baranowski, Wrocław 1966.

Historia Kościola w Polsce [Geschichte der Kirche in Polen], Hrsg. B. Kumor i Z. Obertyński, Poznań 1974.

Historia polityczna Polski 1864–1918 [Politische Geschichte Polens 1864–1918], Wrocław [4]1990.

History of Poland, Hrsg. A. Gieysztor, Warszawa [2]1979.

History of Poland, Hrsg. St. Kieniewicz, Warszawa 1968.

Hoensch, J. K., Geschichte Polens, Stuttgart [2]1990.

Horák, S., Poland's international affairs 1919–1960. A calendar of treaties, agreements, conventions, and other international acts, with annotations, references, and selections from documents and texts of treaties, Bloomington, Ind. 1964.

Hrushevsky, M., A History of the Ukraine, New Haven 1941.

Jablonowski, Horst, Polens Hauptstädte. Ihr Wechsel im Lauf der Geschichte, in: Jahrbuch für Geschichte des Deutschen Ostens 1, 1952, S. 293–308.

Jobert, A., Histoire de la Pologne, Paris [3]1974.

Jurgela, K. R., History of the Lithuanian Nation, New York 1948.

Kneifel, Eduard, Die evangelisch-augsburgischen Gemeinden in Polen 1555–1939, Vierkirchen 1971.

Kneifel, Eduard, Geschichte der Evangelisch-Augsburgischen Kirche in Polen. Niedermarschacht 1964

Konopczyński, W., Dzieje Polski nowożytnej [Geschichte des neuzeitlichen Polen], 2 Bände, Warszawa [3]1986.

Krejci, K., Geschichte der polnischen Literatur, Halle 1958.

Kridl, M., A Survey of Polish Literature and Culture, Den Haag 1956.

Krzyżanowski, A., Dzieje Polski [Geschichte Polens], Paris 1973.

Labuda, Gerard, Polska granica zachodnia. Tysiąc lat dziejów politycznych [Die polnische Westgrenze. Tausend Jahre politischer Geschichte], Poznań 1971.

Landau, Z., Tomaszewski, J., Wirtschaftsgeschichte Polens im 19. und 20. Jahrhundert, Berlin 1986.

Lane, D., Kolankiewicz, G., Social Groups in Polish Society, London 1973.

Langer, D., Grundzüge der polnischen Literaturgeschichte, Darmstadt 1975.

Lelewel, Joachim, Geschichte Polens, Leipzig 1847.

Lozinski, W., Polnisches Leben in vergangenen Zeiten, München 1917.

Ludat, Herbert, Deutsch-slawische Frühzeit und modernes polnisches Geschichtsbewußtsein, Ausgewählte Aufsätze, Köln/Wien 1969.

Ludat, Herbert, Die polnische Geschichtswissenschaft. Entwicklung und Bedeutung, in: Grenzmärkische Heimatblätter 15, 1939, S. 1–44 (Neudr. in: Slaven und Deutsche im Mittelalter. Ausgewählte Aufsätze. Köln/Wien 1982, S. 154–202)

Ludat, Herbert, Slaven und Deutsche im Mittelalter. Ausgewählte Aufsätze zu Fragen ihrer politischen, sozialen und kulturellen Beziehungen, Köln/Wien 1982

Małecki, J., Zarys dziejów Polski 1864–1939 [Abriß der Geschichte Polens 1864–1939], Kraków 1991.

Manthey, F., Polnische Kirchengeschichte, Hildesheim 1965.

Meyer, Enno, Grundzüge der Geschichte Polens, Darmstadt [3]1990.

Meyer, H. C., Mitteleuropa in German Thought and Action 1815–1945, The Hague 1955.

Milosz, Czesław, Geschichte der polnischen Literatur, Köln 1981.

Morawski, K., Histoire de l'Université de Cracovie, Zwei Bände, Paris 1900–1903.

Osteuropa-Handbuch, Polen, Hrsg. Werner Markert, Köln/Graz 1959.

Das östliche Mitteleuropa in Geschichte und Gegenwart, Wiesbaden 1966.

Pelesz, J., Geschichte der Union der ruthenischen Kirche mit Rom von der ältesten Zeit bis auf die Gegenwart, Zwei Bände, Wien 1880.

Piekarski, A., The Church in Poland. Facts, figures, information, Warszawa 1978.

Plat, Wolfgang, Deutsche und Polen. Aus der Geschichte der deutsch-polnischen Beziehungen, Köln 1980.

Pogonowski, I. C., Poland: A Historical Atlas, New York 1987.

Poland's Place in Europe, Hrsg. Zygmunt Wojciechowski, Poznań 1947.

Polen. Hrsg. E. Trzeciak u. J. Wańkowicz, Warszawa 1974.

Polish Law throughout the Ages, Hrsg. W. Wagner, Stanford/Cal. 1970.

Polnisches Theater, Zwei Bände, Hrsg. A. Wirth, Neuwied. 1967.

Polska. Losy państwa i narodu [Polen. Schicksal von Staat und Nation], Warszawa 1992.

Reczlerski, W., The Protestant Churches in Poland, London 1944.

Rhode, Arthur, Geschichte der Evangelischen Kirche im Posener Lande, Würzburg 1965.

Rhode, Gotthold, Brandenburg-Preußen und die Protestanten in Polen 1640–1740. Ein Jahrhundert preußischer Schutzpolitik für eine unterdrückte Minderheit, Leipzig 1941.

Rhode, Gotthold, Die Geschichte Ostmitteleuropas als ganzes und in seinen Teilen als Problem und Aufgabe, in: Probleme der Ostmitteleuropaforschung. Rückblicke und Ausblicke auf die Arbeiten v. J. G. Herder-Forschungsrat und J. G. Herder-Institut Marburg 1975, S. 35–43.

Rhode, Gotthold, Geschichte Polens. Ein Überblick, Darmstadt [3]1980.

Rhode, Gotthold, Geschichte der Stadt Posen, Neuendettelsau 1953.

Rhode, Gotthold, Die lutherische Reformation im östlichen Mitteleuropa, in: Jahrbuch für Berlin-Brandenburgische Kirchengeschichte, Sonderband 1984, S. 59–81.

Rhode, Gotthold, Die Ostgrenze Polens, I. Band, im Mittelalter bis zum Jahre 1401, Köln/Graz 1955.

Roepell, Richard und Jacob Caro, Geschichte Polens. Erster Band: Bis 1300, Hamburg 1840, Zweiter bis fünfter Band: Bis 1506, Gotha 1863–1888.

Rutkowski, J., Historia gospodarcza Polski [Wirtschaftsgeschichte Polens], Zwei Bände, Poznań ²1946, 1950.

Schmidt, E., Geschichte des Deutschtums im Lande Posen unter polnischer Herrschaft, Bromberg 1904.

Schneidegger, U., Industrialisierung und sozialer Wandel in Polen, Bern 1977.

The Social Structure of Eastern Europe. Transition and Process in. Czechoslovakia, Hungary, Poland, Romania and Yugoslavia, Hrsg. B. L. Faber, New York 1976.

Slocombe, G., A History of Poland, London 1939.

Stasiewski, B., Reformation und Gegenreformation in Polen. Neue Forschungsergebnisse, Münster 1960.

Stehle, Hansjacob, Nachbar Polen, Fankfurt a. M. 1963.

Stökl, Günther, Osteuropa und die Deutschen. Geschichte und Gegenwart einer spannungsreichen Nachbarschaft, Stuttgart ³1982.

Tazbir, Janusz, Szlachta i teologowie. Studia z dziejów polskiej kontrreformacji [Der Adel und die Theologen. Studien zur Geschichte der polnischen Gegenreformation], Warszawa 1987.

Thomas, W. I., Znaniecki, F., The polish peasant in Europe and America, Zwei Bände,New York ²1958.

Topolski, Jerzy, Die Geschichte Polens, Warszawa 1985.

Tymowski, M., Kieniewicz, J., Holzer, J., Historia Polski [Geschichte Polens], Paris 1986.

Vielrose, E., Die Bevölkerung Polens vom 10.–17. Jahrhundert, Magdeburg 1968.

Völker, Karl, Kirchengeschichte Polens, Berlin 1930.

Wöhlke, Wilhelm (Hrsg.), Länderbericht Polen, Bonn 1991.

Zamoyski, A., The Polish Way. A Thousand-year History of the Poles and their Culture, London 1987.

Zarys historii Polski [Abriß der Geschichte Polens], Hrsg. Janusz Tazbir, Warszawa 1980.

Zeissberg, H., Die polnische Geschichtsschreibung des Mittelalters. Leipzig 1873.

Zernack, Klaus, Osteuropa. Eine Einführung in seine Geschichte, München 1977.

Zernack, Klaus, Schwerpunkte und Entwicklungslinien der polnischen Geschichtswissenschaft nach 1945, in: Historische Zeitschrift, Sonderheft 5, 1973, S. 202–323.

Zóltowski, A., Border of Europe. A study of the Polish eastern provinces, London 1950.

LITERATUR ZU DEN DEUTSCH-POLNISCHEN BEZIEHUNGEN

Brackmann, Albert (Hrsg.), Deutschland und Polen. Beiträge zu ihren geschichtlichen Beziehungen. München/Berlin 1933.

Breyer, Richard, Nasarski, Peter, Piekalkiewicz, Janusz, Nachbarn seit tausend Jahren. Deutsche und Polen in Bildern und Dokumenten, Mainz 1976.

Broszat, Martin, 200 Jahre deutsche Polenpolitik, Frankfurt a. M. 1972.

Deutsche – Polen – Juden. Ihre Beziehungen von den Anfängen bis zum 20. Jahrhundert, Hrsg. Stefi Jersch-Wenzel, Berlin 1987.

Kobylińska, Ewa, Lawaty, Andreas, Stephan, Rüdiger (Hrsg.), Deutsche und Polen. 100 Schlüsselbegriffe, München/Zürich 1992.

Lipski, Jan Józef, Zwei Vaterländer – zwei Patriotismen. Bemerkungen zum nationalen Größenwahn und zur Xenophobie der Polen. Deutsche Ausgabe mit einer Einführung von Gotthold Rhode 1982.

Lück, Kurt, Deutsche Aufbaukräfte in der Entwicklung Polens. Forschungen zur deutsch-polnischen Nachbarschaft im ostmitteleuropäischen Raum (Ostdeutsche Forschungen, Hrsg. Viktor Kauder, Bd. 1), Plauen i. Vogtl. 1934.

Lück, Kurt, Der Mythos vom Deutschen in der polnischen Volksüberlieferung und Literatur. Forschungen zur deutsch-polnischen Nachbarschaft im ostmitteleuropäischen Raum, Leipzig ²1943.

Ludat, Herbert, Die Anfänge des polnischen Staates und das Verhältnis der Polen zu ihrer Geschichte, in: Geschichte in Wissenschaft und Unterricht 11 (1960), S. 581–599.

Ludat, Herbert, Polen und Deutschland. Wissenschaftliche Konferenz polnischer Historiker über die polnisch-deutschen Beziehungen in der Vergangenheit, Köln/Graz 1963.

Polacy i Niemcy. Z badań nad kształtowaniem heterostereotypów etnicznych [Polen und Deutsche. Untersuchungen zur Gestaltung ethnischer Heterostereotypen], Hrsg. Kazimierz Wajda, Toruń 1991.

Stanisław Stomma, Czy fatalizm wrogości? Refleksje o stosunkach polsko-niemieckich 1871–1933 [Fatalismus der Feindschaft? Reflexionen über die deutsch-polnischen Beziehungen], Kraków 1980.

Stepnik, Krzysztof, Antigermanismen in der historischen Belletristik des Königreichs Polen unter russischer Herrschaft (1908–1914), in : Deutsch-polnische Ansichten zur Literatur und Kultur, Darmstadt 1991, S. 57–84.

Stökl, Günther, Osteuropa und die Deutschen. Geschichte und Gegenwart einer spannungsreichen Nachbarschaft, Stuttgart 1985.

Swojskość i cudzoziemszczyżna w dziejach kultury polkiej [Eigenwesen und Fremdwelt in der Geschichte der polnischen Kultur], Hrsg. Zofia Stefanowska, Warszawa 1973.

Wippermann, Wolfgang, Der »deutsche Drang nach Osten«. Ideologie und Wirklichkeit eines politischen Schlagwortes, Darmstadt 1981.

Wrzesiński, Wojciech, Sąsiad. Czy wróg? Ze studiów nad kształtowaniem obrazu Niemca w Polsce w latach 1795–1939 [Der Nachbar. Ein Feind? Aus Studien zur Entwicklung des Deutschenbildes in Polen 1795–1939], Wrocław 1992.

Zernack, Klaus, Das Jahrtausend der deutsch-polnischen Beziehungsgeschichte als geschichtswissenschaftliches Problemfeld und Forschungsaufgabe, in: Grundfragen der geschichtlichen Beziehungen zwischen Deutschen, Polaben und Polen, Hrsg. W. H. Fritze u. Klaus Zernack, Berlin 1976, S. 3–48.

Zernack, Klaus, Preußen – Deutschland – Europa. Aufsätze zur Geschichte der deutsch-polnischen Beziehungen, Hrsg. Wolfram Fischer und Michael G. Müller, Berlin 1991.

LITERATUR ZUR DEUTSCHEN OSTSIEDLUNG

Deutsche und europäische Ostsiedlungsbewegung. Bericht über die wissenschaftliche Jahrestagung des J. G. Herder-Forschungsrates vom 7. bis 9. März 1963, Marburg 1964.

Die deutsche Ostsiedlung des Mittelalters als Problem der europäischen Geschichte, Hrsg. Walter Schlesinger, Sigmaringen 1975.

Dralle, Lothar, Die Deutschen in Ostmittel- und Osteuropa, Darmstadt 1991.

Halban, A., Zur Geschichte des Deutschen Rechtes in Podolien, Wolhynien und der Ukraine, Berlin 1896.

Higounet, Charles, Die deutsche Ostsiedlung im Mittelalter, Berlin 1986.

Horn, M., Wirtschaftliche Tätigkeit der polnischen Juden im Mittelalter unter Berücksichtigung des Siedlungswesen, in: Deutsche – Polen – Juden. Ihre Beziehungen von den Anfängen bis zum 20. Jahrhundert, Hrsg. Stefi Jersch-Wenzel, Berlin 1987, S. 49–64.

Hüttig, Friedrich-Karl, Die pfälzische Auswanderung nach Ost-Mitteleuropa, Marburg 1958.

Karczmarczyk, Z., Kolonizacja niemiecka na wschod od Odry [Die deutsche Kolonisation östlich der Oder], Poznań 1945.

Karp, Hans Jürgen, Grenzen in Ostmitteleuropa während des Mittelalters. Ein Beitrag zur Entstehungsgeschichte der Grenzlinie aus dem Grenzsaum, Köln/Wien 1972.

Koebner, R., Deutsches Recht und deutsche Kolonisation in den Piastenlandern, in: Vierteljahresschrift für Sozial- und Wirtschaftsgeschichte XXV, 1932, S. 313–352.

Kötzschke, R., Ebert, W., Geschichte der Ostdeutschen Kolonisation, Leipzig 1937.

Kossmann, Oskar Eugen, Deutsche mitten in Polen, Unsere Vorfahren am Webstuhl der Geschichte, Berlin/Bonn 1985.

Kossmann, Oskar Eugen, Die Deutschen in Polen seit der Reformation. Historisch-geographische Skizzen. Siedlung, Sozialstruktur, Wirtschaft, Marburg 1978.

Kossmann, Oskar Eugen, Lodz – eine historisch-geographische Analyse, Würzburg 1966.

Kuhn, Walter, Die deutschrechtlichen Städte in Schlesien und Polen in der ersten Hälfte des 13. Jahrhunderts, Marburg 1968.

Kuhn, Walter, Geschichte der deutschen Ostsiedlung in der Neuzeit, 2 Bde, Köln/Graz 1957.

Kuhn, Walter, Vergleichende Untersuchungen zur mittelalterlichen Ostsiedlung, Köln/Wien 1973.

Maas, Walther, Siedlungen an Obra, Bartsch, Prosna und Oberer Warthe, im Leslauer und Tschenstochauer Land sowie in den Kreisen Bromberg und Wirsitz. Historische und sozialgeographische Studien, Bd. 1–2, Marburg/L. 1978.

Maas, Walther, Siedlungen zwischen Warthe und Netze. Historische und sozialgeographische Studien, Marburg/L. 1976.

Rhode, Gotthold (Hrsg.), Geschichte der Stadt Posen, Neuendettelsau 1953.

Rhode, Gotthold, Die Ostbewegungen des deutschen, polnischen und russischen Volkes im Mittelalter – Versuch eines Vergleichs, in: Europa Slavica – Europa Orientalis, Festschrift Herbert Ludat, Hrsg. K. D. Grothusen u. K. Zernack, Berlin 1980, S. 178–204.

Rhode, Gotthold, Das Siedlungswerk Friedrichs des Großen und die Deutschen aus Polen, in: Deutsche Wissenschaftliche Zeitschrift für Polen 1939, H. 36.

Schich, W., Zum Problem der Juden in der frühen deutschrechtlichen Stadt, in: Deutsche – Polen – Juden. Ihre Beziehungen von den Anfängen bis zum 20. Jahrhundert, Hrsg. Stefi Jersch-Wenzel, Berlin 1987, S. 65–101.

Schlesien und Pommern in den deutsch-polnischen Beziehungen im Mittelalter. XII. Deutsch-polnische Schulbuchkonferenz der Historiker in Allenstein 1979, Braunschweig 1980.

Schlesinger, Walter (Hrsg.), Die deutsche Ostsiedlung des Mittelalters als Problem der europäischen Geschichte. Reichenau-Vorträge 1970–72, Sigmaringen 1975.

Schmidt, Erich, Geschichte des Deutschtums im Lande Posen unter polnischer Herrschaft, Bromberg 1904.

Schmitz, Hans Jakob, Geschichte des Netze-Warthelandes, insbesondere der Grenzmark Posen-Westpreußen, Leipzig 1941.

Schubart-Fikentscher, Gertrud, Die Verbreitung der deutschen Stadtrechte in Osteuropa, Weimar 1942.

Studien zur Geschichte des sächsisch-magdeburgischen Rechts in Deutschland und Polen, Hrsg. D. Willoweit u. W. Schich, Frankfurt a. M. 1980.

Tyc, Teodor, Die Anfänge der dörflichen Siedlung zu deutschem Recht in Großpolen 1200–1333, Breslau 1930.

Zernack, Klaus, Der hochmittelalterliche Landesausbau als Problem der Entwicklung Ostmitteleuropas, in: Zernack, K., Preußen – Deutschland – Polen, Aufsätze zur Geschichte der deutsch- polnischen Beziehungen, Berlin 1991, S. 185–202.

Zientara, Benedykt, Zur Geschichte der planmäßigen Organisierung des Marktes im Mittelalter, in: Festschrift W. Abel, Zweiter Band, Köln/Wien 1974.

Zientara, Benedykt, Żródła i geneza »prawa niemieckiego« (ius Theutonicum) na tle ruchu osadniczego w Europie zachodniej i środkowej w XI–XII w. [Ursprung und Genese des »deutschen Rechts« vor dem Hintergrund der Siedlungsbewegung in West- und Mitteleuropa im 11.–12. Jh.], in: Przegląd Historyczny 69 (1978) S. 47–74.

LITERATUR ZU POLEN VOM MITTELALTER BIS ZU DEN POLNISCHEN TEILUNGEN

Das piastische Polen

Aspekte der Nationenbildung im Mittelalter. Ergebnisse der Marburger Rundgespräche 1972–1975, Hrsg. H. Beumann u. W. Schröder (= Nationes, Historische und philologische Untersuchungen der europäischen Nationen im Mittelalter, Erster Band), Sigmaringen 1978.

Caro, Jacob, Geschichte Polens. Zweiter Teil, Gotha 1863 (Hier: Erstes Buch, S. 1–172).

Corona Regni. Studien über die Krone als Symbol des Staates im späten Mittelalter, Hrsg. Manfred Hellmann, Darmstadt 1961.

Dowiat, Jerzy, Polska państwem średniowiecznej Europy [Polen als Staat im mittelalterlichen Europa], Warszawa 1968.

L'Europe aux IXe–XIe siècles. Aux origines des Etats nationaux, Hrsg. T. Manteuffel u. A. Gieysztor, Varsovie 1968.

Fritze, W. H., Frühzeit zwischen Ostsee und Donau. Ausgewählte Beiträge zum geschichtlichen Werden im östlichen Mitteleuropa vom 6. bis zum 13. Jahrhundert, Hrsg. L. Kuchenbuch u. W. Schich, Berlin 1982 (= Germania Slavica III).

Gieysztor, Aleksander, La Pologne et l'Europe au Moyen Age, Warszawa 1968.

Grabski, A. F., Bolesław Chrobry, Warszawa ^{2}1966.

Graus, Frantisek, Die Entstehung der mittelalterlichen Staaten in Mitteleuropa, in: Historica 10 (1965) S. 5–65.

Graus, Frantisek, Die Nationsbildung der Westslaven im Mittelalter, Sigmaringen 1980 (= Nationes, Dritter Band).

Gronowicz, A., The Piasts of Poland, New York 1945.

Heidenmission und Kreuzzugsgedanke in der deutschen Ostpolitik des Mittelalters, Hrsg. H. Beumann, Darmstadt 1963.

Hellmann, Manfred, Neue Kräfte in Osteuropa, in: Handbuch der Europäischen Geschichte, Hrsg. Theodor Schieder, Erster Band, Stuttgart 1976, S. 357–370.

Hellmann, Manfred, Die politisch-kirchliche Grundlegung der Osthälfte Europas, in: Handbuch der Europäischen Geschichte, Hrsg. Theodor Schieder, Erster Band, Stuttgart 1976, S. 857–938.

Hellmann, Manfred, Wandlungen im staatlichen Leben Altrußlands und Polens während des 12. Jahrhunderts, in: Probleme des 12. Jahrhunderts (Forschungen und Vorträge 12), Stuttgart 1968, S. 273 bis 289.

Hensel, Witold, Die Anfänge des polnischen Staates, Warschau 1960.

Hensel, Witold, La naissance de la Pologne, Wrocław 1966.

Herrmann, J., Wikinger und Slawen. Zur Frühgeschichte der Ostseevölker, Berlin 1981.

Kazimierz Wielki [Kasimir der Große], Wrocław 1982.

Knoll, P., The Rise of the Polish Monarchy: Piast Poland in the East Central Europe, 1320–1370. Chicago 1972.

Kossmann, Oskar E., Polen im Mittelalter. Beiträge zur Sozial- und Verfassungsgeschichte, Marburg 1971.

Kostrzewski, J., Les origines de la civilisation polonaise. Préhistoire – protohistoire, Paris 1949.

Labuda, Gerard, Mieszko II, król Polski [Mieszko II. König von Polen], Poznań 1993.

Ludat, Herbert, Die ältesten geschichtlichen Grundlagen für das deutsch-slavische Verhältnis, in: Das östliche Deutschland. Ein Handbuch, Hrsg. Göttinger Arbeitskreis, Würzburg 1959, S. 127–163. Neudruck in: Ludat, Herbert, Deutschslavische Frühneuzeit und modernes polnisches Geschichtsbewußtsein, Ausgewählte Aufsätze, Köln/Wien 1969.

Ludat, Herbert, An Elbe und Oder um das Jahr 1000. Skizzen zur Politik des Ottonenreiches und der slavischen Mächte in Mitteleuropa, Köln/Weimar/Wien ^{2}1995.

Ludat, Herbert, Bistum Lebus, Weimar 1940.

Machnik, J., Frühbronzezeit Polens. Übersicht über die Kulturen. und Kulturgruppen, Wrocław 1977.

Maschke, Erich, Das Erwachen des Nationalgefühls im deutsch-slawischen Grenzsaum, Leipzig 1933.

Modzelewski, K.,Organizacja gospodarcza państwa piastowskiego. X–XIII wiek [Die wirtschaftliche Organisation des Piastenstaates. 10.–13. Jh.], Wrocław 1975.

Petersohn, Jürgen, Der südliche Ostseeraum im kirchlich-politischen Kräftespiel des Reiches, Polens und Dänemarks vom 10.–13. Jahrhundert, Köln/Wien 1979.

Polska pierwszych Piastów [Das Polen der ersten Piasten], Hrsg. T. Manteuffel, Warszawa 1974.

Rhode, Gotthold, Die Ostgrenze Polens. Politische Entwicklung, kulturelle Bedeutung und geistige Auswirkung, Band I: im Mittelalter bis zum Jahre 1401, Köln/Graz 1955 (Hier Kapitel 1: Von der Entstehung des polnischen Staates bis zur Reichsteilung, S. 23–849).

Roepell, Richard, Geschichte Polens, Erster Teil, Hamburg 1840.

Schmid, H. F., Die rechtlichen Grundlagen der Pfarrorganisation auf westslavischem Boden und ihre Entwicklung während des Mittelalters, Weimar 1938.

Smolka, S., Mieszko Stary i jego wiek [Mieszko der Alte und seine Zeit], Warszawa 1981.

Stasiewski, Bernhard, Kirchengeschichtliche Beiträge zur Entwicklung des deutsch-polnischen Grenzsaumes im Hochmittelalter, in: Forschungen zur Osteuropäischen Geschichte 2, 1955, S. 7–138.

Stökl, Günther, Das Fürstentum Galizien-Wolhynien, in: Handbuch der Geschichte Rußlands 1, Bd. I, S. 484–533.

Szczur, S., Traktaty międzypaństwowe Polski piastowskiej [Internationale Verträge des piastischen Polen], Kraków 1990.

Vána, Z., Einführung in die Frühgeschichte der Slawen, Neumünster 1970.

Waldmüller, L., Die ersten Begegnungen der Slaven mit dem Christentum und den christlichen Völkern vom VI. bis VII. Jahrhundert. Die Slaven zwischen Byzanz und Abendland, Amsterdam 1976.

Warnke, Charlotte, Die Anfänge des Fernhandels in Polen, Würzburg 1964.

Wenskus, Reinhard, Stammesbildung und Verfassung. Das Werden der frühmittelalterlichen gentes, Köln/Wien ²1977.

Wislanski, T., The Neolithic in Poland, Wrocław 1970.

Wojciechowski, Zygmunt, Das Ritterrecht in Polen von den Statuten Kasimirs des Großen, Breslau 1930.

Zagiba, F., Das Geistesleben der Slaven im frühen Mittelalter, Wien/Köln/Graz 1971.

Zernack, Klaus, Die burgstädtischen Volksversammlungen bei den Ost-. und Westslaven. Studien zur verfassungsgeschichtlichen Bedeutung der Vece, Wiesbaden 1967.

Zientara, Benedykt, Henryk Brodaty i jego czasy [Heinrich der Bärtige und seine Zeit], Warszawa 1975.

Zientara, Benedykt, Nationale Strukturen des Mittelalters. Ein Versuch zur Kritik der Terminologie des Nationsbewußtseins unter besonderer Berücksichtigung osteuropäischer Literatur, in: Saeculum 32, 1981, S. 301–316.

Die polnisch-litauische Union unter den Jagiellonen

Aviszonis, K., Die Entstehung und Entwicklung des litauischen Adels bis zur litauisch-polnischen Union 1385, Berlin 1932.

Backus, O. P., Die Rechtsstellung der litauischen Bojaren 1387–1506, in: Jahrbücher für Geschichte Osteuropas (JbbGOE) Neue Folge 6, 1958, S. 1–32.

Bogucka, Maria, Bona Sforza, Warszawa 1989.

Brückner, Alexander, Dzieje kultury polskiej, t. I: Od czasów-przedhistorycznych do r. 1506 [Geschichte der polnischen Kultur, Bd. 1, Von der Vorzeit bis 1506], Warszawa 1991 (Reprint).

Caro, Jacob, Geschichte Polens, Zweiter Teil (Zweites Buch) – Fünfter Teil (1333–1506), Gotha 1869–1888.

Conze, Werner, Agrarverfassung und Bevölkerung in Litauen und Weißrußland, Erster Teil: Die Hufenverfassung im ehemaligen Großfürstentum Litauen, Leipzig 1940.

Cynarski, S., Zygmunt August, Wrocław 1988.

Donnert, E., Der livländische Ordensritterstaat und Rußland. Der livländische Krieg und die baltische Frage in der europäischen Politik 1558–1583, Berlin 1963.

Fałkowski W., Elita władzy w Polsce za panowania Kazimierza Jagiellończyka [Die herrschende Elite in Polen unter Kasimir Jagiellończyk], Warszawa 1992.

Halecki, Oskar, The crusade of Varna. A discussion of controversial problems, New York 1943.

Hellmann, Manfred, Das Großfürstentum Litauen bis 1569, in: Handbuch der Geschichte Rußlands, Erster Band, II, Stuttgart 1988, S. 718–849.

Historia dyplomacji polskiej, Bd. I: Połowa XV w. – 1572 [Geschichte der polnischen Diplomatie, Bd. 1: Mitte 15. Jh. bis 1572], Hrsg. Marian Biskup, Warszawa 1980.

Jablonowski, Horst, Westrußland zwischen Wilna und Moskau. Die politische Stellung und die politischen Tendenzen der russischen Bevölkerung des Großfürstentums Litauen im 15. Jahrhundert, Leiden 1955.

Jezuici a kultura polska [Die Jesuiten und die polnische Kultur], Hrsg. L. Grzebień u. S. Obirk, Kraków 1993.

Kazimierz Jagiellończyk i jego czasy [Kasimir Jagiellończyk und seine Zeit], Warszawa ²1986.

Kot, S., Polska Złotego Wieku a Europa. Studia i szkice [Das Polen des Goldenen Zeitalters und Europa. Studien und Skizzen], Warszawa 1987.

Krzyżaniakowa, J., Ochmański, J., Wladyslaw Jagiello, Poznań 1986.

Ludwig, M., Besteuerung und Verpfändung königlicher Städte im spätmittelalterlichen Polen, Berlin 1984.

Ludwig, M., Tendenzen und Erträge der modernen polnischen Spätmittelalterforschung unter besonderer Berücksichtigung der Stadtgeschichte, Berlin 1983.

Pfitzner, J., Großfürst Witold von Litauen als Staatsmann, Brünn 1930.

Reformation und Frühaufklärung in Polen, Hrsg. Paul Wrzecionko, Göttingen 1977.

Rhode, Gotthold, Polen-Litauen vom Ende der Verbindung mit Ungarn bis zum Ende der Vasas (1444–1669), in: Handbuch der Europäischen Geschichte, Hrsg. Theodor Schieder, Dritter Band, Stuttgart 1971, S. 1008–1061.

Rhode, Gotthold, Staatenunion und Adelsstaat. Zur Entwicklung von Staatsdenken und Staatsgestaltung in Osteuropa, vor allem in Polen und Litauen im 16. Jahrhundert, in: Zeitschrift für Ostforschung 9, 1960, S. 185–215.

Russocki, St., Structures politiques dans l'Europe des Jagellons, in: Acta Poloniae Historica (APH) 39, 1979, S. 101–142.

Samsonowicz, H., War das jagiellonische Ostmitteleuropa eine Wirtschaftseinheit?, in: Acta Poloniae Historica (APH) 41, 1980, S. 85–97.

Schramm, Gottfried, Der polnische Adel und die Reformation 1548–1607, Wiesbaden 1965.

Tazbir, Janusz, Geschichte der polnischen Toleranz, Warszawa 1977.

Tazbir, Janusz, Reformacja w Polsce. Szkice o ludziach i doktrynie [Die Reformation in Polen. Skizzen von Menschen und Doktrinen], Warszawa 1993.

Tiberg, E., Zur Vorgeschichte des Livländischen Krieges. Die Beziehungen zwischen Moskau und Litauen 1549–1562, Uppsala 1984.

Völker, Karl, Die Kirchenpolitik der Jagiellonen, in: Zeitschrift für Kirchengeschichte 47, 1928, S. 357–368.

Wojciechowski, Zygmunt, Zygmunt Stary (1506–1548) [Sigismund der Alte 1506–1548], Warszawa ²1979.

Wyczański, A., Polska Rzeczą Pospolitą szlachecką [Die Adelsrepublik Polen], Warszawa ²1991.

Wyrozumski J., Dzieje Krakowa na schyłku wieków średnich [Geschichte Krakaus an der Wende des Mittelalters], Kraków 1992.

Zivier, E., Neuere Geschichte Polens. Erster Band: 1506–1572, Gotha 1915 (mehr nicht erschienen).

Die Adelsdemokratie der Wahlkönigszeit

Angermann, Norbert, Studien zur Livlandpolitik Ivan Groznyjs, Marburg 1972.

Attmann, A., The struggle for the Baltic markets. Powers in conflict 1558–1618, Göteborg 1979.

Bär, Max, Die Bamberger bei Posen, in: Zeitschrift für Geschichte und Landeskunde der Provinz Posen 1 (1882), Heft 7.

Basala, J., Stefan Batory, Warszawa 1972.

Bogucka, Maria, Nationale Strukturen in den polnischen Städten im 17. Jahrhundert, in: Die alte Stadt 14, 1987, S. 240–253.

Brückner, Alexander, Dzieje kultury polskiej, t. II: Polska u szczytów potęgi [Geschichte der polnischen Kultur, Band II, Polen auf der Höhe seiner Macht], Warszawa 1991 (Reprint).

Cegielski, T., Das Alte Reich und die Erste Teilung Polens 1768–1774, Stuttgart, Warszawa 1988.

Czaplinski, W., Polish Sejm in the light of recent research, in: Acta Poloniae Historica (APH) XII, 1970, S. 180–192.

Dworaczek, W., Szlichtingowie w Polsce. Szkic genealogiczno-historyczny [Die Schlichtings. Eine genealogisch-historische Skizze], Warszawa 1938.

Fabre, J., Stanislas Auguste Poniatowski et l'Europe des lumières, Paris 1952.

Die gelehrte Welt des 17. Jahrhunderts über Polen, Hrsg. A. Szarota, Wien 1972.

Goldberg, J., Poles and Jews in the 17th and 18th centuries. Rejection or acceptance, in: Jahrbücher für Geschichte Osteuropas, Neue Folge 22, 1974, S. 248–282.

Halecki, Oskar, From Florence to Brest, Rom 1958.

Hannover, N. N., Jawen Mezula, Schilderung des polnisch-kosakischen Krieges und der Leiden der Juden in Polen während der Jahre 1648–1653. Bericht eines Zeitgenossen. Nach einer von Joachim Lelewel durchgesehenen französischen Übersetzung von J. J. Benjamin II, Hannover 1863.

Hoensch, J. K., Sozialverfassung und politische Reform. Polen im vorrevolutionären Zeitalter, Köln/Wien 1973.

Kalinka, W., Der Vierjährige Polnische Reichstag 1788–1791, Berlin 1886–1889.

Karpowicz, M., Barok w Polsce [Barock in Polen], Warszawa 1988.

Kirchner, W., The Rise of the Baltic Question, Baltimore 1954.

Konopczynski, W., Le liberum veto, Paris 1930.

Kossmann, Oskar E., Die Anfänge des Deutschtums im Litzmannstädter. Raum. Hauländer- und Schwabensiedlung im östlichen Wartheland, Leipzig 1942.

Kossmann, Oskar, Die Deutschen in Polen seit der Reformation. Historisch-geographische Skizzen. Siedlung, Sozialstruktur, Wirtschaft, Marburg/L. 1978.

Kuchowicz, Z., Człowiek polskiego baroku [Der Mensch des polnischen Barocks], Łódź 1992.

Lewitter, L. R., Russia, Poland and the Baltic 1697–1721, in: The Historical Journal 11, 1968, S. 3–34.

Lukawski, J., Liberty's folly. The Polish-Lithuanian Commonwealth in the eighteenth century, London, New York 1991.

Miłobędzki, J. A., Zarys dziejów architektury w Polsce [Abriß der Geschichte der Architektur in Polen], Warszawa 1968.

Müller, Michael G., Polen zwischen Preußen und Rußland. Souveränitätskrise und Reformpolitik 1736–1752, Berlin 1983.

Müller, Michael G., Die Teilungen Polens 1772, 1793, 1795. München 1984.

Polen und Deutschland im Zeitalter der Aufklärung. Reformen im. Bereich des politischen Lebens, der Verfassung und der Bildung, XIII. deutsch-polnische Schulbuchkonferenz der Historiker vom 27. Mai bis 1. Juni 1980 in Münster/W., Braunschweig 1981.

Polen und die Polnische Frage in der Geschichte der Hohenzollernmonarchie 1701–1871. Referate einer deutsch-polnischen Historiker-Tagung vom 7. bis 10. November 1979 in Berlin-Nikolassee, Hrsg. K. Zernack, Berlin 1982.

The polish parliament at the summit of its development (16th–17th. centuries), Hrsg. W. Czapliński, Wrocław u. a. 1985.

Polska XVII wieku. Państwo, społeczęnstwo, kultura [Polen im 17. Jahrhundert. Staat, Gesellschaft, Kultur]. Hrsg. J. Tazbir, Warszawa ^{3}1977.

Rauch, Georg v., Moskau und die europäischen Mächte des 17. Jahrhunderts, in: Historische Zeitschrift 1178, 1964, S. 25–46.

A Republic of Nobles. Studies in Polish History to 1864. Hrsg. J. K. Fedorowicz, M. Bogucka u. H. Samsonowicz, London u. a. 1982.

Rhode, Gotthold, Stände und Königtum in Polen/Litauen und. Böhmen/Mähren, Bemerkungen zur Entwicklung ihres Verhältnisses vom 16. bis zum 18. Jahrhundert, in: Jahrbücher für Geschichte Osteuropas (JbbGOE) NF 12 (1964), S. 221–246.

Roepell, Richard, Polen um die Mitte des 18. Jahrhunderts, Gotha 1876.

Roos, Hans, Der Adel der Polnischen Republik im vorrevolutionären Europa, in: Der Adel vor der Revolution, Göttingen 1971, S. 41–70.

Roos, Hans, Polen von 1668–1795, in: Handbuch der Europäischen Geschichte, Hrsg. Theodor Schieder, Vierter Band: Stuttgart 1968, S. 692–752.

Rusiński, W., Osady tzw. »olędrow« w dawnym województwie poznańskim [Die Siedlungen der sogenannten »Holländer« in der alten Wojewodschaft Posen], Kraków ^{2}1947.

Schichtung und Entwicklung der Gesellschaft in Deutschland und Polen im 16. und 17. Jahrhundert, Hrsg. M. Biskup u. K. Zernack, Wiesbaden 1983.

Schulz, J. Chr. F., Reise nach Warschau. Ein Bericht aus den Jahren 1791–1793, Hrsg. K. Zernack, Frankfurt a. M. 1982.

Staszewski, J., O miejsce w Europie. Stosunki Polski i Saksonii z Francją na przełomie XVII–XVIII w. [Um den Platz in Europa. Die Beziehungen Polens zu Sachsen und Frankreich um die Wende des 17.–18. Jahrhunderts], Warszawa 1973.

Stökl, Günther, Die Entstehung des Kosakentums, München 1953.

Stoye, J., Wien 1683 oder Die Rettung des Abendlandes, Wien/Düsseldorf 1967.

Tazbir, Janusz, Kultura szlachecka w Polsce. Rozkwit – upadek – relikty [Die Adelskultur in Polen. Blüte – Fall – Relikte], Warszawa ³1983.

Tazbir, Janusz, Państwo bez stosów. Szkice z dziejów tolerancji w Polsce XVI–XVII w. [Der Staat ohne Scheiterhaufen. Skizzen zur Geschichte der Toleranz in Polen vom 16.–17. Jahrhundert], Warszawa 1967.

Tazbir, Janusz, Die Reformation in Polen und das Judentum, in: Jahrbücher für Geschichte Osteuropas, Neue Folge 31, 1983, S. 386–400.

Tazbir, Janusz, Rzeczpospolita i świat. Studia z dziejów kultury XVII wieku [Die Republik und die Welt. Studien zur Kulturgeschichte des 17. Jahrhunderts], Wrocław u. a. 1971.

Topolski, Jerzy, Faktoren der Entstehung eines internationalen Jahrmarktnetzes in Polen im 16. und 17. Jahrhundert, in: Studia Historiae Oeconomicae V, 1970, S. 101–116.

Um die polnische Krone. Sachsen und Polen während des nordischen Krieges 1700–1721. Hrsg. J. Kalisch u. J. Gienowski, Berlin 1962.

Zajaczkowski, A, Hauptelemente der Adelskultur in Polen, Marburg 1967.

Zernack, Klaus, Die Expansion des Moskauer Reichs nach Westen, Süden und Osten 1648–1689, in: Handbuch der Geschichte Rußlands 2, I, S. 123–152.

Zernack, Klaus, Negative Polenpolitik als Grundlage deutsch-russischer Diplomatie des 18. Jahrhunderts, in: Rußland und Deutschland. Festschrift für G. v. Rauch. Hrsg. K. Liszkowski, Stuttgart 1974, S. 144–159 (abgedruckt in: Zernack, Klaus, Preußen, Deutschland, Polen. Aufsätze zur Geschichte der deutsch-polnischen Beziehungen, Hrsg. W. Fischer u. M. G. Müller, Berlin 1991, S. 225–242).

Zernack, Klaus, Preußen, Frankreich, Polen, Revolution und Teilung, in: Preußen und die revolutionäre Herausforderung seit 1789, Hrsg. O. Büsch u. M. Neugebauer-Wölk, Berlin/New York 1991, S. 21–40.

LITERATUR ZUM GETEILTEN POLEN

Allgemein

Anderson, M. S., The Eastern Question 1774–1923. A Study in International Relations, London 1966.

Bozzolto, G., Polonia e Russia alla fine del XVIII secolo – Scipione Piatoli: Un aventuriero onorato, Padua 1964.

Chlebowczyk, J., Procesy narodowotwórcze we wschodniej Europie Środkowej w dobie kapitalizmu (od schylku XVIII do początków XX w.) [Nationsbildende Prozesse im östlichen Mitteleuropa in der Epoche des Kapitalismus (von der Wende des 18. bis zum Anfang des 20. Jahrhunderts], Warszawa 1975.

Chowaniec, C., La question polonaise 1796–1921. (Historique, facteurs, problèmes), Milano 1968.

Die deutsche Polenfreundschaft in den dreißiger Jahren des 19. Jahrhunderts, Leipzig 1991.

Deutsche Polenliteratur, Hrsg. Gerard Koziełek, Wrocław 1991.

Die deutsch-polnischen Beziehungen zur Zeit des Hambacher Festes, zusammengestellt von Joachim Kermann, Speyer 1981.

Feldman, Wilhelm, Geschichte der politischen Ideen in Polen seit dessen Teilungen (1795–1914), München/Berlin 1917.

Frankel, H., Poland. The Struggle for Power 1772–1939, London 1946.

Garlicki, A., Józef Pilsudski 1867–1935, Warszawa ³1990.

Grochulska, B., Księstwo Warszawskie [Das Herzogtum Warschau], Warszawa 1966.

Groniowski, K., Uwłaszczenie chłopów w Polsce. Geneza, realizacja, skutki [Die Bauernbefreiung in Polen. Genese, Realisierung, Folgen], Warszawa 1976.

Hahn, Hans Henning, Außenpolitik in der Emigration. Die Exildiplomatie Adam Jerzy Czartoryskis 1830–1840, München/Wien 1978.

Handelsmann, Marceli, Les idées françaises et la mentalité politique de la Pologne au XIXᵉ siècle, Paris 1927.

Handelsman, M., Napoléon et la Pologne 1806–1807. Paris 1909.

Haustein, Ulrich, Sozialismus und nationale Frage in Polen, Köln 1969.

Hensel, J., Polnische Adelsnation und jüdischer Vermittler 1815–1830. Über den vergeblichen Versuch einer Judenemanzipation in einer noch nicht emanzipierten Gesellschaft, in: Forschungen zur osteuropäischen Geschichte 32, 1983, S. 7–227.

The History of Poland since 1863. Hrsg. R. F. Leslie, Cambridge 1980.

Juden in Ostmitteleuropa von der Emanzipation bis zum Ersten Weltkrieg, Hrsg. Gotthold Rhode, Marburg/L. 1989.

Jużwenko, G., Wrzesiński, Wojciech, Modernisierung und Neugestaltung des polnischen nationalen Lebens im russischen und preußischen Teilungsgebiet im 19. und zu Beginn des 20. Jahrhunderts, in: Modernisierung und nationale Gesellschaft im ausgehenden 18. und im 19. Jahrhundert, Hrsg. Werner Conze u. a., Berlin 1979, S. 125–146.

Kalembka, S., Wielka Emigracja. Polskie wychodzstwo polityczne w latach 1831–1862 [Die Große Emigration. Das polnische politische Exil 1831–1862], Warszawa 1971.

Kieniewicz, Stefan, Dramat trzeźwych entuzjastów. O ludziach pracy organicznej [Das Drama der nüchternen Enthusiasten. Von den Menschen der organischen Arbeit], Warszawa 1964.

Kieniewicz, Stefan, The Emancipation of the Polish Peasantry. Chicago. 1969

Kieniewicz, Stefan, Historia Polski 1795–1918 [Geschichte Polens 1795–1918], Warszawa 1987.

Kieniewicz, Stefan, Społeczęństwo polskie w powstaniu poznańskim 1848 r. [Die polnische Gesellschaft beim Posener Aufstand 1848], Warszawa [3]1960.

Kizwalter, T., Kryzys Oświecenia a początki konserwatyzmu polskiego [Die Krise der Aufklärung und die Anfänge des polnischen Konservatismus], Warszawa 1987.

Kukiel, Marian, Czartoryski and European Unity 1770–1861, Princeton 1955.

Kula W., Historia, zacofanie, rozwój [Geschichte, Rückschrittlichkeit, Entwicklung], Warszawa 1983.

Lemberg, Hans, Polnische Konzeptionen für ein neues Polen in der Zeit vor 1918, in: Staatsgründungen und Nationalitätenprinzip, Wien 1974.

Lepkowski, T., La formation de la nation polonaise moderne dans les conditions d'un pays démembré, in: Acta Poloniae Historica 19, 1968, S. 37–48.

Łepkowski, T., Polska – narodziny nowoczesnego narodu 1764–1870 [Polen – Die Entstehung einer modernen Nation 1764–1870], Warszawa 1967.

Ludwikowski R. R., Główne nurty polskiej myśli politycznej 1815–1890 [Hauptströmungen der polnischen politischen Ideen 1815–1890], Warszawa 1982.

Manteuffel-Szoege, Georg, Geschichte des polnischen Volkes während seiner Unfreiheit 1772–1914, Berlin 1950.

Marx, Karl, Manuskripte über die Polnische Frage 1863–1864, Hrsg. Werner Conze u. D. Hertz-Eichenrode, Den Haag 1961.

Michalski, J., Polen und Preußen in der Epoche der Teilungen, in: Polen und die polnische Frage in der Geschichte der Hohenzollernmonarchie 1701–1871, Berlin 1981, S. 35–52.

Między Polską etniczną a historyczną [Zwischen einem ethnischen und einem historischen Polen], Hrsg. Wojciech Wrzesiński, Wrocław 1988.

Müller, M. G., Deutsche und polnische Nation im Vormärz, in: Jahrbuch für die Geschichte Mittel- und Ostdeutschlands 30, 1981, S. 69–95.

Pachoński J., Legiony polskie. Prawda i legenda 1794–1807 [Die polnischen Legionen. Wahrheit und Legende 1794–1807], 4 Bände, Warszawa 1969–1979.

Der polnische Januaraufstand in der zeitgenössischen deutschen Literatur und Historiographie, Hrsg. Marek Jaroszewski, Warszawa 1992.

Polska XIX wieku. Państwo, społeczęństwo, kultura [Polen im 19. Jahrhundert. Staat, Gesellschaft, Kultur], Hrsg. Stefan Kieniewicz, Warszawa [2]1982.

Rhode, Gotthold, Polen und die polnische Frage von den Teilungen bis zur Gründung des Deutschen Reiches, in: Handbuch der Europäischen Geschichte, Hrsg. Theodor Schieder, Fünfter Band, Stuttgart 1981, S. 677–745.

Roos, Hans, Die polnische Nationsgesellschaft und die Staatsgewalt der Teilungsmächte in der europäischen Geschichte (1795–1863), in: Jahrbücher für Geschichte Osteuropas, Neue Folge 14, 1966, S. 388–399.

Skarga, B., Narodziny pozytywizmu polskiego 1831–1864 [Die Entstehung des polnischen Positivismus 1831–1864], Warszawa 1964.

Skowronek, J., Adam Jerzy Czartoryski 1770–1861, Warszawa 1994.

Skowronek, J., Antynapoleońskie koncepcje Czartoryskiego [Die antinapoleonischen Konzeptionen Czartoryskis], Warszawa 1969.

Wandycz, Piotr S., The Lands of Partitioned Poland, 1795–1918, Seattle/London 1974.

Wapiński, R., Narodowa Demokracja 1893–1939. Ze studiów nad dziejami myśli nacjonalistycznej [Die Nationaldemokratie 1893–1939. Studien zur Geschichte des nationalistischen Gedankens], Wrocław 1980.

Zahorski, A., Roman Dmowski, Lublin ²1989.

Zernack, Klaus, Germans and Poles. Two Cases of Nation-Building, in: Nation-Building in Central Europe, Hrsg. H. Schulze, Leamington/Spa u. a. 1988, S. 149–165.

Das preußische Teilgebiet Polens

Baier, R., Der deutsche Osten als soziale Frage. Eine Studie zur preußischen und deutschen Siedlungs und Polenpolitik in den Ostprovinzen während des Kaiserreichs und der Weimarer Republik, Köln u. a. 1980.

Balzer, Brigitte, Die preußische Polenpolitik 1894–1908 und die Haltung der deutschen konservativen und liberalen Partei (unter besonderer Berücksichtigung der Provinz Posen), Frankfurt a.M./Bern/New York/Paris 1990.

Baske, Siegfried, Praxis und Prinzipien der preußischen Polenpolitik vom Beginn der Reaktionszeit bis zur Gründung des Deutschen Reiches, Berlin/Wiesbaden 1963.

Berger, Irene, Die preußische Verwaltung des Regierungsbezirks Bromberg (1815–1848), Köln/Berlin 1966.

Blanke, R., Prussian Poland in the German Empire (1871–1900), New York 1981.

Böhning, B., Die national-polnische Bewegung in Westpreußen 1815–1871. Ein Beitrag zum Integrationsprozeß der polnischen Nation, Marburg 1973.

Bussenius, Ingeborg Charlotte, Die preußische Verwaltung in Süd- und Neuostpreußen 1793–1806, Heidelberg 1960.

Conze, Werner, Nationsbildung durch Trennung. Deutsche und Polen im preußischen Osten, in: Innenpolitische Probleme des Bismarck-Reiches, Hrsg. O. Pflanze, München 1983, S. 95–118.

Die deutsch-polnischen Beziehungen 1831–1848, Vormärz und Völkerfrühling, XI. deutsch-polnische Schulbuchkonferenz der Historiker vom 16. bis 21. Mai 1978 in Deidesheim, Braunschweig 1979.

Dzieje Wielkopolski [Geschichte Großpolens], Band II, Lata 1793–1918, Hrsg. Witold Jakóbczyk, Poznań 1973.

Galos, A., Gentzen, F. H., Jakóbczyk, W., Die Hakatisten. Der deutsche Ostmarkverein (1894–1934), Berlin 1966.

Gey, Thomas, Die preußische Verwaltung des Regierungs-Bezirks Bromberg 1871–1920, Köln/Berlin 1975.

Glück, H., Die preußisch-polnische Sprachenpolitik. Eine Studie zur Theorie und Methodologie der Forschung über Sprachenpolitik, Sprachbewußtsein und Sozialgeschichte am Beispiel der preußisch-deutschen Politik gegenüber der polnischen Minderheit vor 1914, Hamburg 1979.

Grundriß zur deutschen Verwaltungsgeschichte 1815–1945. Reihe A: Preußen, Bd. 2, Marburg/L. 1975. Teil I: Provinz (Großherzogtum) Posen, bearbeitet von Dieter Stüttgen. S. 1–101.

Grześ, B., Kozłowski, J., Kramski, A., Niemcy w Poznańskiem wobec polityki germanizacyjnej 1815–1920 [Die Deutschen im Posenschen gegenüber der Germanisierungspolitik 1815–1920], Hrsg. Lech Trzeciakowski, Poznań 1976.

Hagen, W. W., Germans, Poles and Jews. The nationality conflict in the Prussian East 1772–1914, Chicago, London 1980.

Heike, Otto, Die Provinz Südpreußen, Marburg/L. 1953.

Jaffé, Moritz, Die Stadt Posen unter preußischer Herrschaft, Leipzig 1909.

Jakóbczyk, Witold, Pruska Komisja Osadnicza 1886–1919 [Die preußische Ansiedlungskommission 1886–1919], Poznań 1976.

Jakóbczyk, Witold, Studia nad dziejami Wielkopolski w XIX wieku, 3 Bände, Poznań 1951, 1959, 1967.

Jaworski, Rudolf, Handel und Gewerbe im Nationalitätenkampf. Studien zur Wirtschaftsgesinnung der Polen in der Provinz Posen (1871–1914), Göttingen 1986.

Kaminski, Ted, Polish Publicists and Prussian Politics. The Polish Press in Poznan during the Neue Kurs of Chancellor Leo von Caprivi 1890–1894, Stuttgart 1988.

Kohte, Wolfgang, Die staatliche Ansiedlungspolitik im deutschen Nordosten (1886–1914), in: Deutsche Ostsiedlung in Mittelalter und Neuzeit, Köln/Wien 1971, S. 215–240.

Kohte, Wolfgang, Deutsche Bewegung und preußische Politik im Posener Lande 1848–1849 (Deutsche Wissenschaftliche Zeitschrift in Polen, H. 21), Posen 1931.

Laubert, Manfred, Die preußische Polenpolitik 1772–1914, Krakau ³1944.

Laubert, Manfred, Studien zur Geschichte der Provinz Posen in der ersten Hälfte des 19. Jahrhunderts, Erster Band, Posen 1908.

Laubert, Manfred, Die Verwaltung der Provinz Posen 1815–1847, Breslau 1923.

Makowski, Krzysztof, Rodzina poznańska w I połowie XIX wieku [Die Posener Familie in der ersten Hälfte des 19. Jahrhunderts], Poznań 1992.

Molik, Witold, Kształtowanie się inteligencji polskiej w Wielkim Księstwie Poznańskim (1841–1870) [Die Entwicklung der polnischen Intelligenz im Großherzogtum Posen 1841–1870], Warszawa 1979.

Müller, August, Die preußische Kolonisation in Nordpolen und Litauen, Berlin 1928.

Neubach, Helmut, Die Ausweisungen von Polen und Juden aus Preußen 1885/86. Ein Beitrag zu Bismarcks Polenpolitik und zur Geschichte des deutsch-polnischen Verhältnisses, Wiesbaden 1967.

Paprocki, Franciszek, Wielkie Księstwo Poznańskie w okresie rządów Flottwella (1830–1841) [Das Großherzogtum Posen in der Zeit der Regierung Flottwell 1830–1841], Poznań ²1994.

Prümers, Rodgero, Das Jahr 1793. Urkunden und Aktenstücke zur Organisation Südpreußens, Posen 1895.

Rehfeld, Klaus Helmut, Die preußische Verwaltung des Regierungsbezirks Bromberg 1848–1871, Köln/Berlin 1968.

Rogall, Joachim, Die Geistlichkeit der Evangelisch-Unierten Kirche in der Provinz Posen 1871–1914 und ihr Verhältnis zur preußischen Polenpolitik, Marbug/L. 1990.

Schottmüller, K., Der Polenaufstand 1806/07. Urkunden und Aktenstücke aus der Zeit zwischen Jena und Tilsit, Posen 1907.

Streiter, Karl Heink, Die nationalen Beziehungen im Großherzogtum Posen (1815–1848), Bern u. a. 1986.

Trzeciakowski, Lech: The Kulturkampf in Prussian Poland, New York 1990.

Trzeciakowski, Lech, Pod pruskim zaborem 1850–1918 [Im preußischen Teilgebiet], Warszawa 1973.

Trzeciakowski, Lech: Polacy i Niemcy w życiu codziennym w Poznaniu w XIX wieku [Polen und Deutsche im täglichen Leben in Posen im 19. Jahrhundert], in: Kronika Miasta Poznania 1992, Nr. 1/2, S. 8/9.

Trzeciakowski, Lech: Walka o polskość Poznańskiego na przełomie XIX i XX wieku [Der Kampf um das Polentum des Posener Landes um die Wende vom 19. zum 20. Jahrhundert], Poznań 1964.

Trzeciakowski, M. u. L., W dziewiętnastowiecznym Poznaniu. Życie codzienne miasta 1815–1914 [Im Posen des 19. Jahrhunderts. Das tägliche Leben der Stadt 1815–1914], Poznań 1982.

Wąsicki, Jan, Ziemie polskie pod zaborem pruskim. Prusy Południowe 1793–1806 [Polnische Gebiete unter preußischer Herrschaft. Südpreußen 1793–1806], Wrocław 1957.

Wehler, Hans-Ulrich, Die Polenpolitik im deutschen Kaiserreich 1871–1918, in: Politische Ideologien und nationalstaatliche Ordnung. Studien zur Geschichte des 19. und 20. Jahrhunderts (Festschrift für Th. Schieder.), München 1968, S. 297–316.

Weise, Erich, Die Schwabensiedlungen im Posener Kammerdepartement 1799–1804, Würzburg 1961.

Das russische Teilgebiet Polens

Beauvois, D., Le Noble, le serf, et le révizor. La noblesse polonaise entre le tsarisme et les masses ukrainiennes (1831–1863). Paris 1985.

Breyer, Albert, Deutsche Tuchmachereinwanderung in den ostmitteleuropäischen Raum von 1550 bis 1830, Leipzig/Posen 1941.

Fleischhacker, H., Russische Antworten auf die polnische Frage 1795–1917, München/Berlin 1941.

Heike, Otto, Aufbau und Entwicklung der Lodzer Textilindustrie Eine Arbeit deutscher Einwanderer in Polen für Europa, Mönchengladbach 1971.

Heike, Otto, Die deutsche Arbeiterbewegung in Polen 1835–1945, Dortmund 1969.

Heike, Otto, 150 Jahre Schwabensiedlung in Polen 1895–1945, Leverkusen 1979.

Kaczynska, E., Nationalität und Bürgertum im Königreich Polen 1864–1914, in: Die alte Stadt 14, 1987, S. 254–274.

Kałabiński, S., Tych, Feliks, Czwarte powstanie czy pierwsza rewolucja. Lata 1905–1907 na ziemiach polskich [Der Vierte Aufstand oder die erste Revolution. Die Jahre 1905–1907 in den polnischen Gebieten], Warszawa 1976.

Kieniewicz, Stefan, Powstanie styczniowe [Der Januaraufstand], Warszawa ²1983.

Kizwalter, T., »Nowatorstwo i rutyny«. Społeczęństwo Królestwa Polskiego wobec procesów modernizacji (1840–1863) [Neuerungen und Routine. Die Gesellschaft des Königreichs Polen gegenüber den Modernisierungsprozessen 1840–1863], Warszawa 1991.

Kołodziejczyk, Ryszard, Kształtowanie się burżuazji w Królestwie Polskim 1815–1850 [Die Entwicklung der Bourgeoisie im Königreich Polen 1815–1850], Warszawa 1957.

Kossmann, Oskar, Deutsche mitten in Polen, Berlin/Bonn 1985.

Kossmann, Oskar, Die Deutschen in Polen seit der Reformation. Historisch-Geographische Skizzen, Marburg/L. 1978.

Kossmann, Oskar, Lodz. Eine historisch-geographische Analyse, Würzburg 1966.

Kossmann, Oskar, Ein Lodzer Heimatbuch, Hannover 1967.

Kuhn, Walter, Deutsche Sprachinselforschung. Geschichte, Aufgaben, Verfahren, Plauen i. Vogtl. 1934.

Lepkowski, T., Przemysł warszawski u progu epoki kapitalistycznej 1815–1868 [Die Warschauer Industrie an der Schwelle der kapitalistischen Epoche 1815–1868], Warszawa 1960.

Leskiewiczowa, J., Warszawa i jej inteligencja po powstaniu styczniowym [Warschau und seine Intelligenz nach dem Januaraufstand], Warszawa 1961.

Lodz – die Stadt der Völkerbegegnung im Wandel der Geschichte. Hrsg. Peter Nasarski, Köln 1978.

Lukasiewicz, J., Przewrót techniczny w przemyśle Królestwa Polskiego 1852–1886 [Der technische Umbruch in der Industrie des Königreichs Polen 1852–1886], Warszawa 1963.

Lück, Kurt, Die deutschen Siedlungen im Cholmer und Lubliner … Lande, Leipzig 1933.

Micewski, A., Roman Dmowski, Warszawa 1971.

Naimark, N. M., The History of the »Proletariat«: The Emergence of Marxism in the Kingdom of Poland, 1870–1887, New York 1979.

Nettl, J. P., Rosa Luxemburg, Zwei Bände, Köln 1967.

Nietyksza M., Rozwój miast i aglomeracji miejsko-przemysłowych w Królestwie Polskim 1865–1914 [Die Entwicklung der Städte und der städtisch-industriellen Ballungsgebiete im Königreich Polen 1865–1914], Warszawa 1986.

Pienkos, A. T., The Imperfect Autocrat. Grand Duke Constantine Pavlovich and the Polish Congress Kingdom, New York 1987.

Przemiany społeczne w Królestwie Polskim 1815–1864 [Gesellschaftlicher Wandel im Königreich Polen 1815–1864], Hrsg. W. Kula u. J. Leskiewiczowa, Wrocław 1979.

Przybylski R., Klasycyzm, czyli Prawdziwy koniec Królestwa Polskiego [Klassizismus, oder das wirkliche Ende des Königreichs Polen], Warszawa 1983.

Pytlas, Stefan, Lódzka burżuazja przemysłowa w latach 1864–1914 [Die Lodzer Industriebourgeoisie 1864–1914], Łódź 1994.

Rhode, Gotthold, Das Bild des Deutschen im polnischen Roman des 19. und beginnenden 20. Jahrhunderts und das polnische Nationalgefühl, in: Ostdeutsche Wissenschaft, München 1960, S. 327–366.

Stegner, Tadeusz, Polacy-ewangelicy w Królestwie Polskim 1815–1914. Kształtowanie się środowisk. Ich działalność społeczna i narodowa [Die evangelischen Polen im Königreich Polen 1815–1914. Die Entwicklung ihres Milieus, ihre gesellschaftliche und nationale Betätigung], Gdańsk 1992.

Strobel, Georg W., Die »Deutschenarbeit« der polnischen sozialistischen Parteien vor dem Ersten Weltkrieg, in: Jahrbuch Weichsel-Warthe 1974, S. 38 ff.

Strobel, Georg W., Die Deutschen Kongreßpolens und die Anfänge des polnischen Sozialismus, in: Jahrbuch Weichsel-Warthe 1971, S. 30 ff.

Strobel, Georg W., Gemeinsame Wurzeln – gemeinsame Erfahrungen. Die Revolution 1905–1907 in Kongreßpolen und die Deutschen, in: Kulturpolitische Korrespondenz 45/46, 1972.

Strobel, Georg W., Die Partei Rosa Luxemburgs. Lenin und die SPD. Der polnische »europäische« Internationalismus in der russischen Sozialdemokratie, Wiesbaden 1974.

Zamowska A., Klasa robotnicza Królestwa Polskiego 1870–1914 [Die Arbeiterklasse des Königreichs Polen 1870–1914], Warszawa 1974.

LITERATUR ZU POLEN VOM ERSTEN WELTKRIEG BIS ZUR VERTREIBUNG DER DEUTSCHEN

Ajnenkiel, Andrzej, Od rządów ludowych do przewrotu majowego [Von den Volksregierungen zum Maiumsturz], Warszawa 1986.

Ajnenkiel, Andrzej, Polska po przewrocie majowym [Polen nach dem Maiumsturz], Warszawa 1980.

Aufbruch und Neubeginn. Heimatbuch der Galiziendeutschen, Teil II. Red. v. Julius Krämer. Hrsg. vom Hilfskomitee der Galiziendeutschen, Stuttgart-Bad Cannstatt 1977.

Aurich, Peter, Der deutsch-polnische September 1939. Eine Volksgruppe zwischen den Fronten. Berlin/Bonn [3]1985.

Balling, Mads Ole, Von Reval bis Bukarest. Statistisch-Biogaphisches Handbuch der Parlamentarier der deutschen Minderheiten in Ostmittel- und Südosteuropa 1919–1945. Zwei Bände: Kopenhagen 1991. Erster Band: 04 Polen, S. 175–241.

Bartoszewski, Władysław, Uns eint vergossenes Blut. Juden und Polen in der Zeit der »Endlösung«, Frankfurt 1987.

Besier, Gerhard (Hrsg.), Altpreußische Kirchengebiete auf neupolnischem Territorium. Die Diskussion um »Staatsgrenzen und Kirchengrenzen« nach dem Ersten und Zweiten Weltkrieg, Göttingen 1983.

Beyrau, D., Antisemitismus und Judentum in Polen 1918–1939, in: Geschichte und Gesellschaft 8, 1982, S. 205–232.

Bierschenk, Theodor, Die deutsche Volksgruppe in Polen 1934–1939, Kitzingen 1954.

Bierschenk, Theodor, Die deutsche Volksgruppe in Polen 1934–1939 (Beihefte zum Jahrbuch der Albertus-Universität 10.), Göttingen 1954.

Bierschenk, Theodor, Die Vereine Deutscher Hochschüler in Polen 1922–1939. Hrsg. Altherrenbund des VDSt/VDH, Dortmund/Hannover 1988.

Bohmann, Alfred, Menschen und Grenzen. Erster Band, Das Schicksal der deutschen Bevölkerung im polnischen Staats- und Verwaltungsbereich, Köln 1969/70.

Borodziej, W., Chmielarz, A., Friszke, A., Kunert, K., Polska podziemna 1939–1945 [Der polnische Untergrund 1939–1945], Warszawa 1991.

Breyer, Richard, Das Deutsche Reich und Polen 1932–1938. Außenpolitik und Volksgruppenfragen (Marburger Ostforschungen Bd. 3), 1955.

Breyer, Richard, Nachwirkungen und Überwindungen der Teilungen Polens 1919–1939, in: Teilung und Wiedervereinigung. Eine weltgeschichtliche Übersicht. Für die Ranke-Gesellschaft Hrsg. Günther Franz, Göttingen 1963.

Breyer, Richard, Polnischer Parlamentarismus und Nationalitätenfrage, in: Die Krise des Parlamentarismus in Ostmitteleuropa zwischen den beiden Weltkriegen. Hrsg. Hans-Erich Volkmann, Marburg/L. 1967, S. 64–78.

Broschat, Martin, Nationalsozialistische Polenpolitik 1939–1945, Stuttgart 1961.

Chojnowski, K. A., Koncepcje polityki narodowościowej rządów polskich w latach 1921–1939 [Konzeptionen der Nationalitätenpolitik der polnischen Regierungen 1921–1939], Wrocław 1979.

Chojnowski, A., Piłsudczycy u władzy. Dzieje Bezpartyjnego Bloku Współpracy z Rządem [Die Pilsudzkisten an der Macht. Geschichte des überparteilichen Blocks der Zusammenarbeit mit der Regierung], Wrocław 1986.

Ciechanowski, J. M., Powstanie warszawskie. Zarys podłoża politycznego i dyplomatycznego [Der Warschauer Aufstand. Abriß des politischen und diplomatischen Hintergrunds], Warszawa 1984.

Cienciala, A. M., Komarnicki, T., From Versailles to Locarno. Keys to Polish Foreign Policy, 1919–1925, Lawrence 1984.

Conze, Werner, Polnische Nation und deutsche Politik im Ersten. Weltkrieg. (Ostmitteleuropa in Vergangenheit und Gegenwart, hrsg. v. J. G. Herder-Forschungsrat, Bd. 4) Köln/Graz 1958, S. 167, 226.

Conze, Werner, Die Strukturkrise des östlichen Mitteleuropa vor und nach 1919, in: Vierteljahrshefte für Zeitgeschichte 1, 1953, S. 319–338.

Coutouvidis, J., Reynolds, J., Poland 1939–1947, Leicester 1986.

Czubiński, Antoni, Walka o granice wschodnie Polski w latach 1918–1921 [Der Kampf um die Ostgrenzen Polens 1918–1921], Opole 1993.

Davies, Norman, White eagle, red star. The Polish-Soviet war 1919–1929, London 1972.

Debicki, R., Foreign Policy of Poland, 1919–1939, New York 1962.

Die deutschen Vertreibungsverluste. Bevölkerungsbilanzen für die deutschen Vertreibungsgebiete 1939–50. Hrsg. Statistisches Bundesamt, Stuttgart 1958.

Deutschland und Polen von der nationalsozialistischen Machtergreifung bis zum Ende des Zweiten Weltkrieges. XVIII. deutsch-polnische Schulbuchkonferenz der Historiker vom 28. Mai bis 2. Juni 1985 in Nowogard (Naugard), Braunschweig 1986.

Die deutsch-polnischen Beziehungen 1919–1932. XVII. deutsch-polnische Schulbuchkonferenz der Historiker 11.–17. Juni 1984 in Augsburg, Braunschweig 1985.

Das Diensttagebuch des deutschen Generalgouverneurs in Polen 1939–1945, Hrsg. W. Jacobmeyer u. W. Präg, Stuttgart 1975.

Drożdowski, M. M., Ignacy Jan Paderewski. Zarys biografii politycznej [Ignacy Jan Paderewski. Abriß einer politischen Biographie], Warszawa 1986.

Drożdowski, M. M., The national Minorities in Polen 1918–1939, in: Acta Poloniae Historica XXII, 1970.

Duraczyński E., Rząd polski na uchodzstwie 1939–1945 [Die polnische Regierung im Exil 1939–1945], Warszawa 1993.

Dziewanowski, M. K., Joseph Pilsudski. A European federalist 1918–1922, Stanfort 1969.

Dziewanowski, M. K., Poland in the Twentieth Century, New York 1977.

Eckert, M., Historia Polski 1914–1939 [Geschichte Polens 1914–1939], Warszawa 1990.

Engel, D., In the Shadow of Auschwitz. The Polish Government-in-Exile and the Jews, 1939–1942, London 1987.

Garlicki, A., Józef Pilsudski 1867–1935, Warszawa 1989

Garliński, J., Poland in the Second World War, Houndmills u. a. 1985.

Geilke, Georg, Die Lösung der »Deutschen Frage« im Lichte polnischer Gesetze, Hamburg 1954.

Geiss, Imanuel, Der polnische Grenzstreifen 1914–1918. Ein Beitrag zur deutschen Kriegszielpolitik im Ersten Weltkrieg (Historische Studien, H. 378), Lübeck/Hamburg 1960.

Gerson, L. L., Woodrow Wilson and the Rebirth of Poland 1914–1920, New Haven 1953 (dt. 1956).

Golczewski, Frank, Polnisch-jüdische Beziehungen 1881–1922. Eine Studie zur Geschichte des Antisemitismus in Osteuropa. Wiesbaden 1981.

Góra, W., Okęcki, St., Walczyli o nowe Niemcy. Niemieccy antyfaszyści w ruchu oporu na ziemiach polskich [Sie kämpften für ein neues Deutschland. Deutsche Antifaschisten in der Widerstandsbewegung auf polnischen Gebieten), Warszawa 1972.

Gross, J. T., Polish Society under German Occupation. The Generalgouvernment, 1939–1944. Princeton 1979.

Gross, J. T., Und wehe, du hoffst. Die Sowjetisierung Ostpolens nach dem Hitler-Stalin-Pakt 1939–1941, Freiburg 1988.

Grünberg K., Czas wojny 1939–1945 [Die Zeit des Krieges 1939–1945], Toruń 1991.

Gürtler, Paul, Nationalsozialismus und evangelische Kirche im Warthegau. Trennung von Staat und Kirche im nationalsozialistischen Weltanschauungsstaat, Göttingen 1958.

Gumowski, J., Leszczyński, K., Poland under Nazi Occupation, Warszawa 1961.

Gutman, Y., Krakowski, Sh., Unequal victims. Poles and Jews during World War Two, New York 1986.

Hauser, Przemysław, Mniejszość niemiecka w województwie pomorskim w latach 1920–1939 [Die deutsche Minderheit in der Wojewodschaft Pommerellen 1920–1939], Wrocław 1981.

Hauser, Przemysław, Niemcy wobec sprawy polskiej. Październik 1918–czerwiec 1919 [Die Deutschen gegenüber der polnischen Frage. Oktober 1918 bis Juni 1919], Poznań 1984.

Hehn, Jürgen von, Die Umsiedlung der baltischen Deutschen – das letzte Kapitel baltisch-deutscher Geschichte. (Marburger Ostforschungen, Bd. 40) Marburg 1982.

Heike, Otto, Die deutsche Minderheit in Polen bis 1939, Leverkusen 1985.

Heike, Otto, Das Deutschtum in Polen 1918–1939, Bonn 1955.

Heller-Slopnicka, C., On the Edge of Destruction. Jews of Poland between the Two World Wars, New York 1977.

Höltje, C., Die Weimarer Republik und das Ostlocarno-Problem 1919–1934. Revision oder Garantie der deutschen Ostgrenze von 1919, Würzburg 1958.

Holzer, Jerzy, Mozaika polityczna Drugiej Rzeczypospolitej [Politisches Mosaik der Zweiten Republik], Warszawa 1974.

Holzer, Jerzy, Molenda J., Polska w pierwszej wojnie światowej [Polen im Ersten Weltkrieg], Warszawa 1973.

Horak, S., Poland and her national minorities 1919–1939, New York 1961.

Jachonowski, Dirk, Die Umsiedlung der Bessarabien-, Buchenland- und Dobrudschadeutschen – von der Volksgruppe in Rumänien zur »Siedlungsbrücke« an der Reichsgrenze. München 1984.

Jacobmeyer, W., Heimat und Exil. Die Anfänge der polnischen Untergrundbewegung im Zweiten Weltkrieg, Hamburg 1973.

Jacobmeyer, Wolfgang, Nationalsozialistische Besatzungspolitik in Polen im Zweiten Weltkrieg, in: Deutschland und Polen von der nationalsozialistischen Machtergreifung bis zum Ende des Zweiten Weltkrieges, Braunschweig 1985, S. 95–106.

Jastrzębski, W., Hitlerowskie wysiedlenia z ziem polskich wcielonych do Rzeszy w latach 1939–1945 [Die NS-Aussiedlungen aus den dem Reich eingegliederten polnischen Gebieten 1939–1945], Poznań 1968.

Jędrzejewicz, W., Kronika życia Józefa Pilsudskiego 1867–1935 [Chronik des Lebens Józef Pilsudskis 1867–1935], 2 Bände, London 1977.

Kacewicz, G., Great Britain, the Soviet Union and the Polish government in exile 1939–1945, Den Haag u. a. 1979.

Kamiński, M., Zacharias, M., Polityka zagraniczna II Rzeczypospolitej 1918–1939 [Die Außenpolitik der Zweiten Republik], Warszawa 1990.

Karasek, Alfred, Lück, Kurt, Die deutschen Siedlungen in Wolhynien, Leipzig 1931.

Karski, J., The great powers and Poland 1919–1945. From Versailles to Jalta, London 1985.

Karski, J., Story of a Secret State, Cambridge 1944.

Kersten, Krystyna, Jalta w polskiej perspektywie [Jalta in polnischer Perspektive], London 1989.

Kersten Krystyna, Narodziny systemu władzy. Polska 1943–1948 [Die Entstehung des Herrschaftssystems. Polen 1943–1948], Poznań 1990.

Kessler, Wolfgang, Die deutsche Bevölkerung Pommerellens und Großpolens nach dem Ersten Weltkrieg (1919–1929), in: Wolfgang Kessler (Hrsg.): Hermann Rauschning. Die Abwanderung der Deutschen aus Westpreußen und Posen nach dem Ersten Weltkrieg, Essen 1988.

Kleindienst, Alfred, Wagner, Oskar, Der Protestantismus in der Republik Polen 1918/19 bis 1939 im Spannungsfeld von Nationalitätenpolitik und Staatskirchenrecht, kirchlicher und nationaler Gegensätze, Marburg 1985.

Kleßmann, Christoph, Die Selbstbehauptung einer Nation. NS-Kulturpolitik.und polnische Widerstandsbewegung, Düsseldorf 1971.

Kneifel, Eduard, Bischof Dr. Julius Bursche. Sein Leben und seine Tätigkeit 1862–1942, Vierkirchen 1980.

Kneifel, Eduard, Die Evangelische Kirche im Wartheland-Ost (Lodz), ihr Aufbau und ihre Auseinandersetzung mit dem Nationalsozialismus, Vierkirchen 1976.

Komarnicki, T., The rebirth of the Polish republic 1914–1920, London 1957.

Korbel, J., Poland beween East and West. Soviet and German diplomacy toward Poland 1919–1933, Princeton, NJ, 1963.

Korbonski, S., The Polish Underground State. A Guide to the Underground, 1939–1945, New York 1978.

Korzec, Pawel, Juifs en Pologne. La question juive pendant l'entre-deux-guerres, Paris 1980.

Korzec, Pawel, Polen und der Minderheitenschutzvertrag (1919–1934), in: Jahrbücher für Geschichte Osteuropas, Neue Folge 20, 1972, S. 331–365.

Kotowski, Wojciech, Teatry Deutsche Bühne w Wielkopolsce i na Pomorzu 1919–1939 [Die Theater der Deutschen Bühne in Posen und Pommerellen 1919–1939], Warszawa/Poznań 1985.

Kozłowski, N., Die politischen Gruppierungen innerhalb des Pilsudski-Lagers 1926–1939, München 1978.

Krebs, Bernd, Nationale Identität und kirchliche Selbstbehauptung. Julius Bursche und die Auseinandersetzung um Auftrag und Weg des Protestantismus in Polen 1917–1939, Neukirchen 1993.

Krekeler, Norbert, Revisionsanspruch und geheime Ostpolitik der Weimarer Republik. Die Subventionierung der deutschen Minderheit in Polen 1919–1933, Stuttgart 1972.

Krekeler, Norbert, Zur Deutschtumspolitik des Auswärtigen Amtes in den durch den Versailler Vertrag abgetretenen Gebieten 1918–1933, Bonn 1972.

Die Krise des Parlamentarismus in Ostmitteleuropa zwischen den beiden Weltkriegen, Hrsg. H. E. Volkmann, Marburg 1967.

Kuby, Erich, Als Polen deutsch war 1939–1945, Ismaning 1986.

Lesser, Gabriele, Leben als ob. Die Untergrunduniversität Krakau im Zweiten Weltkrieg, Freiburg 1988.

Loeber, Dietrich A., Diktierte Option. Die Umsiedlung der Deutschbalten. Dokumentation. Neumünster 1972.

Łuczak, Czesław, Dzień po dniu w okupowanej Wielkopolsce i na Ziemie Łódzkiej (Kraj Warty]. Kalendarium wydarzen 1939–1945 [Tag für Tag im besetzten Großpolen und dem Lodzer Gebiet (Warteland). Kalendarium der Ereignisse 1939–1945], Poznań 1993.

Łuczak, Czesław, »Kraj Warty« 1939–1945. Studium historyczno-gospodarcze okupacji hitlerowskiej [Wartheland 1939–1945. Eine historisch-wirtschaftliche Studie der NS-Besatzungszeit], Poznań 1972.

Łuczak, Czesław, Od Bismarcka do Hitlera. Polsko-niemieckie stosunki gospodarcze [Von Bismarck bis Hitler. Polnisch-deutsche Wirtschaftsbeziehungen], Poznań 1988.

Łuczak, Czesław, Polityka ludnościowa i ekonomiczna hitlerowskich Niemiec w okupowanej Polsce [Die Bevölkerungs- und Wirtschaftspolitik Hitlerdeutschlands im besetzten Polen], Poznań 1979.

Łuczak, Czesław, Polska i Polacy w drugiej wojnie światowej [Polen und die Polen im Zweiten Weltkrieg], Poznań 1993.

Lukas, Richard C., The Forgotten Holocaust: the Poles under German Occupation, 1939–1944, Lexington 1986.

Machray, R., The Poland of Pilsudski, London 1936.

Mackiewicz, S., Geschichte Polens vom 11. November 1918 bis zum 27. September 1939, Marburg/L. 1956.

Madajczyk, Czesław, Die Okkupationspolitik Nazideutschlands in Polen 1939–1945, Berlin (Ost) 1987.

Markgraf, Horst, Weigelt, Fritz, Der Deutsche Schul- und Bildungsverein in Lodz, Weinheim 1957.

Matelski, Dariusz, Mniejszość niemiecka w Wielkopolsce w latach 1919–1939 [Die deutsche Minderheit in Großpolen 1919–1939], Poznań 1996.

Müller, Sepp, Von der Ansiedlung bis zur Umsiedlung. Das Deutschtum Galiziens, insbesondere Lembergs 1772–1940, Marburg 1961.

Murray, M., Poland's Progress 1919–1939, London [4]1947.

Nacht über Europa. Zweiter Band: Die faschistische Okkupationspolitik in Polen (1939–1945), Köln 1989.

Narczewski, J., Hitlerowska koncepcja polityki kolonizacyjno-wysiedleńczej i jej realizacja w »Okręgu Warty« [Die Hitlersche Konzeption der Kolonisierungs-Aussiedlungspolitik und ihre Realisierung im »Warthegau«], Poznań 1979.

Nasarski, Peter, Deutsche Jugendbewegung und Jugendarbeit in Polen 1919–1939, Würzburg 1957.

Nawrocki, S., Hitlerowska okupacja Wielkopolski w okresie zarządu wojskowego. Wrzesień-październik 1939 r. [Die NS-Besatzung Großpolens in der Zeit der Militärverwaltung September/Oktober 1939], Poznań 1966.

Nawrocki, S., Policja hitlerowska w tzw. Kraju Warty w latach 1939–1945 [Die NS-Polizei im sog. Warthegau 1939–1945], Poznań 1970.

Olszewski, Marian, Fort VII w Poznaniu [Fort VII in Posen], Poznań 1971.

Pajewski, J., Odbudowa państwa polskiego 1914–1918 [Die Wiedererrichtung des polnischen Staates 1914–1918], Warszawa 1978.

Piotrochewski, Bernard, W służbie rasizmu i bezprawia. »Uniwersytet Rzeszy« w Poznaniu (1941–1945) [Im Dienste von Rassismus und Unrecht. Die Reichsuniversität Posen 1941–1945], Poznań 1984.

Pobóg-Malinowski, W., Najnowsza historia polityczna Polski [Neueste politische Geschichte Polens], 3 Bände, London 1984.

La Pologne 1919–1939. Drei Bände, Neuchâtel 1946.

Polonsky, A., Politics in Independent Poland 1921–1939. The Crisis of Constitutional Government, Oxford 1972.

Polska-Niemcy-Mniejszość niemiecka w Wielkopolsce, przeszłość i teraźniejszość [Polen-Deutschland-deutsche Minderheit in Großpolen, Vergangenheit und Gegenwart], Hrsg. Andrzej Sakson, Poznań 1994.

Polska Odrodzona 1918–1939. Państwo, społeczeństwo, kultura [Das wiedererstandene Polen 1918–1939. Staat, Gesellschaft, Kultur], Hrsg. J. Tomicki, Warszawa 1982.

Pospieszalski, Karol, Niemiecka lista narodowa w »Kraju Warty« [Die deutsche Volksliste im Warthegau], Poznań 1949.

Rasmus, Hugo, Schattenjahre in Potulitz 1945. Schicksal in polnischen Internierungslagern. Eine Dokumentation, Münster 1995.

Rauschning, Hermann, Die Abwanderung der Deutschen aus Westpreußen und Posen nach dem Ersten Weltkrieg. Ein Beitrag zur Geschichte der deutsch-polnischen Beziehungen 1919–1929. Hrsg. Wolfgang Kessler, Essen 1988.

Read, A., Fisher, D., The Deadly Embrace. Hitler, Stalin, and the Nazi-Soviet Pact 1939–1941, London 1988.

Reichling, Gerhard, Die deutschen Vertriebenen in Zahlen. Teil I: Umsiedler, Verschleppte, Vertriebene, Aussiedler 1940–1985, Bonn 1986.

Rhode, Gotthold, Das Deutschtum in Posen und Pommerellen in der Zeit der Weimarer Republik, in: Die deutschen Ostgebiete zur Zeit der Weimarer Republik, Köln/Graz 1966, S. 88–132.

Rhode, Gotthold, Die Entstehung der Curzon-Linie, in: Osteuropa 45, 1955, S. 81–92.

Rhode, Gotthold, Polen vor der Wiederherstellung der Unabhängigkeit bis zur Ära der Volksrepublik 1918–1970, in: Handbuch der Europäischen Geschichte, Hrsg. Theodor Schieder, Siebter Band, Stuttgart 1974, S. 978–1061.

Rhode, Gotthold, Völker auf dem Wege. Verschiebungen der Bevölkerung in Ostdeutschland und Osteuropa seit 1917, Kiel 1952.

Rogall, Joachim (Bearb.), Die Räumung des »Reichsgaus Wartheland« vom 16.–26. Januar 1945 im Spiegel amtlicher Berichte, Sigmaringen 1993.

Rola mniejszości niemieckiej w rozwoju stosunków politycznych w Europie 1918–1945 [Die Rolle der deutschen Minderheit bei der Entwicklung der politischen Beziehungen in Europa 1918–1945], Hrsg. Antoni Czubiński, Poznań 1984.

Rollet, H., La Pologne au XXe siècle, Paris 1984.

Roos, Hans, Geschichte der Polnischen Nation 1918–1985. Von der Staatsgründung im Ersten Weltkrieg bis zur Gegenwart. Fortgeführt v. M. Alexander, Stuttgart ⁴1986.

Roos, Hans, Polen und Europa, Studien zur polnischen Außenpolitik 1931–1939, Tübingen ²1965.

Rosen, Hans von, Die Verschleppung der Deutschen aus Posen und Pommerellen im September 1939. Eine Dokumentation im Auftrag der Historisch-Landeskundlichen Kommission für Posen und das Deutschtum in Polen, Berlin/Bonn 1990.

Roszkowski W., Historia Polski 1914–1991, Warszawa 1992.

Rothschild, J., East Central Europe between the two world wars, Seattle/London 1974 (= A history of East Central Europe IX).

Rothschild, J., Pilsudskis coup d'état, New York 1966.

Rozek, E. J., Allied Wartime Diplomacy. A Pattern in Poland. New York 1958.

Schlau, Wilfried, Bedingungslose Heimkehr. Der Prozeß der Rekolonisation und seine demographischen und sozialen Folgen für Europa, Alt-Fechenheim 1979.

Schot, Bastiaan, Nation oder Staat? Deutschland und der Minderheitenschutz, Marburg/L. 1988.

Segal, S., The new Poland and the Jews, New York 1938.

September 1939. Krieg, Besatzung, Widerstand in Polen, Hrsg. C. Klessmann, Göttingen 1989.

Serwanski, E., Dywersja niemiecka i zbrodnie hitlerowskie w Bydgoszczy na tle wydarzeń w dniu 3 wrzesnia 1939 [Deutsche Diversion und Naziverbrechen in Bromberg vor dem Hintergrund der Ereignisse vom 3. 9. 1939], Poznań 1984.

Seton Watson, H., Eastern Europe between the wars 1918–1941, Hamden, CT ³1962.

Shotwell, G., Laserson, M., Poland and Russia 1919–1945, New York 1945.

Smogorzewski, C., Joseph Pilsudski et les activistes polonais pendant la guerre, Paris 1930/31.

Swart, Friedrich, Diesseits und jenseits der Grenze. Das deutsche Genossenschaftswesen im Posener Land und das deutsch-polnische Verhältnis bis zum Ende des Zweiten Weltkrieges, Leer 1954.

Szarota, Tomasz, Warschau unter dem Hakenkreuz. Leben und Alltag im besetzten Warschau, Paderborn 1985.

Szczerbiński, Henryk, Niemieckie organizacje socjalistyczne w Drugiej Rzeczypospolitej [Die deutschen sozialistischen Organisation in der Zweiten Republik], Warszawa 1986.

Szefer, A., Mniejszość niemiecka w Polsce i Czechosłowacji w latach 1933–1938 [Die deutsche Minderheit in Polen und der Tschechoslowakei 1933 bis 1938], Katowice/Kraków 1967.

Taylor, J., The Economic development of Poland 1919–1950, New York 1952.

Terry, S. M., Poland's Place in Europe. General Sikorski and the Origin of the Oder-Neisse Line, 1939–1943, Princeton 1983.

Tomicki, Jan, Partie socjalistyczne mniejszości narodowych na progu lat trzydziestych. (Die sozialistischen Parteien der nationalen Minderheiten an der Schwelle der dreißiger Jahre.), in: Dzieje Najnowsze R. XII, 1980, S. 3.

Tuszyński, W., Tamogrodzki, T., Geschichte des polnischen Widerstandskampfes 1939–1945, Militärhistorischer Abriß, Berlin 1980.

Die Vereine Deutscher Hochschüler in Polen 1922–1939, Zusammengestellt von Theodor Bierschenk, Dortmund/Hannover 1988.

Viefhaus, Erwin, Die Minderheitenfrage und die Entstehung der Minderheitenschutzverträge auf der Pariser Friedenskonferenz (Marburger Ostforschungen, Band 11), Würzburg 1960.

Vogt, Dietrich, Das Schillergymnasium in Posen. Schicksal einer deutschen Minderheitenschule 1920–1939, Lüneburg 1964.

Vormann, Nikolaus, Der Feldzug 1939 in Polen, Weißenburg 1958.

Wagner, Gerhard, Deutschland und der polnisch sowjetische Krieg 1920, Wiesbaden 1979.

Wandycz, Piotr, France and her eastern allies 1919–1925, Minneapolis 1962.

Wandycz, Piotr, Polish-Soviet relations 1921–1939, Paris 1970.

Wandycz, Piotr, The Twilight of French Eastern Alliances 1926–1936, Princeton 1988.

Wapiński, R., Narodowa Demokracja 1893–1939 [Die Nationaldemokratie 1893–1939], Wrocław 1980.

Wapiński, R., Pokolenia Drugiej Rzeczypospolitej [Generationen der Zweiten Republik], Wrocław 1991.

Wapiński, R., Roman Dmowski, Lublin 1989.

Wapiński, R., Świadomość politczna w Drugiej Rzeczypospolitej [Das politische Bewußtsein in der Zweiten Republik], Łódź 1989.

Wapiński, R., Władysław Sikorski, Warszawa 1978.

Watt, R. M., Bitter Glory. Poland and its Fate 1918–1939, New York 1979.

Weinryb, B., The Jews of Poland, Philadelphia 1973.

Wiatr, J. J., The Soldier and the Nation. The Role of the Military in Polish Politics, 1918–1985, Boulder u. a. 1988.

Widerstandsbewegungen in Deutschland und in Polen während des Zweiten Weltkrieges. X. deutsch-polnische Schulbuchkonferenz der Historiker vom 2. bis 5. Juni 1977 in Łańcut (Polen), Braunschweig ²1983.

Wiesner, Jörg, Die soziale und wirtschaftliche Stellung der deutschen Bauern in Wolhynien 1919–1939, Diss. Bonn 1980.

Wrzosek, M., Wojny o granice Polski Odrodzonej 1918–1921 [Die Kriege um die Grenzen des wiedererstandenen Polens 1918–1921], Warszawa 1992.

Zaremba, Piotr, Historia dwudziestolecia 1918–1939 [Geschichte der zwei Jahrzehnte 1918–1939], Wrocław 1991.

Zarnowski, J., Społeczeństwo Drugiej Rzeczpospolitej [Die Gesellschaft der Zweiten Republik], Warszawa 1973.

Zieliński, H., Historia Polski 1914–1939 [Geschichte Polens 1914–1939], Wrocław 1985.

LITERATUR ZUR GESCHICHTE LITAUENS

Adamovicz, A. F., Die Evangelisch-Lutherische Kirche zu Wilna. Eine Chronik geschrieben zur Feyer des dreyhundertjährigen Bestehens der Kirche am S. Johannis Tage 1855, Wilna 1855.

Ballerstedt, K., Die evangelisch-lutherische Kirche in Litauen im Kampf um ihre Freiheit, Leipzig 1928.

Die Bedrückung der deutschen Schule in Litauen, in: Nation und Staat 3, 1929/30, S. 317–321.

Bordelius, M. v., Deutsche Bildungsarbeit in Litauen, in: Aus deutscher Bildungsarbeit im Auslande. Erlebnisse und Erfahrungen in Selbstzeugnissen aus aller Welt., Hrsg. F. Schmidt und O. Boelitz, Bd. 1. Langensalza 1927, S. 388–394.

Broedrich, S., Die Agrarreform in Litauen, in: M. Sering, Die agrarischen Umwälzungen im außerrussischen Osteuropa, 1930, S. 128–153.

Busch, E. H., Beiträge zur Geschichte und Statistik des Kirchen- und Schulwesens der evang.-augsburgischen Gemeinden im Königreich Polen, Leipzig 1867.

Busch, E. H., Ergänzungen der Materialien zur Geschichte und Statistik des Kirchen- und Schulwesens der evang.-luth. Gemeinden in Rußland, Leipzig 1867.

Busch, E. H., Materialien zur Geschichte und Statistik des Kirchen- und Schulwesens der Evangelisch-Lutherischen Gemeinden in Rußland, St. Petersburg 1862.

Bussenius, I. Ch., Die preußische Verwaltung in Süd- und Neuostpreußen 1793–1806, Diss. Heidelberg 1960.

Cerpinsky, K. v., Das deutsche Handwerk in Litauen, in: Baltische Monatshefte, Februar 1934, S. 78–83.

Colliander, B., Die Beziehungen zwischen Deutschland und Litauen während der Okkupation 1915–1919, Abo 1935.

Dahms, H. G., Litauen zwischen den Großmächten 1919–1945, in: Litauisches Kulturinstitut, Jahrestagung 1987, S. 55–112.

Essen, W., Die ländlichen Siedlungen in Litauen mit besonderer Berücksichtigung ihrer Bevölkerungsverhältnisse, Leipzig 1931.

Die Evangelisch-Lutherischen Gemeinden in Rußland. Eine historisch-statistische Darstellung, hrsg. vom Zentralkomitee der Unterstützungskasse für evangelisch-lutherische Gemeinden in Rußland. II. Band, der Livländische, Estländische und Kurländische Konsistorialbezirk, St. Petersburg 1911.

Forstreuter, Kurt, Die Memel als Handelsstraße Preußens nach Osten, Königsberg/Pr. 1931.

Forstreuter, Kurt, Kauen, eine deutsche Stadtgründung, in: Jomsburg 6, 1942, S. 20–32.

Forstreuter, Kurt, Deutschland und Litauen im Mittelalter, Köln/Graz 1962.

Gaigalat, W., Die evangelisch-lutherische Kirche in Litauen, ihre Nöte und Kämpfe im Zeitraum von 1925 bis 1929, Memel 1929.

Garleff, Michael, Die kulturelle Selbstverwaltung der nationalen Minderheiten in den baltischen Staaten, in: Boris Meissner (Hrsg.): Die Baltischen Nationen Estland, Lettland, Litauen, Köln ^{2}1991, S. 87–107.

Gelzinius, E. A., Lutherische Kirche Litauens, Braunschweig 1974.

Gerutis, A., Independent Lithuania, in: Ders. (Hrsg.), Lithuania 700 years. New York ^{2}1969, S. 145–256.

Golczewski, Frank, Deutschland und Litauen, in: M. Funke, Hitler, Deutschland und die Mächte. Materialien zur Außenpolitik des Dritten Reiches, Düsseldorf 1976, S. 577–583.

Gornig, G. H., Das Memelland: gestern und heute. Eine historische und rechtliche Betrachtung, Bonn 1991.

Handrack, H. D., Das Reichskommissariat Ostland. Die Kulturpolitik der deutschen Verwaltung zwischen Autonomie und Gleichschaltung 1941–1944, Hannoversch Münden 1981.

Hartmann, Stefan, Die preußische Herrschaft Serrey in Litauen, in: Felder und Vorfelder russischer Geschichte. Studien zu Ehren von Peter Scheibert, Freiburg 1985, S. 67–93.

Heberle, R., Die Deutschen in Litauen, Stuttgart 1927.

Hecker, Hans, Deutschland, Litauen und das Memelland, in: Jahrbuch der Albertus-Universität zu Königsberg/Pr., Hrsg. Göttinger Arbeitskreis, Bd. VI. Würzburg 1955, S. 228–256.

Hehn, Jürgen v., Die Umsiedlung der baltischen Deutschen – das letzte Kapitel baltisch-deutscher Geschichte, Marburg/L. 1982.

Hellmann, Manfred, Artikel »Litauen«, in: Handwörterbuch des Grenz- und Auslandsdeutschtums, Hrsg. Carl Petersen, Paul-Hermann Ruth u. a., Breslau 1939, S. 361–402.

Hellmann, Manfred, Die erste Vertreibung und Flucht der Litauendeutschen 1648/1655, in: Heimatgruß 1963, S. 72–75.

Hellmann, Manfred, Zur Geschichte der Deutschen in Litauen, in: Auslandsdeutsche Volksforschung, Bd. 1/1937, S. 447–459.

Hellmann, Manfred, Grundzüge der Geschichte Litauens und des litauischen Volkes, Darmstadt ^{4}1990.

Hellmann, Manfred, Litauen zwischen Demokratie und autoritärer Staatsform, in: Die Krise des Parlamentarismus in Ostmitteleuropa zwischen den beiden Weltkriegen. o. O. 1967, S. 156–167.

Hellmann, Manfred, Die preußische Herrschaft Tauroggen in Litauen (1690-1793), Berlin 1940.

Hellmann, Manfred, Der Staatsstreich von 1926 in Litauen. Verlauf und Hintergründe, in: Jahrbücher für Geschichte Osteuropas, 28/1980, S. 220–242.

Hellmann, Manfred, Die Umsiedlung der Litauendeutschen aus litauischer Sicht, in: Baltisches Jahrbuch 1989, S. 234–241.

Hellmann, Manfred, Volkstum im deutsch-litauischen Grenzraum, in: Zeitschrift für Volkskunde 49/1940, Heft 11, S. 27–40.

Hellmann, Manfred, Wesen und Werden der deutschen Volksgruppe in Litauen, in: Deutsche Monatshefte, H. 7/1940, S. 107–114, H. 8/1940, S. 231–243.

Hellmann, Manfred, Zur Frage der Einwanderung von Deutschen nach Litauen, in: Deutsches Archiv für Landes- und Volksforschung 5/1941, S. 242–248.

Hopf, H., Auswirkungen des Verhältnisses Litauens zu seinen Nachbarn auf das Memelland, in: Jahrbuch der Albertus-Universität zu Königsberg/Pr., Hrsg. Göttinger Arbeitskreis, Bd. XII. Würzburg 1962, S. 235–270.

Hubatsch, Walter, Die Memelkonvention und ihre Auswirkungen, in: Wege und Wirkungen ostpreußischer Geschichte, Leer 1956.

Hubatsch, Walter, Das Memelland 1920–1939 und das Problem der Minderheiten, Sonderdruck aus »Memeler Dampfboot«, Nr. 10–13/1964.

Ippel, A., Wilnaer Zunftbücher, in: Das Litauen-Buch. Eine Auslese aus der Zeitung der 10. Armee. o. O. 1918, S. 106–108.

Ivinskis, Z., Mindaugas und seine Krone, in: Zeitschrift für Ostforschung 3, 1954, S. 360–386.

Josephi, E., Deutsche Schulen in Nordlitauen 1920–1944, in: Heimatgruß 1969, S. 55–66.

Jungfer, V., Deutsch-litauische Nachbarschaft im Wandel der Geschichte, in: Heimatgruß 1960, S. 29–40.

Kahle, Wilhelm, Lutherische Begegnung im Ostseeraum, Gütersloh 1982.

Karge, P., Die Geschichte des Deutschtums in Wilna und Kauen (Kowno), in: Altpreußische Monatsschrift 54 (1917), S. 35–95.

Karge, P., Die Geschichte des Deutschtums in Wilna und Kauen, in: Das Litauen-Buch. Eine Auslese aus der Zeitung der 10. Armee. o. O. 1918, S. 34–105.

Kaslas, B. J. (Hrsg.), The USSR-German Aggression against Lithuania, New York 1973.

Kaubrys, S., Schulen der nationalen Minderheiten im Bildungswesen des unabhängigen Litauen (1918–1940), in: Nordost-Archiv. Zeitschrift für Regionalgeschichte, N.F. Bd. I/1992, H. 2, S. 401–415.

Klimas, P., Der Werdegang des litauischen Staates von 1915 bis zur Bildung der provisorischen Regierung, o. O. 1919.

Krasauskaite, M., Die litauischen Adelsprivilegien bis zum Ende des 15. Jahrhunderts, Zürich 1927.

Kügelgen, C. v., Die Litauendeutschen und ihre Umsiedlung, in: Nation und Staat, 1940/1, S. 282–284.

Das Land Ober-Ost: Deutsche Arbeit in den Verwaltungsgebieten Kurland, Litauen und Bialystok-Grodno, hrsg. im Auftrage des Oberbefehlshabers Ost, Stuttgart/Berlin 1927.

Linde, G., Die deutsche Politik in Litauen im Ersten Weltkrieg, Wiesbaden 1964.

Meyer, R., Das Memelland, Hrsg. Göttinger Arbeitskreis, Heft 12. Kitzingen/Main 1951.

Michaelis, P., Kurland und Litauen in deutscher Hand, Berlin o. J.

Mintz, M., Die nationale Autonomie im System des Minderheitenrechts unter besonderer Berücksichtigung der Rechtsentwicklung in den baltischen Randstaaten, Riga 1927.

Mirovic, A., Deutsche Gelehrte an der Wilnaer Universität (1578–1831). Beiträge zur Geschichte des Deutschtums in Wilna II, in: Deutsche wissenschaftliche Zeitschrift für Polen 1933, S. 93–122.

Mirovic, A., Joseph Frank und sein soziales Wirken in Wilna im Lichte seiner Denkwürdigkeiten, in: Deutsche wissenschaftliche Zeitschrift für Polen 1935, S. 133–149.

Müller, August, Die preußische Kolonisation in Nordpolen und Litauen, Berlin 1928.

Myllyniemi, S., Die baltische Krise 1938–1941, Stuttgart 1979.

Myllyniemi, S., Die Neuordnung der baltischen Länder 1941–1944. Zum nationalsozialistischen Inhalt der deutschen Besatzungspolitik, Helsinki 1973.

Nithack, H., Deutsche Arbeit in Polen und Litauen während des Weltkrieges, in: Bund deutscher Osten (Schriftenreihe), Nr. 35.

Plieg, E. A., Das Memelland 1920–1939. Deutsche Autonomiebestrebungen im litauischen Gesamtstaat, Würzburg 1962.

Rauch, Georg v., Geschichte der baltischen Staaten, Köln 1969.

Reklaitis, P., Die Stadt Kaunas in Litauen. Ihre kulturgeschichtlichen Elemente unter Berücksichtigung neuerer Publikationen und des gegenwärtigen Zustands, in: Acta Baltica 7/1967, S. 303–323.

Rhode, Gotthold, Litauen im Kampf um seine Unabhängigkeit bis zur Gründung der Sowjetrepublik 1917–1944, in: Handbuch der europäischen Geschichte, Bd. VII, 2; Hrsg. Th. Schieder. Stuttgart 1977, S. 1062–1078.

Richter, F., Der Memeler Freihafenvertrag vom 20. Mai 1939, in: Zeitschrift für Ostforschung, 39/1990, S. 68–84.

Robinson, J.: Der litauische Staat und seine Verfassungsentwicklung, in: Jahrbuch des öffentlichen Rechts der Gegenwart, Bd. 16. Tübingen 1928, S. 295–326.

Ruffmann, Karl-Heinz, Deutsche und Litauer in der Zwischenkriegszeit. Erinnerungen eines Memelländers, Überlegungen eines Historikers, Lüneburg 1989.

Sagel, W., Der Deutsche in Litauen, Langensalza o. J.

Sakalauskas, J., Das Schulwesen und die preußische Schulpolitik in Neuostpreußen (1795–1806), Dissertation (Maschinenschrift) Berlin 1924.

Schmidt, R., Handel und Handwerk in Neuostpreußen, Göttingen 1910.

Schmidt, R., Städtewesen und Bürgertum in Neuostpreußen, Königsberg 1913.

Schramm, Gottfried, Protestantismus und städtische Gesellschaft in Wilna (16.–17. Jahrhundert), in: Jahrbücher für die Geschichte Osteuropas. N.F. 17/1969, S. 187–214.

Schroeders, P. v., Nachrichten über Kurländer in Litauen, o. O. 1984.

Schwartz, P., Die preußische Schulpolitik in den Provinzen Südpreußen und Neuostpreußen (1795–1807), in: Zeitschrift für die Geschichte der Erziehung und den Unterricht, 1. Jg. 1911, S. 133 bis 195.

Senn, A. E., Die Besetzung Memels im Januar 1923, in: Forschungen zur osteuropäischen Geschichte 10/1965, S. 334–352.

Stein, W., Vom deutschen Kontor in Kowno, in: Hansische Geschichtsblätter 22 (1916) H. 1/2, S. 225–266.

Strauch, J., Das Deutschtum in Litauen, in: Estländisch-deutscher Kalender 1925, S. 193–201.

Strauch, J., Zum Werdegang des Deutschen Gymnasiums zu Kaunas, in: Heimatgruß 1969, S. 7–20.

Sturm, W., Das Deutschtum in Litauen. Taschenbuch des Grenz- und Auslanddeutschtums, Heft 16b, Hrsg. Deutscher Schutzbund, o. J.

Stossun, Harry, Das deutsche Schulwesen in Litauen in der Zeit zwischen den beiden Weltkriegen. Eine Übersicht der deutschsprachigen Literatur und Archivalien, in: Nordost-Archiv, N.F., Bd. 1/1992, H. 2, S. 395–400.

Stossun, Harry, Die Umsiedlung der Deutschen aus Litauen 1941, in: Litauisches Kulturinstitut, Jahrestagung 1989/90, S. 51–61.

Stossun, Harry, Die Umsiedlung der Deutschen aus Litauen, in: Ostdeutsche Gedenktage 1991, Bonn 1991, S. 284–287.

Stossun, Harry, Die Umsiedlungen der Deutschen aus Litauen während des Zweiten Weltkrieges. Untersuchungen zum Schicksal einer deutschen Volksgruppe im Osten, Marburg 1993.

Stossun, Harry, Zwischen Lehrstuhl und Pflug. Überblick über die Geschichte der Deutschen in Litauen, in: Arthur Hermann (Hrsg.): Die Grenze als Ort der Annäherung. 750 Jahre deutsch-litauische Beziehungen, Köln 1992, S. 169–186.

Swettenham, J. A., The Tragedy of the Baltic States. A Report Compiled from Documents and Eyewitness Stories, London 1952.

Tillmann, H., Tillmanns. Ein deutsches Großunternehmen in Litauen, in: Heimatgruß 1959, S. 39–42.

Türcke, K. E. Frhr. v., Das Schulrecht der deutschen Volksgruppen in Ost- und Südosteuropa, Berlin 1938.

Unger, A., Der Auszug der Deutschen aus Litauen, Oldenburg 1971.

Unger, A. (Hrsg.), Europäer-Deutsche aus Litauen, Arnsberg 1984.

Vardys, S., Litauen unter der Sowjetherrschaft und auf dem Wege zur Unabhängigkeit, in: Boris Meissner (Hrsg.), Die baltischen Nationen. Estland – Lettland – Litauen, Köln ²1991, S. 223–268.

Wagner, G., Die Deutschen in Litauen, ihre kulturellen und wirtschaftlichen Gemeinschaften zwischen den beiden Weltkriegen, Marburg 1959.

Wallat, J., Die völkerrechtliche Stellung des Memelgebietes, Frankfurt a. M. 1961.

Wischeropp, J., Die heilige Stadt unserer Väter. Die Evangelisch-Lutherische Trinitatiskirche zu Kaunas 1683–1933, Kaunas o. J.

Wischeropp, J., Aus 325 Jahren evangelischer Kirchenratsarbeit in der deutschen Gemeinde zu Kaunas, Kaunas 1939.

Zalys, V., Ringen um Identität. Warum Litauen zwischen 1923 und 1939 im Memelgebiet keinen Erfolg hatte, Lüneburg 1993.

Zemke, H., Der Oberbefehlshaber Ost und das deutsche Schulwesen im Verwaltungsbereich Litauen während des Weltkrieges, Berlin 1936.

Das Zentralproblem der Deutschen Litauens: Die Paßfrage, in: Baltische Monatshefte, Februar 1934.

Zostautaite, P., Klaipedos krastas 1923–1939 [Das Memelland 1923–1939], Vilnius 1992 (mit deutscher Zusammenfassung).

PERSONENREGISTER

Die Namen historischer Persönlichkeiten werden in der jeweiligen traditionellen deutschen Schreibweise wiedergegeben, also Sigismund I. (poln. Zygmunt I.), Johann Kasimir (poln. Jan Kazimierz), aber Jan Sobieski. Dabei werden in der Regel auch die polnischen diakritischen Sonderzeichen verwendet. Eine Ausnahme stellen lediglich die sehr häufig vorkommenden polnischen Vornamen Boleslaw (poln. Bolesław) und Wladyslaw (poln. Władysław) dar, die zur Erleichterung für den deutschsprachigen Leser ohne polnische diakritische Zeichen geschrieben wurden.

ORTSREGISTER

KONKORDANZ DER ORTSNAMEN

Adelnau *Odolanów*
Alexandrow *Aleksandrów Kujawski*
Allenstein *Olsztyn*
Alt-Sandez *Stary Sącz*
Auschwitz *Oświęcim*

Bauchwitz *Bukowiec*
Bentschen *Zbąszyń*
Beuthen *Bytom*
Biala *Biała*
Bialystok *Białystok*
Bielitz *Bielsko*
Birkenau *Brzezinka*
Birsen *Birzai*
Birnbaum *Międzychód*
Blesen *Bledzew*
Bödekersdorf *Milosławice*
Bomst *Babimost*
Braunsberg (Ostpreußen) *Braniewo*
Breslau *Wrocław*
Brest (Kujawien) *Brześć Kujawski*
Brest-Litowsk *Brześć nad Bugiem*
Bromberg *Bydgoszcz*
Buk *Bukowiec*

Chodziesen *Chodzież*
Cholm *Chełm*
Crone an der Brahe *Koronowo nad Brdą*
Culmhof *Chełmno*
Czarnikau *Czarnków*

Danzig *Gdańsk*
Dembsen *Dębiec*
Deutsch Krone *Wałcz*
Dobrin *Dobrzyn*
Dombie *Dąbie*
Dombrowa *Dąbrowa*
Dorpat (Estland) *Tartu*
Driesen *Drezdenko*
Dünaburg *Daugavpils*

Elbing *Elbląg*
Exin *Kcynia*
Eydtkau/Eydtkuhnen *Tschernischewskoje*

Filehne *Wieleń*
Fraustadt *Wschowa*
Freistadt *Frysztak*

Gdingen *Gdynia*
Georgenburg (Litauen) *Jurbarkas*
Gleiwitz *Gliwice*
Glogau *Głogów*
Gnesen *Gniezno*
Gostyn *Gostyn*
Godlewo (Litauen) *Garliava*
Grätz *Grodzisk*
Graudenz *Grudziądz*
Grottkau *Grodków*
Grünberg (Kleinpolen) *Grybów*
Guhrau *Góra*
Gumbinnen *Gussjew*

Heinrichau *Henrykow*
Hirschberg *Jelenia Góra*
Hohensalza *Inowrocław*
Horodlo *Horodło*

Ilow *Iłów*
Ilvesheim *Iwiczna*
Insterburg *Tschernjachowsk*
Janow (Litauen) *Janova*
Jarotschin *Jarocin*

Kalisch *Kalisz*
Kalvaria (Litauen) *Kalvarija*
Kaschau *Košice*
Kattowitz *Katowice*
Katyn *Kutyń*
Kaunas *poln. Kowno*
Kasimir *Kazimierz*
Kedahnen *Kedainiai*
Kelmen *Kelme*
Kempen *Kępno*
Köbnitz *Kopanica*
Königsberg/Pr. *poln. Królewiec, russ. Kaliningrad*
Kolberg *Kołobrzeg*
Kolmar *Chodzież*
Konstantynow *Konstantynów*
Koschmin-Radlin *Koźmin-Radlin*
Kosten *Kościan*
Kowno *lit. Kaunas*
Krakau *Kraków*
Kröben *Krobia*
Krossen *Krosno*
Krotoschin *Krotoszyń*

Krottingen (Litauen) *Kretinga*
Kreuz *Krzyż*
Kruschwitz *Kruszwica*
Küstrin *Kostrzyn*
Kulm *Chełm*
Kybarten (Litauen) *Kybartai*

Landskron *Lańckorona*
Lednitz *Lednica*
Lekno *Łekno*
Lemberg *poln. Lwów, ukr. Lwiw*
Leonberg *Lwówek*
Leslau *Włocławek*
Leubus *Lubiąż*
Libau (Litauen) *Liepaja*
Liebenthal *Lubomierz*
Liegnitz *Legnica*
Lissa *Leszno*
Lodz *Łódź*
Löwenberg *Lwówek Śląski*
Lond *Ląd*
Luban *Luboń*
Luck (Luzk) *Łuck*

Mariampol (Litauen) *Marijampole*
Marienburg/Westpreußen *Malbork*
Marienwerder *Kwidzyn*
Markowitz *Markowice*
Memel (Stadt) *Klajpeda*
Meseritz *Międzyrzecz*
Michelau *Michałowo*
Mitau (Kurland) *Jelgawa*
Moschin *Mosina*

Nakel *Nakło n. N.*
Naumannsfelde *Suchoręcz*
Nessau *Nieszawa*
Neudorf-Neubruch *Mościce*
Neumarkt *Środa Śląska*
Neu-Sandez *Nowy Sącz*
Neustadt b. Pinne *Lwówek*
Neustadt (Litauen) *Naumiestis*
Neutomischel *Nowy Tomyśl*
Neu-Württemberg *Tkaczewska Góra*

Obornik *Oborniki*
Oliva *Oliwa*
Olmütz *Olomouc*

Oppeln *Opole*
Ostrowo *Ostrów Wlk.*
Owieschön *Owieczki*
Ozorkow *Ozorków*

Paradies *Paradyż*
Peisern *Pyzdry*
Petrikau *Piotrków Trybunalski*
Pillau *Baltijsk*
Pinne *Pniewy*
Plock *Płock*
Ponewesch (Litauen) *Panevezys*
Posen *Poznań*
Potulitz *Potulice*
Prag *Praha*
Prenen (Litauen) *Prienai*
Preßburg *Bratislawa*
Preußisch-Eylau *Bagrationowsk*
Priment *Przemęt*
Przemysl *Przemyśl*

Rakwitz *Rakoniewice*
Raseinen (Litauen) *Raseiniai*
Rawitsch *Rawicz*
Rogasen *Rogoźno*

Samter *Szamotuły*
Sandez *Sącz*
Sandomir *Sandomierz*
Schaulen *Siauliai*
Schiewenhorst *Świbno*
Schillehlen (Litauen) *Silele*
Schlichtingsheim *Szlychtyngowa*
Schmiedeberg *Kowary*
Schmiegel *Śmigiel*
Schneidemühl *Piła*
Schoden *Skudy*
Schönberg *Szymbark*
Schönlanke *Trzcianka*
Schrimm *Śrem*
Schubin *Szubin*
Schweinert *Świniary*
Schwenten *Świętno*
Schwerin a. d. Warthe *Skwierzyna*
Schwersenz *Swarzędz*
Serrey (Litauen) *Seiriai*
Soldau *Działdowo*
Stenschewo *Stęszew*
Stettin *Szczecin*

Stolp *Słupsk*
Stuhmsdorf *Sztumska Wieś*
Stutthof *Sztutowo*
Sulzfeld *Nowosolna*
Suwalki *Suwałki*

Tannenberg *Stębark*
Tauroggen *Tauragė*
Teschen *Cieszyn*
Thorn *Toruń*
Tilsit *Sowjetsk*
Tomaszow *Tomaszów Mazowiecki*
Traken *Trakai*
Tremessen *Trzemeszno*
Trentschin *Trenčin*
Tschenstochau *Częstochowa*

Unruhstadt *Kargowa*
Usch *Ujście*
Usch-Hauland *Ługi Ujskie*

Varzin *Warcino*

Warschau *Warszawa*
Wengrów *Węgrów*
Wilanow *Wilanów*
Wilkomir (Litauen) *Ukmergė*
Wilkowischken (Litauen) *Vilkaviškis*
Wilna *lit. Vilnius, poln. Wilno*
Wirballen (Litauen) *Virbalis*
Wirsitz *Wyrzysk*
Wollstein *Wolsztyn*
Wreschen *Września*

Zantoch *Santok*
Zdunska Wola *Zduńska Wola*
Zichenau *Ciechanów*
Zirke *Sieraków*
Zoppot *Sopot*
Zvyren *Zvyriai*

ZEITTAFEL ZUR GESCHICHTE POLENS, LITAUENS UND IHRER DEUTSCHEN BEVÖLKERUNGSTEILE

(nach Hellmann und Zernack). Ausführlicheres Verzeichnis bei Manfred Hellmann, Daten der polnischen Geschichte, München 1985. Die Angaben in der rechten Spalte verweisen auf die Textstellen.

845	Erste Erwähnung altpolnischer Stämme (Wislanen, Opolanen, Slenzanen, Golensizen, Goplanen , Lendizen) in der Völkertafel des »Bairischen Geographen«	24
um 890–900	Beginn der Herrschaft des Gnesener Fürstenhauses in der Abfolge Siemowit, Leszek, Siemomysl und Mieszko	25
um 960–992	Erster historischer Polenfürst Mieszko I.	25–30
963	Erste Erwähnung Mieszkos I. in der Chronik des Widukind von Corvey	
965/66	Heirat Mieszkos I. und der Böhmenprinzessin Dubrava, Taufe Mieszkos	26
968	Gründung des Missionsbistums Posen. Kämpfe Mieszkos mit den Wislanen und mit Böhmen	29
979/80	Heirat Mieszkos und der deutschen Fürstentochter Oda, Auftakt zahlreicher polnisch-deutscher dynastischer Verbindungen und deutscher Einzeleinwanderung von Geistlichen, Rittern, Kaufleuten und Handwerkern	31, 48–54
ab 985	Polen und das deutsche Reich im gemeinsamen Kampf gegen die aufständischen Elb-Ostsee-Slawen (Aufstand von 983)	29
990	Nach der Eroberung Schlesiens Krieg zwischen Polen und Böhmen	29
991	Mieszko I. stellt sein Land (*civitas schinesghe*) unter den Schutz des Heiligen Stuhls	30
992	Tod Mieszkos I.	29
992–1025	Boleslaw I., der Tapfere (*Chrobry*)	30–32
1000	Pilgerfahrt Kaiser Ottos III. zum Grab des Preußenapostels und Märtyrers Adalbert in Gnesen. Errichtung des Erzbistums Gnesen mit den Suffraganen Krakau, Breslau und Kolberg	30
1002	Nach dem Tod Ottos III. drei längere Kriege zwischen Polen und dem deutschen Reich	31
1009	Erste Erwähnung Litauens in den Quedlinburger Annalen	
1018	Frieden von Bautzen mit dem deutschen Reich, Eingreifen Boleslaws in die Kiewer Thronkämpfe	31
1025	Krönung Boleslaws I. zum König von Polen, Tod Boleslaws	31
1025–1034	Mieszko II., Auseinandersetzungen mit dem deutschen Reich und den Kiewer Fürsten	36
1033	Verzicht auf das Königtum	
1034	Tod Mieszkos II., Zerfall der Zentralgewalt	
1034–1058	Kasimir I., der Erneuerer (*Odnowiciel*)	36–38
1041–1054	Allmähliche Befriedung und Wiederherstellung Polens im Bündnis mit Deutschland und der Kiewer Rus	
1058–79	Boleslaw II., der Kühne (*Śmiały*)	
1068/69	Eingreifen Boleslaws in die Kiewer Thronkämpfe	38
1076	Boleslaw II. im Investiturstreit an der Seite Papst Gregors VII., Gewinn der Königskrone	38
1079	Konflikt zwischen Boleslaw II. und Bischof Stanislaw von Krakau	38
1079–1102	Wladyslaw Hermann, wachsender Einfluß der adligen Opposition	38
1102–1138	Boleslaw III. Schiefmund (*Krzywousty*)	
1102–1121	Boleslaw III. unterwirft die Pomoranen	39

bis 1113	Machtkampf mit dem älteren Bruder Zbigniew um die Anerkennung als Alleinherrscher	39
1113–1116	Gallus Anonymus *Cronicae et gesta ducum sive principum Polonorum*	39
1124/25, 1127/28	Pommernmission des Bischofs Otto von Bamberg mit Unterstützung Boleslaws III.	49
1138	Tod Boleslaws III., Erbfolge der vier ältesten Söhne nach Senioratsprinzip	39
seit 1143	Erster Senior Wladyslaw II. im Kampf mit seinen jüngeren Stiefbrüdern	40
1146–1157	König Konrad III. und Kaiser Friedrich I. Barbarossa stützen Wladyslaw	40
1159	Tod Wladyslaws II., Übernahme des Seniorats durch Boleslaw IV.	40
1173	Tod Boleslaws IV., Mieszko III. Senior	
1177–1180	Kasimir II., der Gerechte (*Sprawiedliwy*), erwirkt nach Übernahme des Seniorats seine Aufhebung	40
1180–1202	Mieszko III., der Alte (*Stary*), kämpft vergeblich um Wiederherstellung des Seniorats	40
1202	Tod Mieszkos III. Seither drei Linien der Piastendynastie: 1. Schlesien, 2. Großpolen, 3. Kleinpolen (mit Kujawien und Masowien)	40
1201–1238	Heinrich II., der Bärtige (*Brodaty*), von Schlesien und andere polnische Teilfürsten fördern den Landesausbau zu deutschem Recht	43
1225–1230	Deutscher Orden durch Konrad von Masowien in das Kulmer Land zum Kampf gegen die heidnischen Prußen gerufen	43–45
1241	Vorstoß der Mongolen nach Mitteleuropa, Abwehrschlacht bei Liegnitz	43
1251–1263	Fürst Mindaugas (Mindowe) unterwirft die litauischen Kleinfürsten, läßt sich katholisch taufen und 1253 zum König krönen	46
1263	Tod Mindowes, Zerfall der Zentralmacht in Litauen	67
1257	Deutschrechtliche Lokation Krakaus	
1270–1295	Heinrich IV. von Breslau kämpft um die Vereinigung der schlesischen Teilgebiete und Kleinpolen	43
1279–1295	Przemysl II. von Großpolen erwirbt 1282 Pommerellen und 1290 Krakau, das er 1291 an König Wenzel II. von Böhmen abtritt	42
1295	Krönung Przemysls II. in Gnesen zum König, noch ohne Vereinigung aller Länder Polens	42
1296	Ermordung König Przemysls III., Großpolen kommt 1297 an Wladyslaw Ellenlang von Sieradz	42
1300–1305	Bischöfe und Magnaten Großpolens wählen König Wenzel II. von Böhmen zum König von Polen	43
1305	Tod Wenzels II.	
1306	Sein Sohn und Nachfolger Wenzel III. auf dem polnischen Thron, Ermordung Wenzels III., Wladyslaw Ellenlang wird vom Krakauer Bischof zum Erben des polnischen Reiches erklärt	43 45
1308/09	In Pommerellen setzt sich der Deutsche Orden durch	45
1314	Wladyslaw Ellenlang in Krakau und Kleinpolen anerkannt, kann auch Posen und Großpolen erwerben	45
1316–1341	Herrschaft des Großfürsten Gediminas in Litauen und weiten Teilen Osteuropas	46–48
1320	Krönung Wladyslaws I. Ellenlangs in Gnesen zum König von Polen	45, 46
1320–1333	Wladyslaw I. Ellenlang (*Łokietek*)	
1331/32	Krieg Polens mit dem Deutschen Orden und König Johann von Böhmen	
1333–1370	Kasimir III., der Große (*Wielki*)	78–84
1335	Verträge von Trentschin und Višegrad: Polen gibt Anspruch auf Schlesien zugunsten Böhmens auf. Verstärkter Landesausbau zu deutschem Recht	82
1339	Kasimir bestätigt den Verzicht auf Schlesien und vereinbart mit seinem Schwager Karl Robert von Ungarn die Erbfolge von dessen Söhnen in Polen	84
1340	Beginn der polnischen Erwerbung von Halitsch-Wolhynien	

1343	Frieden von Kalisch mit dem Deutschen Orden, Verzicht Kasimirs III. auf Pommerellen, das Kulmer Land und die Michelau	83
1346	Aufzeichnung des kleinpolnischen Rechts im Statut von Wiślica	81, 82
1349–1351	Bündnis zwischen Polen und dem Deutschen Orden	83
bis 1366	Auseinandersetzungen mit Litauen um Wolhynien	83
1355	Bestätigung des Erbvertrages von Višegrad durch Karl Roberts Nachfolger Ludwig von Ungarn. Der Adel und die Prälaten Ungarns und Polens werden durch Eidesleistung einbezogen	
1356–65	Krakau wird Oberhof für die deutschrechtlichen Städte Polens, 1365 auch Posen	82
1364	Gründung der Universität Krakau	78, 81
1366	Kasimir erwirbt Vladimir in Wolhynien. Vertrag mit Litauen über den polnischen Besitz des *Regnum Russiae* (Rotreußen)	84
1370	Tod Kasimirs des Großen am 5. November	84
1370–82	Personalunion zwischen Polen und Ungarn unter König Ludwig von Anjou	84
1374	Kaschauer Privileg König Ludwigs für den polnischen Adel, womit die Anerkennung der weiblichen Erbfolge nach Ludwig erreicht werden soll	84
1378	Rotreußen unter ungarischer Verwaltung	84
1382	Tod König Ludwigs. Nachfolge der älteren Tochter Maria in Ungarn, der jüngeren Hedwig in Polen	84
seit 1384	Verhandlungen mit heidnischem Großfürsten Litauens Jagiello (Jagailas) über Ehe mit der dreizehnjährigen Königin Hedwig	86
1385	Unionsvertrag zwischen Jagiello und Polen in Krewno unterzeichnet	86
1386	Taufe Jagiellos und Hochzeit mit Hedwig von Anjou in Krakau	86
1386–1434	Jagiello als Wladyslaw II. polnischer König	86–90
1392	Jagiellos Vetter Witold (Vytautas) Statthalter des Königs in Litauen	87
1398	Verzicht Witolds im Vertrag von Sallinwerder auf Schamaiten zugunsten des Deutschen Ordens	87
1399	Niederlage Witolds an der Worskla gegen die Mongolen	87
1400	Neugründung der Universität Krakau	
1409	Nach Aufstand in Schamaiten Krieg des Deutschen Ordens mit Polen-Litauen	88
1410	Niederlage des Ordens in der Schlacht bei Tannenberg	88
1411	Erster Thorner Frieden	
1412	Sigismund von Ungarn verzichtet auf Rotreußen und verpfändet dreizehn Städte der Zips an Polen	
1413	Unionsakte von Horodlo privilegiert den katholischen Adel Litauens und fördert dessen Polonisierung	88
1421	Verlobung von Jagiellos Tochter Hedwig mit Kurprinz Friedrich von Brandenburg	
1422/23	Frieden vom Melnosee mit dem Deutschen Orden, endgültige Rückkehr Schamaitens zu Litauen	
1430	Tod Witolds, Nachfolgekonflikt in Litauen zwischen Jagiellos Sohn Swidrigiello und Witolds Bruder Sigismund	88
1434	Tod Wladyslaws II. Jagiellos	90
1434–1444	Wladyslaws II. Sohn wird als Wladyslaw III. König von Polen, zunächst Regentschaft des Kardinals Zbigniew Oleśnicki	
1435	Frieden von Brest am Bug, Ende der litauischen Thronkämpfe	
1440	Wladyslaw III. auch König von Ungarn, Ermordung des Großfürsten Sigismund von Litauen, Jagiellos jüngster Sohn Kasimir wird Großfürst	90
1443/44	Kreuzzug gegen die Osmanen	
1444	Tod Wladyslaws III. in der Schlacht bei Warna	92

1446	Unionsakte von Brest am Bug, bloße Personalunion Polens und Litauens	92
1447–1492	Kasimir IV., Großfürst von Litauen, König von Polen; Adel und Stadtbürger Litauens erhalten Privilegien nach polnischem Muster; Zuwanderung von Deutschen nun in Form einer »Ausleseeinwanderung« deutscher Fachleute und Unternehmer	92 100–108
1454	Aufstand der Stände Preußens gegen den Deutschen Orden, Übertragung der Landesherrschaft an den polnischen König; dem polnischen Adel werden in »Nessauer Statuten« für die Teilnahme am Krieg gegen den Orden soziale und regionale Gleichstellung bestätigt	92
1466	Zweiter Thorner Frieden. Polen erhält Danzig, Pommerellen, Kulm, das Ermland, Marienburg und Elbing; der Hochmeister des Deutschen Ordens wird zur Ableistung eines Treueids und Heeresfolge an Polen verpflichtet	93
1471	Wladyslaw, der Sohn Kasimirs IV., König von Böhmen	93
1472	Bündnis Kasimirs IV. mit der Goldenen Horde gegen Moskau	93
1484	Vorstoß der Tataren bis an die polnisch-litauische Grenze	93
1490	Nach dem Tod des Matthias Corvinus wird Wladyslaw von Böhmen auch König von Ungarn. Das Jagiellonenhaus auf der Höhe seines Einflusses	93
1491	Erbvertrag Wladislaws mit Habsburg	93
1492	Tod Kasimirs IV., Kasimirs dritter Sohn Alexander Großfürst von Litauen, dessen Bruder Johann Albrecht König von Polen; damit endet zunächst die polnisch-litauische Union	93
1492–1501	Johann Albrecht König von Polen	93, 95
1493	Erster polnischer Reichstag in Petrikau mit Vertretern der Landtage, des königlichen Rates und der Stadt Krakau	95
1496	Reichstag von Petrikau untersagt den Stadtbürgern Grundbesitz nach Landrecht, der Adel erhält Zollfreiheit und freie Weichsel-Schiffahrt	95
1497	Polnischer Feldzug gegen die Moldau, Türkeneinfall in Rotreußen	95
1499	Wilnaer Unionsakte: Litauen und Polen vereinbaren Absprache bei Großfürsten- und Königswahlen	
1501	Tod König Johann Albrechts, Reichstag in Petrikau wählt Großfürst Alexander zum Nachfolger, Erneuerung der Union	
1505	Reichstag von Radom: Konstitution *Nihil novi* legt Gesetzgebung in die Hand des Reichstags	95
1506	Tod Alexanders, dessen Bruder Sigismund, designierter Nachfolger in Litauen, auch in Polen zum König gewählt wird	108
1506–1548	Sigismund I., der Alte (*Stary*), König von Polen und Großfürst von Litauen	108–116
1515	Vertrag von Wien, Versöhnung Kaiser Maximilians mit den Jagiellonen	108
1518	Sigismund heiratet die Mailänder Fürstentochter Bona Sforza, italienische Künstler kommen nach Polen. Aus Deutschland übernommene Lutherische Reformation verlangsamt beziehungsweise beendet die Assimilierungsprozesse der Deutschen in Polen	113 115, 116
1525	Säkularisation des preußischen Ordensstaates, Hochmeister Albrecht von Brandenburg wird Herzog von Preußen, leistet dem polnischen König den Lehnseid und führt die Reformation ein	108
1526	Aufstand der Danziger Bürgerschaft für die Lutherische Reformation wird vom König unterdrückt, das Lehen Masowien wird eingezogen	116
1529	Erstes Litauisches Statut. Zu Lebzeiten des Vaters (*vivente rege*) wird Sigismund August zum Großfürsten von Litauen und 1530 zum König von Polen gewählt	112
1540	König Sigismund der Alte verbietet das Studium in Wittenberg und Leipzig	116

1544	Sigismund August übernimmt die Verwaltung Litauens, Toleranz gegenüber dem Protestantismus; große Bedeutung der neugegründeten Universität Königsberg in Preußen für die Reformation in Polen	116 110, 116
1547	In Königsberg erscheint das erste Buch in litauischer Sprache	342
1548	Tod Sigismunds I. Aus ihrer Heimat vertriebene Böhmische Brüder kommen ins Posener Land	117
1548–1572	Sigismund II. August polnischer König	116
1555	Reichstag beschließt Interim, die Glaubensfreiheit und den Besitzstand der alten Kirche bei Grundsatz der Toleranz zu sichern	117
1557	Großes Hufengesetz für Litauen	115
1559	Bündnis Polens mit dem Deutschen Orden in Livland gegen Moskau	
1561	Livland und Riga stellen sich unter den Schutz der polnischen Krone, ihre alten Privilegien werden im Privilegium Sigismundi Augusti bestätigt	120
1564	Verzicht Sigismund Augusts auf sein Erbrecht in Litauen	
1565	Reichstag von Petrikau beendet Exekution der geistlichen Gerichtsbarkeit durch Starosten	117
1569	Reichstag von Lublin: Realunion zwischen Polen und Litauen	
1572	Tod Sigismunds II. August, Ende der Jagiellonendynastie	120, 122
1573	Heinrich von Valois erster Wahlkönig Polens, beschwört als Voraussetzung der Krönung Wahlkapitulationen »Articuli Heinriciani« und »Pacta conventa«	123
1574	Flucht König Heinrichs aus Polen	123
1574/75	Erstes Interregnum des Wahlreiches; Wahl des siebenbürgischen Fürsten Stefan Báthory (poln. Batory) zum polnischen König	124
1576–1586	Stefan Báthory König von Polen	124
1579–1581	Erfolgreicher Krieg gegen Zar Iwan IV.	124
1586	Tod Stefan Báthorys	124
1587	Doppelwahl des katholischen Kronprinzen von Schweden, Sigismund, und des Erzherzogs Maximilian; Sigismund erreicht den Krönungsort Krakau als erster	124
1588–1632	Sigismund III. Wasa König von Polen (1592 bis 1600 auch von Schweden)	124–126
1594	Krönung in Uppsala, protestantischer Herzog Karl von Södermanland Regent in Schweden	125
1596	Synode der orthodoxen Bischöfe Polens beschließt in Brest Union mit Rom auf der Grundlage völliger Rechtsgleichheit mit dem lateinischen Episkopat, die Bischöfe von Lemberg und Przemysl lehnen die Union ab. Neue »Unierte Kirche« bewahrt slawische Liturgie und gestattet die Priesterehe des Weltklerus	126
1599	Orthodoxe Bischöfe und protestantische Magnaten schließen Union von Wilna zur Abwehr der Gegenreformation	
1600	Schwedischer Reichstag beschließt Absetzung Sigismunds III., daraufhin Krieg zwischen Polen und Schweden	125
1603	Kurfürst Joachim Friedrich von Brandenburg mit der Regentschaft im Herzogtum Preußen belehnt	126
1604	Herzog Karl von Södermanland als Karl IX. schwedischer König. König Sigismund III. lehnt offizielle Unterstützung des »falschen Demetrius« ab, der dennoch mit polnischen Parteigängern nach Moskau zieht	126
1606/07	Konföderation unter Kronfeldherr Zebrzydowski gegen den König wegen dessen Verstoß gegen die Reichstagsordnung	125, 126
1609	Polnisches Eingreifen in die Moskauer Wirren	126
1610	Besetzung des Moskauer Kreml durch polnische Truppen	126
1612	Kapitulation der polnischen Besatzung des Kreml	126
1621	Einfall des Schwedenkönigs Gustav Adolf in Livland	126

1628	Beginn der Einwanderung von Glaubensflüchtlingen nach Polen, die von der habsburgischen Gegenreformation verfolgt werden, vor allem schlesischer Protestanten. Unter Jan Amos Comenius wird Lissa Zentrum der Böhmischen Brüderunität	128–139
1629	Waffenstillstand mit Schweden in Altmark	
1632	Tod König Sigismunds III. Wasa	139
1632–1648	Wladyslaw IV. polnischer König	
1632–1634	Erfolgreiche polnische Verteidigung von Smolensk	
1635	Waffenstillstand mit Schweden in Stuhmsdorf	
1648-68	Johann Kasimir polnischer König	140–144
1648	Kosakenaufstand unter Bohdan Chmielnicki in der Ukraine	139–143
1651	Polnischer Sieg über die Kosaken bei Beresteczko	140
1655	Litauische Grenzprovinzen und Wilna geraten in russische Hand	140
1655–1660	Polnisch-Schwedischer Krieg	141
1656	Erfolgreiche Verteidigung des Klosters Tschenstochau	141
1657	Polen verliert die Lehnshoheit über das Herzogtum Preußen	141
1660	Friede von Oliva, Ende des Konflikts mit Schweden; Verzicht der polnischen Wasa auf den schwedischen Thronanspruch	141
1665/66	Aufstand (Rokosz) des Kronfeldherrn Jerzy Lubomirski gegen die Absicht des Königs, die Thronfolge vor der Wahl zu regeln	
1668	Thronverzicht des letzten Wasa, Johann Kasimir	144
1669–1674	Michael Wiśniowiecki König von Polen	144
1672	Friede von Buczacz, türkische Herrschaft über Podolien und türkisches Protektorat über die Ukraine	144
1674	Tod König Michaels	144
1674–1696	Jan III. Sobieski König von Polen	145, 146
bis 1682	Erfolgreiche Türkenabwehr, Bündnis mit Kaiser Leopold	145, 146
1683	Befreiung Wiens von der Belagerung durch die Türken	145, 146
1684	Beitritt Polens zur »Heiligen Liga« gegen die Osmanen	145, 146
1686-93	Schwierigkeiten bei der Koordination der Liga im Kampf gegen Türken und Krim-Tataren	145, 146
1696	Tod Jan Sobieskis	146
1696/97	Interregnum, der protestantische Kurfürst von Sachsen, Friedrich August, tritt zur katholischen Kirche über, um kandidieren zu können	146
1697	Russische Diplomatie setzt die Wahl Friedrich Augusts durch	
1697–1733	August II., »der Starke«, polnischer König	146
1698/99	Kriegsvorbereitung Augusts gegen Schweden zwecks Gewinnung Livlands für das Haus Wettin	148
1700	Kriegsbeginn, Karl XII. von Schweden marschiert in Polen ein und fordert die Absetzung Augusts	148
1704	Posener Magnat Stanislaw Leszczyński unter schwedischem Druck zum Gegenkönig gewählt, Absetzung Augusts	149
1706	Friedensvertrag von Altranstädt, erzwungener Thronverzicht Augusts	149
1710–1715	Wiedergewinnung des polnischen Throns durch August nach dem russischem Sieg bei Poltawa (1709), Verzicht auf Livland; Widerstand im polnischen Adel gegen Augusts Reformversuche	149
1716	Zar Peter I. oktroyiert den streitenden Parteien in Polen das »Pazifikationstraktat«, Verbot der Stationierung sächsischer Truppen in Polen	152
1717	»Stummer Reichstag« von Grodno muß unter russischem Druck nachgeben, russische Kontrolle über Polen gesichert	152
1719	Wiener Allianz zwischen Österreich und Sachsen wird auch für Polen offengehalten	

1720	Interessengemeinschaft von Preußen und Rußland zur Wahrung der Adelsfreiheiten in Polen	152
1724	»Thorner Blutgericht«: Todesurteil gegen Bürgermeister und Ratsherren Thorns nach Verwüstung des Jesuitenkollegs durch protestantische Schüler	155
1730	Russisch-preußischer Vertrag zum Schutz orthodoxer und protestantischer Dissidenten in Polen und Litauen	152
1732	Rußland, Preußen und Österreich wollen erneute Kandidatur des Hauses Wettin in Polen verhindern	152
1733	Tod Augusts II., Kurprinz August von Sachsen kann Österreich und Rußland für seine Kandidatur gewinnen	153
1733–1735	Polnischer Thronfolgekrieg, Rußland und Österreich setzen die Wahl Augusts gegen Frankreich durch	153
1735–1763	August III. König von Polen	153–157
1735–1766	Stanislaw Leszczyński erhält als Kompensation das Herzogtum Lothringen mit dem Titel eines Königs von Polen. Glänzende Hofhaltung und Bautätigkeit in Nancy	
1736–1752	Pazifikationsreichstag von 1736 eröffnet eine lange Phase der Reformreichstage (Heeres- und Steuerreform). Hof- und Reformpartei (»Familie« der Czartoryskis) gegen konservative »Patrioten« (Potockis)	153
1740–1742	Annexion Schlesiens durch Friedrich II. schwächt den sächsisch-polnischen Unionsstaat und erschüttert das preußisch-russische Bündnis	
1745	Unterzeichnung der antipreußischen Allianz von Sachsen, Holland, England und Österreich in Warschau	153
1752	Bruch zwischen dem sächsischen Hof und der polnischen Reformpartei	
1756–1763	Siebenjähriger Krieg, wirtschaftliche Ruinierung Sachsens und Polens durch die preußische Kriegführung und Politik	154/155
1763	Tod Augusts III.	
1763/64	Steuerung des Interregnums und der Königswahl in Polen durch Gesandte Rußlands und Preußens	158
1764–95	Stanislaw II. August Poniatowski König von Polen	159–169
1766/67	Orthodoxe bringen Dissidentenfrage vor den polnischen Reichstag	159
1767	Generalkonföderation von Radom aller oppositionellen Gruppierungen gegen Reformpolitik des Hofes	159
1768	»Toleranztraktat« zur Sicherung der Dissidentenrechte und Wahrung der Adelsfreiheiten von Rußland oktroyiert, woraufhin der Kampf der Konföderation von Bar in Podolien für »Glauben und Freiheit« ausbricht. Eingreifen russischer Truppen und Kriegserklärung des Osmanischen Reichs an Rußland	159, 160
1769	Einziehung der seit 1412 an Polen verpfändeten Zipser Städte durch Österreich ohne Kündigung des Vertrags	160
1770	Verhandlungen des Prinzen Heinrich von Preußen mit Petersburg über Gebietskompensationen in Polen zur Beilegung der »Orientalischen Krise«	160
1771	Teilungsvertrag zwischen Rußland und Preußen: Preußen erhält Westpreußen (ohne Danzig und Thorn), das Ermland und den Netzedistrikt. Rußland bekommt Polnisch Livland, Polozk, Witebsk und Mogiljow	162
1772	Teilungsvertrag zwischen Rußland und Österreich, letzteres erhält Kleinpolen südlich der Weichsel und Rotreußen (Galizien)	162
1773	Errichtung der »Nationalen Erziehungskommission« in Warschau, des ersten Kultusministeriums der Welt	163
1775	»Immerwährender Rat« zentrale Regierungsbehörde	163

1788	Einberufung des »Großen Sejm« als konföderierter Reichstag, mehrjährige Reformberatungen	167
1791	Am 3. Mai Erlaß einer Verfassung durch den »Vierjährigen Reichstag«, Umwandlung der Adelsrepublik in eine konstitutionelle Erbmonarchie	167
1792	In Petersburg Konföderation konservativer Magnaten, die mit dem Manifest von Targowica zum Kampf gegen die Maiverfassung aufrufen. Truppenhilfe Rußlands, Beitritt König Stanislaw Augusts zur Konföderation	168
1793	Im Januar erneuter Teilungsvertrag zwischen Rußland und Preußen: Rußland gewinnt weite Teile Weißrußlands und der Ukraine, Preußen Danzig und Thorn sowie Teile Großpolens und Masowiens. Verbot der Maiverfassung durch Zarin Katharina I.	168
1794	Aufstand in Krakau unter General Tadeusz Kościuszko gegen die Teilungsmächte, Erlaß des ersten Regierungsaufrufs an das Volk in litauischer Sprache; im Oktober Niederschlagung des Aufstandes nach achtmonatigen Kämpfen	169
1795	Aufteilung des Restgebietes Polens durch den russisch-österreichischen Vertrag vom Januar, dem Preußen im Oktober beitritt: Rußland erhält Kurland, Litauen und alle restlichen Gebiete mit ostslawischer Stammbevölkerung, Preußen das nördliche Masowien, Bialystok und Suwalki, Österreich gewinnt das südliche Masowien und den Rest Kleinpolens. Stanislaw August dankt am 25. November 1795 ab. Ende der Adelsrepublik Polen	169
1798	Tod Stanislaw Augusts in Sankt Petersburg	169
1796–1803	Aus Emigranten zusammengestellte polnische Legionen kämpfen in Italien im Dienste Frankreichs	169, 170
1801	Adam Czartoryski, der Neffe des letzten polnischen Königs, wird Berater des Zaren Alexander I.	170
1803	Gründung der kaiserlichen Universität Wilna	170
1804–1806	Czartoryski russischer Außenminister. Rücktritt aufgrund der propreußischen Haltung Alexanders	170
1807	Frieden von Tilsit. Bildung des Herzogtums Warschau (mit zentralistischer Verfassung nach französischem Muster und außenpolitischer Bindung an Frankreich) aus dem Großteil des preußischen Teilungsgebiets	189, 192
1809	Herzogtum Warschau um Österreichs Anteil an der Zweiten Polnischen Teilung vergrößert	192
1812	Polnisches Armeekorps mit Napoleon in Rußland. Bildung einer Generalkonföderation zur Wiedervereinigung der polnischen Nation in Warschau. In Litauen Einberufung einer vorläufigen Regierungskommission durch Napoleon, die den Beitritt zur Generalkonföderation Polens beschließt.	192
1813	Verlustreiche Kämpfe der polnischen Arme in der Völkerschlacht bei Leipzig	
1814	Wiener Kongreß sichert bei staatlicher Teilung die Einheit der polnischen Nation durch Bewahrung von Sprache und freiem Verkehr zu. Die litauisch-reußischen Ostgebiete der alten Adelsrepublik bis auf Lemberg und Halitsch nicht einbezogen	193, 282
1815	Alexander I. verkündet als König von Polen eine Verfassung für das Königreich Polen	282
1816	Gründung der Universität Warschau, Förderung der Einwanderung deutscher Fachleute durch polnischen Adel und Regierung	283, 285–287
1817	Wiedereröffnung der Universität Lemberg	
1818	Erster Reichstag des Königreiches Polen durch Alexander I. eröffnet	284

1822	Aufdeckung und Verfolgung der Geheimbünde von Offizieren und Studenten in Warschau, Wilna und Krakau	284
1823	Bestätigung der Bauernbefreiung im preußischen Teil Polens durch das Regulierungsgesetz	
1826	Lehrstuhl für polnische Sprache und Literatur an der Universität Lemberg	
1829	Zar Nikolaus I. polnischer König	284
1830/31	Novemberaufstand. Der Polnische Reichstag setzt eine Nationalregierung ein, Absetzung Nikolaus' I. und der Dynastie Romanow; nach dem militärischen Zusammenbruch des Aufstandes Flucht von Reichstag und Regierung	287–291
1832	Beginn der großen Emigration. Polen-Begeisterung und liberale Politisierung in Süddeutschland (Hambacher Fest). Adam Mickiewicz' »Bücher des polnischen Volkes und der polnischen Pilgerschaft« erscheinen in Paris. Schließung der Universität Wilna	201, 295, 296 294
1834	Gründung der Gesellschaft »Junges Polen« als Zweig des »Jungen Europa« durch den Historiker Joachim Lelewel in Bern	295
1836	Die in Wien 1815 geschaffene Republik (Freie Stadt) Krakau, Zentrum konspirativer polnischer Aktivitäten, wird von den Teilungsmächten vorübergehend okkupiert	
1843	In Posen entsteht eine Filiale der Pariser »Polnischen Demokratischen Gesellschaft«.	
1846	Der Versuch eines Nationalaufstandes in Krakau und Galizien schlägt durch Einwirkung österreichischer Beamter in eine blutige Erhebung galizischer Bauern gegen ihre Grundherren um	
1847	»Polenprozeß« in Berlin	210
1848	Hoffnungen der Märzrevolution in Berlin auf Überwindung der Teilung Polens durch Herstellung der Einheit Deutschlands erfüllt sich nicht	211, 212
1856	Ausnahmezustand im Königreich Polen (seit 1833) wird aufgehoben. Erstmals »Organisches Statut« von 1832 in Kraft gesetzt. Scharfe innerpolnische Kontroverse zwischen Konservativen (Weißen) und Demokraten (Roten). Beginn der Entwicklung des Lodzer Industriegebiets zum »polnischen Manchester«	297 306–316
1861	Blutige Niederschlagung von Massendemonstrationen zum dreißigsten Jahrestag des Novemberaufstandes durch russisches Militär, erneuter Ausnahmezustand	297
1862	Großfürst Konstantin Statthalter in Polen, Ernennung des konservativen Reformers Alexander Wielopolski zum Chef der Zivilverwaltung	298
1863	»Nationales Zentralkomitee« der demokratischen Opposition beschließt am 15. Januar einen Aufstand (Januaraufstand)	298, 299
1864	Niederschlagung des Aufstandes und harte Strafmaßnahmen der Besatzungsmacht (Todesurteile und Konfiskationen). Bodenreform (bäuerliches Landeigentum) im Königreich Polen, Verbot des Drucks litauischer Schriften in lateinischen Lettern. Auswanderung von Deutschen aus Mittelpolen nach Wolhynien	300
1865	Russisch alleinige Verwaltungssprache im Königreich Polen	302
1868	Aufhebung der Zentralbehörden des Königreiches Polen, Eingliederung in das russische Verwaltungssystem. In Galizien seit 1867 polnische Selbstverwaltung mit polnischer Amts- und Gerichtssprache (seit 1869)	302
1870	Aufhebung der Zollgrenze zwischen dem Königreich Polen und Rußland	
1872/73	Gründung der polnischen Akademie der Wissenschaft in Krakau	
1873	Gründung polnischer Bauernvereine und Sparkassen im preußischen Teilgebiet	

1874	»Kulturkampf« in Preußen: Verhaftung des Erzbischofs von Gnesen, Ledóchowski, und zahlreicher Geistlicher	218 220
1876	Deutsch alleinige Amtssprache im preußischen Teilgebiet	
1883	Litauische Nationalbewegung gründet die Zeitschrift *Aušra*	220
1885/86	Preußische Behörden weisen aus dem Königreich Polen stammende jüdische und polnische Wanderarbeiter aus	221, 222
1886	Gründung der Ansiedlungskommission für Posen und Westpreußen, Ansiedlung deutscher Bauern in der Provinz Posen	222
1887	»Liga Polska« in der Schweiz in der Tradition der »Demokratischen Gesellschaft« gegründet	324
1891	Polnischer Genossenschaftsverband in Posen organisiert polnische Siedlung auf parzelliertem Gutsland	
1891/92	Gründung der »Polnischen Sozialistischen Partei« (PPS) in Paris und der »Galizischen Sozialdemokratischen Partei« in Krakau	324
1893	Abspaltung des linken Flügels der PPS als Sozialdemokratie des Königreichs Polen (SDKP)	324
1894	Gründung des Deutschen Ostmarkenvereins	
1895	Gründung der ersten Bauernpartei Polens als Polnische Volkspartei (SL) unter Wincenty Witos in Galizien	
1897	Galizische Sozialdemokratische Partei spaltet sich in eine polnische und eine ukrainische Parteiorganisation	
1901	Im preußischen Teilgebiet Schulstreiks in Wreschen und anderen Orten gegen den deutschen Religionsunterricht in oberen Grundschulklassen	227
1904	Feuerstättengesetz führt im preußischen Teilgebiet behördliche Neubaugenehmigung ein	228, 229
1905	Beteiligung polnischer und deutscher Sozialisten in Mittelpolen am revolutionären Geschehen im Russischen Reich Beratungen der litauischen Versammlung in Wilna.	325–329
1906/07	Schulstreiks im preußischen Teilgebiet gegen die Sprachenpolitik	228
1908	Roman Dmowskis »Deutschland, Rußland und die Polnische Frage« erklärt Autonomie Polens im Russischen Reich zum Ziel nationaldemokratischer Politik.	339
1908–1910	Gründung eines »Schützenverbands« durch Wladyslaw Sikorski in Galizien in Zusammenarbeit mit der PPS	340
1912	Polnische Kampforganisationen Galiziens beauftragen Pilsudski mit der Vorbereitung des Befreiungskampfes gegen Rußland	
1914	Pilsudski dringt nach Ausbruch des Weltkrieges mit den »Schützenverbänden« in Russisch-Polen ein. Russische Truppen besetzen Ostgalizien und Teile Ostpreußens	360
1915	Russische Deportation der Wolhyniendeutschen Deutsches Generalgouvernement Warschau eingerichtet. Polnische Unabhängigkeitsparteien gründen das »Zentrale Nationalkomitee« (CKN) zum Kampf gegen Rußland. Pilsudski organisiert die geheime »Polnische Militärorganisation« (POW) Einnahme Wilnas durch deutsche Truppen, militärische Verwaltung Litauens als »Land Ober-Ost«	362 462
1916	Proklamation eines »Königreiches Polen« als konstitutionelle Erbmonarchie durch die Mittelmächte	366
1917	»Provisorischer Staatsrat« des neuen Königreiches gebildet. Pilsudski wegen Verweigerung der Eidesleistung des polnischen Militärs auf die Monarchen der Mittelmächte in Magdeburg interniert. In Lausanne Gründung des »Polnischen Nationalkomitees« durch Dmowski. Erste Unabhängigkeitserklärung Litauens	366

1918	Präsident Wilson fordert im Januar die Schaffung eines »unabhängigen polnischen Staates« mit »freiem und gesichertem Zugang zum Meer«. Im Februar Streiks und Demonstrationen in Polen gegen den Separatfrieden der Mittelmächte mit der Ukraine. Zweite Unabhängigkeitserklärung Litauens wird im März vom Deutschen Reich anerkannt. Im November Zusammenbruch der deutschen Verwaltung in Warschau, Bildung der ersten litauischen Regierung	369, 368, 467
	Rückkehr Pilsudskis nach Polen und Übernahme der militärischen Befehlsgewalt aus der Hand des Regentschaftsrates. Proklamation der »Polnischen Republik« unter dem »Provisorischen Staatschef« Pilsudski am 14. November	469
1919	Im Januar wird Ignacy Paderewski polnischer Ministerpräsident. Ausgleich zwischen Pilsudski und dem Pariser Nationalkomitee, das Polen in Versailles vertritt. Der Konstituierende Sejm verabschiedet im Februar die »Kleine Verfassung«. Polnisches Militär besetzt im April das Wilnagebiet. Aufruf Pilsudskis »An die Bewohner des ehemaligen Großfürstentums Litauen« wirbt für eine Föderation aller Nationalitäten. Im Mai besetzen polnische Truppen Ostgalizien. Regelungen zur polnischen Westgrenze durch den Versailler Friedensvertrag im Juni, zur Ostgrenze (Curzon-Linie) im Dezember durch den alliierten »Obersten Rat«. Massenabwanderung von Deutschen aus dem Posener Land ins Deutsche Reich	370, 373, 371, 370, 371
1920	Bündnis zwischen Polen und der Ukrainischen Volksrepublik im April führt zum Polnisch-Sowjetischen Krieg. Nach dem Vorstoß auf Warschau wird die Rote Armee im August an der Weichsel zurückgeschlagen. Der Vorfriede von Riga am 12. Oktober legt den Frontverlauf als polnische Ostgrenze fest	370, 371
	Eröffnung des litauischen Konstituierenden Sejm und Anerkennung des litauischen Staates durch die Sowjetunion in Kaunas. Entgegen dem polnisch-litauischen Vertrag vom 7. Oktober, der Wilna bei Litauen beläßt, besetzt der polnische General Żeligowski das Wilnagebiet und errichtet ein Verwaltungsgebiet »Mittellitauen«	
1921	Sejm verabschiedet Verfassung der Polnischen Republik. Friede von Riga zwischen Polen und der Sowjetunion	373, 371
1922	Wilnagebiet wird mit Polen vereinigt, Oberschlesien nach Volksabstimmung und polnischem Aufstand geteilt. Wojewodschaftsgesetz vom September mit Autonomie für die drei ostgalizischen Wojewodschaften. Am 16. Dezember Ermordung des ersten gewählten polnischen Präsidenten Gabriel Narutowicz	373, 374
1923	Besetzung des Memelgebiets durch Litauen. Alliierter Botschafterrat erkennt die polnische Souveränität in Ostgalizien und im Wilnagebiet an. Beginn des Ausbaus des polnischen Hafens Gdingen. Im November Generalstreik und Bildung einer außerparlamentarischen Regierung unter Wladyslaw Grabski	468, 470, 374
1924	Litauischer Sejm verabschiedet die Memelkonvention. Im Frühjahr erreicht die polnische Inflation ihren Höhepunkt. Währungsreform und Einführung des Złoty am 14. April. Ostmarkengesetz vom 31. Juli ermöglicht die Polonisierung der Minderheitenschulen im Osten	468, 374
1925	Gründung der »Ukrainischen Nationaldemokratischen Organisation« in Polen am 11. Juli. Polnisch-französischer Garantievertrag vom 16. Oktober. Am 18. Oktober Gründung eines »jüdisch-religiösen Verbands«	374
1926	Militärputsch Pilsudskis, danach autoritäre Obristenherrschaft unter seiner Führung. In Litauen übernimmt nach einem Militärputsch Antanas Smetonas das Präsidentenamt	474

1930 Verhaftung von siebzig Oppositionspolitikern. »Pazifikationen« nach 374
Guerilla-Aktionen der »Organisation Ukrainischer Nationalisten«

1931 Vereinigung der polnischen Bauernparteien zur »Polnischen Volkspartei
(SL)« unter Wincenty Witos. Bündnis mit der PPS gegen Pilsudski

1932 Pilsudski ernennt Oberst Józef Beck zum Außenminister. Auflösung der
rechten Opposition unter Dmowski durch das Innenministerium

1933 Polnische Besetzung der Westerplatte im Danziger Hafen. Hitler macht 377
gegenüber Polen ein Friedensangebot

1934 Deutsch-polnische Nichtangriffserklärung, Verlängerung des Nichtan- 377
griffspaktes Polen-Sowjetunion. Polnische Kündigung des Minderheiten-
schutzvertrags

1935 Neue polnische Verfassung (Aprilverfassung), Parlament auf beratende 376
Funktionen beschränkt. Tod Pilsudskis am 12. Mai. Auflösung des Regie-
rungslagers

1936 Volksfrontverhandlungen zwischen polnischen Linksparteien scheitern
im Frühjahr. Oberbefehlshaber Edward Rydz-Śmigły wird zum Marschall
von Polen ernannt

1937 Stanislaw Mikołajczyk aus Posen neuer Führer der Volkspartei

1938 Auflösung des weißrussischen Nationalkomitees in Wilna durch polni-
sche Behörden. Durch ein Ultimatum zwingt Polen Litauen zur Auf-
nahme diplomatischer Beziehungen. Schließung und Zerstörung ortho-
doxer Kirchen im Cholmer Gebiet

1939 Im März Rückgliederung des Memelgebiets an das Deutsche Reich. Hitler 470
erneuert Vorschläge zu Danzig und dem Polnischen Korridor, Polen 409
lehnt erneut ab. Britische Garantieerklärung für den Fall eines deutschen
Angriffs (31. März) und polnisch-britischer Beistandspakt. Am 23. Mai
wird der Entschluß Hitlers zum Angriff auf Polen bekannt. Außenmini-
ster Beck lehnt am 14. August das sowjetische Ersuchen um Durchmar-
schrechte der Roten Armee im Fall eines deutschen Angriffs ab. Am 410
28. August wird der Molotow-Ribbentrop-Pakt unterzeichnet, der in
geheimem Zusatzprotokoll die Teilung Polens festlegt. 1. September:
Beginn des deutschen Angriffskriegs gegen Polen. Am 28. September
erfolgt die Unterzeichnung des deutsch-sowjetischen Vertrages über die 411
Abgrenzung der Interessensphären. Am 30. September ordnet Polens
Staatspräsident von Rumänien aus die Bildung einer polnischen Exilre-
gierung in Paris an. Am 10. Oktober wird in einem litauisch-sowjetischen 419
Vertrag die Angliederung des Wilnagebiets an Litauen festgelegt. Am
26. Oktober wird das deutsche Besatzungsgebiet in Polen in die »Einge-
gliederten Ostgebiete« und das »Generalgouvernement für die besetzten 411
polnischen Gebiete« unterteilt

1940 Die polnische Exilregierung unter Sikorski verlegt nach der Kapitulation 411
Frankreichs ihren Sitz nach London. Beginn der Zwangsumsiedlungen
polnischer und jüdischer Bevölkerung in das Generalgouvernement. Auf-
stellung polnischer Militärverbände in England. Umsiedlung von Deut-
schen aus Siedlungsgebieten innerhalb der sowjetischen Interessen- 432–436
sphäre in die »eingegliederten Ostgebiete« des Deutschen Reiches.
Am 14. Juni erfolgt das sowjetische Ultimatum an Litauen, am 17. Juni die
Bildung einer Volksregierung, am 21. Juli beantragt das Volksparlament 485
Litauens die Aufnahme in die Sowjetunion, die am 3. August vollzogen
wird

1941 Nach dem deutschen Angriff auf die Sowjetunion Wiederaufnahme 421
diplomatischer Beziehungen zwischen der polnischen Exilregierung und
der Sowjetunion. Litauen wird Teil des Reichskommissariats Ostland

1942	Im August Vertreibung polnischer und ukrainischer Bauernbevölkerung im Gebiet von Zamość und Ansiedlung von Volksdeutschen	447
1943	Sowjetische Erklärung über die Unabänderlichkeit der polnisch-sowjetischen Grenze entlang der Curzon-Linie. Im April Entdeckung der Massengräber von Katyn. Abbruch der diplomatischen Beziehungen der polnischen Exilregierung zur Sowjetregierung am 26. April. Der »Bund polnischer Patrioten« beginnt im Mai mit der Aufstellung einer polnischen Division im Rahmen der Sowjetarmee	421 422
1944	Am 1. Januar Gründung eines »Landesnationalrats« durch polnische Kommunisten im Untergrund. Im Juni erreicht die Rote Armee die Weichsel. Bildung des »Polnischen Komitees der nationalen Befreiung« von Kommunisten und Linkssozialisten am 22. Juli mit erstem Sitz in Lublin. Aufstand der polnischen Heimatarmee in Warschau scheitert im August. Warschau im Oktober durch deutsche Sprengkommandos weitgehend vernichtet. In Litauen Ablösung der deutschen durch die sowjetische Besatzungsmacht, Beginn der Sowjetisierung des Landes	422 423 422
1945	Am 1. Januar Umbildung des Lubliner Komitees zur »Provisorischen Regierung der Republik Polen«, Anerkennung durch die Sowjetunion. Unterzeichnung des Vertrags über Freundschaft, Zusammenarbeit und gegenseitigen Beistand zwischen der Sowjetunion und der Provisorischen Regierung Polens in Moskau am 21. April. Im Juni und Juli erste »wilde« Vertreibungen von Deutschen aus Ostdeutschland und Polen. Die Alliierten beschließen Anfang August auf der Potsdamer Konferenz die Verwaltungsübergabe der deutschen Gebiete östlich von Oder und Görlitzer Neiße an Polen und die Umsiedlung aller Deutschen aus Polen. In einem polnisch-sowjetischen Grenzvertrag vom 16. August wird die Curzon-Linie mit geringen Veränderungen als polnische Ostgrenze festgelegt. Seit Oktober organisierte Vertreibung der Deutschen aus dem neuen polnischen Staatsgebiet	423 448–460

ABBILDUNGSNACHWEIS

16 Bayerische Staatsbibliothek, München
27 J. G. Herder-Institut, Marburg
28 Siedler Verlag, Berlin
33 Jürgens Ost- und Europa-Photo, Berlin
34 ebenda
37 (links) Archiv der Deutschen in Mittelpolen, Mönchengladbach
(rechts) Joachim Rogall, Meckesheim
41 Bildarchiv Foto Marburg
44 Joachim Rogall, Meckesheim
47 Bildarchiv Foto Marburg
51 Jürgens Ost- und Europa-Photo, Berlin
52 Biblioteka Jagiellońska, Kraków (Jagiellonische Bibliothek, Krakau)
60 J. G. Herder-Institut, Marburg
65 ebenda
68 Archiwum Państwowe, Toruń (Staatsarchiv Thorn)
73 entnommen aus: W. Depdolla, Geschichte des Klosters Lekno-Wongrowitz, Lekno 1917
77 Joachim Rogall, Meckesheim
80 Bildarchiv Foto Marburg
85 Siedler Verlag, Berlin
88 Bildarchiv Foto Marburg
91 J. G. Herder-Institut, Marburg
94 Biblioteka Jagiellońska, Kraków (Jagiellonische Bibliothek, Krakau)
97 Bildarchiv Foto Marburg
102 ebenda
103 Joachim Rogall, Meckesheim
105 Bildarchiv Foto Marburg
106 J. G. Herder-Institut, Marburg
109 Muzeum Narodowe w Poznaniu (Nationalmuseum Posen)
111 Muzeum Czartoryskich, Kraków (Czartoryski-Museum, Krakau)
114 entnommen aus: Karol Badecki, Literatura mieszczańska w Polsce XVII wieku, Lwów 1925
118 J. G. Herder-Institut, Marburg
121 Muzeum Narodowe w Poznaniu (Nationalmuseum Posen)
127 ebenda
130 Archiv der Deutschen in Mittelpolen, Mönchengladbach
133 Archiv des J. G. Herder-Instituts, Marburg
134 Ernst Stewner, Nienburg/Weser
138 Siedler Verlag, Berlin
142 Joachim Rogall, Meckesheim
147 Werner Neumeister, München
151 Georg-Christoph von Unruh, Kiel
154 Muzeum Narodowe w Poznaniu (Nationalmuseum Posen)
156 Państwowe Zbiory Sztuki na Wawelu, Kraków (Staatliche Kunstsammlung auf dem Wawel, Krakau)
161 Archiv der Deutschen in Mittelpolen, Mönchengladbach
164 Siedler Verlag, Berlin
166 J. G. Herder-Institut, Marburg
174 Geheimes Staatsarchiv Preußischer Kulturbesitz, Berlin
177 J. G. Herder-Institut, Marburg
181 Harry Stossun, Ratzeburg
182 Archiv für Kunst und Geschichte, Berlin
187 Bildarchiv Preußischer Kulturbesitz, Berlin
191 Bildarchiv Foto Marburg
195 Siedler Verlag, Berlin
199 Muzeum Narodowe w Poznaniu (Nationalmuseum Posen)
200 Joachim Rogall, Meckesheim
205 ebenda
206 Bildarchiv Foto Marburg
214 J. G. Herder-Institut, Marburg
219 Muzeum Okręgowe w Toruniu (Bezirksmuseum Thorn)
223 Bildarchiv Foto Marburg
229 Joachim Rogall, Meckesheim
230 ebenda
238 Biblioteka Uniwersytecka Poznań (Universitätsbibliothek Posen)
242 J. G. Herder-Institut, Marburg
249 Biblioteka Uniwersytecka Poznań (Universitätsbibliothek Posen)
254 Muzeum Początków Państwa Polskiego, Gniezno (Museum der Anfänge des polnischen Staates, Gnesen)
260 Biblioteka Uniwersytecka Poznań (Universitätsbibliothek Posen)
267 J. G. Herder-Institut, Marburg
271 Archiv des J. G. Herder-Instituts, Marburg
276 Joachim Rogall, Meckesheim
286 Archiv der Deutschen in Mittelpolen, Mönchengladbach
290 ebenda
294 J. G. Herder-Institut, Marburg
301 Archiv der Deutschen in Mittelpolen, Mönchengladbach
306 Archiv für Kunst und Geschichte, Berlin
309 Archiv der Deutschen in Mittelpolen, Mönchengladbach
311 ebenda
314 ebenda
315 ebenda
319 ebenda
322 ebenda
327 (links) entnommen aus: Georg W. Strobel, Quellen zur Geschichte des Kommunismus in Polen 1878–1918, Köln 1968
(rechts) Archiv für Kunst und Geschichte, Berlin
331 entnommen aus: Tygodnik Ilustrowany 1915
335 Archiv für Kunst und Geschichte, Berlin
336 Bildarchiv Foto Marburg

337 Archiv der Deutschen in Mittelpolen, Mönchengladbach
345 Jürgens Ost- und Europa-Photo, Berlin
346 ebenda
349 Joachim Rogall, Meckesheim
351 Bildarchiv Preußischer Kulturbesitz, Berlin
361 J. G. Herder-Institut, Marburg
363 Archiv für Kunst und Geschichte, Berlin
364 Jürgens Ost- und Europa-Photo, Berlin
367 Muzeum Wojska Polskiego, Warszawa (Museum der polnischen Armee, Warschau)
372 Siedler Verlag, Berlin
375 Bildarchiv Süddeutscher Verlag, München
379 Joachim Rogall, Meckesheim
382 ebenda
385 Archiv der Deutschen in Mittelpolen, Mönchengladbach
389 ebenda
393 ebenda
394 J. G. Herder-Institut, Marburg
395 ebenda
398 (oben) Archiv des J. G. Herder-Instituts, Marburg
(unten) J. G. Herder-Institut, Marburg
406 Archiv der Deutschen in Mittelpolen, Mönchengladbach
413 Siedler Verlag, Berlin
415 Archiv für Kunst und Geschichte, Berlin
416 Keystone, Hamburg
417 Bildarchiv Preußischer Kulturbesitz, Berlin
420 ebenda
429 (oben) Stern-Archiv, Hamburg
(unten) J. G. Herder-Institut, Marburg
435 Archiv der Deutschen in Mittelpolen, Mönchengladbach
445 Auswärtiges Amt, Bonn
446 Stanisław Bielejec, Łódź
451 Siedler Verlag, Berlin
454 J. G. Herder-Institut, Marburg
463 Eisermann/Babovic, Das Fotoarchiv, Essen
464 ebenda
466 Ullstein Bilderdienst, Berlin
469 Bildarchiv Foto Marburg
471 Archiv für Kunst und Geschichte, Berlin
476 J. G. Herder-Institut, Marburg
478 Bildarchiv Preußischer Kulturbesitz, Berlin
480 (oben) Joachim Rogall, Meckesheim
(unten) Archiv für Kunst und Geschichte, Berlin
488 Ullstein Bilderdienst, Berlin
490 Harry Stossun, Ratzeburg

CIP-Titelaufnahme der Deutschen Bibliothek

Deutsche Geschichte im Osten Europas. – Berlin: Siedler.
ISBN 3-88680-200-0

Land der großen Ströme / Joachim Rogall. –
1. Aufl. – 1996
ISBN 3-88680-204-3
NE: Joachim Rogall

Der Siedler Verlag ist ein Unternehmen
der Verlagsgruppe Bertelsmann.

Gestaltung: Brigitte und Hans Peter Willberg, Eppstein
Umschlagphoto: Weichsel im Mittellauf
(Jürgens Ost- und Europaphoto, Berlin)
Rücken: An der Warthe bei Wreschen
(Ernst Stewner, Nienburg/Weser)

Redaktion: Ditta Ahmadi, Berlin
Layout: Iga Bielejec, Mainz
Satz und Zeichnungen: Ditta Ahmadi, Berlin
Reproduktionen: Haußmann Reprotechnik, Darmstadt
Druck: ARA Druck, Stuttgart
Buchbinder: Lüderitz & Bauer, Berlin
Printed in Germany 1996
ISBN 3-88680-204-3